马克思主义理论研究
和建设工程重点教材

行政法与行政诉讼法学

（第二版）

《行政法与行政诉讼法学》编写组

主　编　应松年

副主编　姜明安　马怀德

主要成员

（以姓氏笔画为序）

叶必丰　刘　恒　杨　平

杨解君　肖金明　胡建淼

莫于川　董　皞　薛刚凌

高等教育出版社·北京

二维码资源访问

使用微信扫描本书内的二维码，输入封底防伪二维码下的 20 位数字，进行微信绑定，即可免费访问相关资源。注意：微信绑定只可操作一次，为避免不必要的损失，请您刮开防伪码后立即进行绑定操作！

教学课件下载

本书有配套教学课件，供教师免费下载使用，请访问 xuanshu.hep.com.cn，经注册认证后，搜索书名进入具体图书页面，即可下载。

图书在版编目（CIP）数据

行政法与行政诉讼法学 /《行政法与行政诉讼法学》编写组编. -- 2 版. -- 北京：高等教育出版社，2018.8（2025.7重印）

马克思主义理论研究和建设工程重点教材

ISBN 978-7-04-050118-6

Ⅰ.①行… Ⅱ.①行… Ⅲ.①行政法学-中国-高等学校-教材②行政诉讼法-法学-中国-高等学校-教材 Ⅳ.①D922.101②D925.301

中国版本图书馆 CIP 数据核字（2018）第 157347 号

行政法与行政诉讼法学

XINGZHENGFA YU XINGZHENG SUSONG FAXUE

责任编辑 帅映清　　封面设计 王 鹏　　版式设计 范晓红

责任校对 高 歌　　责任印制 刘思涵

出版发行 高等教育出版社

社　　址 北京市西城区德外大街 4 号

邮政编码 100120

印　　刷 高教社（天津）印务有限公司

开　　本 787mm×1092mm 1/16

印　　张 29

字　　数 540 千字

购书热线 010-58581118

咨询电话 400-810-0598

网　　址 http://www.hep.edu.cn

http://www.hep.com.cn

网上订购 http://www.hepmall.com.cn

http://www.hepmall.com

http://www.hepmall.cn

版　　次 2017 年 2 月第 1 版

2018 年 8 月第 2 版

印　　次 2025 年 7 月第 29 次印刷

定　　价 57.20 元

物 料 号 50118-00

目　　录

绪　论 ……………………………………………………………… 1

一、行政法与行政诉讼法学的研究对象 ………………………… 1

二、学习和研究行政法与行政诉讼法学的理论指针和基本方法 ……… 2

三、学习和研究行政法与行政诉讼法学的意义 ………………… 3

四、本书的体系和结构 ……………………………………… 5

第一章　行政法概述 ………………………………………… 6

第一节　行政法与行政法学 ………………………………… 6

一、行政的概念与特征 ……………………………………… 6

二、行政法的概念、特征与作用 …………………………… 8

三、行政法的历史发展 ……………………………………… 13

四、行政法学 ………………………………………………… 15

第二节　行政法的渊源 ……………………………………… 18

一、行政法渊源的概念与特征 ……………………………… 18

二、我国行政法的渊源 ……………………………………… 18

第三节　行政法律关系 ……………………………………… 21

一、行政关系与行政法律关系 ……………………………… 21

二、行政法律关系的分类 …………………………………… 22

三、行政法律关系的主体 …………………………………… 23

四、行政法律关系的内容、客体、特征与变动 ……………… 24

第二章　行政法的基本原则 ………………………………… 27

第一节　概述 ………………………………………………… 27

一、行政法基本原则的概念与意义 ………………………… 27

二、行政法基本原则体系 …………………………………… 28

第二节　依法行政原则 ……………………………………… 28

一、职权法定 ………………………………………………… 29

二、法律优先 ………………………………………………… 30

三、法律保留 ………………………………………………… 30

第三节　行政合理性原则 …………………………………… 31

一、比例原则 …… 31
二、平等对待 …… 32
第四节 程序正当原则 …… 33
一、行政公开 …… 33
二、程序公正 …… 35
三、公众参与 …… 35
第五节 诚信原则 …… 36
一、诚实守信 …… 36
二、信赖保护 …… 37
第六节 高效便民原则 …… 38
一、高效原则 …… 38
二、便民原则 …… 39
第七节 监督与救济原则 …… 39
一、监督原则 …… 40
二、救济原则 …… 40

第三章 行政组织法 …… 42
第一节 概述 …… 42
一、公共行政组织与行政机关 …… 42
二、行政组织法的界定 …… 44
三、行政组织法的分类 …… 46
四、行政组织法的地位与功能 …… 46
五、行政组织法的历史沿革 …… 47
第二节 行政组织法律制度 …… 49
一、行政职能设置 …… 49
二、政府间的关系 …… 51
三、社会行政组织制度 …… 53
四、行政编制制度 …… 55
第三节 行政主体 …… 58
一、行政主体的界定 …… 58
二、行政主体的类型 …… 59
三、行政主体资格的认定 …… 60
四、行政授权与行政委托 …… 60

第四章　公务员法 …… 63
第一节　概述 …… 63
一、公务员 …… 63
二、公务员法 …… 64
三、公务员制度的历史发展 …… 65
四、品位分类与职位分类 …… 67
第二节　公务员的义务与权利 …… 68
一、公务员的义务 …… 69
二、公务员的权利 …… 70
第三节　公务员的进入与退出机制 …… 71
一、公务员的录用 …… 71
二、公务员的职务任免 …… 73
三、公务员的退出机制 …… 74
第四节　公务员的激励机制 …… 76
一、公务员的物质保障 …… 76
二、公务员的考核 …… 77
三、公务员的奖励 …… 78
四、公务员的责任 …… 78
五、公务员的职务升降 …… 81

第五章　行政行为概述 …… 82
第一节　行政行为的概念与分类 …… 82
一、行政行为的概念 …… 82
二、行政行为的分类 …… 85
第二节　行政行为的合法要件 …… 90
一、行政行为主体合法 …… 90
二、行政行为权限合法 …… 91
三、行政行为内容合法 …… 92
四、行政行为程序合法 …… 93
第三节　行政行为的效力 …… 94
一、行政行为效力的内容 …… 94
二、行政行为的生效 …… 97
三、行政行为的失效 …… 99

第六章　行政立法 …… 104
第一节　行政立法概述 …… 104
一、行政立法的概念 …… 104
二、行政立法的分类 …… 106
第二节　行政立法的程序 …… 107
一、编制立法工作计划 …… 108
二、起草 …… 109
三、征求和听取意见 …… 109
四、审查 …… 111
五、决定与公布 …… 111
第三节　行政立法的效力 …… 112
一、行政立法的效力范围 …… 112
二、行政立法的生效与失效 …… 114
三、对行政立法的监督 …… 116
第四节　行政规范性文件 …… 118
一、行政规范性文件的含义 …… 118
二、行政规范性文件的种类 …… 119
三、行政规范性文件的法律效力 …… 120

第七章　授益行政行为 …… 122
第一节　行政给付 …… 122
一、行政给付与福利行政 …… 122
二、行政给付的概念与特征 …… 123
三、行政给付的形式与制度 …… 124
第二节　行政许可 …… 126
一、行政许可及立法 …… 126
二、行政许可事项及其设定 …… 127
三、行政许可的实施机关 …… 131
四、行政许可的一般程序 …… 133
五、行政许可的特别程序 …… 137
六、行政许可的其他规定 …… 141

第八章　负担行政行为 …… 145
第一节　行政处罚 …… 145

一、行政处罚及立法……145
二、行政处罚的种类与设定……147
三、行政处罚的实施机关……148
四、行政处罚的管辖与适用……150
五、行政处罚的程序……151
第二节　行政征收与征用……154
一、行政征收……154
二、行政征用……158
三、行政征收与征用的基本原则……160
第三节　行政强制……161
一、行政强制措施……161
二、行政强制执行……167
三、行政强制措施与行政强制执行……173

第九章　行政机关的其他行为……177
第一节　行政规划……177
一、行政规划的概念与特征……177
二、行政规划的功能……178
三、行政规划的主要类型与适用范围……179
四、行政规划的确定与实施……180
第二节　行政指导……182
一、行政指导的概念与特征……182
二、行政指导的功能与构成……183
三、行政指导的依据与分类……185
四、行政指导的程序……187
第三节　行政协议……189
一、行政协议的概念与特征……189
二、行政协议的功能与分类……190
三、行政协议的权利与义务……190
四、行政协议的订立与实施……192
第四节　行政确认……194
一、行政确认的概念与特征……194
二、行政确认的分类……195
三、行政确认的原则……196

四、行政确认制度…………………………………………………………… 196
第五节 行政调查……………………………………………………………… 198
一、行政调查的概念与特征……………………………………………… 198
二、行政调查的分类……………………………………………………… 199
三、行政调查的原则……………………………………………………… 200
四、行政调查程序………………………………………………………… 201
第六节 行政检查……………………………………………………………… 201
一、行政检查的概念与特征……………………………………………… 201
二、行政检查的分类……………………………………………………… 202
三、行政检查的原则……………………………………………………… 203
四、行政检查程序………………………………………………………… 204

第十章 行政司法………………………………………………………… 206
第一节 行政司法概述………………………………………………………… 206
一、行政司法的概念与特征……………………………………………… 206
二、国外行政司法的历史发展…………………………………………… 208
三、发展和完善中国特色社会主义行政司法制度的意义……………… 212
第二节 行政司法的主要形式………………………………………………… 213
一、行政裁决……………………………………………………………… 213
二、行政仲裁……………………………………………………………… 214
三、行政调解……………………………………………………………… 216
第三节 专门行政裁判制度…………………………………………………… 217
一、专门行政裁判机构…………………………………………………… 217
二、专门行政裁判的受案范围…………………………………………… 218
三、专门行政裁判的程序………………………………………………… 218

第十一章 行政应急……………………………………………………… 220
第一节 行政应急概述………………………………………………………… 220
一、行政应急的概念与特征……………………………………………… 220
二、行政应急法制的特点与功能………………………………………… 221
三、行政应急行为的构成要素…………………………………………… 223
四、行政应急性原则……………………………………………………… 223
五、行政应急行为的设定与分类………………………………………… 225
六、行政应急行为法治化的国际经验…………………………………… 226

第二节　行政应急的实施…… 228
一、实施行政应急行为的条件…… 228
二、实施行政应急行为的主体…… 229
三、实施行政应急行为的方式…… 229
四、实施行政应急行为的程序…… 229
五、实施行政应急行为的依据…… 230
第三节　我国行政应急法制的完善…… 231
一、行政应急行为监督与救济的现状…… 231
二、我国行政应急法制的完善路径…… 232

第十二章　行政程序…… 235
第一节　行政程序概述…… 235
一、行政程序的概念与特征…… 235
二、行政程序的类型…… 237
三、行政程序的功能…… 239
四、行政程序的原则…… 241
五、行政程序法典化…… 243
第二节　行政程序制度…… 246
一、职权分离制度…… 246
二、行政回避制度…… 246
三、行政公开制度…… 247
四、禁止单方接触制度…… 248
五、行政听证制度…… 248
六、证据排除制度…… 249
七、说明理由制度…… 250
八、案卷排他制度…… 251
九、行政时效制度…… 251
第三节　政府信息公开…… 252
一、政府信息公开的概念…… 252
二、政府信息公开的类型…… 253
三、政府信息公开的原则…… 254
四、政府信息公开制度…… 255

第十三章 监督行政 …… 258
第一节 监督行政概述 …… 258
一、监督行政的概念 …… 258
二、监督行政的特征 …… 259
第二节 监督行政的类型 …… 260
一、政治监督 …… 260
二、社会监督 …… 261
三、国家机关监督 …… 262
第三节 行政机关的一般监督 …… 264
一、一般监督行政 …… 264
二、行政执法监督 …… 266
第四节 行政机关专门监督 …… 268
一、审计监督的原则 …… 269
二、审计机关的职责 …… 269
三、审计机关的职权 …… 270
四、审计监督程序 …… 270

第十四章 行政复议 …… 272
第一节 行政复议概述 …… 272
一、行政复议的性质与特征 …… 272
二、行政复议的组织与功能 …… 273
三、行政复议的原则 …… 275
四、行政复议的参加人 …… 276
第二节 行政复议的范围 …… 279
一、可申请复议的范围 …… 279
二、请求审查行政规范性文件 …… 280
三、不能申请复议的范围 …… 281
第三节 行政复议的申请与受理 …… 283
一、行政复议的申请 …… 283
二、行政复议的受理 …… 287
第四节 行政复议的审理与决定 …… 289
一、行政复议的审理 …… 289
二、行政复议决定 …… 292

第十五章　国家赔偿与补偿 …… 297
第一节　国家赔偿概述 …… 297
一、国家赔偿与国家赔偿法 …… 297
二、国家赔偿法的历史发展 …… 297
三、国家赔偿责任 …… 299
第二节　行政赔偿 …… 301
一、行政赔偿的内涵 …… 301
二、行政赔偿的范围 …… 303
三、行政赔偿的程序 …… 305
第三节　司法赔偿 …… 306
一、司法赔偿的内涵 …… 306
二、司法赔偿的范围 …… 307
三、司法赔偿的程序 …… 308
第四节　国家赔偿的方式、标准与费用 …… 309
一、国家赔偿的方式 …… 309
二、国家赔偿的标准 …… 310
三、国家赔偿的费用 …… 311
第五节　国家补偿 …… 311
一、国家补偿的内涵 …… 311
二、国家补偿的分类与标准 …… 313

第十六章　行政诉讼 …… 315
第一节　行政诉讼的基本问题 …… 315
一、行政诉讼的概念与特征 …… 315
二、行政诉讼与其他诉讼的关系 …… 316
三、行政诉讼的历史发展 …… 319
四、行政诉讼的目的与功能 …… 324
第二节　行政诉讼的原则 …… 326
一、人民法院对行政行为实行合法性审查的原则 …… 327
二、司法有限变更的原则 …… 328
三、司法最终裁决的原则 …… 329

第十七章　行政诉讼受案范围与管辖 …… 330
第一节　行政诉讼受案范围 …… 330

一、行政诉讼受案范围的概念…………………………………… 330
二、确定行政诉讼受案范围的依据与标准……………………… 330
三、行政诉讼受案范围的设定方式………………………………… 331
四、行政诉讼受案范围的内容…………………………………… 333
第二节 行政诉讼管辖…………………………………………… 344
一、行政诉讼管辖概述…………………………………………… 345
二、级别管辖……………………………………………………… 346
三、地域管辖……………………………………………………… 348
四、移送管辖……………………………………………………… 349
五、指定管辖……………………………………………………… 350
六、管辖转移……………………………………………………… 350
七、管辖异议……………………………………………………… 351

第十八章 行政诉讼参加人………………………………………… 352
第一节 行政诉讼参加人概述…………………………………… 352
一、行政诉讼参加人的概念……………………………………… 352
二、行政诉讼当事人……………………………………………… 352
三、行政诉讼代表人……………………………………………… 353
四、共同诉讼人…………………………………………………… 354
第二节 行政诉讼原告…………………………………………… 355
一、行政诉讼原告概述…………………………………………… 355
二、行政诉讼原告的确认………………………………………… 357
三、行政诉讼原告资格的转移…………………………………… 359
第三节 行政公益诉讼起诉人…………………………………… 360
一、行政公益诉讼制度的建立背景……………………………… 360
二、行政公益诉讼起诉人的概念与特征………………………… 361
三、行政公益诉讼起诉人与一般行政诉讼原告的区别………… 362
第四节 行政诉讼被告…………………………………………… 363
一、行政诉讼被告概述…………………………………………… 363
二、行政诉讼被告的确认………………………………………… 364
三、行政诉讼被告资格的转移…………………………………… 367
第五节 行政诉讼第三人………………………………………… 367
一、行政诉讼第三人的概念……………………………………… 367
二、行政诉讼第三人的确认……………………………………… 368

三、第三人参加诉讼的程序…… 370

第十九章 行政诉讼证据…… 371
第一节 行政诉讼证据概述…… 371
一、行政诉讼证据的概念与特征…… 371
二、行政诉讼证据形式的分类及其特征…… 373
三、行政诉讼证明标准与非法证据排除…… 376
第二节 行政诉讼举证责任…… 378
一、行政诉讼举证责任的概念与分类…… 378
二、举证与证明责任…… 379
三、举证时限…… 385
四、法院收集证据的权力与义务…… 388

第二十章 行政诉讼程序…… 391
第一节 起诉与受理…… 391
一、起诉…… 391
二、受理…… 394
三、撤诉…… 396
第二节 行政诉讼一审程序…… 398
一、普通程序…… 398
二、简易程序…… 401
第三节 行政诉讼二审程序…… 401
一、行政诉讼二审程序概述…… 401
二、上诉的提起与受理…… 402
三、上诉案件的审理和裁判…… 403
第四节 行政诉讼审判监督程序…… 405
一、审判监督程序的提起…… 405
二、审判监督案件的审理程序…… 408

第二十一章 行政诉讼法律适用…… 410
第一节 行政诉讼法律适用概述…… 410
一、行政诉讼法律适用的概念与特征…… 410
二、行政诉讼法律适用的依据…… 411
第二节 行政诉讼中的规范适用、规范审查与规范冲突…… 412

一、规范适用…………………………………………………… 412
二、规范审查…………………………………………………… 417
三、规范冲突与处理…………………………………………… 421

第二十二章 行政诉讼裁判与执行……………………………… 425
第一节 行政诉讼的判决、裁定与决定………………………… 425
一、行政诉讼判决……………………………………………… 425
二、行政诉讼裁定……………………………………………… 429
三、行政诉讼决定……………………………………………… 429
第二节 行政诉讼的执行……………………………………… 430
一、行政诉讼中的执行………………………………………… 430
二、非诉行政案件的执行……………………………………… 433

第二十三章 涉外行政诉讼……………………………………… 437
第一节 涉外行政诉讼概述…………………………………… 437
一、涉外行政诉讼的概念……………………………………… 437
二、涉外行政诉讼的特征……………………………………… 437
第二节 涉外行政诉讼的原则………………………………… 438
一、平等原则…………………………………………………… 438
二、对等原则…………………………………………………… 439
第三节 涉外行政诉讼的类型………………………………… 439
一、国际贸易行政案件………………………………………… 439
二、反倾销、反补贴行政案件………………………………… 441

阅读文献……………………………………………………………… 445
人名译名对照表……………………………………………………… 447

后 记……………………………………………………………… 448

第二版后记………………………………………………………… 449

绪　论

一、行政法与行政诉讼法学的研究对象

行政法与行政诉讼法学是法学的分支学科。作为社会科学的一个门类，法学以法律现象为研究对象。法律发展到一定阶段，出现了因调整对象不同而形成的不同的法学学科。行政法与行政诉讼法学是以行政法现象为研究对象的分支学科，它与民法、刑法等其他法学分支学科之间是平行的部门法关系。同时，行政法又以行政为研究对象，因而行政法学与同以行政为研究对象的行政学是两门关系极为密切的学科。在法学领域内，行政法与行政诉讼法学同宪法学之间的关系最为紧密：行政法是实践中的宪法，宪法学为行政法与行政诉讼法学提供理论和法律依据，行政法与行政诉讼法学为宪法学提供实证基础。行政法与行政诉讼法二者密不可分，行政法的基本理论涵盖了行政诉讼，行政诉讼法是行政法的重要组成部分，但行政诉讼法也具有相当的独立性，是行政法理论的重要来源。由于两者不可分割，故本学科称为“行政法与行政诉讼法学”。这与民法和民事诉讼法、刑法和刑事诉讼法的学科分立是不同的。

行政法与行政诉讼法学的研究对象非常丰富，内容涵盖三个方面：

（一）行政法与行政诉讼法的基础理论

行政法与行政诉讼法学作为法学的一个分支学科，适用法学的基本原理、原则，但是作为部门法学，行政法与行政诉讼法学也有独立的、不同于其他部门法学的理论和学说。行政法与行政诉讼法学既要研究具有共性的法学理论，又要研究本身的特殊性，探索与阐明其基础理论。

（二）行政法与行政诉讼法的历史发展

作为一种社会现象，行政法与行政诉讼法产生和发展的经济、政治、文化等条件，是认识行政法与行政诉讼法发展所需要的社会环境的基础。与其他法学学科相比，行政法与行政诉讼法学的发展与变化受社会环境变化的影响更强烈、更显著。

（三）行政法与行政诉讼法的主要内容

行政权是行政法的核心。围绕行政权，行政法与行政诉讼法主要包括三项内容：行政组织法律制度，规范行政权的配置，即关于行政主体的理论；行政行为法律制度，规范行政权的运行，即关于行政行为的理论；行政监督法律制度，规范对行政权的监督和救济，即关于行政监督和行政救济的理论。

行政法确立和维护不同性质的行政法律关系，包括：行政法律关系的主体、客体；行政法律关系的内容，各方的权利、义务及其法律地位；行政法律关系的

产生、变更和消灭等。

二、学习和研究行政法与行政诉讼法学的理论指针和基本方法

行政法与行政诉讼法学是研究对象广泛、内容极为庞杂的法律分支学科，因此，运用科学的理论指针和研究方法非常重要。这个理论指针和研究方法就是马克思主义的观点和方法。

行政法与行政诉讼法作为上层建筑，与经济基础的关系，尤其是政府与社会的关系、政府与市场的关系，是研究的基础，必须以辩证唯物主义和历史唯物主义的观点、方法加以分析，才能得出科学的结论。

马克思主义的国家观对研究行政法与行政诉讼法具有指导意义。马克思主义强调国家的本质是阶级性，国家具有阶级性和公共性的特征。公共性与阶级性是目的性与手段性的辩证统一关系。恩格斯在《反杜林论》中强调，“政治统治到处都是以执行某种社会职能为基础，而且政治统治只有在它执行了它的这种社会职能时才能持续下去”①。这些思想有助于我们辩证地、客观地、全面地、历史地理解政府与市场的关系、政府与社会的关系。随着国家阶级性的缩小、公共性的扩大，需要及时转变政府职能，创新管理方式，破解发展难题。作为社会主义国家，不仅要创造更高的劳动生产率，而且要实现更高水平的政府公共性和社会福利。马克思主义的权力观认为：权力是社会关系的一种表现。在一定社会关系中，它表现为一方支配另一方的力量。马克思指出：“彻底清除了国家等级制，以随时可以罢免的勤务员来代替骑在人民头上作威作福的老爷们，以真正的责任制来代替虚伪的责任制，因为这些勤务员总是在公众监督之下进行工作的。”② 在政治权力对社会独立起来并且从公仆变为主人后，就要求有良好的权力运行和制约机制。而限制和约束政府权力、建设法治政府则是历史的必然要求。

习近平说：“党的领导是中国特色社会主义最本质的特征，是社会主义法治最根本的保证。”③ “全面推进依法治国总目标是建设中国特色社会主义法治体系。”④ “法治国家、法治政府、法治社会三者各有侧重、相辅相成。”⑤ “要以建设法治政府为目标，建立行政机关内部重大决策合法性审查机制，积极推行政府法律顾问制度，推进机构、职能、权限、程序、责任法定化，推进各级政府事权规范化、法律化，要全面推进政务公开，强化对行政权力的制约和监督，建立权责统一、

---

① 《马克思恩格斯文集》第 9 卷，人民出版社 2009 年版，第 187 页。
② 《马克思恩格斯文集》第 3 卷，人民出版社 2009 年版，第 196 页。
③ 《习近平关于全面依法治国论述摘编》，中央文献出版社 2015 年版，第 33 页。
④ 《习近平关于全面依法治国论述摘编》，中央文献出版社 2015 年版，第 33 页。
⑤ 《习近平谈治国理政》第 2 卷，外文出版社 2017 年版，第 120 页。

权威高效的依法行政体制。要严格执法资质、完善执法程序，建立健全行政裁量权基准制度，确保法律公正、有效实施。”①

在马克思主义观点和习近平新时代中国特色社会主义思想的指导下，行政法学可以应用以下具体研究方法：

（一）系统论方法

2014 年中国共产党第十八届中央委员会第四次全体会议（以下简称十八届四中全会）《中共中央关于全面推进依法治国若干重大问题的决定》（以下简称《决定》）指出：“全面推进依法治国是一个系统工程，是国家治理领域一场广泛而深刻的革命……”国家治理体系和法治体系是两个相互独立、相互作用、相互促进的系统，政府治理是国家治理体系的子系统，法治政府是法治国家系统的子系统。十八届四中全会《决定》提出：“坚持依法治国、依法执政、依法行政共同推进，坚持法治国家、法治政府、法治社会一体建设……”研究行政法与行政诉讼法，必须注重系统论的方法。行政权处于公共权力系统的核心，行政法与行政诉讼法不是孤立的法律现象，与政治体制、行政管理、社会治理之间都有紧密的联系，因此，不能脱离政治、经济、文化、社会等系统单独研究行政法现象。同时，我们必须将行政法与行政诉讼法作为一个整体进行研究，不能支离破碎、零散地就单一的制度进行研究。

（二）比较方法

只有通过比较，包括纵向比较和横向比较，才能对我国行政法与行政诉讼法的历史发展变化，以及世界上不同的行政法与行政诉讼法制度作出正确的评价，才能了解不同行政法与行政诉讼法制度的利弊得失，才能更加深刻地理解行政法与行政诉讼法的基本理论。

（三）规范分析和实证分析相结合的方法

研究法律现象，不能脱离法律制度体系。行政法与行政诉讼法不同于刑法、民法等部门法的一个特点是还没有统一的法典。因此，研究不同层级和不同部门的法律规范制度，对于行政法与行政诉讼法的研究必不可少。通过行政法与行政诉讼法实证分析，特别是案例分析，可以对行政法与行政诉讼法的抽象原则、原理有具体、形象的认识，对行政法与行政诉讼法的基础有更加深刻的理解，从而真正从动态上、从理论和实践的结合上把握行政法与行政诉讼法。

三、学习和研究行政法与行政诉讼法学的意义

（一）推动政府依法行政与建设法治政府

行政法与行政诉讼法学是研究行政法与行政诉讼法的科学，目标是建设法治

① 《习近平谈治国理政》第 2 卷，外文出版社 2017 年版，第 121 页。

政府，其实质是规范行政权力的依法行使，这是建设法治政府的必然选择。中国共产党第十八届中央委员会第三次全体会议（以下简称十八届三中全会）通过的《中共中央关于全面深化改革若干重大问题的决定》提出：“全面深化改革的总目标是完善和发展中国特色社会主义制度，推进国家治理体系和治理能力现代化。”推进国家治理体系和治理能力现代化，既是对我国现代化建设成功经验的理论总结，也是对现代化进程新的发展阶段所面临的各种严峻挑战的主动回应。法治政府是现代政府的基本特征，我国自改革开放以来，就在不断摸索、借鉴和尝试中开始法治政府建设的进程，并建立起一套中国特色社会主义行政法制体系。1989年我国《行政诉讼法》[1] 颁行，对于保障公民权利、规范行政行为、监督行政机关依法行政起到了重要作用，奠定了行政法治的基石。1993 年中共中央在《关于社会主义市场经济体制若干问题的决定》中要求“各级政府都要依法行政，依法办事”。此后，多部规范行政权力行使的法律法规相继实施，行政法律体系日趋完善。2004 年国务院《全面推进依法行政实施纲要》明确提出“建设法治政府”。2012 年党的十八大报告中明确提出：2020 年依法治国基本方略全面落实，法治政府基本建成。十八届四中全会《决定》要求加快建设职能科学、权责法定、执法严明、公开公正、廉洁高效、守法诚信的法治政府，并提出了建设法治政府的基本要求、任务和途径。2015 年 12 月，中共中央国务院印发《法治政府建设实施纲要（2015—2020 年）》，提出法治政府的衡量标准包括：政府职能依法全面履行，依法行政制度体系完备，行政决策科学民主合法，宪法法律严格公正实施，行政权力规范透明运行，人民权益切实有效保障，依法行政能力普遍提高。党的十九大报告要求加强宪法实施和监督、推进合宪性审查工作。2018 年 3 月召开的第十三届全国人民代表大会第一次会议修改了《宪法》，制定了《监察法》。十九届三中全会通过的《中共中央关于深化党和国家机构改革的决定》和《深化党和国家机构改革方案》，明确提出要解决党和国家机构职能体系中存在的体制障碍，加快推进国家治理体系和治理能力的现代化。行政法与行政诉讼法学的研究将引领国家机构改革的深化，并将进一步促进中国法治政府建设。

（二）完善行政法与行政诉讼法学的理论体系

> **拓展阅读**
>
> 加快法治建设促进国家治理体系和治理能力现代化

中国当代行政法的发展走的是一条理论与实践相结合的成功之路。行政法治建设既催生新的行政法学理论，又为行政法学理论的发展提供了不竭的活力，而理论研究不仅回答实践提出的问题，又指导实践的发展。经过 30 多年的发展，具有中国特色的中国行政法学理

① 为表述方便，本书法律法规多采用“简称”。

论体系已基本确立，并在完善行政法律体系、促进政府依法行政等方面发挥着积极作用。中国日益加快的行政法治建设，不仅有力地推动了行政法律制度体系日趋完善，也向行政法与行政诉讼法学研究提出了许多新的问题、新的课题，拓宽了理论研究的视野，促进了知识体系的更新。行政法与行政诉讼法学研究必须与国家治理和政府法治发展同步，在十八届三中全会、四中全会精神的指引下，将行政法与行政诉讼法学置于中国国家治理的理论体系中进行系统研究，在科学界定政府治理与市场治理、社会治理各自边界的基础上，形成具有深厚的马克思主义思想和理论基础、清晰的概念体系、自洽的逻辑结构、多元的研究方法和具有中国特色的行政法与行政诉讼法学的理论体系。在行政法与行政诉讼法学总论的基础上，还应加强向公安、教育、卫生、规划等部门行政法领域研究拓展，促使行政法的基本理论与行业行政管理从简单嫁接向深度融合发展。同时，关注国外行政法动态，加入全球行政法序列。随着全球一体化趋势的不断增强，中国行政法与行政诉讼法学已经走过由外国向中国单向输出的“拿来主义”阶段。在深刻认知中国特色的基础上，我们应当从对国外制度的简单学习转向更加关注制度存在的社会空间及其动态发展，以全球化的眼光，开启超越国界的全球行政法问题的研究。

四、本书的体系和结构

本书共分为四大部分。第一部分阐述行政法与行政诉讼法的基本理论，包括绪论、概述和基本原则。并按照组成行政的三要素，即主体、行为和监督救济，分成三个部分依次论述。第二部分行政主体包括行政组织法、公务员法。第三部分行政行为包括行政立法、行政执法与行政司法。其中行政执法部分内容最为丰富、复杂，按其性质的不同又分为授益行政行为、负担行政行为和其他行政行为。行政应急是行政主体在特殊情况下采取的措施，故单列一章；行政程序法是规范行政主体所有行为的法，故又单列一章。第四部分是监督、救济，包括监督行政、行政复议、国家赔偿和行政诉讼。由于行政诉讼在本学科中的重要地位，所以将行政诉讼法按专题分为八章，约占全书 1/3 篇幅。

第一章　行政法概述

行政法是一门独立的部门法，是构建法治国家所必需的法律体系的重要组成部分，是行政法学的主要研究对象。学习、研究、制定和实施行政法，必须从行政法学的基本概念和基本范畴入手。本章主要介绍行政、行政法、行政法的渊源和行政法律关系等行政法学的基本概念。

第一节　行政法与行政法学

一、行政的概念与特征

从行政法概念的构成来看，行政法由“行政”与“法”组成。因此，对行政法的理解需要从“行政”一词开始。行政（英文为 administration，德文为 Verwaltung）这一术语，在行政学和行政法学中都被广为使用。正如马克思在论述行政的本质时所指出的，“所有的国家都认为原因在于行政管理机构偶然或有意造成的缺欠，于是它们把行政管理措施看作改正国家缺陷的手段。为什么呢？就因为行政管理是国家的组织活动”①。由于行政本身并不是一成不变的，它可能会随国家的职能、某一时期或阶段的任务与取向而有所拓展或者收缩，因而往往难以被清晰地界定。但从理论上作出大致的“定义”或“描述”仍是十分必要的。

行政法意义上的行政，是一个相对于立法、司法的概念，专指国家行政或公共行政。在这一前提下，各国行政法学者对行政的定义，从方法上可归纳为如下四类：

其一，除外说（或称消极说、蒸馏说、扣除说），认为行政是除立法与司法以外的国家或其他公权力主体的活动。

其二，积极说，此说试图给行政下一个积极的定义或描述。如日本学者田中二郎认为：“行政是依据法律、在法律的约束下，现实中为积极实现国家目的进行的、整体上具有统一性的、连续的形成性国家活动。”②

其三，形式意义与实质意义说。形式意义的行政是指行政机关所作的行为或活动，而不论其在实质上是“准立法行为”或“准司法行为”；实质意义的行政则着眼于职能及其活动，只要是国家对社会公共事务的组织管理活动，不论是由何

---

① 《马克思恩格斯全集》第 3 卷，人民出版社 2002 年版，第 386 页。

② ［日］南博方：《日本行政法》，杨建顺、周作彩译，中国人民大学出版社 1988 年版，第 8 页。

种机关、组织实施，都属于行政的范畴。

其四，综合说，即对行政多角度的界定。如我国台湾学者吴庚教授从结构（或组织）、实质和功能三个方面对行政的含义作总括性说明。①

借鉴中外学者关于行政的定义或描述，本书对行政作出如下界定：行政是国家通过一定的组织为实现国家或社会职能而进行的公共管理活动及其过程。其特征主要表现为：

1. 行政具有执行性。行政的基本特点是执行，是对国家法律法规的执行。我国《宪法》第85条规定："中华人民共和国国务院，即中央人民政府，是最高国家权力机关的执行机关，是最高国家行政机关。"虽然现代国家的行政主体也被赋予制定规范的功能，但这些规范在本质上仍然是为了执行法律，是一种执行性的规范。我国《立法法》第65条规定："国务院根据宪法和法律，制定行政法规。行政法规可以就下列事项作出规定：（一）为执行法律的规定需要制定行政法规的事项；（二）宪法第八十九条规定的国务院行政管理职权的事项。"

2. 行政的目的具有公益性。行政应以追求公共利益或公共福祉为目的。行政的这种公益性除表现为行政的事务乃公共事务而非私事外，更主要的是其目的在于实现国家或社会的职能，这些职能至少包括建设、保卫、服务等职能。行政的最终目的应该是"为人民服务"。

3. 行政的活动具有整体性与能动性。司法具有个别性和消极被动的特征，而行政则呈现出整体性、连续性、积极能动的特征。行政作为一种活动，在现实中表现为若干个单独的行动，但这种具体行动与国家职能和政策的整体关联，必须始终一贯，在整体上保持统一性和连续性。因此，行政是由若干具体行动构成的整体。同时，行政具有能动性，它可应时势的需要主动作为，以保护公共利益的实现。在这方面，它明显不同于司法的被动性。

4. 行政具有过程性。行政不仅是一种实体活动的过程，而且是一种程序的过程，它具有实体与程序的统一性。对行政的活动，不能只理解为一种实体活动，还必须将它视为一个过程、一套程序的实践。行政是对国家事务和社会事务的管理，这种管理包含着为实现目标而进行的一系列行动，具有一定的步骤、阶段、顺序、方式、时限等内涵。

5. 行政具有法定性（合法性）与裁量性（合目的性）。依法行政是法治国家的基本要求。由于行政任务的广泛和复杂、社会的变迁和发展以及人们价值观念

---

① 在结构上，行政是指民意代表机关或司法机关以外的国家结构或组织的总称；就实质而言，立法机关和司法机关以外的国家活动则属于行政的范畴，即便法院，如果处理审判以外的事务，仍属实质意义的行政；就功能而言，行政是实现国家目的之重要手段。参见吴庚：《行政法之理论与实用》（增订八版），三民书局2004年版，第7—10页。

的变化，立法者不可能对所有行政事务都加以规定或者作出详细规定，往往授权行政机关（或其他行政公共组织）在法律允许的范围内行使裁量权，赋予行政机关一定的灵活性。基于为民服务的需要和行政目的的实现，行政机关可以采取各种不同的行为方式。即使在法律没有明文规定的情况下，行政机关在某些领域或范围内也可以采取一定措施，如行政给付、行政契约和行政指导等。行政机关是权力机关的执行机关，肩负着权力机关所授予的职责，是能动地实施法律和政策的组织体和活动体。行政机关的这一地位与角色，决定了其在行政活动中必须有一定的裁量权。当然，这种裁量的自由并不是不受限制的，它必须在法定的范围（包括法律的原则和精神）内合理、正当地进行。

6. 行政具有效率性。相对于国家的立法和司法活动，行政具有更强的效率要求。国家的经济社会发展必须争取高效。同时，对于公民的申请和需求，也必须有效率，否则将引起公民的不满。强调效率是行政的显著特点。

7. 行政具有受监督性。行政活动必须受到严格的监督，这种监督是多维度和多层级的。首先，行政要受立法机关的监督，受其所制定的法律的约束；其次，行政在本系统内要受到行政主体自身的监督，包括上级对下级的监督、专门监督机关的监督，如监察机关、审计机关的监督，公务人员受本机关或行政首长的监督；再次，行政要受司法监督，其中主要是法院通过行政诉讼途径对行政进行监督并保护公民的权益；最后，行政还要受到社会公众的监督和新闻舆论的监督。

二、行政法的概念、特征与作用

（一）行政法的概念

行政法是有关行政以及与行政有关的法律规范的总称。[①] 这种最简单的定义正如民法是有关民事的法、商法是有关商事的法、刑法是有关犯罪与刑罚的法等部门法的常识定义一样。当然，仅此简单的定义是不够的。具体言之，行政法是有关行政的主体及职权、行为及程序、违法及责任和救济关系等的法律规范的总称。[②] 对这一概念可从如下几个方面予以分析：

1. 行政法是有关行政的法。这是行政法在性质和内容上不同于其他部门法的地方。凡是行政权的行使、与之相联系的活动，以及由此形成的种种社会关系，

① 行政法所调整的“行政”范围，不仅包括行政组织地位的确定和权限的取得、行政管理活动的进行，还包括因行政管理活动的违法而引起的监督与救济。对行政的监督与救济特别是行政诉讼，虽性质上属于司法但与行政密不可分，因而行政法也包括规范行政诉讼方面的法。由此，我们可简单概括为：行政法是有关行政以及与行政有关的法律规范的总称。

② 在本书中，行政法的概念包括行政诉讼法。就行政法的涵盖范围而言，行政诉讼法只是其中的一部分，属于对行政的监督和救济部分。在我国，人们往往将行政诉讼法与行政法相并列，合称为“行政法与行政诉讼法”。

都属于行政法所规范的内容和调整的范围。

2. 行政法的内容主要涉及行政权的行使及其后果。具体内容有：行政权的主体、行政职权的分配与设定，包括行政机关组织法和公务员法；行政职权的行使活动或者与行政职权相关联的活动，包括行政实体法和行政程序法；对行政权的主体及活动的监督，对公民或组织权益的保障与救济，包括行政监督法和行政救济法等。

3. 行政法是有关行政的法律规范体系的总称。行政法律规范是行政法的外在表现，没有行政法律规范的存在，我们就无从考察行政法现象。行政法律规范是一个多层级的法律规范体系，其表现形式也是多种多样的，它可体现于宪法、法律、行政法规、地方性法规、自治条例、单行条例、规章以及判例、习惯等众多形式之中。

（二）行政法的特征

关于行政法的特征，行政法学界往往从内容和形式两个方面予以概括。行政法在形式上的特点有：没有统一、完整的法典，法律形式、法律文件数量多。在内容上的特点表现为：内容广泛，行政法规范易于变动，实体性规范与程序性规范相交织。[①] 本书将行政法的特征在理论上作如下概括：

> 拓展阅读
>
> **论行政法概念的哲学视野**

1. 行政法是国内公法。这一特征是行政法在法律体系中的地位与性质的显现。一国的法律体系理论上可划分为公法与私法，行政法则归属于公法。[②] 行政法构成了中国特色社会主义法律体系的一个组成部门。

2. 行政法是政治性与技术性的统一法。这是行政法在规范内容与应用上的特点。行政法是政治性的法还是技术性的法，一直有不同的观点。如法国学者 P. 威尔认为，行政法不是一种法律意义上的法，而是一种政治意义上的法，人们不能比照民法上通常使用的标准来衡量行政法的规范、概念和制度。[③] 如今，学者大多从一种技术操作角度来认识行政法，认为行政法是一种技术法。如日本的和田英夫认为：宪法具有政治性、意识形态性、国家性和民族性；而行政法则表现为技术性、手段性、合目的性。[④] 行政法的特点，往往要视其参照的对象来确定。相对

---

① 参见罗豪才主编：《行政法学》，北京大学出版社 1996 年版，第 14—16 页。

② 参见杨解君：《公法（学）研究："统一"与"分散"的统一》，《法商研究》2005 年第 3 期。

③ 参见［法］P. 威尔：《法国行政法涵义》，徐鹤林译，中国政法大学行政法教研室编：《行政法资料选编》1984 年第 1 期。

④ 参见［日］和田英夫：《现代行政法》，倪健民、潘世圣译，中国广播电视出版社 1993 年版，第 36 页。

于民法或刑法而言，行政法是政治性的法；相对于宪法而言，行政法又是技术性的法。因此，行政法既是政治性的法，又是技术性的法，是二者的统一。

3. 行政法既是控制法又是保障法。这是行政法在观念和功能上的特色。一方面，行政法具有控制的内容和功能。行政法的控制性，主要表现为对行政权行使的控制，这种控制既从消极方面防止行政权的滥用，又从积极方面配合行政，为行政权的行使提供依据、确立标准、指明方向，从而保证行政机关有效地实施法律。另一方面，行政法又具有强大的保障功能，这种保障功能主要是保障公民的合法权益不受行政机关的非法侵害，保障社会公益的实现，保障行政服务于民职能的实现。

4. 行政法是具有“多元性”的法。行政法在形式、内容及效力等方面都具有与其他部门法不同的特征，我们可以将这些特征概括为“多元性”。行政法的多元性具体表现为：

（1）形式多元。各国行政法大多未能制定出综合、统一的行政法典，其原因主要是行政法所涉范围广泛，内容纷繁复杂，须因时、因地、因事、因情、因势而频繁变迁。在我国，从来没有一部系统、完整的行政法典，但学术界和立法部门一直在进行有关某一领域订立行政法典的探讨。目前业已制定了《行政许可法》《行政强制法》《行政处罚法》《行政复议法》《行政诉讼法》等“局部性行政法典”，《行政程序法》等重要性法律也正在酝酿之中。除这些有关行政一般性问题的局部性法典外，我国的行政法律规范大多散见于各种法律、法规、自治条例、单行条例和规章等形式之中，而且数量众多。

（2）内容广泛、易变。行政法所规范的对象是行政，而行政所涉领域极为广泛，正如“从摇篮到墓地”所形容的那样，行政几乎触及所有的社会生活领域，行政法也需相应地跟进。因此，行政法的内容也具有广泛性。由于行政的广泛、复杂、多变，特别是新问题大量出现，行政法不可能一成不变或停留在传统的领域或思路上。行政法的方向和任务决定了行政法必须针对现实问题及时作出调整以适应现实的需要，否则就会阻碍社会的进步和发展，甚至产生消极的后果。当然，变动不是朝令夕改使人无所适从，它必须既保持一定的稳定性又具有适时的变动性。行政法的多变性，是与宪法、刑法、民法等其他法律部门相对而言的。

（3）效力多元。行政法的表现形式多种多样，也必然致其效力多元。这种效力上的多元性具体表现在：一是效力层级多元，即不同的行政法形式其效力层级各不相同；二是效力的适用范围多元，即在时间、地域、对象等方面不统一。不同的行政法形式，所适用的地域、时间、事项各有不同。

5. 行政法是实体法与程序法的综合。法有实体法与程序法之分。民法与民事诉讼法、刑法与刑事诉讼法，常分别作为实体法与程序法，单独制定法典，且往往被视为不同的法律部门。行政法则不同，行政法也有行政诉讼法，但行政法与行政诉讼法被视为一个统一的法律部门，而不可如刑法与刑事诉讼法、民法与民事诉讼法一样分为两个部门，其理由是多方面的：

一是在调整对象和逻辑思路上，行政活动及其过程必然伴随着监督与救济的发生。行政权的两面性决定了司法权必须对行政权的行使进行监督制约，并为行政相对人提供救济和保护，即“无监督即无行政”。此一内涵同刑法与刑事诉讼法的关系、民法与民事诉讼法的关系具有质的区别。刑法是从实体上解决犯罪与刑罚问题，刑事诉讼法是刑事犯罪的判断与决定的程序规则；民法解决的是意思自治的私领域问题，民事诉讼法主要是关于民事侵权或违约的诉讼程序规则。刑事诉讼与民事诉讼并非如行政诉讼一样，针对国家公权力行使进行监督。因而，作为诉讼程序的刑事诉讼法与民事诉讼法，可与作为实体法规范的刑法与民法相对分离，已成为部门法划分的通例。

二是在监督（或救济）制度的关系方面，通过行政诉讼的司法救济与通过行政复议等方式的行政救济往往衔接密切，在时间、方式和过程等方面环环相扣。诸如：行政诉讼前有行政救济穷尽或先行政复议等规定与要求，不仅表明行政诉讼法中存在行政阶段的程序法规则，而且行政与司法的环节也是密切联系在一起的，因而难以分割。

三是从比较视野来看，世界各国无论大陆法系国家还是英美法系国家，都将行政诉讼作为行政法的组成部分（甚至主要的组成部分）予以对待。

四是从行政法产生和形成的历史来看，作为“行政法母国”的法国的行政法，最初就是由行政法院通过判例及其概括提升，形成行政法的原则与规则并推动其发展的，可谓“无行政诉讼即无行政法”，且这已成各国行政法产生之通例。

因而，行政法与行政诉讼法既是行政活动的实体与程序之法，也是监督行政活动的实体规范与诉讼程序之法。但行政法不仅有诉讼程序，还有特别规范其自身行政活动的行政程序法，这是与民法、刑法极为不同之处。

6. 行政法是行为规范与裁判规范的统一。法律规范有行为规范与裁判规范之分。私法规范，原则上是裁判规范而非行为规范，但行政法规范作为行政主体行使行政权力或履行行政职责所必须遵循的规则，首先是行政主体的行为依据，包括实体依据和程序依据，其次才是法院审理行政争议案件的裁判依据。

（三）行政法的作用

行政法的作用，即行政法的功能或效用，是指满足人们的某种需要或对社会的影响。从人们对法律作用的一般理解来看，任何法律都具有规范作用（指引作用、预测作用、教育作用、评价作用、强制作用）和社会作用（管理公共事务、调整社会关系）。由于行政法所涉对象包括行政机关及其他行政主体一方和行政相对人一方，另外还涉及其他社会主体，因此，行政法必然要对行政机关、公民和社会产生影响。鉴于此，行政法的作用主要应围绕行政法对这三种不同对象的影响来考虑。

行政法具有广泛的作用，其作用也有层次之分。概括而言，其作用就是：规范政府行为，保护公民权利。具体有四个方面的内容：

1. 维护秩序（社会秩序与行政权力运行秩序）的作用。没有法律，社会就会进入无政府状态，因此，法律存在的首要价值就在于维护社会秩序。行政法通过对行政权限的分配与设置，行政主体地位的明确，权力行使规则如禁止越权、滥用权力等的规范与控制，保证行政权力有规则、有秩序地行使。如果没有规范行政权行使的行政法，行政权的行使就会无序。无序的行政权力运行，不仅会对行政秩序自身造成破坏，还必然对人民、国家和社会构成危害和破坏。行政法的作用在于防止行政权的失控或异化，防止行政权背离立法授权的目的。

2. 保护公益实现和保障私益的作用。在法律世界中，社会关系表现为权利义务关系，而权利义务关系总是体现着一定的利益。行政法规范的主要是行政权，其调整对象是行政关系，这样必然涉及行政主体与行政相对人的权利义务关系，涉及背后所隐含的私益与公益。行政法通过对行政关系的调整，既保障公民的私益又保障社会的公益。一方面，法律赋予公民相应的权利，包括行政实体权利和行政程序过程中的权利及救济阶段的权利，确立了多种权利保障机制，同时也规定了行政机关保护公民的职责、为民服务的义务。另一方面，由于行政活动本身具有公益性，法律规定行政机关为实现国家职能必须主动、积极地为实现公益而活动，行政主体有权禁止各种妨害公益及私益的行为或事件。在保障两种利益实现的方面，不能简单地归结为公益优先于私益或私益优先于公益，而应是二者兼顾，在无法兼顾时，也应尊重私益，尽可能减少对私益的侵害，一旦造成侵害，应相应地对私益给予赔偿、补偿或救济。

3. 为行政主体提供行为规范与行动指南的作用。对于行政主体来说，行政法具有行动依据的作用、规范的作用，以及操作性的工具作用。在我国，行政法的作用不只在于限制行政权力，而且还为行政主体提供行动的依据和指南。对于行政机关及其公务员来说，行政法的直接效果就是要使行政行为与法律所设定的行为模式相一致。从这一意义上来说，行政法是一种操作法，它必须为行政机关确定相应的行为标准，引导合法、正确的行为，指明行动的方向。当然，行政法的行动指南作用也包括了对公民或组织活动的规范与引导。

4. 预防和解决行政纷争的作用。解决争端是任何国家的法律都具有的功能，“法律既是冲突的产物又是冲突的解毒剂”①，行政法也必然要发挥预防和解决行政

① ［美］昂格尔：《现代社会中的法律》，吴玉章、周汉华译，中国政法大学出版社 1994 年版，第 28 页。

争议的作用。行政主体在行政活动过程中，由于不同利益的存在，行政违法的存在，行政公务人员的认知水平、对事实的判断和法律适用的理解、非正当动机和目的等因素的影响，不可避免地要与公民、法人或者其他组织发生纠纷或冲突。对行政争议，必须及时予以解决，从而化解矛盾、排解纠纷、消除冲突。因此，必须建立一种有效的预防纠纷、解决纠纷的机制。行政法产生的缘由之一，就是为预防和解决行政争议。行政法不仅具有预防和避免行政争议的作用，更具有解决行政争议的作用。行政法解决行政争议的作用，又可具体分解为两个方面：一方面，行政法使公民可以通过行政复议、行政诉讼、申诉等多种途径和手段寻求对纠纷的解决；另一方面，行政法通过解决行政争议，及时处理矛盾，结束行政行为的不定状态从而提高行政效能和保持社会稳定。

三、行政法的历史发展

如果不考虑行政法的价值取向而仅将行政法理解为有关行政的法，那么，行政法的历史就与国家及其行政的历史一样久远。不过，现代意义上以规范和控制行政权力从而保障人权为价值目标的行政法，则是17、18世纪资产阶级革命取得胜利后的产物。第二次世界大战以后兴起的社会主义国家的行政法，虽然与资本主义国家行政法有质的差异，但在一定程度上也借鉴和吸收了资本主义国家行政法的有益因子。

（一）大陆法系国家行政法的历史发展

以法国和德国为代表的大陆法系国家的行政法治实践，为世界行政法治的发展做出了巨大贡献。其主要特点是公私法自成体系，通常由专门的行政法院管辖行政诉讼案件。

1. 法国行政法。法国行政法是在1789年法国大革命之后产生的。法国行政法是由行政法院通过个案审判而创造的诸多判例汇集而成，有关行政法的观念、原则和制度也是通过行政法院的判例而确立的。因此，考察法国行政法的历史发展过程应从法国行政法院的产生入手，同时关注其判例。法国行政法的主要特点有：（1）重要原则由判例产生，成文法起补充作用；（2）在行政系统内设立行政法院，与普通法院分立，为此又设立权限争议法庭，裁决普通法院和行政法院之间的管辖争议；（3）行政法体系完整，既包括内部行政法又包括外部行政法，既包括实体行政法又包括程序行政法；（4）从行政法的功能上看，有保障公民权利和控制行政权的作用。

2. 德国行政法。德国行政法的发展基本经历了警察国家时代、自由法治国时代和社会法治国时代。在警察国家时代，行政法主要是秩序行政法，即以维护社会秩序为主要目标。在自由法治国时代，行政法以通过控制行政权、预防行政权滥用来达到保障人之自由为目标。在社会法治国时代，由于受社会民主主义思潮的影响，行政法除了传统的秩序行政法之外，还产生了大量的给付行政法，通过给付行政法的制定和实施，促使公共行政履行国家在宪法上对公民承担的生存照顾职能。给付行政表现为国家向公民提供福利的关系，行政法的任务不再是简单地控制行政权，不再将国家与公民置于对立地位，国家使用公法合同、行政指导等非强制性的方式，吸收公民参与行政活动，国家承担了为公民提供基本福利的义务，国家与公民处于和谐统一的关系，这体现了当代行政法发展的基本方向。德国行政法的主要特点有：（1）成文法多于判例法。成文法在德国行政法中占重要地位，1960 年的《行政法院法》和 1976 年的《联邦行政程序法》构成其完整的行政法基础。（2）程序法与实体法融合。德国行政程序法并非单纯包括行政程序内容，它同时包含了广泛的实体内容，如行政处分的构成要件、公法契约和国家责任等。（3）德国设行政法院，但德国和法国不同，德国的行政法院是普通法院系统内的专门法院之一，是司法系统的组成部分。

（二）英美法系国家行政法的历史发展

与大陆法系国家相比较，以英国和美国为代表的英美法系国家在法制体系上没有公法、私法的明确划分，法的表现形式主要是司法判例，民事、行政案件统一由普通法院管辖，不存在为审理行政案件而专门设立的行政法院。

1. 英国行政法。英国没有明确的法律部门划分，所以早期英国没有明确的行政法概念，现代意义上的行政法是 17 世纪下半叶开始出现的，是资产阶级革命和改革的产物。英国行政法具有下述特征：（1）一切法律争议（包括行政争议）均由普通法院系统解决，没有独立的行政法院系统。（2）普通法院在审理各种案件（包括行政案件）时，适用同一体系的法律规则，而不存在公法和私法两个法律体系。（3）英国行政法是典型的控权法。（4）行政法体系不完整，主要包括委任立法、行政程序、司法审查等制度，不重视行政组织法和实体行政法。（5）英国在法院以外，设行政裁判所，解决大量行政争议和与行政有关的民事纠纷。不服行政裁判所裁决的再向法院起诉。但近年来行政裁判所又在进行重大改革。

2. 美国行政法。美国行政法的产生是同政府积极干预经济相联系的，1887 年成立的州际贸易委员会被认为是美国行政法的开始。从罗斯福“新政”开始，美国行政法迅速发展，1946 年《联邦行政程序法》的制定是美国行政法史上划时代的法律。该法以美国宪法中的正当法律程序为基础，建立起准司法的行政程序。美国行政法的特征是：（1）联邦制下的法律体系。美国行政法由联邦法和州法构成，联邦法包括联邦宪法、法律、条约、总统命令和行政法规，州法包括州宪法、法律和行政法规。（2）从法律渊源上看，既有判例法，又有制定法，二者的关系复杂，但从总体上来看，制定法的效力高于判例法。（3）美国联邦法院不仅可以审查行政机关的行为是否合法，还可以审查国会的立法是否合宪。这一点不同于英国，英国奉行议会至上的原则，法院无权审查议会的立法。（4）重视行政程序法尤其是行政公开程序制度。（5）设有行政法法官制度。行政法法官属于行政系统，解决大量行政争议和与行政相关的民事纠纷。不服行政法法官裁决的再向法院起诉。

（三）我国行政法的历史发展

现代意义上的行政法在中国产生于民国初期。1914 年 5 月 18 日，北洋政府公布《行政诉讼条例》，同年 7 月 15 日公布中国历史上第一部《行政诉讼法》。1914 年 3 月 21 日，公布了《平政院编制令》，明确了平政院具有行政法院的性质，行政审判权不属于普通法院，而属于平政院。1932 年 11 月 27 日，国民党政府颁布了《行政诉讼法》；1945 年 4 月 16 日，又颁布了《行政法院组织法》。这两个法律规定：行政法院与普通法院分立，专门处理行政诉讼案件；行政诉讼有三个步骤，当事人必须先向行政机关提出诉愿和再诉愿，不服的才能向行政法院提起诉讼。

中华人民共和国行政法的发展大致经历了四个阶段：（1）行政法的初创阶段（1949—1956 年）。这是中华人民共和国民主与法制建设的初创阶段，制定了一些单独的行政法，没有形成系统的行政法体系，甚至对行政法的认识也是有限的。（2）行政法的停滞阶段（1957—1977 年）。这一时期由于反右派斗争扩大化和“文化大革命”，行政法失去了生存与发展的土壤，发展停滞。（3）行政法的恢复阶段（1978—1988 年）。从十一届三中全会，特别是 1982 年《宪法》开始，行政法进入了恢复阶段。许多领域的行政法律规范相继制定，初步结束了无法可依的局面。1982 年颁布的《民事诉讼法（试行）》第 3 条第 2 款规定，“法律规定由人民法院审理的行政案件，适用本法规定”，标志着中国行政诉讼制度的诞生。（4）行政法的发展阶段（自 1989 年以来）。1989 年颁布的《行政诉讼法》具有重大意义，确立了司法权对行政权的制约机制，给公民的合法权利以切实的保障，促进了行政机关依法行政。其后，《国家赔偿法》《行政处罚法》《行政复议法》《行政许可法》《行政强制法》等一系列行政法律得以制定颁布。行政机关和公民的法律意识有了极大的提高，权力机关和司法机关对行政权的监督机制开始发挥越来越大的作用。中国正在完善社会主义行政法律体系，预防和控制行政权力滥用，对非法行政的受害人予以充分救济，努力将行政权力关进制度的笼子里。有法可依和依法行政的形势已经形成并得到发展，我国正在向建成法治政府迈进。

四、行政法学

行政法学是以行政法为研究对象的法学学科或部门法学。一般来说，没有行政法的存在，就不可能有行政法学。行政法学则是对行政法原理、原则等的理论概

拓展阅读

中国行政法的回顾与展望

括与科学阐释，从而又对行政法实践起指导作用。有时人们也将行政法学简称为“行政法”，但这并不意味着二者等同，行政法学的法学性质依然没有改变。

行政法学的研究对象分为三类：一是基本研究对象，即行政法。行政法学应以行政法（实在法）为基本研究对象，否则就没有固定的坐标体系。二是相关研究对象，即与现行行政法现象具有密切联系的相关因素，如决定行政法存在与发展的政治、经济、社会、文化、历史传统等因素，行政法的外部影响，行政法的历史等。三是行政法学自身对象。行政法学不仅要以行政法及其相关因素为研究对象，还应将行政法学自身纳入研究范围，如行政法学体系、行政法学方法论等。

行政法学产生于 19 世纪，是已有法学门类中发展较晚的一门学科。它是市场经济的产物，也是西方法文化的产物，首先出现在行政法制度相对发达的大陆法系国家。法国不仅是现代行政法的母国，也是行政法学的发源地。法国行政法学从 19 世纪 70 年代以后开始发达，这是与法国行政法院的建立、定型并作出有影响的判决分不开的。法国的经典行政法理论都是在 19 世纪末期和 20 世纪初期根据最高行政法院的判例形成的①，其行政法学研究分为探讨行政法共同问题的总论和解决专门问题的分论。

受法国行政法和行政法学研究的影响，德国行政法学得到了很好的发展。德国第一本行政法专门著作是波哲教授（J. Poezl）在 1856 年出版的《巴伐利亚行政法教科书》，随后，探讨行政法分论（或各论）的著作大量涌现，各重要的行政法律都被纳入法学的探讨范围。自 1863 年巴登邦建立行政法院起，全德各邦相继建立了类似的机制，普鲁士邦在 1880 年开始将行政法列为大学法学院独立讲授的课程，全德各大学纷纷效仿，行政法的研究达到高峰。德国行政法学著作（包括教科书）对后世影响最大的当推行政法学大师奥托·麦耶（Otto Mayer）先后在 1885 年和 1895 年出版的《德国行政法原理》及《德国行政法》，这两部著作总结了德国近一个世纪依法治国及行政法发展的精华，将纷杂不一的行政法学原理系统地“总则化”，不仅指引了德国行政法学的发展方向，也因为体系完整、理论严谨而广泛影响到当时其他国家，如葡萄牙、土耳其、希腊及日本的行政法学。第二次世界大战后，德国行政法学又获得进一步的发展。随着大量德国行政法学著作的翻译和介绍，我国行政法学研究也受到德国行政法学的影响。

与大陆法系国家相比，英美法系国家的行政法学研究则起步较晚。这主要与英美法系国家误解大陆法系的行政法而否认行政法的态度有关。很长一段时间内，

---

① 参见王名扬：《法国行政法》，中国政法大学出版社 1989 年版，第 32 页。

英美国家的学者们不承认行政法学的合理性，甚至认为行政法是与法治原则相悖的维护官吏特权的法。到19世纪后半叶，英美国家的学者们才开始注意行政法学的功能并逐步建立了理论体系。在英国，作为一门科学，行政法学研究真正受到重视是20世纪70年代以后的事情①；美国行政法学的发展始于20世纪30年代以后②。近年来，行政法学已成为英美法系国家发展最快的学科之一。

在中国，清政府倒台后，北洋军阀政府开始了法制建设，行政法制也初见端倪。1914年3月31日，北洋政府公布了《平政院编制令》，成立仿效德国、日本的行政法院，并在同年的5月18日公布了《行政诉讼条例》。虽然该平政院的权威从未获得北洋政府及其官员的承认，也未能发挥监督的作用，但行政诉讼作为国家的诉讼体制之一在形式上获得了认同。与这一体制相联系，行政法学也开始发展，且主要是通过直接介绍日本的行政法学而间接地接受了德国的传统行政法理论。在南京国民政府时期（抗日战争之前），中国的行政法学曾有过一定发展。1949年中华人民共和国成立，南京国民政府时期的行政法作为伪法统在大陆被彻底废除。新中国的行政法和行政法学开始另起炉灶。20世纪50年代，我国的行政法和行政法学曾借鉴苏联的模式。此后，由于“法律虚无主义”和“以阶级斗争为纲”的观念影响，行政法和行政法学受到漠视，直到“文革”结束后，行政法和行政法学才又重新起步。1983年，我国出版了第一部统编行政法学教材——《行政法概要》（法律出版社）。1989年以来，随着我国《行政诉讼法》的出台，我国行政法学开始进入一个全新的发展阶段。

近年来，行政法学研究取得了丰硕的成果，研究领域得以拓宽，研究越来越深化、视角越来越广阔，有关理论的研究成果也被转化为法治建设的实践。这些理论研究成果主要体现在下列十个方面：（1）依法行政和法治政府的原理与实践研究方兴未艾；（2）重新研究和构建行政法学科体系；（3）行政诉讼法和国家赔偿法的研究日益深入；（4）有关行政行为的研究尤其是行政立法、行政处罚、行政许可、行政强制、行政合同、行政程序等的研究更为突出；（5）展开了行政法理论基础的研究；（6）启动了行政司法的理论与实践的互动研究；（7）关注行政组织法和行政主体的研究；（8）开始了WTO与行政法的关系问题研究；（9）特别行政法的研究正在逐步展开；（10）外国行政法学和比较行政法学研究取得了新的成果。当然，由于行政法学在中国毕竟是一门年轻的法学学科，中国行政法学研究

> **拓展阅读**
>
> 当代中国行政法的制度特色

① 参见王名扬：《英国行政法》，中国政法大学出版社1987年版，第7页。

② 参见王名扬：《美国行政法》（上），中国法制出版社1995年版，第52页。

正在进入新的历史时期。党的十九大报告明确：全面深化改革总目标是完善和发展中国特色社会主义制度，推进国家治理体系和治理能力现代化；全面推进依法治国总目标是建设中国特色社会主义法治体系、建设社会主义法治国家。坚持依法治国、依法执政、依法行政共同推进，坚持法治国家、法治政府、法治社会一体建设。进一步健全人民当家做主制度体系，发展社会主义民主政治。保证人民实行民主选举、民主协商、民主决策、民主监督、民主管理。进一步深化依法治国实践，深化机构和行政体制改革。2018 年 2 月 28 日，党的十九届三中全会通过了《中共中央关于深化党和国家机构改革的决定》和《深化党的国家机构改革方案》，这为新时代中国行政法的发展提供了更广阔的空间，同时也提出了诸多新问题和新挑战。中国行政法学研究的春天已经到来。

第二节 行政法的渊源

一、行政法渊源的概念与特征

法的渊源通常有两方面含义：一是法的历史渊源，即法作为一种社会存在是如何产生的；二是法的表现形式，即特定国家的法如何存在、如何识别。在部门法领域讨论某一部门法的渊源，通常是指法的表现形式这一意义。本节对行政法渊源的介绍，也是在表现形式这一意义上进行的。所谓行政法的渊源，是指特定国家在某一特定阶段的行政法的表现形式或行政法的存在形式。

行政法的渊源可以分为正式渊源和非正式渊源。所谓正式渊源，是指以规范性法律文件形式表现出来的成文法，如立法机关或立法主体制定的宪法、法律、行政法规、地方性法规、规章和条约等。所谓非正式渊源，是指具有法意义的观念和其他有关准则，如正义和公平等观念，政策、道德和习惯等准则，还有权威性法学著作等。

行政法的渊源在不同国家具有不同的特点。在英美法系国家，行政法的渊源以判例法为主，制定法为辅。在大陆法系国家，行政法的渊源则以成文法为主（法国早期的行政法以判例法为主）。在我国现阶段，行政法只有成文法渊源。无论立法文件还是法律适用的实践活动，都不承认习惯、判例、行政先例等作为行政法的形式渊源。但最近正在推行的由最高人民法院选定典型案例指导法院审判工作，具有重要意义。

二、我国行政法的渊源

通常认为，我国行政法的渊源主要有宪法、法律、行政法规、地方性法规、自治条例和单行条例、行政规章、国际条约及法律解释等。

1. 宪法。我国是刚性宪法国家，宪法居于整个国家法律规范体系的最顶端，在法律等级上具有最高效力，它既是一切国家机关包括行政机关设立的根本依据，也是国家行政权力的界限及目标的根本依据。因此，宪法中有关国家行政机关及其职权、宪法原则、国家目标和基本任务等的条款均是行政法的渊源。

2. 法律。作为行政法渊源之一的法律，是指由全国人民代表大会及其常务委员会依据《宪法》和《立法法》制定的普遍性规范，分为基本法律和基本法律以外的法律。其法律效力仅次于宪法规范。它既是对宪法的具体化与实施，也是制定行政法规、地方性法规和规章等的依据。

3. 行政法规。行政法规是由作为最高国家行政机关的国务院根据宪法、法律制定的有关行政管理事项的规范性法律文件的总称。行政法规在我国的行政法体系中起着承上启下的桥梁作用。行政法规的效力低于宪法和法律，高于地方性法规。行政法规主要根据宪法、法律而制定，不得与宪法、法律相抵触。行政法规的立法目的是保证宪法和法律实施，有了行政法规，宪法和法律的原则和精神便能具体化，能够更好地、有效地得到落实。行政法规可以就下列事项作出规定：（1）为执行法律的规定需要制定行政法规的事项；（2）《宪法》第 89 条规定的国务院行政管理职权的事项。

4. 地方性法规。地方性法规是指省、自治区、直辖市以及设区的市的地方人民代表大会和地方人大常委会根据本行政区域的具体情况和实际需要，在不同宪法、法律和行政法规相抵触的前提下制定的普遍性法律规范。地方性法规的效力低于宪法、法律、行政法规，仅在本行政区域的全部范围或部分区域有效。

地方性法规可以就下列事项作出规定：（1）为执行法律、行政法规，需要根据本行政区域的实际情况作具体规定的事项；（2）属于地方事务需要制定地方性法规的事项。

其中，设区的市的人民代表大会及其常务委员会制定地方性法规的内容限于城乡建设与管理、环境保护、历史文化保护等方面的事项。法律对设区的市制定地方性法规的事项另有规定的，从其规定。设区的市的地方性法规须报省、自治区的人民代表大会常务委员会批准后施行。省、自治区的人民代表大会常务委员会对报请批准的地方性法规，应当对其合法性进行审查。省、自治区的人民代表大会常务委员会在对报请批准的设区的市的地方性法规进行审查时，发现其同本省、自治区的人民政府的规章相抵触的，应当作出处理决定。

5. 民族自治地方的自治条例和单行条例。自治条例是民族自治地方制定的有关实现地方自治的综合性法律文件；单行条例则是民族自治地方根据自治权制定的调整某一方面事项的规范性法律文件。根据现行《宪法》和《民族区域自治法》

规定，各级民族自治地方的人民代表大会都有权依照当地民族的政治、经济和文化特点，制定自治条例、单行条例。自治区的自治条例和单行条例须报全国人大常委会批准后生效。自治州、自治县的自治条例和单行条例，报省或自治区人大常委会批准后生效，并报全国人大常委会备案。自治条例和单行条例在中国法的渊源中是低于宪法、法律的一种形式。自治条例、单行条例可依当地民族的特点，对法律和行政法规的规定作出变通规定，但不得违背法律或者行政法规的基本原则。自治条例和单行条例可以作为民族自治地方的司法依据。

6. 行政规章。行政规章是法定的国家行政机关依法制定的事关行政管理的规范性法律文件的总称。我国的行政规章分为部门规章和地方政府规章两种。部门规章是国务院所属部委根据法律和国务院行政法规、决定、命令，在本部门权限内依法发布的各种行政性的规范性文件，亦称部委规章。在效力等级方面，部门规章规定的事项应当属于执行法律或者国务院的行政法规、决定、命令的事项。没有法律或者国务院的行政法规、决定、命令的依据，部门规章不得设定减损公民、法人和其他组织权利或者增加其义务的规范，不得增加本部门的权力或者减少本部门的法定职责。地方政府规章是有权的地方人民政府（与制定地方性法规的本级地方人大及其常务委员会一致）根据法律、行政法规等制定的规范性文件。我国《立法法》第 82 条规定："省、自治区、直辖市和设区的市、自治州的人民政府，可以根据法律、行政法规和本省、自治区、直辖市的地方性法规，制定规章……设区的市、自治州的人民政府根据本条第一款、第二款制定地方政府规章，限于城乡建设与管理、环境保护、历史文化保护等方面的事项。已经制定的地方政府规章，涉及上述事项范围以外的，继续有效。"应当制定地方性法规但条件尚不成熟的，因行政管理迫切需要，可以先制定地方政府规章。规章实施满 2 年需要继续实施规章所规定的行政措施的，应当提请本级人民代表大会或者其常务委员会制定地方性法规。没有法律、行政法规、地方性法规的依据，地方政府规章不得设定减损公民、法人和其他组织权利或者增加其义务的规范。

7. 国际条约。国际条约指两个或两个以上国家或国际组织间缔结的确定其权利和义务的各种协议，是国际交往的一种最普遍的法的渊源或法的形式。缔约双方或各方为国际法的主体。国际条约不仅包括以条约为名称的协议，也包括国际法主体间形成的宪章、公约、盟约、规约、专约、协定、议定书、换文、公报、联合宣言、最后决议书。国际条约本属国际法范畴，但对缔结或加入条约国家的国家机关、公职人员、社会组织和公民也有法的约束力，在这个意义上，国际条约也是该国的一种法的渊源或法的形式，有高于国内法的约束力。随着中国对外开放的发展，国际交往日益频繁，缔结或加入的国际条约日渐增多。这些国际条约也是中国司法的重要依据。

8. 法律解释。作为行政法渊源的法律解释，是指有关国家机关依法对宪法、法律、行政法规等已有规范作出的解释性规范。根据全国人大常委会《关于加强法律解释工作的决议》的规定，我国法律解释包括立法解释、司法解释、行政解释和地方解释四种。立法解释是指由全国人大常务委员会针对法律、法令条文本身需要进一步明确界限或作补充规定的情况所作的解释。《立法法》第 45 条规定："法律解释权属于全国人民代表大会常务委员会。法律有以下情况之一的，由全国人民代表大会常务委员会解释：（一）法律的规定需要进一步明确具体含义的；（二）法律制定后出现新的情况，需要明确适用法律依据的。"司法解释包括审判解释和检察解释，前者是由最高人民法院针对审判工作中具体应用法律、法令的问题所作的解释，后者是由最高人民检察院针对检察工作中具体应用法律、法令的问题作出的解释。行政解释是由国务院及主管部门针对不属于审判和检察工作中的法律、法令如何具体应用的问题所作的解释。地方解释则是指凡属于地方性法规条文需要进一步明确界限或作补充规定的，由制定法规的省、自治区、直辖市人民代表大会常务委员会进行解释或作出规定，凡属于地方性法规如何具体应用的问题，由省、自治区、直辖市人民政府主管部门进行解释。

第三节　行政法律关系

一、行政关系与行政法律关系

法律是社会关系的调节器。不同的部门法调整不同的社会关系，行政法则调整行政关系。与之相联系，行政关系构成了行政法的调整对象，行政关系受法律调整形成了行政法律关系，因而二者具有密切的联系。

（一）行政法的调整对象——行政关系

所谓行政关系，是指行政主体因从事行政管理活动包括行使行政权的活动和基于实现国家或社会职能的目的所从事的公共管理活动而与行政相对人以及其他相关主体形成或因之引发的各种社会关系。从行政的大致过程来看，可将行政关系分为如下几种主要形态：（1）组织关系，即行政系统与其他国家机构系统之间以及行政系统内部不同机关之间的权力配置关系。（2）行为关系，即因行政主体的行政活动而引发的行政关系。（3）行政救济或监督关系，即因行政活动违法或不当而产生的纠错、弥补关系。

（二）行政法的调整结果——行政法律关系

行政法律关系，是指行政关系经行政法规范调整后形成的行政法上的权利义务关系。对这一概念可作如下理解：（1）行政法律关系是受行政法调整或约束的一种社会关系。任何社会关系如果不受法律调控，只能表现为一种事实或者其他社会关系。法律规范的调控，既应包括将已有的行政关系纳入法律规范的调整范围，也应包括通过法律规范促进行政法律关系的形成。（2）行政法律关系本源于行政关系，离开了行政关系，不可能存在行政法律关系。（3）行政法律关系是行政主体与行政相对人及行政第三人之间构成的各种法律关系。这种法律关系，既可能表现为行政主体与行政相对人之间的权力关系即支配或服从关系，也可能表现为非权力关系，如服务关系、指导关系、合同关系。

二、行政法律关系的分类

依据不同标准，行政法律关系可分为三类。

（一）对内行政法律关系与对外行政法律关系

根据法律关系主体的不同，可将行政法律关系分为对内行政法律关系与对外行政法律关系，也称内部行政法律关系与外部行政法律关系。

对内行政法律关系，是指因行政权力作用于行政系统之内而在该系统内发生的各种行政关系。它具体包括上下级行政机关之间、行政机关各内部机构之间、行政机关与其所属的公务员之间、法律法规授权的组织与其公务人员之间、委托行政机关与受委托组织或者个人之间发生的种种行政法律关系。对外行政法律关系，是指在行政系统之外，行政主体与行政相对人（公民或组织）之间形成的行政法律关系。它主要包括行政机关或者法律、法规授权的组织与公民或组织之间发生的行政法律关系。

一般来说，对内行政法律关系中产生的争议主要由内部系统解决而不诉诸司法机关，对外行政法律关系中产生的争议，最终都可以通过司法途径解决。

（二）原生的行政法律关系与派生的行政法律关系

根据行政法律关系形成原因的不同，可将行政法律关系分为原生的行政法律关系与派生的行政法律关系。

原生的行政法律关系，是指因行政活动而直接形成的行政法律关系。这类关系是典型的行政法律关系形态，如行政处罚关系、行政许可关系等。派生的行政法律关系，是指因行政活动而后引发的行政法律关系。这类关系是由原生的行政法律关系派生出来的，以原生的行政法律关系为前提或者依附于前者，它是一种事后救济或保障的法律关系，主要有行政复议关系、行政诉讼关系等行政救济或监督关系。

（三）单一行政法律关系与多重行政法律关系

根据行政法律关系构成要素复杂程度的不同，可将行政法律关系分为单一行政法律关系与多重行政法律关系。

单一行政法律关系，即符合基本构成要素的一个行政法律关系，通常表现为关系双方都只有一个当事人、权利义务只有一对、客体单一。如税务征收关系，税务机关是征税主体，具有征税的权力，纳税人作为另一方当事人，具有纳税的义务，这种关系结构简单。

多重行政法律关系，即法律关系的各要素特别是主体和内容表现出复杂性。多重行政法律关系具有不同的形态，表现多样，如主体多重、内容多重、单一行政法律关系与其他行政法律关系相互交叉等。

三、行政法律关系的主体

行政法律关系主体，又称行政法律关系的当事人，它是指行政法律关系的实际参加者，即在种种具体的行政法律关系中享有或者行使权利（力）和承担义务的双方或多方当事人。行政法律关系主体通常包括行政主体、行政相对人、行政第三人。

（一）行政主体

行政主体是一个外来术语，在法国、德国等大陆法系国家的行政法学中主要指国家、地方自治团体和公务法人。在我国，行政主体通常被定义为：依法享有行政职权或负担行政职责，能够以自己的名义对外行使行政职权且能够对外独立承担法律责任的国家行政机关和法律法规授权组织。具体而言：

其一，我国的行政主体必须满足三个要件：（1）行政主体必须享有行政职权。（2）行政主体必须能够以自己的名义对外行使行政职权。（3）行政主体必须能够对自己的行为独立承担法律责任。

其二，我国的行政主体包括两大类。一类是国家行政机关，主要包括各级人民政府和县级以上各级人民政府的组成部门；另一类是法律法规授权主体。

其三，国家行政机关与法律法规授权组织的主要区别在于：（1）二者的法律属性不同。国家行政机关属于国家机关，而法律法规授权组织属于社会组织。法律法规授权组织只有在依法行使行政职权时才是行政主体。（2）二者设立依据不同。国家行政机关依据行政组织法而设，法律法规授权组织依据组织章程而设。（3）二者的权力来源不同。行政机关的权力来自行政组织法和其他单行法的授权，法律法规授权组织的权力主要来自法律和法规的特别授权。

（二）行政相对人

行政相对人是指行政主体在行使行政职权或履行行政职责作出行政行为时所直接针对的公民、法人或其他组织。广义上的行政相对人包括直接和间接相对人（行政第三人）。通常而言，行政主体作出的行政行为对行政相对人的影响最大，行政相对人往往是行政行为所设定的权利或义务的直接承受者。行政相对人作为行政行为直接针对的利害关系人，在行政程序中享有知情权、参与权、表达权、监督权等，在行政复议及行政诉讼领域，依法享有救济请求权。

公民、法人或其他组织作为行政相对人，除了应当具备一般的民事权利能力和行为能力外，有时还需具备行政法规范规定的特殊条件。

（三）行政第三人

行政第三人是指与行政主体针对行政相对人作出的行政行为有利害关系的其他公民、法人或组织。并非所有的行政法律关系均有行政第三人，行政第三人仅仅存在于行政主体所处置事务除了直接针对行政相对人以外，还涉及其他利害关系人的行政法律关系中。在这种复合型行政法律关系中，行政主体即将作出或已经作出的行为牵涉多方利害关系人，行政主体针对其中一方作出行政行为时直接针对的这一方称为行政相对人，其他各方则为行政第三人。行政法上肯定并保障行政第三人地位的主要目的在于，协调和平衡多元利益，允许利害关系各方共同参与行政程序，给各方提供平等的诉求表达机会，从而实现正义。

行政法律关系主体不同于行政主体。行政主体只是行政法律关系的一方当事人，作为被管理对象的相对人不是行政主体。而行政法律关系主体除行政主体外，还包括行政相对人和行政第三人。

四、行政法律关系的内容、客体、特征与变动

（一）行政法律关系的内容

行政法律关系的内容是指行政法律关系主体各方以及利害相关人所享有或者行使的权利（或权力）和所承担的义务的总和。行政法律关系的主体各方，既有一定的权利又有一定的义务。

行政主体有着与其地位相适应的行政上的权利义务，称为职权与职责。行政主体在不同的行政法律关系中有着特定的、不同的职权和职责。概括地说，行政主体的职权主要有：规范创制权、行政命令权、行政处理决定权、行政检查权、行政奖励权、行政制裁权等。行政主体的义务主要有：执行法律、依法行使职权、履行法定职责、遵守法定程序、纠正违法或不当、对侵权损害予以赔偿或补偿等。

行政相对人一方的权利义务亦是多种多样的，且因不同的行政法律关系而不同。总体来说，其权利主要有知情权、参与权、表达权、监督权以及受保障权和受益权、请求权和救济权等；其义务主要有守法、服从行政管理和协助公务等。

（二）行政法律关系的客体

行政法律关系的客体是指行政法律关系主体双方的权利义务所指向的对象。没有行政法律关系的客体，权利义务指向的对象就无从体现和落实，行政法律关系也难以成立。从本质上而言，可以作为行政法律关系客体的是体现一定利益的

载体，一般认为包括物、精神财富和行为。

（三）行政法律关系的特征

行政法律关系不仅具有法律关系的一般特征，如是思想意志社会关系、以权利义务为内容、由国家强制力保证、以相应的现行法律规定为前提等，还具有自身的特征。从典型的行政法律关系来分析，行政法律关系主要具有以下特征：

1. 意思表示上的单方意志性。行政法律关系在意思表示上具有单方性，它的成立、变更及消灭，一般不需要以双方当事人的合意为条件，而只需一方主体单方面的意思表示即可。但是，随着经济社会、政府服务和民主政治的发展变化，行政法上的单方意思性正在发生巨大变化，向着更多听取和采纳相对方的意思，在行政执法中更重视教育、引导、指导和提供服务等方向转变，甚至以双方意思表示一致为达到行政目的之手段。如行政合同、政府购买服务等这类以服务性、合意性、指导性为特点的行政行为，正在成为我国当前行政执法的鲜明特色。

2. 形态上的多样性。行政法律关系在形态上具有多样性，它既有可能是权力与权力的关系，如立法权对行政权、司法权对行政权、行政权相互间的监督与制约关系，也有可能是权力与义务（或权利）的关系，如行政主体与行政相对人间的行政实体关系，还有可能是权利与义务的关系，如行政相对人与行政主体间的行政程序关系。

3. 主体上的恒定性与不可自由选择性。具体是指：其一，行政法律关系中，必须有一方是行政主体，没有行政主体就没有行政法律关系的存在。其二，在行政法律关系中，行政主体与行政相对人具有不可替换性。其三，在行政法律关系中，行政法律关系的主体，一般来说是由行政法律规范预先设定的，一方当事人不能自由选择另一方当事人，但行政合同法律关系除外。

4. 内容上的法定性、不对等性、统一性与不可自由处分性。具体是指：其一，行政法律关系主体双方的权利义务，大多由行政法律规范明确规定。其二，行政法律关系主体双方的权利呈现为不对等性。其三，行政法律关系主体，特别是行政主体，其权利义务是相互联系、不可分割的，即一项权利（或权力）同时又表现为一项义务，具有权利义务的双重属性，因此一般称为职权、职责。其四，行政法律关系主体的权利义务是法定的，非经法定事由和法定程序，不得任意处分。

（四）行政法律关系的变动

行政法律关系并非静止不变的，而是基于一定的法律事实，由产生、变更到消灭的动态过程。

1. 行政法律关系的变化形态。行政法律关系的变化形态有产生、变更和消灭三种。行政法律关系的产生，是指由于一定的法律事实的存在，行政主体与行政相对人之间特定的权利义务关系之形成，它是一个从无到有的过程。行政法律关系的变更，是指行政法律关系存续期间发生变化。一般有三种情况：一是主体的变更，如行政机关的增减、合并和撤销；二是内容即权利义务的变更，如税款的减免；三是客体的变更。行政法律关系的消灭，即行政法律关系主体之间的权利义务关系不再存在而完全消失。行政法律关系的消灭，包括主体、权利义务和客体的消灭。主体的消灭，如当事人的死亡或资格的丧失；权利义务的消灭，如义务履行完结、行政行为被撤销；客体的消灭，如作为客体的文物灭失。

2. 行政法律关系变化的原因。行政法律关系的产生、变更和消灭，必须具备一定的前提和条件。任何法律关系都是以有关法律规定为前提的，没有相应的法律规定，就不可能产生法律关系。但是，法律规定本身只是法律关系成立的前提条件，除此之外还必须有一定事件或行为发生。这种导致行政法律关系产生、变更和消灭的根据，就是引起行政法律关系变化的原因，即法律事实。法律事实一般可分为两大类：一类是法律事件，即法定的客观现象，如自然灾害、人的出生或死亡等；另一类是法律行为，即能产生法律效果的行为，无论是行政主体的行为还是行政相对人的行为，是作为还是不作为，是合法行为还是违法行为，都可引起行政法律关系的产生、变更和消灭。

思考题：

1. 如何理解行政法及其功能？
2. 行政法律关系与其他法律关系有何区别？
3. 行政法的渊源理论有何意义？我国目前行政法的渊源理论是否存在欠缺？有哪些值得改进的地方？

第二章　行政法的基本原则

行政法的基本原则是贯穿于行政法治实践全过程并且对行政法的制定、执行、适用和遵守具有规范和指导功能，体现行政法价值内核的根本准则，是宪法理念和宪法原则在行政法领域的具体化和实践。理论界和实务界对行政法基本原则的不同认知，关系着行政法的制定、执行和适用乃至社会主义法治国家和法治政府的建设。本章主要介绍行政法基本原则的概念、意义、种类及其内涵。

第一节　概　　述

一、行政法基本原则的概念与意义

法的原则、法律概念和法律规范是法的三个基本要素。行政法的基本原则，是行政法体系的重要组成部分。何为行政法的基本原则，我国行政法学界尚未达成共识。不过，通说认为，行政法的基本原则是指指导行政法的制定、执行、遵守以及解决行政争议的基本准则，贯穿于行政立法、行政执法、行政司法和行政法制监督等各个环节。它是对行政法规范的价值和精神实质的高度概括，体现着行政法规范的价值取向和目标，反映现代民主法治国家的宪法精神，规范法与行政之间的关系。其主要特征如下：

1. 普遍性。行政法基本原则具有普遍性，贯穿于行政法的制定、执行、遵守和适用等行政法治实践的整个过程，对全过程的参与者均具有指导和规范作用。

2. 适用性。行政法的基本原则并不只是学理上的原则或指导，而是行政法的构成部分，体现了行政法的价值和精神，在行政法的制定和执行中皆具有法律的适用性和约束力。在缺乏具体的法律规则时，可以通过解释、适用行政法的原则处理具体案件，从而达到弥补行政法规则漏洞的作用。

3. 价值性。行政法的原则必须体现行政法的特性，它既不同于政治原则，也不同于其他部门法的原则，而是体现行政法的本质和根本价值，是行政法规则或规范的本源性依据。

行政法的基本原则在行政法治实践中具有如下重要意义：其一，揭示行政法的主要矛盾和本质，界定行政法发展的框架和方向。行政法的基本矛盾是法与行政的关系，行政法的基本原则即人们在应对法与行政这一基本矛盾过程中通过不断思考、实验，提炼和总结出的反映行政法本质的准则。它一方面来自具体的行政实践，另一方面又可以反作用于行政实践。其二，指导和规范行政法规范的制定、执行、司法适用等实践活动。其三，弥补行政法规范的漏洞，完善行政法体系。社会实践总是处在不断的发展变化中，而行政法规则的制定往往滞后于社会现实。当特定个案没有可供直接适用的行政法规则时，执法者或法官可以通过解释、演绎行政法的基本原则处理个案。其四，行政法基本原则的确立及其运用，有助于全面推进我国依法行政和法治政府建设。在新时代，行政法基本原则还有助于依法治国理念的全面落实，推进法治国家、法治政府、法治社会的一体建设。

二、行政法基本原则体系

从各国行政法理论看，行政法的基本原则并非只有一个，而是有多个。每一个行政法的基本原则对公共行政的规范重点和基本要求，虽然各有侧重，但彼此间存在密切关联，大多时候是相互合作，共同约束和规范公共行政，但有时在个案中也会发生不同法律原则的冲突，需要个案处理人员根据特定案情，权衡不同法律原则在该案中的分量并作出选择性适用。就此意义而言，行政法的基本原则构成了一个内在密切关联的严密体系。

对于行政法基本原则体系，我国学者的认识极不统一。如有人认为，行政法基本原则体系包括行政合法性与行政合理性两项原则;① 另有人认为，行政法的基本原则应为三项：自由、权利保障原则，依法行政原则，行政效益原则;② 还有人借鉴德国的经验，将行政法的基本原则总括为行政法治原则，具体包括如下几项：依法行政原则（行政合法性原则包括法律优越与法律保留）、信赖保护原则、比例原则③。借鉴域外行政法基本原则的理论及实践，同时考虑我国公共行政存在的主要问题及改进方向，我们认为，我国行政法的基本原则应全面适用于行政主体及其活动、职权职责与监督、权利与救济等基本范畴，因而包括依法行政原则、行政合理性原则、程序正当原则、诚实守信原则、高效便民原则和监督与救济原则。

第二节 依法行政原则

依法行政，或称行政法治，是各国行政法的共同理念或基本原则，其基本含义在于行政机关和其他行政公务组织必须依法行使行政权或者从事行政管理活动。在我国，依法行政是建设社会主义法治国家实践中必须完成的基本任务。

---

① 参见叶必丰:《行政法与行政诉讼法》，高等教育出版社 2012 年版，第 39 页。

② 参见薛刚凌:《行政法基本原则研究》,《行政法学研究》1999 年第 1 期。

③ 参见马怀德:《行政法与行政诉讼法》，中国法制出版社 2000 年版，第 38—83 页。

依法行政原则的确立，对于我国行政法治建设具有划时代的意义。从1999年开始，国务院推出一系列关于依法行政的文件，其中主要有《关于全面推进依法行政的决定》(1999年)、《全面推进依法行政实施纲要》(2004年)、《关于加强法治政府建设的意见》(2010年)。2014年，十八届四中全会作出了《中共中央关于全面推进依法治国若干重大问题的决定》(以下简称《决定》)，明确强调深入推进依法行政，加快建设法治政府，要求各级政府必须坚持在党的领导下、在法治轨道上开展工作，创新执法体制，完善执法程序，推进综合执法，严格执法责任，建立权责统一、权威高效的依法行政体制，加快建设职能科学、权责法定、执法严明、公开公正、廉洁高效、守法诚信的法治政府。为实现这一总体目标，该《决定》对依法行政提出了一系列明确的要求和发展方向：第一，依法全面履行政府职能；第二，健全依法决策机制；第三，深化行政执法体制改革；第四，坚持严格规范公正文明执法；第五，强化对行政权力的制约和监督；第六，全面推进政务公开。这些要求为我国行政法的发展，尤其是行政法基本原则的确立提供了时代契机。

在行政法学理论和实践上，依法行政原则重在解决行政与法的关系问题。关于依法行政原则的具体内涵与外延，理论上有着不同见解，但基本的共识集中表现在职权法定、法律优先和法律保留三个方面。

一、职权法定

职权法定，是依法行政原则的基本要求之一。所谓职权法定，是指国家行政机关以及其他组织的行政职权，必须由法律予以规定或授予。否则，其权力来源就没有法律根据。因为，行政机关的职权并不是行政机关所固有的，而是经人民或人民意志代表机关通过法律授予的；没有法律的授予，行政机关既不可能具有行政权也不可能行使行政权。行政权力的行使，与公民权利的拥有及行使有着明显的区别。对于公民来说，凡法律没有禁止的，即视为自由。换言之，只有法律明文禁止的，公民才不得为之；对于法律没有禁止的事情，公民有权为之。但是，对于行政机关而言，一般来说需要有法律授权或法律的规定，否则即属违法。十八届四中全会《决定》在提出“完善行政组织和行政程序法律制度，推进机构、职能、权限、程序、责任法定化”的同时，进一步要求“行政机关要坚持法定职责必须为、法无授权不可为，勇于负责、敢于担当，坚决纠正不作为、乱作为，坚决克服懒政、怠政，坚决惩处失职、渎职。行政机关不得法外设定权力，没有法律法规依据不得作出减损公民、法人和其他组织合法权益或者增加其义务的决定。推行政府权力清单制度，坚决消除权力设租寻租空间”。这些要求，可以说是对依法行政原则中“职权法定”内涵的一种现实注解。

在这里，行政机关或其他行政公务组织的职权法定，一般有两种情形：一是行政机关组织法规定的职权，由组织法分配或划定了行政机关与其他国家机关之间的权限、行政机关相互之间的职权范围；二是单行的法律规定了哪些事项由何行政机关或者组织管辖。当然，这种职权法定的“法”从要素上来看，不仅指法律具体规则的授权，还包括法律原则的规定。

“职权法定”的基本要义在于，行政权力及其行使来源于“法定”而非“意定”。这一原则在我国一些法律，如《行政处罚法》《行政许可法》《行政强制法》等中都已经有相应具体体现。例如，我国《行政处罚法》规定了“处罚法定”原则：行政处罚由具有行政处罚权的行政机关在法定职权范围内实施；法律、法规授权的具有管理公共事务职能的组织在法定授权范围内实施行政处罚。

二、法律优先

法律优先原则又称为消极的依法行政，是指行政活动均不得与民意代表机关制定的法律相抵触，即法律优先于行政。这一原则主要有两个方面的含义：一方面含有规范位阶的意义，凡行政活动在位阶上均低于法律，即法律的效力高于行政行为；另一方面，行政行为至少不得与法律规定相违背。

法律优先原则，是人民主权这一宪法原则在行政法领域的体现。人民主权原则意味着：国家的主权属于人民，反映人民意志的法律应当由人民通过民主程序选举的代表组成的议会或国会依照民主程序制定，政府（行政系统）作为受人民委托而履行行政职能的机构，其行为必须服从于反映人民意志的法律。在我国，根据《宪法》的规定，我国的一切权力属于人民，代表人民行使权力的国家机关是全国人民代表大会和地方各级人民代表大会，全国人民代表大会是最高国家权力机关。因此，由国务院领导的整个行政系统的行政活动，都不得与全国人民代表大会及其常委会制定的法律相抵触。在全国人民代表大会及其常委会就某一事项作出法律规定的情形下，国务院及其领导的行政系统必须严格遵照执行，不得采取与法律相抵触的行动，否则即属违法行为，应当承担违法责任。

三、法律保留

法律保留原则又称积极的依法行政，与职权法定的内涵存在一定重合与交叉，具体是指行政机关的行为必须有明确的法律授权，法律无明文授权即无行政。在这里法律是狭义的，仅指全国人大及其常委会制定的法律。对某些事项，没有法律授权时行政机关就不能为之，否则就属于违法。如果宪法或宪法性法律将某些事项保留在立法机关，则须由立法机关通过法律加以设定或规定。在法律保留原则下，行政活动的作出必须要有法律（或授权法）的明文依据，否则不得为之。

法律保留原则，一般适用于干涉行政领域或者对公民权益影响重大的领域。从境外的行政法理论和实务来看，对此还存在着争论和不同的对待，有“侵害保留说”“全部保留说”和“重要事项说”等观点。① 从我国的情况来看，《立法法》第8条、第9条有关于法律保留的规定。法律保留又可分为绝对保留与相对保留。

1. 绝对保留，即某些事项的决定权只能归属于最高立法机关，任何其他国家机关不得行使，而且该事项只能通过法律加以规定，不得授权行政机关或者其他国家机关行使。《立法法》第9条规定的有关犯罪和刑罚、对公民政治权利的剥夺和限制人身自由的强制措施和处罚、司法制度等事项，就属于法律的绝对保留事项或称法律专属保留事项。

2. 相对保留，即某些事项原属于立法机关通过法律予以设定的范围，但在某些情况下法律可以授权行政机关或其他国家机关行使。根据《立法法》第9条的规定，对于尚未制定法律的事项（非绝对保留的事项），全国人民代表大会及其常务委员会有权作出决定，授权国务院可以根据实际需要对其中的部分事项制定行政法规。

另外，《行政处罚法》也有关于处罚设定权的专属保留和相对保留（授权）的规定。

第三节 行政合理性原则

现代行政法虽然要求职权法定，但立法者不得不授予行政主体广泛的行政裁量权：从消极方面而言是立法机关无法预知未来的一切可能并作出周密的考虑，即立法无能；从积极层面而言是立法者希冀给行政主体更多裁量权来应对未来复杂多变的现实生活。行政主体享有广泛的行政裁量权，这是各国公共行政领域一个不可避免的事实。不过，从正义原则的要求和保障人权的目标考虑，即使是裁量权，也不可恣意妄为，而应当符合合理的要求。因而，《决定》也明确提出要“建立健全行政裁量权基准制度，细化、量化行政裁量标准，规范裁量范围、种类、幅度”。

为了评价和控制行政裁量权，行政合理性原则得以提出并获得广泛认可，从而成为行政法的一个基本原则，其内涵主要表现为比例原则和平等对待两个方面。

一、比例原则

比例原则起源于德国，最初只适用于警察行政领域，后被扩充至行政诸领域，

---

① 参见杨解君：《行政法与行政诉讼法》（上），清华大学出版社2009年版，第74页。

被视为宪法和行政法上的原则。根据德国的法制经验，比例原则具体由三个子项构成：适当性、必要性和衡量性。

1. 适当性。这是从行政行为目的的角度所作的要求，即行政行为的作出要适合于目的的实现，或者说不得与目的相悖离。在这里，目的既包括行政的一般目的，也包括法律授权的特定目的。适当性要求：行政机关在作出行政决定时，面对多种可能选择的措施，必须择取确实能达到法律目的或行政目的之措施，如为了追求高效和优良的行政管理，在公务员的选拔上往往采取限制学历的办法，但如果为了实现该目的仅采取限制学历的办法，却不能促使该行政目的的实现，此种情形即属违反适当性。

2. 必要性。这是从手段上对行政行为所作的要求。它是指行政行为不能超越实现目的之必要程度，即为达成目的面对多种可能选择的手段，须尽可能采取对人民利益影响最轻微的手段。必要性的基本要求在于，使用“最不激烈手段”（在诸多可选择的手段中选择对公民权益损害最少者）或者“最温和手段”。如对于违法的企业，行政机关可依法给予罚款、吊销执照或者责令停产停业的处罚，如果只需对企业处以罚款即可达到制裁和防止其违法的效果，行政机关即不得施以“责令停产停业”等其他影响过烈的行政处罚措施。该原则意在防止行政机关在作决定，特别是影响公民或组织权益的决定时“小题大做”，正如德国谚语所说“不可用大炮打小鸟”，也即我国俗语所言“杀鸡焉用牛刀”。必要性要求：一方面必须采取最轻微手段，另一方面只有在最后关键时刻而不得不采取激烈手段（无其他可行及慎重的手段可供选择）时方可为激烈手段。

3. 衡量性，又称狭义比例原则或平衡原则。这是指手段应按目的加以衡量，即干涉措施所造成的损害轻于达成目的所获得的利益，才具有合法性。换言之，行政机关在作出行政行为时，面对多种可能选择的手段，对手段的选择应按目的加以衡量。衡量性要求：在目的与手段之间保持比例，不致行政机关为实现行政的目的而造成公民权益的过度损害，正如我国俗语所说不得“竭泽而渔”“杀鸡取卵”。

行政成本的考虑，也属于衡量性原则（即狭义比例原则）范畴。行政管理过程中的收益应大于其成本支出。这些收益包括经济收益、社会收益、道德收益、法律收益、政治收益以及国际收益，成本包括直接成本、错误成本以及给社会或公民造成的不良影响等。如果采取行政措施所造成的成本明显超过其收益（行政目的的实现），该行政措施即不符合狭义比例原则。①

二、平等对待

平等对待是人类生活中相互交往的基本原则，也是行政主体在履行职责、行

① 参见马怀德：《行政法与行政诉讼法》，中国法制出版社 2000 年版，第 80—82 页。

使裁量权时必须遵循的原则。平等对待的基本含义是，非有正当理由不得区别对待，即非歧视原则。在行政法领域，平等对待的具体要求主要表现在如下方面：

1. 行政主体应平等对待行政相对人。在行政权的行使过程中，行政主体应平等地、无偏私地行使行政权，平等地对待一切当事人。当然这种平等对待，也需要行政主体做到：相同的情况作出相同的对待，不相同的情况作出有差别的安排。

2. 国家应平等对待行政主体与行政相对人。一方面，立法机关在立法上应平等地对待行政主体与行政相对人，根据行政主体与行政相对人所处的不同地位给予一种"差别待遇"，公平地分配双方的权利义务，从而实现实质意义上的平等。这是因为：行政主体在行政管理活动中居于强势，而处于被管理者地位的行政相对人居于弱势，立法就应针对他们不同的地位赋予他们不同的权利义务。行政主体应负有更多的义务，而行政相对人则应拥有更多的权利。另一方面，司法机关或者其他监督（或救济）机关在司法过程中应平等地对待行政主体与行政相对人，以一种独立、中立的立场来公正地处理双方的关系，而不能因为行政主体处于强势地位、行政相对人处于弱势地位就偏袒行政主体，否则会使强者更强、弱者更弱。

第四节 程序正当原则

法律正义，包括实体正义和程序正义两个方面。正当的程序不仅仅是实体正义的工具，在许多情况下，只有通过正当程序方可求得正当的实体结果。行政主体行使行政职权和履行行政职能时无疑需要经历一个时空过程，在该过程中行政主体应如何具体行动，关系行政相对人合法权益之实现。从充分保障公共利益和行政相对人的合法权益角度考虑，行政主体在行政过程中必须遵循程序正当原则。程序正义在美国行政法上称为正当法律程序原则，在英国行政法上称为自然正义，在大陆法系国家行政法上称为程序正当原则。无论称谓有何区别，程序正当是任何一个法治国家都公认的行政法基本原则之一。作为行政法的基本原则，程序正当原则主要体现在行政公开、程序公正和公众参与三个方面。

一、行政公开

阳光是最好的防腐剂。同理，行政过程公开透明也是预防行政主体恣意、滥权和腐败的有效手段。基于此，行政公开成为第二次世界大战以后各国行政程序法追求的目标之一。行政公开是现代社会行政活动所遵循的一项基本原则，具有重要的意义。

1. 行政公开可以实现公民的知情权，满足公民对信息的需要。在现代社会，公民有权了解政府的活动，而政府对其制定的政策、规章以及作出的具体决定，有义务向公众公开，接受公众的监督。

2. 行政公开有利于公民对行政事务的参与，增强公民对行政机关的信赖。知情权是公民实现其政治权利及其他相关权利的前提条件。公民只有在充分、确实了解政府活动的基础上才能有效参与国家事务和社会事务的管理。在现代社会，行政机关活动的一个重要的变化是，行政行为从命令型向服务型、合作型转变，行政机关的任务需要公民的合作才能完成。行政公开通过加强行政机关与公民之间的沟通和了解，促进公民对行政的参与，有助于维护公民对政府的信赖。

3. 行政公开有利于防止行政腐败。行政公开是监督行政机关的一条非常重要的途径。将政府的政策、规章以及行政活动的过程和结果予以公开，使公众有权知悉和公开评论，可以有效地防止行政专断和腐败。许多国家的行政程序法都规定了信息公开制度。例如，日本行政程序法规定，许可、认可的审查标准和审查期间等，除有特别的障碍外，行政机关必须在受理机关的办公地点张贴以及以其他适当方式公布。

借鉴域外行政程序法制的规定，结合我国的《政府信息公开条例》，行政公开原则的基本要求主要有以下方面：（1）行政立法和行政政策公开，特别是制定行政法规、规章、政策的活动应公开，行政法规、规章应一律在政府公报或其他公开刊物上公布，行政政策除依法应当予以保密的内容以外，也应通过一定形式予以公布。（2）行政执法行为公开，包括：执法行为的标准、条件公开；执法行为的程序、手续公开；涉及相对人重大权益的行政执法行为，如涉及人身权或重大财产权的行政处罚等，应采取公开形式举行，如举行听证会，允许一般公众旁听，甚至允许新闻记者采访、报道等。（3）行政裁决和行政复议行为公开。行政机关无论是实施行政裁决行为还是行政复议行为，其行为的依据、标准、程序都应公开，让当事人事先知晓。（4）行政信息公开。（5）行政诉讼及裁判结果公开。

十八届四中全会《决定》对行政机关“全面推进政务公开”作了较为详尽的阐述，具体包括：（1）“坚持以公开为常态、不公开为例外原则，推进决策公开、执行公开、管理公开、服务公开、结果公开。”（2）公开应是全面公开。“各级政府及其工作部门依据权力清单，向社会全面公开政府职能、法律依据、实施主体、职责权限、管理流程、监督方式等事项。”（3）强调重点领域的公开。“重点推进财政预算、公共资源配置、重大建设项目批准和实施、社会公益事业建设等领域的政府信息公开。”（4）规范性文件应公布。“涉及公民、法人或其他组织权利和义务的规范性文件，按照政府信息公开要求和程序予以公布。”（5）推行行政执法公示制度。（6）推进政务公开信息化，加强互联网政务信息数据服务平台和便民服务平台建设。

二、程序公正

程序公正，是法律正义的基本内涵。在救济程序领域，程序公正的基本要求有两个：一是任何人不得做自己案件的法官；二是任何人在受到不利对待时应当给予其陈述和辩护的机会。前者意在克服人性的自私缺陷，预防执法者因私枉法，后者意在实现兼听则明，通过听取即将受到不利对待之人的陈述和辩护获取更加全面和多元的信息，以便执法者可以在更充分、更多元的信息基础上作出合理的决定。随着行政程序法的兴起和发展，原来适用于诉讼法上的公正原则被移植到行政法领域，其目的在于规范行政主体适用法律作出对利害关系人合法权益至关重要的行政决定的行为。

具体而言，行政程序公正意味着：（1）行政机关工作人员不得处理与自己有利害关系的行政案件，行政复议工作人员和法官也不得审理与自己有利害关系的行政案件。（2）听取利害相关人的意见。当行政主体作出对当事人可能产生不利影响的行政行为时，必须事先听取当事人的意见，否则就如同司法上的不审而判，显失公正。（3）说明理由。行政主体在作出行政决定时，特别是作出对当事人不利的决定时，负有说明理由的义务，包括说明作出行政决定的法律原因和事实原因。（4）不得单方接触。即行政主体在作出处理决定前，不得在一方当事人不在场的情况下与另一方当事人接触，以防止偏听偏信或先入为主，从而导致不公平。

三、公众参与

所谓公众参与，是指作为行政相对人的公民、法人或其他组织有权参与行政过程，有权对行政主体即将作出的行为表达意见，而且该等意见应当获得行政主体的尊重。在人民主权原则得以普及和切实贯彻的时代背景下，行政相对人参与公共行政，与行政主体间形成和谐的服务与合作关系，应当是现代公共行政所追求的目标。在行政民主化理念支配下，服务与合作是现代公共行政的时代特质。而要型塑服务与合作的公共行政关系，就必须保障公众对公共行政的参与权。从行政法的发展变迁角度看，行政参与也是现代行政程序法的核心价值，意在实现人民在行政过程中的主人地位和对公共事务的治理权力，弥补传统行政法通过事先立法和事后司法审查监控行政权的制度实践的不足。公众参与行政原则的基本要求主要表现在以下几个方面：

1. 信息公开透明。除法律明确规定为国家秘密、商业秘密和个人隐私而不得公开的以外，公共行政应该公开透明。通过信息的公开透明保障社会公众的知情权，应该是一种最低限度的公众参与。如果公共行政完全不公开、不透明，公众就无从知悉公共行政的内容、目标、进展等。无权知情、不能知情和不想知情均意味着公众不能参与公共行政。

2. 行政主体在作出影响社会大众的合法权益的公共政策或制定法规、规章及行政规范性文件时，应当充分保障公众的参与机会，特别是信息披露、理由说明、公众表达意见的机制保障以及对公众意见的处置情形的公布等。

3. 行政主体在个案中就特定利害关系作出行政行为时，应当在最终作出决定前，给予当事人陈述与申辩的机会，并且回答当事人的疑虑，在充分考虑当事人合理意见的基础上作出合理决定。在法律有特别规定的情形下，行政主体作出对特定利害关系人影响重大的行政决定时，应当依法举行听证会，保障利害关系人的参与权。《行政处罚法》第 32 条规定："当事人有权进行陈述和申辩。行政机关必须充分听取当事人的意见，对当事人提出的事实、理由和证据，应当进行复核；当事人提出的事实、理由或者证据成立的，行政机关应当采纳。"

4. 应当建立保障公众参与权实现的救济机制。行政主体侵害公众参与权的，法律应当提供充分有效的救济。

第五节 诚信原则

诚实信用，是人类社会的核心价值观，也是行政法的基本原则，其基本内涵主要包括诚实守信和信赖保护两个方面。

一、诚实守信

人们在社会关系中应讲求诚信。对于国家和政府而言，诚信才能立国、立威、立信。根据我国目前法治建设情况，在行政法中确立诚信原则至为必要和迫切。

从字义上来看，诚实是指真实无伪，守信是信守诺言，不反言。在行政法中，诚实守信意味着：

1. 行政主体不得为了自身的利益欺骗行政相对人，不得"钓鱼执法"和"养鱼执法"，违反法律、法规、政策的初衷和目的，否则必将损害政府的权威和公信力。

2. 政府在制定法律、政策、决定和作出承诺前，必须充分考虑各种复杂的情形，听取多方意见，在慎重考虑的基础上作出决定，切勿恣意妄为或率性而为，否则，事后必将无法执行曾经作出的决定。质言之，草率和恣意是不诚实、不守信的代名词。如果政府遵守诚实守信原则，就必须在事先谨慎行动。

3. 行政主体必须依法行政，不得任意反悔，如果的确因客观情况的变化而不得不反悔的，应当承担相应的法律责任。

4. 法律规范应具有稳定性与不可溯及性。法治要求法律规范具有稳定性与连续性、可靠性与可预测性。因此，行政法律规范不得变化无常。行政法与其他法律部门相比较而言，其稳定性较差，但其变化也必须与社会变化和发展相一致。行政法律规范不得常变，立法者不能随心所欲、朝令夕改，否则就会使法律失去尊严，令人无所适从。行政法通常也不得溯及既往，特别是对公民产生不利影响的，更在禁止之列。

5. 行政活动应具有真实性与确定性。行政主体作出行政活动，应出于真实的目的和意图，意思表示真实、准确。真实性不只适用于行政法律行为，也应适用于行政事实行为，如咨询、信息提供等。虚假、错误的行政行为造成公民合法权益损害的，行政主体负有赔偿义务。行政行为一经作出，即具有确定性，非经法定的事由和法定程序，不得随意撤销、更改或废止。这既是行政活动连续性、一致性与稳定性的要求，也是保障公民权益的要求。

二、信赖保护

信赖保护原则，由传统法理中的诚实信用原则、法律安定性原则以及人民基本权利保障原则等综合演化而成。它是指人民基于对国家公权力行使结果的合理信赖而有所规划或举措，由此而产生的信赖利益应受保护。信赖保护原则主要包括两个方面：一是信赖保护的适用条件；二是信赖保护的法律效果。①

1. 信赖保护的适用条件。信赖保护原则的适用须具备如下条件：一是须有信赖基础，即须行政机关作出了一定的行政行为，如命令或决定，否则就没有人民信赖的基础。二是须有信赖表现。人民须因信赖行政行为而有客观上具体表现信赖的行为，如安排其生活或处置其财产。如果纯属人民的主观愿望或期待而没有已生信赖的客观事实表现，尚不足以主张信赖保护。三是须信赖值得保护。人民的信赖须值得保护，如果信赖有瑕疵而不值得保护，即适用无信赖保护原则。例如，以欺诈、胁迫或贿赂方法使行政机关作出行政行为的，或对重要事项提供不正确资料或不完全陈述而致使行政机关依该资料或陈述作出行政行为的，或明知行政行为违法或因重大过失而不知行政行为违法的，就属于信赖不值得保护的情形。

2. 信赖保护的法律效果。信赖保护的法律效果，可分为存续保护与财产保护，且两者之间存在选择关系。（1）存续保护。系指不论现存法律状况是否合法，为

---

① 参见李震山：《行政法导论》，三民书局2007年版，第299—301页。

稳定人民所信赖的法律状况，维持原来的信赖基础。这主要适用于对授益行政行为[①]的撤销（或废止）方面，即在不得撤销的情形下（撤销对公益有重大危害者、信赖利益显然大于撤销所欲维护的公益者），让违法的授益行政行为继续存在。（2）财产保护。即以适当的财产补偿来减轻行政相对人因合理信赖所造成的损失。如授益行政行为因违法而必须被撤销的，对受益人因信赖该行政行为而遭受的财产损失，应给予合理的补偿。尽管我国现行法律没有明确关于撤销违法授益行政行为的补偿制度，但存在因变更或撤回行政行为的补偿制度。我国《行政许可法》第 8 条第 2 款规定："行政许可所依据的法律、法规、规章修改或者废止，或者准予行政许可所依据的客观情况发生重大变化的，为了公共利益的需要，行政机关可以依法变更或者撤回已经生效的行政许可。由此给公民、法人或者其他组织造成财产损失的，行政机关应当依法给予补偿。"

第六节 高效便民原则

高效便民，是指行政机关应依法高效率、高效益地行使职权，最大限度地方便人民群众，从而更好地服务于人民和实现行政管理的目标。高效便民，是行政管理规律和建设服务型政府的基本要求。基于行政"为人民服务"的基本目标，行政机关应按照以人为本和方便群众的要求，及时有效、方便快捷地提供公共产品和公共服务，减少不必要的环节和麻烦。高效便民原则，在我国《行政处罚法》《行政许可法》《行政强制法》等法律文件中都有特别规定，它主要是针对我国目前公共行政存在的效率低下、人浮于事、服务意识缺乏等问题提出的。十八届四中全会《决定》在"深化行政执法体制改革"部分所阐明的"根据不同层级政府的事权和职能，按照减少层次、整合队伍、提高效率的原则，合理配置执法力量"，在"坚持严格规范公正文明执法"部分所强调的"加强行政执法信息化建设和信息共享，提高执法效率和规范化水平"，都旨在提高公共服务的效率和质量，是高效便民原则的具体体现。高效便民原则也可适用于行政诉讼程序之中。

一、高效原则

高效原则，即以最低成本在最短时间内创造出更多的成果。高效原则成为现代行政法基本原则的主要缘由是：（1）政府系统及其运转是由纳税人通过税收供

---

① 授益行政行为即对当事人产生有利影响的行政行为，与负担行政行为相对。详见本书第七章、第八章。

养的，纳税人有权要求尽可能减轻负担；（2）在人民主权理念支配下，现代行政被理解为服务行政，公众作为公共行政服务的受益人，有权利要求以尽可能低的成本获得更多、更优质的公共服务；（3）改变我国公共行政成本高、服务质量低的现实。

高效原则在行政法上的基本要求是：（1）精简机构，裁撤冗员，降低公共行政的人力成本，减轻民众的税负。（2）公共行政必须坚持为民服务的宗旨，以满足人民的真实需求为施政方向，坚持从实际出发，量力而行，兼顾各方诉求，杜绝华而不实的政绩工程和面子工程，慎重决策，认真实施，杜绝浪费。（3）行政决策、行政决定必须进行成本效益核算，禁止采取得不偿失的行政活动。（4）公共行政应当严格遵循法定时限，禁止拖拉。（5）改进行政工作作风，消除非法设置的人为障碍和前置条件，使行政相对人办事顺利、顺心、顺畅。要以“流程最优、环节最少、审批最简、服务最优、效率最高”给行政相对人提供程序便利。

二、便民原则

便民原则，是指使民众能够方便获得行政主体提供的公共服务。现代行政是服务行政，政府是公共服务的提供者，民众是公共服务的享受者，但民众获取政府提供的公共服务必然是有成本的，这种成本不仅指公众事先通过纳税支付的经济成本，而且包括民众在获取特定公共服务时所花费的时间成本和经济成本。便民原则作为行政法的基本原则，其主旨在于通过改进行政主体提供公共服务的地点、方式等尽可能减少民众的成本。

结合我国的行政现实，便民原则的基本要求是：（1）在特定的时空条件下，政府应当充分利用各种可能的技术手段、方式和方法，保障民众以最低成本和最便利方式获取法律、法规、规章、行政规范性文件以及其他公共信息。（2）行政机关的办公场所和服务场所应当尽可能接近服务对象，尽可能减少民众获取公共行政服务的交通成本和时间成本，如服务进社区等。（3）行政事权和行政人员应当尽可能下放到基层，尽可能便利民众办事。（4）通过机构整合或服务窗口合并，将分散于不同行政部门但又密切相关的行政事项在程序上尽可能一体办理。（5）应当健全服务咨询制度，及时、准确、全面解答民众的咨询和疑问，使民众准确知悉获取公共行政服务应当具备的条件和提供的手续，尽量少跑冤枉路。（6）在特殊情况下，如服务对象丧失行动能力等，应当提供上门服务。

第七节　监督与救济原则

“有权力必有监督”“有权利必有救济”是基本的法律原理与原则。行政法是规范行政权力之法，更是保障人民利益之法。因而，无论是从行政法的基本目的和根本宗旨出发，还是从建设法治政府、责任政府的要求出发，都需要确立对行政机关或者其他行政公务组织及其行政活动进行监督和救济的原则。十八届四中全会强调要“强化对行政权力的制约和监督，完善纠错问责机制”，就是对“监督原则”提出的明确要求，而如何“依法维护人民权益”的若干机制的表达——“健全依法维权和化解纠纷机制，建立健全社会矛盾预警机制、利益表达机制、协商沟通机制、救济救助机制，畅通群众利益协调、权益保障法律渠道”，则可视为“救济原则”的体现。

一、监督原则

所谓监督原则，即监督行政的原则，是指有权国家机关、公民、法人或者其他组织对行政机关或其他组织的行政活动有权进行监督与问责。基于“权责一致”和“有权力必有监督”的要求，监督原则主要包括监督与责任两个方面的内容：

1. 监督。根据《国务院关于加强法治政府建设的意见》，监督主要表现为：（1）自觉接受“他律”监督。各级人民政府和政府部门（或者其他组织及其人员），要自觉接受人大及其常委会的监督、政协的民主监督和人民法院依法实施的监督。不仅如此，还应接受来自人民群众的监督，并应依法保障人民群众监督政府的权利。（2）加强行政内部层级监督和专门监督。上级行政机关要切实加强对下级行政机关的监督，及时纠正违法或者不当的行政行为；保障和支持审计、监察等部门依法独立行使监督权。

2. 责任。责任主要表现为三个方面：（1）行政机关有责任依法行使职权。（2）对违法、不当行为及其他造成公民或组织权益损害的行为应当承担责任。（3）问责。根据《国务院关于加强法治政府建设的意见》，要严格行政问责。坚持有错必纠、有责必问。对有令不行、有禁不止、行政不作为、失职渎职、违法行政等行为，要依法依纪严肃追究有关领导直至行政首长的责任，督促和约束行政机关及其工作人员严格依法行使权力、履行职责。

二、救济原则

“人民的利益是最高的法律”，法律的根本宗旨在于保护人民的利益。为保护人民的利益，法律还必须设定保障其权利实现的途径与机制。“有权利必有救济”“无救济即无权利”，可以说是一条法律公理。在行政活动中，行政机关极易对行政相对人的权益造成损害，如果没有对因其违法或不当的行政活动造成损害的弥补与救济，行政公权力就会“任性”地行使，从而使人民的权益处于一种危险状态。因此，从保障人民的合法权益角度出发，必须给予公民或组织在其合法权益受到行政违法或不当侵害的情况下享有充分救济的权利。

处于行政相对人地位的公民、法人或其他组织的救济权利，主要包括申请行政复议权、提起行政诉讼权、要求赔偿权或补偿权以及救济过程中的相应权利等。这些救济权的行使及实现，在我国主要通过行政复议、行政诉讼、国家赔偿与补偿等制度来保障。

思考题：

1. 行政法的基本原则有何功能？
2. 如何确立行政法的基本原则？
3. 行政法的基本原则有哪些？它们各自的基本要求是什么？
4. 行政法的基本原则与法治国家建设有何关联？

第三章　行政组织法

在行政法体系中，行政组织法具有十分突出的地位。现代公共行政系统的建构和行政法秩序的形成，都依赖于行政组织法的支撑和保障。尤其是公共行政的民主化、多元化和社会化改革，更是离不开行政组织法的支持。行政组织法的内容比较复杂，与行政体制改革关系密切，涉及经济和社会变革，也受历史文化的制约，需要跨学科研究。

第一节　概　　述

行政组织法是调整和规范公共行政组织的法律。学习行政组织法，有必要首先了解公共行政组织的概念。在公共行政组织中，最基础的构成部分是行政机关，行政机关也是国家行政组织中能够独立对外管理的最小组织体，因此首先需要对行政机关进行分析。

一、公共行政组织与行政机关

（一）公共行政组织

公共行政组织是指承担公共行政事务、行使行政权力或履行公共职能的组织。公共行政组织没有法律界定，不是一个法律术语，而是人们对以行政组织身份存在、承担公共行政职能的一类组织的概称。对公共行政组织，可以从以下几个方面把握：

第一，公共行政组织是一个集合概念，由行政机关和其他社会组织构成。

第二，公共行政组织是承担公共行政事务、行使行政权力或履行行政职能的组织。这一属性使其与承担立法职能的立法组织和承担司法职能的司法组织相区别。

第三，公共行政组织的形态多样，包括由各级人民政府及职能部门构成的国家行政组织，也包括承担部分公共事务的社会行政组织，如农村自治组织、行业组织和履行公共职能的公益事业单位等。现代公共事务复杂繁多，尤其是现代治理思潮的兴起，使得国家垄断行政的局面已被打破，公共行政组织日益多元化。在国家行政组织之外，社会行政组织也发挥着重要作用。

按照不同标准，对公共行政组织可进行不同分类。

第一，根据其组织属性的不同，可将公共行政组织分为国家行政组织和社会行政组织。国家行政组织包括中央和地方各级人民政府及职能部门。社会行政组织包括基层自治组织，履行公共职能的公益事业单位如公立学校和医院等，行业协会等社团组织和基金会等财团组织。在现代社会，国家行政组织承担着核心的公共职能，但社会行政组织也起着日益重要的补充作用。

第二，根据其管理权限的不同，公共行政组织可分为管理型的行政组织和服务型或自治型的行政组织。前者如负责税收征缴的国家税务机关、负责交通监管的交通管理机关。后者如行业组织和职业协会，主要承担自我管理职能和为会员提供服务。

需要注意的是，随着公共行政的社会化、民营化改革，委托行政、合作行政大量出现，也有一些私人机构开始承担公共行政职能，如通过委托承包，由私人企业对居民提供水、电和天然气服务等，但这些私人机构并不当然就成为公共行政组织，在属性上仍然是以营利为目的的私人组织。

在国家的组织体系中，公共行政组织具有重要地位，不仅数量庞大、组织形态多样，而且承担的行政职能宽泛，其触角延伸到经济和社会的各个角落。尤其源于行政至上的历史传统，国家行政组织功能强大，除了行使形式意义的行政权力外，还享有规则和政策创制权，也享有部分的纠纷裁判权。

（二）行政机关

行政机关是指依法设置的承担行政事务、实现行政目的并能独立对外进行管理的基本组织体。这一概念可从以下几个方面进行分析：

第一，行政机关是一个集合概念，是指两人以上的组织体，而不是某一职位。在国外存在一人机关，如美国总统、日本地方的审计专员，但我国的行政机关都是两人以上的组织体。

在公共行政组织中，行政机关是其核心组成部分，承担了大量的尤其是重要的公共行政事务，占据重要地位。这是因为行政机关具有传统的科层制的特点，执行力强，便于管理和控制，有利于行政目标的实现。

第二，行政机关存在的目的是承担行政事务、实现行政目标。行政机关的使命就是行使国家行政权力，履行国家行政职能，包括对国家安全、经济、社会、文化和生态环境等公共事务进行组织管理。

比较而言，行政机关直接面对相对人，对公共事务实行连续、不间断的管理和服务。在此意义上，行政机关与立法机关、司法机关有很大区别。立法机关的主要任务是行使立法职能、制定法律规则和对重大事项进行决策，而司法机关则行使司法职能（即审判职能和检察职能），对各种纠纷案件进行裁判，以保障法律的落实。

第三，行政机关依照宪法和行政组织法设置，使用行政编制。我国行政机关的设置有两种方式：一是依据宪法直接设置，如国务院和地方各级人民政府；二是依据行政组织法，由各级国家权力机关或编制管理部门批准设置。行政机关使用的行政经费列入行政编制序列。

第四，行政机关可以依法独立对外管理，但其法律后果最终归于国家。行政机关虽然以自己的名义作出行政行为，但只是作为国家的代表行使权力的，因此，其行为的最终法律后果不由其承担，而是归属于国家。

行政机关的概念经常出现在法条中。如我国《宪法》第85条规定："中华人民共和国国务院，即中央人民政府，是最高国家权力机关的执行机关，是最高国家行政机关。"《行政诉讼法》第2条规定："公民、法人或者其他组织认为行政机关和行政机关工作人员的行政行为侵犯其合法权益，有权依照本法向人民法院提起诉讼。"但法律并没有对行政机关作出过严格界定，除各级人民政府外，行政机关的成立主要依赖编制管理部门的审批和认可。

根据管辖事务和行政权限的宽窄，可将行政机关分为综合类行政机关和专业类行政机关。前者如国务院及地方各级人民政府，后者如农业部、商务部和教育部等。

根据管辖范围的不同，可将行政机关分为中央行政机关和地方行政机关。中央行政机关包括国务院及其各部门以及国务院各部门在地方的派出机关，地方行政机关包括地方各级人民政府及其职能部门等。

根据功能的不同，可将行政机关分为决策类行政机关、执行类行政机关和监督类行政机关。决策类行政机关，如各级人民政府、国家发展改革委员会等。执行类行政机关，如国家食品药品监督管理总局、国家安全生产监督管理总局等。监督类行政机关，如国家审计署等。需要注意的是，我国许多行政机关往往集决策权和执行权于一身，功能没有严格划分。

根据存续时间的长短，可将行政机关分为常设行政机关和非常设行政机关。常设行政机关有常规行政任务，存续时间长。非常设行政机关为临时任务或为协调某一类工作而设，存续时间较短，任务完成即可解散。如按照《全国人口普查条例》① 第3条的规定，在人口普查工作期间，各级人民政府设立由统计部门和其他部门组成的人口普查机构，负责人口普查的组织实施工作。普查工作结束，普查机构即解散。

二、行政组织法的界定

对于何谓行政组织法，学术界并没有一致的认识。日本有学者认为，行政组

① 《全国人口普查条例》于2010年5月12日国务院第111次常务会议通过，自2010年6月1日起施行。

织法是指关于国家、地方公共团体及其他公共团体等行政主体的组织及构成行政主体的人的要素（公务员）和物的要素（公物）的法的总称[①]。我国也有学者认为，行政组织法是规范和调整行政组织关系的法律规范的总称[②]。

我们认为，行政组织法是调整公共行政组织、建构现代公共行政秩序的法律规范的总称。对此概念，可从以下方面理解：

第一，行政组织法是调整公共行政组织的法律规范的总称。我国宪法、法律和行政法规都有关于公共行政组织的规定。有些法律在整个性质上具有行政组织法的特质，有的法律只是部分内容可归属于行政组织法的范畴。

第二，行政组织法主要规定公共行政组织的法律地位、行政职能、权力结构和运行机制等。公共行政是国家垄断还是社会参与？是统一管理还是分散行政？如何进行行政区划的安排和管理层级的设计？设置哪种类型的行政机关管理哪些公共事务？如何保证行政组织过程中的民主、公正和理性？如何推进行政改革？这些问题都需要明确，都属于行政组织法的范畴。

第三，行政组织法的目的是建立现代公共行政秩序，实现对公共行政组织的系统控制。公共行政涉及对国家安全、经济、社会、文化、生态等各方面的治理，也涉及每一个人的切身利益，是一个非常复杂的动态系统。参与主体、权力结构、运行机制以及包括人、财、物的组织要素的配置都需要受制于理性规则，否则就会出现组织异化，导致行政目标落空和行政组织失控，因而需要行政组织法的控制。

我国现行行政组织法的渊源主要有以下三个部分：

一是宪法对行政组织的规定。如《宪法》第三章第三节规定了国务院的法律地位、国务院的组成、国务院领导的任期和国务院的职权。《宪法》第三章第五节规定了地方各级人民政府的组织和职权等。

二是法律对行政组织的规定。如《国务院组织法》[③] 和《地方各级人民代表大会和地方各级人民政府组织法》[④]，这两部法律是我国行政组织法的重要渊源。也有其他法律对行政机关的权限予以规定，如《立法法》[⑤] 赋予设区的地方人民政府规章制定权。

三是行政法规或地方性法规对行政组织的规定。如国务院制定的《国务院行政机构设置和编制管理条例》、上海市人大常委会制定的《中国（上海）自由贸易

① 参见杨建顺：《日本行政法通论》，中国法制出版社 1998 年版，第 213 页。

② 参见张焕光、胡建淼：《行政法学原理》，劳动人事出版社 1989 年版，第 151 页。

③ 该法于 1982 年 12 月 10 日第五届全国人民代表大会第五次会议通过。

④ 该法于 1979 年 7 月 1 日第五届全国人民代表大会第二次会议通过，并于 1982 年、1986 年、1995 年、2004 年及 2015 年进行了五次修订。

⑤ 该法于 2000 年 3 月 15 日第九届全国人民代表大会第三次会议通过，2015 年修订。

试验区条例》等。

至于国务院为明确各部门分工而制定的“三定规定”①，因其主要作用于政府内部，不是严格意义上的行政法规。

三、行政组织法的分类

对行政组织法进行分类研究，可以更好地把握行政组织法的内容和特点。行政组织法内容庞杂，可按不同标准对其进行分类。

（一）中央行政组织法和地方行政组织法

这是按照行政组织法适用范围所作的划分。在我国，中央行政组织法主要规范国务院及职能部门，地方行政组织法主要规范地方行政组织。我国是单一制国家，中央行政组织的管辖权遍及全国，地方虽然具有一定的自主管理权，但必须接受中央的领导。至于调整中央行政组织与地方行政组织关系的法律，更多的属于中央行政组织法的范畴。

（二）国家行政组织法和社会行政组织法

这是按照行政组织法调整对象所作的区分。国家行政组织法主要调整和规范国家行政组织，如国家行政职能、中央人民政府与地方人民政府间的关系等。社会行政组织法则是顺应社会行政的日益发展，赋予社会行政组织相应的法律地位和职能，如《村民委员会组织法》② 等。

（三）行政组织实体法和行政组织程序法

这是按照行政组织法调整内容所作的区分。行政组织法涉及实体和程序两方面的内容，如行政机关职能和权限、政府的权力结构等属于行政组织实体法的内容，行政机关设置程序、行政体制改革程序等属于行政组织程序法的范畴。

在行政管理实践中，行政组织法还可分为行政机关组织法、行政机关编制法和公务员法等。也有观点认为，狭义的行政组织法不包括公务员法，后者虽是行政组织中不可缺少的手段，但由于其自成体系，所以单独论述。本书也采用此体例，对公务员法单设一章分析。

四、行政组织法的地位与功能

（一）行政组织法的地位

在行政法体系中，行政组织法具有重要地位。行政组织法与行政行为法及行

---

① “三定规定”是中央机构编制委员会办公室（简称中央编办）为深化行政管理体制改革而对国务院所属各部门的主要职责、内设机构和人员编制等所作规定的简称。该规定是国务院的规范性文件，是各职能部门履行职责的重要依据。

② 村民委员会虽不具有政治属性，但承担了大量的行政职能。

政救济法共同构成行政法的整体，但比较而言，行政组织法与行政管理自身联系最为密切。行政法是调整公共行政的法，公共行政开展的基础是行政组织的建构，行政组织法则是通过对行政组织的规范，建立起公共行政的基本法律框架的。行政组织法需要解决政府的权力边界和个人的自由空间问题，需要按照管理规律和实际需求来确立行政区划和管理层级，设置各级各类行政机关，根据社会发展来确认和推动社会自治，通过赋予社会行政组织相关的职能和手段来满足社会需求。行政组织法通过建立科学合理的公共行政组织系统来支持公共行政的开展和有效运行。

就外部行政而言，行政组织法为外部行政权力的运行提供了正当性的支持。行政机关能否独立对外管理，社会行政组织是否具有独立的行政主体的地位，取决于行政组织法的规定。

此外，行政组织法还在一定程度上决定着行政法律责任的追究。行政组织法对行政组织系统内部的设置安排以及对行政机关及权限的规定，为行政行为责任的承担提供了法律依据，也为行政案件的处理提供了审查标准。

（二）行政组织法的功能

行政组织法的功能是指行政组织法可以发挥的作用。从实践来看，行政组织法具有如下功能：

第一，为公共行政的组织提供法律支持。现代公共行政复杂多元。行政主体制度、行政职能确定、政府间的关系等都离不开法律的规范和保障。因此，行政组织法的首要功能是服务于公共行政的需要。公共行政的开展需要人、财、物、组织机构等各种手段，需要在个人与国家、政府和市场、政府和社会之间进行合理分工，这都要借助于法律手段才能实现。尤其是一些复杂的制度安排，如涉及公私合作制度的 PPP、BOT 等，更离不开行政组织法的支持。

第二，建构合理的行政组织实体制度。通过行政组织立法对行政组织实体制度予以合理设计，可以有效回应社会需求，满足管理规律，防止权力滥用，实现利益均衡和高效。政府的行政职能、权力结构，政府间的关系，行政组织的人、财、物的手段，以及行政组织规模、社会自治组织的形式和地位等，都需要行政组织法的规范与控制。

第三，保障公共行政组织程序的民主、科学与正当。行政组织法可以通过组织程序规则的建立来保障公民对行政组织过程的参与，如规定公民有权参加对行政机关的设置及权限的讨论，规定行政改革程序、行政机关设置程序等。改革过程需要调查、研究和论证，改革过程的科学性在很大程度上决定了结果的理性和公正。

五、行政组织法的历史沿革

在行政法体系中，行政组织法历史最为悠久。有公共行政存在的地方，就有行政组织法，其或者以成文法的形式存在，规定官职设置及权力运行规则，或者是习惯法或惯例，确立行政运行秩序。我国自秦始皇统一中国后，就实行比较严格的中央集权制，建立起三公九卿、三省六部等一系列官僚制度，对中国后世影响深远。我国传统治理以行政为主，并建立在伦理基础上，所以行政组织法有着浓厚的伦理色彩。

中华人民共和国成立后，尤其是“五四宪法”制定以后，全国人大于同年制定了《国务院组织法》《地方各级人民代表大会和地方各级人民委员会组织法》，其后，立法机关还制定了《城市街道办事处组织条例》《公安派出所组织条例》等行政组织法。国务院也制定了许多组织法规，如《劳动部组织简则》《地方各级人民委员会计划委员会暂行组织通则》等。但此后的20年，法治中断，这些法律法规并没有得到很好的实施。

改革开放以来，我国立法机关重新制定了《国务院组织法》《地方各级人民代表大会和地方各级人民政府组织法》，国务院制定了《国务院机构设置和编制管理条例》《地方各级人民政府行政机构设置和编制管理条例》《国务院工作规则》等，地方也有关于行政组织的立法，如《上海市街道办事处条例》等，对行政组织的规范化发展起到了一定的作用。但就法律供给和现实需求而言，仍存在巨大差距，行政组织法的滞后已经影响到我国的改革进程。

1982年至今，我国进行了八次规模较大的行政体制改革，分别是1982年、1988年、1993年、1998年、2003年、2008年、2013年的行政体制改革和2018年的机构改革。前7次改革的宗旨是转变政府职能、优化结构，以适应经济和社会变革的需要，让传统政府垄断经济和社会事务的内部管理模式转型到适应市场经济发展需要的系统外部管理模式，让市场、社会和政府各就各位。传统的以事权为中心的“条条式”的管理难以适应日益多元的综合治理的实际需求，实践中出现的“综合执法”创新以及自2008年以来开始的“大部制”改革都是对实践需求的回应，但这些都没有上升到行政组织法的层面并给予支持和保障。行政体制改革涉及行政职能的增减、行政权力的重新配置、政府结构的调整、政府间关系的重构以及管理工具的更新。而作为管理支持手段的人、财、物等制度的改革完善以及社会自治的发展，都对行政组织法提出了挑战。遗憾的是，行政组织法并没有因时代的变革而同步发展。

2018年中国共产党第十九届中央委员会第三次会议（以下简称十九届三中全会）《关于深化党和国家机构改革的决定》（以下简称《决定》）明确指出：“深化党和国家机构改革是推进国家治理体系和治理能力现代化的一场深刻革命。”这场改革围绕着全面加强党的领导、优化政府机构设置和平台化配置、统筹党政军群机构改革和合理设置地方机构等方面展开，直面问题，切中时弊，其改革范围之广、力度之大超出预期，必将对我国未来产生深远影响。

十八届四中全会《决定》明确提出要完善行政组织和行政程序法律制度，推进机构、职能、权限、程序和责任法定化。十九届三中全会也明确指出要加快机构编制立法，加快行政组织立法。完善行政组织法体系，已成为行政法发展的重要任务。

第二节 行政组织法律制度

现代公共行政是一个多元复杂的系统，需要多项行政组织法律制度的支持。其中较为重要的有行政主体、行政职能设置、政府间的关系、社会行政组织以及行政编制等制度。由于行政主体制度在我国与行政诉讼被告制度直接关联，故另设专节分析。以下简要介绍其他的行政组织法律制度。

一、行政职能设置

行政职能是指政府或其他行政组织承担的公共事务及应履行的行政职责。行政职能要解决的是政府的权力边界，即政府做什么，社会承担哪些事务，市场承担哪些工作，个人有哪些自由。行政职能早期多由政府承担，随着行政职能国家垄断局面的打破，越来越多的行政职能由社会组织承担，但政府仍然要承担最核心的行政职能。一般来说，政府的行政职能主要有五部分。

（一）国家安全职能

国家安全是指国家政权、主权统一和领土完整，人民福祉、经济社会持续健康发展和其他重大利益相对处于没有危险或不受内外威胁的状态，以及保持这种可持续安全状态的能力。国家安全是安邦定国的重要基石，永远是国家政府的第一职能。传统上，国家安全主要涉及国防、外交以及一些隐蔽战线等方面的活动。随着现代经济科技的发展，国际形势风云变幻，国内又处在改革转型的深水区，国家安全变得日益复杂，传统的国家安全机制已经不能回应社会需求。

中国共产党第十八届三中全会明确提出了“总体国家安全观”，并决定设立国家安全委员会，完善国家安全体制和国家安全战略，确保国家安全。习近平指出，要构建集政治安全、国土安全、军事安全、经济安全、文化安全、社会安全、科技安全、信息安全、生态安全、资源安全、核安全等于一体的国家安全体系。2015年1月23日，中共中央政治局已审议通过《国家安全战略纲要》。党的十九大报告十分强调坚持总体国家安全观。要统筹发展和安全，要完善国家安全制度体系，加强国家安全能力建设，坚决维护国家主权、安全和发展利益。

国家安全职能的履行涉及国家核心利益，需要统筹国际国内两个大局。因此，国家安全职能的设定、配置以及职能履行的方式都有可能超越传统模式，对非传统的安全问题要积极回应、科学决策、快速执行、系统监控。

（二）经济职能

经济职能是指政府对经济领域进行规划、调节、监管和服务，以促进国民经济的发展。在政府的职能系统中，经济职能具有基础地位。社会稳定和谐、文化科技发展、国防强大安全以及参与国际竞争都以经济发展为前提，国家的发展建立在经济繁荣的基础上。

改革开放后，我们以经济发展为中心，长期探索从计划经济向“社会主义市场经济”的转型。政府的经济职能主要有以下四个方面：第一，经济调节。即通过经济、法律和行政手段对经济结构和经济运行进行调控，以促进经济发展。第二，市场监管。即政府通过对市场主体的准入和经营活动的监督管理，确保市场竞争公平、开放有序，具体包括对经济活动的规范、监督和对违法行为的查处职能。第三，市场培育。在经济还不是十分发达的地区，市场培育仍然是地方政府的重要职责。市场建设主要通过产业链的打造、基础设施的建设和人文法治环境的提升来推动。第四，国企管理。在一些涉及国家经济命脉的领域我国仍实行国有经营，如银行、石油、铁路等。这里政府既要放开手脚支持国有企业参与市场竞争，也要对国有企业进行有效规制，以防止垄断和避免国有资产的不当流失。

（三）社会职能

社会职能是指政府通过法律等手段对社会利益进行调节，提供公共服务，并对社会进行管理，以促进社会和谐稳定。近两个世纪以来，随着经济发展和物质财富的增长，各国都在大幅度地扩展社会职能。社会保障、人口发展、城乡规划、卫生、就业等都属于社会职能的范畴，强调社会安全、公平和平稳发展。社会职能除了通常所说的社会管理和公共服务外，还包含社会自治的培育与发展以及社会冲突的预防和化解。我国正处在改革转型的深水区和攻坚时期，社会矛盾现象频发。因此，通过法律制度的建设和有效运行来化解冲突、实现和谐具有重要意义。

改革开放前，我国实行的是计划经济体制，相应的社会管理职能附属于单位，医疗、就业、养老等都要各个单位自己消化，社会以单位为核心，结构简单，政府的社会职能相对较弱。随着市场经济的改革，市场要素流动、城市化进程加快，我国社会发生了巨大变化，市场主体不再承担大量的社会职能，政府不得不承担起公共服务和管理社会的职能。党的十六大明确提出要统筹经济社会发展，这也意味着，国家在加速发展经济、提高综合国力的同时，要更多地承担社会职能。

（四）文化职能

文化职能是指政府为了满足人民日益增长的文化生活的需要，促进文化繁荣和文化产业的发展，依法对文化事业所实施的管理。文化职能具体包括教育、科技、艺术、体育、伦理道德、社会意识等多个方面。文化职能原本是社会职能的组成部分，但由于我国正处在改革转型的变迁时期，文化转型面临着巨大挑战，因而把文化职能从社会职能中相对剥离，以加强政府的文化职能建设。在我国，传统文化面临着现代化的冲击。传统文化如何融入现代元素，如何让中国文化走出国门，文化产业如何参与世界竞争，都需要做好文化职能这篇大文章。为进一步推动文化体制的改革，十七届三中全会后，党中央专门成立了“文化体制改革”专项小组，以推动文化事业的繁荣。

（五）生态环境保护职能

生态环境保护职能是指政府为了保护资源和生态环境，保障国家的可持续发展，通过规划、设定标准、监督和处罚等手段对生态环境进行保护和管理。这一职能也属于广义的社会职能，由于其特别重要，故从社会职能中分离出来，这意味着政府要加强这一领域的工作。生态环境保护职能主要包括建立自然资源的产权制度，对自然资源实施有效的开发利用和严格保护，建立资源有偿使用和生态补偿制度，强化生态环境监管等。生态环境保护职能的履行涉及每个人的生存权利，也影响到子孙后代的利益，而且目前我国的生态环境形势严峻，因此要合理配置职能，切实保障生态环境保护职能的有效发挥。

为了切实加强国家的生态环境保护平台化，这次机构改革整合了原有的资源管理部门，成立了自然资源部，将环境监管平台化也整合到了一起，成立了生态环境部。

二、政府间的关系

政府间的关系是指政府间的权力配置以及在此基础上形成的相互关系，包括纵向关系和横向关系。政府间纵向关系主要包括中央和地方的关系、上级政府和下级政府的关系。政府间的横向关系指地方同级政府间的关系（国务院各部门间的关系是政府内部的横向关系），包括同级政府之间的关系，也包括不同层级但没有上下级关系的地方政府间的关系。

（一）政府间纵向关系

我国自秦始皇统一中国后，在纵向上一直实行的是单向度的命令服从关系，即上级命令下级，下级服从上级。这一种命令服从关系在计划经济体制下得到继续延伸。改革开放后，中央与地方的关系开始缓慢调整。1982 年《宪法》第 3 条第 4 款规定：“中央和地方的国家机构职权的划分，遵循在中央的统一领导下，充分发挥地方的主动性、积极性的原则。”此外，《宪法》中还有 30 多个条文涉及中央与地方的关系，但多为原则性规定，其中中央政府与地方各级政府的关系，只是隐含在条文中，并不十分明晰。

根据《宪法》第89条规定，国务院的职权包括：领导地方各级国家行政机关的工作，规定中央和地方省、自治区和直辖市行政职权的划分；改变或撤销地方各级国家行政机关不适当的决定和命令；批准省、自治区、直辖市的区域划分；批准自治州、县、自治县和市的建置和区域划分等。随着经济改革和社会转型，传统的中央与地方的关系呈现很多变化：一方面，地方在经济、社会和管理等方面渴望自主创新，中央对地方的管理和服务呈现出多样化态势。另一方面，中央与地方建立在传统伦理基础上的关系也日益为法治需求所取代。中央和地方的分权，中央对地方的领导以及控制，都需要法律予以调整，制定《中央和地方关系法》的要求也十分迫切。

中央政府与地方政府的关系主要体现在以下六个方面：

第一，中央与地方的事权、财权、规划权、组织权和立法权的配置。自改革开放以来，为调动地方的积极性和创造性，中央与地方的权力配置已进行多次改革和调整，地方已经获得许多自主管理权和改革试点权。尤其是2015年的《立法法》修正案授予地方设区的市以规章制定权。

第二，地方政府的诉求表达机制。地方的发展需要中央的支持，包括政策法律、项目资金以及改革试点权等。然而，地方通过哪些渠道表达诉求，中央如何及时有效地回应这些诉求，目前皆无规定，因而亟须建立一套诉求表达和回应机制。

第三，中央政府对地方政府的领导制度。传统上，中央政府部门对地方政府部门的领导主要包括垂直领导和双重领导。垂直领导是指中央直接在地方设置分支机构，直接管理，像海关、国税部门。双重领导是指在业务上既受中央行政部门的领导又受地方政府的领导，像农业、商业、教育和卫生部门等。领导方式主要是制定法律和政策，审批规划、项目等。

第四，中央政府对地方政府的控制制度。现实中，地方政府不执行中央命令，不严格执行法律，为地方利益违法行使权力等现象依然存在，如对商业用途的国有土地实行零出让金，对污染环境、违反环境法的企业不予制裁等。随着地方利益的多元发展，地方违法也变得比较突出，因此，加强中央政府对地方政府的法律控制变得十分重要。

第五，中央政府与地方政府的合作机制。为实现中央政府的管理目标，中央政府经常需要地方的合作和支持，如改革试点、委托调查等，为更好地完成合作项目，需要明确各自的职责权限和完成工作的条件配置。

第六，中央政府与地方政府的纠纷解决机制。在行政实践中，中央政府和地方政府经常会发生各种矛盾冲突，如立法上的下位法与上位法抵触、地方突破中央的规定等。发生矛盾冲突的原因既有主观理解认识不同，也有客观的利益驱动，还有制度体制上的固有缺陷。因此，需要建立完备的纠纷解决机制，保证中央与地方之间途径畅通。按照法治政府的要求，各级政府都要在法律框架下活动，一旦出现违法，必须纠正并追究违法者的法律责任。

除了中央政府与地方政府的关系，还存在着地方政府各层级之间的关系，但目前地方组织法没有详细的规定。在地方各级政府的设置和关系上，相关的制度体制也需要进一步完善。如地方层级问题、地方各级人民政府的权力分工、上级对下级政府的领导和控制等。

至于中央政府与民族自治地区的关系，通常在宪法或民族自治法中予以规定，当然也需要从行政组织法的角度予以关注。篇幅所限，这里不作论述。

（二）政府间横向关系

在法律上，我国政府间的横向关系并不清晰，但在管理实践中，政府横向间的往来很多，发生着各种关系。比较典型的有三种：一是合作关系。改革开放后，为满足经济发展的需求，横向政府间开展了很多的区域合作。例如，珠江三角洲地区、长江三角洲地区的经济合作以及近期令社会关注的“京津冀协同发展”，都是重要的横向合作。统一规划、资源共享、优势互补，可以更好地促进区域的经济发展。二是竞争关系。为更好地吸引投资，给予辖区内居民更好的发展机会，改善民生，地方各级人民政府都要向上级政府争取更好的政策、项目、资金和改革权。在资源有限的情况下，地方政府的竞争关系因实际需求而产生，尽管这种竞争关系在法律上并不明确，也缺乏竞争程序的规定，但现实中的博弈却十分激烈。三是帮扶关系。比较发达的地方对相对不发达地区在人、财、物方面给予帮助。这种帮助有的是按照中央的安排和决定进行的，也有的是自愿对落后地区进行帮扶。

政府间横向关系的良性发展也需要法律制度的支持，如政府间的合同制度、区域合作法律制度等。

三、社会行政组织制度

随着国家管理向国家治理的转型，社会行政组织发挥着越来越重要的作用。为加快社会行政组织的发展，推动社会行政组织制度的完善，十八届四中全会《决定》明确提出要加快基层自治立法和各类社会组织立法，培养社会的自治能力。

（一）基层自治制度

我国基层自治制度历史悠久。早在1954年，国家就制定了《居民委员会组织条例》，1989年又制定了《城市居民委员会组织法》。村民自治兴起于20世纪80

年代，1998年制定了《村民委员会组织法》，并于2010年进行修订。基层自治制度在国家的经济社会建设中发挥了重要作用，尤其是村民自治，既涉及广大农民的利益和农村的发展，也涉及国家政权的稳定。所以人们常把基层自治制度作为政治制度的组成部分。行政法上研究基层自治制度源于基层自治涉及公共服务和社会自治组织在行政法上的地位，如是否受行政法的规范，这些基层自治组织与地方政府的关系以及基层自治组织与内部成员之间的关系等。

按照《村民委员会组织法》和《城市居民委员会组织法》的规定，基层自治组织承担两方面的公共事务：一方面是受政府委托或协助政府完成的事务，如公共卫生、人民调解、治安保卫等；另一方面是基层自治事务，如开展服务性、公益性、互助性的活动，维护村民合法权益等。至于基层自治组织在行政法上是否具有行政主体地位，则取决于法律法规的授权。有明确授权的，就具有了行政主体的资格；没有明确授权，就不是行政主体。从国家治理的角度考虑，基层自治组织作为一类社会行政组织，应确认其行政主体地位。

需要指出的是，村民自治组织作为一种行政性的自治组织，还要处理好与农村集体经济组织以及基层党组织的关系，当然还要处理好与政府的关系及内部成员之间的关系等。在城市，居民委员会的功能随着城市的快速发展，尤其是物业群落的成长而呈现出衰落的态势，一些城市也在探索城市社区管理的改革，居民自治制度需要进行较大的改革与调整。

（二）公益事业单位的自治管理

公益事业单位是指国家为举办公共事业而建立的、使用事业编制的单位。公益事业单位区别于行使行政权的事业单位和从事经营业务的事业单位。实践中，公益事业单位主要分布于教育、卫生、科技、文化等领域，为我国各项社会事业的发展作出了很大贡献。但由于公益事业单位沿袭的是计划经济的做法，以国家保障为主，缺乏有效竞争，在一定程度上影响了我国社会事业的发展。

实践中，公益事业单位承担两方面的职能：一方面是根据法律法规授权或受政府委托履行教育和医疗等公共服务和其他公共职能；另一方面又具有一定程度的自治管理职能。由于公益事业单位从事工作的性质不同，其治理结构也存在巨大差异。如公立大学履行大学教育职能，直接面对大学生和研究生，其工作具有开放性和服务性；而基础研究单位承担研究职能，无须面对外部服务对象，这种差异性决定了自治管理的需求不同。目前，许多大学都在制定大学章程，但大学自治还需要在法律和制度上有更好的保障。许多中小学也制定了学校章程。

关于公益事业单位与外部相对人纠纷的解决途径，有法律、法规、规章明确授权的，可进入行政诉讼程序；没有明确授权的，有待于实践进一步探索。

（三）社会自治制度

社会自治制度是指社会组织自我服务和自我管理的制度。伴随着技术进步、社会变革，公共事务日益增多，需要建立更多的社会组织自治管理。在此背景下，我国的社会团体、民办非企业单位和基金会得到迅速发展。目前，我国虽然制定了《社会团体登记管理条例》《民办非企业单位登记管理暂行条例》《基金会管理条例》等行政法规，但社会自治的许多重要问题尚未在法律上得到解决，这些社会组织在行政法上的地位、治理结构、管理范围以及纠纷解决适用何种诉讼程序都不十分清晰，加强社会组织立法已经变得十分紧迫。

社会组织的法律地位非常复杂。社团组织带有很大程度的准政府性，其中一部分社会团体直接靠政府财政支持，其人员来自于政府的任命；也有一些社会团体自治属性较强，与政府相对分离。至于民办非企业单位，也就是民办事业单位，是我国的独创，广泛分布在教育、卫生、文化等各类社会事业领域。虽然这些组织很重要，但其法律地位并不十分清晰，这些组织在哪些方面应受行政法调整，法律规定尚不到位。近年来，基金会的发展虽然很迅速，但其在行政法上的地位仍需进一步明确。

社会自治是国家治理转型的重要内容之一。其生长既需要法律制度来支持和保障，也需要法律制度来规范，以得到良性发展。

四、行政编制制度

在我国的政府体制架构中，行政编制管理占有十分重要的地位。在西方国家，政府职能、结构、运行机制以及政府间的关系主要通过立法及预算来建构和调整。但在我国，基于历史原因，政府的体制架构主要靠编制管理来保障。

（一）编制、行政编制和事业编制

编制有广义和狭义之分。广义的编制是指一个组织的职能、规格，该组织内部机构设置、各类机构的配置，人员定额和各类人员的比例结构等。主要包括三部分：一是该组织的地位、职能、规格以及和其他组织的关系；二是该组织内部机构的设置情况，包括内部机构规模和比例；三是组织的人员定额、各类人员结构以及领导职数等。狭义的编制是指一个组织的人员定额、各类人员结构及领导职数。

我国编制主要分为行政编制、事业编制、社会团体编制（社团编制）、企业编制和军队编制。从行政组织法的角度看，最重要的是行政编制和事业编制。

广义的行政编制是指国家系统中从事公共事务的行政机关和其他组织的设置、规格、职能、内部机构、人员规模和结构比例等的总和。狭义的行政编制仅指使用行政经费，从事公共事务的人员的总和。行政编制具有如下特点：第一，行政编制是从事公共事务的行政机关和其他组织的编制。我国使用行政编制的除了行政机关外，还有各级人大及其常务委员会、各级人民法院和各级人民检察院、中国共产党机关和各民主党派机关、工商联机关、各级政协机关，以及人民团体机关和群众团体机关等。就人员而言，凡是国家公务员身份的都属于行政编制范畴。此外，参照《公务员法》管理的人员也被纳入行政编制序列。第二，行政编制的核心内容是内部机构设置、人员规模和结构以及领导职数等。对行政机关而言，行政编制还包含了职能设置和隶属关系等。第三，行政编制的组织及人员费用全部由国家财政支出。

在我国，行政编制总数由中央机构编制管理部门控制。中央各部门、各地区的行政编制总数由中央机构编制管理部门核定，各部门、各地区可在总数内分配和调剂使用，但不得突破。可见，我国行政编制管理实行的是国家统一管理的模式。

广义的事业编制是指政府为发展社会事业、提供公共服务、增进社会福利，通过国家财力建立的各种事业机构的设置、结构和人员规模的总和。狭义的事业编制是指使用事业经费、履行公共职能的人员的总和。事业编制主要在教育、科研、文化、卫生、公用设施管理等领域使用。在我国，事业编制非常复杂。从性质上看，事业编制单位可分为四类：参公事业单位、全额拨款事业单位、差额拨款事业单位和自收自支事业单位。党的十四大报告虽然明确提出要政事分开，但与政企分开相比，政事分开的步子要慢。为加快事业单位的改革，2011 年 3 月，中共中央、国务院出台了《关于分类推进事业单位改革的指导意见》，要求“在清理规范基础上，按照社会功能将现有事业单位划分为承担行政职能、从事生产经营活动和从事公益服务三个类别。对承担行政职能的，逐步将其行政职能划归行政机构或转为行政机构；对从事生产经营活动的，逐步将其转为企业；对从事公益服务的，继续将其保留在事业单位序列，强化其公益属性。今后，不再批准设立承担行政职能的事业单位和从事生产经营活动的事业单位”，并“根据职责任务、服务对象和资源配置方式等情况，将从事公益服务的事业单位细分为两类：承担义务教育、基础性科研、公共文化、公共卫生及基层的基本医疗服务等基本公益服务，不能或不宜由市场配置资源的，划入公益一类；承担高等教育、非营利医疗等公益服务，可部分由市场配置资源的，划入公益二类”。

事业单位的改革虽然不等同于事业编制管理改革，但有很多内容交叉。事业单位的职能、结构、人员规模和领导职数等，都属于行政编制管理的范畴。

（二）行政编制法的界定和作用

行政编制法是指有关行政编制及其管理行为的法律规范之总称，是行政组织法的重要组成部分。这一概念可从以下几个方面把握：

第一，行政编制法是规范行政编制的法。行政编制涉及各级政府及行政机关的职能、结构、规模及领导职数，反映了政府系统的静态结构。行政编制合理与否在很大程度上影响到政府运行的功效。对行政编制的规范就是要将政府自身的设置管理纳入法治化的轨道，实现科学、理性、经济和高效等价值目标。

第二，行政编制法是对行政编制管理事务的规范，涉及行政编制管理的主体、权限、标准和程序等内容。编制管理权是行政权的重要组成部分，能否科学有效地行使该权力，直接影响到国家治理的现代化转型，影响到现代公共行政秩序的建构。

第三，行政编制法主要是对政府系统内部事务的规范，不直接涉及相对人的权利义务。正是这一特殊性导致了社会对其关注的缺失。

我国目前主要的行政编制法规范除了《宪法》和《国务院组织法》中的有关规定外，还有《国务院行政机构设置和编制管理条例》和《地方各级人民政府机构设置和编制管理条例》。从发展的角度看，我国应当制定一部综合性的《行政编制管理法》，确保行政编制管理的科学性，健全和完善行政编制管理制度，提升我国行政编制管理的品质。

我国正处在剧烈的社会变革时期，政府系统需要回应社会发展的需求，实现现代化转型。而政府系统职能、机构以及编制人员的合理建构和发展，在很大程度上依赖于行政编制管理的科学开展，也依赖于行政编制法律的支持和保障。行政编制法在控制政府整体规模、促进行政体制理性和确保行政管理的高效等方面起着非常重要的作用。十九届三中全会《决定》明确提出要推进机构、编制法定化，要依法管理各类组织机构，加快推进机构、职能、权限、程序、责任法定化。

（三）行政编制立法的主要内容

行政编制立法应该包含如下几个方面的内容：

第一，行政编制管理的基本原则和主要精神。行政编制管理涉及政府的整体架构，需要遵循经济、社会和管理的规律，需要合法、科学和民主参与。

第二，行政编制管理主体。按照《宪法》和《国务院组织法》的规定，国务院“审定行政机构的编制”，行使行政机构编制管理权限；国务院机构编制管理机关是中央机构编制管理委员会，由国务院领导，负责国务院行政机构设置和编制管理的具体工作。中央编制管理委员会的主要任务是：研究制定行政管理体制和机构改革的总体方案，审核国务院各部门及省级机构改革方案；管理国务院各部门的职能配置、机构设置和人员编制，协调国务院各部门之间、各部门和地方政府之间的职责分工，审定省、自治区、直辖市人民政府工作部门设置、人员编制和省以下地方各级机关人员编制总额等。县以上各级地方人民政府在国务院的统一领导下，负责本地区的行政编制管理工作。

第三，行政编制管理事项。主要是行政机关的职能配置、机构设置和人员编制，还有政府间的职责分工。由于行政编制管理涉及国家的行政权力结构，因此其中重要的问题应由国家权力机关直接决定，如国务院组成部门的设置等。行政机关履行职能的具体权力和手段，尤其是对相对人影响重大的手段通常要通过立法来设定。

第四，行政编制管理的标准。确定有无必要增加、调整政府职能，或者有无必要设置新的行政机关或行政机构，有无必要增加行政机关的人员编制等，行政编制管理需要一套客观的标准。由于目前国家经济、社会发展速度快，行政事务日益繁杂，行政机关难以抑制自我膨胀的欲望，因此，增加职能、增加机构、增加人员编制也就成为政府领导和行政机关无止境的需求，行政编制管理面临的压力很大。为保证行政编制管理的科学性和正当性，需要建构一套科学的标准，减少人为操作，确保行政编制管理的理性。

第五，行政编制管理的程序。行政编制管理实际上是一种资源配置，既涉及国家和地方的利益，也涉及各项事业的发展，事关重大。为确保管理的科学和利益均衡，需要建构开放和科学的程序来保证管理目标的实现。在这里，问题调查、科学论证、多元利益主体的参与以及专家咨询、风险预测和结果评估等程序环节都是非常重要的。还需要建立信息公开制度，确保社会对行政编制管理的监督。

第六，法律责任。行政机关违反行政编制管理规定擅自扩编、增加职能和机构的，行政编制管理主体违法实施编制管理的，都要承担相应的法律后果。

第三节 行政主体

一、行政主体的界定

行政主体的概念是舶来品，是从法国、德国、日本等大陆法系国家引入的一个术语。在这些国家，行政主体制度体现出行政分权和行政多元的法律技术。行政主体具有独立的行政法上的地位，有独立的意志和利益，能以自己的名义独立对外活动并承担相应的法律后果。行政主体一般分为国家、地方公共团体和其他行政主体三类，为国家法律所确认。各类行政主体都必须在法律赋予的权限范围内活动，其行为受法律监督，行政主体间的纠纷也都可以通过司法途径予以解决。

我国的行政主体概念从上述国家引入，但主要用来概括有对外管理权限的行政机关和法律法规授权组织，解决的是行政管理外部主体的合法性问题。

在我国，行政主体是指依法享有行政职权，独立对外进行管理的组织。这一概念可以从以下几个方面把握：

第一，行政主体是组织，不是个人。组织在法定条件下可以成为行政主体，个人不能成为行政主体。尽管具体的管理行为大多由国家公务员实施，但他们都是以组织的名义而不是个人的名义进行。

第二，行政主体是依法享有行政职能的组织。这个组织的行政职权由法律法规设定，或者由有权机关通过法定程序授予。按照宪法和组织法的规定，我国的行政主体主要是各级人民政府及其部门。但随着社会行政的发展和国家治理的现代化，经法律、法规授权的社会行政组织也能成为行政主体。

第三，行政主体有权代表国家和社会组织独立行使职权。在国家行政范畴，行政主体可以在法律法规授权范围内，以自己的名义进行活动，以自己的名义作出处理决定。在社会行政范畴，行政主体代表社会自治组织独立进行活动。随着国家治理的兴起和社会行政的扩展，越来越多的社会自治组织参与到公共事务的治理中来，因而也需要确认或赋予这些组织的行政法地位。当然，这需要法律上的认可。

第四，行政主体能够独立参加行政诉讼。由于行政主体能够代表国家或社会组织独立行使行政权力，因而能够成为行政诉讼的被告。需要说明的是，在国家行政范畴，行政主体的所有行为后果都归属于国家，行政主体只是形式上的责任主体。在法律技术上，由行政主体做被告，有利于行政诉讼的顺利进行。此外，随着《行政诉讼法》的修订，行政主体以外的组织，比如有法律、法规、规章授权的组织，也可以成为行政诉讼的被告。

行政主体不同于行政组织。行政组织是承担公共职能的行政机关的集合体，而行政主体则是具有独立对外管理职能的行政机关和法律法规授权组织的概称。行政主体也不同于行政机关。行政机关是行政组织中承担公共事务的基本组织体。行政机关是一个法律术语，而行政主体为法学概念，是对依法能独立对外管理的组织的抽象概括。

二、行政主体的类型

行政主体数量众多，有必要分类研究。根据不同的标准，可以对行政主体进行不同分类。

第一，根据行政职权的来源不同，可将行政主体分为职权行政主体和授权行政主体。职权行政主体是依据宪法和组织法的规定，在其成立时就具有行政职权并取得行政主体资格的组织，如中央和地方各级人民政府及其工作部门。授权行政主体是因宪法、组织法以外的法律、法规的规定而获得行政职权，取得行政主体资格的组织。如行政机关的内部机构、经授权的事业单位和企业单位。

第二，根据管辖范围的不同，可将行政主体分为中央行政主体和地方行政主体。中央行政主体是行使职权的范围及于全国的组织，如国务院、国务院各部委。地方行政主体是行使职权的范围及于一定行政区划的组织，如地方各级人民政府及下设的工作部门。值得注意的是，地方行政主体是代表国家在所在区域行使行政职权。

区分中央行政主体和地方行政主体，可以明确各类行政主体的管辖范围，有助于确定行政行为的有效性，也有利于明确中央行政主体和地方行政主体各自的职权范围及相互关系，有利于行政的统一和协调。

第三，根据行政主体组织结构的差异和行使职权的对象不同，可将行政主体分为地域行政主体和公务行政主体。地域行政主体是指以行政地域为基础，行使行政职权的范围和行政地域相联系的组织；而公务行政主体是指承担某项公务，不以地域为基础的组织，如法律授权的大学履行教育职能和对学生管理等。这种区分的意义在于把握二者的性质特征，发展公务行政主体，实行公务分权。

在行政实践中，我国行政主体主要有以下十类：国务院、国务院组成部门、国务院直属机构、经法律法规授权的国务院办事机构、国务院部委管理的国家局、地方各级人民政府、地方各级人民政府的职能部门、经法律法规授权的派出机构、经法律法规授权的行政机关内部机构和议事协调机构、法律法规授权的其他组织。法律法规授权的其他组织具体包括公司、事业单位、企业单位、社会团体、群众组织和其他形式的社会组织。

三、行政主体资格的认定

行政主体资格是指作为行政主体应当具备的条件。作为行政主体，究竟应当具备哪些资格要件，法律没有明文规定。通说认为，行政主体的资格要件包括组织要件和法律要件两类。

行政主体的组织要件是作为行政主体的组织自身应具备的条件。由于行政机关和法律法规授权组织的设立依据和目的不同，因而其组织要件也不同。行政机关作为行政主体的组织要件包括以下内容：行政机关的设立有法律依据，属于国家行政机构序列；行政机关的成立经有权机关批准；行政机关已被正式对外公告其成立；行政机关已有法定编制和人员；行政机关已有独立的行政经费预算；行政机关已具备必要的办公条件。法律法规授权组织或其他社会组织作为行政主体应具备法人资格。

行政主体的法律要件是作为行政主体在法律上应具备的资格条件。行政主体的法律要件有三项，即依法享有行政职权、以自己的名义实施行政行为和独立承担法律后果。

四、行政授权与行政委托

在行政实践中，除了行政机关实施管理行为，还存在着授权管理和委托管理。

（一）行政授权

行政授权，是指行政机关以外的组织经法律法规授权，以自己的名义对外管理，并承担法律后果的制度。《行政处罚法》和《行政许可法》等都有关于行政授权的规定。《行政处罚法》第 17 条规定："法律、法规授权的具有管理公共事务职能的组织可以在法定授权范围内实施行政处罚。"《行政许可法》第 23 条规定："法律、法规授权的具有管理公共事务职能的组织，在法定授权范围内，以自己的名义实施行政许可。被授权的组织适用本法有关行政机关的规定。"对行政授权，可以进行以下分析：

第一，行政授权是行政机关以外的组织承担行政职能的一种法律制度。出于技术设备、专业人员和编制的考虑，立法机构有时会授权行政机关以外的事业单位来承担行政职能。和行政机关行使行政权力相比，行政授权应该是一种例外的补充。因为行政机关存在的目的就是实施行政管理，而被授权组织成立的初衷是为了其他的公共事业。

第二，行政授权是指经过法律、行政法规和地方性法规把行政权力授予行政机关以外的组织实施。至于规章能否授权，学界有不同认识。《行政诉讼法》第 2 条第 2 款把行政行为的主体扩展到了规章授权组织，这是否意味着规章授权从此获得了立法认可？对此有两种不同观点：一种观点认为，《行政诉讼法》的规定只解决被告资格，不能认为规章授权具有实体法上的合法性和正当性；另一种观点认为，随着《行政诉讼法》的实施，规章授权已经被认可，即不仅是对规章授权组织程序法上被告资格的认可，也包含实体法上授权制度的扩张。我们赞同第一种观点。《行政诉讼法》作为一种程序法，主要解决的是程序问题，原则上不涉及立法秩序，后者应该由《立法法》规范。另外，按照依法行政的要求，行政机关职权法定，规章不得在没有法律依据的情况下自行授权。这一认识已经成为实务界的共识，这也有利于对行政机关权力运行的规范。

第三，经行政授权的组织是以自己的名义对外管理，并独立承担其法律责任。当然，这只是形式意义上的责任，即成为行政复议的被申请人、行政诉讼的被告。被授权组织有义务纠正违法行为，至于其造成的损害后果，真正的责任承担者是国家，即国家承担赔偿责任。

（二）行政委托

行政委托是指行政机关根据管理的需要，依法委托其他组织或个人实施行政行为，其后果归属于委托的行政机关。实践中，行政委托有两种形式，一是依法委托，二是自行委托。从依法行政的角度出发，行政委托只能依法进行，不得自行委托。近些年来，在世界范围内的行政体制改革中，委托行政被广泛采用。随着政府决策功能和执行功能的相对分离，大量的行政执行任务由政府委托给民间组织或企业承担。另外，随着公共行政领域公私合作的发展，出现了特许经营等模式，通过委托行政可以缓解政府压力，以适应公共行政多元化的发展要求。

对行政委托，可从以下方面理解：

第一，行政委托是行政机关之外的组织参与实施具体行政任务的法律制度。这一制度已经运用在许多行政领域，我国近年来一直在拓展行政委托，尤其在公共设施、公共服务领域，行政委托有了很大发展。

第二，行政委托是源于行政机关的委托，不是立法直接授权。这区别于行政授权，被授权组织的权力来自于法律、法规的授权，而受委托组织的权力则是基于行政机关的委托。当然行政委托也要有法律依据。

第三，行政委托中受委托组织是以委托行政机关的名义对外行使权力，履行行政职责，其法律后果由委托的行政机关承担。这也就意味着，委托行政机关要对受托组织的行为进行监督，保障其权力运行或行政职能履行不偏离行政目标和法律要求。

综上，虽然行政授权和行政委托都是行政机关以外的组织参与公共行政的法律制度，但在权力来源、对外行使权力的名义以及法律后果的承担上有着根本的区别。目前，这两类制度都还需要进一步探索，相关的立法还不健全，需要发展完善。

思考题：

1. 如何理解行政组织法在行政法体系中的地位？
2. 行政组织法的主要功能有哪些？
3. 如何理解我国的行政主体制度？
4. 政府间的关系涉及哪些法律制度？
5. 我国的社会行政组织制度有哪些内容？
6. 试述行政授权与行政委托的区别。

第四章　公务员法

公务员法对保证国家公共权力更好地行使、依法治吏具有重要的作用。本章重点介绍我国公务员的概念和范围、公务员的主要义务与权利、公务员的进入与退出机制、公务员的激励机制等内容。

第一节　概　　述

一、公务员

（一）公务员的概念

“公务员”一词最初由英文 civil servant 翻译而来。19 世纪中叶，现代意义上的公务员制度首先在英国得以确立。迄今为止，西方国家大多建立了现代意义上的公务员制度。从西方国家对公务员的界定来看，虽然各国之间存在着不小的差异，但总体而言，“公务员”是指通过考试而非选举程序被任命担任政府公职的国家工作人员。

自中华人民共和国成立一直到 1987 年党的十三大召开前，我国实行的是“大一统”的干部人事制度，靠任命而不是靠考试竞争来选拔国家机关工作人员，也没有实行干部退休制。1982 年机构改革提出了干部队伍“革命化、年轻化、知识化和专业化”的标准，1987 年党的十三大报告第一次正式使用了“公务员”这一称谓。1993 年国务院出台了《国家公务员暂行条例》，2005 年制定了《中华人民共和国公务员法》（以下简称《公务员法》，2017 年修正）。

根据《公务员法》的规定，公务员是指依法履行公职、纳入国家行政编制、由国家财政负担工资福利的工作人员。

（二）公务员的法律特征

1. 公务员必须是依法履行公职的人员。依法履行公职意味着公务员承担的是国家和社会事务管理等职能，依照法律赋予的职责，为国家、社会和全体公民服务，即公务员不是为私人企业或者组织工作或服务，而是依法为国家和社会实施公务活动。

2. 公务员必须是依法定方式和程序任用的人员。普通公民在符合法律规定的条件下，依法定方式和程序办理任职手续后，方能成为公务员。任何人非依法定方式和程序均不能自动成为公务员。

3. 公务员必须是纳入国家行政编制的人员。目前，我国的人员编制类型较多，有行政编制、事业编制、军事编制等，但只有纳入行政编制的人员，才是公务员。如果只是在国家机关工作，而没有纳入行政编制，如工勤人员或临时聘用人员，则不属于公务员。

4. 公务员必须是由国家财政负担工资福利的工作人员。公务员的工资、福利等由国家予以保障。公务员属于国家财政供养人员，但并非由国家财政供养的人员都是公务员。在财政供养的人员中，有相当大一部分人，如公立学校的教师、科研院所的科研人员等，虽然也是由国家负担其工资福利，但不属于公务员。

（三）公务员的种类

我国《公务员法》所界定的公务员包括以下几类：（1）中国共产党各级机关的工作人员；（2）各级人民代表大会及其常务委员会机关的工作人员；（3）各级行政机关的工作人员；（4）中国人民政治协商会议各级委员会机关中的工作人员；（5）各级审判机关中的工作人员；（6）各级检察机关中的工作人员；（7）各民主党派和工商联的各级机关的工作人员。另外，党的十九大报告明确提出："深化国家监察体制改革，将试点工作在全国推开，组建国家、省、市、县监察委员会，同党的纪律检查机关合署办公，实现对所有行使公权力的公职人员监察全覆盖。"2018 年 3 月，随着各级监察委员会组建完毕，一个独立的监察机关系统形成。这样，公务员还包括各级监察机关中的工作人员。

目前，我国还存在一些从事公共事务管理职能的事业单位，它们行使的是行政管理权，但使用的是事业编制和事业经费，对这类单位的工作人员，可以参照《公务员法》的有关规定予以管理。我国目前参照公务员管理的事业单位主要包括两类：一是政府系统行使行政职能的事业单位，主要有各级政府直属的行使政府行政职能的事业单位，比如国务院直属的中国银行业监督管理委员会、中国证券监督管理委员会等。二是党委系统担负党的领导机关工作职能的事业单位，主要有各级党委直属以及党委工作部门、派出机构所属的担负党的领导机关工作职能的事业单位，如党史研究室、培训中心等。党的十八届四中全会通过的《中共中央关于全面推进依法治国若干重大问题的决定》中明确提出，各级党政机关和人民团体普遍设立公职律师。随着这一队伍的发展，将对增强公务员队伍依法行政能力起到积极的推动作用。

二、公务员法

公务员法是指经国家制定或认可的，调整国家公职关系，规定公务员管理内容、公务员行为准则及其权益保护的法律规范的总和，它是行政法的重要内容之一。具体来讲，这一概念可从以下几个方面来理解：

1. 公务员法的调整对象是国家公职关系。国家公职关系是指公务员基于其所担任的国家公职而与国家之间发生的权利义务关系。但由于国家只是一个抽象的实体，在实践中具体代表国家而与公务员建立职务关系的是机关。因此，从形式上看，公职关系是公务员与其所在机关之间的关系。

2. 公务员法是有关公务员管理的法律规范系统。公务员法的表现形式多种多样，既可以体现在《公务员法》当中，也可以体现在行政法规和部门规章当中。从这一意义上讲，公务员法有形式意义和实质意义之分。形式意义上的公务员法仅指《公务员法》，实质意义上的公务员法，则是指规范公务员职务关系的所有法律规范。

3. 公务员法兼具实体法和程序法性质。从内容来看，公务员法不仅规定了公务员的权利义务、考核奖惩的标准等实体内容，而且对公务员的录用、考核奖惩等程序内容也作出了诸多规定。从这一点来看，公务员法是规范约束公务员权力、制约机关权力、保护公务员合法权益的重要法律。

公务员法是行政法的组成部分。公务员法调整的是公务员与机关之间的国家职务关系，属于一国人事行政管理的重要内容。在行政法这个大家族中，公务员法是相对独立的一个分支。

三、公务员制度的历史发展

公务员制度是一国政治体制的重要组成部分，也是人类文明发展的共同成果。现代公务员制度首创于英国，后在美国得到新的发展。第二次世界大战后，该制度在全世界日益普及。各国现代公务员制度包含了三个共同特征：一是科学性。公务员制度是对人事管理客观规律的反映，是世界各国人事制度科学化的标志。二是民主性。主要体现在公务员制度的平等与公开两个方面。三是法治化。对于公务员管理的各个环节，法律都作了明确规定，国家必须依法进行管理，否则要追究法律责任；对于公务员的权利和义务，法律也作了明确规定。

（一）西方国家公务员制度的建立

现代意义上的国家公务员制度，最初形成于西方资本主义国家，是人事行政制度走向现代化的重要标志。

1. 英国公务员制度。英国是最早产生公务员法律制度的国家。早在17世纪，英国资产阶级革命后相当长的一段时间里，政府任用官员实行的是“恩赐官职制”。进入18世纪以后，政党分赃制取代了恩赐官职制。从19世纪开始，英国对旧官吏制度逐步进行改革。1854年，著名的《诺斯科特—屈威廉报告》提出了对文官制度改革的四项建议：（1）初任文官通过考试任用；（2）文官的提升遵循功绩制原则；（3）各部人员统一管理；（4）区别智力工作和例行的机械性工作。该报告成为英国现代常任文官制度形成的基础。1855年和1870年政府先后颁布了两个枢密院令，规定了公开竞争考试、择优录用文官的原则。这两个枢密院令的颁布标志着西方第一部公务员法的诞生。1968 年，著名的《富尔顿报告》列举了公务员制度存在的缺陷并提出一系列改革建议。20 世纪 80 年代，英国内阁首相撒切尔夫人再次对公务员制度进行大规模改革，主要包括裁减冗员、扩大政府各部的人事自主权、使公务员工资与民间企业人员收入保持基本平衡三个方面。

2. 美国公务员制度。美国的公务员法律制度是在否定“政党分赃制”，借鉴吸取英国公务员法律制度的基础上，经过数次改革而逐步发展起来的，其最大的贡献是建立了科学的职位分类制度。1883 年 1 月国会通过了由议员彭德尔顿提出的《文官制度法案》。其主要内容有：（1）设立文官事务委员会；（2）确立功绩制原则；（3）实行职位保障；（4）文官政治上保持中立。该法律是美国最早的公务员法，奠定了美国公务员法律制度的基础，标志着美国公务员法律制度的产生。20 世纪 70 年代后期，随着政府公共管理职能的扩大，政府管理的公共事务趋向复杂化，政府管理的效率问题凸显，传统的公务员制度已经很难适应新的形势。1978 年，美国国会通过了《公务员制度改革法》，这是继 1883 年以后美国公务员制度最大的一次改革，建立了高级公务员制度等一系列新的制度以适应时代的发展。

3. 德国公务员制度。德国是拥有悠久官员制传统的国家。德国在 1873 年制定了《帝国官员法》，该法为各邦制定官员法奠定了法律基础，但该法还不具备公务员法的性质。第一次世界大战后，德意志帝国垮台，建立了资产阶级政府，开始建立公务员法律制度。第二次世界大战后，西德于 1949 年制定并实施了《德意志联邦共和国基本法》，在参照其他西方资本主义国家公务员制度、继承《帝国官员法》的基础上，逐渐形成了一套比较完善的现代公务员法律制度。

4. 法国公务员制度。法国公务员立法最早始于大革命时期。19 世纪下半期之后，政府制定了许多公务员法规，但这些法规都是适用于某类公务员的特别法规，没有一个适用于各类公务员的普遍性立法。法国公务员制度最早的立法是 1941 年 9 月 14 日维希政府的公务员一般地位法，适用于各类公务员，但该法不久就被废除。第二次世界大战后，法国在改革旧官吏制度的基础上，于 1946 年 10 月通过了政府拟定的《公务员总章程》，这是法国政府普遍性的公务员法律，也是法国一部比较完备的公务员法。1959 年 2 月，法国制定了新的《公务员总章程》来取代旧的总章程。1983 年和 1984 年，法国又制定了新的公务员法，取代 1959 年的总章程。现行法国公务员法共分为三编，由三部法律——《公务员权利义务法》《国家公务员章程》《地方公务员章程》组成。

（二）我国公务员制度的历史发展

我国古代的任官制度历史悠久。历经春秋以前的世袭制、战国秦汉时期的荐举制、魏晋南北朝时期的九品中正制和隋唐直至清末的科举制。其中科举制以考试的方法选拔官吏，具有公务员制度的萌芽因素。北洋政府和国民党政府时期，受西方的影响，开始建立不同于科举制的任官制度。在民主革命和社会主义建设的过程中，中国共产党领导中国人民建立了高度集中统一的干部人事管理制度，对革命和建设起到了积极的保障作用。

党的十一届三中全会以来，经济体制改革的步伐加快，但随着经济体制改革的深入发展，我国干部人事制度存在的问题日益暴露出来，如管理方式落后，缺乏科学分类，管理没有针对性，对干部缺乏正常的录用、奖惩、退休、淘汰办法，干好干坏都是铁饭碗，能进不能出，能上不能下，在一定程度上存在着人治现象，这些都不利于优秀人才的脱颖而出和合理使用，因而，改革和完善我国的干部人事制度势在必行。1982 年的机构改革提出了干部“四化”的改革方向。

1984 年，党中央决定制定《国家机关工作人员法》，并指示由中组部和原劳动人事部组织有关单位开始起草工作。由于制定该法的条件不成熟，后几经讨论确定更名，于 1993 年 4 月 24 日由国务院审议并通过了《国家公务员暂行条例》，1993 年 8 月 14 日发布并自同年 10 月 1 日起实施。该条例是中华人民共和国第一部关于国家公务员管理的基本法规，它标志着我国公务员制度的建立和推行进入了一个新阶段。

2001 年，中组部、人事部共同成立了公务员法起草领导小组，2002 年年初，正式启动公务员法草案的研究起草工作。2005 年 4 月 27 日，第十届全国人民代表大会常务委员会第十五次会议通过了《中华人民共和国公务员法》。该法以《国家公务员暂行条例》为基础，保持了公务员制度的连续性和稳定性，同时也有一些新的发展和突破；总结吸收了十多年来干部人事制度改革的新成果，如竞争上岗、公开选拔、任前公示、任期制、任职试用期制、部分职位的聘任制、引咎辞职制等，扩大了公务员的范围，完善了公务员的分类，建立了职务聘任制，完善了法律责任。

四、品位分类与职位分类

品位分类和职位分类是两种不同的人事分类制度。

品位分类是以“人”为中心进行的古老的人事分类制度。公务员的品位分类根据公务员个人所具备的资历、学历、职务、身份等条件来确定公务员的录用、考核、培训、晋升和工资福利待遇。英国公务员制度是品位分类的典型代表。

职位分类是一种以“事”为中心进行的人事分类制度。公务员的职位分类，是指将适合分类的各种职位，按照工作性质、难易程度、责任大小和所需人员的任职资格条件而进行的职位类别等级系列的划分。职位分类最早由美国公务员法律制度确定。

品位分类与职位分类两种方式各有长短。品位分类是以“人”为中心的分类，侧重人的资历条件；职位分类是以“事”为中心的分类，侧重职位的职务、职责与职权。品位分类相对简单，利于吸收教育程度较高的优秀人才，便于公务员流动，缺陷是不利于公务员的专业化发展；职位分类按职位的要求择人，有利于公务员的专业化发展，缺陷是灵活性不足，不利于人才流动。两种分类方式近年来有相互兼容的发展趋势。以英国为代表的实行品位分类的国家，不断融入职位分类的内涵，开始重视公务员的专业化建设。以美国为代表的实行职位分类的国家，则简化分类，开始重视通才的培养与流动。而除了传统上的这两大分类外，现代公务员制度中，还出现了高级公务员、聘任制公务员等新的发展。高级公务员制度强调通才加专才，以适应高级的决策类公务员的需求；聘任制公务员制度则强调运用灵活用人制度吸收社会精英人才参与国家管理。

我国《公务员法》规定我国实行公务员职位分类制度。根据我国《公务员法》的规定，公务员职位类别按照公务员职位的性质、特点和管理需要，划分为综合管理类、专业技术类和行政执法类等类别。同时，根据职位类别设置公务员职务序列。一定的职务序列构成相应公务员职业发展阶梯。以公务员是否承担领导职责为标准，将公务员的职务分为领导职务与非领导职务。

1. 领导职务。领导职务是指在机关中，具有决策、指挥、组织、监督等职能的职务。领导职务层次分为：国家级正职、国家级副职、省部级正职、省部级副职、厅局级正职、厅局级副职、县处级正职、县处级副职、乡科级正职、乡科级副职。

2. 非领导职务。非领导职务是指在厅局级以下的各级机关中设置的，不具有决策、指挥职能的职务。非领导职务是实职，不是虚职，但不具有领导职责。综合管理类的非领导职务分为：巡视员、副巡视员、调研员、副调研员、主任科员、副主任科员、科员、办事员。其中，巡视员、副巡视员在中央、省级机关设置，调研员、副调研员在市（地）级以上机关设置，主任科员、副主任科员在县级以上机关设置。《公务员法》对综合管理类以外其他职位类别公务员的非领导职务没有列举，由国家另行规定。

第二节 公务员的义务与权利

作为普通公民，公务员享有宪法和法律上的权利，也应承担相应的义务。作为国家公职人员，公务员还有与其身份相匹配的权利和义务。限于篇幅，本节只讨论公务员基于公务员身份所享有的权利和承担的义务，即《公务员法》上规定的公务员的权利和义务。

我国公务员的权利和义务集中规定在《公务员法》第 12 条和第 13 条，第 12 条规定的是公务员的义务，第 13 条规定的是公务员的权利。《公务员法》之所以将公务员的义务放在公务员权利的前面，主要是考虑到公务员是履行公职的工作人员，需要对其加以严格约束和管理，法律上先规定公务员义务可以突出强调公务员负有义务、承担责任，将其行为置于法律的管辖之下，这种做法不仅体现了控制权力的理念，也是对人民主权、公民权利理念的张扬。①

一、公务员的义务

（一）公务员义务的含义

公务员的义务，是指法律规定的公务员基于其身份必须作出某种行为或者不得作出某种行为的限制与约束。从法律规定来看，公务员的义务可以分为积极义务和消极义务。积极义务是指公务员必须依法履行的作为义务，如公务员应当忠于职守、维护国家安全等。消极义务是指公务员必须履行的不作为义务，如不得兼职、不得参与罢工等。

各国一般都通过法律形式对公务员的义务作出明确规定，涉及公务员执行公务、政治活动、道德品行等各个方面。从各国规定来看，既有许多相同的地方，也有一些差异。由于政治原因，许多西方国家都要求公务员“政治中立”，其主要目的是避免公务员党派纷争，维护政策的连续性，使公务员能够客观公正地履行职责。在我国，坚持中国共产党的领导是我国公务员制度的基本原则，建立公务员制度的目的就是为贯彻和执行党的路线和方针提供制度保障，因此我国公务员不实行“政治中立”。

（二）我国公务员义务的基本内容

根据《公务员法》第 12 条的规定，我国公务员应当履行如下义务：(1) 模范遵守宪法和法律；(2) 按照规定的权限和程序认真履行职责，努力提高工作效率；(3) 全心全意为人民服务，接受人民监督；(4) 维护国家的安全、荣誉和利益；(5) 忠于职守，勤勉尽责，服从和执行上级依法作出的决定和命令；(6) 保守国家秘密和工作秘密；(7) 遵守纪律，恪守职业道德，模范遵守社会公德；(8) 清正廉洁，公道正派；(9) 法律规定的其他义务。

需要注意的是，《公务员法》规定了我国公务员有服从和执行上级的决定与命令的义务，但公务员服从和执行的应当是上级依法作出的命令与决定。对于违法、错误的命令与决定，应该按照《公务员法》第 54 条的规定处理：公务员执行公务

---

① 参见杨景宇、李飞：《公务员法释义》，法律出版社 2005 年版，第 41 页。

时，认为上级的决定或者命令有错误的，可以向上级提出改正或者撤销该决定或者命令的意见；上级不改变该决定或者命令，或者要求立即执行的，公务员应当执行该决定或者命令，执行的后果由上级负责，公务员不承担责任；但是，公务员执行明显违法的决定或者命令的，应当依法承担相应的责任。

二、公务员的权利

（一）公务员权利的含义

公务员的权利是指公务员基于身份和职责，在行使职权、执行公务或者日常工作中依法所享有的能够作出或者不作出一定行为，或要求他人为或不为一定行为的能力和资格。公务员的权利义务不同于一般公民的权利义务，具有“义务本位”的特点。公务员因其身份与职责的特殊性，正当行使国家权力和为人民服务是其工作要旨，因此法律规定公务员权利的最终目的是保障公务员更好地履行义务。但同时，公务员权利也是一种对公务员进行有效激励的方式，这对于保持公务员队伍的稳定性和连续性具有重要意义。

由于各国在政治、经济、文化以及历史传统等方面存在差异，因此在公务员权利的范围上，各国规定并不完全相同。总体来看，可以将各国公务员的权利归为三大类：一是经济权利，主要包括获得工作报酬的权利、享有福利和保险待遇的权利以及得到救济的权利；二是政治权利，主要包括信仰自由、一定程度的言论自由和结社自由等；三是其他有关权利，主要包括身份保障权、获得培训权、休息权、执行职务受到保障权等。

（二）我国公务员权利的基本内容

根据我国《公务员法》第 13 条的规定，我国公务员的权利具体包括以下几种：(1) 获得履行职责应当具有的工作条件；(2) 非因法定事由、非经法定程序，不被免职、降职、辞退或者处分； (3) 获得工资报酬，享受福利、保险待遇；(4) 参加培训；(5) 对机关工作和领导人员提出批评和建议；(6) 提出申诉和控告；(7) 申请辞职； (8) 法律规定的其他权利。这些权利可以归纳为两个方面：一是宪法和法律规定的作为一般公民应当享有的权利；二是《公务员法》其他条文和其他法律对公务员权利的规定，如受到处分时有陈述申辩的权利，对明显违法的决定、命令有拒绝执行的权利等。

（三）公务员权利的救济

公务员权利的救济关系到公务员权利受到损害时能否得到保护、恢复和补偿，是公务员法律制度的重要组成部分。从目前来看，根据《公务员法》《行政诉讼法》等有关规定，我国公务员的权利救济主要有申诉与控告两种途径。

1. 公务员的申诉，是指公务员对机关作出的涉及本人权益的人事处理决定不服，依法向原处理机关、同级公务员主管部门、作出该人事处理的机关的上一级机关或者监察机关提出重新处理的请求，由受理机关重新进行处理的活动和制度。根据《公务员法》第 90 条的规定，公务员对涉及本人的下列人事处理不服的，可以提出申诉：（1）处分；（2）辞退或者取消录用；（3）降职；（4）定期考核定为不称职；（5）免职；（6）申请辞职、提前退休未予批准；（7）未按规定确定或者扣减工资、福利、保险待遇；（8）法律、法规规定可以申诉的其他情形。

2. 公务员的控告，是指公务员对机关及其领导人员的失职渎职、打击报复、栽赃陷害、以权谋私以及其他侵害自己合法权益的违法乱纪行为，依法向上级行政机关或者有关的专门机关提出指控，要求其进行处理的活动和制度。为了保护公务员的合法权益，纠正违法违纪行为，受理控告的机关应当按照规定及时处理公务员的控告。上级行政机关或专门机关对公务员控告的处理程序大致分为受理控告、立案调查和案件处理三个步骤。

第三节　公务员的进入与退出机制

公务员的进入与退出机制涉及公务员制度的“入口”与“出口”环节，影响着公务员队伍的新陈代谢，是保障公务员队伍品质的重要手段。优秀人才能否被吸纳进入公务员队伍，任职于适合的岗位，如何让不合适的人员退出岗位等，都与公务员的进入和退出机制有关。

一、公务员的录用

公务员录用，是指国家机关按照一定条件和程序吸收公民进入公务员系统而使其获得公务员身份的一种人事制度。作为公务员队伍的“入口”，录用制度是整个公务员制度的基础和首要环节，其任务在于把符合条件的优秀人才选拔录用到公务员队伍。

（一）公务员录用的原则

公务员录用的原则是指公务员考试录用工作实施过程中所遵循的各项基本准则，它指导着考试录用工作的开展，贯穿考试录用工作的始终。我国公务员录用的原则可以概括为以下几项：

1. 公开原则。整个公务员的考试录用工作都要向社会公开、向当事人公开。基本内容包括报考资格条件公开、考录过程公开、考录结果公开等。

2. 平等原则。公民在担任公职方面享有平等的机会和权利。具体来讲，包括两个方面：一是报考机会平等。任何人不论民族、种族、性别、出身、宗教信仰、婚姻状况等，只要具备《公务员法》规定的录用条件，都有报考公务员的资格。招录机关在确定报考资格条件时，必须遵循合理和必要原则，不能随意增加职位需求以外的不合理条件。二是录用机会平等。在决定是否录用报考人员时，考试成绩和考察评价是唯一的依据，任何人都不享有特权或受到歧视。平等是竞争和择优的前提，如果没有平等，竞争就无从谈起，择优的目的也就无法实现。

3. 竞争原则。在公务员的考试录用中引入竞争机制，按照考试成绩排定先后名次，并考察应试者的政治思想和道德品质，层层筛选，使优秀人才脱颖而出。选拔高素质的人才是国家建立公务员考试录用制度的根本目的，只有通过公平合理的竞争，才能选拔出真正优秀的人才。在录用考试中引入竞争机制，可以有效遏制拉关系、走后门、任人唯亲等用人方面的不正之风，选拔真正有才能的应试者，以保证录用的公务员具有较高的政治素质和较强的工作能力。

4. 择优原则。一个职位由多个报考者报考，实行差额录用，将成绩最优秀的报考者录用为公务员。报考者能否被录用，完全取决于其综合素质。择优录取是平等竞争的结果，也是公务员考试录用制度的最终目的。

5. 德才兼备原则。在录用公务员的过程中，既要注重考察应试者的综合素质和业务知识，又要注意考察应试者是否具有较高的政治思想水平和高尚的道德品质。

（二）公务员录用的条件

1. 报考公务员的积极条件。积极条件是指报考公务员所需要的基本条件，包括：（1）具有中华人民共和国国籍；（2）年满 18 周岁；（3）拥护宪法；（4）具有良好的品行；（5）具有正常履行职责的身体条件；（6）具有符合职位要求的文化程度和工作能力；（7）法律规定的其他条件。另外，应当具备省级以上公务员主管部门规定的拟任职位所要求的特殊资格。

2. 报考公务员的消极条件。报考公务员的消极条件是指不得录用为公务员的情形：一是曾因犯罪受过刑事处罚的；二是曾被开除公职的；三是有法律规定不得录用为公务员的其他情形的。

（三）公务员录用的方法与程序

一般认为，通过考试选拔官员最早源于我国古代的科举制。这种人才选拔方式具有公平、竞争、科学、高效等优势，因而被大多数现代国家所参照。在我国，目前公务员录用的主要方法也是公开竞争考试，测试报考者的知识水平和工作能力。但是，录用特殊职位的公务员，经省级以上公务员主管部门批准，也可以简化程序或者采用其他测评办法。

通过考试招录公务员的主要环节包括：（1）发布招考公告；（2）审查报考申请；（3）对审查合格者进行考试；（4）报考资格复审、考察；（5）体检；（6）公示拟录用人员名单；（7）审批、备案；（8）试用。试用合格者正式录用。

二、公务员的职务任免

公务员的职务任免是公务员任职和免职的统称。

（一）公务员的任职

公务员的任职，是指有任免权的机关根据有关的法律规定和任职条件，在其权限范围内，依照法定的程序任用公务员担任某一职务。

公务员的任职不同于公务员的录用。任职是指授予具有公务员身份者一定的职务，使其在一定的岗位上负责某项工作。录用则是指通过一定的途径或方式把原来不具备公务员身份的公民吸收到公务员队伍，使其具有公务员身份。任职可以在录用后即进行，也可以在录用一段时间之后进行。

世界各国公务员的任职制度主要有以下四种：一是选任制。即通过民主选举确定任用对象的方式。选任制分直接选任与间接选任两种。二是委任制。由任免机关在任免权限范围内直接决定人选后，委派其担任一定职务。三是聘任制。由用人单位通过契约聘用工作人员。四是考任制。通过考试来选拔任用对象。

我国公务员的任职方式主要是选任制和委任制，同时，对公务员部分职务实行聘任制。根据《公务员法》规定，我国选任制公务员在选举结果生效时任职。委任制公务员有下列情形之一的，应当予以任职：（1）被录用的人员，试用期满合格的；（2）调入的；（3）转换职位任职的；（4）晋升或降低职务的；（5）因其他原因职务发生变化的。

公务员任职的程序有以下几个环节：（1）提名。所在单位提出拟任人选。（2）考察。任免机关人事部门对被提名的拟任职人员的任职资格、条件、能力和表现等进行全面调查、了解和考核，必要时还可以进行测验或考试。（3）任命。具有任免权的机关通过集体讨论，作出是否任职的决定。任命机关发布任职决定，委任领导职务的颁发任命书，并通知任职人员到职。（4）归档。

公务员的职位聘任，是指机关根据工作需要，对专业性较强的职位和辅助职位采用公开招聘或从符合条件的人员中直接选聘的一种方式。聘任制有利于健全机关用人机制，吸引多样化人才，提高公务员队伍的专业化水平，适应行政管理的发展。但是，根据《公务员法》的有关规定，涉及国家秘密的职位不实行聘任制。

机关聘任公务员可以采取两种方法：一种是公开招聘，另一种是直接选聘。公开招聘是指机关向社会公开招聘公务员，参照公务员考试录用的程序来确定聘任人员的方式。直接选聘是机关直接与符合条件的人员签订聘任合同。与公开招聘不同，直接选聘不发布公告，不接受社会广大应聘人员的申请，直接对符合条件的人员进行考核，审查其条件，如学历、资历或者经验等，然后确定是否聘任。公务员职位聘任应当以公开招聘为原则，以直接选聘为例外，即只有在公开招聘难以进行的时候方可以采取直接选聘的方式。

聘任合同是机关与所聘公务员按照平等自愿、协商一致的原则签订的确定双方权利、义务的一种人事行政合同。聘任合同是公务员职位聘任的核心，也是机关与受聘公务员维系聘任关系的基础。

公务员聘任合同具有以下特征：第一，签订聘任合同的主体是机关与公务员；第二，聘任合同的内容是确定机关与公务员的权利与义务；第三，聘任合同采用书面形式；第四，聘任合同的签订与履行须遵循平等自愿、协商一致的原则。

公务员的聘任合同在双方当事人协商的基础上，就双方的权利和义务及其他事项进行约定。聘任合同必备的内容包括合同期限、职位及其职责要求、工资、福利、保险待遇、违约责任等。

（二）公务员的免职

公务员的免职是指有任免权的机关根据有关法律规定的免职条件，在其任免权限范围内，通过法定程序免去公务员担任的某一职务。

公务员的免职必须由法律规定享有任免权的机关作出，其他任何机关均无权作出免职决定；公务员的免职应当根据法律、法规的规定，严格依照法定的免职条件进行，必须做到合法、公正、合理；公务员的免职应当按照法定程序进行，免除公务员所担任的某一职务即剥夺公务员行使该职务所被赋予的履行公职的资格，必须严格履行有关免职手续，并遵循法定程序。

根据《公务员法》第39条的规定，选任制公务员有下列四种情形应免除其职务：第一，公务员在任期届满后不再连任；第二，任期内辞职；第三，任期内被罢免；第四，任期内被撤职。凡出现以上四种情况之一时，选任制公务员所任职务即终止。

根据《公务员法》的有关规定，实践中对委任制公务员的免职包括以下情形：第一，因转换职位而免除原职务；第二，因晋升或降低职务而免除原职务；第三，离职学习期限超过一年或者因健康原因不能坚持正常工作一年以上；第四，已到退休年龄，主管机关不再留任；第五，因受撤职处分而免除其职务；第六，因其他原因导致职务发生变化。

公务员免职的程序主要有以下环节：第一，由所在单位、上级或其他有权机关提出拟免职的建议：第二，任免机关人事部门对免职事由进行审核；第三，按照管理权限，由任免机关审批；第四，发布免职令，并在一定范围内公布。

三、公务员的退出机制

辞退、辞职、退休、开除，都是公务员的退出渠道。公务员通过退出机制依法退出公务员系统，不再保留公务员身份，不再履行相应职责、享受相应待遇。公务员退出机制保证了公务员队伍的新陈代谢，保障了公务员素质。

（一）公务员的辞退

公务员的辞退是指机关依照法律、法规规定的条件和程序，在法定的管理权限内作出的解除其与公务员之间任用关系的行为。

公务员具有下列情形之一的，机关应将其辞退：（1）在年度考核中，连续两年被确定为不称职的；（2）不胜任现职工作，又不接受其他安排的；（3）因所在机关调整、撤销、合并或者缩减编制员额需要调整工作，本人拒绝合理安排的；（4）不履行公务员义务，不遵守公务员纪律，经教育仍无转变，不适合继续在机关工作，又不宜给予开除处分的；（5）旷工或者因公外出、请假期满无正当理由逾期不归连续超过 15 天，或者一年内累计超过 30 天的。

为保护公务员的合法权益，公务员具有下列情形之一的，不得辞退：（1）因公致残，被确认丧失或者部分丧失工作能力的；（2）患病或者负伤，在规定的医疗期内的；（3）女性公务员在孕期、产期、哺乳期内的；（4）法律、行政法规规定的其他不得辞退的情形。

（二）公务员的辞职

公务员辞职分为辞去公职和辞去领导职务两种。公务员辞去公职必然导致其退出公务员系统，但公务员仅辞去领导职务却保留公务员身份则不会导致其退出公务员系统。

公务员辞去公职，是指公务员依照法律、法规的规定，自愿申请终止其与所任职机关的任用关系。公务员辞去公职是公务员本人不愿意或不适宜继续在机关工作。但公务员在下列情况下不得辞去公职：第一，未满国家规定的最低服务年限的；第二，在涉及国家秘密等特殊职位任职或者离开上述职位不满国家规定的脱密期限的；第三，重要公务尚未处理完毕，且须由本人继续处理的；第四，正在接受审计、纪律审查，或者涉嫌犯罪，司法程序尚未终结的；第五，法律、行政法规规定的其他不得辞去公职的情形。

公务员辞去领导职务，是指担任领导职务的公务员依照法律、法规的规定，自愿申请辞去或者因其他法定事由而被迫辞去所担任的领导职务。公务员辞去领导职务的种类包括：因公辞去领导职务；自愿辞去领导职务；引咎辞去领导职务；责令辞去领导职务。

（三）公务员的退休

公务员退休是指公务员达到一定年龄，工作时间达到一定年限或者丧失工作能力，依据国家规定办理有关手续，离开工作岗位，由国家给予生活保障的行为。我国公务员的退休方式可以分为强制退休和自愿退休两种。

强制退休是指公务员在达到国家规定的退休年龄或者完全丧失工作能力时，不论其自愿与否，必须依法办理退休手续，离开原工作岗位。

自愿退休是指具备法定退休条件的公务员，根据本人的自愿申请而离开公务员队伍。具备下列条件之一的公务员，本人提出要求，经任免机关批准，可以提前退休：（1）工作年限满30年的；（2）距国家规定的退休年龄不足5年，且工作年限满20年的；（3）符合国家规定的可以提前退休的其他情形的。

第四节 公务员的激励机制

公务员激励机制是指通过保障、考核、评价、竞争等激励手段，激发公务员的工作动力，提高管理效率的一系列制度。该机制包括以下几项具体制度：公务员物质保障制度；公务员考核制度；公务员奖励制度；公务员责任制度；公务员职务升降制度。

一、公务员的物质保障

公务员的物质保障是公务员稳定生活、安心工作的重要条件，对公务员队伍建设有着不可忽视的意义。对公务员来讲，工资、福利等是其工作和生活的经济保障；对国家机关来讲，公务员的工作则是机关工作正常开展的基础和前提。没有了工资福利，公务员本人及其家庭难以维持生计，自然谈不上安心工作；而没有了公务员的辛勤劳动，国家机关工作难以开展，经济和社会秩序也无法得到维持。因此，获得工资、福利和保险既是公务员应得的权利，也是国家和机关应尽的义务。公务员的物质保障主要包括工资、福利和保险三个部分。

（一）工资

公务员工资是指国家根据法律规定和按劳分配原则，以货币形式对公务员的劳动所支付的报酬。工资制度是公务员管理的重要环节，建立科学合理的工资制度，对公务员队伍建设有着重要意义：

1. 科学合理的工资水平能够保障公务员及其家庭的生活需要，解决公务员工作时的后顾之忧，有助于公务员安心地投入到工作中，从而也为公务员履行职责，完成机关任务奠定基础。

2. 建立科学合理的工资制度，使公务员的工资水平与其职级、能力、业绩等相适应，能够有效激发公务员的工作热情，调动其工作积极性，提高工作效率。

3. 能够吸引优秀人才加入公务员队伍，为建设高素质公务员队伍提供条件。建立科学合理的工资制度，提高公务员的工资水平，发挥经济杠杆的作用，使公务员成为具有吸引力的职业，这对于吸引优秀人才，提高公务员队伍素质有着重要意义。

根据《公务员法》第 73 条和第 74 条的规定，我国公务员实行国家统一的职务与级别相结合的工资制度，工资的内容包括基本工资、津贴、补贴和奖金。

（二）福利

公务员福利是指按照国家有关法律法规和制度的规定，以政府各种收入（主体是公共财政收入）为资金来源，由政府机关遵循公平原则分配给公务员，除其工资以外的用以满足其某些特定的物质和精神需求，以保证和改善其生活质量并体现其应有社会地位的各种报酬的总称。① 福利制度的分配原则与基本工资、津贴制度所依据的按劳分配原则有所不同。福利制度是按照公务员的需要和可能进行分配的，实际上可能由全体公务员享受，但也可能只有部分公务员能够享受，因此不全是根据按劳分配进行的。同时，福利制度与保险制度也有所不同。能够享受保险待遇的公务员是暂时或永久丧失劳动能力的公务员，因此保险制度的目的是保障丧失劳动能力的公务员的基本生活需要。而可以享受福利制度的是所有公务员，只要其主观上需要而且客观上也有可能实现即可。福利制度是为了让公务员生活得更好，而不仅仅是最低基本生活的保障。②

（三）保险

公务员保险是指国家对因生育、年老、疾病、伤残和死亡等原因，暂时或永久丧失劳动能力的公务员给予的物质保障。实行公务员保险制度，能够为公务员本人及其家庭提供物质上的保障，使其具备抵御外来风险的基本能力，有利于公务员安心工作。对机关来讲，实行保险制度能够增强公务员对机关的认同和归属感，增加单位的凝聚力和向心力，有利于单位组织安排各项工作。

公务员保险主要包括医疗保险、生育保险、退休保险、失业保险、工伤保险等。

二、公务员的考核

公务员的考核是指主管机关依据有关法律法规的规定，按照管理权限对公务员的思想品德、工作能力、工作态度与工作业绩等进行考察和评价，以此作为对公务员进行奖惩、培训、辞退以及调整职务、级别和工资福利待遇等的依据的制度。

---

① 参见苏海南、杨燕绥等：《中国公务员福利制度改革》，中国财政经济出版社 2008 年版，第 3 页。

② 参见湛中乐主编：《〈中华人民共和国公务员法〉释义》，北京大学出版社 2005 年版，第 170 页。

公务员考核作为激励机制的重要环节，具有基础性作用。而且，通过考核发现人才和选拔人才，能够调动公务员工作积极性，促进公务员素质优化，使公务员队伍充满活力，从而提高政府行政效能。

公务员的考核是由主管机关按照管理权限全面考核公务员的德、能、勤、绩、廉，重点考核工作实绩。考核分为平时考核和定期考核。定期考核以平时考核为基础，结果分为优秀、称职、基本称职和不称职四个等次，作为调整公务员职务、级别、工资以及公务员奖励、培训、辞退的依据。

三、公务员的奖励

公务员的奖励是指机关按照法定程序对工作表现突出、有显著成绩和贡献的公务员个体或公务员集体所给予的精神或物质上的利益。奖励是机关人事管理制度的重要内容，对于调动公务员工作的积极性和创造性，鼓励公务员忠于职守，勤政廉政，提高工作效能，具有重要意义。

1. 公务员奖励的条件。根据《公务员法》第 49 条和《公务员奖励规定（试行）》第 5 条的规定，公务员或者公务员集体有下列情形之一的，给予奖励：(1) 忠于职守，积极工作，成绩显著的；(2) 遵守纪律，廉洁奉公，作风正派，办事公道，模范作用突出的；(3) 在工作中有发明创造或者提出合理化建议，取得显著经济效益或者社会效益的；(4) 为增进民族团结、维护社会稳定做出突出贡献的；(5) 爱护公共财产，节约国家资财有突出成绩的；(6) 防止或者消除事故有功，使国家和人民群众利益免受或者减少损失的；(7) 在抢险、救灾等特定环境中奋不顾身，做出贡献的；(8) 同违法违纪行为作斗争有功绩的；(9) 在对外交往中为国家争得荣誉和利益的；(10) 有其他突出功绩的。

2. 公务员奖励的种类。我国对公务员或者公务员集体的奖励分为嘉奖、记三等功、记二等功、记一等功、授予荣誉称号。对表现突出的，给予嘉奖；对作出较大贡献的，记三等功；对作出重大贡献的，记二等功；对作出杰出贡献的，记一等功；对功绩卓著的，授予“人民满意的公务员”“人民满意的公务员集体”或者“模范公务员”“模范公务员集体”等荣誉称号。对受奖励的公务员或者公务员集体予以表彰，并给予一次性奖金或者其他待遇。

四、公务员的责任

“信赏必罚，综核名实”是公务员管理的必然要求。只有赏罚严明，明晰责任，才能做到令行禁止，切实调动公务员的积极性，保障国家机关工作的顺利进行。

（一）行政责任

公务员承担行政责任的方式是行政处分，即公务员主管部门对违反纪律的公务员依法给予的惩戒。

1. 公务员处分的条件。根据《公务员法》的规定，对同时具备以下三个条件的公务员应予以行政处分：（1）有违纪行为存在；（2）违纪行为尚未构成犯罪，或虽构成犯罪，但依法不追究刑事责任；（3）主观上有过错，即违纪行为是出于公务员的故意或者过失。违纪情节轻微且未造成不良后果的，给予批评教育，可以免予处分。

2. 公务员处分的形式。《公务员法》规定了6种处分的形式：警告、记过、记大过、降级、撤职、开除。这6种处分是按照由轻到重的顺序依次排列的。

（1）警告。警告是对违法违纪的公务员予以警示和告诫的处分形式，也是最轻微的处分方式。警告的目的在于申明公务员有违法违纪行为，并警示其不得再有违法违纪行为，否则，将给予更为严厉的处分。

（2）记过。记过是对公务员违法违纪行为的过错予以记载，也属于警示性的处分方式。

（3）记大过。记大过也是对公务员的违法违纪过错予以记载的处分形式，也属于警示性处分，但要比记过的惩罚性更重。

（4）降级。降级是指降低公务员级别的处分方式。一般适用于虽然有违法违纪行为，但仍可继续担任现职的公务员。降级与降职不同，降职是机关按照公务员的管理权限，对年度考核不称职的公务员，降低其所担任的职务，它是对公务员的一种日常管理行为，不是行政处分。

（5）撤职。撤职是指撤销违法违纪公务员所担任职务的处分形式。由于公务员的职务与级别相对应，因此受撤职处分的，应按规定降低公务员的级别。被撤职者如果没有同时受到辞退等处理的，仍保留公务员身份。撤职与免职不同，免职是干部管理的一种方式，是指有关机关按照管理权限，依法免去公务员所担任的职务。公务员被免职后，根据不同的情况，出现平调、晋升等情形，因此免职不是行政处分。

（6）开除。开除是指对违法违纪的公务员，解除其与机关的任用关系的处分形式。开除是最严厉的处分形式。公务员受开除处分的，自处分决定生效之日起，解除其与单位的人事关系，不得再担任公务员职务。

3. 公务员处分的程序。按照《公务员法》的规定，对公务员的处分要遵循以下程序：第一，调查，即由有权处分公务员的机关对公务员违纪的事实进行调查、取证、核实、审查和判断。第二，告知，即将调查认定的事实及拟给予处分的依据告知公务员本人。第三，陈述和申辩。公务员有权陈述自己对违纪事实的认定以及主观的看法、意见，同时也可以对处分机关所依据的证据，提出不同的意见和质疑。第四，作出处分决定。处分决定机关对处分意见进行审核，认为对公务员应当给予处分的，应当在规定的期限内，按照管理权限和规定的程序作出处分决定。第五，书面通知。处分决定应当以书面形式通知公务员本人，并由受处分的公务员签署意见，如果本人拒绝签署，可由单位写明情况。

（二）刑事责任

公务员的刑事法律责任是指公务员因违反刑事法律上基于公务员身份所负有的法律义务，而应承担的不利后果。刑事责任是最严厉的法律责任，主要通过给予公务员刑罚的方式来实现。根据公务员身份在确定刑事责任中所起的不同作用，可将公务员的犯罪行为分为两类：

1. 以公务员身份为构成要件的犯罪。以公务员身份为构成要件的犯罪是指以某种公务员的特殊身份作为该罪的主体要件的犯罪。如果行为人不具有公务员身份，就不构成犯罪，也无须承担刑事法律责任。在我国刑法中，以某种公务员身份为构成要件的犯罪主要有以下三类：（1）贪污贿赂犯罪；（2）渎职犯罪；（3）其他具有国家机关工作人员身份才能构成的犯罪。

2. 以公务员身份为量刑情节的犯罪。以公务员身份为量刑情节的犯罪是指某种公务员的特殊身份虽不是犯罪的构成要件，但是具有量刑情节的意义。公务员的特殊身份，使其在某些犯罪中承担着更多的义务，当公务员构成这些犯罪时，其身份将成为量刑情节，一般从重处罚。

（三）追偿责任

公务员的追偿责任是指在国家赔偿中，公务员对导致国家赔偿的国家侵权行为有故意、重大过失或其他法律规定的情形，赔偿义务机关在进行赔偿后，责令其承担部分或全部赔偿费用的责任。

由于我国的公务员不仅包括行政机关工作人员，还包括法院、检察院等司法机关工作人员，因此，行政追偿责任不仅包含行政赔偿中的追偿，也包括刑事赔偿中的追偿。

（四）问责制度

问责制度是一种主要针对党政领导干部的，对其不履行或不正确履行职责造成失误或不良社会影响的行为，追究其责任的制度。其中既包括《公务员法》中所规定的法律责任，也包括政治责任与党的纪律责任。

十八届四中全会《决定》明确提出：“建立重大决策终身责任追究制度及责任倒查机制，对决策严重失误或者依法应该及时作出决策但久拖不决造成重大损失、恶劣影响的，严格追究行政首长、负有责任的其他领导人员和相关责任人员的法律责任。”同时提出：“完善纠错问责机制，健全责令公开道歉、停职检查、引咎辞职、责令辞职、罢免等问责方式和程序。”《决定》所提出的要求与思路将指导我国公务员问责制度进一步完善。

五、公务员的职务升降

公务员的职务升降是指国家机关根据工作需要和公务员的工作表现，按照法定的权限和程序，依法晋升公务员职务或降低公务员职务的行为。职务升降有利于健全和完善公务员队伍的竞争机制，增强公务员队伍的生机和活力，形成能上能下的用人机制，调动公务员工作的积极性和主动性，促进公务员之间的合理流动。因此，职务升降制度在公务员管理制度中占有重要地位。

（一）公务员职务晋升

根据《公务员法》的规定，公务员晋升职务的条件是应当具备拟任职务所要求的思想政治素质、工作能力、文化程度和任职经历等方面的条件和资格。公务员晋升领导职务的程序包括：（1）民主推荐，确定考察对象；（2）组织考察，研究提出任职建议方案，并根据需要在一定范围内进行酝酿；（3）按照管理权限讨论决定；（4）按照规定履行任职手续。公务员晋升非领导职务，参照上述程序办理。

近年来，随着公务员制度的改革，竞争上岗和公开选拔也为许多机关所采纳。根据《公务员法》的规定，机关内设机构厅局级正职以下领导职务出现空缺时，可以在本机关或者本系统内通过竞争上岗的方式，产生任职人选。厅局级正职以下领导职务或者副调研员以上及其他相当职务层次的非领导职务出现空缺，可以面向社会公开选拔，产生任职人选。另外，确定初任法官、初任检察官的任职人选，可以面向社会，从通过国家法律职业资格考试取得法律职业资格的人员中公开选拔。

（二）公务员的降职

公务员的降职是指机关降低公务员现任职务级别，它一般同时意味着公务员职权职责范围的缩小和工资、福利等方面待遇的相应降低。我国公务员制度所规定的降职是一种任用形式和任用行为，而不是对公务员的惩戒和处分，它是对由于各种原因不胜任现职又不宜转任同级其他职务的公务员改任较低职务的任用行为。《公务员法》规定，公务员在定期考核中被确定为不称职的，按照规定程序降低一个职务层次任职。

思考题：

1. 请根据《公务员法》界定我国公务员的概念和范围。
2. 我国公务员的主要义务与权利有哪些？
3. 我国公务员的进入与退出机制包括哪些主要内容？
4. 我国公务员的激励机制主要有哪些内容？

第五章　行政行为概述

行政行为是行政法的核心概念，学习和掌握这一核心概念是学好行政法的基础。本章共三节，分别研究行政行为的含义、特征、分类，行政行为的合法要件，包括主体合法要件、权限合法要件、内容合法要件、程序合法要件，以及行政行为效力的内容、行政行为的生效和失效等。学习本章，要特别重视中国特色社会主义背景下行政行为的特点。

第一节　行政行为的概念与分类

一、行政行为的概念

（一）行政行为的含义

行政行为是指行政主体及其工作人员或者行政主体委托的组织或个人实施的产生行政法律效果的行为。①

首先，行政行为的主体是行政主体。根据《行政诉讼法》第 2 条的规定，行政行为包括行政机关和行政机关工作人员作出的行政行为以及法律、法规、规章授权的组织作出的行政行为。这里的行政机关和法律、法规、规章授权的组织均是行政主体，其所作出的行政行为均代表国家意志，以行政主体的名义作出，并由其对该行为负责。这里的行政机关工作人员并非行政行为的主体而只是行政行为的实施者，行政机关工作人员是以行政机关的名义作出行政行为，并由行政机关对其行为负责。行政行为的实施者除了行政机关工作人员以外，还包括法律、法规、规章授权组织的工作人员以及行政机关委托的组织及其工作人员。

其次，行政行为是指行政主体作出的产生法律效果的行为，即行政主体的行政行为能对作为行政相对人的个人、组织的权利、义务产生相应影响，这种影响可能对行政相对人是有利的，如颁发证照、发给抚恤金等，也可能对行政相对人

---

① 在行政法学教科书和其他著作中，学者们对“行政行为”有多种不同的界定，其定义有最广义、广义、较广义、较狭义、狭义、最狭义之分。最广义的“行政行为”指行政主体实施的所有行为，包括法律行为和事实行为；广义的“行政行为”指行政主体实施的所有法律行为，包括行政主体实施的行政法律行为和民事法律行为；较广义的“行政行为”仅指行政主体实施的所有行政法律行为；较狭义的“行政行为”则仅指行政主体实施的外部行政法律行为；狭义的“行政行为”只包括行政主体实施的外部单方行政法律行为；最狭义的“行政行为”只包括行政主体实施的具体行政行为。本书“行政行为”一般采用较广义的定义，即包括抽象行政行为和具体行政行为，有时也采用狭义的定义。

是不利的，如行政处罚、行政强制等。行政主体对相对人实施的某些行为并不直接产生法律效果，也不具有强制执行力，如行政事实行为。行政事实行为在行政管理中具有重要意义，行政法学也需要加以研究，但它们不属于本书“行政行为”的范畴。本书中如涉及行政事实行为，将加以特别说明。

再次，行政行为是指行政主体实施的产生行政法律效果的行为，即行政主体的行为所引起的关系是行政法律关系而非民事法律关系或其他法律关系。行政主体实施的大多数行为是行政性的，是依行政职权实施的，故其产生的关系属于行政法律关系。但是行政主体实施的有些行为并不具有行政性质，也非依行政职权而为，如行政机关购买办公用品的行为、雇用外部人员修理办公设备的行为等，这些行为虽然也会产生法律效果，引起相应的权利、义务关系，但是此种法律效果和权利、义务关系均是民事性质的，属于民法调整的范畴，不是行政行为。

最后，行政行为一般指行政主体对外实施的产生行政法律效果的行为，即行政主体对外部行政相对人实施的，影响其权利、义务的行为，而不包括行政主体的内部行为，如上级行政机关对下级行政机关的命令、指示行为，行政机关对其工作人员的任免、工作分配、调动等行为。行政行为是行政主体实施的产生行政法律效果的行为，但并不意味着行政行为都是合法的行为。行政主体对行政相对人实施的违法侵权行为同样产生行政法律效果——侵犯相对人的合法权益，相对人从而可对之依法申请行政复议和提起行政诉讼。因此，行政违法侵权行为同样是行政行为。

（二）行政行为的特征

行政行为相对于民事行为和其他国家机关的行为，主要具有下述特征：

1. 公务性。行政行为不同于企业和其他经济组织的行为。后者的行为以营利为目的。行政行为是公务行为，是为社会提供“公共物品”，为全体国民提供公共服务的行为。这种行为对相对人通常是无偿的。因为行政机关的运作费用和行政工作人员的工资、福利都是国家财政开支的，而国家财政是由全体纳税人纳税维持的。当然，行政机关实施的某些行政行为要收取一定费用，如行政机关颁发有关自然资源开发、利用等许可证即要收取一定费用。这一方面是出于管理保护资源的目的，另一方面是出于保障国家资源共享的目的，而非为营利的目的。从整体上说，行政行为的公务性决定了其无偿性。

2. 从属法律性。行政行为是执行法律的行为，从而必须依据法律，从属于法律。任何行政行为的作出都必须有法律根据，依法行政是民主和法治的基本要求。行政机关及其工作人员是人民的公仆，必须根据体现人民意志和利益的法律行事。行政行为不同于立法行为，立法行为是创制法律规范，行政行为是执行法律规范。行政机关虽然也可以创制行政规范（行政立法），但行政规范（不论是行政规章，还是行政法规）只是从属性规范，是为执行法律规范而制定的规范。行政立法不是严格意义上的立法行为，它只是一种准立法行为，一种从属性的立法行为。行政行为也不同于公民个人、组织的行为，公民个人、组织的行为不是每一项都要有法律根据，法治对公民个人、组织的要求是不违法，不做法律禁止其做的事情，“法无禁止则可为”。而行政机关则不同，法治对行政机关的要求是依法行政：“法无授权不可为”“法定职责必须为”“法定职权职责依法为”。

3. 裁量性。行政行为虽然必须依法而行，必须有法律根据，但法律并未也不可能将行政行为的具体内容都予以严密地规范。行政机关不能只是机械地按照法律预先设计的具体路线、途径、方式行事，不能有任何自己的主动性参与其间，而是应有一定自行选择、裁量的余地。行政行为的裁量性是相对于司法行为而言的。司法行为虽然也有一定的自由裁量因素，但其裁量的范围、幅度不及行政行为。因为司法行为主要是针对过去，裁决的是当事人之间已经发生的争议案件，法律应该并且可以对其裁判标准、方式等规定得明确、具体、详尽，不给法官留下过于宽泛的裁量余地。行政行为则不同，其行为主要是针对未来，特别是行政机关发布行政规范性文件的行为，更多的是就未来的事项作出规定，因而不能不具有更多的自由裁量因素。

行政行为的自由裁量性与从属法律性不是截然对立的，而是矛盾的对立统一。自由裁量不是无限制地自由裁量，而是在法律、法规范围内的裁量，从属于法律也不是机械地执行法律、适用法律，而是充分运用其主观能动性，紧紧地把握相应法律、法规的立法目的，积极地、灵活地执行法律、适用法律，使立法目的得到最佳实现。

4. 权力性。① 行政行为是行政主体代表国家，以国家名义实施的执法行为。根据行政法的原则，行政主体为行使其管理职能，享有相应的管理权力和管理手段。行政主体行使职能的行为如遇到障碍，在没有其他途径克服障碍时，可以运用其行政权力和手段，包括运用行政强制手段，以消除障碍，保障其行政执法目标的实现。在现代社会，行政主体执法行为的实施大多不需要借助行政强制手段，通过行政强制手段执法的数量是很少的。在中国特色社会主义背景下的行政执法行为尤其如此。根据现代民主的要求，行政主体实施行政执法，要尽可能减少强制性，尽可能取得相对人的配合和协作，对相对人的人格尊严予以充分的尊重。

---

① 传统行政法学阐述行政行为的特征时，都认为“强制性”是行政行为区别于民事行为的重要特征。但在现代社会，行政行为中规制性行为比重降低，公共服务性行为比重增加，另外，即使是规制性行为，大多也不通过强制手段，而是通过说服、协商手段实施，从而“强制性”可以不再认为是行政行为的一般特征。故本书以“权力性”（有的国外学者称“高权性”）取代“强制性”作为行政行为的特征。

行政执法的强制只是行政执法目标实现的一种潜在的保障。

二、行政行为的分类

行政行为根据不同的标准可以作不同的分类，其中有些分类在行政管理技术中具有重要意义，有些分类则在法律上具有重要意义。行政法学只研究具有法律意义的行政行为分类，从行政管理技术角度对行政行为的分类则由行政管理学研究。

在行政法学上，对行政行为一般作如下划分：

（一）行政立法行为、行政执法行为与行政司法行为

行政行为以其内容是制定普遍性规范，还是执行法律、法规，实施行政管理，或者是裁决争议、解决纠纷为标准，分为行政立法行为、行政执法行为和行政司法行为。行政立法行为是指行政主体依准立法程序制定行政法规、规章的行为；[①] 行政执法行为是指行政主体为执行法律、法规依法定行政程序实施的各种行政管理行为，如行政许可、行政征收、行政调查、行政监管、行政处罚、行政强制等；行政司法行为是指行政主体依准司法程序裁决争议、解决纠纷的各种行为，如行政调解、行政仲裁、行政裁决等。

行政执法行为在行政行为中占最大的比重，与公民、法人和其他组织的关系最为密切，是行政法规范的最重要的对象。正因为如此，十八届四中全会《决定》对行政执法的体制、机制和制度提出了诸多改革的要求。例如，推进综合执法，理顺行政强制执行体制、理顺城管执法体制、实行行政执法人员持证上岗和资格管理制度、建立健全行政裁量权基准制度、实行行政执法责任制、严格规范公正文明执法、完善执法程序、建立执法全过程记录制度、实行重大执法决定法制审核制度等。在行政行为中，行政立法行为和行政司法行为虽然也很重要，但行政立法行为不是严格意义（狭义）上的行政行为，行政司法行为在行政行为中占比较小，从而不是本书重点研究的对象。本书重点研究的对象是行政执法行为。

（二）抽象行政行为与具体行政行为

行政行为以其对象是否特定为标准分为抽象行政行为与具体行政行为。[②] 抽象行政行为是指行政主体针对不特定行政管理对象实施的行政行为。其行为形式体

---

① 行政机关制定、发布规章以下规范性文件的行为属于广义的行政立法行为，故在本书第六章“行政立法”中设专节论述。

② 有一种观点以相应行为是一次适用还是多次反复适用，以及能否直接进入执行过程作为区分抽象行政行为与具体行政行为的补充标准，如2000年《最高人民法院关于执行〈中华人民共和国行政诉讼法〉若干问题的解释》对“具有普遍约束力的决定、命令”（抽象行政行为之一）的释义中即有“针对不特定对象”和“能反复适用”两条标准。

现为行政立法（行政法规和规章）和行政规范性文件（具有普遍约束力的决定、命令）。①

具体行政行为是指行政主体针对特定行政管理对象实施的行政行为。其行为形式主要体现为具体行政决定，如行政处罚决定、行政强制执行决定、授予相对人某种权益或剥夺其某种权益的决定，拒绝相对人某种申请、请求的决定等，也包括执行和实施这些决定的行为。具体行政行为的形式主要体现为书面行政决定，有时也以非书面决定的形式表现，如口头通知、当面训诫等，特别是违法的具体行政行为，有些行政主体往往采取非书面的形式，以逃避司法审查。

具体行政行为与抽象行政行为的分界在一般情况下是清楚的，人们对二者进行区分并不困难。人们很容易认定行政法规、规章是抽象行政行为，也很容易认定行政处罚、行政强制措施是具体行政行为。但在某些情况下，具体行政行为与抽象行政行为的分界并不很清楚，人们对二者的区分有时会遇到困难。例如，行政机关发布一个通知、通告或会议纪要，有时在外在形式上是针对不特定的个人、组织，但实际上针对的是特定的相对人，涉及的是特定行政相对人的权益。②

（三）羁束行政行为与裁量行政行为

行政行为以受法律规范拘束的程度为标准，分为羁束行政行为和裁量行政行为。羁束行政行为是指法律规范对其范围、条件、标准、形式、程序等作了较详细、具体、明确规定的行政行为。行政主体实施羁束行政行为，必须严格依法定范围、条件、标准、形式、程序等办事，很少有自行斟酌、选择、裁量的余地，很少能将自己的评价、判断、权衡参与其间。如税务机关征税，只能根据法律、法规规定的税种、税率和征税对象进行，在这些方面，税务机关没有或很少能有选择、判断、裁量的余地。至于减、免税，税务机关虽有一定裁量权，但减、免税的条件、范围、标准，法律、法规通常也有较严格的规定，税务机关裁量的余地很小。

裁量行政行为则是指法律规范仅对行为目的、行为范围等作一原则性规定，而将行为的具体条件、标准、幅度、方式等留给行政机关自行选择、决定的行政

① 由于《立法法》仅对行政法规和规章进行了规定，而没有对规章以下的规范性文件进行规定，因此本书特以“行政规范性文件”的概念区别于“行政立法”。但二者同属“抽象行政行为”。

② 1990年《行政诉讼法》施行以来，人民法院一直以行政行为划分为抽象行政行为和具体行政行为的标准作为行政行为可诉性的标准，即人民法院只受理相对人对具体行政行为的起诉，而不受理对抽象行政行为的起诉。2014年第十二届全国人大常委会第十一次会议修订通过的《行政诉讼法》在形式上废除了“具体行政行为”的起诉标准，但仍保留对抽象行政行为起诉的排除，从而实际上仍体现了对行政行为作抽象行政行为和具体行政行为分类的理论。

行为。例如，我国《教育法》第24条规定，各级人民政府应当采取各种措施，开展扫除文盲的教育工作。《教育法》的这一规定，只对行政主体的行为目标、内容作了一个原则性的规定，至于如何运作，具体采取何种措施扫除文盲则留给了行政主体裁量决定。

当然，羁束行政行为和裁量行政行为的划分并不是绝对的。羁束行为通常也存在一定的裁量成分。例如，我国《治安管理处罚法》规定：对违反治安管理的人可根据其违法情节处以警告、罚款、拘留处罚，罚款数额有200~500元的、500~1 000元的，还有2 000元以下、5 000元以下的，拘留时间有1~5天的、5~10天的、10~15天的，这些都给行政机关留下了或多或少的裁量空间和余地。法律将处罚种类和处罚幅度的选择留给行政主体根据案件的具体情况裁量。但行政主体实施裁量并不是无限制地自由裁量，其裁量行为也存在一定羁束因素。法律授权行政主体实施某种行为，即使没有为之规定任何一种具体方式、程序、限度，一般也会规定明确的授权目的，且通常会为之规定裁量的范围，行政主体在实施相应裁量行为时，不能违反授权法的目的和超越法律规定的裁量范围。

（四）依职权行政行为与应请求行政行为

行政行为以其启动是否需要行政相对人先行申请为标准，分为依职权行政行为与应请求行政行为。依职权行政行为是指行政主体直接依法律、法规规定的行政职权，而无须以行政相对人先行申请作为启动条件而实施的行政行为。例如：公安机关依法维持社会秩序；海关依法检查出入境人员的行李物品；产品质量管理行政机关依法检查进入市场流通的各种商品的质量，打击生产、销售假冒伪劣商品的行为；税务机关依法向纳税义务人收税等。这些都是依职权主动实施的行政行为，无须相对人事先申请。当然，行政主体实施依职权行政行为也并非没有任何启动要素，如有关个人、组织的举报，新闻媒体的披露、曝光，行政机关自行调查或监督检查中获取的有关信息、情报等，都可以成为行政机关实施依职权行政行为的启动要素，但排除了以相对人申请为启动的前提条件。

应请求行政行为则是指行政行为的启动要以行政相对人的申请为前提条件。相对人不提出申请，行政主体即不能实施相应行为。例如，工商行政机关颁发营业执照，公安机关颁发特种行业许可证，民政部门发放抚恤金，新闻出版管理部门批准杂志刊号，广播、电影、电视管理部门批准电影或电视剧公开上映等，都是要以相对人先行申请为前提条件的。当然，相对人申请只是应请求行政行为的前提条件而不是唯一条件。如果相对人的申请不符合法定要求，行政主体完全可以依法不予受理。申请受理以后，行政主体通过审查，如果确认申请人不具备实现其请求事项的法定条件，也可以作出拒绝其请求的答复。

某种行政行为是依职权直接实施还是应相对人请求实施，通常都由法律、法规预先规定。一般来说，行政主体保护国家社会公益，维护社会经济秩序，要求行政相对人履行一定义务的行为，法律、法规多确定为依职权行政行为，而行政主体授予特定相对人某种权益，批准、许可其实施一定行为或免除其某种义务，法律、法规多确定为应请求行政行为。

（五）授益行政行为与负担行政行为

行政行为以其对行政相对人利益的不同影响为标准，分为授益行政行为与负担行政行为。授益行政行为是指行政主体依法授予行政相对人权利或免除相对人义务的行为，如行政许可、行政给付等；负担行政行为是指行政主体加予行政相对人义务或对相对人给予处罚、制裁的行为，如行政征收、行政强制、行政处罚等。行政行为的授益与负担的区分不是绝对而只是相对的，某些行政行为对甲相对人是授益，可能对乙相对人则是负担，反之，对甲相对人为负担可能对乙相对人是授益。行政裁决行为、行政处罚行为往往可能构成这种格局。如行政机关对侵害他人人身权、财产权的违法者进行处罚和责令赔偿，对受害者是授益行政行为，对致害者是负担行政行为。

（六）附款行政行为与无附款行政行为

行政行为以有无限制条件为标准，分为附款行政行为与无附款行政行为。附款行政行为是指其效力附有一定条件限制的行政行为。限制条件通常包括时间条件、期限条件、作为条件、不作为条件等。

时间条件包括始期条件、终期条件。始期条件是行政主体规定行政相对人只能从某一时间起方能作出某种行为；终期条件是行政主体规定相对人至某一时间必须终止某种行为。期限条件是行政主体规定相对人只能在某一期限内作出某种行为。这种期限可能同时附有一定始期、终期的规定，也可能无始期、终期而仅有期限规定。在后者的情况下，相对人何时开始行为，何时结束行为均可自行决定，只要行为不超过行政主体规定的期限即可。

作为条件是行政主体规定相对人必须作出某种行为，相应行政行为（如批准、许可、授予、免除等）才能生效。例如：行政主体批准某企业建设某一工程项目，但规定其必须同时建造相应防治污染设施，并且该设施必须与相应工程同时启用、运作。若防污设施未建好或不能投入使用，该工程就不能启用、运作。或者规定该工程建造好以后，可以先行运作，但某些附属工程不得迟于工程运作以后一年建好和投入使用，否则已运作的工程必须下马。这两种情况都是附作为条件的行政行为，但二者也略有区别。前者在行政法学上称“附停止条件的行政行为”（如防污设施未建好，相应工程即使建好也要停止使用）；后者称“附解除条件的行政行为”（如附属设施到期仍未建好，未满足原批准相应工程上马行为的条件，即解除原批准行为，相应工程必须下马）。

不作为条件是行政主体规定相对人不得作出某种行为，否则相应行政行为（如批准、许可、授予、免除等）即失效。例如，行政主体向某一夜总会（内设舞厅、电子游戏厅、卡拉 OK 厅等）发放经营许可证，但附有不得向 16 岁以下少年儿童开放的不作为条件，该夜总会如违反这一条件，向 16 岁以下儿童出售入场券，行政主体即吊销该许可证。

无附款行政行为是指其效力不附有条件限制的行政行为，即行政主体作出相应行政行为不附加其他条件，相应行政行为只要符合法定标准和要求即生效，并且在相应行政行为延续过程中，只要行政相对人不违反法定标准、要求，该行政行为即一直有效而不终止。例如，男女公民双方登记结婚，只要其符合法定年龄和其他法定条件，行政机关即应发给其结婚证而不能对之附加其他条件。之后，该公民双方在婚姻存续过程中，行政机关亦不得对之附加任何条件，不得以相对人未满足其附加的条件而撤销原婚姻登记行为。

附款与无附款是指行政主体在作出行政行为时附加或不附加有关条件，而不是指法律、法规设定的条件。无论是附款行政行为还是无附款行政行为，行政主体和行政相对人都要遵守法定条件。例如，行政主体给相对人颁发许可证，法律、法规通常会规定相对人取得相应许可证必须具备何种条件（资金条件、技术条件、人才条件等）。相对人只有具备相应法定条件，行政主体才能给其发放许可证。在此基础上，行政主体方可在法律范围内附加有关非法律、法规明定的条件，当然，行政主体附加的条件尽管不是法律、法规明确规定的，但也必须合法、合理，不违反法律的有关规定和公平正义的原则。无附款行政行为虽然在行政主体作出行政行为时不附加任何条件，但不意味着相应行政行为没有任何法定条件。例如，婚姻登记行为虽然是无附款行政行为，但《婚姻法》规定了结婚的年龄条件和其他条件，男女公民双方如果不符合法定条件，行政机关就不能发给其结婚证。

（七）要式行政行为与非要式行政行为

行政行为以有无法定形式要求为标准，分为要式行政行为与非要式行政行为。要式行政行为指法律、法规规定必须以某种方式或形式进行的行政行为。例如，《国家行政机关公文处理办法》要求行政机关发送公文必须遵循该办法规定的公文格式，行政机关发送公文的行为即一种要式行政行为。非要式行政行为是指法律、法规未规定一定具体方式或形式，而允许行政机关根据情况自行选择适当方式或形式进行的行政行为。例如，行政机关的通知行为、指示行为等。对于这些行为，行政机关可在不同情况下选择采用书面形式、口头形式或电话、传真、电子邮件、微信等各种其认为适当的形式。

在行政法学上，对行政行为还可以作其他分类，如单方行政行为与双方行政行为、一般行政行为与准行政行为、独立行政行为与附属行政行为、最终行政行为与过程行政行为，等等。由于篇幅所限，本书不展开论述。

第二节 行政行为的合法要件

行政行为的合法要件是指评价、判断和认定行政行为合法性的条件或标准。具备这些要件的行政行为具有实质的法律效力，在行政复议和行政诉讼中不致被撤销或确认无效。而不具备这些要件的行政行为即使成立，也仅具形式上的法律效力，行政相对人通过行政复议或行政诉讼等法定途径可请求有关国家机关确认该行政行为违法和撤销该违法行为，或者确认该行政行为无效。

行政行为的成立只是法律对行政行为合法性的一种设定，即行政行为一经正式作出，即假定它合法，行政相对人应当服从，履行相应行为赋予的义务。但已经成立的行政行为并不一定具备合法要件。对是否具备合法要件有疑义的行政行为，法律赋予行政相对人提出异议的权利，赋予有关国家机关应相对人请求作出有法律效力判断和裁决的权力。

有关国家机关确认行政行为合法所遵循的标准即行政行为合法要件。这些合法要件在实践中是分散的、不统一的，不好把握和应用。于是行政法学将这些标准综合、归纳、抽象，使之具有了相对的统一性，这些统一的合法要件是从各种行政行为的具体合法要件中抽象出来的，它适用于各种行政行为，但又不能包含和完全取代各种行政行为所特有的具体合法要件。因此，在审查各种具体行政行为的合法性时，既要考虑这些统一的要件，也要兼顾具体法律、法规、规章对相应行政行为所设定的具体要求，即相应的具体合法要件。

一、行政行为主体合法

行政行为合法首先要求主体合法。主体合法具体有三项要求：

（一）行为主体是行政主体

行政行为必须由行政主体作出，无论是其他国家机关还是社会组织、团体、企事业单位，没有法律、法规、规章的授权，都无权作出行政行为。有时，国家行政机关可能会联合其他社会组织、团体共同作出某一种行为，如联合发布某一规范或非规范性文件，联合采取某一措施，实施某一具体行为等。这种行为如果有法律根据，且符合行为机关的职权范围，应视为行政行为，但该行为的行政主体仍是行政机关。如果行政相对人对此行为不服，申请复议或提起行政诉讼，只能以行政机关为行政复议的被申请人和行政诉讼的被告，与行政机关共同作出行政行为的组织只能作为第三人。

(二)行政行为的实施者以行政主体的名义实施行政行为

虽然行政行为的主体是行政主体，但行政行为的实施者却不一定是行政主体本身，他们可能是行政主体的工作人员或行政主体委托的组织或其工作人员。因此，要确定行政行为的主体是否合法，必须审查行政行为的实施者是谁。如果是行政机关，只要审查相应行政机关是否依法设置，是否有相应组织法根据；如果是法律、法规、规章授权的组织，则要审查法律、法规、规章是否授予了该组织以相应权限；如果是行政机关和法律、法规、规章授权组织的工作人员，则要审查这些人员是否确定为相应机关、组织的工作人员，是否受该机关、组织所派遣实施相应行为；如果是行政机关委托的组织，则要审查行政机关是否确实有此委托，有无委托书或其他证据，被委托者的行为是否超出了委托范围。总之，要确定行政行为的主体合法，首先必须确定行为是否确实为行政主体所为，行为实施者是否根据行政主体指派或委托，代表行政主体，以行政主体名义实施相应行为。

(三)合议制机关的行为通过合议程序作出

合议制机关的行为应通过相应会议的讨论、审议，并且相应会议有法定人数出席，相应决定有法定票数通过。法律、法规规定有些行政行为依法必须通过一定的会议讨论、审议和投票通过，才能对外发生法律效力。相应行政行为只有依法而为才能保证其主体合法。否则，既构成行政主体不合法，也构成行政程序违法。

二、行政行为权限合法

行政行为权限合法有三项具体要求：

(一)行为在行政主体的行政权范围内

行政行为合法除了要求行为主体必须是行政主体以外，还要求行为必须在行政主体的行政权范围以内。行政主体不能行使在法律上根本不属行政权的权限，其既不能越位行使法律赋予各级人大和人大常委会行使的立法权和越位行使法律赋予各级人民法院、人民检察院行使的司法权，也不能越位干预法律授予企事业单位、社会团体行使的自治权利。否则，即构成"无权限"违法。

(二)行为不侵越其他行政部门的权限

行政行为权限合法除了要求行政主体的行为必须属于行政权外，还要求行政主体的行为不超出本部门的职权而侵越其他行政部门的权限。例如，公安机关不能行使工商行政管理机关的职权，自然资源管理机关不能行使生态环境管理机关的职权，法律法规授权的组织不能行使法律法规规定应由有关行政机关行使的职权，等等。否则，即构成"横向越权"违法。

(三)行为不侵越上级行政部门的权限

行政行为权限合法除了要求行政主体的行为不得"横向越权"外，还要求不得“纵向越权”。一般来说，“纵向越权”主要指下级行政部门侵越上级行政部门的权限。如公安派出所行使本应由县级以上公安机关行使的拘留和500元以上的罚款的处罚权限，乡镇人民政府行使本应由县级以上人民政府行使的裁决单位之间土地所有权、使用权争议的权限。至于上级行政部门行使下级部门的权限，由于行政权的性质，在一般情况下并不构成越权。但是如果法律有特别的规定，上级也可能构成对下级的越权。

三、行政行为内容合法

行政行为内容合法要符合三项要求：

（一）行政行为有事实根据且证据确凿

行政行为内容合法必须以有事实根据为前提。例如，行政主体实施行政处罚行为，必须有行政相对人实施了违法行为的事实根据；行政主体向行政相对人征收个人所得税，必须有相对人已获得了某种个人收入的事实根据；行政主体拒绝给申请许可证的相对人颁发许可证，必须有相对人不符合取得相应许可证法定条件的事实根据；等等。行政主体作出相应行政行为，不仅要有事实根据，而且此种事实必须证据确凿，而不能根据道听途说或想象推理。否则，该行政行为就会因缺乏可靠的证据而受到行政相对人的指控，最终可能被撤销。当然，法律对行政行为的证据标准在总体上低于刑事司法的证据标准。各种行政行为因其内容不同，证据标准的要求也有所区别。

（二）行政行为正确适用依据

行政行为的依据包括法律、法规、规章和其他规范性文件。正确适用依据首先是指正确把握法律规范的效力位阶，先适用高位阶的法律规范，再适用低位阶的法律规范，低位阶法律规范与高位阶法律规范相冲突的，则只适用高位阶规范而不适用低位阶规范。其次是指正确选择与相应行政行为相适应的法律规范，适用法律规范应该是有针对性的，行政主体应在大量的法律规范中选择与解决相应问题相适应的，同时又是现行有效的法律规范。最后是指全面适用法律规范。对某一个行政行为，同时由几个法律规范进行调整的，行政主体应同时适用所有有关的规范。否则，就构成不正确适用。

（三）行政行为合乎立法目的

行政行为内容合法，除了要求行政行为须有事实根据、证据确凿和正确适用依据外，还要求行政行为须合乎立法目的。前两项要求属于客观性要求，后一项要求则是主观性要求，即对行为者主观动机、目的的要求。行政主体实施行政行为，应是为了实现相应立法所欲达到的目的，而不应以权谋私，通过行政职权的行使去实现自己的某种私利，如打击报复、为亲朋好友谋取某种好处等。行政主体实施行政行为如果不是为了实现相应立法目的，而是出于某种个人的动机，则其行为就构成滥用职权。滥用职权的行为在外在形式上可能是合法的，但其实质内容是违法的。例如，某行政机关通过颁发许可证而获取许可证申请人的好处，尽管取得许可证的申请人符合法定条件，行政机关给其颁发许可证也遵循了法律规定的程序、手续，但其他申请人比该申请人条件更为优越，行政机关却将许可证颁发给了该申请人而不颁发给其他申请人，这种行为同样是违法的，同样应追究有关责任人员的法纪或政纪责任。当然，滥用职权的行为不仅包括外在形式合法、目的不合法的行为，更包括目的不合法、外在形式也不合法的行为。例如，行政机关为了从许可证申请人处获取好处，给明显不符合法定条件的企业发放许可证，或者不遵循法定程序给申请人颁发许可证，等等。

四、行政行为程序合法

行政行为程序与行政行为实体有着密切的联系。行政行为程序合法，不仅是行为实体合法的保障，也是行为实体合理、公正的保障。虽然行政行为实体合法、合理、公正不完全取决于行为程序的合法，但行为程序是否合法对行为实体合法、合理、公正确实有着极为重要的影响。现代行政法极为重视程序，将法定行政程序作为控制行政权滥用，防止行政专制，保障行政民主，保护行政相对人合法权益不被违法行政行为侵犯的屏障。行政程序规范现已成为行政法的重要内容，成为与行政实体规范共同调整行政主体行使行政职权行为的法律规范系统的组成部分。因此，现代行政行为合法的要件不仅包括实体要件，而且包括程序要件。

（一）行为符合法定方式

行政行为是各种各样的，法律、法规对不同的行政行为规定了各种不同的方式，但也有一些行为方式是法律、法规要求所有行政行为或某一类行政行为共同遵循的。在国家统一的行政程序法中通常规定了行政行为共有的行政程序规则和制度，在具体的行政管理法律文件中则规定各种不同行政行为的具体程序、规则和制度。行政行为符合法定方式也就包括了符合这两个方面的法律规则、制度，特别是符合一般行政程序法确定的基本规则、制度，如行政行为公开的规则、制度，公众参与的规则、制度，公民获取政府信息的规则、制度以及有关行政听证、职能分离，不单方接触等规则、制度。行政行为违反这些法定规则、制度，均构成程序违法，属于可撤销的行政行为。

当然，我国行政程序法尚不完善，目前尚未制定统一的行政程序法，行政行为的方式主要由具体法律、法规规定。因此，行政行为符合法定方式主要指符合单行具体法律、法规规定的方式。在今后有了统一的行政程序法以后，行为方式合法则主要是依据统一的行政程序法确定的标准，同时参考单行具体法律、法规的规定。

（二）行为符合法定步骤、顺序

行政行为的方式合法是行政行为程序合法的横向要求，而行政行为程序合法的纵向要求则是行为步骤、顺序合法。行为步骤是指行政行为应该经过的过程、阶段、手续。例如，行政主体实施行政处罚行为，一般首先要调查、取证，查明事实，之后，要告知相对人拟作出处罚决定的事实、理由、依据；接着应听取相对人的陈述、申辩或举行听证；再之后作出正式处罚决定；最后将处罚决定书送达被处罚人等（简易程序可省略某些步骤）。行政行为如果没有遵循法定步骤，少进行一道或几道“工序”，即构成程序违法。行为顺序是指行政行为各步骤的先后顺序，即先进行哪一步骤，再实施哪一步骤。法律对行政行为的有些步骤没有规定严格的顺序、要求，行政主体可以根据自己的裁量，自行确定。但是有些行政行为的步骤，法律规定了严格的顺序要求。例如，行政处罚的先调查取证，后裁决；行政许可的先受理申请，后审查，再发证等。行政主体必须严格遵循这种法定顺序，违反了此种顺序即构成程序违法，相应行政行为即构成可撤销的行政行为。

（三）行为符合法定时限

法律规定行政行为的时限，其主要目的在于保障行政效率，行政行为如没有法定时限，就可能造成拖延耽搁，给国家、社会利益造成严重损害，也会给公民个人、组织的权益造成损害。因此，对行政行为坚持法定时限要求是非常必要的。违反法定时限要求的行政行为是违法行政行为，行政相对人对行政主体违反法定时限，拖延履行法定职责的行为，可请求法院判决其限期履行职责。如相应行为已造成了行政相对人的损失，行政相对人还可请求法院确认行政行为违法，责令行政主体赔偿损失。

第三节 行政行为的效力

一、行政行为效力的内容

行政行为的效力，是指行政行为成立后，对行政相对人，行政主体以及其他组织、个人所具有的法律上的效力，主要包括公定力、确定力、拘束力和执行力。

（一）行政行为的公定力

行政行为的公定力是指行政行为一经作出，除非有重大、明显的违法情形，即假定其合法有效，任何机关、组织和个人未经法定程序，均不得否定其法律效力。行政行为的公定力是对世的，即此种效力不仅及于行政相对人和行政主体本身，而且及于其他任何机关、组织、个人。其他任何机关、组织、个人在其行为或活动中，都要尊重相应的行政行为，不得违反，也不得作出与之相抵触的行为。国家权力机关可以对行政行为进行监督，可以依法撤销违法的抽象行政行为；人民法院在行政诉讼中也可对行政行为进行监督，可以依法撤销违法的具体行政行为；上级行政机关可以对下级行政机关的行政行为进行监督，可以撤销下级行政机关任何违法的、不当的抽象或具体行政行为。但是，无论国家权力机关还是人民法院，或者上级行政机关，对于未依法定程序撤销（包括废止、宣布无效）的行政行为，都不得否定其效力。

（二）行政行为的确定力

行政行为的确定力是指行政行为作出后，除非有重大、明显的违法情形，即发生法律效力，行政主体本身非经法定程序不得变更、撤销或废止。行政相对人超过行政复议和行政诉讼期限后，不得对该行为申请行政复议或提起行政诉讼，即使在复议、诉讼期间，相对人非经法定程序，亦不得停止对该行为确定的义务的履行。行政行为的确定力主要是针对行政主体而言，目的主要在于防止行政主体反复无常，任意变更、撤销、废止其已作出的行政行为，导致对行政相对人权益的损害。行政行为的确定力对于维护相对人对行政行为的信任也是很重要的。如果行政主体作出行政行为后又随时变更，相对人的权利、义务就会时时处于不稳定状态，从而会对其合法权益失去安全感，这对于国家和社会利益也是很不利的。

当然，行政行为的确定力是一种相对的确定力，而不是绝对的确定力。虽然行政行为作出后，除非有重大、明显的违法情形，在法律上假定其合法，但是这种假定在法定的期限内是可以依一定事实和证据推翻的。行政相对人如在法定期限内认为相应行政行为违法，可以通过行政复议和行政诉讼途径要求撤销或改变。行政主体或行政主体的上级行政机关如发现相应行政行为违法或不当，任何时候都可依法定程序撤销或改变。不过，相应行为的违法或不当如果不是行政相对方的过错造成的，行政主体对撤销、改变原行为给相对人造成的损失应予以赔偿或补偿，原行为已赋予相对人的权益一般不得再收回。在某些情况下，行政行为的违法或不当如不是很严重，撤销或改变相应行为又可能给相对人造成重大损失的，根据信赖保护原则，行政主体可以（或应该）不撤销、不改变原行政行为。当然，相应行为的违法或不当如果是行政相对人的过错（如提供虚假材料）造成的，那么，行政主体不仅应撤销、改变相应行为，而且要收回行政相对人因相应行为已获得的利益、好处。原行为如给国家或社会利益造成损失，行政相对人还要对此种损失予以赔偿。

（三）行政行为的拘束力

行政行为的拘束力，是指行政行为生效后，作为行政相对人的个人、组织都要受该行为的约束，履行该行为确定的义务，不得作出与该行为相抵触的行为。

首先，行政行为的拘束力及于行为的直接对象。例如，行政主体命令某公司停业整顿，该公司即不得再行开工营业；行政主体禁止某组织举行集会、游行，该组织即不得再组织集会、游行；行政主体查封某个人的财产，该个人即不得拆封启用该财产；等等。

其次，行政行为的拘束力也及于行政行为非直接对象的个人、组织。例如，行政主体发给某饮食店营业执照和有关许可证，批准其从事饮食业，其他任何个人、组织即不得阻止、妨碍或破坏其进行营业；行政主体依法冻结、划拨某公司的存款、账户，有关金融机构就应予以配合，不得让该公司再支取相应款项，并将应划拨的款项划拨给指定的组织或个人；等等。

行政行为的拘束力不仅及于作为行政相对人的个人、组织，同时及于行政主体本身。行政主体对自己作出的行政行为，无论是规定相对人义务的行为，还是授予相对人权益的行为，都要保证其实现。特别是授益行政行为，行政主体更应受其拘束。此外，行政行为的拘束力也及于处在行政相对人地位的国家机关及其工作人员。任何国家机关及其工作人员，无论其地位和职位多高，当其处在相应行政领域时，都要受相应领域行政行为的约束，除非其依法享有相应的豁免。例如，交通部部长或公安部部长骑自行车或驾驶机动车在公路上、街道上行驶，要同其他骑车人或司机一样服从交通民警的指挥；在北京市的中央国家机关在市内进行有关活动时，同样要遵守北京市的有关规定，北京市的有关行政管理行为同样对其有拘束力。在这些场合，任何国家机关或国家机关领导人实际上都处于行政相对人的地位。当然，有关国家机关根据法律授权，依法撤销、改变有关行政主体作出的行政行为时，相应国家机关是处于行使国家权力的地位，而不再是处于行政相对人的地位。

（四）行政行为的执行力

行政行为的执行力是指行政行为生效后，行政相对人必须自觉履行相应行为确定的义务，如其拒绝履行或拖延履行，相应行政主体可以依法采取强制措施，强制相对人履行，如果相应行政主体不具有采取某种强制措施的法定权力，该行政主体可以依法申请人民法院强制执行。

行政行为的执行力不仅及于行政相对人，也及于行政主体本身。行政主体作出某种行政行为，行政相对人可能直接或间接从中取得某种利益，如果行政主体在之后不采取措施保障相对人的利益得以实现，行政相对人既可以申请行政主体履行自己的行政行为，也可以通过行政复议或行政诉讼途径，请求行政复议机关或人民法院责令行政主体履行自己的行政行为。

行政行为的执行力是与拘束力紧密相连的。一方面，拘束力是执行力的前提，行政主体作出的没有拘束力的行为不可能强制执行。只有其行为具有了拘束力，相对人才必须履行相应行为所确定的义务；在相对人不履行时，行政主体才能对之予以强制执行。另一方面，执行力是拘束力的保障，行政行为如果没有强制执行力，其拘束力就是一句空话。诚然，绝大多数行政相对人不是因行政行为具有强制执行力才履行行政行为确定的义务，而是出于理性和道德自觉去履行义务。但是，行政行为如果没有强制执行力，确会有一些个人、组织拒不履行其义务，使相应行政行为所欲达到的行政管理目标落空。很显然，行政行为的拘束力必须以执行力为保障，行政行为的执行力始终潜在于行政行为之中。

行政行为的执行力不同于民事行为的执行力。民事行为虽然也有拘束力和执行力，即民事关系双方当事人通过合同行为确定双方的义务，双方也必须履行。但是，如一方不履行，对方当事人不能像行政机关一样，对不履行义务的一方当事人采取强制执行措施，而只能诉诸法院，请求法院追究不履行义务方当事人的违约责任，或请求法院采取司法强制执行措施，迫使不履行义务的当事人履行义务。行政行为的执行力与其公定力、确定力、拘束力构成一体，使行政行为的法律效力得以体现和实现。

二、行政行为的生效

行政行为的生效是指行政主体实施的法律行为在完成其法定程序，具备相应法定要件后正式对外发生法律效力。法律对不同的行政行为设定了不同的生效要件。

（一）一般抽象行政行为①的生效要件

1. 经相应行政机关会议讨论决定。根据抽象行政行为的不同等级，有些抽象行政行为（如制定规章的行为），必须经过相应机关的正式会议（如政府常务会议或全体会议）讨论决定；有些抽象行政行为，可经相应机关的非正式会议（如办公会议）讨论决定。当然在实践中，也有一些抽象行政行为，无须相应机关的会议讨论决定，而直接由行政首长签署发布。

2. 经相应行政机关行政首长签署。首长签署是所有抽象行政行为生效的必备要件。但一般抽象行政行为与行政立法略有区别：行政立法的签署必须由相应行政机关的正职行政首长为之。例如，部委规章必须由部长、主任签署，省级人民政府规章必须由省长、自治区主席、直辖市市长签署。但是，一般抽象行政行为既可由正职行政首长签署，也可由主管相应行政事务的副职行政首长签署。

---

① “一般抽象行政行为”指不包括行政立法行为的抽象行政行为。行政立法有一定的特殊性，这一点将在第六章“行政立法”中论述。

3. 公开发布。公开发布也是所有抽象行政行为生效的必备要件。一般抽象行政行为既可在正式政府刊物上登载，也可以以布告、公告、通告等形式在一定的公共场合或行政办公场所张贴，或者通过当地广播、电视等播放。要求一般抽象行政行为公开发布，是为了让所有受相应抽象行政行为拘束的人知晓该抽象行政行为。至于行政主体以什么载体，采取什么形式公布，并让相对人知晓，目前法律尚未作统一要求。

4. 行为确定的生效日期已到。抽象行政行为一般自公布之日起生效，但有的抽象行政行为的实施需事前做一定准备工作，或者行政相对人对之要有一个了解、熟悉和适应的时间，故抽象行政行为在公布时并不立即生效，而是另定一个生效日期（如自公布之日起30日或60日生效）。在这种情况下，抽象行政行为在公布时确定的生效日期到达时方生效。

（二）具体行政行为的生效要件

1. 行政主体作出行政决定。具体行政行为一般以行政决定的形式作出，无论是行政主体实施行政处罚，采取行政强制措施，还是颁发或拒绝颁发许可证照，要求相对人履行某种义务，都应作出行政决定。这种行政决定在名称上有时可能不叫“行政决定”。如颁发许可证照，许可证照本身就应该被视为准予颁发的行政决定；拒绝颁发许可证照，其拒绝的通知应视为拒绝颁发的行政决定。行政决定无论采取何种形式，都是行政主体正式向行政相对人作出的一种产生法律效力的意思表示。行政主体的这种正式意思表示是具体行政行为生效的必要要件。行政主体为作出某种具体行政行为而实施准备行为，如正在为作出某种具体行为准备材料，进行调查、鉴定，召开有关会议研究、征求意见等，此时相应具体行政行为尚未生效。只有行政主体就相应具体行政行为已形成了确定的意见和对外作出正式意思表示（行政决定），并在其他有关要件具备后，相应具体行政行为才能正式生效。

作出行政决定是具体行政行为生效要件之一，但在某些特殊情况下会有例外，如行政主体在紧急情况下，为了保障社会公共秩序和人民生命财产的安全，可以对行政相对人即时采取某种行政强制措施，行政主体作出这种行为可能事前来不及作出任何行政决定。对于这种行为，法律不要求以事前作出行政决定为其生效要件。

2. 行政决定已送达行政相对人。具体行政行为的成立不仅要求行政主体作出正式行政决定，而且要求行政主体在法定期限内将行政决定文书送达行政相对人。送达的方式有四种：当面送达、留置送达、邮寄送达、公告送达。当面送达是行政主体将行政决定文书直接送交受送达人（送达场所可以是行政机关所在地，也可以是受送达人住所地或其他场所），由受送达人在送达回证上记明收到的日期，并签名或盖章。受送达人是个人的，本人不在，可交他的同住成年家属签收；受送达人是组织的，应交其法定代表人或该组织负责收件的人签收。留置送达是指受送达人或他的同住成年家属拒绝接收行政决定文书，行政主体邀请有关基层组织或所在单位的代表到场，说明情况，在送达回证上记明拒收事由和日期，由送达人、见证人签名或盖章，把行政决定文书留在受送达人的住所，即视为已送达。邮寄送达是指行政主体向行政相对人直接送达行政决定文书有困难，通过邮局邮寄送达。邮寄送达回执上注明的收件日期为送达日期。公告送达是指受送达人下落不明，或采用当面送达、留置送达、邮寄送达均无法送达的，行政主体将行政决定有关内容予以公告。公告送达通常确定一个期限，期限一到即视为送达。

3. 附款行为所附条件成熟。具体行政行为分为附款行为与无附款行为。无附款行为自行政决定送达相对人即生效。附款行为则要待行为所附条件成熟时方生效。例如，附起始条件的行为只有在行为确定的起始时间已到时才生效，附作为条件的行为只有在相对人作出某种行为，实现行政主体的某种要求后才生效。

行政行为必须具备相应的生效要件，才能正式对外发生法律效力。否则，该行政行为即因未生效而不成立。行政行为不成立意味着：第一，行政相对人可以不受该行为的约束，行政主体也不能因相对人不履行该行为确定的义务而对相对人采取强制执行措施或给予相对人行政处罚；第二，行政相对人不能对该行为申请行政复议或提起行政诉讼，行政救济主体可以不受理相对人就相应行政行为提起的行政救济请求；第三，不具备生效要件或生效要件缺损的行政行为对行政相对人合法权益产生实际不利影响，相对人可以请求行政救济主体确认相应行为无效，并请求赔偿相应行为造成的损失。

三、行政行为的失效

行政行为可能因撤销、废止和确认无效而失效，也可因行政行为期限届满而失效。

（一）行政行为的撤销

行政行为的撤销是指行政行为在具备可撤销情形时，由有权国家机关作出撤销决定后而失去法律效力。行政行为撤销不同于行政行为的无效，无效的行政行为自始无效，而可撤销的行政行为只在撤销之后才失去效力，尽管这种失效也可一直追溯到行为作出之日。行政相对人在撤销决定作出之前一般要受该行为拘束，而且，可撤销的行为不一定必然被撤销。行政相对人申请行政复议或提起行政诉讼均有一定时限，超过此时限即不能申请撤销相应行为，除非行为机关主动撤销（主动撤销又须受信赖保护原则的限制）或有权机关通过其他法定监督途径撤销。

1. 行政行为撤销的条件

（1）行政行为合法要件缺损。合法的行政行为必须具备四个要件：主体合法、权限合法、内容合法、程序合法。某种行政行为如果缺损其中一个或一个以上要件，该行政行为就是可撤销的行政行为。

（2）行政行为不适当。不适当的行政行为也是可撤销的行政行为。“不适当”是指相应行为具有不合理、不公正、不符合现行政策、不合时宜、不合乎有关善良风俗习惯等情形。“不适当”的行政行为在很多情形下同时是不合法的行为，从而应以“违法”为由予以撤销。但在某些情况下，不适当的行政行为并不违法，因此，“不适当”亦可成为撤销行政行为的条件之一。但人民法院一般不能以“不适当”为由（除非“明显不当”）撤销行政行为。

2. 行政行为撤销的法律后果

（1）相应行政行为通常自撤销之日起失去法律效力，撤销之前仍有效。在没有被撤销之前，行政相对人仍应履行相应行为设定的义务，其对相应行为没有直接抵制权。但对于为相对人设定义务或对相对人作出不利处理的行政行为，只要相应行为不是相对人过错造成的，撤销的效力应追溯到行政行为作出之日。

（2）如果行政行为的撤销是因行政主体过错引起的，且相应行政行为是授益行政行为，撤销的效力可不追溯到行政行为作出之日。但是，如因社会公益的需要必须使行政行为的撤销效力追溯到行为作出之日，由此给相对人造成的一切实际损失则应由行政主体予以赔偿。例如，行政主体违法批地给某企业盖房建厂，后违法批准行为被有权机关撤销，已盖好的厂房因不符合城市建设规划而必须拆迁。为此，违法批地的行政机关应赔偿拆迁企业因此受到的损失。

（3）如果行政行为的撤销是由行政相对人的过错或行政主体与相对人的共同过错所引起的，那么行政行为撤销的效力应追溯到行为作出之日。如行政相对人通过虚报、瞒报有关材料，向行政主体提供虚假信息而获取行政主体的某种批准、许可行为或者行政行为是在相对人行贿，行政主体工作人员受贿的情况下作出等，在这些情形下，行政主体通过相应行为已给予相对人的利益、好处均要收回；行政相对人因行政行为撤销而遭受到的损失均由其本身负责；其他个人、组织因已撤销的行政行为所受到的损失，则应由行政主体和行政相对人依其过错程度共同赔偿；行政主体及其工作人员因导致行政行为撤销的过错还应对国家承担行政法律责任。

（二）行政行为的废止

1. 行政行为废止的条件

行政行为具有确定力，一经作出即不得随意废止，只有在具有某些法定情形的条件下，才能依法定程序废止。行政行为废止的条件通常有下述三项：

（1）行政行为所依据的法律、法规、规章、政策经有权机关依法修改、废止或撤销，相应行为如继续存在，则与新的法律、法规、规章、政策相抵触，故行政主体必须废止原行政行为。

（2）行政行为所依据的客观情况发生重大变化，原行政行为继续存在将不利于或损害国家、社会公共利益。为了公共利益的需要，行政主体必须废止原行政行为。

（3）行政行为已完成原定目标、任务，实现了其历史使命，从而没有继续存在的必要，行政行为自然终止。

2. 行政行为废止的法律后果

（1）行政行为自废止之日起失效，行政主体在行为废止之前通过相应行为已给予行政相对人的利益、好处不再收回；行政相对人依原行为已履行的义务不能要求行政主体予以赔偿或补偿。

（2）行政行为的废止如果是因法律、法规、规章、政策的废、改、撤或客观情况的变化，为了公共利益的需要而实施的，那么对此种废止给行政相对人的合法利益造成的损失，行政主体应予以补偿。

（三）行政行为的无效

1. 行政行为无效的条件

《行政诉讼法》第 75 条规定："行政行为有实施主体不具有行政主体资格或者没有依据等重大且明显违法情形，原告申请确认行政行为无效的，人民法院判决确认无效。"如何理解"等重大且明显违法情形"呢？我们必须借助于行政法的一般原理。

根据行政法的一般原理，行政行为如具备下述情形之一，可视为无效行政行为，有权国家机关可确认和宣布该行为无效：

（1）行政行为具有特别重大的违法情形。例如，某市政府命令一个因有爆炸危险而停止向外供气的煤气供应站立即恢复向外供气，此行政命令如果执行，将造成公民生命财产的重大的无可挽回的损失。对此行政命令，相应煤气供应站就可以而且应该视之为一个无效行政行为，不予执行。政府如果事后对该煤气供应站及其负责人给予行政处罚，该煤气供应站及其负责人即可向人民法院提起行政诉讼，确认相应行政命令无效，并撤销该行政处罚。

（2）行政行为具有明显的违法情形。例如，某地方政府作出一个行政决定，要求该地所有机关、企事业组织只能购买、使用该地生产的某种产品，而不能购买、使用外地生产的同类型产品。该决定显然属于限制竞争的地方保护主义，明显违法，故对相对人不产生拘束力。如果该地方政府进一步规定其所作出的相应行政决定属终局行政行为，不准行政相对人提起行政诉讼，则此行政决定更明显违法（根据《行政诉讼法》规定，只有法律才能规定终局行政行为，法规、规章和任何行政规范性或非规范性文件均无权作此种规定），更应视为无效行政行为，自始不发生法律效力。

（3）行政行为的实施将导致犯罪。例如，某乡政府为了吸引外商在该地投资，命令村民捕杀若干国家保护的珍稀动物以为招待外商的宴席所用。因捕杀珍稀动物的行为属犯罪行为，故该乡政府命令他人实施此种将导致犯罪的行为的行政命令是无效行政行为，行政相对人有权抵制而不予执行。

（4）没有可能实施的行政行为。例如，某市政府为了发展旅游事业，改善游客住宿条件，以吸引游客，命令该市所有宾馆、旅馆、饭店在5日内修建好残疾人通道和设施。这项改建工程即使具备其他所有条件，其劳务工作量也至少需30天才能完成。因此，该行政命令是根本不可行的，从而属无效行政行为。

（5）行政主体受胁迫作出的行政行为。例如，行政机关工作人员在行政相对人武力威胁或其他方式胁迫下作出某种行政行为，如颁发许可证、执照等。行政主体在这种情形下作出的行政行为均是无效行政行为，自始不具备法律效力。

（6）行政主体不明确或明显超越相应行政主体职权的行政行为。例如，行政主体实施行政行为不表明身份，在行政决定上不署相应行政主体的名称，不盖印章，使行政相对人不能确定该行政行为的行政主体是谁，在该行为侵犯其合法权益时亦无法申请复议或提起行政诉讼。因此，此类行为应该认定为无效行政行为。至于超越职权的行政行为，如果不是很明显的越权，一般不宜认定为无效行政行为，而应该归之为可撤销的行政行为。只有明显的无权限或越权行为，才应该认定为无效行政行为。例如，乡镇政府对不执行其征收、拆迁决定的村民进行拘留，公安派出所对违反计生政策的公民进行罚款等。这些行为都是显而易见的越权行为，因而属于无效行政行为，自始即不具有法律效力。

2. 行政行为无效的法律后果

（1）行政相对人可不受该行为拘束，不履行该行为确定的任何义务，即具有抵制权，并且对此种不履行不承担法律责任。这一点不同于可撤销的行政行为。可撤销的行为只是在撤销之后失去法律效力，在此之前仍然对相对人有拘束力，相对人如在撤销前不履行相应行为确定的义务，仍要承担法律责任。

（2）行政相对人可在任何时候请求有权国家机关（行为机关的上级机关、权力机关、人民法院）宣布该行为无效。这也不同于可撤销的行政行为。对于可撤销行政行为，行政相对人只能在法定时限内申请复议或提起行政诉讼。

（3）有权国家机关可在任何时候宣布相应行政行为无效，因为无效行政行为不具有公定力和确定力。

（4）行政行为被宣布无效后，行政主体通过相应行为从行政相对人处所获取的一切（如罚没款物等）均应返还相对人；所加予相对人的一切义务均应取消；对相对人所造成的一切实际损失，均应赔偿。至于行政相对人通过无效行政行为从行政主体处获得的利益、好处是否均应收回，则应视相对人对行政主体作出无效行为是否具有过错。如果相对人有过错，其所获得的利益、好处无疑应全部收回；如果相对人并无过错，根据信赖保护原则，对其获得的利益、好处，亦可不予收回；如果为了公共利益必须收回，行政主体对因此给善意的相对人造成的损害应予以赔偿。一般来说，行政行为被宣布无效后，无效行政行为改变的状态应尽可能恢复到行为以前的状态。

行政行为的撤销、废止与无效是行政法学上三个相互联系但又有重要区别的概念。虽然三者都导致行政行为效力的终止，但引发三者的原因不同，效力终止的时间和情形也不一样。对于行政行为的撤销、废止、无效的条件和法律后果，本应在行政程序法中统一规定，但由于我国目前尚未制定统一的行政程序法，故本章论述的内容所根据的只能是行政法的一般原理和我国行政法的有关单行法律，并且参考了外国行政程序法的有关规定。

思考题：

1. 什么是行政行为？行政行为有什么特征？
2. 对行政行为可以作哪些分类？
3. 什么是行政行为的合法要件？行政行为有哪些合法要件？
4. 行政行为有什么效力？
5. 行政行为撤销、废止与无效的条件和法律后果有什么区别？

第六章　行政立法

行政立法属于抽象行政行为，是行政行为的一个重要类别。本章首先介绍行政立法的概念和分类，然后探讨行政立法的程序，继而阐释行政立法的效力和对行政立法的监督。最后，本章单设一节研究虽非行政立法但与行政立法同属抽象行政行为的行政规范性文件，包括行政规范性文件的含义、种类和法律效力。

第一节　行政立法概述

一、行政立法的概念

行政立法是指国家行政机关依法定权限和法定程序制定行政法规和规章的活动。这里所说“行政立法”的“行政”是指此种立法的主体为行政机关，“行政立法”的“法”是指行政法规和规章。①

行政立法是从属性立法，而不是制定源法律规范的立法，不是宪法立法权意义上的立法。“法”与“法律”的含义不同：“法”指国家制定或认可并以国家强制力保证实施的调整人们社会关系的所有规范，包括宪法、法律、法规、规章等；而“法律”仅指由全国人民代表大会和全国人民代表大会常务委员会制定的调整人们社会关系的基本规范。“立法”如果仅指制定“法律”，则立法权仅在全国人大和全国人大常委会。但是，如果赋予“立法”以制定所有“法”规范的含义，则立法权不仅全国人大和全国人大常委会享有，地方人大和地方人大常委会也享有；不仅国家权力机关享有，国家行政机关也享有。不过地方立法和行政立法均为从属性立法。

“行政立法”不等于“行政法”，行政法也不等于行政机关制定的法。行政机关虽然可以制定行政法，但并非行政法都由行政机关制定。行政机关只制定行政法规和规章，行政法律由最高国家权力机关制定，作为行政法法源之一的地方性法规由特定地方国家权力机关制定。此外，行政机关制定的行政法规和规章也并

① 人们使用“行政立法”，有时是指全国人大和全国人大常委会制定行政法律的活动。这是从宪法立法权意义上界定“行政立法”。而有时则是指所有有权制定法律、法规、规章的国家权力机关和国家行政机关制定调整行政关系的法律、法规、规章的活动。这是从法的内容的意义上界定“行政立法”，即所谓“实质意义的行政立法”。而行政法学研究的“行政立法”通常只限于“形式意义的行政立法”，即从形式上、制定机关上界定的行政立法，即行政机关制定行政法规和规章的活动。

非都是行政法，行政法规和规章也有调整经济关系、劳动关系、商事贸易关系和其他社会关系的。

本章使用“行政立法”这个词，有动态和静态两重意义：动态意义的“行政立法”指行政机关制定行政法规和规章的活动；静态意义的“行政立法”指行政机关通过行政立法程序所制定的行政法规和规章。本章所研究的“行政立法”主要是动态意义上的，但有时也在静态意义上使用。

行政立法既具有立法的性质，是一种从属性立法行为（准立法行为），又具有行政的性质，是一种抽象行政行为。行政立法的“立法”性表现在：其一，行政机关制定和发布要求人们遵守的行为规则。需要注意的是，行政法规和规章作为人们必须遵守的行为规则，虽然由行政机关制定和发布，但其代表的并不是某一团体、某一部分人或行政机关自己的意志，而是国家的意志。其二，行政立法所立之“法”属于法的范畴，具有法的基本特征，即普遍性、规范性和强制性。普遍性是指行政立法的内容不是针对某一特定个人、某一特定事件和一次性适用，而是针对非特定人、非特定事且能够多次反复适用；规范性是指行政立法对人们行为的规范作用；强制性是指一般行政立法（除指导性规范外）对于个人、组织具有强制执行力，个人、组织不遵守行政法规和规章的规定，行政机关可以依法采取一定措施强制其执行，或者对其给予行政处罚。其三，行政立法必须遵循准立法程序。行政机关制定行政法规和规章必须经过起草、征求社会公众意见、政府或政府部门相应会议审议通过、行政首长签署、公布等准立法程序。行政首长或行政机关工作人员个人不能进行行政立法。

行政立法的“行政”性主要表现在：其一，行政立法的主体是行政机关；其二，行政立法的客体是有关行政管理的事项；其三，行政立法的目的主要是执行法律、实现行政管理职能。

行政立法虽然具有立法的某些属性，但它不同于法律制定，二者有着重要的区别：第一，主体不同。法律的立法主体是全国人大和全国人大常委会，而行政立法的主体是特定国家行政机关。第二，立法调整的对象不同。法律所调整的对象通常是有关国家社会、经济、政治、文化和生态环境等的重要问题，而行政法规和规章调整的对象通常是有关经济调节、市场监管、社会治理、公共服务和环境保护等方面的管理问题。第三，所立之“法”的效力不同。法律具有仅次于宪法的效力；而行政法规和规章的效力低于法律，行政法规和规章的内容不得与法律相抵触，否则无效。第四，立法的程序不同。法律的立法程序比行政立法程序正式、严格，更注重民主；行政立法的程序较为简便、灵活，更注重效率。第五，立法的形式也有区别。法律通常以“法”（如《行政许可法》《行政处罚法》《行政强制法》等）的形式颁布；而行政立法通常以条例、规定、办法（如《行政法规制定程序条例》《规章制定程序条例》等）的形式颁布。

行政立法虽然具有“行政”性质，但它不同于具体行政行为，二者也有着重要区别：第一，主体不完全相同。行政立法的主体是《立法法》特别授权的行政机关，而具体行政行为的主体为一般行政机关。第二，调整对象不同。行政立法调整的对象是普遍的、不特定的人和事；而具体行政行为的对象所针对的通常是特定的人和事。第三，效力不同。行政立法的时间效力一般长于具体行政行为，行政立法通常能多次反复适用；而具体行政行为的效力则通常是一次性的。第四，程序不同。行政立法的程序较具体行政行为的程序正式、严格，具体行政行为的程序较行政立法程序简单、灵活。第五，形式不同。行政立法必须以正式法律文件的形式向社会公开发布；而具体行政行为则可以采取一般的书面决定形式直接送达相对人，有时甚至可以采取口头形式告知相对人。

二、行政立法的分类

按照不同的标准，对行政立法可以作不同的分类。依据行政立法权的来源不同，行政立法可以分为职权立法和授权立法；依据立法权行使主体的不同，行政立法可以分为中央行政立法和地方行政立法；依据立法的内容不同，行政立法可以分为执行性立法和创制性立法。行政立法的这些不同分类分别具有不同的意义和作用。

（一）职权立法和授权立法

行政立法根据其权力来源的不同，可分为职权立法与授权立法。职权立法是行政机关直接根据宪法和组织法的授权，为执行相应法律、法规或为行使相应行政管理职权，而进行的行政立法。授权立法则是行政机关根据国家权力机关的特别授权，就本应由国家权力机关制定法律或地方性法规的事项而进行的行政立法。《立法法》第 8 条、第 65 条、第 73 条、第 80 条和第 82 条分别就应由法律、行政法规、地方性法规、规章规定的事项作出了具体规定。因此，行政机关对根据《立法法》规定应由行政法规、规章规定的事项进行的行政立法即职权立法，而行政机关根据国家权力机关的特别授权，对依《立法法》规定应由法律或地方性法规规定的事项而进行的行政立法即授权立法。《立法法》第 9 条规定，“本法第八条规定的事项尚未制定法律的，全国人民代表大会及其常务委员会有权作出决定，授权国务院可以根据实际需要，对其中的部分事项先制定行政法规，但是有关犯罪和刑罚、对公民政治权利的剥夺和限制人身自由的强制措施和处罚、司法制度等事项除外”。《立法法》是全国人大于 2000 年 3 月制定颁布，2015 年 3 月修订并重新公布的，在《立法法》制定和颁布之前，我国实际上已存在职权立法和授权立法的区分。例如：1983 年，国务院根据全国人大常委会《关于授权国务院对职工退职退休办法进行部分修改和补充的决定》所进行的行政立法；1984 年，国务院根据全国人大常委会《关于授权国务院改革工商税制发布有关税收条例草案试行的决定》所进行的行政立法；1985 年以后，国务院根据全国人大常委会《关于授权国务院在经济体制改革和对外开放方面可以制定暂行的规定或者条例的决定》所进行的行政立法。以上均是授权立法的例子。

（二）中央行政立法和地方行政立法

行政立法依据行使行政立法权主体的不同，可分为中央行政立法和地方行政立法。在我国，国务院制定行政法规和国务院各部、委、中国人民银行、审计署和具有行政管理职能的直属机构制定的部门规章为中央行政立法，省、自治区、直辖市和设区的市、自治州的人民政府制定的地方政府规章为地方行政立法。

中央行政立法调整全国范围内的普遍性问题和必须由中央统一作出规定的重大问题，如全国性的治安管理问题、环境保护问题、交通问题、资源问题、国家安全问题，等等。而地方行政立法的调整范围限于执行性事务、地方性事务以及城乡建设与管理、环境保护、历史文化保护等方面的事项。

（三）执行性立法和创制性立法

行政立法依其内容不同可分为执行性立法和创制性立法。国务院和国务院部门制定行政法规和规章，就全国人大或全国人大常委会制定的法律规定实施办法、实施细则，明确具体法律规范的含义和适用范围，都不属于创制新的权利义务规范，而是“执行性立法”。享有行政立法权的地方人民政府根据当地的实际情况，就国务院行政法规或地方性法规规定实施办法、实施细则，明确其法律规范的确切含义和适用范围，亦称“执行性立法”。国务院和国务院部门依据法律或根据全国人大、全国人大常委会的授权制定行政法规和规章，为公民、法人或其他组织创制新的权利义务规范，称“创制性立法”；同样，享有行政立法权的地方人民政府依据法律、法规或根据授权制定行政规章，为公民、法人或其他组织创制新的权利义务规范，亦称“创制性立法”。

执行性立法的立法根据是特定法律、行政法规或上级行政规章，如果没有具体的特定法律文件作为根据，行政机关不能任意进行执行性立法。执行性立法的法律文件名称通常即明确指出该行政立法的具体法律根据。创制性立法的立法根据是特定法律、法规或权力机关决议的授权。没有特定法律、法规或权力机关的特别授权，行政机关不能任意进行创制性立法。而且，创制性立法所调整的事项应在相应的法律、法规或权力机关决议的授权范围之内。

第二节　行政立法的程序

关于行政立法的程序，《立法法》和国务院《行政法规制定程序条例》《规章制定程序条例》[①] 作了较详细的规定。下面我们根据这些法律、法规以及现行行政立法的实践，对行政立法的程序作概括性的阐释。

一、编制立法工作计划

行政立法和国家社会、经济、文化的发展一样，要适应民主、法治、市场经济运作和发展的需要，有计划地进行。这是因为：第一，行政立法必须为改革和发展服务，必须适应社会、经济、文化发展的需要；第二，行政立法调整的社会关系是广泛的、复杂的，行政立法的任务是艰巨和繁重的，立法不能一哄而上，必须分别轻重缓急，分阶段、分步骤地进行；第三，行政立法主体多而分散，为防止行政立法之间的重复、矛盾，以及使地方、部门的行政立法能及时补充国务院行政立法的不足，均需编制行政立法计划，先立项，后立法。

（一）行政法规的立法计划

《立法法》第66条规定，国务院法制机构应当根据国家总体工作部署拟订国务院年度立法计划，报国务院审批。国务院年度立法计划中的法律项目应当与全国人民代表大会常务委员会的立法计划和年度立法计划相衔接。国务院法制机构应当及时跟踪了解国务院各部门落实立法计划的情况，加强组织协调和督促指导。

国务院编制年度行政法规立法计划的程序是：（1）国务院有关部门认为需要制定行政法规的，于每年年初编制国务院年度立法计划前，向国务院报请立项；（2）国务院法制机构根据国家总体工作部署和全国人大常委会的立法规划，对部门报送的行政法规立项申请汇总研究，突出重点，统筹兼顾，拟订国务院年度立法计划；（3）报国务院审批。国务院年度立法计划在执行中可以根据实际情况予以调整。

（二）规章制定工作计划

规章制定工作计划的编制程序是：（1）国务院部门内设机构或者其他机构认为需要制定部门规章的，向该部门报请立项；享有行政立法权的地方人民政府所属工作部门或者其下级人民政府认为需要制定地方政府规章的，向该地方人民政府报请立项。（2）国务院部门和享有行政立法权的地方人民政府的法制机构对制定规章的立项申请汇总研究，拟订本部门、本级人民政府规章制定计划。（3）报本部门、本级人民政府批准。国务院部门和地方人民政府年度规章制定计划在执

① 《行政法规制定程序条例》《规章制定程序条例》为国务院2001年11月16日制定和公布，2017年12月22日进行了全面修订。本书第一版根据原条例撰写，第二版根据新修订的条例对本节做了较大修改。

行中可以根据实际情况予以调整。

二、起草

（一）行政法规的起草

《立法法》第67条规定，行政法规由国务院有关部门或者国务院法制机构具体负责起草，重要行政管理的法律、行政法规草案应由国务院法制机构组织起草。

起草行政法规，除应当遵循《立法法》确定的立法原则，并符合宪法和法律的规定外，还应当符合下列要求：（1）制定行政法规，应当贯彻落实党的路线方针政策和决策部署，符合宪法和法律的规定，遵循《立法法》确定的立法原则。（2）制定政治方面法律的配套行政法规，应当按照有关规定及时报告党中央。制定经济、文化、社会、生态文明等方面重大体制和重大政策调整的重要行政法规，应当将行政法规草案或者行政法规草案涉及的重大问题按照有关规定及时报告党中央。（3）弘扬社会主义核心价值观。（4）体现全面深化改革精神，科学规范行政行为，促进政府职能向宏观调控、市场监管、社会管理、公共服务、环境保护等方面转变。（5）符合精简、统一、效能的原则，相同或者相近的职能规定由一个行政机关承担，简化行政管理手续。（6）切实保障公民、法人和其他组织的合法权益，在规定其应当履行的义务的同时，应当规定其相应的权利和保障权利实现的途径。（7）体现行政机关的职权与责任相统一的原则，在赋予有关行政机关必要的职权的同时，应当规定其行使职权的条件、程序和应承担的责任。

（二）规章的起草

部门规章由国务院部门组织起草，国务院部门可以确定由其一个或几个内设机构具体负责起草工作，也可以确定由其法制机构起草或组织起草；地方政府规章由享有行政立法权的地方人民政府组织起草，相应地方人民政府可以确定由其一个或几个部门具体负责起草工作，也可以确定由其法制机构起草或组织起草。此外，起草规章可以邀请有关专家、组织参加，也可以委托有关专家、教学科研单位、社会组织起草。

起草部门规章，涉及国务院其他部门的职责或者与国务院其他部门关系紧密的，起草单位应充分征求其他部门的意见；起草地方政府规章，涉及本级人民政府其他部门的职责或者与其他部门关系紧密的，起草单位应充分征求其他部门的意见。意见不同的，应当充分协商；经过充分协商，不能取得一致意见的，起草单位应当在上报送审稿时说明情况和理由。

三、征求和听取意见

行政立法是行政机关行使准立法权的行为。为了使行政立法体现人民的意志和利益，必须在立法过程中征求和充分听取各方面的意见，特别是人大代表、社会公众和利害关系人的意见。涉及全体公民权益的行政法规和规章，立法草案应通过新闻传播媒介公布，然后通过一定形式征询和听取各方面公众的建议、意见或异议；涉及一定地区、一定阶层公民的权益的，立法草案应在相应地区、相应阶层公众中公布，并组织讨论。《立法法》第67条规定，行政法规在起草过程中，应当广泛听取有关机关、组织、人民代表大会代表和社会公众的意见。听取意见可以采取座谈会、论证会、听证会等多种形式。行政法规草案应当向社会公布，征求意见，但是经国务院决定不公布的除外。《行政法规制定程序条例》第13条规定，起草行政法规，起草部门应当深入调查研究，总结实践经验，广泛听取有关机关、组织和公民的意见。涉及社会公众普遍关注的热点难点问题和经济社会发展遇到的突出矛盾，减损公民、法人和其他组织权利或者增加其义务，对社会公众有重要影响等重大利益调整事项的，应当进行论证咨询。听取意见可以采取召开座谈会、论证会、听证会等多种形式。

《规章制定程序条例》第15条规定，征求意见可采用书面征求意见、座谈会、论证会、听证会等多种形式。第16条规定，起草规章，涉及社会公众普遍关注的热点难点问题和经济社会发展遇到的突出矛盾，减损公民、法人和其他组织权利或者增加其义务，对社会公众有重要影响等重大利益调整事项的，起草单位应当进行论证咨询，广泛听取有关方面的意见。起草的规章涉及重大利益调整或者存在重大意见分歧，对公民、法人或者其他组织的权利义务有较大影响，人民群众普遍关注，需要进行听证的，起草单位应当举行听证会听取意见。听证会依照下列程序组织：（1）听证会公开举行，起草单位应当在举行听证会的30日前公布听证会的时间、地点和内容；（2）参加听证会的有关机关、组织和公民对起草的规章，有权提问和发表意见；（3）听证会应当制作笔录，如实记录发言人的主要观点和理由；（4）起草单位应当认真研究听证会反映的各种意见，起草的规章在报送审查时，应当说明对听证会意见的处理情况及其理由。

《行政法规制定程序条例》和《规章制定程序条例》除规定了在行政立法起草过程中听取公众意见的严格程序外，还规定了在审查过程中进一步听取公众意见的程序：（1）行政法规起草完毕后，国务院法制机构应将行政法规送审稿或送审稿中涉及的主要问题发送国务院有关部门、地方人民政府、有关组织和专家等各方面征求意见。国务院法制机构还可以将行政法规送审稿或者修改稿及其说明等向社会公布，征求意见。规章起草完毕后，规章制定机关的法制机构应将规章送审稿或送审稿中涉及的主要问题发送有关机关、组织和专家征求意见。（2）国务院法制机构和规章制定机关的法制机构应分别就行政法规和规章送审稿中涉及的主要问题，深入基层进行实地调查研究，听取基层有关机关、组织和公民的意见。

（3）行政法规和规章送审稿中涉及重大利益调整的，国务院法制机构和规章制定机关的法制机构应当进行论证咨询，广泛听取有关方面的意见。论证咨询可以采取座谈会、论证会、听证会、委托研究等多种形式。（4）行政法规送审稿涉及重大利益调整或者存在重大意见分歧，对公民、法人或者其他组织的权利义务有较大影响，人民群众普遍关注的，国务院法制机构可以举行听证会，听取有关机关、组织和公民的意见。规章送审稿涉及重大利益调整或者存在重大意见分歧，对公民、法人或者其他组织的权利义务有较大影响，人民群众普遍关注，起草单位在起草过程中未举行听证会的，法制机构经本部门或者本级人民政府批准，可以举行听证会，听取有关机关、组织和公民的意见。

四、审查

行政立法经起草部门起草、征求意见，并与有关部门协商完毕后，即由起草部门或起草单位主要负责人签署（几个部门、单位共同起草的，由相应负责人共同签署）送审稿并报送相应行政立法机关审查。起草部门在报送送审稿时，应同时报送下述材料：（1）送审稿的说明，包括立法的必要性、主要思路、确立的主要制度，各方面对送审稿主要问题的不同意见及其协调处理情况，征求有关机关、组织和公民意见的情况，拟设定、取消或者调整行政许可、行政强制的情况等作出说明；（2）国内外的有关立法资料；（3）调研报告、考察报告等。

行政立法送审稿由行政立法机关法制机构负责审查，审查的范围通常包括：（1）送审稿是否严格贯彻落实党的路线方针政策和决策部署，是否符合宪法和法律的规定以及国家的方针、政策；（2）是否符合《立法法》确立的立法原则和《行政法规制定程序条例》《规章制定程序条例》对行政法规、规章的要求；（3）是否与有关行政立法协调、衔接；（4）是否正确处理了有关机关、组织和公民对送审稿主要问题的意见；（5）是否符合行政立法技术的要求；（6）其他需要审查的内容。

法制机构对审查不合格的行政立法送审稿，可以缓办或退回起草部门、起草单位。对送审稿涉及的主要制度、主要措施、方针政策、管理体制、权限分工等问题有不同意见的，法制机构应进行协调，力求达成一致意见；不能达成一致意见的，应将争议的主要问题以及有关部门、有关机构和法制机构的意见上报行政立法机关决定。法制机构应当认真研究各方面的意见，与起草部门、起草单位协商后，对送审稿进行修改，形成行政法规、规章的草案及其说明。

五、决定与公布

行政立法草案及其说明形成后，由法制机构主要负责人提出提请行政立法机关审议的建议。行政法规草案由国务院常务会议审议或者由国务院审批，部门规章由部务会议或委员会会议审议决定，地方政府规章由地方人民政府的常务会议或全体会议审议决定。

经行政立法机关审议、决定（或审批）的行政法规和规章，应经行政首长签署发布令，在政府公报上或通过新闻媒介发布。《立法法》第70条和第71条规定，行政法规由总理签署国务院令公布。有关国防建设的行政法规，可以由国务院总理、中央军事委员会主席共同签署国务院、中央军事委员会令公布。行政法规签署公布后，及时在国务院公报和中国政府法制信息网以及在全国范围内发行的报纸上刊载。在国务院公报上刊登的行政法规文本为标准文本。《立法法》第85条和第86条规定，部门规章由部门首长签署命令予以公布，地方政府规章由省长、自治区主席、市长或者自治州州长签署命令予以公布。部门规章签署公布后，及时在国务院公报或者部门公报和中国政府法制信息网以及在全国范围内发行的报纸上刊载；地方政府规章签署公布后，及时在本级人民政府公报和中国政府法制信息网以及在本行政区域范围内发行的报纸上刊载。在国务院公报或者部门公报和地方人民政府公报上刊登的规章文本为标准文本。

行政立法自公布之日起30日后施行，但涉及国家安全、外汇汇率、货币政策的确定以及公布后不立即施行将有碍行政立法施行的，可以自公布之日起施行。

第三节 行政立法的效力

一、行政立法的效力范围

行政立法的效力是指行政立法对于行政相对人的拘束力、执行力以及对于行政机关实施行政管理和对人民法院审判活动的适用力。

行政立法属于法的范畴，行政机关是执法机关，实施行政管理应予遵循和适用。公民、法人和其他组织的行为应受行政立法的约束。行政相对人不遵守行政立法、不履行行政立法规定的义务的，行政机关可以依法采取行政强制措施或给予行政处罚。人民法院审理行政案件应以行政法规为依据，规章亦应参照适用。当然，行政立法的上述效力是以行政立法合法有效为前提的。行政立法合法有效的基本要求是：（1）符合宪法、法律和上位阶行政立法，其内容与宪法、法律和上位阶行政立法不相抵触。（2）未超越行政立法机关享有的行政立法权限，所立之法在其职权管辖范围之内，或者有合法的授权。（3）遵循法定程序。立法的起草、征求意见、审议、发布等都遵守了法律、法规的要求、规则。

行政立法的效力范围具体体现在四个方面：

(一) 行政立法的空间效力

行政立法是多层次的，其空间效力范围（即效力的地域范围）是不一样的。国务院的行政法规和国务院部门规章效力的范围及于全国，而省、自治区、直辖市和设区的市、自治州的人民政府的规章的空间效力一般仅及于相应行政管辖区域。所谓“一般仅及于”，就是说，在某些特定情况下也可能有例外：行政机关对非本行政区域的公民、法人或者其他组织执法，法院审理非本行政区域的公民、法人或者其他组织的案件，有时依法需要适用或参照相应公民、法人或者其他组织所在行政区域的行政立法。在这种情况下，行政立法的空间效力范围会超出行政立法机关管辖的行政区域。

(二) 行政立法对于行政机关的效力

行政法规和规章一经发布，对行政机关本身亦发生拘束力：下级行政机关必须执行上级行政机关的法规、规章，不得作出与上级行政立法不同的规定；上级行政机关及行政首长认为下级行政机关的行政立法不妥，应通过法定程序撤销或责令下级行政机关自行撤销，而不得任意改变、撤销或否定下级行政立法的效力；制定法规、规章的行政机关自己也不得任意改变、撤销、废止自己制定的法规、规章（具备法定条件或因公共利益的需要可自行改变、撤销或废止），其行为应受信赖保护原则的约束，否则，反复无常即构成滥用权力。对于合法有效的行政立法，任何行政机关在实施相应具体行政行为时都必须予以遵循和适用，而不得违反。

(三) 行政立法对于其他国家机关的效力

对于行政机关就行政管理发布的行政法规和规章，其他国家机关也有遵守的义务。如关于城市建设、城市管理、环境保护以及交通、卫生、安全、消防乃至节假日安排等方面的行政立法，无论是立法机关，还是法院、检察院等司法机关，都必须遵守。当然，人民代表机关可以根据宪法和法律，撤销违法的行政立法。人民法院在行政诉讼中也有审查和不适用违法行政规章的权力。但是对于合法的行政法规和规章，人民法院在审理行政案件中还应予以适用和作为裁判案件的依据或参照。

(四) 行政立法对于公民、法人和其他组织的效力

行政立法的效力范围及于全国公民，而不论其在境内还是在境外；也及于处在本国境内的外国人和无国籍人，但依照国际惯例或法律明确规定不适用的除外。就每一个具体的行政法规、规章来说，其效力决定于颁布机关的管辖权限和立法内容。例如，省人民政府规章的效力及于该省的个人、组织，市人民政府规章的效力及于该市的个人、组织。又如，规定国家公务员事项的行政法规只适用于国家公务员，规定个体经营者问题的部门规章只适用于个体经营者，等等。

任何社会团体和企事业组织，包括外资、合资企业，无论是法人组织还是非法人组织，只要在中国境内，都必须遵守中国的行政立法，行政立法具有普遍的拘束力。当然，就某一具体行政法规或规章来说，它是否对某一企业、组织、团体具有拘束力，则应通过具体分析该法规、规章的内容和调整范围而定。

二、行政立法的生效与失效

（一）行政立法的生效要件

其一，经享有相应行政立法权的行政机关审议通过。例如，行政法规依法应经国务院常务会议审议决定或经国务院审批①；国务院部门规章，应经部务会议或者委员会会议决定②；地方人民政府规章，应经地方政府常务会议或者全体会议决定③。可见，经相应行政立法机关会议审议、决定是行政立法生效的必需要件。未经相应会议讨论、审议、决定的行政立法，应认为不具备生效要件，不能发生法律效力。

行政立法因为具有立法性，为了保证民主，法律规定须经相应会议讨论、审议是必要的。但是行政立法同时又具有行政性，为了保障行政首长负责制原则的实现，法律并未规定行政立法应实行票决通过程序。在相应行政机关对行政立法的讨论会议上，会议成员可充分发表意见，但不一定进行票决。只要行政首长认为相应行政立法适当、可行，即可签署发布；若认为不当或不可行，即予以搁置。签署发布或不签署发布以行政首长自己的权衡、裁量为依据。尽管这种权衡、裁量必然要受到会议成员所发表的意见的影响，但并不以会议成员持赞成或反对意见的人数为依据。

其二，经行政首长签署。例如，国务院公布行政法规，要由总理签署发布的国务院令④；国务院部门规章由部门首长签署发布的命令；地方人民政府规章由省长或者自治区主席或者市长签署发布的命令⑤。行政首长签署发布令是行政立法生效的重要要件，没有行政首长的签署，行政法规、规章就不能对外发生法律效力。

其三，公开发布。行政立法生效的最后一个要件是公开发布。例如，行政法

---

① 参见《立法法》第69条和《国务院组织法》第4条。根据国务院2017年12月22日修订发布的《行政法规制定程序条例》，行政法规草案由国务院法制机构主要负责人提请国务院常务会议审议，或者由国务院审批。不经国务院常务会议审议，仅由国务院审批的行政法规草案限于“调整范围单一、各方面意见一致或者依据法律制定的配套行政法规草案”。这些法规草案可以“采取传批方式，由国务院法制机构直接提请国务院审批”。

② 参见《立法法》第84条。

③ 参见《立法法》第84条和《地方各级人民代表大会和地方各级人民政府组织法》第60条。

④ 参见《国务院组织法》第5条和《立法法》第70条。

⑤ 参见《立法法》第85条。

规经总理签署后，应在国务院公报和在全国范围内发行的报纸上刊登公布。部门规章经部门行政首长签署后，应在国务院公报或者部门公报和在全国范围内发行的报纸上刊登公布。地方政府规章经地方行政首长签署后，应在本级人民政府公报和在本行政区域范围内发行的报纸上刊登公布。总之，行政立法都必须公开发布，让所有受该行政立法拘束的人知晓。否则，作为行政相对人的公民、法人和其他组织不知晓相应行政立法，行政机关就不能要求其遵守和履行相应行政立法规定的义务。

（二）行政立法的生效时间

行政立法的生效时间通常有两种情况：（1）行政立法在公布一段时间后生效（通常自公布之日起30日后施行）。行政立法之所以通常在公布一段时间后施行，是因为有些行政法规和规章不能在公布之日为有关的组织、个人知晓，公布后不可能要求有关的个人、组织立即作出某种行为，否则会造成不公正；有些行政法规和规章在实施前需要做一些宣传解释工作，使有关人员理解它的意义、精神实质和内容；还有一些行政法规和规章，在生效前需要做某些准备工作。对于这些行政法规和规章，自发布之日起生效和施行是不适宜的，故规定一个准备期，过此期限后再生效。（2）自公布之日起生效。涉及国家安全、外汇汇率、货币政策的确定以及公布后不立即施行将有碍行政立法施行的行政立法，可以自公布之日起施行。

行政立法除了自公布之日起生效或在公布之日以后另定一个日期生效外，是否能对公布之日以前的事实发生效力，即行政立法是否有溯及力，在《立法法》制定颁布之前一直是一个有争议的问题。多数学者认为，行政立法一般不应有溯及既往的效力。即使在某些特殊情况下需要溯及既往，也以不对相对方权益造成不利影响为原则。《立法法》第93条明确规定："法律、行政法规、地方性法规、自治条例和单行条例、规章不溯及既往，但为了更好地保护公民、法人和其他组织的权利和利益而作的特别规定除外。"

（三）行政立法的失效

行政立法失效大致有下述五种情况：（1）授权法规定的授权时效届满。权力机关通过特别法律或专门决定授权行政机关就一定事项立法时，一般要明确规定授权的时间限制。授权法如有此种规定，时限一到，依此授权法制定的行政法规、规章即失效。（2）新法废除旧法。根据一般规则，调整同一问题的新法颁布以后，旧法即自然失去效力。过去，新法取代旧法，并不在新法中明确规定废止旧法，而只是一般地规定，"过去有关法规与本法规不一致的，一律以本法规为准"，"过去有关规定与本办法有抵触的，均按本办法执行"等。但现在新法代替旧法，应在新法中明确规定废止旧法。（3）行政立法因规定的社会事实已消灭或效果已完成而失效。如规定预防某一流行病的行政立法因流行病的消灭而失效，规定某一救灾工作的行政立法因救灾工作的结束而失效等。（4）在法规清理中宣布相关行政法规和规章的废止。（5）行政立法被有权机关撤销。

三、对行政立法的监督

行政立法因具有对公民、法人和其他组织的普遍约束力和执行力，所以一旦出现违法或不当，将对个人、组织权益造成广泛和严重损害。因此，在行政法上，应特别强调对行政立法的监督。关于对行政立法监督的途径、方式和程序，在宪法和组织法的基础上，《立法法》作了进一步具体化的规定。

（一）法规、规章的备案

《立法法》对法规、规章备案的要求包括：（1）法规、规章应在公布后30日内备案；（2）行政法规报全国人大常委会备案；（3）部门规章和地方政府规章报国务院备案，地方政府规章应当同时报本级人大常委会备案，省级以下地方政府规章应当同时报省级人大常委会和人民政府备案；（4）根据授权制定的法规应当报授权决定的机关备案。①

（二）改变或撤销法规、规章的条件

法规、规章有下列情形之一的，有权机关可予以改变或撤销：（1）超越权限的；（2）下位法违反上位法规定的；（3）规章之间对同一事项的规定不一致，经裁决应当改变或撤销一方的规定的；（4）规章的规定被认为不适当，应当予以改变或撤销的；（5）违背法定程序的。②

（三）改变或撤销法规、规章的权限

根据《宪法》《地方各级人民代表大会和地方各级人民政府组织法》《立法法》的规定，有权机关改变或撤销法规、规章的权限划分如下：（1）全国人大常委会有权撤销同宪法和法律相抵触的行政法规；（2）国务院有权改变或者撤销不适当的部门规章和地方政府规章；（3）地方人大常委会有权撤销本级人民政府制定的不适当规章；（4）省级人民政府有权改变或撤销下一级人民政府制定的不适当规章；（5）授权机关有权撤销被授权机关制定的超越授权范围或违背授权目的的法规、规章，必要时还可撤销授权。③

（四）对法规、规章进行监督审查的程序

全国人大常委会对法规、规章进行监督审查的程序主要包括：

---

① 参见《立法法》第98条。

② 参见《立法法》第96条。

③ 参见《宪法》第67条和第89条，《地方各级人民代表大会和地方各级人民政府组织法》第8条和第44条，《立法法》第97条。

1. 提出审查要求或建议。国务院、中央军委、最高人民法院、最高人民检察院和省级人大常委会认为行政法规同宪法和法律相抵触的，可以向全国人大常委会书面提出审查要求；其他国家机关和社会团体、企事业组织以及公民认为行政法规同宪法和法律相抵触的，可以向全国人大常委会书面提出审查建议。

2. 专门委员会和常委会工作机构审查。对国务院、中央军委、最高人民法院、最高人民检察院和省级人大常委会提出的审查要求，由全国人大常委会工作机构分送有关的专门委员会进行审查和提出意见；对其他国家机关和社会团体、企事业组织以及公民提出的审查建议，由全国人大常委会工作机构进行研究，必要时送有关的专门委员会进行审查和提出意见；有关的专门委员会和常委会工作机构也可以对报送备案的法规进行主动审查。

3. 向制定机关提出审查意见、研究意见。全国人大专门委员会、常委会工作机构经审查，认为行政法规同宪法和法律相抵触的，可以向制定机关提出书面审查意见、研究意见，也可以由宪法和法律委员会与有关的专门委员会、常委会工作机构召开联合审查会议，要求制定机关到会说明情况，再向制定机关提出书面审查意见。制定机关应在两个月内研究提出是否修改的意见，并向全国人大宪法和法律委员会和有关的专门委员会或常委会工作机构反馈；全国人大宪法和法律委员会、有关的专门委员会、常委会工作机构向制定机关提出书面审查意见、研究意见，制定机关按照所提意见对行政法规进行修改或废止的，即终结审查。

4. 全国人大常委会委员长会议和常委会会议审议。全国人大宪法和法律委员会、有关的专门委员会、常委会工作机构经审查、研究，认为行政法规同宪法和法律相抵触而向制定机关提出意见，制定机关不予修改的，应向委员长会议提出予以撤销的议案、建议，由委员长会议决定提请常委会会议审议决定。

5. 全国人大有关的专门委员会、常委会工作机构对审查、研究情况进行反馈与公开。全国人大有关的专门委员会、常委会工作机构在审查终结后，应当将审查、研究情况向提出审查建议的国家机关、社会团体、企事业组织以及公民反馈，并可以向社会公开。①

《立法法》对其他接受法规、规章备案的机关的监督审查程序未作统一规定，但要求它们各自就报送备案的法规、规章的审查程序按照维护法制统一的原则分

① 参见《立法法》第99—101条。

别作出规定。①

第四节 行政规范性文件

一、行政规范性文件的含义

行政规范性文件是指行政法规、规章以外的行政机关发布的规范性文件。② 行政规范性文件虽然不属于行政立法的范畴，但在我国行政管理中具有非常重要的地位。我国国家行政机关中有权发布行政法规、规章的只占很小的比例，而有权发布行政规范性文件的则为绝大多数，包括各级人民政府和政府的所有工作部门。行政机关的大量行政行为是直接根据行政规范性文件作出的。

行政规范性文件是国家行政机关为执行法律、法规和规章，对社会实施行政管理，依法定权限和法定程序发布的规范公民、法人和其他组织行为的具有普遍约束力的政令。

第一，行政规范性文件是一种特殊政令。《宪法》第 89 条规定，国务院可以规定行政措施，发布决定和命令；第 90 条规定，各部委可以发布命令、指示。《地方各级人民代表大会和地方各级人民政府组织法》第 59 条规定，县级以上地方各级人民政府可以规定行政措施、发布决定和命令；第 61 条规定，乡镇人民政府可以发布决定和命令。宪法和组织法中规定的“行政措施”“决定”“命令”等都可以是行政规范性文件的形式。

第二，行政规范性文件不是一般政令，它具有普遍约束力。行政机关发布的决定、命令，有一些是针对特定人和特定事项的，有些则是针对不特定的人和事项的。只有后者才是行政规范性文件，它的特点是具有“普遍约束力”，即它对于相应规范性文件制定主体所管辖的整个行政区域的公民、法人、其他组织均具有约束力。

第三，行政规范性文件是行政机关为执行法律、法规、规章，对社会进行行

① 参见《立法法》第 102 条。

② 行政规范性文件不属于行政立法的范畴，因此在“行政立法”一章进行探讨不太适当。然而，行政规范性文件又不属于行政执法或其他具体行政行为的范畴，放在其他章节中探讨更不适当。相对而言，行政规范性文件更接近行政立法，而且，行政规范性文件与行政立法不存在实质性分界，即随着行政法制的发展，享有规章制定权的行政机关的数量不断在增加，从而，现在的许多行政规范性文件将来有可能上升为规章而成为行政立法。因此，在“行政立法”一章中附带研究行政规范性文件也有其合理性。当然，这只是体系结构安排的问题。行政规范性文件不论放在哪一章节或独立设章研究，其在行政法学中的地位都是重要的，行政法学都不能不进行研究。

政管理而实施的一种抽象行政行为。行政规范性文件是抽象行政行为的一种，在这个范畴内，它与行政法规、规章具有相同的性质。行政法规、规章也属于抽象行政行为。二者的区别在于：行政法规、规章同时属于行政立法，而行政规范性文件只是一般抽象行政行为，它的制定应以法律、法规、规章为依据，没有法律、法规、规章依据的行政规范性文件是无效的。

第四，行政规范性文件是行政机关发布的用以对社会进行行政管理，规范公民、法人和其他组织行为的政令。在社会管理功能方面，行政规范性文件与具体行政行为有某些相同的作用，二者的区别在于：具体行政行为的管理功能通常是直接实现的，而行政规范性文件的管理功能通常是间接实现的，行政规范性文件确定的规则、要求，大多要通过具体行政行为实现。行政规范性文件不仅规范公民、法人和其他组织的行为，而且也规范行政机关本身的行为。行政机关依据行政规范性文件实施具体行政行为，实现对社会的管理，保障法律、法规、规章在相应行政区域内的执行。

二、行政规范性文件的种类

根据行政规范性文件发布的主体，行政规范性文件可以分为三类：一是享有行政立法权的行政机关发布的行政规范性文件；二是不享有行政立法权的国务院的工作机构发布的行政规范性文件；三是不享有行政立法权的地方人民政府及其工作部门发布的行政规范性文件。

第一类行政规范性文件有时与行政立法难以区分，主要区别在制定程序上：行政立法必须经相应行政立法机关的正式会议（通常是常务会议）审议通过，由行政首长签署发布，而行政规范性文件则没有这样的程序要求。

第二类行政规范性文件是由不享有行政立法权的国务院的工作机构发布的。国务院的某些机构（如办公机构、没有一般行政管理职能的直属机构和部委归口管理的国家局等），宪法、组织法和《立法法》未赋予其规章制定权，但它们也直接或间接行使着某些行政管理职权，特别是许多部委归口管理局，它们的主要职能就是行政管理，要对作为行政相对人的企事业组织、个人的行为进行规制，因工作需要，它们往往要发布大量的行政规范性文件。

第三类行政规范性文件制定的主体最为广泛。在 2015 年《立法法》修改以前，地方各级人民政府中只有省级人民政府、省级人民政府所在地的市的人民政府、国务院批准的“较大的市”和经济特区所在地的市的人民政府享有规章制定权。在 2015 年《立法法》修改以后，地方各级人民政府中也只有省、自治区、直辖市和设区的市、自治州的人民政府才享有规章制定权，其他数以千计的县级市、县和数以万计的乡、镇人民政府均只能发布行政规范性文件。这些行政规范性文件调整着广泛的社会关系，对于保障和维护社会经济秩序，促进国家政治、经济、文化等各项事业的发展具有重要的作用。

三、行政规范性文件的法律效力

行政规范性文件的法律效力主要体现在行政管理和行政诉讼两个领域。在行政管理领域，行政规范性文件的法律效力主要表现在下述几个方面：其一，对作为行政相对人的公民、法人和其他组织具有拘束力和执行力。行政规范性文件一经颁布，相应文件所调整的个人、组织必须服从、遵守，对相应规范性文件所确定的义务必须履行。行政相对人违反规范性文件的规定，不履行相应义务，行政执法机关可以依法对其采取强制执行措施，或依法对其科处行政处罚，追究其行政法律责任。其二，对行政机关本身具有公定力和确定力。行政规范性文件一经发布，行政机关非经法定程序不得任意撤销、改变、废止。发布规范性文件的行政机关及所属的下级行政执行机关在实施具体行政行为时必须遵循相应文件的规定，在作出有关行政决定时必须适用相应文件的规定。行政机关在实施有关具体行政行为，作出有关行政决定时，如果违反相应行政规范性文件的规定，或者不适用相应规范性文件，或者适用错误，都可能导致相应行为、决定的违法乃至被撤销。其三，行政规范性文件既是行政复议机关审理复议案件的依据，又是行政复议的客体。根据我国《行政复议法》的规定，复议机关审理复议案件，不仅要以法律、法规、规章为依据，还要以行政机关依法制定和发布的具有普遍约束力的决定、命令，即行政规范性文件为依据。《行政复议法》第 7 条、第 26 条和第 27 条规定，行政相对人如认为行政机关的具体行政行为所依据的行政规范性文件不合法，在对具体行政行为申请复议时可一并申请复议。复议机关在复议时，如认为相应行政规范性文件与法律、法规、规章或高位阶的行政规范性文件相抵触，可在其职权范围内依法予以撤销或改变。如相应复议机关无权撤销或改变，则提请上级行政机关或其他有权机关依法处理。

在行政诉讼领域，行政规范性文件的法律效力主要表现在下述几个方面：其一，行政诉讼当事人可以以行政规范性文件作为论证相应具体行政行为违法或合法的根据。原告提起行政诉讼，指控具体行政行为违法，可以以相应具体行政行为违反、未适用或错误适用有关行政规范性文件的规定为理由，也可以以具体行政行为所适用的行政规范性文件违法为理由。同样，被告应诉也可以以相应具体行政行为是根据有关行政规范性文件作出的，且相应行政规范性文件符合法律、法规、规章的规定为理由，反驳原告的指控。其二，公民、法人或者其他组织认为行政行为所依据的行政规范性文件不合法，在对行政行为提起行政诉讼时，可以一并请求对该规范性文件进行审查。其三，人民法院在审理行政案件中，经审查（包括审查行政规范性文件发布的主体是否合法，发布的程序是否合法以及该文件的内容是否合法），如认为行政行为所依据的行政规范性文件合法，可以在裁判文书中引用；如认为不合法，则不作为认定行政行为合法的依据，并向制定机关提出处理建议。①

总之，行政规范性文件是具有法律效力的国家政令。公民、法人和其他组织在进行各种活动时必须遵守相应行政规范性文件的规定；行政机关在实施具体行政行为时必须依据相应行政规范性文件的规定；人民法院在审查具体行政行为的合法性时，亦应参照合法有效的行政规范性文件的规定。

思考题：

1. 什么是行政立法？行政立法可以作哪些分类？
2. 行政立法要遵循哪些基本程序？
3. 行政立法有什么效力？
4. 什么是行政规范性文件？行政规范性文件有什么效力？

① 参见《行政诉讼法》第64条。

第七章　授益行政行为

授益行政行为与负担行政行为，是行政行为的一对基本范畴。它是以行政行为的效果对行政相对人是否有利为标准所作的划分。

授益行政行为是指该行政行为的直接法律效果是增进相对人的权利。行政给付和行政许可便是最为典型的授益行政行为。

第一节　行政给付

一、行政给付与福利行政

行政给付是一种独立的授益行政行为，是一种独立的法律制度。

作为一种法律制度，行政给付的出现和发展，显然与国家行政的演变有关。准确地说，它是国家从管制行政到福利行政的产物。英国的韦德爵士（W. Wade）曾精辟指出："在国家步入了法治国家的阶段之后，行政权力已经摆脱了以往只是作为执行国家统治者意志的工具的角色，进一步要为国家的发展与全体人民的福利，创造出一个发展的空间与秩序。"①

人类历史上很早就出现过具有行政给付意义的贫民救济或社会救济。在农业社会，统治者救济贫民的主要目的是恢复社会正常活动，保持社会稳定，从而维护和继续其统治。救济的性质是对穷人的临时性的恩赐，而不是国家的责任，如中国古代统治者的"开仓放粮"。直到 1601 年英王颁布了《济贫法》，世界上才有法律确认国家负有解决贫民问题的责任。②

进入自由资本主义时期后，西欧各国资产阶级从巩固自己政权的目的出发，强调个性自由，政治权利占主导地位。西方国家大多奉行"自由放任"的经济政策，奉行"管得最少的政府，就是最好的政府"，政府变成了消极的"守夜人"。在这一时期，行政给付虽不能说完全没有，但是被限制在极少数领域和极少数量。19 世纪末以后，资本主义国家进入垄断时期。经济危机使大量企业破产，大批工人失业，不仅导致工人及其家庭生活陷入困境，也影响了劳动力再生产及其质量的提高。在工人运动的压力之下，西方各资本主义国家政府采取了一系列旨在缓和阶级矛盾的措施。在立法和制度层面上主要表现为对社会经济强者的经济自由

---

① 转引自陈新民：《中国行政法学原理》，中国政法大学出版社 2002 年版，第 3 页。

② 参见何勤华：《英国法律发达史》，法律出版社 1999 年版，第 344 页。

权的积极限制和对社会经济弱者的“社会权”的保障。其中，加强政府在行政给付方面的职能就是一个重要举措。

继20世纪30年代经济大萧条之后，美国出现了新政时期的机构激增。“新政”的目的是稳定经济，缓和毫无管理的市场的无节制性，同时向个人提供一些资金上的保障。在战争时期，美国也设立或扩大了一些机构，以便动员人力、组织生产并施行价格控制和给养分配。① 20世纪60年代，贫穷和种族歧视成为全美关注的紧迫问题，为解决这些问题而制订的各项计划进一步扩大了政府机关的规模。日本在第二次世界大战后制定的《日本国宪法》采用了社会国家的原理。给付行政中的社会保障行政，就是基于这一宪法原理而建立的。政府为保障最低限度的健康文明生活而负有义务。② 德国1949年的基本法确认了德国是社会法治国的国家性质。它把国家的社会任务和法治任务结合起来，把法律所体现的形式上的平等和国家福利任务所体现的物质上对社会弱者的帮助以辅助社会公正结合起来。③ 德国“基本法确认了给付行政和引导行政的任务。因此，除了至今仍然需要法学予以重视的传统侵害行政之外，为了执行给付行政和引导行政的典型任务而需要的行政法手段应当予以特别的重视和发展”④。

随着行政职能和形态的演变，作为上层建筑的行政法学也随之发生变化。在日本，甚至有学者将“行政作用法”的体系划分为侵害行政、规制行政及给付行政三类，给付行政已经达到了非常高的独立程度。⑤

综上所述，行政给付是国家发展到一定阶段的产物，是从“行政国家”转向“福利国家”的体现，也是国家的行政从“秩序行政”向“给付行政”转变的反映。

二、行政给付的概念与特征

从概念上说，行政给付最早可以追溯到德国的给付行政。1938年，福尔斯托霍夫（Ernst Forsthoff）在其著作《作为给付主体的行政》（*Die Verwaltung als Leistung sträger*）中创立了行政给付的理论。

虽然行政给付是给付行政的产物与体现，但行政给付毕竟不是给付行政。因为给付行政是国家行政的一种形态，属于福利行政的范畴，是相对于干预行政、

① 参见［美］盖尔霍恩、［美］利文：《行政法和行政程序概要》，黄列译，中国社会科学出版社1996年版，第1页。
② 参见杨建顺：《日本行政法通论》，中国法制出版社1998年版，第331页。
③ 参见于安：《德国行政法》，清华大学出版社1999年版，第12页。
④ ［德］哈特穆特·毛雷尔：《行政法学总论》，高家伟译，法律出版社2000年版，第21页。
⑤ 参见［日］和田英夫：《现代行政法》，倪健民、潘世圣译，中国广播电视出版社1993年版，第233—272页。

计划行政而言的；行政给付是行政决定的一种形态，是一种与行政命令、行政许可、行政确认、行政处罚等相并列的独立的行政行为。因此，属于给付行政范围的诸如国家提供公共服务设施等内容不应当属于行政给付的具体内容。

关于行政给付的概念，可以从两个方面来考虑：第一，一个行政行为只要具有支付内容，就属于行政给付。也就是说，行政给付是行政主体作出的依法必须支付相对人一定财物的行政行为。按此理解，不仅行政主体对相对人发放抚恤金等属于行政给付，甚至行政奖励、行政赔偿、行政补偿等都属于行政给付了。这种含义与民事诉讼法上的“给付之诉”非常接近。第二，鉴于行政给付是给付行政的体现，而给付行政是福利行政、福利国的象征，因而不能将有“支付”内容的行为一概定性为行政给付，而应只将作为国家福利政策的给付行为纳入行政给付范围。

本书倾向于从第二方面来考虑行政给付的概念。行政给付系指行政主体根据相对人的申请，依据国家法规，考虑相对人的具体条件，而决定无偿给予一定财物的行政行为。这种意义上的行政给付，具有下列法律特征：

第一，财物性。行政给付表现为行政主体给予相对人一定的财物，以金钱或物质为给付内容。不具有“财物性”的给付不属于这种意义上的行政给付。因此，精神奖励不属于行政给付，物质奖励就属于行政给付，还有国家为相对人提供人身权与财产权上的保护等也不属于行政给付行为，只属于给付行政的一种内容。

第二，单向性。行政给付与行政征收不同，它不是由相对人向国家交纳财物，而是国家（通过行政主体）向相对人支付财物，所以具有行政主体针对行政相对人的单向性。

第三，无偿性。行政给付是国家针对一些生活困难者或其他需要救助的情况，依据法规给予救助的行为，它是国家福利政策的表现，因而是无偿的。任何对价性的、有偿性的支付均不属行政给付。如国家对相对人私人财产的征收和征用而给予的补偿，行政执法机关因违法或合法行为给相对人造成损害而给予的赔偿或补偿等，均不属于行政给付。

第四，依申请性。行政给付属于依申请行为而不是依职权行为。它一般需由相对人向特定的行政主体申请，行政主体对其情况与条件进行审查，并依法决定给予或不给予救助。

三、行政给付的形式与制度

我国行政给付的形式散见于各类给付制度中，大体有发放抚恤金、低保金，行政奖励、行政补助等形式。它们散见于几种法律制度之中。

（一）行政保障制度

行政保障制度是指行政机关在相对人发生年老、疾病或丧失劳动能力等情况时，或者其他特殊情况下，依照有关法规规定，赋予其实质利益的制度。这是我国目前法律法规数量最多，也是比较成熟的制度。但是我国目前没有统一的保障法，各类制度渊源分散于《残疾人保障法》《妇女权益保障法》《老年人权益保障法》《国务院关于安置老弱病残干部的暂行办法》《国务院关于工人退休、退职的暂行办法》《国务院关于老干部离职休养的暂行规定》《城市居民最低生活保障条例》等法规之中。

行政保障制度是当前行政给付制度中较为发达的部分。行政保障的形式种类较多，分类较细，一般包括：发给牺牲、病故的军人、警察以及国家公务人员家属的抚恤金；发给革命残疾军人的抚恤金；发给烈军属、复员退伍军人的生活补助费等；发给退职人员的离退休金；对低于最低生活保障标准的城市居民提供生活保障费等。

（二）行政救助制度

行政救助制度包括灾害救济制度、社会救济制度两大类临时性、应急性的行政给付制度。

1. 灾害救济制度，包括洪涝灾害救济、防震减灾救济、地质灾害救济、森林火灾救济、突发公共卫生事件救济等。如《防洪法》第47条规定：“发生洪涝灾害后，有关人民政府应当组织有关部门、单位做好灾区的生活供给、卫生防疫、救灾物资供应、治安管理、学校复课、恢复生产和重建家园等救灾工作以及所管辖地区的各项水毁工程设施修复工作。水毁防洪工程设施的修复，应当优先列入有关部门的年度建设计划。”其中在生活供给、卫生防疫、救济物资供应、恢复生产和重建家园方面，有关人民政府及其相关部门承担大量行政给付职责。

2. 社会救济制度，主要包括对城市生活无着的流浪乞讨人员救助和农村特困户救济。如根据《城市生活无着的流浪乞讨人员救助管理办法》的有关规定，县级以上地方人民政府应当根据需要设立流浪乞讨人员救助站；救助站对流浪乞讨人员的救助是一项临时性社会救助措施，它应当提供符合食品卫生要求的食物，提供符合基本条件的住处，对在站内突发急病的，及时送医院救治，帮助与其亲属或者所在单位联系，对没有交通费返回其住所地或者所在单位的，提供乘车凭证。农村特困户救济包括对“五保户”的生活保障。

（三）行政补助制度

行政补助制度由行政补贴制度、行政助长制度两大类组成。前者包括对不可移动文物保护的补贴、扑救森林火灾人员医疗与抚恤、粮食生产补贴、增加农民收入的补贴、促进就业补贴。如《文物保护法》第21条规定，非国有不可移动文物有损毁危险，所有人不具备修缮能力的，当地人民政府应当给予帮助。其中的财物性帮助属于行政给付。后者包括国家助学贷款、义务教育经费。如《义务教育法》第42条规定，义务教育经费全面纳入财政保障范围，由国务院和地方各级人民政府依照本法规定予以保障。

（四）行政奖励制度

精神奖励不属于行政给付，物质奖励才属于行政给付。我国的行政奖励制度可分为做出贡献类奖励制度与举报有功类奖励制度。前者包括防震减灾奖励、计划生育奖励、公安机关人民警察奖励、国家公务员奖励、国家科学技术奖励、优秀教师奖励、教学成果奖励、科技进步奖励、文物保护奖励；后者包括反假人民币奖励与税务违法案件举报奖励。这方面的奖励依据包括《人口与计划生育法》《科学技术进步法》《文物保护法》《公安机关人民警察奖励条令》《公务员奖励规定》《国家科学技术奖励条例》《教学成果奖励条例》《反假人民币奖励办法》《破坏性地震应急条例》等。

第二节 行政许可

一、行政许可及立法

（一）行政许可的概念与特征

行政许可因具有对特定活动范围进行事先控制的功能而被各国政府作为一种行政管理手段广泛采用。它也是行政法上的一种最基本的行政决定形态，是一种授益行政行为。

我国《行政许可法》第2条规定："本法所称行政许可，是指行政机关根据公民、法人或者其他组织的申请，经依法审查，准予其从事特定活动的行为。"将它转换成理论概念，就是指特定的行政主体根据行政相对人的申请，经依法审查，作出准予或不准予其从事特定活动之决定的行政行为。行政许可作为一种独特的行政行为，具有如下法律特征：

第一，事先性。行政许可的本质功能是事先控制一种行为范围。因球场空间的限制无法让更多的观众入场观看比赛时，只能发票，持票者方能入内。这种票就具有许可的功能。为防止拆迁人在不符合条件情况下进行拆迁，因而有了"拆迁许可证"。有人认为，事先的同意叫许可，事后的同意叫认可，这种从时间标准上所作的区分也有一定道理。行政许可具有事先控制性，凡是针对事后行为的处理（如行政处罚等）均不是行政许可。

第二，赋权性与解禁性。行政许可首先是一种行政赋权行为，它是赋予特定行政相对人从事某种活动的权利和资格，如捕捞、开业、建房等，而不是限权行为。其次，在法规已有禁止规定的条件下，行政许可又属于解禁行为，如持枪、采矿等。所以，行政许可具有双重性，即赋权性与解禁性。

第三，依申请性。行政许可是一种依申请行政行为。依申请行政行为是与依职权行政行为相对应的一种行政行为，其特点是：行政行为的作出须以行政相对人的申请为前提。根据《行政许可法》第四章第一节的规定，行政许可须经相对人申请；不经相对人申请，行政主体不得主动实施行政许可。

第四，法定性。行政许可是一种非常严格的行政法律制度，并由专门的《行政许可法》作单独的调整，因而具有很强的法定性。法定性主要表现在：（1）实施行政许可的机关是法定的，不是任何行政机关都有行政许可权；（2）许可的事项又是法定的，对未被《行政许可法》列入的事项不得实施许可；（3）许可的程序也是法定的，已由《行政许可法》作出了统一规定，任何机关都不能创设许可程序。

（二）行政许可法及立法形式

行政许可法，从广义言之，是指由国家制定的用以规范行政许可的设定与实施的法律规范之总和；从狭义言之，就是指2003年制定的《行政许可法》。

行政许可的立法，与其他立法一样，存在两种模式，即分散式与集中式。分散式就是通过各类单行法规分别对各类行政许可作出规定，集中式就是通过制定统一的《行政许可法》来集中规范中国的行政许可制度。一般来说，集中式的立法自然比分散式的立法要显得成熟与科学。

2003年以前，中国的行政许可立法采用的是分散制。这种模式造成的后果是：行政许可项目过多过滥，部门利益滋长，法规相互“打架”严重。2003年制定统一的《行政许可法》后，中国的行政许可立法才走向成熟。

《行政许可法》制定后，其第83条第2款明文规定：“本法施行前有关行政许可的规定，制定机关应当依照本法规定予以清理；不符合本法规定的，自本法施行之日起停止执行。”这说明，中国《行政许可法》是行政许可方面的“基本法”，而不是“补充法”，其他各类有关行政许可的规定均须与《行政许可法》一致。

（三）行政许可法的立法宗旨与基本原则

《行政许可法》第1条就表明了立法宗旨，即为了规范行政许可的设定和实施，同时为了实现公民利益和公共利益的统一。

《行政许可法》第4—10条规定了行政许可法的六项原则：合法原则；公开、公平、公正原则；便民原则；救济原则；信赖保护原则；监督原则。

上述指导思想和原则渗透在行政许可法律制度的各个方面。

二、行政许可事项及其设定

（一）行政许可的事项

对行政许可事项范围的划定，是一个直接影响公权力与私权利界限的敏感问题。行政许可事项范围划定过大，会导致政府对公民权利干预过多过宽；相反，可能会导致政府对社会的管理失控。所以，《行政许可法》第 11 条规定了设定行政许可的原则。设定行政许可，应当遵循经济和社会发展规律，有利于发挥公民、法人或者其他组织的积极性、主动性，维护公共利益和社会秩序，促进经济、社会和生态环境协调发展。

从《行政许可法》的立法设计来看，行政许可的事项被分为两类：一是可以设定许可的事项；二是可以不设定许可的事项。

根据《行政许可法》第 12 条规定，以下六类属于可以设定许可的事项：

1. 准予公民、法人或者其他组织从事直接涉及国家安全、公共安全、经济宏观调控、生态环境保护以及人身健康、生命财产安全等特定活动的事项。这类事项有三个特点：一是必须直接涉及国家安全、公共安全、经济宏观调控、生态环境保护以及直接关系人身健康、生命财产安全等；二是一般无数量控制；三是行政机关只是审查申请者的申请条件，对符合法定条件者给予许可，否则就不予许可。

2. 赋予公民、法人或者其他组织从事有限自然资源开发利用、公共资源配置以及直接关系公共利益的特定行业的市场准入等权利的事项。这类事项有三个特点：一是功能在于赋予有限自然资源开发利用、公共资源配置以及特定行业的市场准入等权利；二是一般有数量控制；三是具有对价性，相对人被许可获得特定权利后，需支付一定的对价。具体说来，涉及"两大资源一大行业"，即对自然资源的利用、对公共资源的配置与特定行业市场的进入。

3. 有关确定资格、资质方面的事项。这类事项有两个特点：一是它只限于"提供公众服务并且直接关系公共利益的职业、行业"，不提供公众服务或虽提供公众服务但并不直接关系公共利益的职业、行业，不需实行许可制度，如医生与律师等。二是从事这些职业、行业的个人和组织依法需要确定"特殊信誉、特殊条件或者特殊技能"，如律师的法律职业资格证等。如果只需有一般的信誉、一般的条件或者一般的技能，就无须实施许可制度。

4. 对特定物的检测、检验和检疫的事项。《行政许可法》第 12 条第 4 项将这一事项表达为："直接关系公共安全、人身健康、生命财产安全的重要设备、设施、产品、物品，需要按照技术标准、技术规范，通过检验、检测、检疫等方式进行审定的事项。"根据这一表达，这类事项的特点是：其一，它是"通过检验、检测、检疫等方式进行审定"的活动，它接近事实上的鉴定性，而不是一般的审批活动；其二，这种活动的对象是"物"而不是"人"，是设备、设施、产品、物品等；其三，这种"物"必须直接关系公共安全、人身健康、生命财产安全，否则也无须许可。民用航空器及发动机设备，应当向国务院民用航空主管部门申领合格证书，就属于这类许可。

5. 有关组织的设立需确定主体资格的事项。这是有关企业或者社会组织（如社会团体）设立的行政登记制度。行政登记并不全部属于行政许可，主体设立登记①或行为登记属于行政许可，但权属登记与人身关系登记不属于行政许可。

6. 法律、行政法规规定可以设定行政许可的其他事项。这是一个兜底条款，意味着除了以上五类可设定许可的事项以外，全国人大及其常委会的法律和国务院的行政法规还可通过单一性法律、法规来规定新的可设定许可的事项。当然，这一规定必须受到《行政许可法》第13条的约束。

根据《行政许可法》第13条的规定，可以设定行政许可的事项如果通过以下方式能够解决，就可以不设定行政许可：

1. 公民、法人或者其他组织能够自主决定的。这是说，如果某种事项由当事人自己来决定、处理，不实行许可一般也不会妨害国家安全、公共安全和他人权利，那么对该事项不必设定许可，如对于保姆资格就是一例。

2. 市场竞争机制能够有效调节的。也就是说，如果某种事项通过市场竞争机制能够有效调节，无须通过政府干预来解决，也可不设定许可，如对于服务业的价格就是一例。

3. 行业组织或者中介机构能够自律管理的。行业组织和中介机构是连接市场主体与政府的桥梁，它们具有自律、高效等特点。随着市场经济的成熟，这类机构越来越能担当起一定的社会管理职能。所以，诸如资质评定等如果可由行业组织或者中介机构自律解决，也可不设行政许可。

4. 行政机关采用事后监督等其他行政管理方式能够解决的。如果某些事项不以事先许可，而以事后发现违法追究其责任便可解决，也可不设定行政许可，如一般的生活用品的假冒伪劣问题。

（二）行政许可的设定

上述可以设定行政许可的事项，必须通过一定的法律形式来设定。不经过法律形式设定的行政许可，不是合法有效的许可项目，它对相对人无约束力。

《行政许可法》第14条、第15条规定了法律、行政法规和地方性法规对行政许可的设定，分列如下：

1. 法律的设定权。法律可以设定《行政许可法》第12条所列的事项：（1）直接涉及国家安全、公共安全、经济宏观调控、生态环境保护以及直接关系人身健康、生命财产安全等特定活动，需要按照法定条件予以批准的事项；（2）有限自然资源开发利用、公共资源配置以及直接关系公共利益的特定行业的市场准入

---

① 对业已成立的主体进行资格登记就不属于行政许可而属于行政确认。

等，需要赋予特定权利的事项；(3) 提供公众服务并且直接关系公共利益的职业、行业，需要确定具备特殊信誉、特殊条件或者特殊技能等资格、资质的事项；(4) 直接关系公共安全、人身健康、生命财产安全的重要设备、设施、产品、物品，需要按照技术标准、技术规范，通过检验、检测、检疫等方式进行审定的事项；(5) 企业或者其他组织的设立等，需要确定主体资格的事项；(6) 法律、行政法规规定可以设定行政许可的其他事项。法律设定上述事项时，必须以它们无法通过《行政许可法》第 13 条规定的方式加以规范为条件。

2. 行政法规的设定权。行政法规同样可以设定《行政许可法》第 12 条所列的事项。但它的设定必须符合两个条件：一是通过《行政许可法》第 13 条方式无法规范的。二是尚未制定法律的。如果作为上位法的法律已设定了某项许可，行政法规就不得再行设定，只能作出规定。

3. 地方性法规的设定权。地方性法规同样可以设定《行政许可法》第 12 条所列的事项，但它的设定条件更加严格。具体有四项条件：一是通过《行政许可法》第 13 条方式无法规范的。二是尚未制定法律和行政法规的。如果作为上位法的法律和行政法规已设定了某项许可，地方性法规就不得再行设定，只能作出规定了。三是在内容上，不得设定应当由国家统一确定的公民、法人或者其他组织的资格、资质的行政许可，不得设定企业或者其他组织的设立登记及其前置性行政许可。四是在效力上，设定的行政许可，不得限制其他地区的个人或者企业到本地区从事生产经营和提供服务，不得限制其他地区的商品进入本地区市场。

（三）行政许可的规定

行政许可的规定，是指在上位法已经设定行政许可的前提下，在上位法设定的许可范围内作具体化规定的行为。《行政许可法》有关行政许可规定权的基本规定是第 16 条。根据该条规定，行政法规、地方性法规、规章都拥有"规定权"，也只有它们才拥有，即：行政法规可以在法律设定的行政许可事项范围内，对实施该行政许可作出具体规定；地方性法规可以在法律、行政法规设定的行政许可事项范围内，对实施该行政许可作出具体规定；规章可以在上位法①设定的行政许可事项范围内，对实施该行政许可作出具体规定。

《行政许可法》第 18 条关于设定许可内容上的要求，不仅适用于行政许可的设定，同样也适用于行政许可的规定。也就是说，有关法规在规定行政许可时要保持内容上的完整性，应当对实施行政许可的事项、实施行政许可的机关、实施行政许可的条件、实施行政许可的程序以及实施行政许可的期限作出规定。

---

① 这里的"上位法"应当区别不同的规章，依据《立法法》和《行政许可法》来具体确定，它包括有关法律、行政法规和地方性法规。

但行政许可规定的内容不是对行政许可设定的内容作简单的重复，否则便失去了立法意义，而是作进一步的“细化”。然而，这一细化也不是无条件的，它受到下列条件的严格限制：

第一，不得超越设定法所规定的行政许可事项范围。按照《行政许可法》第16条规定，行政法规、地方性法规和规章在规定行政许可时，都必须限于在上位法“设定的行政许可事项范围内”作出，而且还“不得增设行政许可”。

第二，不得改变实施行政许可的机关。上位法已将某项许可权设定给某一行政机关，下位法在作出具体规定时，不得改变实施主体。但下位法在不改变上位法设定的许可实施机关的前提下，规定其内设机构或所属事业单位以实施机关的名义受理许可申请是允许的。

第三，不得增设实施行政许可的条件。根据《行政许可法》第16条第4款规定：“法规、规章对实施上位法设定的行政许可作出的具体规定……不得增设违反上位法的其他条件。”理由在于，实施行政许可的条件增设得越多，相对人获准许可的难度就越大，既不利于保护相对人依法获得行政许可，也有悖于法制的统一性。

其他方面的内容则按照下位法不得违反上位法原则处理。

三、行政许可的实施机关

实施行政许可的机关，是指依法具体实施行政许可权的组织，或称实施行政许可的主体。《行政许可法》要规范行政许可制度，不仅要划定行政许可事项的范围，而且要确定实施行政许可的机关。根据《行政许可法》第三章规定，实施行政许可的主体有三类：

（一）拥有行政许可权的行政机关

《行政许可法》第22条规定：“行政许可由具有行政许可权的行政机关在其法定职权范围内实施。”首先，这一规定确立了“行政许可应当由行政机关实施”的原则。因为行政许可权属于国家的公权力，必须由国家行政机关依法行使。这是为了保证国家公权力的严肃性。其次，不是任何行政机关都具有实施行政许可的资格，它的权力来自法律、行政法规和地方性法规。如果是临时许可，那么它的权力也可来自国务院决定和省级人民政府规章。最后，行政机关必须在法定职权范围内实施行政许可。这是许可行为的合法性要求。

（二）法律、法规授权的具有管理公共事务职能的组织

行政许可应当由行政机关实施，但在得到法律、法规授权的条件下，具有管理公共事务职能的组织也可以实施行政许可。这就是授权许可制度。《行政许可法》之所以设立授权许可制度，主要是考虑当今社会高速发展，行政管理事务范

围愈加广泛，专业性越来越强。授权行政机关以外的社会组织实施许可，不仅可以节省行政成本，而且可以提高许可质量（尤其在专业许可领域）。

《行政许可法》第 23 条规定：“法律、法规授权的具有管理公共事务职能的组织，在法定授权范围内，以自己的名义实施行政许可。被授权的组织适用本法有关行政机关的规定。”这说明，授权许可制度需具备以下要素：

1. 主体必须是具有管理公共事务职能的组织。这些组织不是指国家机关和政党组织，而是指企业、事业单位和社会团体。

2. 这些组织必须得到法律、法规的授权。实施行政许可并非是具有管理公共事务职能的组织的当然权力，只有得到法律、法规明文授权的具有管理公共事务职能的组织才可实施行政许可。这种授权的授权法范围只限于法律、行政法规和地方性法规，规章和行政规定不得作出这方面的授权。

3. 被授权的组织以自己的名义实施行政许可。这些组织得到法律、法规授权时，其法律身份为行政主体。而行政主体实施行政行为时必须以自己的名义进行并承受行为效果。

4. 被授权的组织适用《行政许可法》有关行政机关的规定。这些组织被授权后便成为行政主体，因而被视作行政机关。这些组织在实施行政许可时，必须受《行政许可法》对行政机关各种规定的约束，特别是第 27 条的约束。

（三）受委托的行政机关

根据《行政许可法》第 22 条规定，行政许可原则上应当由具有许可职权的行政机关依法实施，不得由另外的行政机关实施。但《行政许可法》考虑到行政管理事务的复杂性，并为精简机构，规定了委托许可制度。

《行政许可法》第 24 条规定：“行政机关在其法定职权范围内，依照法律、法规、规章的规定，可以委托其他行政机关实施行政许可。委托机关应当将受委托行政机关和受委托实施行政许可的内容予以公告。委托行政机关对受委托行政机关实施行政许可的行为应当负责监督，并对该行为的后果承担法律责任。受委托行政机关在委托范围内，以委托行政机关名义实施行政许可；不得再委托其他组织或者个人实施行政许可。”根据这一规定，委托许可制度由下列几个要素构成：

1. 委托方是依法被设定拥有行政许可权的行政机关，受委托方也是行政机关。这与行政处罚中的委托不同，处罚委托是行政机关对事业单位的委托①，而许可委托是行政机关对行政机关的委托。

2. 委托方的委托行为必须在法定职权范围内进行。也就是说，委托方行政机关必须拥有许可职权，它只能将所拥有职权的全部或一部分委托给其他行政机关。

---

① 参见《行政处罚法》第 18 条和第 19 条。

3. 委托许可须以法律、法规、规章的规定为前提。行政机关实施委托许可，必须有法律、法规、规章的依据，无此依据，不得实施委托。①

4. 受委托许可的机关在委托范围内，以委托行政机关名义实施行政许可，行为效果归属于委托方行政机关。这是因为，在行政委托关系中，受委托方不是行政主体，而是以行为主体身份出现，因而它只能以委托方的名义实施许可，并由委托方承受行为后果。

5. 委托方行政机关应当将委托信息公开并监督受委托机关的许可行为。这是委托方行政机关的法定职责，体现了行政公开原则和监督原则。

6. 受委托机关不得再行将许可委托给其他组织或个人。这是一次性委托原则的要求。原则上，任何委托只能委托一次，不允许再委托，否则不利于公权力的监督与控制。

四、行政许可的一般程序

行政许可的实施程序，是指由《行政许可法》和其他有关法规所规定的，行政许可机关和相对人必须遵循的，有关行政许可实施的方式、步骤和时限等法律制度。国家设置行政许可程序的目的，在于保障实施行政许可权的公正与效率。行政许可的实施程序，不仅是行政许可机关实施行政许可的程序，同时也是行政相对人参与行政许可的程序。申请—受理—审查—听证—决定，乃是行政许可实施程序的最基本环节。

（一）申请

行政相对人从事特定活动，依法需要取得行政许可的，应当向行政许可机关提出申请。申请人除依法应当亲自到行政机关办公场所提出行政许可申请外，还可以委托代理人提出行政许可申请。

行政许可申请可以通过信函、电报、电传、传真、电子数据交换和电子邮件等方式提出。

申请人申请行政许可，应当如实向行政机关提交有关材料和反映真实情况，并对其申请材料的真实性负责。行政机关不得要求申请人提交与其申请的行政许可事项无关的技术资料和其他材料。

（二）受理

行政许可机关对申请人提出的行政许可申请，应当根据下列情况分别作出

① 例如《烟草专卖法》第16条规定："经营烟草制品零售业务的企业或者个人，由县级人民政府工商行政管理部门根据上一级烟草专卖行政主管部门的委托，审查批准发给烟草专卖零售许可证。已经设立县级烟草专卖行政主管部门的地方，也可以由县级烟草专卖行政主管部门审查批准发给烟草专卖零售许可证。"

处理：

1. 申请事项依法不需要取得行政许可的，应当即时告知申请人不受理。

2. 申请事项依法不属于本行政机关职权范围的，应当即时作出不予受理的决定，并告知申请人向有关行政机关申请。

3. 申请材料存在错误但可以当场更正的，应当允许申请人当场更正。

4. 申请材料不齐全或者不符合法定形式的，应当当场或者在 5 日内一次告知申请人需要补正的全部内容，逾期不告知的，自收到申请材料之日起即为受理。

5. 申请事项属于本行政机关职权范围，申请材料齐全、符合法定形式，或者申请人按照本行政机关的要求提交全部补正申请材料的，应当受理行政许可申请。

行政机关受理或者不予受理行政许可申请，应当出具加盖本行政机关专用印章和注明日期的书面凭证。

（三）审查

1. 审查申请材料。行政机关应当对申请人提交的申请材料进行审查。对申请人提交的申请材料进行审查把关是行政许可实施机关的法定职责。如果审查错误导致许可决定错误，行政许可机关应当承担相应的责任。

行政机关对申请材料的审查有形式审查与实质审查之分。形式审查是指行政许可机关针对相对人提交的申请材料，只要审查其是否“齐全”以及是否符合“法定形式”，符合这两个标准的，即予当场作出行政许可。《行政许可法》第 34 条第 2 款规定：“申请人提交的申请材料齐全、符合法定形式，行政机关能够当场作出决定的，应当当场作出书面的行政许可决定。”这正是针对形式审查而言的。

实质审查是指行政许可机关针对相对人提交的申请材料，不仅要审查其是否“齐全”以及是否符合“法定形式”，还要审查这些材料的真实性，在此基础上方能作出行政许可。《行政许可法》第 34 条第 3 款规定：“根据法定条件和程序，需要对申请材料的实质内容进行核实的，行政机关应当指派两名以上工作人员进行核查。”这正是针对实质审查而言的。

行政许可机关针对哪些许可项目需作形式审查，又针对哪些许可项目需作实质审查，这是值得深入研究的课题，但《行政许可法》本身尚未直接解决这一问题。目前实践中的做法是依据具体法律、法规和规章所设定的程序而定。法规所规定的程序体现为形式审查的，行政许可机关就作形式审查；反之，就作实质审查。

行政许可机关无论针对形式审查还是针对实质审查，都需对审查结果承担责任。① 因为《行政许可法》第 34 条第 1 款②设立了行政许可机关对所有申请材料

① 但也有人认为，行政许可机关对形式审查是不承担审查责任的。参见张春生、李飞：《中华人民共和国行政许可法释义》，法律出版社 2003 年版，第 123、124 页。

② 《行政许可法》第 34 条第 1 款规定：“行政机关应当对申请人提交的申请材料进行审查。”

的“审查职责”。当然，行政许可机关针对实质审查所负的审查责任与针对形式审查所负的审查责任在程度上会有差别，而且，针对实质审查所负的审查责任显然大于针对形式审查所负的审查责任。①

2. 听取申请人、利害关系人的意见。行政机关对行政许可申请进行审查时，发现行政许可事项直接关系他人重大利益的，应当告知该利害关系人。申请人、利害关系人有权进行陈述和申辩。行政机关应当听取申请人、利害关系人的意见。

（四）听证会

听证会是行政许可机关在对许可申请的审查过程中，在作出许可决定前所举行的听取申请人、利害关系人的意见的最正规形式。听证会并不是实施行政许可过程中的必经程序，但它已经成为一个广泛的程序。根据《行政许可法》第 46、47 条规定，有下列情形之一的，必须举行听证会：

1. 法律、法规、规章明文规定应当听证的。一般来说，许可事项涉及公共利益时，法律、法规、规章才会作出这方面的要求。行政许可机关举行这类听证会，应当事先向社会公告。

2. 行政许可机关认为需要听证的。虽然法律、法规、规章并无规定需要听证，但如果许可事项涉及公共利益，行政许可机关也可举行听证会。行政许可机关举行这类听证会，也应当事先向社会公告。

3. 申请人、利害关系人要求听证的。这类听证限于“行政许可直接涉及申请人与他人之间重大利益关系”的事项，如果许可事项并不直接涉及“申请人与他人之间重大利益关系”，那么通过“听取意见”方式解决即可。对于这类听证，行政机关在作出行政许可决定前，应当告知申请人、利害关系人享有要求听证的权利。申请人、利害关系人在被告知听证权利之日起 5 日内提出听证申请的，行政机关应当在 20 日内组织听证。

根据《行政许可法》第 48 条规定，听证按照下列程序进行：

1. 行政机关应当于举行听证的 7 日前将举行听证的时间、地点通知申请人、利害关系人，必要时予以公告。

2. 听证应当公开举行。

3. 行政机关应当指定审查该行政许可申请的工作人员以外的人员为听证主持人，申请人、利害关系人认为主持人与该行政许可事项有直接利害关系的，有权申请回避。

4. 举行听证时，审查该行政许可申请的工作人员应当提供审查意见的证据、理由，申请人、利害关系人可以提出证据，并进行申辩和质证。

---

① 但对这一程度上的差别作量化的研究，目前尚未有统一的结果。

5. 听证应当制作笔录，听证笔录应当交听证参加人确认无误后签字或者盖章。

举行听证会的，行政机关应当根据听证笔录，作出行政许可决定，否则听证会便会失去意义。

（五）决定

申请人的申请符合法定条件、标准的，行政许可机关应当依法作出准予行政许可的书面决定。不符合法定条件、标准的，行政许可机关应当作出不予许可的书面决定。依法作出不予行政许可的书面决定的，应当说明理由，并告知申请人享有依法申请行政复议或者提起行政诉讼的权利。

对于《行政许可法》第 12 条第 2 项所列许可事项，即有限自然资源开发利用、公共资源配置以及直接关系公共利益的特定行业的市场准入等，需要赋予特定权利的事项，行政许可机关应当通过招标、拍卖等公平竞争的方式作出决定。但是，法律、行政法规另有规定的，依照其规定。行政机关通过招标、拍卖等方式作出行政许可决定的具体程序，依照有关法律、行政法规的规定。

对于《行政许可法》第 12 条第 3 项所列许可事项，即提供公众服务并且直接关系公共利益的职业、行业，需要确定具备特殊信誉、特殊条件或者特殊技能等资格、资质的事项，赋予公民特定资格，依法应当举行国家考试的，行政机关根据考试成绩和其他法定条件作出行政许可决定；赋予法人或者其他组织特定的资格、资质的，行政机关根据申请人的专业人员构成、技术条件、经营业绩和管理水平等的考核结果作出行政许可决定。但是，法律、行政法规另有规定的，依照其规定。

对于《行政许可法》第 12 条第 4 项所列许可事项，即直接关系公共安全、人身健康、生命财产安全的重要设备、设施、产品、物品，需要按照技术标准、技术规范，通过检验、检测、检疫等方式进行审定的事项，应当按照技术标准、技术规范依法进行检验、检测、检疫，行政机关根据检验、检测、检疫的结果作出行政许可决定。行政机关实施检验、检测、检疫，应当自受理申请之日起 5 日内指派 2 名以上工作人员按照技术标准、技术规范进行检验、检测、检疫。不需要对检验、检测、检疫结果作进一步技术分析即可认定设备、设施、产品、物品是否符合技术标准、技术规范的，行政机关应当当场作出行政许可决定。

对于《行政许可法》第 12 条第 5 项所列许可事项，即企业或者其他组织的设立等，需要确定主体资格的事项，申请人提交的申请材料齐全、符合法定形式的，行政机关应当当场予以登记。需要对申请材料的实质内容进行核实的，行政机关依照《行政许可法》第 34 条第 3 款①的规定办理。

① 《行政许可法》第 34 条第 3 款规定："根据法定条件和程序，需要对申请材料的实质内容进行核实的，行政机关应当指派两名以上工作人员进行核查。"

对于有数量限制的行政许可，两个或者两个以上申请人的申请均符合法定条件、标准的，行政许可机关应当根据受理行政许可申请的先后顺序作出准予行政许可的决定。但是，法律、行政法规另有规定的，依照其规定。

行政许可机关作出的准予行政许可决定，应当予以公开，公众有权查阅。

行政许可机关作出准予行政许可的决定，需要颁发行政许可证件的，应当向申请人颁发加盖本行政机关印章的行政许可证件。这些证件包括：许可证、执照或者其他许可证书；资格证、资质证或者其他合格证书；行政机关的批准文件或者证明文件；法律、法规规定的其他行政许可证件。

行政机关实施检验、检测、检疫的，可以在检验、检测、检疫合格的设备、设施、产品、物品上加贴标签或者加盖检验、检测、检疫印章。

（六）期限

《行政许可法》第四章第三节专门规定了行政许可的期限，包括行政许可机关作出许可的期限与送达相对人的期限。

行政许可机关作出许可决定的期限，分四种情况：一是能够当场作出许可决定的，就当场作出许可决定。二是不能当场作出许可决定的，应当自受理行政许可申请之日起20日内作出行政许可决定。20日内不能作出决定的，经本行政机关负责人批准，可以延长10日，并应当将延长期限的理由告知申请人。但是，法律、法规另有规定的，依照其规定。三是对于统一办理或者联合办理、集中办理的许可，办理的时间不得超过45日；45日内不能办结的，经本级人民政府负责人批准，可以延长15日，并应当将延长期限的理由告知申请人。四是依法应当先经下级行政机关审查后报上级行政机关决定的行政许可，下级行政机关应当自其受理行政许可申请之日起20日内审查完毕。但是，法律、法规另有规定的，依照其规定。

关于送达许可决定的期限，《行政许可法》第44条规定，行政机关作出准予行政许可的决定，应当自作出决定之日起10日内向申请人颁发、送达行政许可证件，或者加贴标签，加盖检验、检测、检疫印章。

行政机关作出行政许可决定，依法需要听证、招标、拍卖、检验、检测、检疫、鉴定和专家评审的，所需时间不计算在上述期限内。行政机关应当将所需时间书面告知申请人。

五、行政许可的特别程序

（一）一般程序与特别程序的关系

《行政许可法》第四章第一节至第五节，对行政许可的申请与受理、审查与决定、期限、听证、变更与延续各个环节，作了详细规定，构成了行政许可的一般程序。《行政许可法》第四章第六节“特别规定”，在一般程序基础上，对某些许可程序作出了特别要求，构成了行政许可的特别程序。一般程序与特别程序的关系是：有特别程序规定者，适用特别程序规定；无特别程序规定时，适用行政许可的一般程序。《行政许可法》第 51 条明确规定了这一适用原则。①

在划分行政许可的一般程序与特别程序时，根据《行政许可法》的立法设计，有几点必须说明：

第一，从主体上，行政许可可以划分为由国务院实施的行政许可和由其他行政机关实施的行政许可。由国务院实施的行政许可适用特别程序；由其他行政机关实施的行政许可是否适用特别程序，取决于《行政许可法》第四章第六节有否特别规定。

第二，从许可形式上看，行政许可主要是五类，即普通许可、特许、认可、核准和登记。《行政许可法》第四章第六节未对普通许可作出特别规定，只对特许、认可、核准和登记作出特别规定。这表明，普通许可适用一般许可程序。

第三，《行政许可法》第四章第六节虽对特许、认可、核准和登记程序作出特别规定，但不等于说特许、认可、核准和登记的整个程序全部属于特别程序。它只表明特许、认可、核准和登记的程序，适用行政许可的一般程序；有特别规定的方面，才适用特别程序。

最终归纳的结论是：由国务院实施的行政许可适用特别程序；国务院以外的行政机关实施的普通许可适用一般程序；由行政机关实施的特许、认可、核准和登记，既要适用《行政许可法》第四章第一节至第五节所规定的一般程序，也要适用第六节所规定的程序上的特别要求，而且在二者不一致时，优先适用特别规定。

（二）国务院实施行政许可的程序

《行政许可法》第 52 条规定：“国务院实施行政许可的程序，适用有关法律、行政法规的规定。”这一规定表明了以下几点：

第一，国务院所实施的行政许可程序，无论普通许可还是特许、认可、核准和登记，都不适用《行政许可法》第四章第一节至第五节所规定的一般程序。

第二，国务院所实施的行政许可程序，也不适用《行政许可法》第四章第六节所规定的特别程序。

第三，国务院所实施的行政许可程序，适用《行政许可法》以外的有关法律和行政法规，不适用地方性法规、行政规章和行政规定。

---

① 《行政许可法》第 51 条规定：“实施行政许可的程序，本节有规定的，适用本节规定；本节没有规定的，适用本章其他有关规定。”

第四，《行政许可法》第52条对国务院所实施的行政许可程序的特别规定，只适用于国务院实施行政许可的程序，而不适用于国务院设定行政许可等其他行为。除了行政许可的实施程序，国务院有关行政许可的其他行为和事项，都应当服从《行政许可法》。例如，由《行政许可法》所确立的公开、公平、公正原则，便民原则和信赖保护原则等；行政相对人对行政机关实施行政许可，享有陈述权、申辩权；许可实施程序中的说明理由和听证制度，等等，都应当适用于国务院实施的行政许可行为，① 因为《行政许可法》是规范行政许可制度的基本法律。

（三）对特许程序的特别规定

特许，是指行政机关代表国家向申请人转让原本属于国家的资源或专营权的许可行为，它关系到有限资源的开发利用、公共资源的配置以及直接关系公共利益的特定行业的市场准入等权利。有限资源的开发利用，是指对包括土地、森林、草原、水流、矿产、海域等在内的自然资源的开发利用；公共资源的配置，是指对公共运输线路和电信资源（包括无线电频道、航空线路、公交线路）等有限公共资源的配置；直接关系公共利益的特定行业的市场准入，是指企业被许可进入电力、铁路、民航、通信、石油、烟草等行业从事相关经营活动。②《行政许可法》第53条③对特许程序作出了特别规定。

《行政许可法》第53条规定最本质的要求是：对于这类行政许可（特许），应当通过招标、拍卖等公平竞争的方式作出决定。《行政许可法》第53条之所以提出这一特别要求，主要是基于两点考虑：一是自然资源、公共资源的有限性和稀缺性，公用事业的巨大市场及国家对市场准入的限制，决定着获得这类许可具有巨大的经济价值。有关企业会千方百计地通过各种手段试图进入该领域，因此有可能出现钱权交易的“暗箱操作”，滋生腐败。二是这类许可属于有数量控制的许可，有效地保护资源显得特别重要。在这两点的压力下，通过公平竞争的方式作出许可，既有利于防止腐败滋生，更有利于资源的保护。

同时，鉴于目前的一些法律和法规对这类许可依然采用“双轨制”，如国有土地使用权的出让，既可通过招标、拍卖，也可通过协议方式，国家应当允许经过

---

① 参见张春生、李飞：《中华人民共和国行政许可法释义》，法律出版社2003年版，第172页。

② 这些行业一般都形成垄断的公用事业。

③《行政许可法》第53条规定：“实施本法第十二条第二项所列事项的行政许可的，行政机关应当通过招标、拍卖等公平竞争的方式作出决定。但是，法律、行政法规另有规定的，依照其规定。行政机关通过招标、拍卖等方式作出行政许可决定的具体程序，依照有关法律、行政法规的规定。行政机关按照招标、拍卖程序确定中标人、买受人后，应当作出准予行政许可的决定，并依法向中标人、买受人颁发行政许可证件。行政机关违反本条规定，不采用招标、拍卖方式，或者违反招标、拍卖程序，损害申请人合法权益的，申请人可以依法申请行政复议或者提起行政诉讼。”

一定时间从“双轨制”过渡到只能通过招标、拍卖等公平竞争方式的“单轨制”。为此，《行政许可法》同时设置了“例外”条款，即规定：关于应当通过招标、拍卖等公平竞争方式实施许可，如果“法律、行政法规另有规定的，依照其规定”。这一“例外条款”是个过渡性条款，而不是“目标条款”。以后有关法律和行政法规修订时，显然应当向“单轨制”靠近。

招标和拍卖是公平竞争的最好方式。招标是一种国际上普遍运用的、有组织的市场交易行为，是买方（招标人）通过事先公开的采购要求，吸引众多的卖方（投标人）平等参与竞争，按照规定程序并组织技术、经济和法律等方面专家对众多的投标人进行综合评审，从中择优选定中标人的行为过程。拍卖也称竞买，是指以公开竞价的方式，将特定的物品或财产权利转让给最高应价者的买卖方式。招标和拍卖的程序，目前主要按《招标投标法》和《拍卖法》等规定办理。

行政机关按照招标、拍卖程序确定中标人、买受人后，应当对他们作出准予行政许可的决定，并依法向中标人、买受人颁发行政许可证件。许可申请人对于行政机关违反规定，应当采用招标、拍卖方式而不采用的，或者虽然采用了招标、拍卖方式但违反招标、拍卖程序，损害其合法权益的，可以依法申请行政复议或者提起行政诉讼。

（四）对认可程序的特别规定

认可是指行政机关赋予公民特定资格，赋予法人或者其他组织特定资格、资质的行政许可。对于这种许可程序，《行政许可法》第 54 条作出了特别规定。这一特别规定的核心是：认可必须根据考试或者考核结果作出许可。具体内容分述如下：

第一，对于公民从事提供公众服务并且直接关系公共利益的职业、行业，需要确定具备特殊信誉、特殊条件或者特殊技能等资格的，行政机关必须根据考试成绩和其他法定条件作出行政许可决定，但是法律和行政法规另有规定的除外。

第二，赋予法人或者其他组织特定的资格、资质的，行政机关必须根据申请人的专业人员构成、技术条件、经营业绩和管理水平等的考核结果作出行政许可决定，但是法律、行政法规另有规定的除外。

第三，公民特定资格的考试依法由行政机关或者行业组织实施，公开举行。行政机关或者行业组织应当事先公布资格考试的报名条件、报考办法、考试科目以及考试大纲。但是，不得组织强制性的资格考试的考前培训，不得指定教材或者其他助考材料。

（五）对核准程序的特别规定

核准是指由行政机关对某种物品是否达到特定技术标准、经济技术规范的判断、确定。对于这种许可程序，《行政许可法》第 55 条也作出了特别规定。其主要内容是：

第一，关于许可依据。对于直接关系公共安全、人身健康、生命财产安全的重要设备、设施、产品、物品，应当按照技术标准、技术规范依法进行检验、检测、检疫，行政机关根据检验、检测、检疫的结果作出行政许可决定。可见，检验、检测、检疫的结果是作出这类行政许可决定的唯一依据。

第二，关于期限要求。行政机关实施检验、检测、检疫，应当自受理申请之日起 5 日内指派工作人员按照技术标准、技术规范进行检验、检测、检疫。不需要对检验、检测、检疫结果作进一步技术分析，即可认定设备、设施、产品、物品符合技术标准、技术规范的，行政机关应当当场作出行政许可决定。

第三，关于人员要求。行政机关实施检验、检测、检疫时，应当指派 2 名以上工作人员进行，以保证检验、检测、检疫的质量。

第四，关于说明理由。行政机关根据检验、检测、检疫结果，作出不予行政许可决定的，应当书面说明不予行政许可所依据的技术标准、技术规范。

（六）对登记程序的特别规定

登记是指由行政机关确立个人、企业或者其他组织的特定主体资格的行为。对于这类许可，《行政许可法》第 56 条作出了特别规定。其内容是：

第一，关于当场登记。对于企业或者其他组织的设立等需要确定主体资格的许可，申请人提交的申请材料齐全、符合法定形式的，行政机关应当当场予以登记。

第二，关于核查人数。如果需要对申请材料的实质内容进行核实的，行政机关应当依照《行政许可法》第 34 条第 3 款规定办理，即指派两名以上工作人员进行核查。

（七）对有数量限制许可程序的特别规定

中国的行政许可，根据许可事项的具体内容，可分为有数量限制的行政许可与无数量限制的行政许可。对于有限资源的开发利用、公共资源的配置以及直接关系公共利益的特定行业的市场准入方面的许可，属于有数量限制的许可，其他许可一般无数量限制，前者如飞行航道许可，后者如发放驾驶执照。根据《行政许可法》第 57 条规定，对于有数量限制的行政许可，两个或者两个以上申请人的申请均符合法定条件、标准的，行政机关应当根据受理行政许可申请的先后顺序作出准予行政许可的决定。这有利于实现社会公正，减少人为的矛盾。但是，法律、行政法规另有规定的，依照其规定。因此，法律、行政法规规定要进行招标和拍卖的，规定要照顾残疾人的，都应当优先适用这些例外规定。

六、行政许可的其他规定

（一）行政许可的变更与撤回

《行政许可法》第 8 条第 2 款规定：“行政许可所依据的法律、法规、规章修改或者废止，或者准予行政许可所依据的客观情况发生重大变化的，为了公共利益的需要，行政机关可以依法变更或者撤回已经生效的行政许可。由此给公民、法人或者其他组织造成财产损失的，行政机关应当依法给予补偿。”这里的“变更”是指对已经生效的行政许可内容的改变，如许可事项范围的缩小、许可期限的缩短等。这里的“撤回”是指提前收回已经生效的行政许可。但《行政许可法》第 8 条第 2 款所设立的“行政许可之变更与撤回制度”不属于一般意义上的行政行为之变更与消灭范畴，而具有以下特点：①

其一，它以行政许可所依据的法律、法规、规章修改或者废止，或者准予行政许可所依据的客观情况发生重大变化为前提。无此前提，对于已经生效的行政许可不得变更与撤回。

其二，它以符合公共利益的需要为标准。即变更与撤回的方向与程度必须符合公共利益的需要。

其三，它以事后补偿为原则。行政许可的变更与撤回给相对人造成财产损失的，行政机关应当依法给予补偿。

（二）行政许可的撤销与注销

行政许可的撤销与注销是行政机关对行政许可实施的监督管理制度与手段。它属于行政行为消灭的范畴，不属于“吊销许可证与执照”之行政处罚。

1. 行政许可的撤销。根据《行政许可法》第 69 条规定，行政许可的撤销是指行政许可机关违法作出许可决定或被许可人以不正当手段取得行政许可的，行政许可机关或其上级行政机关，根据利害关系人的请求或者依据职权，依法取消行政许可的法律制度。这一制度的特点是：

其一，以行政许可机关违法许可或被许可人违法取得许可为前提。行政许可的撤销适用于两类情况。一类是行政许可机关的许可行为违法，包括：行政机关工作人员滥用职权、玩忽职守作出准予行政许可决定的；超越法定职权作出准予行政许可决定的；违反法定程序作出准予行政许可决定的；对不具备申请资格或者不符合法定条件的申请人准予行政许可的；行政许可机关及其工作人员违法作出许可，依法可以撤销行政许可的其他情形。另一类是被许可人违法，即被许可人以欺骗、贿赂等不正当手段取得行政许可的。

① 国务院法制办《对〈关于在行政许可法实施前行政机关是否有权撤回行政许可的请示〉的复函》（国法秘函〔2004〕226 号）中作了类似的解释：根据《行政许可法》的规定，撤回行政许可的适用前提是相对人已经取得的行政许可合法，而且必须是为了公共利益的需要。适用情形包括：（1）行政许可依据的法律、法规、规章修改或者废止；（2）行政许可依据的客观情况发生重大变化。撤回行政许可对公民、法人或者其他组织造成财产损失的，作出撤回行政许可决定的行政机关应当依法予以补偿。

其二，以行政许可机关或上级行政机关为撤销机关。行政许可机关之所以有“撤销权”，是因为对许可申请的审查、决定及事后的监督，都是行政许可机关的法定职责；行政许可机关的上级行政机关之所以有“撤销权”，是因为行政上的层级关系，上级行政机关对下级行政机关拥有监督权。不过一般说来，针对行政许可机关的违法行为所作出的许可，由行政许可机关的上级行政机关撤销为多；针对被许可人违法取得的许可，由行政许可机关自己撤销为多。

其三，以利害关系人的请求或者依据职权来启动撤销程序。无论行政许可机关还是其上级行政机关要发动撤销程序，都可以根据利害关系人的请求或者依据职权进行。

其四，撤销行政许可，该许可行为自始无效。这就是说，行政许可被撤销以后，大多情况下自该许可作出起至撤销时，均无法律效力。

其五，撤销行政许可所引起的被许可人利益的损害，视不同情况分别处理。撤销行政许可机关违法行为所作出的许可，被许可人的合法权益受到损害的，行政机关应当依法给予赔偿；撤销被许可人以不正当手段取得的许可，被许可人基于行政许可取得的利益不受保护。

对行政许可撤销有一个底线，如果依照规定撤销行政许可，可能对公共利益造成重大损害的，不予撤销。这坚持了公共利益至上的原则。

2. 行政许可的注销。行政许可的注销系指有关行政机关针对各种效力已消灭的行政许可进行登记，以确认其往后不再具有许可效力的法律制度。作为一种行政行为，行政许可的注销既不属于行政处罚，也不属于行政许可本身，而是属于行政确认。注销本身并不导致行政许可效力的消灭，注销只是对已经不再具有效力的行政许可的核实、认定与宣示，以防止对社会与他人造成不利。

《行政许可法》第70条规定，有下列情形之一的，行政机关应当依法办理有关行政许可的注销手续：行政许可有效期届满未延续的；赋予公民特定资格的行政许可，该公民死亡或者丧失行为能力的；法人或者其他组织依法终止的；行政许可依法被撤销、撤回，或者行政许可证件依法被吊销的；因不可抗力导致行政许可事项无法实施的；法律、法规规定的应当注销行政许可的其他情形。

（三）行政许可的撤回、撤销、注销与吊销

在学习行政许可法制度与理论时，最难区分的是行政许可的撤回、撤销、注销与吊销这四者的关系。

行政许可的撤回，是指行政许可机关在行政许可所依据的法律、法规、规章修改或者废止，或者准予行政许可所依据的客观情况发生重大变化的前提下，出于公共利益的需要，提前收回行政许可，并对被许可人依法补偿的行政征收行为。

行政许可的撤销，是指行政许可机关违法作出许可决定或被许可人以不正当

手段取得行政许可的，行政许可机关或其上级行政机关，根据利害关系人的请求或者依据职权，依法取消行政许可，使其自始就不发生法律效力的行政行为。

行政许可的注销，是指有关行政登记机关，针对各种效力已消灭的行政许可进行登记，以认定和宣示其往后不再具有许可效力的行政确认行为。

行政许可的吊销，是指行政处罚机关针对相对人违法从事被许可的行为，依法取消其行政许可，使其往后不再具有效力的行政处罚行为。吊销许可证作为一种行政处罚，由《行政处罚法》第 8 条①设定。行政处罚机关一般是行政许可机关。

还必须说明的是，对于撤回、撤销与吊销了的行政许可，有关行政机关都要对其进行注销登记。行政许可的撤回、撤销与吊销属于注销的事项之一。

（四）行政许可的费用

行政许可的费用，是指行政机关实施行政许可和对行政许可事项进行监督检查所发生的费用。《行政许可法》第五章对此作了专章规定。

《行政许可法》第 58 条规定："行政机关实施行政许可和对行政许可事项进行监督检查，不得收取任何费用。但是，法律、行政法规另有规定的，依照其规定。"这就确立了一个总原则，即行政许可不得收费原则。确立这一原则的法理基础在于：实施行政许可是国家的公权力行为，不是一项有偿的民事行为，而公权力使用的费用来自纳税人的税款，相对人在总体上已经承担了这一费用。

行政许可不得收费原则，是指行政机关实施行政许可和对行政许可事项进行监督检查，不得收取任何费用。如果属于"实施行政许可和对行政许可事项进行监督检查"范围以外的费用，则不受本原则的约束。所以，申请人申请鉴定的，应当承担鉴定费用。

思考题：

1. 什么是授益行政行为？它表现为哪些行为形态？
2. 什么是行政给付？它与福利行政有何关系？
3. 什么是行政许可？行政许可范围怎样界定？
4. 行政许可须遵循怎样的程序规则？

---

① 依据《行政处罚法》第 8 条规定，行政处罚的种类之一为暂扣或者吊销许可证、暂扣或者吊销执照。

第八章　负担行政行为

如果说，授益行政行为的直接法律效果是增进相对人的权利，那么，负担行政行为正好相反，其直接法律效果是增加相对人的义务和责任。行政处罚、行政征收、行政征用、行政强制是负担行政行为的基本形态。

第一节　行政处罚

一、行政处罚及立法

（一）行政处罚的概念和特征

行政处罚是指特定的行政主体依法对违反行政管理秩序而尚未构成犯罪的行政相对人所给予的行政制裁。行政处罚具有下列特征：

第一，制裁性。行政处罚以行政相对人违反行政管理秩序行为的存在为前提，是行政主体对犯有违反行政法律规范行为相对人的一种惩罚，因而具有行政制裁性。

第二，处分性。行政处罚与行政命令、行政确认等不同，它是对相对人权利与义务的一种处分。如罚款决定，其法律效果是导致相对人一定数量的财产被剥夺；行政拘留决定，意味着相对人的人身自由权在一定的期限内被剥夺。

第三，不利性。行政处罚不是中性行为，而是不利行为，即对行政相对人造致一种不利的后果。

第四，法定性。行政处罚作为一种特定的行政行为，其结果是导致相对人权利被剥夺，因而必须依法设定。根据《行政处罚法》的规定，行政处罚的机关、种类、范围、程序等都必须是法定的。

（二）行政处罚法

行政处罚法是指由国家有权机关制定的用以规范行政处罚行为的各种法律规范的总和。行政处罚作为一种行政制裁行为，具有较大的威慑力，是国家行政管理不可缺少的有效手段，因而为各国政府所普遍使用。但如果行政处罚可以不受法律约束，那么它对行政相对人合法权利的不法侵害后果会比其他行政行为严重得多。因此，各国从20世纪30年代开始着手制定行政处罚法。

中华人民共和国成立伊始就着手制定行政处罚方面的法律法规，只是当时的立法形式往往把行政处罚的罚则作为一个法律或法规中的一个部分（大多为章节）来表现，而很少作为一个专门的行政处罚法来制定。1989年，第七届全国人民代表大会第二次会议通过了《中华人民共和国行政诉讼法》。根据该法第 11 条第 1 项规定，行政相对人对行政主体的行政处罚行为不服，有权提起行政诉讼。这就要求我们制定统一的行政处罚法，用以规范行政机关的行政处罚行为。

行政处罚法的研究工作先由全国人大常委会法制工作委员会委托行政立法研究小组的专家进行。行政立法研究小组在中央有关部委、地方政府中进行广泛调查研究，并于 1991 年起草了初稿。与此同时，国务院法制局也于 1990 年 3 月开始研究，计划制定行政法规，于同年起草了《行政处罚条例》（讨论稿）。1992 年，全国人大常委会认为行政处罚直接涉及公民的基本权利，需要上升为法律的形式来制定，于是将行政处罚法列入立法规划，并要求在 1995 年提请全国人大常委会审议。经过广泛、深入的调查、研究、讨论和论证，全国人大常委会终于在 1995 年公布了《中华人民共和国行政处罚法（草案）》，并于 10 月把该草案提交到第八届全国人大常委会第十六次会议审议。1996 年 2 月，全国人大法律工作委员会向第八届全国人大常委会第十八次会议提出修改建议。1996 年 3 月 17 日，第八届全国人大第四次会议通过了现行的《行政处罚法》。该法共 8 章 64 条，自 1996 年 10 月 1 日起施行。《行政处罚法》成为中国规范行政行为的第一个基本行政法律。

（三）行政处罚法的指导思想

《行政处罚法》第 1 条规定："为了规范行政处罚的设定和实施，保障和监督行政机关有效实施行政管理，维护公共利益和社会秩序，保护公民、法人或者其他组织的合法权益，根据宪法，制定本法。"这表明我国行政处罚法的指导思想具体包含以下内容：

1. 规范行政处罚的设定和实施。在《行政处罚法》制定以前，我国虽有大量的行政处罚方面的规范，但罚则的设定没有规则。如哪一级的法律法规可以设定罚则以及设定什么样的罚则，均无规则。还有关于行政处罚由谁实施以及如何实施等，亦无法律依据，因而造成了行政处罚执法中的混乱。制定行政处罚法的目的，就在于规范行政处罚的设定和实施。

2. 保障和监督行政机关有效地实施行政管理。行政处罚是国家行政机关实施行政管理的有效手段，但它能否正确使用与行政处罚立法是否完善直接有关。以前由于行政处罚立法不够完善，致使一方面行政处罚力度不够，另一方面行政处罚权的滥用得不到有效控制。《行政处罚法》的制定，既是对国家行政管理的有力保障，也是监督国家行政机关合法、合理地实施行政管理的有力手段。

3. 维护公共利益和社会秩序。行政处罚是行政主体依法对违反行政管理秩序的行为人的一种行政制裁，其目的在于维护公共利益和社会秩序。如果没有合法有效的行政处罚制度，那么社会公共利益和秩序将得不到保障。

4. 保护公民、法人或者其他组织的合法权益。行政处罚法一方面保障行政主体对违反行政管理秩序的相对人给予有效的处罚，另一方面又保护相对人的合法权利不受违法行政处罚的侵害，如行政处罚法定原则和听证制度的构造等都反映了这一点。因此，行政处罚法的制定，有助于保护公民、法人或者其他组织的合法权益不受非法行政处罚的侵害。

（四）行政处罚法的基本原则

我国《行政处罚法》在第一章总则部分不仅确立了行政处罚法的指导思想，还设立了行政处罚法的基本原则。这对于指导和规范国家行政机关实施行政处罚具有直接而积极的意义。

1. 行政处罚法定原则。它要求实施行政处罚的主体及其职权法定，行政处罚的种类法定，行政处罚的依据法定，行政处罚的程序法定。

2. 行政处罚公正、公开原则。它要求：第一，实施行政处罚必须以事实为依据，坚持实事求是；第二，实施行政处罚应当“过罚相当”，即行政处罚必须与违法行为的事实、性质、情节以及社会危害程度相当。同时要求行政处罚的依据及处罚中的有关内容必须公开。

3. 行政处罚与教育相结合原则。它要求我们确立以下观念：处罚是手段，而不是目的；教育先行；处罚与教育并行。

4. 相对人救济权利保障原则。被处罚人对行政主体实施的行政处罚，拥有获得法律救济的权利，包括陈述权、申辩权、申请行政复议权、提起行政诉讼权和获得行政赔偿权等。

二、行政处罚的种类与设定

（一）行政处罚的种类

根据《行政处罚法》第8条规定，行政处罚可分为七类：

1. 警告，是指行政主体向违法相对人发出警诫，申明其有违法行为，通过对其名誉、荣誉、信誉等施加影响，引起其精神上的警惕，使其不再违法的处罚形式。它在行政处罚中属于最轻微的一种处罚形式。

2. 罚款，是指行政主体强制违法相对人交纳一定钱币的处罚。它是实践中比较常用的一种处罚形式。

3. 没收违法所得、没收非法财物，是指行政主体把违法相对人的违法所得和非法财物的财产所有权予以最终剥夺的处罚形式。

4. 责令停产停业，是指行政主体强制违法相对人在一定期限内停止经营的处罚形式。

5. 暂扣或者吊销许可证、暂扣或者吊销执照。简单的提法是“吊扣证照”，是指行政主体对违法相对人取消许可证或执照，或者在一定期限内扣留许可证或执照的处罚形式。许可证和执照只是行政许可的书证之一，这里应当理解为“吊销行政许可”。

6. 行政拘留，是指行政主体在一定期限内剥夺违法相对人人身自由的行政处罚。它是最为严厉的一种行政处罚。

7. 法律、行政法规规定的其他行政处罚。《行政处罚法》规定的行政处罚的形式只限于上述六类，这六类以外的行政处罚形式，须由法律和行政法规设定，地方性法规和行政规章等一概不得设定行政处罚的其他种类和形式。

（二）行政处罚的设定

根据我国《行政处罚法》第9—14条的规定，行政处罚的设定规则如下：

1. 法律的设定权。法律可以设定各种行政处罚。限制人身自由的行政处罚，只能由法律设定。

2. 行政法规的设定权。行政法规可以设定除限制人身自由以外的行政处罚。这里“限制人身自由的处罚”，目前仅指行政拘留。

3. 地方性法规的设定权。地方性法规可以设定除限制人身自由、吊销企业营业执照以外的行政处罚。

4. 国务院部委规章的设定权。国务院部委规章可以设定警告或者一定数量罚款的行政处罚。罚款的限额由国务院规定。

5. 国务院直属机构规范性文件的设定权。具有行政处罚权的国务院直属机构制定的规范性文件，在国务院授权条件下，享有国务院部委规章的地位。

6. 地方政府规章的设定权。省、自治区、直辖市人民政府和较大市的人民政府制定的规章，简称地方人民政府规章，可以设定警告或者一定数量罚款的行政处罚。罚款的限额由省、自治区、直辖市人民代表大会常务委员会规定。

法律、行政法规、地方性法规和政府规章以外的规范性文件不得设定行政处罚。

三、行政处罚的实施机关

行政处罚的实施机关，是指有权实施行政处罚的主体。《行政处罚法》第三章规定，我国实施行政处罚的主体共有三类：（1）拥有行政处罚权的行政机关；（2）法律、法规所授权的组织；（3）行政机关所委托的组织。

（一）拥有行政处罚权的行政机关

《行政处罚法》第15条规定：“行政处罚由具有行政处罚权的行政机关在法定职权范围内实施。”这一条为拥有行政处罚权的主体确立了三个条件：

第一，必须是行政机关。行政处罚权是行政职权的一项重要内容，而按照我国宪法对国家机关职权的分工规则，国家行政职权由国家行政机关行使。因此，实施行政处罚的主体必须是国家行政机关，确切地说，必须是具有行政主体资格的行政组织来实施行政处罚。

第二，必须是拥有行政处罚权的行政机关。行政处罚权在行政职权中是一种特别职权，而不是一般职权，并不是所有的行政机关都“先天”拥有该职权。必须在法律、法规、规章作特别设定的条件下，行政机关才拥有行政处罚权，并可实施行政处罚。

第三，必须是在法定职权范围内实施行政处罚。没有行政处罚权的行政机关不得实施行政处罚，具有行政处罚权的行政机关必须在法定职权范围内实施行政处罚，否则，该行政处罚不具有法律效力。

法律、法规、规章规定由哪类行政机关行使哪项行政处罚权，应按该规定办理。《行政处罚法》第 16 条规定国务院或者国务院授权的省、自治区、直辖市人民政府可以决定某个机关有权行使行政处罚权，但限制人身自由的行政处罚不能由其他机关行使，只能由公安机关行使，这就是“相对集中行政处罚权”制度。

（二）法律、法规授权的组织

一般说来，行政处罚权只能由国家行政机关行使，非国家行政机关不得行使行政处罚权。但在一定的条件下，非国家行政机关也能行使行政处罚权，这就是法律、法规所授权的组织。我国《行政处罚法》第 17 条规定：“法律、法规授权的具有管理公共事务职能的组织可以在法定授权范围内实施行政处罚。”这就为非国家行政机关行使行政处罚权提供了可能，同时也为其设定了限制条件。这些条件是：

第一，这些组织必须具有管理公共事务的职能。不具有管理公共事务职能的组织，不得成为法律、法规授权的行政处罚主体。

第二，这些组织必须经法律、法规授权。这里的“法律、法规”包括：全国人民代表大会及其常务委员会制定的法律；国务院制定的行政法规；省、自治区、直辖市人民代表大会及其常务委员会，较大市的人民代表大会和常务委员会制定的地方性法规。行政规章及以下的规范性文件不得进行行政处罚的授权。

第三，这些组织必须在法定授权范围内实施行政处罚。否则便会构成行政越权，导致行政处罚的无效。

法律、法规授权的组织实施行政处罚，以自己的名义进行，其行为效果归属于该组织；在行政诉讼中，以该组织为被告。

（三）行政机关委托的组织

根据我国《行政处罚法》的规定，除了拥有行政处罚权的行政机关和法律、法规授权的组织可以实施行政处罚外，行政机关委托的组织亦可实施行政处罚。行政机关委托的组织作为实施行政处罚的主体，必须以行政处罚的行政委托关系合法成立为前提。

我国《行政处罚法》第 18 条规定："行政机关依照法律、法规或者规章的规定，可以在其法定权限内委托符合本法第十九条规定条件的组织实施行政处罚。行政机关不得委托其他组织或者个人实施行政处罚。委托行政机关对受委托的组织实施行政处罚的行为应当负责监督，并对该行为的后果承担法律责任。受委托组织在委托范围内，以委托行政机关名义实施行政处罚；不得再委托其他任何组织或者个人实施行政处罚。"行政处罚的行政委托关系成立的具体要求如下：

1. 行政处罚的委托方必须是国家行政机关，就是以上所述的实施行政处罚的第一类主体。法律、法规授权的非国家行政机关不能成为行政处罚委托关系中的委托方。

2. 行政处罚中的受委托方必须是符合我国《行政处罚法》第 19 条规定的组织。这种组织必须符合三个条件：第一，依法成立的管理公共事务的事业组织；第二，具有熟悉有关法律、法规、规章和业务的工作人员；第三，对违法行为需要进行技术检查或者技术鉴定的，应当有条件组织进行相应的技术检查或者技术鉴定。行政机关不得委托其他组织或者个人实施行政处罚。

3. 行政处罚的委托必须有法律、法规、规章的明文依据。无此明文依据的，行政机关不得对行政处罚实施委托。

4. 行政机关委托其他组织实施行政处罚必须在法定权限范围内进行。所谓"法定权限范围"，是指行政机关只能把自己依法拥有的行政处罚权（包括处罚种类和幅度等）委托给其他组织，而不能把自己没有的行政处罚权委托给其他组织，否则，就是超越"法定权限范围"。

四、行政处罚的管辖与适用

（一）行政处罚的管辖

行政处罚的管辖是确定某个行政违法案件由哪一个行政机关受理和实施处罚的法律制度。我国《行政处罚法》第 20 条规定："行政处罚由违法行为发生地的县级以上地方人民政府具有行政处罚权的行政机关管辖。法律、行政法规另有规定的除外。"这一条文确立了行政处罚管辖的四个原则：

1. 违法行为发生地的行政机关管辖原则。这是地域管辖原则。它表明：不论违反行政管理秩序的相对人归属于哪一地，只要违法行为发生在该地，便由该地的行政机关管辖。

2. 县级以上行政机关管辖原则。这是级别管辖原则。它表明：并不是违法行为发生地的所有行政机关都有行政处罚案件的管辖权，只有县级以上的行政机关具有管辖权。

3. 具有行政处罚权的行政机关管辖原则。这是职能管辖原则。它表明：对行政处罚实施管辖的行政机关，必须是违法行为发生地的县级以上行政机关，该行政机关又必须具有行政处罚职能。

4. 法律、行政法规另有规定除外原则。以上三项原则是基本管辖原则，但在法律和行政法规另有规定时，按法律、行政法规规定办理。

（二）行政处罚的适用

行政处罚的适用，是指实施行政处罚的主体，在认定行为人违法的基础上，依法决定对行政相对人是否给予行政处罚以及给予何种行政处罚的行政执法过程。我国《行政处罚法》第23—29条，既确立了行政处罚适用的基本原则，又规定了对违反行政管理秩序的行政相对人量罚的标准。

1. 行政处罚适用的基本原则。具体如下：（1）行政处罚与责令纠正并行原则。我国《行政处罚法》第23条规定："行政机关实施行政处罚时，应当责令当事人改正或者限期改正违法行为。"从而确立了行政处罚与责令纠正并行原则。（2）一事不再罚款原则。我国《行政处罚法》第24条规定："对当事人的同一个违法行为，不得给予两次以上罚款的行政处罚。"这便是"一事不再罚款"原则。"一事不再罚款"是"一事不再罚"原则的构成部分。它表明，对于行政相对人的同一个违反行政管理秩序的行为，不论是否基于同一个理由和依据，均不得给予两次以上的罚款。（3）行政处罚折抵刑罚原则。我国《行政处罚法》第28条规定："违法行为构成犯罪，人民法院判处拘役或者有期徒刑时，行政机关已经给予当事人行政拘留的，应当依法折抵相应刑期。违法行为构成犯罪，人民法院判处罚金时，行政机关已经给予当事人罚款的，应当折抵相应罚金。"这就是行政处罚折抵刑罚原则的规定。（4）行政处罚追诉限时原则。行政处罚追诉限时，是指行政主体对行政相对人的违法行为实施行政处罚，受到时效上的限制。超过一定的时限，行政主体便不能对行政相对人实施行政处罚。根据《行政处罚法》第29条规定，违法行为在2年内未被发现的，不再给予行政处罚。法律另有规定的除外。上述期限，从违法行为发生之日起计算；违法行为有连续或者继续状态的，从行为终了之日起计算。

2. 行政处罚的具体量罚。行政相对人违反行政管理秩序的行为，依照法律、法规和规章规定必须予以行政处罚的，应依法给予行政处罚。但下列三种情况不予行政处罚：（1）不满14周岁的人违法的；（2）精神病人有违法行为的；（3）违法行为轻微的。

五、行政处罚的程序

作出行政处罚的决定可依法适用简易程序、一般程序、听证程序。

（一）行政处罚的简易程序

简易程序，也称当场处罚程序，是指行政处罚主体对于事实清楚、情节简单、后果轻微的违反行政管理秩序的行为，当场给予处罚的程序。

设置简易程序有助于提高行政管理的效率，但它的范围必须严格控制。《行政处罚法》第 33 条规定："违法事实确凿并有法定依据，对公民处以五十元以下、对法人或者其他组织处以一千元以下罚款或者警告的行政处罚的，可以当场作出行政处罚决定。"这表明，可以适用简易程序的行政处罚案件，必须符合三个条件：(1) 违法事实确凿，即违法事实简单、清楚，证据充分，没有异议。(2) 对这种违法行为实施处罚有法定依据，即必须是法律、法规和规章明文规定可以处罚的。(3) 处罚较轻，即对个人处以 50 元以下的罚款或者警告，对组织处以 1 000 元以下罚款或者警告。

简易程序不是没有程序。根据《行政处罚法》第 34 条规定，行政处罚主体实施行政处罚采用简易程序，必须遵循以下程序规则：执法人员当场作出行政处罚决定的，应当向当事人出示执法身份证件，填写预定格式、编有号码的行政处罚决定书。行政处罚决定书应当当场交付当事人。行政处罚决定书应当载明当事人的违法行为、行政处罚依据、罚款数额、时间、地点以及行政机关名称，并由执法人员签名或者盖章。执法人员当场作出行政处罚决定，必须报所属行政机关备案。

（二）行政处罚的一般程序

行政处罚的一般程序，也称普通程序，是指简易程序和听证程序以外的行政处罚程序。一般程序适用于三类案件：(1) 处罚较重的案件。即对个人处以警告和 50 元以下罚款之外的行政处罚，以及对法人或者其他组织处以警告和 1 000 元以下罚款之外的行政处罚案件。(2) 情节复杂的案件。即需要经过调查才能搞清楚的处罚案件。(3) 当事人对执法人员给予当场处罚的事实认定有分歧而无法作出行政处罚决定的案件。

行政处罚的一般程序，必须经过五个步骤：

1. 调查取证。调查取证是行政处罚一般程序中的第一个步骤。《行政处罚法》第 36 条和第 37 条对调查取证作出了规定。行政处罚主体发现行政相对人有依法应当给予行政处罚的行为的，必须全面、客观、公正地调查，收集有关证据。必要时，依照法律、法规的规定，可以进行检查。行政机关在调查或者进行检查时，执法人员不得少于 2 人，并应当向当事人或者有关人员出示证件。当事人或者有关人员应当如实回答询问，并协助调查或者检查，不得阻挠。询问或者检查应当制作笔录。行政机关在收集证据时，可以采取抽样取证的方法。在证据可能灭失或者以后难以取得的情况下，经行政机关负责人批准，可以先行登记保存，并应当在 7 日内及时作出处理决定。在此期间，当事人或者有关人员不得销毁或者转移证据。执法人员与当事人有直接利害关系的，应当回避。

2. 告知处罚事实、理由、依据和有关权利。根据《行政处罚法》第 31 条和第

41条的规定，行政处罚主体在作出行政处罚决定之前，必须告知当事人行政处罚的事实、理由、依据和有关权利（包括要求听证的权利）。行政机关应当记录这种告知过程，并请当事人签名，以供查用。

3. 听取陈述、申辩或举行听证。根据《行政处罚法》第32条、第41条和第42条规定，行政处罚主体在作出行政处罚决定之前，应当听取当事人的陈述和申辩；如果当事人要求听证，并且该案符合听证条件的，还应举行听证会。

4. 作出处罚决定。根据《行政处罚法》第38条规定，调查终结，并听取当事人的陈述、申辩或者举行听证以后，行政机关负责人应当对调查结果进行审查，根据不同情况，分别作出如下决定：（1）确有应受行政处罚的违法行为的，根据情节轻重及具体情况，作出行政处罚决定；（2）违法行为轻微，依法可以不予行政处罚的，不予行政处罚；（3）违法事实不能成立的，不得给予行政处罚；（4）违法行为已构成犯罪的，移送司法机关。

5. 送达处罚决定书。根据《行政处罚法》第40条规定，行政处罚决定书应当在宣告后当场交付当事人；当事人不在场的，行政机关应当在7日内依照《民事诉讼法》的有关规定，将行政处罚决定书送达当事人。

（三）行政处罚的听证程序

行政处罚的听证程序，即半开庭程序，系指行政处罚主体在作出行政处罚决定之前，在非本案调查人员的主持下，举行听证会。听证会由该案的调查人员和拟被行政处罚的当事人参加，当事人可以陈述、申辩以及与调查人员辩论。严格地说，听证程序不是与简易程序、一般程序相并列的第三种程序，而是一般程序中的一个中间环节。但鉴于简易程序中没有听证环节，一般程序中又未必经过听证环节，所以把听证作为一种特别程序对待。

1. 听证的适用条件。我国在行政处罚中设置听证程序，有利于更充分地听取当事人的意见，体现行政相对人参与行政程序的原则，但它同时增加了国家行政管理的成本。因此，《行政处罚法》为听证程序的适用设置了实体方面的条件和程序方面的条件，只有符合这两方面的条件方可适用听证。

第一，实体条件。根据《行政处罚法》第42条规定，听证只适用于处罚较重的行政处罚案件，即责令停产停业、吊销许可证或执照、较大数额罚款①等行政处

---

① 关于“较大数额罚款”的具体标准，《行政处罚法》本身未予明确。在实践中，由有关法律、法规和规章来规定。如《治安管理处罚法》第98条将该标准定为2 000元以上。又如《海关行政处罚听证办法》第3条规定：“海关作出暂停从事有关业务、暂停报关执业、撤销海关注册登记、对公民处1万元以上罚款、对法人或者其他组织处10万元以上罚款、没收有关货物、物品、走私运输工具等行政处罚决定之前，应当告知当事人有要求举行听证的权利；当事人要求听证的，海关应当组织听证。”

罚。处罚较轻的行政处罚案件，不适用听证程序。有一点需作特别说明，按理说，行政拘留是所有行政处罚中最重的处罚，理应适用听证程序，但《行政处罚法》第42条第2款规定："当事人对限制人身自由的行政处罚有异议的，依照治安管理处罚法有关规定执行。"而2005年制定的《治安管理处罚法》未将听证适用于行政拘留。①

第二，程序条件。根据《行政处罚法》第42条规定，只有在当事人要求听证的情况下，行政机关才可以提供听证。行政处罚主体在作出行政处罚决定之前，应当告知当事人有要求听证的权利。当事人要求听证的，行政机关应当组织听证。

2. 听证的具体程序。行政机关举行听证，应当依照以下程序进行：（1）当事人要求听证的，应当在行政机关告知其享有提起听证的权利后3日内提出；（2）行政机关应当在听证的7日前，通知当事人举行听证的时间、地点；（3）除涉及国家秘密、商业秘密或个人隐私外，听证公开举行；（4）听证由行政机关指定的非本案调查人员主持，当事人认为主持人与本案有直接利害关系的，有权申请回避；（5）当事人可以亲自参加听证，也可以委托1~2人代理；（6）举行听证时，调查人员提出当事人违法的事实、证据和行政处罚建议，当事人进行申辩和质证；（7）听证应当制作笔录，笔录应当交当事人审核无误后签字或盖章；（8）听证结束后，行政机关应当依照《行政处罚法》第38条规定作出决定。

第二节 行政征收与征用

一、行政征收

（一）行政征收的概念与特征

行政征收是行政决定的形态之一，也是一种独立的行政行为。它是指行政主体依法向行政相对人强制性地收取税费或私有财产的行政行为。

由于行政征收的效果是剥夺和处分相对人的私有财产权，而公民的私有财产权是受宪法②和物权法③特别保护的基本权利，因而行政征收是一项必须由法律直

---

① 《治安管理处罚法》第98条规定："公安机关作出吊销许可证以及处二千元以上罚款的治安管理处罚决定前，应当告知违反治安管理行为人有权要求举行听证；违反治安管理行为人要求听证的，公安机关应当及时依法举行听证。"

② 《宪法》第13条规定："公民的合法的私有财产不受侵犯。国家依照法律规定保护公民的私有财产权和继承权。国家为了公共利益的需要，可以依照法律规定对公民的私有财产实行征收或者征用并给予补偿。"

③ 《物权法》第4条规定："国家、集体、私人的物权和其他权利人的物权受法律保护，任何单位和个人不得侵犯。"

接明确设定的法律制度。它具有四个独特的法律特征：

第一，处分性。行政征收是国家行政主体对行政相对人财产所有权的一种处分，而不是仅限于对其财物使用权的限制。行政征收的直接法律效果，是导致行政相对人有关财产权的丧失。无论是行政主体向相对人征收税费，还是征收私有财产，如房产等，都意味着同一种结果，即相对人一定范围内的财产权被处分，财产所有权发生转移，从相对人转向国家。正因为如此，行政征收不能纳入不具有处分性的行政强制措施的范畴之内。

第二，强制性。行政征收机关实施行政征收行为，实质上是履行国家赋予的征收权，这种权力具有强制他人服从的效力。因此，实施行政征收行为，不需要征得相对人的同意，甚至可以在违背相对人意志的情况下进行，征收的对象、数额及具体征收的程序，完全由行政机关依法确定，无须与相对人协商一致，除非法律另有规定。行政相对人必须服从行政征收命令，否则应承担一定的法律后果。如相对人不依法交纳税款，就将遭受国家税务机关的处罚。

第三，非对价性。国家行政主体向相对人征税是无偿的，作为纳税义务人的相对人有无偿交纳税款的义务。行政收费大多也是无偿的，虽然个别行政收费以提供行政服务为前提，但由于相对人交纳的费用不属于行政服务费，因而不具有对价性。国家征收相对人的个人财产，虽然依法给予补偿，但也是不对价的。因为补偿款是法定的，并不根据被征收财产的实际价值支付对价。

第四，法定性。行政征收的强制性和非对价性，决定了其对相对人的权益始终具有侵害性。因此，为了确保行政相对人的合法权益不受违法行政征收行为侵害，必须确立行政征收的法定原则，将行政征收的整个过程纳入法律调整的范围。这就决定了行政征收是一项严格的法律制度，必须由法律直接设定。我国《宪法》在规定行政征收时明确要求“依照法律规定”。① 我国《立法法》在规定必须由法律规定的 11 项保留事项时，就将“对非国有财产的征收”、征用和“税种的设立、税率的确定和税收征收管理等税收基本制度”纳入其中。② 这说明，不是法律、法规和规章均可设定行政征收，只有全国人大及其常委会制定的“法律”才能设定。③ 行政征收的法定性，不仅在于行政征收的项目与行政征收主体必须由法律直接设定，还在于行政征收的范围、标准、程序等都必须有法律上的依据并且须严

① 《宪法》第 10 条第 3 款规定：“国家为了公共利益的需要，可以依照法律规定对土地实行征收或者征用并给予补偿。”第 13 条第 3 款规定：“国家为了公共利益的需要，可以依照法律规定对公民的私有财产实行征收或者征用并给予补偿。”

② 《立法法》第 8 条规定：“下列事项只能制定法律……（七）对非国有财产的征收、征用……（九）基本经济制度以及财政、海关、金融和外贸的基本制度……”

③ 中国的现状是，除了行政收费，其他行政征收基本做到了由法律直接设定。

格依法实施。

（二）行政征收的种类与基本制度

行政征收是国家凭借其权力参与国民收入分配和再分配的一种方式，其基本目的在于满足国家为实现其职能而对物质的需要。行政相对人的财产一经国家征收，其所有权就转移为国家所有，成为国家财产的一部分，由国家负责分配和使用，以保证国家财政开支的需要。换言之，行政征收是财产的单向流转，一经征收，不再返还相对人，也不给予对价性的回报。在我国，这种制度有下列几个种类：

1. 土地征收。根据《宪法》第 10 条的规定①，我国的土地所有制只有两种，即国家所有和集体所有。城市的土地属于国家所有；农村和城市郊区的土地，除由法律规定属于国家所有的以外，属于集体所有；宅基地和自留地、自留山，也属于集体所有。国家为了公共利益的需要，可以依照法律规定对集体所有的土地实行征收或者征用并给予补偿。《土地管理法》也直接设定了土地征收制度。②

国家征收集体土地受到严格的法律限制。第一，必须经有权机关审批；第二，必须补偿。根据《土地管理法》第 45 条③规定，征收下列土地的，由国务院批准：（1）基本农田；（2）基本农田以外的耕地超过 35 公顷的；（3）其他土地超过 70 公顷的。征收前述以外的土地的，由省、自治区、直辖市人民政府批准，并报国务院备案。这就是说，作出征收集体土地决定的行政主体只限于国务院或者省级人民政府，其他行政机关都无权决定土地征收。

2. 房屋征收。对集体所有土地上的房屋的征收，是作为被征收土地附属物按照土地征收程序处理的。所以，这里的房屋征收是指国有土地上的房屋征收。设

① 《宪法》第 10 条规定："城市的土地属于国家所有。农村和城市郊区的土地，除由法律规定属于国家所有的以外，属于集体所有；宅基地和自留地、自留山，也属于集体所有。国家为了公共利益的需要，可以依照法律规定对土地实行征收或者征用并给予补偿。任何组织或者个人不得侵占、买卖或者以其他形式非法转让土地。土地的使用权可以依照法律的规定转让。一切使用土地的组织和个人必须合理地利用土地。"

② 《土地管理法》第 2 条第 4 款规定："国家为了公共利益的需要，可以依法对土地实行征收或者征用并给予补偿。"

③ 《土地管理法》第 45 条规定："征收下列土地的，由国务院批准：（一）基本农田；（二）基本农田以外的耕地超过三十五公顷的；（三）其他土地超过七十公顷的。征收前款规定以外的土地的，由省、自治区、直辖市人民政府批准，并报国务院备案。征收农用地的，应当依照本法第四十四条的规定先行办理农用地转用审批。其中，经国务院批准农用地转用的，同时办理征地审批手续，不再另行办理征地审批；经省、自治区、直辖市人民政府在征地批准权限内批准农用地转用的，同时办理征地审批手续，不再另行办理征地审批，超过征地批准权限的，应当依照本条第一款的规定另行办理征地审批。"

定房屋征收的直接法律依据是《城市房地产管理法》第6条①，具体制度主要是依据国务院《国有土地上房屋征收与补偿条例》。

作出房屋征收决定的主体限于市、县级人民政府。有下列情形之一，确需征收房屋的，市、县级人民政府可以作出房屋征收决定：（1）国防和外交的需要；（2）由政府组织实施的能源、交通、水利等基础设施建设的需要；（3）由政府组织实施的科技、教育、文化、卫生、体育、环境和资源保护、防灾减灾、文物保护、社会福利、市政公用等公共事业的需要；（4）由政府组织实施的保障性安居工程建设的需要；（5）由政府依照城乡规划法有关规定组织实施的对危房集中、基础设施落后等地段进行旧城区改建的需要；（6）法律、行政法规规定的其他公共利益的需要。

3. 财产征收。从广义上讲，土地和房屋都是财产。但是这里的财产征收，系指针对土地和房屋以外的集体财产和个人财产的征收。设定财产征收的直接法律依据是我国《宪法》第13条第3款。该款规定："国家为了公共利益的需要，可以依照法律规定对公民的私有财产实行征收或者征用并给予补偿。"

财产征收包括对企业的征收。根据《外资企业法》和《中外合资经营企业法》的规定，国家保护外资企业和中外合资经营企业，对其不实行国有化和征收，但在特殊情况下，根据社会公共利益的需要，对外资企业和合营企业可以依照法律程序实行征收，并给予相应的补偿。② 财产征收还包括对相对人许可权利的提前收回。

4. 税的征收。税，亦称税收，是国家税收机关凭借其行政权力，依法强制无偿取得财政收入的一种手段。按照征税对象的不同，可分为流转税、资源税、收益（所得）税、财产税和行为税五种。按照税收支配权的不同，可分为中央税、地方税和中央地方共享税。国家通过对各种税的征管，达到调节资源分配和收入分配、各行各业协调发展的目的。通过对中央税、地方税和中央地方共享税的合理分配，兼顾中央和地方的利益，有利于市场经济条件下宏观调控的实施。

5. 费的征收。费，即各种社会费用，是一定行政机关凭借国家行政权所确立

---

① 《城市房地产管理法》第6条规定："为了公共利益的需要，国家可以征收国有土地上单位和个人的房屋，并依法给予拆迁补偿，维护被征收人的合法权益；征收个人住宅的，还应当保障被征收人的居住条件。具体办法由国务院规定。"

② 《外资企业法》第5条规定："国家对外资企业不实行国有化和征收；在特殊情况下，根据社会公共利益的需要，对外资企业可以依照法律程序实行征收，并给予相应的补偿。"《中外合资经营企业法》第2条规定："中国政府依法保护外国合营者按照经中国政府批准的协议、合同、章程在合营企业的投资、应分得的利润和其它合法权益。合营企业的一切活动应遵守中华人民共和国法律、法规的规定。国家对合营企业不实行国有化和征收；在特殊情况下，根据社会公共利益的需要，对合营企业可以依照法律程序实行征收，并给予相应的补偿。"

的地位，为行政相对人提供一定的公益服务，或授予国家资源和资金的使用权而收取的对价。目前，我国的各种社会费用主要有公路运输管理费、车辆购置附加费、公路养路费、港口建设费、排污费、教育附加费和社会抚养费等。

二、行政征用

（一）行政征用的概念和特征

行政征用是行政决定的形态之一，是一种独立的行政行为。它是指行政主体根据法律规定，出于公共利益的需要，强制性地使用相对人的财产并给予补偿的行政行为。

行政征用直接源于宪法和物权法的规定。《物权法》第 44 条规定：“因抢险、救灾等紧急需要，依照法律规定的权限和程序可以征用单位、个人的不动产或者动产。被征用的不动产或者动产使用后，应当返还被征用人。单位、个人的不动产或者动产被征用或者征用后毁损、灭失的，应当给予补偿。”《物权法》第 121 条规定：“因不动产或者动产被征收、征用致使用益物权消灭或者影响用益物权行使的，用益物权人有权依照本法第四十二条①、第四十四条的规定获得相应补偿。”

从上述规定并结合行政法理可以发现，行政征用行为具有下列法律特征：

第一，非处分性和限制性。行政征用并不导致被征用物所有权的转移，而只是强制性地使用被征用物（如交通工具等）。被征用物只是因被征用而使用权受到限制。这是说，行政征用只是影响被征用物的使用权而不是处分其所有权，所以它不具有处分性。

第二，强制性。行政征用是一种国家的单方强制行为，不以被征用财物所有权人和使用权人同意为前提。

第三，补偿性。行政征用具有补偿性，行政主体征用有关财物时，应当向被征用人支付补偿金。

第四，法定性。行政征用同样属于行政限权行为，其效果显然对行政相对人不利。因此，行政征用的主体、条件、对象、方式、范围等都必须有法律的明文依据。无法律依据，不得行政征用。

第五，应急性。行政征用一般是在抢险、救灾等紧急需要情景下采用，所以

---

① 《物权法》第 42 条规定：“为了公共利益的需要，依照法律规定的权限和程序可以征收集体所有的土地和单位、个人的房屋及其他不动产。征收集体所有的土地，应当依法足额支付土地补偿费、安置补助费、地上附着物和青苗的补偿费等费用，安排被征地农民的社会保障费用，保障被征地农民的生活，维护被征地农民的合法权益。征收单位、个人的房屋及其他不动产，应当依法给予拆迁补偿，维护被征收人的合法权益；征收个人住宅的，还应当保障被征收人的居住条件。任何单位和个人不得贪污、挪用、私分、截留、拖欠征收补偿费等费用。”

具有应急性。

（二）行政征用与行政征收的比较

行政征收与行政征用只有一字之差，二者常以“行政征收与征用”联用。这样的联用也未必没有道理，因为行政征收与行政征用具有“强制性”与“法定性”的共性，都由行政主体依据法律单方作出，无须相对人的同意，均由法律直接设定征收或征用项目。

但是，它们是两个独立的行政行为，存在着明显的区别：

第一，处分所有权与限制使用权不同。行政征收与行政征用都是影响相对人权利的“不利行为”，但影响程度是不同的。行政征收是处分相对人的财产所有权，导致相对人被征收物所有权的转移；而行政征用并不处分相对人财产的所有权，并不导致被征收物所有权的转移，只是限制了相对人对被征用物的使用权。从这个意义上可以说，行政征收是对所有权的征用，行政征用是对使用权的征收。

第二，补偿原则不同。在行政征收中，征税与征费不发生补偿问题，对其他财产权的征收以补偿为条件。但对行政征用来说，则完全适用补偿原则，都以补偿为条件。

第三，是否具有应急性不同。行政征用一般发生在应急状态下，如在抢险、救灾等紧急情形中征用交通工具或通信工具等；行政征收不具有应急性。

（三）行政征用的种类和基本制度

我国行政征用大体有下列几个种类，它们构成了我国现行行政征用的基本制度。

1. 对交通工具与通信设备的征用。有关行政主体在应急状态下，根据法律规定，强制征用有关公民与单位的交通工具与通信设备，使用完毕后归还并依法给予一定的补偿。

2. 对房屋、场地与设施的征用。例如《戒严法》第 17 条规定：“根据执行戒严任务的需要，戒严地区的县级以上人民政府可以临时征用国家机关、企业事业组织、社会团体以及公民个人的房屋、场所、设施、运输工具、工程机械等。在非常紧急的情况下，执行戒严任务的人民警察、人民武装警察、人民解放军的现场指挥员可以直接决定临时征用，地方人民政府应当给予协助。实施征用应当开具征用单据。前款规定的临时征用物，在使用完毕或者戒严解除后应当及时归还；因征用造成损坏的，由县级以上人民政府按照国家有关规定给予相应补偿。”

3. 对劳力的征用。有关行政主体在应急状态下，特别在抢险、救灾中，根据法律规定，强制性地征调劳力进行特定工作，并支付一定的报酬。

4. 对其他财产的征用。除上述几种情况外，其他财产在有法律明文规定的前提下，如遇应急状态，也可被征用。

三、行政征收与征用的基本原则

行政征收和征用是基于公共利益的需要而作出，并直接影响相对人“私权”的行政行为。因而在实施行政征收或者征用时，都必须坚持以下四项原则。

（一）法定原则

行政征收和征用是直接影响相对人财产权的限权行为，尤有必要坚持法定原则。行政征收与征用的法定原则，是行政法上的合法性原则在行政征收与征用中的体现。具体内容有：

第一，行政征收和征用必须由全国人大及其常委会制定的法律直接设定，法律以下的法规和规章不得直接设定行政征收与征用制度。我国《宪法》第10条、《立法法》第8条和《物权法》第44条都体现了这一原则。

第二，行政征收和征用不仅应当有法律的直接依据。无直接的法律依据，行政主体对相对人不得实施行政征收和征用，而且在具备法律依据的前提下，还必须做到实施行政征收和征用的主体、范围、程序都符合法律规定。

（二）公益原则

实施行政征收与征用必须坚持公益原则。无论我国《宪法》《物权法》还是其他有关行政征收与征用的法规，都明确规定了实施行政征收与征用的条件，那就是出于“公共利益”的需要，非出于公共利益的需要不得实施行政征收或者征用。

（三）补偿原则

实施行政征收与征用还必须坚持补偿原则。补偿原则包括下列含义：（1）除行政征税和收费，实施其他的行政征收与征用，必须依法对相对人予以补偿。（2）必须给予相对人充分的补偿，必须按法定标准给相对人以足额的补偿，不得人为地打折扣。

（四）合理原则

行政征收和征用的合理原则是行政法上的合理性原则在行政征收、征用行为中的体现，它要求行政主体在实施行政征收、征用中体现比例原则、平等原则和正当原则。

1. 在行政征收和征用中坚持比例原则，是指行政主体在实施行政征收和征用中，要以相对人财产所受最小损失来实现行政征收和征用所期望达到的目标。

2. 在行政征收和征用中坚持平等原则，是指行政主体在实施行政征收和征用中，针对相对人权利损失的补偿要坚持同等情况同等标准。

3. 在行政征收和征用中坚持正当原则，是指行政主体在实施行政征收、征用中，关于是否实施征收和征用、如何实施征收和征用等问题，都应有正当的理由，不允许存在随意性。

第三节 行政强制

行政强制是行政强制行为的简称，包括行政强制措施与行政强制执行，属于负担行政行为。我国于2011年制定了《行政强制法》，它是中国行政强制制度的基本法律。

一、行政强制措施

（一）行政强制措施的概念和特征

关于行政强制措施，《行政强制法》第2条第2款规定："行政强制措施，是指行政机关在行政管理过程中，为制止违法行为、防止证据损毁、避免危害发生、控制危险扩大等情形，依法对公民的人身自由实施暂时性限制，或者对公民、法人或者其他组织的财物实施暂时性控制的行为。"根据该法条并结合行政法理论，我们将"行政强制措施"定义为：行政强制措施，是指国家行政机关在行政管理过程中，为了维护和实施行政管理秩序，依法对相对人的人身自由或者财物实施暂时性限制或控制的行政行为。

行政强制措施作为一种行政强制行为，除具有行政行为及行政强制的一般特征之外，还具有以下独特的法律特征：

第一，行政强制措施是一种"限权性"行为。首先，它是一种负担行政行为而不是授益行政行为，相对人将承担一种不利后果。其次，它是一种限权性行政行为而不是处分性行政行为。它表现为对相对人权利的限制而不是剥夺。例如，扣押一块走私手表与没收一块走私手表的最大区别是，前者只是对走私手表使用权的限制，后者则是对走私手表所有权的一种处分（剥夺），而前者正属于行政强制措施，后者则属于行政处罚。在行政强制措施中，无论表现为行政机关对公民人身自由的限制，抑或表现为行政机关对法人财产的查封，都是行政机关对相对人人身自由权或财产权的一种限制。

第二，行政强制措施是一种"暂时性"行为。暂时性也称临时性，相对于永恒性而言。行政强制措施是行政机关在行政管理过程中为维护和实施行政管理秩序而采取的暂时性手段，措施本身不是行政机关管理的最终目标。采取行政强制措施并未达到也不可能达到管理上的最终结果，它是为另一种处理结果的实现服务的。如对相对人财产的扣押，其本身不是目的，因而不可能是永恒的（迟早会解除扣押），它是为防止财产被转移从而防止事后的处理结果无法实施而采取的预防性、保障性措施。行政强制措施作为一种暂时性行为也可理解为一种中间性行为，与作为最终性行为的行政处罚、行政裁决和行政强制执行等行为有别。

第三，行政强制措施是一种“可复原性”行为。在行政强制措施实施前，被强制人的人身自由与财产权处于“原状态”，强制机关对其实施强制措施后，被强制人的人身自由和财产权就处于“被限制状态”，强制措施被撤销或强制措施到期后，被强制人的人身自由和财产权又会回复到被强制前的状态即“原状态”。行政处罚和行政执行等一般不具有“可复原性”。

第四，行政强制措施是一种“从属性”行为。所谓从属性行为，系指为另外一种行政行为服务的辅助性行为，具有预防性、保障性之特点。限制人身自由是为了防止该人继续危害社会，对财产的查封是为了防止该财产被转移，从而防止事后的处理决定得不到执行。《行政强制法》第 2 条第 2 款规定的“为制止违法行为、防止证据损毁、避免危害发生、控制危险扩大等情形”，就表明了“预防性”“保障性”之特点。

（二）行政强制措施的种类和方式

《行政强制法》第 9 条规定：“行政强制措施的种类：（一）限制公民人身自由；（二）查封场所、设施或者财物；（三）扣押财物；（四）冻结存款、汇款；（五）其他行政强制措施。”由此可知，《行政强制法》将行政强制措施主要分为以下五类：

1. 限制公民人身自由。限制公民人身自由，系指行政机关为了实施行政管理的需要，依据法律对公民的人身自由进行短期内限制的行政强制措施。

2. 查封场所、设施或者财物。查封场所、设施或者财物是由《行政强制法》第 9 条第 2 项所设定的行政强制种类和手段。从理论上说，是有关行政机关为了预防和制止违法行为，保证行政决定的有效执行，通过“就地封存”的方法，在短时间内禁止对场所进行使用并限制对财物进行使用、毁损、转移和处分的行政强制措施。

3. 扣押财物。扣押财物是由《行政强制法》第 9 条第 3 项所设定的并与查封相并行的行政强制种类和手段。这两项措施的主体、功能、依据基本相同，法律法规往往对这两项措施同时作出规定，行政机关可以针对不同财物的特点选择不同措施。从理论上说，扣押措施是指有关行政机关为了预防和制止违法，保证行政决定的有效执行，将涉嫌违法的财物移动至有关地点进行直接控制，在短时间内禁止相对人对扣押财物的使用、毁损、转移和处分的行政强制措施。

4. 冻结存款、汇款。冻结存款、汇款是由《行政强制法》第 9 条第 4 项所设定的一种行政强制措施。冻结这一措施与查封、扣押措施有明显的区别，《行政强制法》对它采用了严格的“法律保留原则”。从理论上说，冻结措施是指有关行政执法机关，为了防止相对人转移或者隐匿违法资金，损毁证据，或者为了保障行政决定得到有效执行，通过金融机构对相对人的账户采取的停止支付、禁止转移资金的行政强制措施。

5. 其他行政强制措施。《行政强制法》第 9 条第 1—4 项所确立的行政强制措施，是实践中最为常见和典型的行政强制措施，但它无法列举完毕。在现实中还有许多行政强制措施尚未列入，如冻结价格，冻结产权，各类行政检查，特别是进入住宅等。为了防止挂一漏万，《行政强制法》第 9 条在第 5 项设计了一个兜底性规定，即“其他行政强制措施”。

（三）行政强制措施的设定

1. 法律对行政强制措施的设定。《行政强制法》第 10 条确立了行政强制措施的法律保留原则。这一原则包含了三层含义：

第一，行政强制措施由法律设定。由法律来设定行政强制措施是“原则”，由法律以外的其他规范来设定行政强制措施是“例外”。

第二，行政法规和地方性法规也可设定行政强制措施，但是有条件限制，即尚未制定法律或者行政法规，并且分别属于国务院行政管理职权事项或者属于地方性事务，但是对专属法律设定的事项，行政法规和地方性法规不得设定行政强制措施。

第三，法律、法规以外的其他规范性文件不得设定行政强制措施。即经济特区法规、自治条例和单行条例、规章以及规章以下的其他规范性文件，都不得设定行政强制措施。

2. 行政法规对行政强制措施的设定。行政法规对行政强制措施的设定规则，主要来自《行政强制法》第 10 条第 2 款①和第 11 条第 2 款②的规定。这些规定表明：（1）行政法规也有权设定行政强制措施。（2）这种设定权是有前提和条件限制的。一是“尚未制定法律，且属于国务院行政管理职权事项的”；二是除法定强制措施和应当由法律规定的行政强制措施以外的其他行政强制措施。

3. 地方性法规对行政强制措施的设定。地方性法规对行政强制措施的设定权，是由《行政强制法》第 10、11 条作出规定的。与行政法规一样，《行政强制法》同样区别两种情形，分别规定地方性法规对行政强制措施的设定：第一种情形，

---

① 《行政强制法》第 10 条第 2 款规定：“尚未制定法律，且属于国务院行政管理职权事项的，行政法规可以设定除本法第九条第一项、第四项和应当由法律规定的行政强制措施以外的其他行政强制措施。”

② 《行政强制法》第 11 条第 2 款规定：“法律中未设定行政强制措施的，行政法规、地方性法规不得设定行政强制措施。但是，法律规定特定事项由行政法规规定具体管理措施的，行政法规可以设定除本法第九条第一项、第四项和应当由法律规定的行政强制措施以外的其他行政强制措施。”

"尚未制定法律、行政法规时"，地方性法规可以设定查封和扣押两项行政强制措施。第二种情形，"法律中未设定行政强制措施时"，地方性法规不得设定行政强制措施。

4. 法律、法规以外的其他规范性文件不得设定行政强制措施。《行政强制法》第 10 条第 4 款强调，"法律、法规以外的其他规范性文件不得设定行政强制措施"。这意味着：第一，经济特区法规不得设定行政强制措施；第二，自治条例和单行条例不得设定行政强制措施；第三，规章不得设定行政强制措施；第四，规章以下的其他规范性文件更不得设定行政强制措施。

（四）行政强制措施的主体

行政强制措施的主体是指有权实施行政强制措施的组织，包括法律、法规直接设定的行政机关，法律和法规授权的组织，以及相对集中行使行政处罚权的行政机关。

1. 法律和法规直接设定的行政机关。确立法律和法规直接设定的行政机关为行政强制措施主体的直接法条依据是《行政强制法》第 16 条第 1 款和第 17 条第 1 款。① 由法律和法规直接设定的有权实施行政强制措施的行政机关，是实施行政强制措施的基本主体。目前，公安、交通、卫生、工商、税务、土地、环境、海关等行政管理机关都属此列。之所以称它们是基本主体，是因为中国大量的行政强制措施是由它们实施的，其他实施主体只是这类主体的补充而已。

2. 法律和行政法规授权的组织。《行政强制法》第 70 条规定："法律、行政法规授权的具有管理公共事务职能的组织在法定授权范围内，以自己的名义实施行政强制，适用本法有关行政机关的规定。"该规定表明，得到法律、行政法规授权的具有管理公共事务职能的组织也是实施行政强制措施的主体。与经法律、法规设定的行政机关不同，它不是"设定主体"而是"授权主体"。

3. 行政强制措施"禁止委托"原则。《行政强制法》第 17 条第 1 款规定："行政强制措施权不得委托。"这是行政强制法与行政处罚法、行政许可法在委托规定上的最大区别。行政处罚法和行政许可法允许对处罚和许可进行委托，而行政强制法一概不允许对行政强制措施进行委托。

（五）行政强制措施的程序

行政强制措施的程序有一般程序与特别程序之分。限制人身自由、查封、扣押和冻结措施程序都属于特别程序。对于特别程序，要优先适用特别程序规范，其次要符合一般程序规范。

---

① 前一条款规定："行政机关履行行政管理职责，依照法律、法规的规定，实施行政强制措施。"后一条款规定："行政强制措施由法律、法规规定的行政机关在法定职权范围内实施。"

1. 行政强制措施的一般程序。实施行政强制措施的一般程序由《行政强制法》第 18 条规定。行政机关实施行政强制措施应当遵守下列规定：

（1）事先报批和决定。《行政强制法》第 18 条第 1 项要求“实施前须向行政机关负责人报告并经批准”。

（2）由两名以上行政执法人员实施。一般的操作程序是这样的，当行政机关负责人批准实施行政强制措施并作出行政决定时，会同时落实和指定具体的行政执法人员。

（3）出示执法身份证件。在执法活动中，执法人员出示执法身份证件，既是公共管理的需要，也是执法人员的程序义务。出示执法身份证件，原则上是要求出示行政执法证件。在行政执法证件尚不完备的地方和阶段，至少应当出示工作证件。

（4）通知当事人到场。在实施行政强制措施时，通知当事人到场，对行政执法机关及其执法人员来说，是一种法定义务。对当事人来说，到达现场，既是权利也是义务。

（5）告知内容、理由和救济权利。实施任何行政强制措施，行政执法机关都必须告知当事人实施该强制措施的内容、理由和救济权利。

（6）听取当事人的陈述和申辩。行政机关必须充分听取当事人的意见，对当事人提出的事实理由和证据，应当进行复核；当事人提出的事实理由或者证据成立的，行政机关应当采纳。当事人可以放弃陈述或者申辩的权利。

（7）制作现场笔录。行政强制措施的现场笔录，主要指对实施该行政强制措施的过程的记录，包括：送达有关行政强制措施的行政决定及签收情况；告知当事人有关权利和当事人主张权益的情况；行政强制措施的实施情况；等等。

（8）法律、法规规定的其他程序。根据《行政强制法》第 18 条第 10 项的规定，作为实施行政强制措施的基本程序，行政执法机关及其执法人员除了必须遵循上述 7 个环节外，还必须服从“法律、法规规定的其他程序”。

2. 限制人身自由措施的执行程序。在中国，对有关限制公民人身自由权利的事项采用“法律保留原则”。《行政强制法》作出了限制公民人身自由的行政强制措施只得由法律设定的规定。这些对公民人身自由权利的特别保护原则，必然影响法律对限制公民人身自由措施的程序设定和要求。《行政强制法》第 20 条对有关限制公民人身自由的强制措施的程序作出了特别规定。

（1）当场告知或立即通知家属。行政机关对当事人实施限制人身自由的行政强制措施必须当场或者立即将有关信息告知其家属；无家属者，必须通知其单位。这是正当程序的要求。

（2）紧急情况下的补办手续。《行政强制法》第 20 条第 2 项规定，在紧急情况下当场实施行政强制措施的，在返回行政机关后，立即向行政机关负责人报告并补办批准手续。

（3）遵守法律规定的其他程序。行政机关实施限制人身自由的行政强制措施，除必须遵循上述程序外，还必须遵守法律规定的其他程序。这里的“法律”是狭义的，限指全国人大及其常委会制定的法律。《行政强制法》对限制人身自由的强制措施采取严格的法律保留原则，因而，所增加的程序自然也必须限于法律规定。

3. 查封、扣押措施的执行程序。关于查封和扣押，《行政强制法》提出了一些特别要求，也确立了一些原则。

（1）关于查封、扣押的对象范围。《行政强制法》确立了四项原则：一是涉案原则。规定查封、扣押的对象仅限于涉案的场所、设施或者财物，不得查封、扣押与违法行为无关的场所、设施或者财物。二是生活保障原则。规定不得查封、扣押公民个人及其所扶养家属的生活必需品。三是第三人权益保障原则。该原则要求行政机关在实施查封、扣押强制措施时，不得对被侵害人和善意第三人的合法财物进行查封或扣押。四是禁止重复查封原则。当事人的场所、设施或者财物已被其他国家机关依法查封的，不得重复查封。

（2）关于查封、扣押的实施程序。行政机关决定实施查封、扣押的，应当制作并当场交付查封、扣押决定书和清单。

（3）关于查封、扣押的期限。《行政强制法》第 25 条规定，查封、扣押的期限不得超过 30 日；情况复杂的，经行政机关负责人批准，可以延长，但是延长期限不得超过 30 日。这些期限属于一般期限。法律、行政法规另有期限规定的，从其规定。

（4）关于查封、扣押期间的保管和费用。查封、扣押行为发生后，被查封、扣押的物品就处于行政机关的控制之下。被查封、扣押的物品在查封、扣押期间，其处分权和使用权受到限制，但所有权没有转移，依然属于当事人。因而，在查封、扣押期间，实施该措施的行政机关负有妥善保管的义务。而且《行政强制法》还规定，不得向当事人收取保管费。

4. 冻结措施的执行程序。关于冻结措施，《行政强制法》首先确立了两项原则：一是相当性原则。冻结存款、汇款的数额应当与违法行为涉及的金额相当。二是禁止重复冻结原则。已被其他国家机关依法冻结的，不得重复冻结。其次规定了一些程序要求：（1）向金融机构交付冻结通知书。（2）向当事人交付冻结决定书。（3）金融机构协助冻结。（4）关于冻结期限。冻结期限为 30 日，延长期限不得超过 30 日，法律另有规定的除外。（5）冻结的处理和解除。在冻结期限内，行政机关应当作出处理决定或者作出解除冻结决定。逾期不解除的，金融机构应当自冻结期满之日起解除冻结。

二、行政强制执行

（一）行政强制执行的概念与特征

根据《行政强制法》第2条第3款的规定①，我们将“行政强制执行”定义为：行政强制执行，系指国家行政机关或者行政机关申请人民法院，对于在规定期限内拒不履行行政决定的当事人，依法采用有关强制手段，迫使其履行义务，或者达到与履行义务相同状态的行为。行政强制执行，具有以下法律特征：

第一，在主体上，行政强制执行是由国家行政机关或者人民法院实施的一种强制行为。这种主体上的双重性显然与行政强制措施及其他许多行政行为不同，包括行政强制措施在内的其他行政行为只限于由国家行政机关实施，而行政强制执行既可由国家行政机关实施（在法律授予行政机关行政强制执行权时），也可由人民法院实施（在行政机关无强制执行权并由行政机关申请人民法院强制执行时）。

第二，在客体上，行政强制执行是有权机关对行政决定的执行。行政强制执行，无论由行政机关实施，还是由行政机关申请人民法院实施，都是限于对业已作出的行政决定的执行，而不是对司法裁判或权力机关决议的执行。换句话说，行政强制执行是对行政行为的执行而不是对其他行为的执行。

第三，从行为的过程上考察，行政强制执行不是一个暂时性的中间行为，而是一个最终封闭的行为。行政强制执行是发生在不得已的情况下，即相对人在法定期限内既不申请复议或者提起行政诉讼，又不履行行政决定时，由国家行政机关或者人民法院发动实施的一种强制行为，它的目的是保障基础行政行为被执行。

（二）行政强制执行的方式

行政强制执行的方式，系指有关行政强制主体，为执行行政决定依法实施的手段和方法。行政强制执行有两种方式，即由行政机关采取的强制执行方式和由人民法院采取的强制执行方式。

1. 行政机关的强制执行方式。由行政机关采取的强制执行方式，《行政强制法》第12条②作出专门规定，共有“5+1”种方式，由5种具体方式和1种作为兜底条款的“其他方式”组成。

---

① 《行政强制法》第2条第3款规定：“行政强制执行，是指行政机关或者行政机关申请人民法院，对不履行行政决定的公民、法人或者其他组织，依法强制履行义务的行为。”

② 《行政强制法》第12条规定：“行政强制执行的方式：（一）加处罚款或者滞纳金；（二）划拨存款、汇款；（三）拍卖或者依法处理查封、扣押的场所、设施或者财物；（四）排除妨碍、恢复原状；（五）代履行；（六）其他强制执行方式。”

（1）加处罚款或者滞纳金。加处罚款或者加收滞纳金是行政执行罚的基本方式。“加处罚款”是指相对人拒不履行基础决定所规定的义务时，行政执行机关依法通过罚款的方式给相对人设定或增加新的金钱给付义务，迫使相对人履行原基础决定的行政执行罚行为。“加收滞纳金”系指当事人逾期不交纳税款、规费的，行政征收机关依法向当事人征收一定的具有惩罚性的款项的行政强制执行行为。加收滞纳金以当事人逾期不交纳税款、规费为前提，适用于缴纳税款、规费领域。

（2）划拨存款、汇款。划拨存款、汇款，它是指行政机关对当事人拒不履行行政决定所确定的金钱给付义务的，依照法律规定，通过有关金融机构、邮政机构将义务人账户上的存款或者邮寄给其的汇款，直接划入权利人账户的执行方式。

（3）拍卖或者依法处理查封、扣押的场所、设施或者财物。拍卖或者依法处理查封、扣押的场所、设施或者财物，是指行政机关对当事人拒不履行行政决定所确定的金钱给付义务的，依照法律规定，对当事人的已被依法查封、扣押的场所、设施或者财物，通过变现方式实现当事人的金钱给付义务的执行方式。

（4）排除妨碍、恢复原状。排除妨碍、恢复原状，来源于《民法通则》① 和《侵权责任法》②。作为行政强制执行形式的排除妨碍，系指相对人的行为妨碍了社会管理秩序，行政机关责令其予以纠正，在相对人拒不纠正的情况下，行政机关依法直接排除妨碍的行政强制执行行为。作为行政强制执行形式的恢复原状，系指相对人的行为导致原物状态和功能变化，在行政机关责令其恢复原状而相对人拒不履行该义务时，所采取的直接恢复至原来状态的行政强制执行行为。

（5）代履行。这是在相对人拒不履行行政决定所确定义务时，由行政机关或者第三人代替相对人履行该义务，并向相对人收取履行费用的执行方式。

（6）其他强制执行方式。这是《行政强制法》第 12 条在第 1—5 项设定了五种执行方式之后所规定的一个兜底条款。因为前述五种执行方式并未穷尽所有实践中和法律中的执行方式。《行政强制法》第 12 条第 6 项设置的兜底条款，为其他法律设定行政强制执行手段留下了空间。

2. 人民法院的强制执行方式。行政机关申请人民法院强制执行，在行政诉讼

① 《民法通则》第 134 条规定：“承担民事责任的方式主要有：（一）停止侵害；（二）排除妨碍；（三）消除危险；（四）返还财产；（五）恢复原状；（六）修理、重作、更换；（七）赔偿损失；（八）支付违约金；（九）消除影响、恢复名誉；（十）赔礼道歉。以上承担民事责任的方式，可以单独适用，也可以合并适用。人民法院审理民事案件，除适用上述规定外，还可以予以训诫、责令具结悔过、收缴进行非法活动的财物和非法所得，并可以依照法律规定处以罚款、拘留。”

② 《侵权责任法》第 15 条规定：“承担侵权责任的方式主要有：（一）停止侵害；（二）排除妨碍；（三）消除危险；（四）返还财产；（五）恢复原状；（六）赔偿损失；（七）赔礼道歉；（八）消除影响、恢复名誉。以上承担侵权责任的方式，可以单独适用，也可以合并适用。”

法上称为“非诉执行”。《行政强制法》对行政机关所实施的强制执行方式作出了规定，但未对人民法院实施的强制执行方式作出规定。根据《最高人民法院关于执行〈中华人民共和国行政诉讼法〉若干问题的解释》（以下简称“2000年最高院执行行政诉讼法的解释”）第97条[①]的精神，人民法院在非诉执行中所实施的执行方式，可以适用民事诉讼法的有关规定。根据《民事诉讼法》第二十一章“执行措施”的规定，人民法院实施强制执行的方式，可分为执行措施和辅助措施。

（1）人民法院的执行措施。执行措施，是人民法院为了实现生效裁判所确定的权利义务，对被执行人实施强制执行的具体方法和手段。人民法院的执行措施主要来源于《民事诉讼法》的设定。该法第二十一章共有9个条款[②]规定了人民法院所采取的强制执行措施。另外有来自《最高人民法院关于人民法院执行工作若干问题的规定（试行）》（1998）的补充性规定。该规定分“金钱给付的执行”“交付财产和完成行为的执行”和“被执行人到期债权的执行”三类对执行措施进行了具体规定。这些措施可能并不全部适用于行政非诉执行，但它同样涉及直接执行与间接执行、对金钱给付义务的执行以及对作为或不作为义务的执行、对可替代义务的执行与对不可替代义务的执行。具体的执行方法有：划拨、变价、收入提取、拍卖、变卖、强制交付、迁出房屋、退出土地、代履行、加倍罚息、支付迟延履行金，等等。

（2）人民法院的辅助措施。辅助措施，是人民法院为了保障执行措施的实现，所采取的一些前置性、辅助性的方法和手段。这些措施有：财产报告，查询、查封、扣押、冻结，搜查，限制出境，在征信系统记录，通过媒体公布不履行义务信息，限制高额消费及法律规定的其他措施。

（三）行政强制执行的设定

行政强制执行的设定，系指国家立法机关通过法律形式直接赋予有关主体行政强制执行权的立法活动和法律制度。它重点解决两个问题：一是谁拥有行政强制执行权，是行政机关还是人民法院，这是主体要素；二是拥有什么样的行政强制执行权，是直接强制执行还是间接强制执行，是对人身权的执行还是针对财产权的执行，这是职权要素。

《行政强制法》第13条规定：“行政强制执行由法律设定。法律没有规定行政机关强制执行的，作出行政决定的行政机关应当申请人民法院强制执行。”这里确

---

① 该条规定：“人民法院审理行政案件，除依照行政诉讼法和本解释外，可以参照民事诉讼的有关规定。”

② 第241条、第242条、第243条、第244条、第249条、第250条、第251条、第252条、第253条。

立了对行政强制执行设定上的总原则。按此原则，除了全国人民代表大会及其常务委员会制定的法律，其他包括行政法规、地方性法规、自治条例和单行条例、政府规章和行政规定等，均不得设定行政强制执行。同时，这里解决了行政机关和人民法院在执行权上的分工。

对于行政强制措施，主要是由法律进行设定，但在一定条件下也可由行政法规和地方性法规设定；而对于行政强制执行，《行政强制法》采取了更为严格的法律保留原则，仅限于“法律”。这样设计的理由是，行政强制措施只是暂时限制行政相对人的权利，但行政强制执行的后果则是造成相对人权利最终被剥夺。

（四）行政强制执行的主体

世界上关于行政强制执行制度的模式主要有两类：一类是单轨制，其特点是，行政强制执行权设置给行政机关或者司法机关，两者并不共享执行权。另一类是双轨制，其特点是，行政强制执行的主体被设为两类，强制执行权由行政机关和司法机关共享。

中国行政强制执行制度有个较长的演变时期，大体经历了适用《民事诉讼法》阶段、适用《行政诉讼法》阶段、适用《行政强制法》阶段。《行政强制法》第13条规定：“行政强制执行由法律设定。法律没有规定行政机关强制执行的，作出行政决定的行政机关应当申请人民法院强制执行。”这说明，现行行政强制执行制度有两个特点：第一，是“双轨制”而不是“单轨制”。行政强制执行主体，既可以是行政机关，也可以是人民法院。第二，是“司法为主型”而不是“行政为主型”。因为对执行权的分配原则是“法律规定行政机关强制执行的，由行政机关实施强制执行；法律没有规定行政机关强制执行的，由作出决定的行政机关申请人民法院强制执行”。这种授权方式体现了“以司法机关执行为原则，行政机关执行为例外”的原则，将执行权的重心推向人民法院一方。

《行政强制法》对行政强制执行的设定采取了严格的法律保留原则，行政强制执行只能由法律设定，行政法规、地方性法规和规章等均不得设定行政强制执行。行政强制执行的主体当然也须由法律设定，必须在《行政强制法》或者其他法律的直接授权下，方可成为行政强制执行的主体。

人民法院是行政强制执行中的另一主体。而且在“以人民法院执行为原则、行政机关执行为例外”的原则下，它担当着更多的行政强制执行职责。在人民法院的组织体系中，最高人民法院和地方各级人民法院具有审理行政案件的职责，同样也具有“非诉行政执行”的职能，专门人民法院不具有这一职能。就人民法院内的审判机构而言，“非诉行政案件”的审理和执行，由行政审判庭承担，其他审判庭（刑事审判庭、民事审判庭等）、执行局（庭）、人民法庭均不具有这一职能。

（五）行政强制执行程序

行政强制执行的程序分设两类：行政机关实施强制执行的程序和人民法院实施强制执行的程序。

1. 行政机关实施强制执行。行政机关实施强制执行，必须符合执行条件。行政强制执行的条件是指行政机关启动行政强制执行程序的前置性要求。依据《行政诉讼法》和《行政强制法》的有关规定，行政机关启动行政强制执行必须符合以下条件：相对人负有行政法上义务；该义务已由行政基础决定所确定；相对人逾期不履行该义务；相对人无正当理由不履行该义务。

行政机关实施强制执行，必须符合基本程序。基本程序包括：催告和送达，陈述和申辩，记录、复核、处理，执行决定，送达，执行等环节。

（1）催告和送达。行政强制执行程序中的催告，是指相对人逾期不履行由行政决定所确定的义务，行政机关为督促相对人在强制执行前自行履行义务，而向相对人书面发出的要求其在一定期限内履行义务，否则将承担被强制执行后果的一种意思通知。根据《行政强制法》第 35 条规定，催告必须采用书面形式。催告书是催告行为的法定形式，未采用书面形式的催告，如口头、电话等，不被法律所承认，属于违反法定程序。催告书必须包含完整的有关信息，其中应当包括：履行义务的期限；履行义务的方式；涉及金钱给付的，应当有明确的金额和给付方式；相对人依法享有的陈述权和申辩权。催告书必须送达相对人。

（2）陈述和申辩。相对人收到催告书后，基于《行政强制法》的规定和催告书的提示，相对人可以行使陈述权和申辩权。陈述和申辩是相对人的程序权利。

（3）记录、复核、处理。相对人依法提出陈述和申辩意见后，行政机关必须保存其书面材料。相对人口头提出陈述和申辩意见的，行政机关必须负责记录，让相对人核对签字后保存。对于相对人无论是书面还是口头提出的意见，行政机关都必须认真核对和考虑，本着实事求是原则，坚持以人为本，兼顾公共利益与相对人的私人权利，进行处理。

（4）强制执行决定。根据《行政强制法》第 37 条规定，经催告，当事人逾期仍不履行行政决定，且无正当理由的，行政机关可以作出强制执行决定。“强制执行决定”是相对于“行政基础决定”而言的一个理论概念。它必须以书面形式作出，并载明下列事项：相对人的姓名或者名称、地址，强制执行的理由和依据，强制执行的方式和时间，申请行政复议或者提起行政诉讼的途径和期限，行政机关的名称、印章和日期。

（5）强制执行决定的送达。行政机关不作出强制执行决定就不得实施行政强制执行，但强制执行决定不依法送达相对人就不具有法律效力。《行政强制法》第 38 条明文规定，催告书和行政强制执行决定书都应当直接送达相对人。

（6）实施行政强制执行。在制度设计上，强制执行决定作出和送达以后，并不存在对相对人自我履行的期待，故而行政机关应当尽快实施行政强制执行。

2. 人民法院实施强制执行。人民法院实施行政行为的强制执行，也称“非诉行政执行”。“非诉行政执行”系指无行政强制执行权的行政机关依法作出行政决定后，相对人在法定期限内既不申请行政复议或者提起行政诉讼，又逾期不履行该行政决定的，由该行政机关申请人民法院强制执行，人民法院据此对执行申请进行审查并作出是否准予执行的裁定，由人民法院或者行政机关实施执行的法律制度。

第一，“非诉行政执行”的程序以行政机关申请人民法院强制执行为启动条件。而在这一程序中的申请人，是作出行政处理决定的行政机关。行政机关就非诉行政执行向人民法院提起强制执行申请，必须具备以下申请条件：

（1）对主体的要求。申请人民法院强制执行非诉行政执行案件，必须由行政处理机关针对由行政决定所确定的义务人向有管辖权的人民法院提出。

（2）对执行依据的要求。任何强制执行都必须有合法的执行依据。在非诉行政执行程序中，行政机关已经依法作出的行政处理决定，便是执行依据。

（3）对相对人的行为状态要求。根据《行政强制法》第 53 条①和《行政诉讼法》第 97 条②规定，行政机关申请人民法院强制执行的条件是，相对人在法定期限内既不申请行政复议或者提起行政诉讼，又不履行行政决定。“不履行行政决定”，应当包括“没有履行”和“没有完全履行”。

（4）对有关时间的要求。行政机关在非诉行政执行案件中申请人民法院强制执行，必须满足以下时间条件：其一，相对人不履行义务已超过法定期限；其二，相对人申请行政复议或者提起行政诉讼已超过法定期限；其三，行政机关向人民法院申请强制执行必须自以上期限届满之日起 3 个月内提出；其四，催告书送达 10 日后相对人仍未履行义务的，行政机关方可向人民法院申请强制执行。

（5）对程序环节的要求。《行政强制法》为实施行政强制执行设定了催告程序环节。根据《行政强制法》第 54 条的规定，在非诉行政执行程序中，在行政机关作出的行政决定与申请人民法院强制执行之间，存在一个不可逾越的程序环节，即由行政机关向义务人送达催告书。催告书既能催促相对人履行义务，也能为相对人留出自觉履行的时间，有助于缓解执行矛盾。

---

① 该条规定：“当事人在法定期限内不申请行政复议或者提起行政诉讼，又不履行行政决定的，没有行政强制执行权的行政机关可以自期限届满之日起三个月内，依照本章规定申请人民法院强制执行。”

② 该条规定：“公民、法人或者其他组织对行政行为在法定期限内不提起诉讼又不履行的，行政机关可以申请人民法院强制执行，或者依法强制执行。”

第二，对于符合上述申请条件的执行案件，人民法院必须经历受理、审查、裁定和执行等程序环节。

（1）人民法院的受理。根据《行政强制法》第五章的规定，行政机关按规定的要求向人民法院提出强制执行的申请后，人民法院应当先作形式审查，符合形式条件的就应当受理。

（2）人民法院的审查。人民法院受理行政机关非诉执行的申请之后，执行程序就从受理阶段进入审查阶段。人民法院在受理行政机关的申请之前，需对行政机关的申请是否符合立案条件进行形式审查；在受理之后，为了决定是否准予强制执行，人民法院还需对行政机关的申请的实体内容进行审查。

（3）人民法院的裁定。裁定是指人民法院作出是否准予执行的决定，是继审查之后的一个重要的程序环节。人民法院受理行政机关的非诉执行申请以后，应当对申请作形式和内容上的审查。如果符合下列条件，应当作出准予执行的裁定：其一，行政机关已经按要求向人民法院提供了规定的材料；其二，作为执行依据的行政决定已具备法定的执行效力；其三，没有出现《行政强制法》第58条所规定的情形①。相反，就应当裁定不予执行。

（4）人民法院的执行。关于人民法院对于非诉执行案件的执行程序，《行政强制法》《行政诉讼法》和“2000年最高院执行行政诉讼法的解释”都未作特别规定。根据“2000年最高院执行行政诉讼法的解释”第97条②规定，人民法院对于非诉执行案件的执行程序，应当适用《民事诉讼法》和《最高人民法院关于人民法院执行工作若干问题的规定（试行）》，一般经过送达强制执行裁定书、异议和处理、采取执行措施等环节。根据最高人民法院《关于人民法院办理执行案件若干期限的规定》，非诉执行案件一般应当在立案之日起3个月内执结。③

三、行政强制措施与行政强制执行

（一）行政强制措施与行政强制执行的区分意义

行政强制措施与行政强制执行区别的意义在于：

---

① 这些情形包括：（1）明显缺乏事实根据的；（2）明显缺乏法律、法规依据的；（3）其他明显违法并损害被执行人合法权益的。

② 该条规定：“人民法院审理行政案件，除依照行政诉讼法和本解释外，可以参照民事诉讼的有关规定。”

③ 最高人民法院《关于人民法院办理执行案件若干期限的规定》第1条规定：“被执行人有财产可供执行的案件，一般应当在立案之日起6个月内执结；非诉执行案件一般应当在立案之日起3个月内执结。有特殊情况须延长执行期限的，应当报请本院院长或副院长批准。申请延长执行期限的，应当在期限届满前5日内提出。”

第一，有助于立法机关正确地分别设定行政强制措施和行政强制执行。《行政强制法》对行政强制措施与行政强制执行的设定作了不同的规定。根据《行政强制法》第10条、第11条规定，尽管设定的权限不同，[①] 但法律、行政法规和地方性法规对行政强制措施都拥有设定权；而根据第13条规定，行政强制执行只限于由法律设定，行政法规和地方性法规都不得设定行政强制执行。如果行政强制措施与行政强制执行区分不清，可能会招致法律设定上的错位。

第二，有助于行政机关在实施行政强制中运用正确的强制手段。《行政强制法》对行政强制措施与行政强制执行的手段分别作出类型化规定。[②] 因此，正确区分行政强制措施与行政强制执行乃是正确运用强制手段的关键。

第三，有助于行政机关正确地分别遵循行政强制措施的程序和行政强制执行的程序。《行政强制法》第三章和第四章分别规定了两者的实施程序。两者程序全然不同，尤其是在实施行政强制措施程序中，全面禁止委托。在实施行政强制执行程序中，突出了事先催告相对人自我履行义务的环节。正确区分行政强制措施与行政强制执行乃是正确适用对应法律程序的前提。

第四，有助于防止误将行政强制措施作为行政强制执行而申请人民法院强制执行。根据《行政强制法》所设定的行政强制制度结构，对于行政强制措施，一律由行政机关实施；对于行政强制执行，在有法律授权情况下由行政机关自身强制执行，在无法律授权情况下则由行政机关申请人民法院强制执行。在这一制度背景下，如果我们无法区分行政强制措施事项与行政强制执行事项，那么就会面临误将行政强制措施作为行政强制执行而申请人民法院强制执行的可能。

（二）行政强制措施与行政强制执行的区分标准

虽然理论界关于行政强制措施与行政强制执行的区分标准存有各种观点和学说，但我们认为，从《行政强制法》的立法表达来看，它所表明的理论基点是

---

① 法律可以设定任何行政强制措施；行政法规在尚未制定法律，且属于国务院行政管理职权事项的条件下，可以设定除限制公民人身自由，冻结存款、汇款以及应当由法律设定的行政强制措施以外的其他行政强制措施；地方性法规在尚未制定法律、行政法规，且属于地方性事务的条件下，可以设定查封场所、设施或者财物以及扣押财物之行政强制措施。

② 根据《行政强制法》第9条规定，行政强制措施的种类有：（1）限制公民人身自由；（2）查封场所、设施或者财物；（3）扣押财物；（4）冻结存款、汇款；（5）其他行政强制措施。第12条规定了行政机关实施行政强制执行的手段：（1）加处罚款或者滞纳金；（2）划拨存款、汇款；（3）拍卖或者依法处理查封、扣押的场所、设施或者财物；（4）排除妨碍、恢复原状；（5）代履行；（6）其他强制执行方式。一般来说，不同的行为手段附属于不同的行为类别，如冻结存款属于行政强制措施，而划拨存款属于行政强制执行。

“履行义务”①。行政强制执行，无论是行政机关自身的强制执行，还是行政机关申请人民法院的强制执行，都以相对人在规定期限内不履行行政决定为前提，本质上是行政执行机关（行政机关或者人民法院）强制相对人履行义务的行为。为此，行政强制措施与行政强制执行的分界标准应当从所履行的“义务性质”入手。

当我们各列出行政强制措施与行政强制执行的典型手段（前者如查封、扣押、冻结，后者如对行政处罚决定的强制执行）并进行义务内容上的分析时，发现一个事实：在实施行政强制措施时，相对人不存在“作为义务”，只存在“不作为”和“容忍”的义务②。相反，在行政强制执行中，相对人恰恰存在“作为义务”，行政强制执行正是在相对人于规定的期限内“不作为”的前提下才发动的。行政强制执行正是通过直接或间接的手段以实现当事人的作为义务被履行的状态。③

据此，我们可以重树一个标准：针对当事人负有“不作为”和“容忍”义务的强制行为，属于行政强制措施；相反，针对当事人负有“作为”义务的强制行为，属于行政强制执行。这是最为关键的内质层次的区别标准。

此外，还可辅助参照几个外在标准，即行政强制措施以对行政秩序的保障为重点功能，行政强制执行以对业已存在并已生效的实体性、基础性行政决定的执行为主要任务。与这一特点有关，行政强制措施具有暂时性、可复原性，属于中间行为，行政强制执行则属于最终行为。

思考题：

1. 什么是负担行政行为？它与授益行政行为有何区别？

---

① 对于这一基点的表达最集中出现在三个条文上。《行政强制法》第 2 条第 3 款对于“行政强制执行”的定义是这样表述的：“行政强制执行，是指行政机关或者行政机关申请人民法院，对不履行行政决定的公民、法人或者其他组织，依法强制履行义务的行为。”第 34 条对行政机关的强制执行程序是这样规定的：“行政机关依法作出行政决定后，当事人在行政机关决定的期限内不履行义务的，具有行政强制执行权的行政机关依照本章规定强制执行。”第 53 条对行政机关申请人民法院强制执行的程序是这样规定的：“当事人在法定期限内不申请行政复议或者提起行政诉讼，又不履行行政决定的，没有行政强制执行权的行政机关可以自期限届满之日起三个月内，依照本章规定申请人民法院强制执行。”

② 因为当事人不可能自己查封和扣押自己的货物和证据，所以只存在当行政机关对当事人的货物和证据进行查封、扣押时，当事人有容忍的义务；当事人也无权去银行冻结自己的存款，所以只有当有权机关去银行冻结当事人的存款时，当事人有容忍的义务；同理，警察在对醉驾者实施约束至酒醒的强制措施时，也符合同样的特点，当事人也有容忍的义务。

③ 针对罚款之行政处罚决定，当事人负有在规定的期限内交纳款项的作为义务；针对拆除违章建筑的行政决定，当事人同样负有在规定的期限内自我拆除的作为义务。

2. 什么是行政处罚？它有哪些种类？
3. 行政征收与行政征用有何区别？
4. 简述我国行政强制执行的体制。

第九章　行政机关的其他行为

本章共六节，主要内容是有关行政规划、行政指导、行政协议、行政确认、行政调查、行政检查的基本理论和法律实务。这些行政主体的公法行为的功用日益突出、适用范围日渐广泛，但也存在有关立法、规范程度不足的问题，体现了当今行政管理活动复杂多样的特点，值得认真研究和妥善运用。

第一节　行政规划

一、行政规划的概念与特征

（一）行政规划的概念①

行政规划，在静态上是指为处理行政事务、实施行政事业或制定行政政策而由行政机关确定的行政指导性目标；在动态上是指行政机关在实施行政事业及其他活动之前，综合地提示有关行政目标和制订出规划蓝图以具体明确行政目标，并进一步制定出为实现行政目标所必需的各项部署和安排的行政活动过程。

---

① 与此相近、相通的概念是行政计划。严格说来，行政规划与行政计划是有区别的。在行政管理实务中，规划往往是指比较全面、长远的发展计划。例如，在我国的经济与社会生活中，中短期（5年以内）的叫计划，如人们熟知的年度计划、五年计划；长期（超过5年）的叫规划，如《国民经济与社会发展××年远景规划》。在现实生活中，规划有时含有具体规定的意思，是指由某个政府机关对某一事物或项目作出关于方式、方法或数量、质量等方面的具有强制性的决定及其决定的内容，有关行政相对人只能服从。例如，现阶段一些地方实施的公益性（有些是名为公益性，实属商业性）土地开发规划，就是由当地政府机关单方意志决定和操作的，利益相关的行政相对人不能参与土地开发规划的形成过程以表达意愿，对规划内容也没有自主选择余地。这种含义上的规划实为行政指令性的决定（有的已具备专项地方政府规章或行政规范性文件的性质和形式）。但总的来说，行政规划与行政计划的相同之处甚多，而且在立法和实务中使用“规划”“计划”也是不规范、不稳定甚至是混乱的，可将行政规划与行政计划视为一个概念的不同表达，故本节采用行政规划范畴并加以讨论。

另需说明的是：从拘束强度来看，人们对于行政规划有广义和狭义的表达。广义的行政规划包括指导性（非拘束性）行政规划和指令性（拘束性）行政规划，还可包括介于二者之间的影响性行政规划。在现代市场经济国家，少有指令性行政规划，行政法学著述中提到的行政规划一般是指导性行政规划。从运用得最多的经济领域的情况看，我国实行市场体制后，指令性行政规划日益减少，更多运用指导性行政规划，故本章研讨对象主要是指导性行政规划。还需说明的是，由于讨论问题的需要和角度不同，国内外行政法学著作中，有的将行政规划作为与行政指导并列的行政活动方式加以论述，有的则将行政规划作为行政指导的一种表现形式而放在行政指导范畴内论述。本节采取前一种方式来处理，具体地论述行政规划理论与制度。

（二）行政规划的特征

行政规划不仅在一般行政领域得到广泛运用，其在经济领域也有十分显著的作用。正如有的公法学家所言："在实施市场经济的国家，讲求自由竞争，但是国家也不能够采取放任的态度，必须以国家整体的立场规划出一个经济政策，且必须具有前瞻性，并且拟定执行与完成的年限。这是调和了市场经济制度的自由动力优点与规划经济的整体性与积极性特色。"①

从当今各主要市场经济国家的情况来看，行政规划具有如下特征：（1）它是用于实现一定政策的手段和工具；（2）它是实现行政目标的一个过程；（3）在时间上，它具有动态展开的要素，具有一定的持续性；（4）行政规划的内容具有非完结性，并留有一定的余地；（5）一般来说，单纯的综合性规划或指导性规划，并不一定要有具体的法律根据，但当行政规划（指拘束性行政规划）的决定将产生各种权利限制的效果时，则必须要有行政作用法上的具体法律根据。② 具有上述特征的行政规划制度，主要由行政规划的主体、对象（客体）、内容、形式等要素构成。

二、行政规划的功能

在排斥市场机制作用的传统计划经济体制下，行政规划（主要是指令性规划）的作用被严重夸大，成为资源配置的主体性、基础性甚至唯一手段，实践证明，这并不能保证资源配置和经济发展的高效率。在现代市场经济条件下，市场作为资源配置的基础性手段在调节经济运行中发挥着重要作用。同时，行政规划（主要是指导性规划和影响性规划）作为宏观调控的有效手段，在社会经济运行中发挥着日益重要的作用。从我国市场经济体制下的经济领域来看，行政规划无论在形式上还是在作用上都不同于传统计划经济体制下的行政规划。市场经济体制下，主要是通过行政规划体现的经济发展方针、政策和战略考虑（如产业政策、收入政策、技术政策、区域政策、进出口政策、基础设施建设方针等），来引导经济总量平衡和重大结构优化，促使国民经济快速、健康和稳定发展。因此，2004 年国务院颁布的《全面推进依法行政实施纲要》第 9 条提出，改革行政管理方式要"充分发挥行政规划、行政指导、行政合同等方式的作用"。2015 年 12 月中共中央、国务院颁布的《法治政府建设实施纲要（2015—2020 年）》在论述如何完善宏观调控时，提出的首要措施是"健全发展规划、投资管理、财政税收、金融等方面法律制度，加强发展战略、规划、政策、标准等制定和实施"。其中就特别强调了规划的重要性。

在现代市场经济社会中，行政规划的功能是设定指标性的行政目标来引导公

---

① 陈新民：《中国行政法学原理》，中国政法大学出版社 2002 年版，第 239 页。

② 参见［日］和田英夫：《现代行政法》，倪建民、潘世圣译，中国广播电视出版社 1993 年版，第 216 页。

民和组织以及行政主体自身的行为，因此它日益受到重视，并且被广泛运用，成为非常重要的行政调控手段。通过行政规划确立科学、合理、正当、稳定的行政目标，体现行政规划的基本功能，主要有以下几方面：

1. 向公民和组织提示行政目标。公民和组织的预期目标和行为方向是分散的，在实现过程中会有负面外部效应或称社会成本，也与负有生存照顾职能和秩序维护职能的行政机关的管理活动存在某些矛盾冲突。有了行政规划确定的行政目标的提示和指导，公民和组织的预期目标和行为方向就有了增加一致性的基础条件。

2. 明确行政机关履行指导服务职责的工作方向。现代行政机关的一个显著特征是日益增大行政指导和服务职能、职责，但忙于诸多职能、职责的行政机关往往会忽视或疏离行政指导和服务职能、职责，通过行政规划来明确和稳定地提示行政机关的有关职能、职责，能够促使行政机关依法积极作为，稳健促进经济和社会发展，有助于发挥服务型政府的角色。

3. 引导、联系和协调其他行政手段和综合手段。行政管理和服务是一个多要素、多环节的过程，实现行政目标的机制和手段很多，实施行政管理和服务的方式、方法很多，其难度、成本和依据各有特点，整合、配套运用并非易事。通过位于行政活动前端的行政规划活动，有助于引导、联系和协调其他行政手段和综合手段，形成行政管理和服务的最大合力。

4. 通过达成共识和协调政策提高行政活动效果。在行政管理和服务走向公众参与、政民合作、共同治理的新阶段，复杂多样的行政管理活动的基本主体和相关主体如何达成共识和协调政策，乃是提高行政活动效果的必要前提和关键因素。而行政规划的确立和实施过程恰好就是达成共识和协调政策的重要过程，是行政效果、法律效果和社会效果最大化的理性要求，也是现代行政民主与行政法治相统一的重要表现。

三、行政规划的主要类型与适用范围

（一）行政规划的主要类型

行政规划的法律形式和内容非常多，可从多种角度分类。例如：根据制定规划的主体不同，可分为中央政府的国家规划，中央各部的行业性规划，地方政府的区域发展规划等；根据规划内容可分为经济规划、开发规划、教育规划、产业规划等；根据规划的时间长短可分为长期规划、中期规划、短期规划、年度规划、临时规划等；根据规划的适用地域可分为全国规划、大区规划、省规划、市镇规划等；根据规划事项的范围可分为综合规划、专题规划等。

（二）行政规划的适用范围

在传统的市场经济国家，有限运用的行政规划主要是在国防事业、防灾救急、城市管理等方面，表现为国防规划、防灾规划、城市规划等保安性质的行政规划，其适用面较窄、政治色彩较浓。正如德国学者分析的那样："规划的适用范围和强度，取决于国家活动的范围和强度。在十九世纪的自由法治国家时代，国家管理的范围限于排除危险，规划自然萎缩……在现代社会法治国家，危险排除行政之外的给付行政和社会塑造活动任务，使规划成为国家活动的重要手段。"①

第二次世界大战以后，随着国家干预增多和行政民主发展这一双向强化过程，行政规划在日益广泛的领域特别是经济、社会领域得到运用，行政规划的经济性和社会性大大增强。例如，日本在战后制定了综合经济规划、区域开发规划、土地利用规划等全国或地区规模的行政规划，其对象广泛涉及政治、财政、社会、教育、文化等几乎所有行政领域，特别是在空间保护行政领域里，行政规划的运用和发展尤为显著。②

四、行政规划的确定与实施

（一）行政规划的确定程序

1. 行政规划确定程序的概念。行政法学界比较注重从程序法制的角度研究行政规划，有的国家（如德国）和地区（如我国台湾）甚至在其行政程序法中作出专门规定，力图通过程序约束将行政规划纳入法治轨道。行政规划程序大致分为行政规划的确定程序、实施程序、监督程序三大类。其中最主要的是行政规划确定程序（或称为行政规划制定程序，也简称行政规划程序），它是指行政规划主体作出行政规划行为所必须遵循的方式和步骤的总和，属于特别要式程序。所谓方式，是指行政规划确定行为的表现形式，如调查情况、收集信息、公布草案、听取意见、说明理由等；所谓步骤，是指行政规划确定行为的时间关系，包括行为方式的先后顺序和每种方式、每一环节的时间限制。

2. 行政规划确定程序的规范形态。行政规划确定程序是通过各种具体规定和惯常做法来表达的，这些具体规定和惯常做法就是行政规划确定程序的规范形态。目前各国的行政规划确定程序的规范形态是多种类、多层次的，其中最主要的有：（1）宪法中规定的；（2）法律中规定的；（3）法规（法令）中规定的；（4）政府（行政）规章中规定的；（5）一般规范性文件中规定的；（6）纲要性文件中附带规定的；（7）在政府（行政机关）工作中长期形成并惯常运用的。

3. 主要的行政规划确定程序。一般认为，出于程序正义的要求，对于涉及多数人权益的总括性行政规划，应规定最基本的程序标准来衡量行政规划确定行为，即要有行政程序最低限度保障。行政规划确定程序的法律规定和惯常做法主要包括：（1）确定规划主体（行政规划的制定机关）和规划对象（行政规划的范围和

① ［德］哈特穆特·毛雷尔：《行政法学总论》，高家伟译，法律出版社2000年版，第407页。
② 参见［日］南博方：《日本行政法》，杨建顺、周作彩译，中国人民大学出版社1988年版，第60页。

主题内容）；（2）调查情况、收集信息、汇总资料和数据；（3）考虑直接有关的利益因素和比较分析相关因素、数据；（4）拟订草案并准备规划的背景说明及有关参考资料；（5）通过官方文件和有关传媒发出预告以征求利害关系人和广大民众及专家、专业部门的意见；（6）由各个方面提出意见；（7）由行政规划制定机关负责向公众说明理由和解释疑问；（8）召开公听会（必要时还可召开专门的审议会）；（9）择纳合理意见，修改草案；（10）对有关的期日（如民众提出意见的时限等）加以规定；（11）经有关机关审批；（12）正式公告，周知民众。

（二）行政规划实施中的现实问题与完善路径

1. 行政规划实施中的现实问题。在我国的行政规划制度实践中，目前突出的问题和矛盾是：（1）在行政规划的立法上，以分散立法为主，缺少统一的行政规划基本法的指引；（2）在行政规划的程序上，行政规划确定过程的民主性不足，基本上是在行政机关内部封闭运行，忽视公民和组织的参与作用；（3）在行政规划的内容、手段和进度上，科学性、合理性、稳定性亟待加强；（4）在行政规划的效果上，行政规划的相对人和其他利害关系人的合法权益难以得到有效救济和保障，随意变更规划的行政机关难以被追究法律责任。①

2. 行政规划制度的完善路径。鉴于上述问题和矛盾，系统地采取切实有效的措施，才能促使我国行政规划走向规范化、制度化、高效化和法治化。具体如下：（1）进一步深化对行政规划法治化的认识，不断完善行政规划的制订依据、权利规范和责任机制；（2）加强行政规划程序立法，通过过程公开、公众参与、专家评估等程序制度，切实增强行政规划制度的民主性、科学性和高效性，将行政规划纳入法治轨道；（3）完善行政规划的信赖利益保护和权利救济机制，强化行政规划的行政约束和司法约束，切实保障行政规划的救济请求权，实现行政规划各方主体的利益平衡。② 这些方面，涉及行政规划法治的观念、实体、程序和救济问题，都应予以重视并不断完善。③

从 2008 年 1 月 1 日起施行的我国《城乡规划法》框架结构看，行政规划法律体系的要点包括：总体原则的要求，规划的制定，规划的实施，规划的修改，对于规划行为的监督检查，规划工作中的法律责任，附则的要求，等等。例如，就

---

① 参见王克稳：《经济行政法基本论》，北京大学出版社 2004 年版，第 264—266 页。

② 一般认为，行政规划的救济请求权包括：规划存续请求权，规划执行请求权，过渡措施和补救措施请求权，补偿请求权，等等。行政规划是基于对未来预测作出的，伴随着不确定性，须适应不断变化的情况作出具有弹性的变更。因此，在对信赖行政规划而获得信赖利益的行政相对人给予保护，与对行政规划进行具有弹性的变更之间，存在冲突且难以通过传统补救机制加以解决，需要创造出更适合行政规划的争讼方法来加以救济。参见［日］山下淳、小幡纯子、桥本博之：《行政法》，日本有斐阁 2001 年版，第 155—156 页。

③ 关于这些方面问题的讨论，可参阅莫于川主编：《行政规划法治论》，法律出版社 2016 年版，第 243—252 页。

该法明确规定的城乡规划的实施而言，其涉及的内容主要包括：有计划、分步骤、兼顾平衡地组织实施规划，严格保护自然资源和生态环境，注重保护历史文化遗产和传统风貌，依法保护和合理利用风景名胜资源，按照规划进行城市地下空间的开发和利用，各级、各类规划应有配套衔接，近期建设规划应当明确重点内容、建设时序、发展方向和空间布局，禁止擅自改变规划用地的用途，划拨方式用地实行严格、专门的程序和许可证制度、审批制度，实行严格的变更和备案制度、临建特批特管制度，实行竣工验收后6个月内报送有关资料制度，等等。由此可见，行政规划实施制度具有丰富的内容和严格的程序。①

第二节 行政指导

一、行政指导的概念与特征

行政指导，是指行政机关在其职责范围内为实现一定行政目的而采取的符合法律精神、原则、规则或政策的指导、劝告、建议等不具有国家强制力的行为。

在以政府干预来弥补市场自我调节不足的同时，注重采用一些新的行为方式或者在传统行政管理和行政法制模式中不受重视的行为方式来弥补政府干预的缺陷，不仅是第二次世界大战后特别是近50年来出现的经济行政民主化、柔软化潮流的一个重要表现，也是通过行政相对人自愿同意和协力而起作用的行政指导行为得以产生和广泛运用的一个背景和动因。在现代市场经济条件下，政府机关在行政管理过程中积极采用具有柔软灵活特点的行政指导，是面向现实和未来、适应市场经济和社会发展趋势的一种理性的行为选择。对此，我国行政法学界的有识之士在市场导向改革的初期就开始关注研究这个课题。②

行政指导具有如下重要特征：（1）非强制性。从行为的法律关系和拘束力角

① 行政规划实施制度在行政管理实践和行政法制革新过程中也不断加以完善。仍以《城乡规划法》为例：2015年4月24日，第十二届全国人民代表大会常务委员会第十四次会议通过对《中华人民共和国城乡规划法》的修改方案，将原先法律文本第24条规定的“有规定数量的经国务院城乡规划主管部门注册的规划师”修改为“有规定数量的经相关行业协会注册的规划师”，即把不宜由政府主管部门垄断的行业自治权利明确归还行业协会等社会组织。这符合公共治理和“放管服”改革的新要求。所谓“放管服”，是指为了提高政府效能而推进简政放权、放管结合、优化服务。此项行政改革方针是国务院总理李克强在2016年5月9日国务院召开的全国推进“放管服”改革电视电话会议上发表重要讲话时提出的。

② 例如，苏州大学杨海坤教授在1985年召开的全国行政管理与改革学术讨论会上曾发表《试论行政指导关系和方法》，率先从政治学、行政学、行政法学的角度研究行政指导。该论文收入夏书章教授主编的《行政管理与改革——全国行政管理与改革学术讨论会论文选》（第207—217页）。该论文选由广西壮族自治区行政管理学会、上海社会科学院法学研究所合作编印做内部交流。

度看，行政指导是不具有强制性、无法律拘束力的行为。(2) 主动补充性。从行为动因和目的角度看，行政指导是适应多样化的社会管理需求的主动行为。(3) 主体优势性。从行为主体的角度看，行政指导主要是由具有综合优势和权威性的行政机关实施的行为。(4) 相对单方性。从行为本身的角度看，尽管行政指导追求相对人的同意和协力，但行政指导毕竟是由行政机关单方实施即可成立的行为。(5) 行为引导性。从行为品格的角度看，行政指导是具有利益诱导性或综合引导性、示范性的行为。(6) 方法多样性。从行为方式的角度看，行政指导是适用范围广泛、方法灵活多样的行为。(7) 实质合法性。从行为受约束的角度看，尽管某些行政指导行为的作出没有行政法上的具体依据，但所有行政指导行为都是受到实质法治主义约束的行为。(8) 事实行为性。从行为过程来看，行政指导是不改变法律关系、不直接产生法律效果的行为。①

二、行政指导的功能与构成

(一) 行政指导的基本功能

在现代市场经济条件下，行政指导广泛运用于经济、科技和社会管理领域，特别是在经济管理领域运用得更为普遍并发挥了多种功能。这些功能往往是交叉的而非孤立的，在行政指导活动中可以配合运用、综合发挥。② 从各国行政指导实

① 参见莫于川：《行政指导要论——以行政指导法治化为中心》，人民法院出版社 2002 年版，第 26—32 页。

② 例如，笔者实地调查了解到，泉州工商机关采用多种行政指导方式，综合发挥行政指导多种功能，取得了良好的行政监管和服务效果，如下案例就很能说明问题：2006 年年初，泉州市部分中小学生家长集体投诉了当地一家电信企业——泉港区电信局。接到投诉后，泉港区工商局调查了解到，该企业开通的“家校通”亲情卡业务具有帮助家长及时掌握学生动态、便于履行监护义务的功能，但在开展此业务过程中，该企业工作粗糙、方法简单、操作失当，加之宣传不够、缺乏沟通，造成学生家长不满，引起了侵权纠纷。泉港区工商局没有简单地采取处罚措施，而是首先采用调停性行政指导来调处争议、缓解矛盾，该企业接受了指导意见，诚恳赔礼道歉、退回已缴费用，采取妥善措施纠正错误行为、消除侵权后果，得到学生家长的原谅，化解了电信企业与消费者之间的矛盾。同时，该工商局通过调查了解到，该电信企业还拟订了若干与“家校通”亲情卡配套或类似的电信业务发展计划，一旦随意推出也有可能造成与“家校通”亲情卡类似的侵权后果，于是采取规制性行政指导的方式劝阻其暂缓或放弃那些准备实施的不当计划，从而防患于未然。随后工商局又根据该企业的请求，实施了助成性行政指导，帮助其深入具体了解有关法律规定，尽快完善内部规章制度，努力改善经营管理。企业根据这些指导意见，对“家校通”亲情卡业务作了调整，规范了业务办理程序并加大宣传力度，最终获得消费者的认可，“家校通”亲情卡的使用率迅速上升到 70%以上，其他方面的业务也更加规范，同时取得了良好社会效益和更好的经济效益。在这一典型事例中，工商行政机关先后配套采用了三类主要的行政指导方式（调停性行政指导、规制性行政指导、助成性行政指导），使得行政指导措施更为深入，指导效果更加明显，有效协调了各方利益关系，使得权益纠纷得以缓解、转化、消失，最终维护了当地电信市场秩序和社会秩序的稳定，也有助于当地电信企业健康发展。

践效果来看，符合现代行政民主和法治精神的行政指导，在现代行政管理过程中具有如下基本功能：

1. 行政指导的补充和替代功能。这一功能又可分为三种情况：其一，基于经济与社会生活加速发展等原因，难免出现立法跟不上、存在“法律空域”的现象，因此，及时灵活地采取行政指导措施予以调整，以补充单纯法律手段之不足，就成为客观的要求。其二，采用法律强制手段尚不必要或不及时，或成本太高、效果较差、后遗问题较多，在此情况下也可通过“弱行为前置”的方式，即先行采取行政指导措施（属于弱行为），来替代强制性行政手段（属于强行为）进行调整，以期更为及时有效地实现行政目标。现实社会生活中这种情况也不少见。其三，法律明确规定可单独采取或作为行政命令行为的前置程序采取行政指导措施，当然就应依法采取行政指导措施。这种情况正逐渐增多。人们对此已有新的认识，将来在许多行政管理实务中，行政指导将时常作为首选的管理手段。

2. 行政指导的辅导和促进功能。由于行政机关在掌握知识、信息、政策上的优越性和宏观性，其实施的行政指导能有效地指引、促使社会经济与科技健康发展，具有启发、导向和促进作用。特别是在现代市场经济条件下，行政机关与相对人之间应当更多的是平等协商、相互尊重的关系，是服务者与纳税人的关系，前者不能随意向后者发号施令，更不能随意支配后者的行为或单方剥夺后者的权利。同时，在转型社会和经济快速增长期，日益增多和复杂化的行政管理需求，也呼唤政府实施积极和柔性的行政管理。而采取柔和、灵活的行政指导措施，能够有效地引导、影响、辅助行政相对人（市场主体）的行为选择，促进市场经济和社会秩序的健康发展。

3. 行政指导的协调和疏通功能。社会生活的多元主体之间的利益冲突和矛盾是难免的，在崇尚竞争、更具活力的市场经济社会，这种冲突和矛盾会有增无减，因此需要通过各种渠道和手段予以协调，而行政指导正是这样一种比较灵活有效的协调手段。由于行政指导的非强制性和自主抉择性，以及行政指导主体相对于利益冲突的超脱性和中立性，使其在缓解、平衡各利益主体之间冲突和矛盾的过程中，起着一种特殊而有效的协调作用。特别是社会经济组织之间的冲突，更需要处于市场竞争主体之外的行政机关采用行政指导措施进行公正有效的协调和斡旋。还有某些一时发生隔阂、障碍的社会关系，也需要通过行政指导及时、便利地疏通和调停。

4. 行政指导的预防和抑制功能。理论和实践已证明，在强烈的利益驱动之下，社会组织（特别是经济组织）和个人具有为增加自身利益而不惜损害社会利益的倾向（又称为“企业的反社会倾向”），对此须加以有效抑制，以降低社会成本。而在损害公益的行为尚处于酝酿阶段或萌芽状态或初现弊端时，最宜采用行政指导这种不具有国家强制力的柔性行政方式进行调整。换言之，行政指导对于可能发生的妨害经济秩序和公共利益的行为可起到防患于未然的预防作用，对于刚萌芽的妨害行为可起到防微杜渐的抑制作用，这些也可称为特殊的保安功能。

5. 行政指导的动员和号召功能。行政指导是参与行政的具体实现方式，是行政权力社会化、民主化的表现。实施行政指导可以倡导公民参与行政管理，成为行政机关的合作伙伴，增强行政管理力量，提高行政管理效率，还可以通过公民的自主参与，引导其自觉遵守法律规范，降低行政监管的成本和难度。

2015 年 12 月中共中央、国务院颁布的《法治政府建设实施纲要（2015—2020 年）》指出，要“牢固树立创新、协调、绿色、开放、共享的发展理念”，“推广运用说服教育、劝导示范、行政指导、行政奖励等非强制性执法手段”。2017 年 10 月习近平在中国共产党第十九次全国代表大会的报告《决胜全面建成小康社会 夺取新时代中国特色社会主义伟大胜利》中也再次强调，要“建设法治政府，推进依法行政，严格规范公正文明执法”，“创新监管方式，增强政府公信力和执行力，建设人民满意的服务型政府”。这些纲领文件所强调的创新、协调、说服教育、劝导示范、行政指导、文明执法、服务型政府等理念和方针，与前述行政指导的丰富功能相同、相通，为实现这些功能提供了政策理据。

（二）行政指导的构成要件

1. 指导主体（指导方）。即作出指导行为的行政机关，包括一些得到授权而实施行政指导行为的组织。这是行政指导的最基本要素。

2. 指导对象（受指导方）。即指导行为所指向的行政相对人，包括特定的行政相对人和非特定的行政相对人，这也是行政指导的基本要素。但受指导方是否接受某行政指导的内容并不是必然的，接受与否也不影响该指导行为的作出和成立。

3. 指导内容。即指导方为一定行政目的而作出的指向受指导方的指导行为之具体内容，如劝告或建议相对人作出或不作出何种行为。

4. 指导方式。指导方采取指导行为的具体方式表现各异，种类繁多，总的来说可分为抽象的指导行为、具体的指导行为及抽象具体两可的指导行为。

5. 指导后果。即受指导方接受或不接受该项行政指导行为可能产生的实际结果，包括积极后果和消极后果，但不是直接和必然会产生的后果。

三、行政指导的依据与分类

（一）行政指导的法理依据

由于立法周期、费用、信息和知识等多方面的局限，人大立法和行政立法工作不可能完全满足不断发展的社会公共管理的需要，不可能预先为行政活动设定面面俱到的法律依据和具体对策，必然存在法律未能覆盖的行政管理领域，或称“行政的法律空域”。因此，在某一公共管理领域出现社会需求而又存在法律空域时，有关的行政机关应及时灵活地采取行政措施进行调控，而不能以所谓“无法律处无行政”等传统行政法观念为由，采取消极态度对该事项不管不问、袖手旁观，这样做显然违背了立宪、立法的宗旨和对现代政府的角色要求。此外，法律规范是在对既往社会生活经验作最一般的考量和概括之后制定出来的，比较抽象和相对稳定，而现实社会生活却是千变万化、丰富多彩的，有时就某类事务而言虽有作出行政处罚、行政强制等行政行为之具体法律依据，但由于该具体事项的特殊性或新变化，已有的法律规范未必恰好切合实际，如果刻板地径行采取属于“强行为”性质的权力强制性法律措施，效果反而不及采取属于“弱行为”性质的行政指导等柔软灵活性措施，因此有必要通过“弱行为前置方式”先行采取行政指导措施进行调控，以求便宜地达到行政目的。而且，在行政指导行为不能达到预期目的时还可再依法采取强行为（狭义行政行为），权力强制性行政行为并未丧失“用武之地”，在产生损害后果时还有申诉、复议、诉讼、赔偿等各种救济制度作为保障。

（二）行政指导的基本分类

关于行政指导的类型，可以从不同的角度加以划分。从国内外情况看，学者们一般是从行政指导具有何种功能、有无具体依据、如何加以救济等角度来划分的，其中又主要从行政指导具有何种功能（作用）的角度来加以划分，各种划分方法存在交叉、相似和相通之处。其中运用较多的是“功能角度三分说”的分类。这种分类是从功能分析的角度将行政指导划分为助成性指导、规制性指导、调停性指导三大类型，往下再划分为若干层次（参见图 9-1）。在此基础上，笔者根据行政指导的功能扩展趋势，明确提出需要增加一种具有动员和号召功能的参与性（合作性）的行政指导类型，其又可细分为动员号召型指导、参与合作型指导。①

- 行政指导
  - 助成性指导
    - 信息服务型指导
    - 技术帮助型指导
  - 规制性指导
    - 直接规定型指导
    - 前置程序型指导
  - 调停性指导
    - 协调解纷型指导
    - 积极能动型指导

图 9-1　行政指导的基本分类

① 关于增加行政指导类型，提出“功能角度四分说”的理据分析，可参阅莫于川：《行政指导与建设服务型政府——中国的行政指导理论发展与实践探索》，中国人民大学出版社 2015 年版，第 47 页。

除了从功能角度划分以外，有的学者也从行政指导行为有无具体的法律依据这一角度，将行政指导行为划分为如下三类：其一，有行政指导的具体法律依据，可直接采取劝告、鼓励、建议等行政指导行为。其二，无行政指导的具体法律依据，但就该事项来说已有可作出行政命令、许可、认可的具体法律依据，则可在行使行政权而作出命令、许可、认可行为之前，将行政指导行为作为其前置程序。其三，无任何行政法上的具体依据（既无行政指导的法律规定，又无相关行政命令方面的法律规定），但该事项属于行政机关的职能、职责或管辖事务范围，则可基于行政组织法的一般授权而采取行政指导行为。①

（三）行政指导的形式

行政指导行为最突出的特点是灵活多样、不拘一格和追求效率，这与行政指导作为非权力强制行为的性质是相适应的。这一特点对于行政指导在行政实务中发挥积极作用来说具有重要意义，同时也是伴生负面作用的原因之一。结合国内外行政指导的实施现状和研究成果，可以将行政指导的操作方式大致概括为抽象行政指导行为、具体行政指导行为、抽象具体两可型行政指导行为三大类。第一类是抽象行政指导行为，包括：（1）指导性规划、指导性计划②；（2）导向性行政政策、行政纲要；（3）发布信息、公布实情。第二类是具体行政指导行为，包括：（1）指导、引导、辅导、帮助；（2）劝告（规劝）、劝导、劝诫（告诫）、劝阻、说服；（3）告知、指点（说明）、提醒（提示或警示）、提议；（4）商讨、协商、沟通；（5）斡旋、调停、调和、协调；（6）问题约见、事件回访。第三类是抽象具体两可型行政指导行为，包括：（1）建议、意见、主张；（2）赞同、支持、表彰、提倡；（3）宣传、示范、推荐、推广；（4）鼓励、激励、勉励。上述行政指导的表现形式相辅相成、相互配合、相互补充，随着科学技术和社会生活的不断发展以及政府角色的演化，行政指导的表现形式还会日益增多。

四、行政指导的程序

（一）行政指导的一般程序

行政指导程序是指行政机关实施行政指导行为应依循的方式、方法和步骤的

---

① 参见林纪东：《行政法》，三民书局股份有限公司1988年版，第437、438页。这第三种情形也可称为“组织法规范”的“行为法功用表现”，“将组织法规范替代当作行为法规范使用”。

② 本章第一节的注释已说明，行政规划可以作为与行政指导并列的行政活动方式，也可作为行政指导的一种表现形式而放在行政指导范畴内加以论述，这也是行政规划的复杂性质和丰富形态决定的。本节在此将其列入，一方面是表明理论和实务中有此划分方式，另一方面也更完整地为读者提供行政指导的表现形式体系。

总和，它具有规范行政活动、提高行政效率、有效保护行政相对人的功能，具有简明化、灵活性、便利性的特点。综观各国的行政指导实践，多样化的行政指导程序尽管存在不完全定型化、法定化程度不高等问题，但如下程序规定和实际做法是比较普遍的（其中一部分属于惯常做法而非法定程序），值得认真研究，可谓之行政指导一般程序：（1）关于行政指导行为之发动方式的规定和做法，大致分为依职权的发动方式和依申请的发动方式；（2）调查了解真实情况，确定有无进行指导行为的必要性；（3）在进行技术指导类的行政指导时，向专家和专业部门咨询论证；（4）与有关相对人进行商谈、协商或其他方式的交流，以取得理解、谅解和配合；（5）关于指导之时机的规定和做法；（6）关于指导行为的目的、内容、负责人员等的告知和说明，分为书面方式和口头方式；（7）主动或应请求提供与该指导行为有关的文件、资料、数据，供利害关系人和有关方面参考；（8）主动听取利害关系人和其他行政相对人的意见；（9）提供机会给利害关系人辩明理由、提出意见，并作书面记载；（10）重大的行政指导行为，还可应相对人申请举行或主动举行听证会、专题审议会。

（二）行政指导程序的缺陷

行政指导也存在一些不可忽视的缺陷，在其制度实践中会产生一定的负面效应，这正是行政指导理论和制度还不够成熟和完善的表现。除了人们对行政指导的性质、作用、方式等的认识尚不一致以外，各国行政指导实务中普遍存在如下具有共性的缺陷：（1）行为不够透明；（2）动机不尽纯正；（3）关系尚未理顺；（4）保障变成强制；（5）责任不甚明确；（6）救济缺乏力度。特别是在有关行政指导程序法律规范方面也存在不少问题，主要包括：行政指导的程序规定过于粗疏；对于已有的行政指导程序规范不予认真执行；行政指导的公开程度不足、变相强制现象突出；对行政指导行为的程序约束规范执行不力。

（三）通过程序立法增强行政指导救济力度

通过专门立法特别是行政程序立法作出制度安排，如听取意见、协商、听证、提供陈述事实和辩明理由的机会、国民参与、专家咨询、行为过程公开等多样化的权利救济方式等程序设计，建立起对行政指导行为的有效监督与救济机制。这种以行政程序立法约束方式来实现行政指导法治化的思路，乃是符合现代法治理性和实际的行政指导法治化的路径选择，因而自20世纪后期以来日益受到各国和地区重视并被采用。例如，日本于1993年、韩国于1996年、我国台湾地区于1999年通过的各自的行政程序法，都以专章规定了有关行政指导程序约束的内容，这一动向和经验值得重视。

尽管以往我国各层次法律、法规文件中对行政指导行为作过一些分散的规定，自2000年3月10日起施行的《行政诉讼法司法解释》也以排除方式对行政指导作出规定，但还远不能满足发展市场经济和推进民主法治的客观要求。自2008年10月1日起施行的《湖南省行政程序规定》首先以地方政府规章的形式，集中统一地创设了行政指导程序规范体系（该规章的第五章第二节第99—108条，共10条），具有重大的制度创新意义。在全面实施依法治国方略、深入推进依法行政的新形势下，应加快相关立法步伐，完善行政指导法律规范，加大对行政指导行为的法律约束力度，为行政指导制度建设提供必要的法律保障。为此，宜从如下四个方面加以立法完善：一是增强共识后，通过完善行政诉讼法律规范将行政指导行为纳入司法审查范围；[①] 二是在行政程序法典中专门设置行政指导行为的程序约束条款；三是在条件成熟之际适时制定出专门的行政指导行为法；四是在各层次制定和完善配套的相关法律规范。

拓展阅读

行政民主化与行政指导制度发展

第三节 行政协议

行政协议是一种充分体现参与性、互动性、协商性和可选择性的行政管理方式和方法。过去行政实务界和学术界对行政协议长期存在争论，后来渐趋一致，在大陆法系国家和英美法系国家都逐步得到广泛运用。我国改革开放以来，行政协议在行政管理实践中采用得越来越多，行政协议研究日益受到学界重视，行政协议理论已成为我国行政法学体系的重要组成部分。

一、行政协议的概念与特征

行政协议，在行政活动中更常称为行政合同、行政契约，是指行政主体与相对人之间为执行公共事务，实现行政管理目标，适用行政法规则，依双方意思表

① 2018年2月8日起施行的《最高人民法院关于适用〈中华人民共和国行政诉讼法〉的解释》（法释〔2018〕1号，以下简称2018年“163条”）的第1条第2款规定了行政指导行为“不属于人民法院行政诉讼的受案范围”。虽然这暂时排除了将行政指导行为争议作为主要诉求立案接受司法审查的可能渠道，但也促使人们进一步思考探索当下如何建立健全诉讼之外的替代性纠纷解决渠道（ADR）来解决行政指导的违法侵权争议，将行政指导行为充分纳入法治轨道，尽量提供可能的法律救济。

示一致，设立权利和义务，且有较多特殊性的履行机制的协议。①

行政协议具有以下特征：（1）必有一方是行政机关；（2）双方当事人地位不同；（3）目的在于实施国家行政管理目标；（4）双方当事人意思表示一致为成立要件；（5）行政机关享有行政优先权；（6）采取多种法律救济手段。其中许多特征与民事协议有所不同。

二、行政协议的功能与分类②

一般认为行政协议的功能为：（1）扩大行政服务领域；（2）代替行政干预手段；（3）增强行政主体与行政相对人之间的平等性；（4）提高行政管理和服务的效率；（5）减小行政活动风险和行政活动成本。与传统的行政活动形式相比，行政协议的上述功能，更充分地体现了现代行政活动增强民主性、走向民主化的客观要求。

作为行政法学抽象概念的行政协议，经过协议过程最终表现出来的具体文书形式主要有：国家订货合同；公用征收合同；行政委托合同（如我国普遍推行的科研合同）；国土使用权有偿出让合同；国企承包、租赁合同；公共工程合同等。可见，行政协议的具体表现形式在行政实务中更常使用“合同”的表述，当然也使用“契约”或“协议”的表述。

三、行政协议的权利与义务

（一）行政主体适度的主导性权利以及相应义务

1. 行政主体的主导性权利。③ 主导性权利在行政协议订立时一般是作为强制性条款规定的，对相对一方来说，要签订协议，就必须接受。一般来说，主要包括以下方面：

（1）对协议履行的指导与监督权。

① 也有观点认为，在行政双方或多方协商一致的过程中，初步形成的不够确定、不够完整、不够稳定的合意文书适宜称为行政协议，后期形成的确定、完整、稳定的合意文书更宜称为行政合同、行政契约。这是一种狭义的行政协议概念。本节采用广义的行政协议概念，将一切确定或不够确定、完整或不够完整、稳定或不够稳定的合意文书都称为行政协议。这是因为我国《行政诉讼法》2014 年 11 月 1 日首次修改后，第 12 条第 1 款规定纳入受案范围的多种情形时，其第 11 项采用了“协议”的表述，将涉及“政府特许经营协议、土地房屋征收补偿协议等协议”的有关争议纳入行政诉讼受案范围。为便于新法解读和同行政诉讼制度的衔接，本节选用行政协议的表述方式。

② 参见胡锦光、莫于川：《行政法与行政诉讼法概论》，中国人民大学出版社 2002 年版，第 151—152 页。

③ 参见余凌云：《行政契约论》，中国人民大学出版社 2000 年版，第 20—45 页。

（2）对不履行协议义务的相对一方的直接强制执行权。若相对方无正当理由不履行协议，而公共利益迫切要求尽快履行行政协议，行政主体可以享有直接强制执行权。当然，如果强制执行发生错误，行政主体应当赔偿相对方因此遭受的损失。

（3）作为制裁手段的直接解除协议权。只有在相对一方严重违约，且具有时间上的急迫性，如不解除协议，将对公共利益造成不可挽回的重大损害时，行政主体才能直接解除协议。在一般情况下，应申请法院裁决，以取得执行名义。而且，由于导致采取这种制裁措施的原因是相对方不履行协议义务，因此，相对人要对其违约独自承担不利后果。

（4）对严重违约构成违法的相对方处以行政制裁措施的权利。

（5）在情势变迁情况下单方变更与解除协议的权利。如在缔结行政协议之后遇到情势变迁，应当允许行政主体根据公共利益的需要随时变更协议履行标的或内容，或者解除协议。具体的程序是，行政主体可与相对方协商改变协议内容或标的，或者解除已完全失去履行可能的协议。如果行政协议的变更解除具有急迫性，为防止或免除公共利益遭受重大损失，允许行政主体享有单方变更解除权。但是，为保障行政相对人的合法权益，要求行政主体书面作出变更解除的理由说明。

（6）对行政协议的解释权。为保障相对方合法权益不致因为行政机关滥用解释权而受到侵害，应允许行政相对人申请行政救济。

2. 行政主体的义务。主要包括：向协议他方兑现应给予的优惠或照顾；给付价金；给予单方行为引起的物质损害赔偿，即行政主体变更或解除行政协议，如果给相对人造成经济上的损失，那么从平衡相对方利益的角度，应当按照“经济平衡原则”给相对方以补偿。

（二）行政协议相对一方的权利和义务

承认行政主体应享有主导性权利，实际上就是保证行政主体拥有强制性、主导性地督促相对人履行协议义务的能力。但与此同时，也必须认识到行政协议预期的特定行政目的之实现，实际上取决于行政主体与相对方各自切实履行自身的义务。因此，从权利义务平衡配置的角度考虑，还应尊重发挥拥有多种求偿权的相对一方对行政主体履行协议义务所具有的实际督促作用。

行政协议相对一方的权利主要包括：（1）获得报酬权（报酬权不能由行政主体单方面变更）；（2）享受优惠或照顾的请求权；（3）给予物质损害赔偿或补偿请求权；（4）必要或有益的额外费用偿还请求权；（5）不可预见的意外和特殊困难补偿请求权；（6）“统治者行为”的补偿请求权等。

行政协议相对一方的义务包括：履行协议，接受监督和指挥等。

四、行政协议的订立与实施

（一）订立行政协议的基本方式

1. 招标。招标是通过竞标方法，按照一定的标准与政策选择行政协议的相对人一方。招标多适用于具有经济目的的行政协议，比如，政府采购项目多是通过招标来签订采购协议的。

2. 协议。这是行政协议的主要签订方式，是双方就协议的内容等进行协商，最终达成一致的一种书面方式。

（二）订立行政协议的基本程序

1. 共同协商。通过协商有助于取得相对一方对行政目的的理解和支持，协调可能发生冲突的公共利益和其他参加者利益之间的关系。因此，协商机制在行政协议制度中具有重要作用，在行政协议的共识、缔结、执行等各个阶段都应贯彻协商精神。

2. 听证方式。为保证行政机关能够考量公共利益而及时行使主导性权利，要尽量避免行政程序上的过分牵制，仅在涉及相对方重大利益时，要求行政机关必须举行听证，在其他情况下则由行政机关自由斟酌采取听证方式或说明理由方式。

3. 书面形式。这是基本的、一般的要求，但不分情形一概排斥电传或口头等其他形式也不符合实际需要和效益原则，故应为行政机关在特殊情况下采取其他缔约形式留下选择余地。

4. 公开信息。在行政协议的缔结和执行阶段，行政机关应公开与行政协议有关的情况，包括拟将缔结的行政协议的基本情况、参加竞争的条件、资格的审查及甄选的结果等，但信息公开将危害公共利益的情况除外。

5. 说明理由。说明理由是行政机关在存在多名符合资格的竞争者中间进行利益分配时，对最终决定的依据所作的解释，或者作为听证的替代方式对行使主导性权利的理由所作的书面阐述。

6. 参与保留。这在行政法理上是指缔结行政协议时，必须征得其他行政机关（多为上级行政机关）的核准、同意或会同办理的程序，它在一定程度上能够抑制行政恣意，增加行政理性。

7. 保护第三人。在行政协议侵害第三人权利时，应当以该第三人书面同意作为行政协议生效的必要条件。①

（三）行政协议的救济制度

1. 司法外救济途径。包括三种途径：（1）协商或者由政府出面调处。由双方

---

① 参见余凌云：《行政契约论》，中国人民大学出版社2000年版，第142—159页。

当事人通过非正式的谈判与意见交流来消弭彼此对协议条款理解的差异以及有关纷争，协商或者由政府居中协调因行政协议产生的分歧。这是诸多解决方式中成本最低、效率最高的方式。（2）仲裁。目前为解决特定行政协议纠纷，行政机关在行政体系内部专门设立了仲裁机构。这种模式对于解决一些特殊的内部协议特别是行政机关之间、行政机关与所属下级行政机构及公务员之间缔结的协议引起的纠纷尤具示范作用。（3）行政复议。在行政实践中存在运用行政复议解决农村经济承包合同案件的实例①，《行政复议法》第 6 条第 6 项还明确了行政复议机关可以受理因行政机关变更或者废止农业承包合同引发的争议。我国现行的行政复议制度并非最有效率的解决行政协议纠纷的机制，有待通过修法加以改进。

关于行政协议的制度规范，目前已有湖南、山东、汕头、西安等地作出了具体规范，这些地方的行政立法值得关注。例如，自 2012 年 1 月 1 日起施行的《山东省行政程序规定》，使用了一节共 6 个条文就行政合同（行政协议）的基本程序作出了明确规定，包括：行政合同的定义和适用范围，订立行政合同的原则、方式、形式和限制，行政合同的批准程序、指导监督和变更要求，等等。这些地方行政立法的位阶虽然不够高，但有关规范也是基本的行政合同法律制度的重要组成部分。②

2. 司法救济途径。学界研究行政协议的司法救济制度，更多地倾向于将行政协议案件纳入行政诉讼范畴，通过行政诉讼解决行政协议纠纷。③ 这首先需要将行政协议争议纳入受案范围，加大法律救济力度。第十二届全国人民代表大会常务委员会第十一次会议于 2014 年 11 月 1 日通过、自 2015 年 5 月 1 日起施行的《全国人民代表大会常务委员会关于修改〈中华人民共和国行政诉讼法〉的决定》的第 12 条第 1 款第 11 项，已将受理公民、法人或者其他组织“认为行政机关不依法履行、未按照约定履行或者违法变更、解除政府特许经营协议、土地房屋征收补偿协议等协议的”争议，增列入人民法院受案范围。该决定还增加一条（第 78 条），规定“被告不依法履行、未按照约定履行或者违法变更、解除本法第十二条第一款第十一项规定的协议的，人民法院判决被告承担继续履行、采取补救措施或者赔偿损失等责任。被告变更、解除本法第十二条第一款第十一项规定的协议合法，但未依法给予补偿的，人民法院判决给予补偿”。这里所述的“协议”，包括本章论述的行政协议。通过司法救济解决行政协议引起的争议，可以更有力地保护行政相对人的合法权益。2018 年“163 条”的第 68 条第 1 款第 6 项进一步细

---

① 参见张志华：《南漳县政府授权政府法制机构严肃查处村级行政组织单方面撕毁经济承包合同案件》，《行政法制》1996 年第 3 期。

② 参见《山东省行政程序规定》第 100—105 条。

③ 参见余凌云：《论行政契约的救济制度》，《法学研究》1998 年第 2 期。

化规定，原告“请求解决行政协议争议”属于“有具体的诉讼请求”，符合提起行政诉讼的条件。

第四节 行政确认

一、行政确认的概念与特征

行政确认是指行政主体依法对行政相对人的法律地位、特定法律关系或者有关法律事实进行甄别和确证，并以法定方式予以宣告的行政行为。行政确认是现代行政管理的重要手段。行政主体依法进行权威判定，确定和证明法律事实、法律地位和法律关系的状态及其真实性、合法性等，并采用证书、标志或登记等法定形式予以告示，以稳定社会关系，维护公共秩序和公共利益，保障行政相对人合法权益，实现社会稳定和社会公正。行政确认具有以下四个特征：

（一）法律性

行政确认并不产生、变更或消灭具体法律关系，不像行政处罚、许可、强制、征收等行政行为那样直接创设或改变行政相对人的权利义务状态，而只是对既存法律关系、法律地位、法律事实等进行确证，因此行政确认的法律性并不明显，有人甚至认为行政确认属于行政事实行为。实际上，行政确认所确证的是具有法律意义的社会关系和事实，它是由享有行政确认权的行政主体，依照法定权限、程序、标准、形式等作出的行政行为，具有公法效力，是行政相对人据以主张权利、对抗第三人的基础根据。

（二）独立性

行政确认不是其他行为的一个环节或者附属的程序行为，而是一种独立的行政行为。它不同于行政许可、征用、给付等其他行政行为过程中的确认环节。比如，行政许可行为中审查认定行政许可申请人是否符合法定条件的确认环节并不具有独立的法律意义，不属于旨在对特定法律事实或者法律关系是否存在进行甄别和确证的行政确认范畴。

（三）复合性

一般说来，一个完整的行政确认行为是由确证和对外告示两个环节复合而成的，确证是行政确认的前期环节，对外告示是行政确认的后期环节。行政确认前期环节包括鉴定、甄别及确认、认定等行为步骤，更加强调实体方面及客观性。比如，赋予行政主体相应的调查权，以保证行政确认实体内容的客观性。行政确认后期环节包括采用证书、标志或登记等法定形式予以告示，对外宣告确认结果的行为，更加重视程序方面及形式性。比如，行政确认必须采用法律规定的形式，从而体现了行政确认属于要式行政行为。

（四）多样性

行政确认在功能、主体、对象、形式等方面表现出多样性。行政确认在行政管理中既能够发挥管理功能，也会产生服务效应，有时就是行政主体提供的一类服务措施。行政确认多样性体现在：既有依职权的行政确认，也有应申请的行政确认；既可能是特定行政机关，也可能是法律法规授权的组织，还可能是行政机关委托其他社会组织进行确认；既可能是对行政相对人的法律地位、特定法律关系的确认，也可能是对相关法律事实的认定，并且确认的法律关系既可能是行政法律关系，还可能是刑事、民事等法律关系，而对法律事实的确认更为广泛多样，甚至包罗万象。在实践中，行政确认形式多样，通常以鉴定、认定、认证、证明、确定等多种方式实施。

二、行政确认的分类

我国行政确认广泛存在于公安、教育、卫生、工商等行政领域，依照不同的标准可以进行不同的划分。

（一）以是否主动实施为标准可划分为依职权的行政确认和应申请的行政确认

依职权的行政确认是指行政主体根据法定职权对特定法律关系、法律事实等予以确认的行为，而应申请的行政确认是指行政主体回应行政相对人的申请或者其他方面的请求对特定法律关系和法律事实等进行确认的行为。比较而言，应申请的行政确认更加广泛，不仅是回应行政相对人的申请而进行的行政确认，也包括应行政机关或者法律法规授权组织等的请求而进行的行政确认。

（二）以确认内容为标准可划分为对身份的确认、对能力的确认和对事实的确认

对身份的确认是指对公民、法人和其他组织在法律关系中的地位的确认，如颁发居民身份证、结婚证等；对能力的确认是指对公民、法人和其他组织是否具有从事某种行为的资格或能力的证明，如颁发教师资格证、法律职业资格证等；对事实的确认是指对公民、法人和其他组织的某种实体权利的确认，如对专利权、商标权的确认等。

（三）以确认形式为标准可划分为认定、证明、登记、鉴定等

认定是指对行政相对人已有法律地位、权利义务或者法定事项是否符合法律要求进行判定和确认，如产品质量认证、驰名商标认定、工伤医疗事故责任认定

等。证明是指对法律关系存在状态或者法律地位、法律事实的真实性、合法性等进行明确肯定和确认，如学历和学位证明、无违法犯罪记录证明等。登记是指在政府有关登记簿册中记载法定事项，依法明确某种法律事实或者确认某种法律关系的存在、变更或消灭，并依法予以正式宣告，如工商企业登记、婚姻登记等，当然，并非所有的行政登记行为都属于行政确认行为，如慈善组织登记不是行政确认，而属于行政许可范畴。鉴定是指对特定的法律事实或客体的性质、状态、质量等进行的客观评价，如纳税鉴定、审计鉴定、会计鉴定等。另外，在一些法律法规中还有审定、检验、检疫等术语，它们也是行政确认的重要形式。规范行政确认形式，限制行政确认法律术语的泛化，是完善和发展我国行政确认制度，促进行政确认类型规范化的迫切需要。

三、行政确认的原则

行政确认的原则是行政确认制度的经脉，在制度规范尚不完善的情况下，制度原则的意义尤为突出。

（一）依法确认原则

依法确认原则要求行政主体在法定权限范围内，遵循法定程序，依据法定标准，并以法定形式开展行政确认活动。贯彻依法确认原则，必须强调行政主体违法、滥用确认职权应当承担相应的法律责任，其中包括行政确认无效的法律责任。还应当强调相应的法律救济，其中包括信赖保护原理下的赔偿、补偿等。

（二）客观公正原则

行政确认是对法律地位、法律事实和法律关系的甄别与证明，需要建立在对确认对象的客观把握基础上，尤其是面对权属争议、权益冲突时，必须坚持实事求是，客观公正地开展行政确认活动，防止行政主体的主观臆断和偏见，避免行政确认出现任何偏私。

（三）行政效率原则

行政确认是特定权利义务关系获得权威确证从而取得对世效力的重要手段，也是特定法律事实得以明确从而获得社会公认的重要方式，除依法确认原则与客观公正原则外，还需要遵循行政效率原则，以确保行政确认产生积极的行政管理效应和公共服务效果，以有效回应社会争议和权益冲突，稳定社会关系和公共秩序。

四、行政确认制度

促进行政确认规范化、制度化、法治化，必须完善行政确认制度，尤其需要完善行政确认设定制度、行政确认实施程序制度。

（一）行政确认设定制度

行政确认设定是指国家机关通过制定法律规范创设行政确认的活动。行政确认设定在行政确认制度中具有基础性地位，构成行政确认制度体系的基石。由于行政主体不能通过自己的主观意志改变既存的法律事实，也不能通过行政确认行为直接改变行政相对人的权利义务，不像行政处罚、许可、强制、征收等容易引起立法重视，由此导致行政确认领域缺乏专门法律规范，大量行政确认是通过位阶较低的行政规章甚至其他规范性文件设定的，这极易导致行政确认权泛滥并削弱行政确认的权威性。

我国未必需要专门立法规定行政确认设定制度，行政处罚、许可、强制等领域的立法创制的行政设定制度的原理、内涵等，可以适用于行政确认的设定。行政确认设定制度中最重要的是行政确认设定权的制度。完善行政确认设定制度，关键是完善行政确认设定权制度，包括行政确认的设定主体及其权限、行政确认设定的立法分工，以及行政确认设定的法律保留原则的适用等。

（二）行政确认实施程序制度

从目前已有法律法规关于行政确认的规定中，可以归纳出行政确认的基本程序主要包括以下环节：

1. 管辖与启动。依职权的行政确认行为由具有管辖权的行政主体按照法律法规的要求直接启动，行政确认管辖通常以法律关系、法律事实发生地管辖为主，同时考虑方便行政相对人的原则。应申请的行政确认行为则以行政相对人申请为前提。行政相对人提出确认申请，经形式审查后决定不予受理的，行政主体应当说明理由。

2. 审查与调查。行政确认行为必须以事实为根据，无论是对法律关系、法律地位还是对法律事实予以确证，都需要合法、真实的证据予以证明。行政主体应当对相关证据材料进行全面审查，可以通过询问证人、听取相对人陈述等方式进行甄别、认定，也可以采取勘验、检查、鉴定等方式针对确认事项进行调查取证，必要时可以采取行政听证的方式审查相关证据材料。审查和调查是行政确认的核心环节，对于有重大影响的行政确认，行政主体应当履行公告义务，保障行政确认利害关系人的合法权益。

3. 确认与证明。行政主体根据法定标准和相关证据材料，对法律关系、法律地位和法律事实等作出确证后，应当以法定形式和程序对外宣告以示证明。无论行政主体作出何种行政确认结论，都必须说明理由，包括事实根据和法律依据等。行政确认应当以送达作为发生法律效力的要件，必要时应当予以公告。

4. 异议与救济。行政相对人不服行政主体的行政确认行为，可以提出异议，应当规定行政确认异议期制度并提供申诉、复议等救济方式和途径。行政确认行为也可能引起行政诉讼和国家赔偿。

第五节 行政调查

一、行政调查的概念与特征

行政调查是行政主体依法了解信息、收集证据，以确定行政行为事实依据的活动。行政调查可以要求行政相对人保留或者填写有关记录和资料，也可以使用一定的措施迫使相对人向行政机关报告；可以通过传唤、询问等方式实施行政调查，也可以通过检查、鉴定等方式进行行政调查。行政调查是行政主体为实现行政目的而收集、整理、分析、认定证据材料的活动，是行政处罚、许可、强制、征收等行政行为的基础，是行政管理的重要环节和基本手段。长期以来，受行政法重实体轻程序、重结果轻过程倾向的影响，行政调查及其法治化问题并未引起足够重视，因此，也成为我国行政法制度的薄弱环节。

行政调查具有以下四个特征：

（一）行政性

行政调查是为特定行政目的而由行政主体实施的活动。行政调查的目的必须是实现特定行政目的。比如，为实施行政处罚而进行的调查取证活动。行政调查的主体是特定行政机关和法律法规授权组织。不具备行政主体资格的任何组织进行的调查都不属于行政调查。立法机关开展的执法检查活动和司法机关进行的司法调查活动等，均不属于行政调查范畴。

（二）法律性

行政调查不同于政府及其部门开展的人口普查、经济普查等活动，虽然这些普查活动对政府规划、行政决策和经济社会发展具有重要意义，但这不是行政法意义上的行政调查。行政调查也不同于为行政决策、行政立法等而开展的调查研究活动。比如，我国一些地方行政程序立法关于“决策事项承办单位应当深入调查研究，全面、准确掌握决策所需信息”的规定所涉及的调查研究活动，亦不属于行政法意义上的行政调查。

（三）附属性

行政调查本身并不是目的，它是行政主体获取信息、收集证据材料以作出行政处罚、许可、强制、征收等行政行为的手段，通常被认为是其他行政行为的一个准备阶段，是其他行政行为不可或缺的一部分。换言之，行政调查不是独立的行政行为，而是依附于其他行政行为的“中间行政行为”或“过程行政行为”。

（四）多样性

行政调查广泛联系着行政处罚、许可、强制、征收、给付等不同性质的行政行为，存在于公安行政、环境行政、反垄断执法等政府行政领域。行政调查主体多元、方式多样。比如，公安行政经常采取的传唤、询问、盘查、检查、现场勘查、检验、鉴定等行政调查方式；再如，我国《反垄断法》第39条规定的行政人员进入被调查的经营者的营业场所或者其他有关场所进行检查，询问被调查的经营者并要求其说明有关情况，查阅和复制文件和资料，查封和扣押相关证据，以及查询经营者的银行账户等行政调查方式。

需要指出的是，不能将行政调查中的检查活动等同于行政检查。通过检查方式进行的行政调查活动，主要是指行政主体对与违法行为有关的场所、物品、人员等进行查看、搜查或采取强制措施，以获取证据从而认定违法事实的活动，它与行政检查不是同一层面的概念。

二、行政调查的分类

行政调查广泛存在于行政管理各领域，与不同性质的行政行为联系密切，呈现出多样化特征。依据不同的标准，可以对行政调查作以下分类：

（一）依职权的调查与应申请的调查

依据行为主动性强度的不同，可以将行政调查分为依职权主动进行的行政调查和应行政相对人申请进行的行政调查。比如，为实施行政处罚而进行的调查取证活动属于依职权的行政调查，而根据行政相对人提出的调查申请启动的调查活动就属于应申请的行政调查。与依职权的行政调查一样，应申请的行政调查同样严格适用职权主义原理。

（二）损益行为中的调查与授益行为中的调查

依据行政调查所关联行为的性质不同，可以将行政调查分为损益行为中的行政调查和授益行为中的行政调查。为制裁行政相对人违法行为而进行的调查取证属于损益行为中的行政调查，而为确定行政给付申请者的资格而进行的调查则属于授益行为中的行政调查。与授益行为中的行政调查相比，损益行为中的行政调查更加强调客观公正。

（三）强制性调查与非强制性调查

依据是否有强制措施保证调查的不同，可以将行政调查分为强制性调查和非强制性调查。强制性调查是指行政调查相对人一方承担必须接受调查的法定义务，如果拒绝调查，行政机关可以通过强制措施保证行政调查实施。非强制性调查又称任意调查，是指完全依赖调查相对人一方的同意与协助才能进行的调查，法律上没有提供强制措施和手段，行政机关也不能强制实施调查。

（四）对人的调查、对物的调查和对场所的调查

依据被调查对象的不同，可以将行政调查分为对人的调查、对物的调查和对场所的调查。对人的调查，是指以人为对象的行政调查，如对行政相对人身份核查、资格审核等；对物的调查，是指以物为对象的行政调查，如对物的种类、数量、形状、样貌、化学属性等方面的调查；对场所的调查，是指以场所为对象的行政调查，如对住所、营业场所、生产场所等的调查。

另外，依据其他标准或者从其他角度也可以对行政调查作出其他划分。比如，依据调查的领域不同，可以分为公安调查、税务调查、工商调查、环境调查等；依据调查主体与调查对象之间的法律关系不同，可以分为内部调查和外部调查；等等。

三、行政调查的原则

（一）依法调查原则

依法调查原则要求行政调查主体适格，职权法定。行政主体实施行政调查必须遵循法定权限，还必须遵循法定程序和法定调查方式，以及采用合法调查手段等。行政主体不得采取非人道对待、暴力威胁、不间断询问等不适当方法以及许诺好处、利益等诱使方法实施行政调查。

（二）职权调查原则

无论是依职权还是应申请，行政调查均属于行政主体的职权行为，主要体现为积极主动的调查和广泛的裁量权限。职权调查原则要求行政主体依据职权自主地决定调查的方式、范围，不受行政相对人请求的限制。尽管在很多情形下，行政调查需要行政相对人的参与，并且强调给予相对人主张权利与法律上利益的机会，如行政相对人除自行提出证据外，还可以提出调查申请，但这并不改变行政调查主动性、裁量性的基本特征。

（三）客观公正原则

行政调查的目的是了解实情、收集证据，以便准确认定事实，作出相应的行政行为。这就需要行政主体按照客观全面的实体要求收集相关信息资料，包括有利于行政相对人的证据材料，尤其应当禁止片面收集证据。例如，湖南、山东两省的《行政程序规定》均规定“不得仅收集对当事人不利的证据”。同时，行政主体实施行政调查还必须符合正当程序的要求，保持不偏不倚的态度，保证行政调查不受各种偏见或偏私的影响。

（四）参与协助原则

参与协助原则要求行政主体尊重行政相对人的参与权利，同时要求行政相对人履行协助调查的义务。不仅如此，根据法律法规的明确规定，行政相对人以外的知晓有关情况的公民、法人和其他组织也应当协助行政主体调查。

（五）调查保密原则

调查保密原则要求行政主体应当保护行政调查过程中所接触或获取的国家秘密、个人隐私和商业秘密。除此之外，由于行政调查还关涉行政相对人的社会形象、声誉等，因此需要对公开调查予以必要的限制。同时，对行政调查所获得的信息和证据，必须予以合理保存和利用。比如，根据我国《税收征收管理法》第54条的规定，税务机关查询所获得的资料，不得用于税收以外的用途。

四、行政调查程序

（一）表明身份

实施行政调查的人员应当佩戴公务标志，随身携带并出示有效的执法资格证件及其他特定的证件，这是行政调查的必经环节。调查人员未表明身份的，即构成行政调查的程序瑕疵，被调查者有权拒绝接受调查和提供证据。

（二）告知说明

行政调查人员应当向行政相对人说明实施行政调查的目的、法律根据，并告知行政相对人在行政调查过程中所享有的各项权利，如陈述权、申辩权、申请回避权等。

（三）陈述申辩

在行政调查的实施过程中，调查人员应当听取被调查人员的陈述和申辩，对于相对人、利害关系人的陈述和申辩，调查人员应当予以记录并归入案卷。

（四）时限制度

行政调查应当遵循法定或合理的时限制度，对于法律规定了明确调查时限的，必须在规定的期限内完成；对于法律未规定调查时限的，应当在合理的期限内完成。这对于保证行政效率，尤其是对保护行政相对人合法权益至关重要。比如，我国《治安管理处罚法》第83条关于“询问查证的时间不得超过八小时”的时效规定就具有重要的人权保障的意义。

（五）行政救济

行政调查尤其是强制性行政调查具有很强的损益性，应当为行政相对人提供有效的救济方式和途径。除申诉和复议外，还需要健全和完善行政调查中止、终止等制度。

第六节 行政检查

一、行政检查的概念与特征

广义的行政检查，包括作为行政调查手段的检查活动。狭义的行政检查，亦称为行政监督检查，是指行政主体依法单方面强制性实施了解行政相对人遵守法律法规或者履行法定义务情况的活动。行政检查不同于行政调查中的检查活动，作为行政调查方式和方法的检查活动，侧重于收集违法证据以认定行政相对人的违法事实；而作为一类行政行为的行政检查则是指依法享有检查权的行政主体了解行政相对人遵守法律法规或者履行法定义务情况的行政行为。

行政检查具有以下三个特征：

（一）法定性

行政检查的法定性是指行政主体实施行政检查必须有明确的法律依据，只有依法享有行政检查职权的行政主体才能实施行政检查行为。行政检查的方式、内容、时限等也应该符合法律的明确规定。

（二）强制性

与行政调查有强制调查和任意调查之分不同，行政检查均是强制性的，如果被检查主体不配合检查，行政检查主体有权采取强制措施。例如，我国《税收征收管理法》第56条规定："纳税人、扣缴义务人必须接受税务机关依法进行的税务检查，如实反映情况，提供有关资料，不得拒绝、隐瞒。"

（三）独立性

与行政调查相比较，行政检查具有独立性。行政检查与行政调查中的检查不同，它不依附于其他行政行为。行政检查不仅包括了解实情、收集证据、认定事实，还包括督促行政相对人遵守法律、履行义务。行政检查的整个过程，从检查的启动、运行到检查决定的作出，都是独立完成的。

二、行政检查的分类

行政检查广泛存在于行政管理实践中，依据不同的标准可以对行政检查作以下分类：

（一）独立检查和联合检查

从检查主体的角度可以将行政检查分为独立检查和联合检查。独立检查是指单一行政主体在职权范围内独立开展的检查。比如，环保部门依法对企业遵守环境保护法律法规情况进行的检查。联合检查是指两个以上的行政主体就某一特定事项联合开展的检查。比如，卫生行政部门与教育行政部门联合检查学校饮食服务是否符合卫生标准。联合检查在实践中通常表现为一个行政主体主导，其他行政主体参与。相对于独立检查，联合检查更需要加强规范。

（二）定期检查和不定期检查

从检查活动特征的角度可以将行政检查分为定期检查和不定期检查。定期检查是指主体将行政检查的目的、事项尤其是时间已经事前周知，包括告知行政相对人甚至公示社会，表明将在相对固定的时间段进行的检查；不定期检查是指检查主体对行政检查的目的、事项尤其是时间事前并不公开，以使检查对象始终保持待查状态的检查。不定期检查在实践中通常表现为突击检查，相对于定期检查更需要加强规范。

（三）专项检查和综合检查

从检查内容的角度可以将行政检查分为专项检查和综合检查。专项检查是指行政主体就单一事项对行政相对人遵守法律法规情况的检查。比如，公安交警对酒驾进行的路查。综合检查是指行政主体就具有关联性的多个事项对行政相对人遵守法律法规情况进行的检查。比如，对企业守法情况进行的年度检查。

（四）对人的检查、对物的检查和对场所的检查

从检查对象的角度可以将行政检查分为对人的检查、对物的检查和对场所的检查。安全检查中对人身的检查、公安交警执法中对酒驾人员的检查等均属于对人的检查；对车辆的检查、对包裹的检查等均属于对物的检查；对住所的检查、对生产场地的检查等均属于对场所的检查。

另外，行政检查还可以根据行政事务的性质或者行政管理的领域进行划分。比如，治安检查是公安行政中最广泛的管理活动，包括对人身、物品、住宅的检查等；再比如，我国《税收征收管理法》第四章规定的“税务检查”，包括税务机关有权检查纳税人的账簿、到纳税人的生产和经营场所检查商品和货物、责成纳税人提供与纳税有关的文件等。

三、行政检查的原则

（一）依法检查原则

依法检查原则要求行政检查权的设定和实施都应当符合法律的明确规定。依法检查原则是行政检查的首要原则，包括行政检查主体合法、目的合法、程序合法、手段合法等内容。

（二）公开公正原则

行政检查除了应当遵守依法检查原则外，还应当遵守公开公正的原则。所谓公开原则，是指行政检查的诸环节应当尽可能地向行政相对人和社会公开，自觉接受监督。公开原则有利于提高行政检查的透明性，防止暗箱操作。当然，公开原则也要求对国家秘密、商业秘密及个人隐私给予保护。而公正原则要求行政主体在实施行政检查过程中办事公道，不徇私情，平等对待各方当事人。

（三）合乎比例原则

行政检查具有很大的裁量空间，因此，行政检查除应当符合合法性原则的要求外，还应当符合合理性原则的要求。合理性原则要求行政检查权的设定和实施

要适度、合乎情理，对相对人可能造成的损害不得大于检查行为所能实现的公共利益，不得给行政相对人造成不必要的负担。比如，针对物的检查涉及行政相对人的财产权益，通过抽检能够达到检查目的的，应当进行抽样检查。

（四）特别保护原则

行政检查涉及公民、法人和其他组织的广泛权利，对于多数权利来说，需要依法检查、公开公正、合乎比例等原则加以保护，但对涉及人格尊严的权利，还需要遵循特别保护原则并采取相应保护措施。比如，我国《治安管理处罚法》第87条第2款规定："检查妇女的身体，应当由女性工作人员进行。"同时，该条第1款还规定："对确有必要立即进行检查的，人民警察经出示工作证件，可以当场检查，但检查公民住所应当出示县级以上人民政府公安机关开具的检查证明文件。"

四、行政检查程序

行政主体实施行政检查必须遵循法定环节、步骤、方式、时效等程序要求。一般来说，行政检查应当遵循以下程序：

（一）立案管辖

立案管辖是关于行政机关行政检查权限范围的制度。行政检查关涉行政相对人的人身、财产权益，涉及隐私、声誉等与人身和财产密切相关的权益，因此，必须自始至终强调程序和过程的重要性。行政主体实施行政检查必须规范立案工作以克服行政检查的随意性，严格管辖制度以防止超越职能权限的行政检查。

（二）告知说明

行政主体实施行政检查应当首先向行政相对人表明身份，除当场检查必须出示工作证件外，非当场实施的行政检查还必须出示有权机关开具的检查证明文件。当场检查公民住所也必须出示检查证明文件。实施行政检查应当说明实施检查的目的、法律依据等，并告知行政相对人所享有的各项程序性权利。

（三）陈述申辩

在行政检查过程中，行政主体应当听取行政相对人的陈述和申辩，对于行政相对人和其他行政检查利害关系人的陈述和申辩，行政主体应当予以记录并归入案卷。

（四）说明理由

行政主体作出行政检查决定，应当以书面形式告知行政相对人和其他行政检查利害关系人，并说明理由，包括作出行政检查决定的事实依据和法律根据。

（五）行政救济

行政检查具有很强的侵益性，应当为行政相对人提供救济的途径，包括行政复议、行政诉讼、行政赔偿等。除了事后的救济，还应当引入申诉、听证、异议、拒检等事中救济措施。比如，根据我国《税收征收管理法》第 59 条的规定，税务机关派出的人员进行税务检查时，未出示税务检查证和税务检查通知书的，被检查人有权拒绝检查。

思考题：

1. 行政规划在行政实务中有何法律约束力？
2. 如何理解行政指导行为的法律依据？
3. 行政契约与民事契约的主要区别是什么？
4. 如何完善我国行政确认制度？
5. 行政调查与行政检查有何区别？如何完善我国行政检查制度？

第十章　行政司法

行政司法属于行政行为的范畴，是一种具有特殊性的行政行为。为探讨行政司法的特殊性，本章首先分析其特征，介绍国外行政司法的历史发展，探究发展和完善中国特色社会主义背景下行政司法制度的意义。在此基础上，逐一研究我国行政裁决、行政仲裁、行政调解等行政司法的主要形式，以及专门行政裁判的机构、受案范围和程序等。

第一节　行政司法概述

一、行政司法的概念与特征

行政司法是指法律、法规授权的特定的行政机关按照准司法程序审理特定具体案件，裁决或处理特定争议的活动。① 行政司法具有以下特征：

首先，行政司法的主体是法律、法规授权的特定行政机关。没有法律、法规的特别授权，一般行政机关不能实施行政司法行为。在被授权的行政机关中，为了准确、公正地行使行政司法权，通常设立专门的对主管行政机关有一定独立性的裁判机构，专司行政裁判职能。不过，这种专司行政裁判职能的机构仍然属于行政机关系统，在组织上和业务上对主管行政机关仍具有从属性。

其次，行政司法的客体是某些特定的争议、纠纷，即在行政管理过程中发生的或与行政管理有关的争议、纠纷。一般争议、纠纷不能成为行政机关裁决的对象。所谓“特定具体案件”和“特定争议”，是指法律、法规规定由行政机关审理和裁决的具体案件和争议，而非公民、法人和其他组织与行政机关之间或公民、法人和其他组织相互之间发生的一般行政、民事案件和争议。例如，商标评审机构只受理和裁决商标争议案件，专利复审机构只受理和裁决专利争议案件。它们均不受理和裁决一般行政、民事争议案件。

最后，行政司法的程序是准司法程序。所谓“准司法程序”，是指此种程序具有司法程序的某些形式（如开庭审理、相对人当庭陈述、对质、辩论等），贯彻司法程序的某些原则（如裁决者中立原则、不单方接触原则、回避原则、合议原则、公开原则等），而非完全的行政程序，亦非完全的司法程序。

① 人们有时使用“行政司法”一词，是相对于“民事司法”“刑事司法”而言的，指法院审理行政案件、裁决行政争议的活动。本书不在这个意义上使用“行政司法”，而将这种意义的行政司法称为“行政诉讼”或“司法审查”，以表示二者的区别。

“行政司法”的“行政”虽然是指此种司法的主体是行政机关，但是，人们在这里把“司法”置于“行政”之后，与“行政”构成一体，即源于司法客体的特殊性。现代社会的司法原本是法院的事，由法院来实施，现在为什么要由行政机关来实施呢？这是因为司法的客体在这里具有特殊性，它适于行政机关处理而不适于法院处理。

广义的行政司法的客体主要包括三类案件。第一类案件是传统的民事性质的案件。双方当事人是平等的民事关系主体，但由于这些案件与行政管理有关，或处理这些案件需要一定的专门技术和专门知识，故将这类案件由法院处理转为行政机关处理。第二类案件是行政案件。双方当事人处于不平等地位：一方当事人是行政机关，另一方当事人是公民、法人或其他组织。在行政机关行使行政管理职能过程中，可能因公民、法人或其他组织不服行政机关实施的行政行为和作出的行政决定而发生争议。由于这些争议案件涉及行政管理的政策和有关行政规则、标准等，同时为了适应行政机关内部监督的需要，这些案件大多交由行政机关先行审理、裁决，或者由当事人选择请求行政机关审理、裁决或向法院提起诉讼。第三类案件是行政机关以准司法程序实施某些行政行为（如行政处罚）的案件。由于现代民主、法治的发展，行政机关过去适用一般行政程序实施的这类行政行为，现在改为采用准司法形式的程序来进行。例如，行政机关对公民、法人或其他组织实施行政处罚，过去仅由行政机关单方决定即可，现在则要通过开庭审理、当事人当庭陈述、对质、辩论等听证程序，由行使调查处理职能的机构以外的第三者机构作出裁决。本书研究的“行政司法”主要指对第一类案件和某些第二类案件的行政裁决活动，而不包括对第三类案件的行政裁决活动。

行政司法是行政机关实施的准司法行为，这种准司法行为不同于行政机关实施的一般行政行为，二者有着重要的区别：首先，一般行政行为是行政机关行使行政管理职能的行为。在这种行为中，行政机关与个人、组织的关系是管理者与被管理者的关系。而行政司法行为是行政机关行使行政裁判权的行为。行政机关与被裁决者的关系是一种近似于法院与当事人之间的关系，是一种三方关系。其次，一般行政行为是行政机关向个人、组织发布行政命令、采取行政措施或应个人、组织的申请作出某种行政处理，如许可、免除、批准、发放抚恤金、发放救济金等行为，适用的是一般行政程序。而行政司法行为是行政机关处理特定具体案件，裁决特定争议的活动，适用的是具有一定司法因素的准司法程序。

当然，行政司法因为是行政机关实施的准司法行为，自然也不同于法院的普通司法行为。首先，普通司法是法院行使完全司法权的行为，而行政司法的司法权是不完全的，行政机关仅有权管辖法律规定的某些特定种类的争议案件。其次，普通司法适用的是完全的司法程序，而行政司法适用的是准司法程序，即不完全的司法程序。再次，普通司法作出的裁决（通常经过两审）是最终裁决，当事人即使不服，裁决也发生法律效力；而行政司法作出的裁决通常不是最终裁决，当事人不服，在很多情况下还可向人民法院起诉。最后，普通司法具有统一的组织体系，全国各级人民法院组成统一的司法系统；而行政司法是分散的，各行政司法机构分别设在相应的行政管理机关之下，互不隶属，自身无统一的体系。行政司法不存在也不可能存在统一的体系。行政领域发生的争议案件通常都涉及各种不同的专门技术、知识、规则等，分别由不同的行政机关处理相应的行政争议案件，方能得心应手，及时结案。如果由一个统一的机关来处理各种各样的争议案件，即会因其不懂各种相应的专门技术、知识、规则，或不了解相应管理领域的情况而难于准确、及时地作出裁决，使案件久拖不决，从而失去行政司法的优越性。如果这样，行政司法也就失去了存在的意义。

二、国外行政司法的历史发展

20 世纪以前，西方国家一般都实行比较严格的三权鼎立制度：议会行使立法权，内阁及其政府机构行使行政权，法院行使司法权。一个机关不能同时行使两种或两种以上的权力。但当历史进入 20 世纪以后，甚至在 19 世纪后期，三权鼎立体制的严格性就已开始降低，至第二次世界大战后，行政机关不仅通过授权立法，分享了议会的一部分立法权，而且通过设立各种行政裁判所和行政法官、听证官、审议官，分享了法院的一部分司法权。

很多人认为，行政司法起始于法国。法国革命后，司法权曾一度仍然掌握在封建时代的旧法官手中。这些旧法官把持的法院对革命政府的政策和各种革命措施极为敌视，常常以各种理由宣布革命政府的革命政策和措施违法、无效，以维护旧的封建制度和封建特权，阻碍改革的进行。对此，革命政府非常恼火，决定要排除法院的这种干扰。于是，国民议会于 1790 年 8 月通过一项法律，规定司法权今后将永远与行政权分离，普通法院法官不得以任何方式干扰行政机关行使职权，亦不得对执行职务的行政官员进行讯问，违者应予弹劾。1790 年 10 月，国民议会又通过另一项法律，规定在任何情况下，普通法院不得管辖要求废除行政机关颁布的行政法规的案件，从而剥夺了普通法院对行政争议和行政案件的审理权。于是，法国设立了隶属于行政首脑之下的平政院，由平政院来裁决行政争议和行政案件。法国当时这样做的理论根据是其特别的“三权鼎立”原则：法院不能审理因行政权行使而发生的争议案件，司法不能干预行政。法国平政院真正成为“法院”（行政法院）是 1872 年以后的事情。1872 年 5 月，法兰西第三共和国国民议会通过一项法律，规定行政法院有权裁决所有关于要求宣告各级行政机关的违法行为无效的请求，授予它以正式的司法权。此后，它才得以真正脱离行政首脑独立地作出有约束力的裁决。正因为1872年以后的法国行政法院有了正式、完全的司法权，所以它不完全等同于我们现在所探讨的行政司法：第一，行政法院有统一的裁判系统，而我们现在所探讨的行政司法是分散的，无统一的组织体系。第二，行政法院对行政机关的独立性大，虽然现在担任法国行政法院院长的仍然是行政首脑，但行政法院实际的院长是行政法官出身的副院长，行政法院基本上独立办案，不受行政干预。地方行政法院不按行政区划设置，更不隶属于地方行政机关。而我们现在所探讨的行政司法机构均隶属于相应行政机构，独立性相对较小。第三，行政法院只审理行政案件，一般不审理民刑事案件，而我们现在所探讨的行政司法则主要裁决民事性质的争议纠纷案件。第四，行政法院司法性强，其司法程序几乎和普通法院无异，而且它作出的裁决是最终的，普通法院不能再进行审查，而行政司法的司法性较弱，当事人不服从行政司法裁决，通常还可诉诸普通法院，请求审查和撤销行政司法裁决。

真正现代行政司法制度的形成起始于英国的行政裁判所制度。本来，英国人最反对行政司法，以戴雪为代表的英国早期法学精英认为，司法只能是普通法院的事，一国之内，无论何人，无论何事，均应受治于国家统一的法院和统一的法律，即普通法院和普通法。如果在普通法院外还设置隶属于行政系统的裁判机构，普通法外还有行政法，那就无法治可言，就会导致专制。他们指斥法国的行政法院和行政法为“专制物”，是对“法治”的破坏。

然而，到了19世纪末和20世纪初，随着资本主义社会经济的发展以及随之而来的大量社会矛盾和社会问题，如经济危机、通货膨胀、企业破产、工人失业、环境污染、生态灾难等，资本主义国家不能不由早期对社会经济生活采取不干预政策转为实行积极干预的政策，由“管事最少的政府是最好的政府”向“多管事的规制型政府”转化。由于国家和政府对社会经济生活的干预，行政管理领域开始出现大量的、各种各样的争议案件。这些争议案件数量多，涉及范围及领域广泛，包括贸易、金融、证券、交通运输、劳资关系、环境保护、消费者保护等。解决这些新型争议案件需要具有各种专门技术、专门知识，还特别需要熟悉行政管理的有关规则、标准等。由谁来承担解决这些新型争议案件的任务呢？普通法院日益显示出力不胜任的一面：大量案件一拖再拖、一搁再搁，当事人的争议长期得不到解决。这给经济和社会的发展带来了严重影响，给社会秩序和社会稳定也带来了威胁。于是，英国人不能不放弃他们原来对行政法的偏见，修改戴雪等人的“法治”理论，提出法治并非排斥行政法，并非排斥行政机关行使准司法权。法治要求的是依法行政，行政机关的行为，无论是行政执法行为还是行政司法行为，只要不超越议会的授权，符合法定程序和“自然公正”原则，就不与“法治”冲突。基于现实的迫切需要和对“法治”理论的修改，设置于普通法院之外，行使行政司法职能的行政裁判所通过议会授权的方式在英国一个一个出现了，且越来越多。英国最早的行政裁判所被认为是 1846 年的“铁路专员公署”和 1888 年建立的“铁路运输委员会”。它们负责裁判运费纠纷以及有关运输的其他纠纷。1908 年，根据国家退休法，建立了退休金委员会，解决有关退休金方面的争议。1911 年，根据国家保险法，建立了国家保险仲裁法庭，解决有关保险方面的争议。之后，根据各种有关法律，大量的行政裁判所相继建立，如土地裁判所、租金裁判所、工业伤害裁判所、医疗上诉裁判所、交通运输裁判所、矿山纠纷裁判所、劳资关系裁判所、专利裁判所、商标裁判所，等等。至 20 世纪 50 年代，英国行政裁判所种类超过 50 种，总数超过 2 000 个。21 世纪，英国对行政裁判所制度进行改革，大大减少裁判所数量，以保障法制的统一性。

英国行政裁判所虽然从属于行政系统，但其成员并不是政府官员。裁判所主席一般由受过法律教育的人担任，裁判所的成员通常由对立利益双方的代表担任。例如，工业伤害裁判所成员分别为雇主组织和工会组织的代表，农用土地裁判所的成员分别为土地所有者组织和承租者组织的代表。某些裁判所的成员由专家组成，如医疗上诉裁判所、税收裁判所、专利裁判所等。在裁判所里，虽有一个政府文官担任秘书，但其职责是帮助当事人、向当事人说明裁决程序和解答当事人的一些问题，而不能参与对案件的裁判或对裁决施加影响。行政裁判所裁定案件适用三条基本原则：公开、公平、公正。“公开”指程序公开，当事人有权了解案卷材料、证据及裁判所作出裁决的依据、理由；“公平”指公平地听取当事人双方各自的陈述，审查他们各自提出的证据；“公正”指不受政府部门和其他外部组织、个人的影响，根据法律和事实作出裁决。

美国是实行较严格的三权鼎立制度的典型国家，但是自 1887 年州际商业委员会成立以后，特别是自 20 世纪 40 年代罗斯福实行“新政”以后，三权鼎立的严格性逐渐降低：行政规制机构不仅行使行政权，而且开始大量制定规章，裁决争议和具体案件，广泛行使行政立法和行政司法权，如州际商业委员会等独立规制机构，它们管理国家各种特定的社会经济事务，如运输、煤气、电信、投资市场、劳资关系、公用事业等。为了实现其管理职能，它们既制定有关这些社会经济事务管理的规章，又裁决因这些社会经济事务管理而发生的争议案件。独立规制机构每年审理的争议案件的数量大大超过法院每年审理案件的数量，是美国行使行政司法权的主要机构。20 世纪以前，美国联邦仅有十多个独立规制机构，但到了 20 世纪 80 年代，则发展到六十多个，如联邦贸易委员会、联邦电信委员会、联邦动力委员会、原子能委员会、劳资关系委员会、环境保护局、国内税收局等。除了独立规制机构以外，美国很多政府的部也行使一定的行政司法职能，如农业部、劳工部、内务部等。有些部则设立相对独立的局、所，承担行政司法职能。美国行政机关行使行政司法权，审理争议案件，过去通常是由行政首长临时指定行政工作人员主持，后来审理人员相对固定，由行政首长加以委任，称“审查官”“主审官”“仲裁官”等，一个案件由三个审查官组成的审理庭审理，或者由一个审查官独任审理。在《联邦行政程序法》制定之前，联邦审查官完全隶属于行政首长，他们由行政首长随意任命和撤免，因此其裁决案件（只能作建议性裁决）不能不服从于行政首长。1946 年制定的《联邦行政程序法》规定，各行政机关根据行政裁判的需要委任“主审官”，主审官轮流审讯案件，不得履行与之不相干的职责，非有正当理由并经文官委员会审理决定，主审官不得被免职。后来文官委员会解释，《联邦行政程序法》的保护不仅适用于主审官的免职，还适用于对主审官的降级、停职或主审官不自愿的其他地位变更。这样，主审官主持行政争议案件审理时基本上不受行政首长意志影响。1972 年，文官委员会又颁布一项规章，将主审官这一名称改为“行政法官”，使之具有了更大的独立地位。1978 年，美国国会修改《联邦行政程序法》，正式在法律上确立了行政法官的地位，规定行政法官的专门职责是审理案件，非有文官功绩制保护委员会规定的正当理由并经其审理决定，行政法官不得被免职、停职、降级、降薪和临时解雇。而且，行政法官的薪俸由法律规定，行政首长不得任意变更。根据 1978 年修正的《联邦行政程序法》，行政法官应独立、不受外部影响、不偏不倚地行使职权。在行政裁判中，他可以签发传票、接受证据、掌握审讯进程、主持辩论、依法作出初审裁决或提出建议性裁决（对于初审裁决，如果当事人未提出异议或行政首长未予复审变更，初审裁决即为终审裁决；对于建议性裁决，行政首长须作出最终裁决，但行政首长一般会确认、维持行政法官作出的建议性裁决，而很少变更）以及采取《联邦行政程序法》规定的其他行为。作为独立规制机构的各种委员会，除了行政法官主持审理外，很多时候还由一个或几个委员主持审理。

英国的行政裁判所和美国的行政法官可以说是现代行政司法制度形成和发展的典型例子。20 世纪以后，具有各国特色的各种不同形式的行政司法制度在世界许多国家发展起来，这主要基于社会、经济和政治等多方面的原因：第一，在现代社会，随着科技和社会经济的迅速发展，各种社会矛盾、争议、纠纷不断出现和增多，普通法院不具有处理大量新出现的反映这些新的社会矛盾的争议案件的能力，为了保障和维持社会经济的发展和社会秩序，国家行政机关不得不分担、执行一部分司法职能；第二，国家对社会经济生活干预的增加导致了行政机关职能的扩大，而行政机关为了有效地行使社会经济管理职能，就不仅要求具有发布行政命令、采取行政措施的权力，而且要求具有自己裁决因行政管理而发生的纠纷和争议案件的权力；第三，因行政管理而发生的各种争议案件大都具有较强的技术性，而普通法院的法官通常不具有处理这些争议案件所需要的相应的专门知识，为了不造成办案的困难和案件的积压，普通法院也乐于将这些争议案件交由行政机关裁决或交行政机关先行审理；第四，行政司法较普通司法办案迅速、费用低、手续简便，且办案人员对处理一定种类的争议案件具有专门知识或专门经验，当事人对于处理相应争议案件通常也乐于选择行政司法的途径。

三、发展和完善中国特色社会主义行政司法制度的意义

行政司法制度是和行政领域的公正、效率相联系的。在我国，建立中国特色社会主义行政司法制度有着特别重要的意义。

首先，行政司法为公民、法人和其他组织提供一系列保障其权利和利益的程序，防止其权益受到行政恣意、滥权的侵犯。例如：行政机关实施涉及相对人权益的行政行为，特别是就双方当事人之间的争议、纠纷作出裁决，依行政司法程序，要告知当事人实施相应行为，作出相应裁决的理由、依据，听取当事人的陈述、申辩，在法律规定的特定情况下，还要给予当事人听证、辩论、对质的机会等。这些程序相对于一般的行政处理，显然有利于保障公正，防止行政机关专断和偏私。

其次，行政司法为行政机关及其工作人员行使职权提供了一种程序监督和制约机制，有利于避免行政违法、越权和滥用权力的行为发生。因为行政司法往往要以公开的程序进行，直接接受当事人和社会公众的监督、制约，有时还要接受媒体的监督、制约，这样，行政机关及其工作人员就难于违法、滥权，即使违法、滥权，相应行为也容易得到揭露和纠正。事实上，行政司法程序本身即可以促使和鞭策行政机关及其工作人员实施相应行为时更加谨慎，更加注意遵守法律和尊重公民、法人和其他组织的权益。

再次，行政司法有利于提高效率，节约当事人的时间和金钱。行政司法的一个重要特点是严格的时限要求：裁决争议请求的提起、争议的裁决和裁决的执行都必须根据法律规定的时限进行，这种时限通常比法院普通司法程序的时限要短得多。这样，就可以避免相应争议、纠纷久拖不决，浪费当事人时间。另外，行政司法大多不收费或收费很低廉，有利于减少当事人的经济负担。

最后，行政司法有利于及时、快捷解决争议，保障和促进社会稳定。随着全面深化改革的推进，各种改革措施、制度越来越影响和触及不同阶层、不同群体的不同利益，从而引起各种社会矛盾多发、频发。对于这些社会矛盾，如果单纯依靠传统的行政手段处理，越来越具有现代权利和法治意识的当事人肯定接受不了，从而可能引发更多、更激烈的社会矛盾。对此，完全期望由法院解决现代社会生活中的这些新型社会矛盾、争议、纠纷也是不实际、不现实的。在这方面，较有效和较可行的办法就是发展和完善中国特色社会主义行政司法制度，通过行

政司法先行处理和化解现代社会生活中新出现的大量矛盾、争议和纠纷，以维护改革、发展所必需的社会稳定。

第二节　行政司法的主要形式

广义的行政司法，包括行政机关运用准司法程序解决行政争议的制度（如行政复议）和解决民事争议的制度，甚至包括行政机关运用准司法程序实施行政行为（如行政处罚）的制度。狭义的行政司法，仅指或主要指行政机关运用准司法程序解决民事争议的制度。本书研究的行政司法主要指行政机关运用准司法程序解决民事争议的制度和部分解决行政争议的制度①，其主要形式包括行政裁决、行政仲裁和行政调解。

一、行政裁决

行政裁决是指行政机关适用准司法程序裁决法律、法规授权行政机关处理的特定争议案件的制度，是中国特色社会主义行政司法的最基本形式。

行政裁决的主要客体是民事争议，如有关自然资源所有权或使用权的争议、知识产权争议、侵权赔偿争议等。但行政裁决的客体也包括某些行政争议，如商标评审委员会裁决商标注册申请人不服商标局驳回商标注册申请、不予公告的争议，专利复审委员会裁决专利申请人不服国务院专利行政部门驳回专利申请的争议。关于商标、专利民事争议和行政争议的裁决，作为一种专门行政裁判制度，我们将在本章单设一节作更细致一些的探讨。

我国现行法律对自然资源所有权、使用权争议的行政裁决作了较明确的规定。例如，《土地管理法》第16条第1款和第2款规定："土地所有权和使用权争议，由当事人协商解决；协商不成的，由人民政府处理。单位之间的争议，由县级以上人民政府处理；个人之间、个人与单位之间的争议，由乡级人民政府或者县级以上人民政府处理。"这里的"处理"即裁决。又如，《水法》第56条规定："不同行政区域之间发生水事纠纷的，应当协商处理；协商不成的，由上一级人民政府裁决……"

在现代，民事争议既由法院管辖，又由行政机关裁决。但哪些争议由法院管辖、哪些争议由行政机关裁决，各国没有统一的标准，通常由法律具体规定。行

① 行政复议是行政机关解决行政争议的重要制度。由于行政复议既具有解决行政争议的性质，也具有行政救济和行政法制监督的性质，故本书设专章研究，在"行政司法"一章不再赘述。

政机关裁决的民事争议一般由法律列举规定，法律未明确规定由行政机关裁决的争议则统一由法院管辖。行政机关对于民事争议的管辖，大多属于不完全管辖权，行政机关作出裁决后，当事人不服，还可向法院提起诉讼，但也有个别争议，法律授予行政机关完全管辖权，即可对之作出终局裁决，当事人即使不服，也不能再诉诸法院，而只能通过向行政机关内部申诉的途径解决。至于当事人对行政机关不具完全管辖权的民事争议裁决不服而向法院起诉的，如果以行政机关为被告，请求法院对行政机关的裁决进行司法审查，则该争议转化为行政争议。但如果不服裁决的一方当事人不以行政机关为被告，将行政机关的裁决搁置一旁，而仍以原争议的对方当事人为被告，请求法院裁决，那么该争议则仍属民事争议，案件应由民事法院或民事审判庭受理。为了提高司法效率，方便当事人诉讼，2014 年修订的《行政诉讼法》规定，人民法院在审理行政机关对民事争议所作的裁决的行政诉讼中，可对民事争议和行政争议一并审理。①

二、行政仲裁

（一）行政仲裁与民间仲裁

仲裁有民间仲裁和行政仲裁之分。民间仲裁是非国家机关的民间团体主持的仲裁，行政仲裁则是国家行政机关主持或国家行政机关与社会团体共同主持的仲裁。行政仲裁不同于民间仲裁：民间仲裁以双方当事人自愿为前提，当事人之间的纠纷是否提交仲裁、交与谁仲裁、仲裁庭如何组成、由谁组成，以及仲裁的审理方式、开庭形式等，都是在当事人自愿的基础上，由双方当事人协商确定的；行政仲裁一般仅以争议一方当事人申请为条件，争议双方当事人一方申请仲裁，被申请的另一方当事人依仲裁机构的通知参加仲裁。

（二）行政仲裁与行政裁决

行政仲裁也不同于行政裁决。相对于行政裁决，行政仲裁更具灵活性和快捷性：行政仲裁的诸多具体程序一般可由当事人协商确定与选择，从而更加灵活，更具有弹性，而行政裁决的程序相对确定，当事人选择余地很小或没有选择余地。行政仲裁一般实行一裁终局制，仲裁裁决一经仲裁机构作出即发生法律效力，有利于案结事了，而行政裁决通常不是终局的，只要一方当事人不服，即可提起诉讼。

（三）行政仲裁的种类

我国现行法律规定的行政仲裁主要有以下四种：其一，劳动争议仲裁。《劳动法》第 77 条规定，用人单位与劳动者发生劳动争议，当事人可以依法申请仲裁

---

① 参见《行政诉讼法》第 61 条。

（也可申请调解、提起诉讼，还可以协商解决）。其二，社会保险仲裁。《社会保险法》第 83 条第 3 款规定，个人与所在用人单位发生社会保险争议的，可以依法申请仲裁（也可申请调解、提起诉讼）。其三，农村土地承包经营纠纷仲裁。《农村土地承包法》第 51 条第 2 款规定，农村土地承包人因承包经营发生纠纷，双方当事人不愿协商、调解解决或者协商、调解不成的，可以向农村土地承包仲裁机构申请仲裁（也可以直接向法院起诉）。其四，人事争议仲裁。《公务员法》第 100 条规定，国家建立人事争议仲裁制度；聘任制公务员与所在机关之间因履行聘任合同发生争议的，可以自争议发生之日起 60 日内向人事争议仲裁委员会申请仲裁。

（四）行政仲裁机构

行政仲裁机构从属于行政机关，是行政机关设置的处理和裁决特定争议案件的专门机构。例如，劳动争议仲裁委员会从属于劳动行政管理机关，是劳动行政管理机关设置的处理和裁决劳动争议的专门机构。劳动争议仲裁委员会由劳动行政部门代表、同级工会代表、用人单位方面的代表组成。劳动争议仲裁委员会主任由劳动行政部门代表担任。① 人事争议仲裁委员会从属于公务员主管机关，是公务员主管机关设置的处理和裁决人事争议的专门机构。人事争议仲裁委员会由公务员主管部门代表、聘用机关的代表、聘任制公务员的代表及法律专家组成。②

（五）行政仲裁程序

1. 当事人提起行政仲裁的申请。当事人申请行政仲裁，应当先在法律规定的期限（一般为 60 日）内提交仲裁申请书。当事人在申请行政仲裁前，有的可能经过非行政机关进行的社会调解，但社会调解不是提起行政仲裁申请的先决条件，社会调解不是行政仲裁的必经程序。

2. 行政仲裁申请的初步审查和受理。仲裁机关收到当事人的仲裁申请后，应予初步审查，确定相应申请是否符合法律、法规规定的申请仲裁条件，是否属其管辖，并在规定期限（通常为 7 日）内作出受理或不予受理的决定。如申请符合条件，并在其管辖范围内，则应受理、立案。行政仲裁申请受理、立案后，仲裁机关应自立案之日起的规定期限（通常为 5 日）内将申请书副本送达申请人的对方当事人，并要求限期提出答辩书和有关证据。

3. 仲裁前的准备。仲裁机关在正式仲裁前，要认真审阅申请书、答辩书，进行调查，收集证据，为了调查取证，仲裁机关可向有关单位查阅与案件有关的档案、资料和原始凭证，有关单位有义务如实提供材料、协助进行调查，需要时，应出具证明。此外，为了彻底弄清案情，仲裁机关有时还需要组织现场勘察或者

---

① 参见《劳动法》第 81 条。

② 参见《公务员法》第 100 条第 3 款。

对物证进行技术鉴定；为避免作出仲裁前造成严重的财产损失，仲裁机关应当事人的申请，可作出采取保全措施的裁定。

4. 调解。先行调解是行政仲裁的原则之一。行政仲裁机关处理任何仲裁案件，在仲裁前都必须先行调解。调解应当在查明事实、分清责任的基础上进行。仲裁机关通过向双方当事人摆事实、讲道理，促使双方当事人相互谅解、达成协议。调解达成协议必须双方自愿，不得强迫，而且协议内容不得违法，不得损害社会公益和他人利益。调解达成协议的应制作调解书，由双方当事人签字，仲裁员、书记员署名，并加盖仲裁机构的印章。调解书送达后即发生法律效力，双方当事人必须履行。

5. 作出仲裁裁决。调解未达成协议或者调解书送达前一方或双方反悔的，仲裁机构即应进行裁决。仲裁机构开庭仲裁前，应将开庭时间、地点以书面方式通知当事人。当事人经两次通知，无正当理由拒不到庭的，可作缺席仲裁。仲裁机构开庭仲裁时，应告知当事人在仲裁中的各项权利。仲裁人员如与案件有利害关系，应自行回避或应当事人要求回避。仲裁机构在仲裁中应认真听取当事人的陈述和辩论，以全面把握案情，弄清事实真相。仲裁机构在开庭仲裁后应举行评议，作出仲裁裁决。

三、行政调解

行政调解是行政机关为解决争议而主持的调解，是行政司法中运用最多、最普遍的方式。行政裁决、行政仲裁大多以调解为前置程序，调解不成方进行行政裁决或行政仲裁。而行政调解却不一定以行政裁决、行政仲裁为后续程序，有些争议、纠纷，只能进行调解，调解不成则进行诉讼，而不能再进行行政裁决或行政仲裁。例如，《道路交通安全法》第 74 条规定，对交通事故损害赔偿的争议，当事人可以请求公安机关交通管理部门调解，也可直接向法院起诉。调解不成，当事人未达成协议或者调解书生效后不履行的，当事人可以向人民法院提起民事诉讼。

行政调解虽然和企事业组织、基层群众性自治组织中的民间调解有着密切联系，但并不包括或等于民间调解，行政机关有的设置专门调解机构并配置专门调解人员，但大多不设置专门调解机构、不配置专门调解人员，而是在争议发生后，根据情况和需要组织临时的调解机构，其组成人员除了行政机关的工作人员外，通常还包括争议双方单位的人员以及有关专家。例如，调解版权纠纷，通常邀请法律专家参加；调解环境污染纠纷，通常要邀请化学、生物等自然科学专家参加；调解医疗事故纠纷，通常要邀请医学专家参加；等等。在基层人民政府设立的司法助理员和民政助理员，虽然不是专职行政调解人员，但他们具有调解民间纠纷的职责。行政调解是在争议双方当事人自愿的基础上进行的。行政机关只有在接到一方当事人申请并且另一方当事人同意接受调解的情况下才能进行调解。行政机关进行调解，要对当事人进行法律政策教育，要弄清事实、分清是非，对当事人的错误应进行适当的批评。在是非分明的基础上，促成争议双方互谅互让，达成解决问题的协议。行政调解达成协议后，应制作调解协议书，调解协议书应有当事人双方的签字，并盖上行政机关的印章。调解书送达当事人后，一般即发生法律效力，当事人应当执行（如行政赔偿调解书）；一方当事人不执行，对方当事人可申请法院强制执行。但有的行政调解书（如交通事故损害赔偿调解书）送达后并不发生终局法律效力，一方当事人不执行，对方当事人不能直接申请法院强制执行，而只能向法院提起诉讼，通过诉讼最后解决争议。

第三节　专门行政裁判制度

专门行政裁判制度是指在行政机关内设置专门行政裁判机构，受理和裁决特定争议案件的制度。专门行政裁判的客体可以是特定行政争议案件，即公民、法人或者其他组织不服行政机关所实施的具体行政行为的争议案件；也可以是特定的民事争议案件，即双方当事人均为平等的民事主体的争议案件，如工伤事故争议案件、运输争议案件、环境争议案件、物价争议案件、产品质量争议案件、版权争议案件、医疗事故争议案件等。目前我国特定的行政争议案件绝大多数是通过行政复议途径解决的，但也有一些特定的行政争议案件，如商标、专利行政争议案件等是通过专门行政裁判制度解决的。

我国目前最典型、最具代表性的专门行政裁判机构是商标评审委员会和专利复审委员会。它们既受理特定行政争议案件，也受理特定民事性质的争议案件。下面主要以这两个委员会为例探讨专门行政裁判制度。

一、专门行政裁判机构

专门行政裁判机构是指专门行使某种特定争议案件的裁决职能的机构。专门行政裁判机构的设立由相应法律、法规规定。例如，《商标法》第 2 条第 2 款规定：“国务院工商行政管理部门设立商标评审委员会，负责处理商标争议事宜。”商标评审委员会由主任委员、副主任委员、委员组成，均由国家工商行政管理总局任命。其任职条件有三：其一，熟悉商标法律；其二，从事商标审查工作满 3 年或者从事其他法律事务工作满 5 年；其三，系国家工商行政管理局的公务员。《专利法》第 41 条第 1 款规定，“国务院专利行政部门设立专利复审委员会”，负责处理专利复审事宜。《专利法实施细则》第59条规定："专利复审委员会由国务院专利行政部门指定的技术专家和法律专家组成，主任委员由国务院专利行政部门负责人兼任。"根据国外的经验，专门行政裁判机构对于相应行政机关应有一定的独立性，其委员会主任和委员可由行政机关首长任命，但无法定理由不得任意撤免，委员会处理案件、裁决争议依法律、法规进行，不受行政首长任意干预。

二、专门行政裁判的受案范围

专门行政裁判机构只能管辖法律、法规规定的特定领域的争议案件，而无一般司法管辖权。例如，根据《商标法》的规定，商标评审委员会管辖下述六类案件：（1）商标注册申请人对商标局驳回商标注册申请，不予公告不服的案件；（2）异议人对商标局准予注册决定不服的案件；（3）被异议人对商标局不予注册决定不服的案件；（4）当事人对商标局宣告已注册商标无效不服的案件；（5）其他单位或者个人请求宣告已注册商标无效的案件；（6）在先权利人或利害关系人请求宣告已注册商标无效的案件。

根据《专利法》的规定，专利复审委员会管辖下述两类争议案件：（1）专利申请人不服国务院专利行政部门作出的驳回其专利申请决定的案件；（2）其他单位或者个人请求宣告已授予专利权的专利无效案件。

三、专门行政裁判的程序

专门行政裁判的具体程序通常由相应法律、法规规定，一般程序如下：

（一）裁决争议申请的提出

当事人向专门行政裁判机构提出裁决争议的申请一般须具备下述条件：其一，须有法律法规的根据；其二，争议属于相应专门行政裁判机构的主管范围；其三，申请须在法定期限内提出。根据《商标法》，提起上述商标评审委员会主管的第一类争议案件的法定期限是30日；提起第二、三、四类争议案件的法定期限是15日；提起第五、六类争议案件的法定期限是5年，对恶意注册驰名商标的，驰名商标所有人不受5年时间的限制。根据《专利法》，提起上述专利复审委员会主管的第一类争议案件的法定期限是3个月，对第二类案件的提起未规定期限。

向专门行政裁判机构提出裁决争议的申请，须递交申请书。有时申请书还须附有关材料、证据。例如，对驳回申请的商标申请复审的，申请人应附送原《商标注册申请书》、原商标图样、黑白墨稿和驳回通知等。根据《专利法实施细则》第60条第1款的规定，"依照专利法第四十一条的规定向专利复审委员会请求复审的，应当提交复审请求书，说明理由，必要时还应当附具有关证据"。

（二）初步审查

专门行政裁判机构收到当事人的争议裁判申请书后，应当对申请书进行初步审查，确定是否符合专门行政裁判的条件，决定是否受理。争议裁判申请受理后，裁判机构即应将申请书副本送达争议的对方当事人，要求其在规定期限内提出答辩书以及必要的有关材料。之后，裁判机构即对申请书和所附材料以及答辩书和所附材料进行详细审查。在审查中，裁判机构根据需要，还可要求当事人补充提供有关材料和证据，以便弄清事实的真相。

（三）作出裁决

专门行政裁判机构通过上述书面审理，如果相应案件已经事实清楚，是非明确，即可依据有关法律、法规作出裁决，如果事实仍有疑点，或当事人要求公开辩论和对质，或者案情重大，裁判机构认为有必要公开审理时，案件的审理和裁决应公开进行。允许当事人在公开审理中陈述意见、提供证据、进行辩论。裁决机构在公开审理和当事人辩论基础上作出裁决。

专门行政裁判机构作出的裁决一般是非终局的，当事人不服还可向人民法院提起行政诉讼。此外，专门行政裁判机构对争议案件的审查、裁决，实行回避制度。裁判人员如果与案件有利害关系，应自行回避或应当事人的要求回避。例如，《专利法实施细则》第 37 条规定，实施审查和审理的人员有下列情形之一的，应当自行回避，当事人或者其他利害关系人也可以要求其回避：其一，是当事人或者其代理人的近亲属的；其二，与专利申请或者专利权有利害关系的；其三，与当事人或者其代理人有其他关系，可能影响公正审查和审理的；其四，专利复审委员会成员曾参与原申请的审查的。

思考题：

1. 什么是行政司法？行政司法有什么特征？
2. 行政司法有哪些种类？
3. 行政裁决与行政仲裁、行政调解有什么区别？
4. 商标评审委员会和专利复审委员会各管辖哪些案件？

第十一章　行政应急

本章介绍行政应急的基本理念、基本制度和国外行政应急的发展趋势，分析我国行政应急法制实施体系、突出问题及其成因，探讨我国行政应急法制建设的基本原则和对策。

第一节　行政应急概述

一、行政应急的概念与特征

（一）行政应急的概念

行政应急是指行政机关组织相关力量对可能发生或已经发生的公共危机事件进行预测、监督、控制和协调处理，以期有效地预防、处理和消除危机，减少损失的有关举措。从行政法学的角度看，可将行政应急行为定义为针对战争、内乱、各种恐怖活动、严重的自然灾害或经济危机等紧急情况，由行政机关依据宪法及有关法律予以应急处置的行政行为。

行政应急行为的定义说明：第一，它应当受到法律规范的约束，依据宪法和有关法律采取应急处置措施。第二，它是在特殊条件下的行为，如骚乱、恐怖行为、群体事件等，没有明确的特殊条件，就没有行政应急行为。第三，它是特殊的行政行为。在此种行政行为中，行政主体的权限和行为方式不同于一般情况，在非常态下行政主体获得的授权往往大于常态，这是因为在特殊情形下行政主体履行职能的要求提高、难度加大，需要获得更多的授权方能达成行政目的，但也不排除某些情况下行使行政应急权力反而会受到比常态下更多的限制。

（二）行政应急的特征

行政应急行为具有复杂多样的表现形式，包括储备、预测、监督、控制、处置、协调、重建等一系列行政应急措施，在危机防控和应急救援的过程中发挥着特殊的调整作用。其主要特征如下：

1. 实施行政应急行为的目的是应对突发事件等特殊问题。行政应急行为必须有明确的危机状态作为前提，这种状态的确定不是行政主体随心所欲进行的，须有法律明确规定；也不能是漫无目的、毫无约束的管理行为，而是应当具有应对突发事件的考量和追求。

2. 实施行政应急行为往往会对常态下的法律规定有所突破。区分一个行政行为是行政应急行为还是常态下的行政行为，不仅要判断其是否处于紧急状态下，也不仅要判断其目标是否应对危机，还要判断其具体行为是否对常态下的法律规定有所突破，如主体、措施、程序等方面的突破。

3. 行政应急行为的主体和措施的授权受到严格的法律约束。需要注意的是，行政应急行为的授权受到严格约束，而不是行为本身受到严格约束。恰恰是因为法律规范难以对行政应急行为作出具体的约束，也就是行政应急行为受到的法律约束少于常态下的行政行为，故须对行政应急行为的授权作出严格的法律约束。原则上，只有存在关于突发事件或紧急状态的具体规定时，行政机关才能够行使行政应急权力，作出行政应急行为。但是，考虑到在法律没有具体规定的情形下，有时需要对常态下的法律规范作出突破，即必须作出行政应急行为，而且这种情形在立法中无法全部预料并作出规定，故只能授权给行政主体自行判断并处置危机，但对此授权应严格限制。

二、行政应急法制的特点与功能

（一）行政应急法制的特点

专门调控行政应急行为的法律原则和规范构成行政应急法制，它具有如下特点：

1. 权力优先性。这是指在非常态下，与立法、司法等其他国家权力相比，与法定的公民权利相比，行政应急权力具有某种优先性和更大的权威性，例如，可以限制或暂停某些公民权利的行使。

2. 应急处置性。这是指在非常态下，即便没有针对某种特殊情况的具体法律规定，行政机关也可进行应急处置，以防止公共利益和公民权利受到更大损失。

3. 程序特殊性。这是指在非常态下，行政应急权力在行使过程中遵循一些特殊的或者要求更高或更低的行为程序。例如，可通过简易程序紧急出台某些政令和措施，或者对某些政令和措施的出台设置更高的事中或事后审查门槛。

4. 社会配合性。这是指在非常规状态下，有关组织和个人有义务配合行政应急权力的行使，并提供各种必要帮助。

5. 救济有限性。这是指在非常规状态下依法行使行政应急权力造成行政相对人合法权益的损害后，如果损害是普遍而巨大的，政府有时只能提供有限的救济，如适当补偿等，但不得违背公平负担原则。

（二）行政应急法制的功能

在立法中设定行政应急行为，构建行政应急法制，具有如下功能：

1. 有利于保障公民的基本权利与合法利益。在突发事件和紧急状态下，行政行为对公民权利的保障力度有所削弱，这是因为行政主体必须更偏向于解决突出的危机问题，如骚乱、恐怖事件、群体事件等。可见，这种情况下对公民权利进行限制的理论基础是权利冲突理论，即公民的各项权利之间发生了冲突，例如，为了保障生存权，必须放弃或克减其他自由。如果一定要对公民的权利进行限制，那么按照法治主义的要求，这种限制应当最小化，除非必要，不得限制公民权利。为实现这一目标，必须在立法中明确行政应急行为的权力边界和公民权利的保障与救济。如果没有应急行为立法，则会增大公民权利受到侵害的风险。

2. 有利于预防、减少和化解社会安全风险。随着科技发展和改革深入，不仅在行政管理和服务过程中存在大量风险，实施行政应急行为更存在大量风险，故须完善应急法制，依法防控风险。社会安全风险机制包括风险评估、风险防范、风险转移、风险化解等多种风险防控措施，目的是最大程度地降低社会安全风险。须把风险评估和管理相分离作为一项重要原则，整合社会安全政策和立法，所有的社会安全政策和立法都应建立在风险分析的基础上，这样才能使社会安全得到更有力的保障。行政机关在风险防控过程中应承担主要责任，由行政机关、评估专家、利害关系人和公众代表等主体相互沟通、共同评估得出风险评估结论，以减少不正当的各种干扰，增强社会安全风险防控的社会效果。故应针对风险评估、风险管理和风险交流的主体与过程以及相互之间如何联动等方面完善相应的法律规范，同时行政机关应当针对社会安全风险的特点、利益衡量、风险评估的不确定性以及风险管理的选择给予相应的资金、技术和政策支持，以便各界参与社会安全风险防控过程，推动建立公开透明、科学有效、公众参与的风险防控机制。此外，还应制定社会风险评估工作规划，健全我国社会监测与报告网络，推进行政应急体系建设和专业队伍建设，完善行政应急管理指挥系统和工作体系，及时修订和完善应急管理预案，定期开展应急管理专项培训和演习演练，不断增强社会风险防范和应急处置能力。

3. 有利于提高行政应急行为的效率和效果。一般情况下，行政机关针对突发事件和紧急状态的准备往往不足，在突发事件特别是紧急状态发生时往往无所适从、举措失当，行政应急行为的效率低、效果差。在立法中对行政应急行为加以规范，有助于在实务中针对突发事件作出预见性的准备，以提高行政应急行为的效率和效果。

4. 有利于将行政应急行为纳入法治轨道。即使没有行政应急行为的法律规范，在国家面临紧急状态时，行政机关也常常需要突破常态下的现有法律规范体系，采取事实上的行政应急行为，这种突破如果没有任何法律约束，则会对法治造成破坏。因此，应当完善行政应急法律规范，以对行政应急行为给予有效的法律约束。

2015 年 12 月中共中央、国务院颁布的《法治政府建设实施纲要（2015—2020 年）》中指出，要“提高公共突发事件防范处置和防灾救灾减灾能力”，“完善政府新闻发言人、突发事件信息发布等制度”。2017年10月，习近平在中国共产党第十九次全国代表大会的报告《决胜全面建成小康社会　夺取新时代中国特色社会主义伟大胜利》中也再次强调，“树立安全发展理念，弘扬生命至上、安全第一的思想，健全公共安全体系，完善安全生产责任制，坚决遏制重特大安全事故，提升防灾减灾救灾能力”。这些纲领文件所强调的生命至上、安全第一、安全发展、预防为主、信息畅通等大安全、新安全理念和方针，与前述行政应急法制的丰富功能相通，为实现这些功能提供了政策理据和政治保证。

三、行政应急行为的构成要素

行政应急的法律关系，是行政应急活动中各主体之间的权利和义务关系。为避免行政机关和公务人员滥用行政应急权力，须对此作出严格的法律控制。一般而言，行政应急行为必须具备如下构成要素：一是必须有明确无误的紧急危险存在；二是行政应急行为的实施必须有明确的法律规定；三是必须是为了实现预期的合法行政目的。[①]

严格依法规范行政应急行为，是现代民主和法治的基本要求，也是危机管理法治化的标志。行政应急行为应当具有如下合法要件，否则会受到负面评价：一是行政应急行为必须由有权的国家机关和公务人员依法实施，否则不具有法律效力；二是行政应急行为的实施必须符合法律规定的程序，不按法定程序实施，则可通过监督程序撤销该行为；三是行政应急行为必须在法律规定的范围内实施，不得随意越权；四是行政应急行为是特定的国家机关和公务人员的职责，如不履行该项职责，则应承担不作为的相应法律责任。

四、行政应急性原则

建立健全行政应急法制，将行政应急行为纳入法治轨道，须遵循一系列法律原则，包括主权性、必要性、合宪性、合法性、公益性、适当性、程序性、比例性、责任性等原则。概括起来，最基本的理念和要求可以表述为行政应急性原则。对此，可从三个方面来理解。

（一）全面认识行政应急性原则的背景

近些年来我国内地出版的许多行政法教科书在阐述行政法的基本原则时，往往仅提及行政合法性原则和行政合理性原则，未将行政应急性原则作为行政法的基本原则。这一认识既制约了我国应急法制建设，也不利于全面深入推进依法行政，不利于行政法理论的全面发展。虽然我国应急法制建设滞后是诸多原因使然，

① 参见徐高、莫纪宏编著：《外国紧急状态法律制度》，法律出版社1994年版，第64—68页。

但从思想指导上来看，法学界和实务界忽视行政应急性原则在整个行政法制建设中的应有地位和作用，显然也是一个不可忽视的制约因素。

例如，由于忽视行政应急性原则，多年来在行政主体制度建设和理论体系上，就难免忽视突发事件应急指挥机构的地位、构成、职能、职权和工作制度（如各种应急预案）的研究和安排，不能未雨绸缪地作好相应的专业人才队伍建设，以至于我国2003年“非典”疫情危机出现后，许多政府机关应对危机的管理工作显得非常被动，不得不支付巨大的社会成本，教训异常深刻。

又如，在出现突发事件的非常态下，行政机关应对社会危机的管理工作可以根据实际需要实行行政应急程序，灵活采取各种行之有效的手段，包括各种应急性的行政指令措施和行政指导措施。由于忽视行政应急性原则，过去对此也没有形成共识，或者不为行政管理和行政法制实务工作者普遍知晓，也会造成危机管理工作某些阶段的被动。

再如，由于忽视行政应急性原则，关于行政机关采取的危机管理行为对行政相对人合法权益造成的损害应当如何救济，过去未能完善有关的监督与规范，给实际工作造成诸多困难。例如，紧急征用行政相对人的房屋、设施等财产用于行政应急管理措施，应遵循何种程序，如何予以补偿，发生补偿争议通过什么渠道和程序加以及时裁断和救济等。此类财产权纠纷如果解决不好，会影响到人民群众对于行政应急行为的充分理解和积极配合，不利于保持良好的官民关系和政府形象。

（二）准确把握行政应急性原则的含义

行政应急性原则是指行政主体为保障重大公共利益和行政相对人根本利益、维护经济与社会秩序、保障社会稳定协调发展，在面临突发事件导致公共管理危机等危急情形时，特别是进入紧急状态下，可实施行政应急措施的原则。其中既包括具有行政行为法上的具体规定的行为，也可包括一些没有具体法律规范的行为，甚至停止某些法定权利、中断某些法律条款实施或突破一般行政程序规范的行为。行政应急性原则也为常态下的各种应急准备工作，如应急工作机构的建设、应急队伍的日常建设、应急物资的储备更替等提供指导和依据。为防止行政恣意和滥用权力，现代行政法治对行政应急行为也提出了现实性、专属性、适当性和特殊程序性的要求，并非一律从简或率意而为。

应当指出，在危机管理中需要行政机关运用行政应急权力，采取一系列应急措施，必要时还可中断某些法律规范的实施，甚至暂停或限制公民的部分法定权利，但底线是不得限制和剥夺生命权、语言权、宗教信仰权等最基本的人权。行政应急行为具有极大的优先性、应急性、强制性和权威性，因而也具有恣意和滥用的特殊条件和极大可能，必须对其加以有效的监督和约束，而危机情况下的特别行政程序、司法程序、救济程序等程序约束乃是最有效的约束机制，这也是现代法治的基本要求。因此，针对特殊和危急情形的行政法治需要，首先需要在我国将制定的行政程序法典中专门设立若干行政应急程序条款，以规范应急行政行为。相应地，行政应急性原则的运用还需要更完善的法律救济机制作为保障。

（三）运用行政应急性原则符合法治主义的要求

在面临突发事件等危急情况下实施行政应急措施，其中包括一些没有具体法律依据甚至暂停某些宪法权利和法律权利、中断某些法律规范实施的行为，似乎违背了法治原则。但实际上，这是政府为了国家、社会和全体公民的长远利益和根本利益而作的理性选择，是符合法治主义实质要求的、利大于弊的危机管理举措，其最终目的是通过化解危急因素，恢复和维持公共权力与公民权利之间的良性互动关系，从根本上维护公民权利。

因此，在实施依法治国方略、全面和深入推进依法行政的新形势下，应当按照法治的要求，加强公共应急法制建设，进一步完善我国应急法律规范体系，把应对突发事件的公共应急系统纳入法治化轨道；同时，在突发事件导致公共危机、政府动员社会资源应对危急情形时，应贯彻行政应急性原则，及时采取公共危机、管理所需的各种行政应急措施，同时予以及时和充分的权利救济，更加稳健地维护我国经济社会发展和人权保障所需的法律秩序，确保公民权利（特别是基本权利）获得更有效的保护，确保公共权力（特别是行政权力）能够有效行使并受到有效制约，使得二者能够兼顾、协调、持续地发展。

拓展阅读

通过改革创新更有效地应对突发事件、保障基本权利、约束公共权力

五、行政应急行为的设定与分类

（一）行政应急行为的设定

行政应急行为的设定，即哪一层级的法律规范可以授权行政主体作出行政应急行为。一般认为这应当属于宪法和法律的保留事项，即除非宪法和法律有规定，行政机关不得自行授权作出行政应急行为。具体地讲，对行政应急行为的设定必须包括条件的设定，主体的设定，内容（即行为方式、手段和措施）的设定，权力边界的设定和程序的设定。此外，还应就监督与救济作出安排。

行政应急行为的设定有三种方式：一是在立法中就行政应急行为的条件、主体、内容、程序等事项作出具体的规定，这是广泛适用的方式；二是采取确认和宣布进入应急状态的办法，决定执行应急状态下的法律规范，或对紧急状态下某些事项作出统一具体的规定，如宣布公民某些权利受到限制，或对行政机关作出某些特别授权等；三是授权行政机关判断和确认紧急状态，由行政机关在自身权

限范围内决定采取行政应急行为。

（二）行政应急行为的分类

行政应急行为可从两个方面加以分类：一是横向上，可以按照突发公共危机事件的分布领域，划分为突发自然灾害的行政应急行为、突发事故灾难的行政应急行为、突发公共卫生事件的行政应急行为、突发社会安全事件的行政应急行为，以及突发环境综合事件的行政应急行为等；二是纵向上，可以按照突发公共危机事件的演进脉络，划分为预防监测阶段的行政应急行为、应急处置阶段的行政应急行为、紧急状态阶段的行政应急行为、评估规划阶段的行政应急行为、恢复重建阶段的行政应急行为等。两种行政应急行为各具特点，也有不同的依法约束的难度、重点和要求。

六、行政应急行为法治化的国际经验

在现代法治国家，为防止突发事件的巨大冲击导致整个国家生活与社会秩序的全面失控，需要运用行政应急权力并实施应急法律规范，来调整紧急情况下的国家权力之间、国家权力与公民权利之间、公民权利之间的各种社会关系，以有效控制和消除危机，恢复正常的社会生活秩序和法律秩序，维护和平衡社会公共利益与公民合法权益。简言之，应急管理加上利益平衡，就是应急法制的基本功能。应急法制是一个国家制定或认可的调整因突发事件及其引起的紧急状态而产生的国家权力之间、国家权力与公民权利之间、公民权利之间关系的法律规范的总和，是一个国家法律体系的组成部分。我国的行政应急法制建设可研究借鉴国外应急法制建设的经验。

当今世界，人类社会面临的发展机遇增多，也面临更多更大的挑战，各国都受到突发事件及其导致的公共危机的困扰，如何进行有效的应对已成为各国的共同难题。“它山之石，可以攻玉。”① 以下是对一些国家的危机管理体系和应急法制建设的考察研究，可供我国应急法制建设借鉴和参考。

1. 应急法律规范的专门化、体系化。一些国家拥有一部统一的紧急状态或危机管理的法律，规定宣布紧急状态的权力行使主体、程序，对公民权利的限制以及权利救济等内容，是应急法制领域中的“基本法”，能够在紧急状态下有统一的指挥机制及程序规范。除了统一立法之外，一些国家还针对各种具体的紧急情况制定各类单行法。

2. 应急机构人员的专门化、专业化。设置专门的危机管理体制和机构主要有如下几种模式：一是美国的联邦紧急事务管理局模式；二是俄罗斯的紧急情况部

---

① 《诗经·小雅》。

模式；三是新加坡在国内事务部之下设立民防部队的模式。不管是哪一种模式的国家，大多有一个专门从事危机管理的政府机构作为核心。例如，加拿大从联邦到联邦成员，再到地方，都设立了专门的机构（核心是关键基础设施保护与危机准备局），进行紧急事态的处理工作；美国自“9·11 事件”以后在危机应对机构设置方面出现了新的趋势，在中央设立更高层次的、统一的、实体性的危机管理机构，如国土安全部。公共危机管理人员的专业化是与公共危机管理机构的专门化紧密联系在一起的。例如，瑞士国家应急中心是瑞士联邦应对各种类型突发事件的专门技术中心，现有工作人员都具有某一方面的技术或专长，是物理、化学、地理、测量、气象、能源或通信等方面的专业技术人才。

3. 危机管理体系出现多元化、立体化、网络化的发展趋势。许多公共危机不是某一个部门或机构，诸如警察、消防或医疗机构单独可以应对的，它们需要来自不同部门和机构的联合与协调，故须以多元化、立体化、网络化的管理体系来应对危机。以瑞士国家应急中心为例，该中心的运作往往不是独立进行的，而是通过直接的沟通渠道与国家的一些部门、机构，如核电站、州警察指挥中心、瑞士广播公司的地方播音室等合作，其运作网络分为国内和国际合作两个方面。

4. 危机管理中的行政应急行为程序规范化、制度化、法定化。实体公正难以预期，程序公正更为关键。从各国危机管理实践中可以看出，行政应急行为都有相应的法律规范作为依据和准则，行政机关制定的政策、采取的措施须有议会的立法作为根据，这有利于保证行政应急行为的正当性和高效性。从立法的内容上看，一般包括行政机关处置突发事件的权力来源、内容、行使权力的程序、对公民权利的限制和救济、议会的监督权等。例如，《加拿大危机法》《澳大利亚危机管理法》的规定。①

5. 危机预警与化解机制、资源储备与调动机制的逐步完备。危机预警以及危机管理准备是整个危机管理过程的第一个阶段，做好这一阶段的工作有利于预防和避免危机事件的发生。在某种程度上，危机状态的预防比危机事件的解决更有意义，因为可以避免社会财富的浪费，节省人力、物力、财力，有效地保障社会秩序的稳定。因此，各国都非常重视作为危机管理基础的危机预警机制。例如，法国特别强调预防原则，遵循预防原则是政府的职责。美国著名的联邦应急计划也规定了在预警无法避免危机的情况下，针对突发事件和紧急状态如何调动资源、化解危机。

---

① 在危机管理中难免发生一些错误，作出一些违法或不适当的行为，造成一些损失或损害，那么相关机构和人员要不要承担法律责任，国家是否要给受到损失的人予以补偿，对此，《加拿大危机法》从四个方面作出了规定：一是法律责任，二是补偿机制，三是讼争制度，四是支付办法。

6. 民间力量参与公共危机管理。在危机管理领域，行政机关在掌控资源、人员结构、组织体系等方面虽有优势，但不可避免地存在局限性，因此不管是在危机预警、危机准备阶段，还是在危机发生后的灾难救助和恢复重建阶段，都应积极吸纳和发挥民间力量的作用，提高危机处理效率。例如，在新加坡，民防志愿者的参与受到高度重视，5 万多名民防志愿者接受过基本的民防技术培训，根据所在地区编成若干小组，一旦国家发生灾难或战争，即可转为全职民防职员和国家公务员。又如，在瑞典，私人组织的参与被认为是必需的，私人组织的代表必须参与到危机规划和预防阶段中来，这一合作被称为“PPP”——“公私合作”（Public-Private Partnership）。在美国，更是将政府与红十字会等非政府组织以及其他私人组织的合作纳入联邦应急计划。这些都是 20 世纪后期日益发展起来的行政民主化潮流带来的变化和要求。

7. 危机防范意识和能力的培养、防范措施的改善及其制度化。在全社会树立正确的危机防范意识，是形成完善的危机管理体系的关键之一。实践证明，不论行政公务人员还是普通社会公众，如果能够具备较强的危机防范意识和能力，那么在应对公共危机时就能够减少损失并减轻社会震荡。而危机防范意识和能力的培养除了平时的宣传教育以外，规范化、制度化、法定化的危机演习是必不可少的。从国外情况来看，日常的情景训练和危机应对演习，对于提高危机管理效率、减少危机带来的损失、提高政府威信都具有重要作用。这种演习是经常化、制度化、高效化的，并写入有关危机管理立法中。例如，在日本这样的灾难频发国家，多方合力并经常性地组织各类灾难预防训练，是政府的职责和公民的义务，也是各类学校、机关、企业和社会组织的常设必修课。①

第二节 行政应急的实施

一、实施行政应急行为的条件

启动行政应急行为必须有两个基本条件：一是必须有法的规定；二是必须有法定的实施行政应急行为的情形出现，即要有明确的紧急状态、紧急事件发生。在不能满足上述两个基本条件的情形下，如果确有对现行法律规范进行突破的必要性，则必须由有权的国家机关作出决定，才可以启动行政应急行为。在没有法定情形的条件下，如果根据行政管理的需要，确须对《行政处罚法》的某项规定作出突破，则必须由全国人大常委会作出决定。否则作出的行政行为就不是行政

---

① 参见莫于川：《国外应急法制的七个特点》，《中国应急管理》2007 年第 3 期。

应急行为，而是违法的行政行为。

二、实施行政应急行为的主体

实施行政应急行为的主体必须由法律规范作出规定或由有权机关决定，否则行为即构成违法或无效。其中首要的是行政应急行为的责任主体，主要是指各级人民政府和有关行政机关，其组织机构必须健全、工作人员必须到位、有关职责必须法定、应急预案必须完善；其次是参与主体或配合主体，主要是各类企事业单位和社会组织，包括应急志愿服务组织及广大人民群众，其应尽到社会责任和委托责任，成为行政机关的应急管理伙伴和助手。

三、实施行政应急行为的方式

根据适用领域、适用对象、适用目的和适用阶段的不同，行政应急行为可以表现为不同的方式。例如：（1）针对自然灾害的应急措施，针对事故灾难的应急措施，针对突发公共卫生事件的应急措施，针对突发社会安全事件的应急措施，针对综合环境灾害的应急措施；（2）针对风险因素的防控措施，针对特殊矛盾的防控措施，针对特定组织机构的防控措施，针对特定人群的防控措施，等等；（3）应对突发事件实施危机管理的专门处置措施，包括作出行政决策，制定和发布决定、命令，采取紧急征收征用、行政强制、行政指导、行政调解行为，等等；（4）危机不同发展阶段的预防控制措施、技术监测措施、物资储备措施、能力演练措施、危机处置措施、损害评估措施、恢复重建措施，等等。

四、实施行政应急行为的程序

如前所述，行政应急行为的表现方式种类多样，难以在立法中对一切行为程序预先作出统一规定，但对必要程序还是应当提出基本要求。例如，紧急状态的确认和宣告程序即必要程序，应急预案的制定也应当在设计行政应急行为程序时予以考虑。

行政应急程序不同于一般行政程序。在公共危机情况下，根据行政应急管理的需要，行政机关可以灵活确定作出行政决定、制定行政规范、实施行政指导、履行行政协议等行为的程序，变通或者省略一般行政程序的某些方式、步骤、顺序和时间等方面的要求，但必须保留表明身份、说明理由、准予司法复审等最低限度的程序要求。

需要指出的是，为防止行政恣意和滥用权力，现代行政法治对行政应急行为提出了现实性、专属性、程序性、适当性的要求，行政应急程序的运用需要有相应的法律约束和救济机制作为保障。换言之，行政应急程序的特殊性还表现在非常态下行使行政应急权力过程中的程序要求并非一味放松、放弃，针对一些特殊情形甚至会有一些特殊的更高的程序要求，如对某些政令和措施的出台设置更高的事中或事后审查程序要求。① 行政机关及工作人员不得以执行行政应急程序为由超越职权和滥用职权。在突发事件导致的公共危机消除后，必须且能够补办行政应急程序手续的应补办。由于实施行政应急程序，对行政相对人的合法权益造成特别损害的应予以补偿。

行政应急程序适用范围主要有四个方面：一是全国或部分地区被依法宣布进入紧急状态时，行政程序不得与紧急状态时实施的特别法律相抵触，应当适用特别法律、法规规定的程序；二是因重大突发事件导致公共危机时，法律、法规对行政程序有特别规定的，执行特别规定；三是因重大突发事件导致公共危机时，法律、法规没有特别规定，而执行一般程序又不能适应行政应急的需要时，为维护社会秩序和公共利益，保障行政相对人的合法权益，报国务院批准，执行应急行政程序；四是法律专门规定适用应急程序，如《行政强制法》第 19 条规定："情况紧急，需要当场实施行政强制措施的，行政执法人员应当在二十四小时内向行政机关负责人报告，并补办批准手续。行政机关负责人认为不应当采取行政强制措施的，应当立即解除。"

五、实施行政应急行为的依据

我国的应急管理起步晚、起点低，相应的法律法规的制定也较为迟滞，但在 2003 年防治"非典"之后，国务院和地方各级政府纷纷开始制定应对突发事件的规范性文件。2006 年 1 月，国务院正式发布了全国应急管理体系的总纲领——《国家突发公共事件总体应急预案》；2007 年，国家高度重视突发事件应对法制建设，在已经制定的应对突发事件的法律、行政法规、部门规章的基础之上，正式颁布实施了《突发事件应对法》，这一在我国应急管理法制建设中被视为里程碑的法律对于有效预防和减少突发事件的发生，减轻和消除突发事件引起的严重社会危害，保护人民生命财产安全以及维护国家安全、公共安全、环境安全和社会秩序具有重大而深远的意义。目前，国家已相继制定了 70 多部应对自然灾害、事故灾难、突发公共卫生事件和社会安全事件的单行法律和行政法规，如《防震减灾法》《安全生产法》《防汛条例》等，一些地方也出台了相应的地方性法规和地方政府规章。以我国《突发事件应对法》为核心、相关单项法律法规加以配套所确定的应急管理体系的不断完善，标志着我国应急管理工作逐步进入了制度化、规

① 参见莫于川：《建议在我国行政程序法典中设立紧急程序条款》，《政治与法律》2003 年第 6 期。

范化、法治化的轨道。[1]

不难看出，随着应急法制建设的不断推进，我国已有一系列与处理突发事件有关的法律、法规，各地根据这些法律、法规又颁布了适用于本行政区域的地方立法，从而初步构建起了从中央到地方的突发事件应急处理法律规范体系，主要包括战争状态法律规范、一般的危机情况法律规范、恐怖性突发事件法律规范、骚乱性突发事件（群体性突发事件）法律规范、灾害性突发事件法律规范、事故性突发事件法律规范、公民权利救济法律规范等。不言而喻，突发事件应急法律规范体系确立后，还需要相应的法律规范实施机制和制度相配套，才能有效地发挥其应有作用。

自 2008 年 10 月 1 日起施行的《湖南省行政程序规定》第五章第五节名为“行政应急”，共有 8 条（第 122—129 条），主要包括适用条件、应急预案、监测预警、应急处置程序、告知等程序义务、停止应急措施、适当性要求、专业支持、专家作用、信息报告和公开、公众参与、财产征用等行政应急行为与程序制度，其在地方政府规章层面首次对行政应急行为及其基本程序制定了比较完整的法律规范，受到各方高度重视，值得研究借鉴。

第三节　我国行政应急法制的完善

一、行政应急行为监督与救济的现状

行政应急行为的监督与救济是一个难点。这是因为，在突发事件和紧急状态下，必须赋予行政主体更充分的权力，以保证其有效地应对突发事件和紧急状态。但是，权力越大，监督与制约的难度也就越大。而且，行政应急行为种类多样，事前难以预料，这也决定了监督与制约难度很大。没有监督的权力必然引起腐败，相应地，引发的事后救济问题也会很多。无论司法审查还是国家赔偿，都会面临案件数量大、取证难等问题，很难实现有效救济。

但是，监督与救济仍然是行政应急行为研究的重点。没有对权力的监督与权利的救济，也就没有法治。行政应急行为监督的重点应当有二：一是滥用职权，主要是行政主体作出行政应急行为的目的是否合理与正当；二是违反法律规定，主要是主体是否恰当，是否存在越权、滥权、程序违法等问题。此外，行政应急行为监督还应当兼顾比例原则，即行政行为对公民权利构成的侵害是否控制在必

---

① 参见全国干部培训教材编审指导委员会组织编写：《突发事件应急管理》，人民出版社、党建读物出版社 2011 年版，第 16 页。

要的幅度内，但这是比较难以实现的。针对行政应急行为的违法侵权风险，必须完善有关的权利救济法律规范和具体制度。涉及行政相对人的合法权益因行政应急行为受到损害之后的各种补救机制，主要包括行政复议、行政诉讼、国家赔偿和补偿方面的法律规范和具体制度。这些都需要通过立法和修法进一步加以完善。

二、我国行政应急法制的完善路径

从总体上说，我国已在构建应急法律体系方面具有一定基础，这主要表现在现行宪法、法律、法规中已有一些应急法律规范，这为应对突发事件带来的社会危机，依法实施有效的危机管理，提供了一定的法律保障。① 但是，相对分散、不够统一的应急法制还存在不少问题，如某些领域的应急法律规范仍不健全，一些应急法律规范可操作性不够强，许多应急法律规范执行不到位，行政应急法制的实施环境有待改善，等等。鉴于此，需要采取如下完善措施：

拓展阅读

中华人民共和国突发事件应对法

1. 在一些空白领域抓紧制定应急法。首先是制定单行应急法。一方面是抓紧制定《紧急状态法》，以填补应对灾难性突发事件的依据空白，在该法中对权力来源和内容、行使权力的程序、对公民权利的限制和救济、监督权等进行规范。② 另一方面是尽快制定《反恐怖主义法》，对工作机构与职责、安全防范、情报信息与调查、应对处置、恐怖活动组织和人员的认定、反恐怖主义国际合作、保障与监督以及法律责任等内容进行立法。③ 其次是对一些领域的比较成熟的应急预案进行立法，改进预案的内容，完善应急预案的修订程序，以法的强制力强化预案的系统性、联动性、前瞻性和责任性。权力机关进行上述立法的前提是要加大对应急管理和法制的系统把握，理论界对风险与应急也要有深入的探究。在立法中，不仅要考虑抑制风险的合理合法性和最小限度成本（比例原则），还要考虑抑制风险措施的危险性（预先衡量义务）以及防患于未然的制度设

① 例如，在2003年“非典”危机期间，以仅25天的超常规速度紧急颁布施行了《突发公共卫生事件应急条例》。

② 2008年的南方大雪灾就为立法机关启动紧急状态立法程序提供了契机。参见王露：《“应加快研究紧急状态立法”——清华大学公共管理学院公共政策研究所副所长彭宗超》，《21世纪经济报道》2008年1月29日。

③ 让人欣喜的是，2014年10月27日，第十二届全国人大常委会第十一次会议审议了《中华人民共和国反恐怖主义法（草案）》，对有关反恐怖主义工作机制责任和安全防范、情报信息、应对处置等手段及措施作了规定。参见包瓴瓴：《郎胜作关于反恐怖主义法草案的说明》，载中国人大网 http://www.npc.gov.cn/npc/xinwen/tpbd/cwhhy/2014-10/27/content_1882958.htm，访问时间：2014年11月13日。

计；不仅要关注财富的分配方式，还要关注风险的分配方式；为了防止临机应变的裁量权被滥用，要特别强调分权制衡以及公正合理的程序，并预设事后审查和矫正的制度通道；为了防止以偏概全的失误，要特别尊重少数意见和反对意见的自由表达，并使各种替代性方案能够有保留和重新考虑的机会。①当然，对已有的应急预案进行修订并完善管理机制也非常必要。②

2. 提升应急管理立法技术，增强可操作性。部分已有应急法律规范的操作性不强，反映出我国当前有关应急管理的立法技术不高。例如，现有法律对应急管理进行目标性宣示的多，具体操作的少；上位法的立法内容缺乏明显授权，导致下位法权限不清、职责不明；同位法之间存在交叉、重复和空白状况。为提高应急管理立法的理论支撑，还要开展应急管理学术研究，加强培养应急专业人才，充实行政机关的智库资源，这是当下应注重运用的重要策略。③

增强可操作性的另一路径，是就《突发事件应对法》出台相应的实施细则。明确军队等武装力量在应对突发事件中的地位和作用、地方政权无法行使应急职权时的补救性规则以及网络在应急工作中的作用④，就应急预案的制定程序、制定标准、演练评估、修订完善等具体标准以及启动条件、部门职责等核心内容作出详细规定，避免出现一旦爆发突发事件，只能依靠临时搭班子或者依靠领导高位协调等被动情形出现。实施细则要将《突发事件应对法》所规定的预防为主的理念贯彻到具体措施中，对应急资金的保障、专业救援力量的组建与培训、应急物资的储备以及应急宣传教育的频次作出合理安排，进行必要的硬性约束。此外，中央政府要加强对地方制定《突发事件应对法》实施办法的检查与督促，地方立法的重点是因地制宜地制定突发事件应对的程序性规范，详细明确本地区各级主体实施应急管理的步骤、过程和方式，而不是对该法已确定框架的简单复制。

3. 增强应急管理中的法治思维。应急管理实践表明，应对突发事件关系到政治、经济、文化、科技和社会等众多领域，涉及治安、刑事、卫生、环境、防震、防洪、消防、劳资、民族、宗教、军事、外交、舆论、事故、国家安全等多方面内容，这些领域涉及不同学科的知识，涉及对人之基本权利侵犯强度不一的应对措施。应急法制作为一种非常态法制，具有内容和对象上的综合性、适用上的临

---

① 参见季卫东：《通往法治的道路——社会的多元化与权威体系》，法律出版社2014年版，第72—75页。

② 例如，国务院办公厅发布的《突发事件应急预案管理办法》（国办发〔2013〕101号文）、国家安全生产监督管理总局发布的《生产安全事故应急预案管理办法》（安监总局令〔2016〕第88号），就是近年来政府机关和职能部门在修订应急预案和健全应急预案管理法制方面作出的努力。

③ 参见张乘祎：《我国应急管理行政立法的进路》，《法制日报》2014年4月30日。

④ 参见李学同：《我国应急法制建设中的问题与对策研究》，《理论前沿》2009年第1期。

时性和预备性、实施过程中的应急性等特点①，如果处理不好国家权力之间、国家权力与公民权利之间、公民权利之间在突发事件应对过程中的权利义务关系（职权职责关系），不按照比例原则约束行政应急权力，不以正当程序规制行政应急活动，仅仅以强化政府应急能力为目的来设计应急管理法律制度，就可能导致权力的滥用和对人权的践踏。因此在行政应急管理中，尤其要注重各级政府和部门以及应急管理工作人员的法治思维，通过法治思维来统筹应急管理的技术与方法，作为设计预防和应对突发事件的方案、措施和制度的依据，消弭突发事件的影响。需要指出的是，应急法治思维的培育，不仅需要平时的宣传教育，规范化、制度化、法定化的应急演练及演习也必不可少。从国外情况来看，日常的情景训练和危机应对演习，对于提高危机管理效率、减少危机带来的损失、提高政府的威信都具有不可估量的作用。② 因此，要加强科学性、规范化、制度化的应急法治思维培育和技能演练，以提升应急法律规范的执行力度。

思考题：

1. 如何理解行政应急行为的特征？
2. 如何理解行政应急性原则？
3. 如何理解行政应急的程序？
4. 如何理解实施行政应急行为的依据？
5. 如何理解应急法制的完善？

---

① 参见马怀德：《完善应急法制为构建和谐社会奠定制度基础》，载《应急管理法治化研究》，法律出版社2010年版，第5—6页。

② 参见莫于川：《公共危机管理与应急法制建设》，《临沂师范学院学报》2005年第1期。

第十二章　行政程序

程序是法治的基石。法律程序通常被视为人治与法治的分水岭，是法治进步的时代标志和基本推动力。程序的控权作用受到推崇，通过程序控制权力是人类社会的重要经验。程序对人权的保护效应为人称道，尤其是程序性权利对行政相对人主体地位的体现和维护，能够产生权利保障的多重效应。行政权力应当在法治轨道上运行，行政权限、行政程序、行政责任等是法治轨道最基本的部件，行政程序铺筑了行政法治轨道的路基。行政程序法治旨在实现对行政行为的规范和控制，确保法律正确、及时和有效实施，维护公共秩序和公共利益，保障公民、法人和其他组织的合法权益。无论行政立法、执法、司法行为，还是行政决策、执行、监督活动，都与不同的程序相关联。可以说，没有行政程序，就没有行政行为。行政程序既有制度化程度高低的不同，更有正当性足够与否的差别。按照正当程序原则构建行政程序制度，推进行政程序法典化，是行政程序制度完善和发展的必然选择。

第一节　行政程序概述

一、行政程序的概念与特征

（一）行政程序的概念与意义

行政程序是指行政主体的职权行使所涉及的主体、环节、步骤、方式、顺序、期限、信息等诸项因素及其制度化的组合。它保证了行政行为具有过程性、行政过程具有开放性、行为过程具有正当性。显然，仅从行政主体的角度定义行政程序，不能完整地表述行政程序的内涵与意义，因为行政程序还是行政相对人主体性的基本保障，比如，行政主体对行政相对人实施行政处罚，必须听取行政相对人的陈述和申辩。行政程序甚至还是专家与公众参与行政过程的重要支撑，比如，重大行政决策必须经过专家论证和社会公众参与环节。

行政程序涉及的因素很多，既有空间因素、时间因素，也有主体因素和其他因素，比如信息因素、顺序因素、方式因素等。关于时间因素，除一般的期间规定、期间顺延制度、期间延长制度外，还有时间禁止制度，比如，根据我国《行政强制法》第 43 条第 1 款规定，除情况紧急外，行政机关不得在夜间或者法定节假日实施行政强制执行。关于主体因素，除了适格的行政主体、行政相对人以外，还有各类行政程序参加人。比如，我国《治安管理处罚法》规定的暂缓执行行政拘留的担保人、询问不满16周岁的违反治安管理行为人时必须在场的监护人等，就是公安机关暂缓拘留、调查询问行为程序中的主体因素。我国有些地方的行政程序立法，如《湖南省行政程序规定》等，专门规定了行政程序主体，不仅包括行政机关、法律法规授权组织等，还包括行政程序当事人和其他参与人。关于信息因素，信息制度是行政程序制度的有机组成部分并且自成体系。除了信息公开，还有信息对称。信息公开是行政程序民主性的体现，而信息对称是行政程序公正性的表现。关于顺序因素，除“先调查取证再作出决定”的一般顺序制度外，还有类似“先来后到”的特殊顺序制度，体现了顺序制度的公平性、合理性，比如，我国《行政许可法》第57条规定：“有数量限制的行政许可，两个或者两个以上申请人的申请均符合法定条件、标准的，行政机关应当根据受理行政许可申请的先后顺序作出准予行政许可的决定。”关于方式因素，除合理选择方式外，特别强调禁止不合法方式，比如，我国《行政强制法》第51条第3款规定：“代履行不得采用暴力、胁迫以及其他非法方式。”

优化行政程序各要素及其组合，保障行政相对人参与，促进行政效率的提高和行政正义的实现，充分体现行政程序的价值作用，是行政程序法治化的基本诉求。

（二）行政程序的特征

1. 法定性与正当性。不是所有的行政程序都必须法律化。行政主体的一般管理工作程序、规范行政主体内部关系的程序等，可以在一般意义上强调制度化，而非都上升到法律层面。法定性是制度化的最高形式，行政主体实施行政行为所遵循的程序必须是法律程序，这是行政程序的外在特征。重要的行政法律程序必须贯彻公开、公平、公正原则，这是行政程序的内在品质。以行政正义为主旨的行政程序必须实现外在法定性特征和内在正当性品质的有机结合。

2. 空间性与时间性。行政主体实施行政行为不可能一蹴而就，行政行为需要分环节、有步骤、采取一定方式、持续一定时间地展开，构成一个由主体、环节、步骤、顺序、期限、信息等要素组合的过程。一般说来，环节、步骤、方式等构成了行政程序的空间表现形式，时限、期间、顺序等构成了行政程序的时间表现形式，科学合理的行政程序应当实现空间表现形式与时间表现形式的有效结合。“正义要以看得见的形式实现”从一定意义上说明了行政程序空间要素的价值，“迟来的正义不是正义”从一定意义上说明了行政程序时间要素的价值。

3. 权力性与权利性。行政程序是关于行政权力运行的主体、环节、步骤、顺序、期限、信息等要素的组合，它以维护和保障行政主体及其行为的规范性、公正性、权威性和有效性为主旨，体现了行政程序权力性特征；同时，行政程序又发挥着维护行政相对人知情、陈述、申辩、质证等程序性权利，保障行政相对人参与行政的功能，这是行政程序权利性的体现。符合法治要求的行政程序应当实现权力与权利的平衡。

4. 行政性与司法性。行政程序不同于诉讼程序，诉讼程序具有完全司法性，而行政程序不可能也不需要具有完全司法性。一般说来，行政过程是行政主体主导的过程，其突出特征是行政性。行政裁决、复议等特别行政行为通常被视为“准司法行为”，其程序具有“弱行政性”或者说“强司法性”。行政性明显的行政处罚、许可、强制等行政行为因为引入司法性的听证程序，逐步实现了行政性与司法性适度结合的行政程序制度改造。

二、行政程序的类型

行政程序不同于立法程序、司法程序。立法程序是国家立法机关行使国家立法权制定法律所遵循的程序，司法程序是国家司法机关行使国家司法权审判案件所遵循的程序。行政立法程序就是行政机关制定行政法规、规章所遵循的法律程序。我国行政法规、规章制定程序比较接近于立法程序，但实质上它们属于行政程序范畴。行政司法程序是行政机关依法化解与政府职能或行政权行使密切相关的纠纷所遵循的程序，比如行政裁决、复议程序，比较接近于司法程序，但实质上它们属于行政程序范畴。除此之外，行政程序依不同标准还可作出其他分类。

（一）外部行政程序与内部行政程序

外部行政程序是指调整和规范行政主体与行政相对人之间程序关系的规定。其主要特征是必须有行政相对人的参与，对行政相对人权益能够直接产生影响，如行政处罚调查程序。内部行政程序是指调整和规范行政主体之间或行政主体内部程序关系的规定，不需要行政相对人的参与，也不直接对行政相对人权益产生影响，比如，行政处罚过程中的自行回避程序。我国《行政许可法》第43条规定：“依法应当先经下级行政机关审查后报上级行政机关决定的行政许可，下级行政机关应当自其受理行政许可申请之日起二十日内审查完毕。”一项行政许可需要先经下级行政机关审查后报上级行政机关决定，这就属于内部行政程序。

内部行政程序规范行政主体之间的关系，包括上下级关系、同级关系、不同地域行政主体之间的关系，以及相应的授权制度、委托制度、管辖制度等。内部行政程序虽然不直接涉及行政相对人的权利义务，但可能间接地影响着行政相对人的权利义务。区分外部行政程序与内部行政程序的意义在于，既要注意外部行政程序内部化现象，避免行政程序公开性和开放性的弱化，防止弱化行政相对人程序性权利，又要注意内部行政程序外部化现象，避免行政程序烦琐性、重叠性的强化，防止强化行政相对人程序性义务，增加行政相对人的负担。

（二）正式行政程序与非正式行政程序

正式行政程序是指法律规定的具有强制约束力的行政程序，违反正式行政程序规定可能对行政相对人合法权益产生实质影响，这直接关系到行政行为的合法性。与此相对应，非正式行政程序是指强制约束性较弱的行政程序，如果不遵守非正式行政程序并不会对行政相对人合法权益产生实质影响，也不会完全否定行政行为的合法性。具有较强约束性的正式行政程序与约束性较弱的非正式行政程序，对于行政相对人参与行政的方式和程度要求不同。

正式程序与非正式程序的约束性差别主要体现在两方面：其一，是否为必经程序；其二，程序结果的效力强弱。一般说来，通过正式程序获得的证据材料等通常是行政主体作出行政行为的直接甚至唯一依据，而通过非正式程序获取的证据材料等在行政主体作出行政行为时只作为参考。以听证程序为例，在行政立法和决策过程中，听证程序不是必经程序，可以由立法论证、决策咨询等程序替代，听证结果也不具有强制约束力，只是作为立法和决策的参考。与立法和决策听证程序相比较，行政许可、行政处罚中的听证程序则属于正式的听证程序。

（三）普通行政程序与简易行政程序

普通行政程序是指行政主体行使行政职权应当遵守的基本程序，是行政程序中最完整的程序，又称为标准行政程序。而简易行政程序是对普通行政程序的简化，是指行政主体对事实清楚、情节简单的行政事务给予简便处理的程序，主要特点是简便易行，是当时、当场即可完成的程序。比如，我国《行政处罚法》规定了行政处罚的普通程序和简易程序，普通程序包括立案、调查、决定、执行等环节，还可能包括听证程序，而简易程序又称当场处罚程序。

简易程序须遵循“简约但不简单”的原则，必须制度化，包括当场决定制度、案件或事项备案制度、简易程序格式化制度等。我国《行政处罚法》规定了行政处罚简易程序，一些地方的行政程序立法还规定了行政执法简易程序。比如，《湖南省行政程序规定》第 88 条第 1 款规定：“行政机关对适用简易程序的事项……当场听取当事人的陈述与申辩。”第 89 条规定：“适用简易程序的……应当报所属机关备案……行政执法决定可以以格式化的方式作出。”适用简易程序必须具备法定情形并且符合正当程序的底线要求，包括自己不能做自己的法官、听取行政相对人陈述和申辩、说明理由与依据等。

（四）一般行政行为程序与特别行政行为程序

一般行政行为程序是指行政主体实施行政处罚、许可、强制、征收等行政行为所遵循的程序。特别行政行为程序是指行政主体实施行政合同、指导等行政行为和行政裁决、复议等裁判型行政行为所遵循的程序。在一般行政行为与特别行政行为区分的问题上并没有形成理论共识，因此在行政程序立法实践上也表现不同。比如，《湖南省行政程序规定》第五章“特别行为程序和应急程序”规定了行政合同、指导、裁决、调解等特别行政行为程序。《山东省行政程序规定》也规定了行政合同、指导、裁决、调解等特别行政行为程序，除此之外，还将行政给付程序纳入了特别行政行为程序范畴。

一般行政行为程序因为行政处罚、许可、强制等行为的高权性而特别强调程序的行政主导性和规范严谨性，高权性行政行为在程序上更加注重法律保留、比例原则的要求。特别行政行为程序因为行政指导、行政合同等行政行为的低权性而特别强调程序的参与性和灵活性，又因为行政裁决、复议等行政行为所具有的裁判性而更加强调程序的司法性，同时，特别行政行为因为容易实现行政相对人的参与而更加强调诚实信用、信赖保护、行政参与和公正原则的要求。

（五）抽象行政行为程序与具体行政行为程序

抽象行政行为程序是规范行政主体抽象行政行为的程序，即行政主体实施具有普遍效力的行政行为所遵循的程序，包括制定行政法规、行政规章和其他行政规范性文件等所遵循的程序，作出行政决策所遵循的程序。比如，重大行政决策必须经过公众参与、专家论证、风险评估、合法性审查、集体讨论决定等环节。具体行政行为程序是规范行政主体具体行政行为的程序，即行政主体作出影响特定行政相对人权益的行政行为所遵循的程序，包括行政处罚、许可、强制等所遵循的程序，以及行政合同、指导、裁决等所遵循的程序。

具体行政行为程序直接关系到行政相对人的权益，具体行政行为程序违法将对行政相对人权益产生不利影响，是行政行为违法的主要表现之一。因此，行政程序法治的重心是具体行政行为程序。尽管违反抽象行政行为程序不会直接对行政相对人权益产生影响，但因其广泛的社会危害性，应当将其纳入行政程序法治的范围。

三、行政程序的功能

行政程序所追求的价值包括民主、公正、经济、效率等。行政立法程序突出民主价值要求，行政司法程序突出公正价值要求，行政执法程序突出效率价值要求。现代行政程序制度完善和发展的重要标志是形成了完整的行政程序价值体系，包括促进民主、保障权利、控制权力、实现正义以及保障效率。

（一）促进民主

行政程序具有促进行政民主化的功能。行政民主既表现为行政立法要接受民意机关的政治控制，行政决策要接纳社会公众的民主参与，又表现为行政管理要接纳公众参与，行政执法要接受社会各方面的广泛监督。行政立法、决策、管理、执法等均应通过程序保障社会公众的知情权、参与权、表达权、监督权等民主权利，确保行政立法和决策体现民意与反映规律，行政管理和执法接纳参与与接受监督，以逐步形成民主行政和“良法善治”。

（二）保障权利

除程序对民主权利的保障、促进行政民主化以外，通过程序保护权利更多地表现为行政程序维护行政相对人主体地位和权利的功能。行政程序对行政相对人的权利保障主要体现在两个方面：一是通过行政程序抑制行政主体专横独断，保护行政相对人的实体性权利，减少和消除对行政相对人人身权、财产权和其他实体权益的行政侵害；二是通过行政程序为行政相对人程序性权利的主张和实现提供机制、方式上的保障，保障行政相对人有效地享有知情、陈述、申辩、质证、申诉等程序性权利，维护行政相对人的主体地位，通过程序性权利形成制约行政权力的制度力量，从而更加有效地保障行政相对人的实体权益。

（三）控制权力

行政程序具有规范行政活动、控制行政权力的功能。程序具有控权功能，如司法权力运作的规范性主要是通过诉讼程序实现的。通过行政程序实现对行政权力的控制已经成为世界性的经验。与更加着重于事前控制授予政府权力范围的组织法治不同，也与更加着力于事后对政府权力行使矫治的诉讼法治不同，程序法治更加强调在政府权力行使或者说行政行为过程中发挥控制规范政府权力的作用。与组织法治偏向立法作用、诉讼法治偏向司法作用不同，行政程序法治更加突出了行政相对人的地位和作用，形成了行政相对人程序性权利对政府权力的监督和制约。

（四）实现正义

正义是社会的根本价值追求和制度的精髓所在，正义亦是行政的价值追求。无论是立法正义、司法正义还是行政正义，都需要程序的支撑和保障。通过程序实现正义，是司法的基本传统和立法的重要经验，当然也是行政的最新选择。“程序正义具有独立价值”“以看得见的方式实现正义”“迟来的正义不是正义”等经典语句都传导着程序和正义的天然联系。通过程序法治维护程序正义，通过程序正义实现实体正义，通过行政程序维护行政行为的公正性，是行政正义的基本要求。

（五）保障效率

程序的传统价值之一是效率。行政程序既规范行政主体的权力行为，也对行政相对人产生约束作用，有利于减少行政主体在行政过程中的专横、无序、摩擦和争议，与行政相对人形成互动、对话、合作和共识，从而有助于快速、及时地实现行政目的。这其中就内含对行政相对人合法权益的有效保护和高效的公共服务。效率价值与民主、公正等价值存在一定的紧张关系，所以说行政效率有正效率与负效率之分。与民主、公正等同步的效率是正效率，以牺牲民主、公正为代价的效率是负效率。平衡行政程序效率价值与民主、公正价值的关系，确立和遵循提高行政效率不得违反公平原则、不得损害行政相对人合法权益等程序基本准则，消除为实现行政效率而附带的加重行政相对人义务、克减行政相对人权利等副产品、负能量，是真正的行政效率价值所在。

四、行政程序的原则

行政程序原则是指反映程序价值精神、指导程序制度规范、贯穿于行政程序规范制定和运作始终的基本准则。行政程序原则主要包括行政程序公开原则、参与原则、公正原则、效率原则，需要一系列行政程序制度加以体现和保障。

（一）行政程序公开原则

公开原则是行政程序的基本原则之一，是指行政主体实施行政行为过程的开放性和行政信息的公开性。行政公开主要包括行政过程开放与行政信息公开。开放行政过程、公开行政信息是行政相对人参与行政程序、维护自身合法权益的重要前提，也是社会公众参与行政过程、监督行政权力运行的重要基础。除非基于国家秘密、商业秘密或者个人隐私保护的特别考虑，行政过程和行政信息应当面向行政相对人、社会公众开放和公开，以利于他们获取行政信息、参与行政过程、监督行政权力，以及排除行政暗箱操作、消除行政随意性。

行政程序公开原则需要一系列行政程序制度加以保障。行政信息公开制度、行政告知制度、行政听证制度、说明理由制度、阅览卷宗制度、行政公示制度等，从不同方面体现了行政公开原则的要求。比如，阅览卷宗制度是指当事人在行政程序中了解行政主体相关信息的制度，阅览卷宗权是行政相对人的一项重要程序性权利。在行政程序中抄写、阅览或复印卷宗和有关材料，有助于行政相对人了解行政机关所收集的证据、适用的法律等，对于实现行政相对人的程序权利具有重要意义。

（二）行政程序参与原则

参与原则是行政程序基本原则之一，是指行政主体在制定规范、政策和作出行政裁决、决定过程中，为公民、法人和其他组织提供参与行政行为过程的机会和条件，以保证社会公众的民主参与权利和行政相对人的法律程序权益。行政程序参与原则有广义与狭义之分。广义的行政程序参与原则适用于立法与决策、管理与执法、监督与问责等不同的行政层面，比如，重大行政决策必须经过公众参与环节，就是行政程序参与原则的重要体现。狭义的行政参与原则是指行政相对人对行政行为过程的参与，比如，行政处罚过程中，行政相对人陈述事实、进行申辩，就是行政程序参与原则的主要表现。一般说来，行政程序参与原则主要是指行政主体在作出对行政相对人权益产生直接影响的行政行为时，为行政相对人参与行政行为过程提供充分的机会和必要的条件，以确保行政相对人能够真正享有程序性权利，维护和保障行政相对人的主体地位、独立人格和尊严，有效保护行政相对人的人身权、财产权等合法权益。

行政程序参与原则需要一系列行政程序制度加以保障。信息公开制度、行政咨询制度、听取意见制度、举报和控告制度、行政听证制度、抗辩制度、行政诉愿制度等，从不同层面体现了行政程序参与原则的要求。比如，抗辩制度是行政相对人依据事实和法律针对行政主体提出的不利指控进行反驳，以从程序上消灭或者从实体上减轻不利指控的制度。抗辩制度真正贯彻了正当程序精神，体现了行政程序参与原则，有利于规范行政权力行使，防止行政权力滥用，从根本上保障和维护行政相对人的程序性权利和实体性权益。

（三）行政程序公正原则

公正原则是行政程序基本原则之一，是指行政主体实施行政行为应当在程序上平等对待行政相对人，排除各种可能造成不平等或行政偏见的因素。从一定意义上讲，行政公正原则包含着行政公平原则。行政公平原则是指行政主体平等对待行政相对人，排除行政程序上的偏见，防止行政歧视。行政公正需要以行政公开为前提和基础，有利于维护和提升行政公信力。行政程序公正原则的基本要求包括：一是保持中立。自己不能做自己案件的法官，以去除行政过程中的利益冲突。二是公平对待。对行政相对人一视同仁，给予公平的机会、对称的信息、均衡的权利义务，做到不偏不倚，以避免偏见和歧视。三是人格尊重。公正是行政主体与行政相对人之间的关系准则，应尊重行政相对人的主体地位，允许行政相对人申辩，从而避免行政专横独断。四是行政决定应当以事实为根据，注重证据，避免行政随意，通过接近事实维护公平正义。

行政程序公正原则需要一系列行政程序制度加以保障。回避制度、审裁分离制度、信息对称制度、行政听证制度、禁止私下接触制度、行政证据制度、说明理由制度、案卷排他制度等，从不同角度体现了公正原则的要求。比如，信息对称制度是在信息公开基础上保障行政主体与行政相对人之间以及行政相对人相互之间平等共享信息的制度。行政信息公开基础上的信息对称制度，不仅有利于防止行政专横独断，也是行政程序公正原则的基本要求和具体体现。

（四）行政程序效率原则

效率原则是行政程序基本原则之一，是指行政程序诸项要素及其组合应当体现行政便捷性、便民性，以便迅速、及时和有效地实现行政目的。行政效率是行政活动的生命。全面准确地理解行政程序效率原则，就是以不损害行政相对人的合法权益为前提，尽可能提高行政活动的效率。效率原则要求优化组合方式、步骤、期限、顺序等程序要素以确保基本的行政效率。一方面，行政效率是维护公共秩序和公共利益的需要，比如，及时地制止违法行为，恢复被破坏的公共秩序。

另一方面，行政效率也同样适用于对行政相对人权益的保护，不仅表现为对违法侵害的及时排除，更表现在服务行政领域。就服务行政而言，效率原则是最基本的原则，它要求行政主体有效地回应社会公众需求，均衡和高效地实现公共服务。

行政程序效率原则需要一系列行政程序制度加以保障。简易程序制度、代理制度、文书格式化制度、行政时效制度、行政顺序制度、不停止执行制度、行政应急制度，以及电子政务制度和各种服务行政的便民制度等，都体现了行政程序效率原则。比如，文书格式化制度是指按照法定的统一格式制作行政记录，执法笔录以及鉴定、裁定等文书的制度，它不仅保证了行政行为的规范化、标准化和统一性，也是保证行政管理、执法和服务效率性的基本需要。

五、行政程序法典化

通常认为，行政法是难以制定统一法典的法，这主要是针对实体性行政法或者说行政实体法而言的，实际上也未必要制定一部包罗万象的行政法典。相对来说，既有必要也有可能实现行政程序法典化，即制定统一的行政程序法，因为对不同领域、不同形式的行政行为有共性的要求，即程序性要求。制定统一行政程序法，是法治比较发达国家和地区行政法治发展的基本经验，也是世界不同国家和地区行政法治发展的共同趋势。

（一）行政程序法典化的世界趋势

1889 年，西班牙制定了世界上第一部行政程序法，以此为起点，以 1925 年奥地利制定普通行政程序法为重要标志，逐步形成了行政程序立法的第一次浪潮。1928 年，捷克斯洛伐克公布有关行政程序的行政命令，同年波兰行政程序法生效，1930 年，南斯拉夫通过行政程序法。尽管第一次浪潮中的行政程序立法也注重保护公民在程序中的权利，并确立听证、阅览卷宗、说明行政行为理由等制度以保障公民的程序性权利，但其主要侧重于规范行政行为以提高行政效率，制约行政权力的色彩和意义不足。

1946 年，美国制定《联邦行政程序法》，以此为起点，形成了行政程序立法的第二次浪潮。奥地利于 1950 年、捷克斯洛伐克于 1955 年、南斯拉夫于 1957 年修订行政程序法，匈牙利于 1957 年、瑞士于 1968 年制定行政程序法。1976 年，德国制定《联邦行政程序法》。与第一次浪潮中的行政程序立法不同，第二次浪潮中的行政程序立法更加注重保护公民权利，扩大公民政治参与，增加行政公开透明，更多地显示了行政程序法制约行政权力的价值和意义。

20 世纪 90 年代，以欧洲、亚洲等一大批国家和地区修改和制定行政程序法为主要表现（比如，奥地利于 1991 年、西班牙于 1992 年、德国于 1992 和 1997 年修正行政程序法，葡萄牙于 1991 年、日本于 1993 年、韩国于 1996 年制定行政程序法)，以亚洲国家和地区的行政程序立法为中心，除日本、韩国制定行政程序法外，还有中国澳门、台湾地区的行政程序立法，形成了行政程序立法的第三次浪潮。第三次浪潮中的行政程序立法以保护公民权利、促进行政公开透明、制约行政权力为主要目的。

（二）行政程序法典化的多样表现

行政程序法典化的途径是多样的。在第一次浪潮中，奥地利制定行政程序法主要是通过将行政法院的判例形成的行政程序加以收集整理并法典化。由地方立法开始，逐步推进全国性行政程序立法，是包括德国在内的法治发达国家行政程序法典化的历史表现。行政程序法典化是国家立法行为，但不能忽视民间力量在推进行政程序法典化进程中不可替代的作用。

行政程序法典化的状态也是多样的。荷兰是极少数拥有行政法典的国家之一，其 1994 年的《基本行政法典》不完全是实体性规范，其中也规定了一部分行政程序规范。1946 年的美国《联邦行政程序法》几乎完全是程序性规定，以正式听证制度为核心，主要包括行政公开制度、规章制定程序、行政裁决程序和司法审查制度等，基本上为程序规范，几乎没有对实体事项的规定，比较集中地表达了行政程序法控制行政权力的精神，以及公正、民主和效能的原则，在世界范围内产生重大影响，为瑞士、日本、韩国等国家的行政程序法所效仿。1976 年的德国《联邦行政程序法》则集实体与程序规定于一体，将行政法总则的部分问题规定在行政程序法中，形成了与美国不同的立法风格，寄托了通过行政程序立法追求行政法典化的理想，对奥地利、西班牙、葡萄牙等大陆法系国家行政程序立法产生了重大影响。

（三）行政程序法典化的现实选择

行政程序法典化是指不同形式的行政行为程序规范的集合，是按照体系性、结构性、逻辑性等基本要求对行政程序规范的有机汇集。以不同行政行为必须遵循的基本程序原则为统领，以不同行政行为必须遵循的基本程序制度为基础，确立行政程序法的框架体系。制定统一行政程序法，必须首先解决行政程序内容体系，尤其要确定应否将行政实体规则、调整内部行政行为、规范抽象行政行为、调整特别行政行为、规范社会公法行为等纳入其中。

第一，行政程序法既规定行政程序规则，也应当规定行政实体规则。虽然说难以制定一部统一的行政法，但可以制定统一的行政程序法，并可以在行政程序法中明确规定成熟的行政法原则和制度。大陆法系国家和地区一直保持着在行政程序立法中同时规定行政程序规则和一定的行政实体规则的传统。以德国为代表，西班牙、葡萄牙、日本、韩国和中国台湾、中国澳门等，均在行政程序法典中规定了基本的行政实体规则。在行政程序立法中规定比例原则、信赖保护原则、行政行为的效力、行政行为成立的条件、无效行政行为的法律后果等比较成熟的行政法实体原则和制度，是行政程序法典化的一个可行选择。

第二，行政程序法既调整外部行政行为，也应当调整内部行政行为。一般认为，行政法是调整行政主体和行政相对人关系的法律规范体系，包括行政程序法在内的整个行政法主要调整行政主体的外部行政行为，同时也对内部行政行为加以规范。行政处罚、许可、强制、征收、给付等外部行政行为直接影响行政相对人的权益，需要统一行政程序加以规范。授权、委托、代理、公务协助等发生在行政主体内部的行政行为，表面上看不直接影响行政相对人的法律权益，但对行政相对人的权益能够产生实质影响。内部行政行为与外部行政行为相互关联，需要衔接和协调，如果不规定内部行政程序，将影响行政行为的逻辑和统一。

第三，行政程序法既应当规范具体行政行为，也应当规范抽象行政行为。随着行政诉讼制度的完善和发展，区分抽象行政行为与具体行政行为的法律意义已经淡化，但行政立法、决策等制定普遍性规范或者政策性规范的行为毕竟不同于行政处罚、许可、强制等适用规范的行为，其中也包括程序上的差异。行政法规、行政规章的制定程序由《行政法规制定程序条例》《规章制定程序条例》等专门立法加以规定。除行政法规，行政规章的制定外，还有大量的制定行政规范性文件的行为、行政决策行为等，它们也属于抽象行政行为范畴。以行政决策为例，不少地方立法规定了行政决策程序，如《湖南省行政程序规定》《山东省行政程序规定》等，国务院拟出台的《重大行政决策程序暂行条例》也在起草论证中。行政决策应纳入我国未来的统一行政程序法中，明确行政决策的必须环节和程序，并完善信息公开制度、政府律师制度等，确保程序的有效性。

第四，行政程序法既规范一般行政行为，也应当规范特别行政行为。行政程序法规范的重点是行政处罚、许可、强制等行政行为，又称为一般行政行为。与一般行政行为相对应的是行政合同、指导、裁决、复议等特别行政行为。特别行政行为要么具有低权性，要么具有裁判性，在程序上有不同的要求。行政程序立法在对一般行政行为程序作出规定的同时，有必要对特别行政行为程序作出规定。

第五，行政程序法既规范行政机关行为，也应当规范社会公权行为。行政程序法主要规定行政机关的行政行为，法律法规授权组织、行政委托组织实施行政行为适用同样的行政程序规范。除此之外，大量的非行政组织，如工会、妇联等群团组织，律师协会、足球协会等行业协会，村民委员会、居民委员会等基层群众自治组织，以及各类学校、社团等，它们一方面是对应着政府及其部门的行政相对人，是行政管理和行政执法中的权利义务主体，另一方面又是独立于行政、内部基本自治、对外具有公共职能的具体社会形态，是内部治理的权力责任主体，其公权行为具有与行政行为相同的原理。从规范社会公权行为的角度看，行政程序立法应当将社会公权行为程序纳入调整范围。

第二节 行政程序制度

程序法治的核心体系由根本价值观念、基本法律原则和主要制度规范构成，它们之间是密不可分的关系。行政程序制度与民主、法治、人权、正义等理念密切相关，与公开、参与、公正、效率等原则有密切联系。作为行政程序法治基石的行政程序制度，主要包括职权分离制度、行政回避制度、行政公开制度、禁止单方接触制度、行政听证制度、证据排除制度、说明理由制度、案卷排他制度、行政时效制度等。

一、职权分离制度

职权分离制度是行政程序基本制度之一，是指行政主体调查与审查、决定与裁决的职权分别由不同机构和人员行使的制度。在职能分化的基础上实现行政职责分工和职权分离，体现了分权制约理论和行政体制改革的重要方向。在广义上，职权分离以行政事务性质或管理领域不同为基础，称为完全的职权分离或者职权分立，主要体现为政府部门的划分，其中也包括行政体制改革所追求的决策、执行、监督相分离，形成相对宏观的行政分权制约体制。在狭义上，行政调查权与决定权、审查权与裁决权、决定权与执行权等相分离，属于不完全的职权分离或者相对职权分离，形成相对微观的分工制约机制。

在行政程序制度上，相对的职权分离是常态，完全的职权分离是例外。行政程序上的常态职权分离是指行政主体同时拥有调查、决定、执行、裁决等职能，但职权的内部配置和行使在不同机构和人员之间分配，如执行调查职能的人员不得参与作出决定、行政执法人员不得从事行政复议工作等。比如，我国《税收征收管理法》第 11 条规定：“税务机关负责征收、管理、稽查、行政复议的人员的职责应当明确，并相互分离、相互制约。”行政程序上的例外职权分离是指关联性很强的职能实行切割，由不同部门负责。比如，我国《行政处罚法》第 46 条第 1 款规定：“作出罚款决定的行政机关应当与收缴罚款的机构分离。”

职权分离制度的主要功效在于，防止过于集中、强势的权力破坏权利与权力的制度平衡，避免行政专横独断、滥权侵权，防止利益冲突，避免关联交易，保证行政决定或裁决的公正性，消除行政相对人和社会公众对行政偏私的疑虑，增强行政公信力。

二、行政回避制度

行政回避制度是行政程序基本制度之一，是指行政主体在行使职权过程中因存在法律禁止的身份关系或其他法定利益冲突情形，为保障程序公正而进行人员替换的制度。回避制度是一项历史悠久的法律制度。一方面，近现代行政法上的回避制度与英国自然正义原则的“任何人都不得在与自己有关的案件中担任法官”密切相关；另一方面，回避制度也是我国的一项古老的法律制度，我国历史上的回避制度就包括任职回避、地区回避、公务回避等。行政程序上的回避制度主要是指公务回避制度。其基本内涵是行政人员自己不得参与与自己有关的案件或者事项的处理，只要存在法定的身份关系和其他利益冲突情形，行政人员就应当请求回避，行政相对人也可以申请行政人员回避，行政主体应当根据请求或申请对相关人员进行替换。

我国法律法规中有大量关于公务回避的规定。比如，《行政处罚法》第 42 条第 1 款第 4 项规定，在行政处罚听证程序中，当事人有权对其认为存在偏私的听证主持者申请回避。回避制度在我国是比较成熟的一项法律制度。行政程序回避制度适用于若干法定情形，其中因特定身份关系的回避应当适用我国《公务员法》第 68 条所列亲属关系范围，包括夫妻关系、直系血亲关系、三代以内旁系血亲关系以及近姻亲关系等。根据《行政处罚法》的规定，在行政处罚过程中，主持调查的人员不得参与处罚决定的制作，这从某种意义上说也构成了行政回避的一种情形。

行政回避制度的主要功效在于，切割行政程序上的利害关系，避免利益冲突，预防行政腐败，防止行政偏见，维护行政法律程序的公正性，保障行政行为的实体公正性，维护和提升行政公信力。

三、行政公开制度

行政公开制度是行政程序基本制度之一，是指行政主体根据职权或者应行政相对人的请求，向行政相对人或者社会公众公开行政过程和政府信息，以确保他们的知情权、对行政过程的参与和对行政权的监督。现代行政贯彻公开原则，要求行政过程公开和政府信息公开。行政过程公开是指通过公开行政方式、步骤、期限、顺序等形成开放的行为过程，以防止暗箱操作，为行政相对人参与行政过程、主张程序性权利提供时空条件保障，是行政公开制度的骨架和经脉。政府信息公开则是将与行政行为有关的信息公之于众，保障知情权以促进有效的参与和监督，是行政公开制度的细胞和血液，在行政法治中具有特别重要的地位和作用。本章将专节概述政府信息公开制度。

行政过程公开既包括行政处罚、许可、强制、征收等行政执法行为过程的公开，也包括制定行政法规、行政规章和其他规范性文件及重大行政决策等行政立法和决策过程的公开，还包括行政裁决、仲裁、调解及行政复议等行政司法过程的公开。行政过程公开包括面向行政相对人的过程公开和面向社会公众的过程公开。前者主要强调保障行政相对人对行政执法行为过程的参与，保障行政相对人的法律地位和陈述、申辩、质证等程序性权利；后者主要强调社会公众对行政立法、决策等行为过程的参与和监督，比如，重大行政决策过程的公开，是为了保障社会公众参与决策过程。

行政公开制度的主要功效在于：保障行政相对人和社会公众的知情权，为参与行政和监督行政提供制度保障；消除行政信息不对称，维护行政程序的公正和行政行为的实体公正；提高行政过程的透明度，避免行政暗箱操作、权钱交易和其他利益冲突，防止长官意志、权力专断和行政腐败。

四、禁止单方接触制度

禁止单方接触制度是行政程序基本制度之一，是指行政主体在行政行为过程中不得违反程序规定私下接触行政相对人、利害关系人和其他行政程序参加人，听取单方面的陈述、接受证据，其中包括禁止行政听证主持人与行政调查人员、行政复议人员与被复议行政主体相关人员的私下接触、交换意见等。禁止单方接触制度是行政程序公正原则的基本要求。行政主体违反禁止单方接触的规定，能够引起一定的法律后果。比如，适用证据排除规则，禁止采信单方接触接受的证据。

一般说来，行政主体、行政相对人、行政行为利害关系人以及代理人、鉴定人等，都属于行政程序主体或者行政程序参加人，其在行政程序之外的任何接触，事实上都脱离了行政行为过程，将直接影响行政行为的公正性。对行政主体来讲，在行政程序外接触当事人，轻者属于失职行为，重者构成行政程序违法，甚至可以归于行政腐败范畴。私下接触、单方接触通常均属于程序外接触，在当事人为复数的情形下，需要特别强调行政主体不得私下或者单方接触任何当事人和其他程序参加人，尤其是在行政听证或行政裁决、仲裁、调解以及行政复议等行政司法活动中，更要强调禁止单方接触。在行政听证程序中，禁止单方接触制度可以视为职能分离制度的延伸，它要求听证结论所依据的事实完全来自争议各方都在场的听证，禁止在听证之外、其他当事人不在场情形下的“单方接触”。

禁止单方接触制度的主要功效在于，强化行政程序的权威性和行政过程的严谨性，增强行政行为的规范性，防止行政主体偏听偏信、先入为主，损害行政行为的公正性，降低私下交易的可能性，防止滥用权力和行政腐败。

五、行政听证制度

行政听证制度是行政程序基本制度之一，是指行政主体在制定行政规范和作出行政处理过程中，与行政相对人以及其他行政程序参加人就拟制行政规范的内容、制定依据等或者拟定行政决定的内容、事实证据、法律依据等进行说明、申明意见、辩论、聆听等活动的制度。行政听证制度包括行政规范制定听证制度、行政决策听证制度、行政处理听证制度、行政争议听证制度等。听证制度源自英美普通法中的自然公正原则，其原理是任何组织和个人在行使权力可能使他人受到不利影响时，必须听取对方意见，每个人都有为自己辩解和防卫的权利。行政听证制度是从司法听证制度中引入的，是行政程序制度中司法性最强的制度之一。

听证程序不是所有行政行为的必经程序，具有重要影响的行政行为才适用行政听证程序。比如：不是所有的行政决策都要适用行政听证程序，只有重大行政决策才可能适用行政听证程序；不是所有的行政处罚行为都要适用行政听证程序，只有在拟作出责令停产停业、吊销许可证或执照、较大数额罚款等处罚决定时才可能启动行政听证程序。这在一定意义上说明了行政听证制度的重要性。

听证程序有正式听证程序与非正式听证程序之分，其主要区别在于听证结果与行政决定的关系密切程度不同，因此也就决定了它们的具体环节、步骤、形式以及适用范围不同。我国目前听证制度存在三种状态：一是行政决策、立法中的听证，属于非正式的听证，更多的是从决策、立法民主的角度考虑；二是我国《行政处罚法》规定的听证制度，听证结果作为作出行政处罚决定的参考而非依据；三是我国《行政许可法》规定的听证制度，听证结果作为作出行政许可决定的依据。

行政听证制度的主要功效在于：为行政相对人和社会公众更加制度化和程式化地参与行政提供制度和机制保障，增强行政参与的有效性；保证行政规范和行政决定充分考虑社会公众和行政相对人的意见，增强行政决策、决定的正当性；有利于发现案件事实，剔除行政偏见，保证行政行为的公正性；增加对话和沟通，增强行政行为可接受程度，减少和防止行政争议、纠纷和冲突。

六、证据排除制度

证据排除制度是行政程序基本制度之一，是指行政主体在调查、听证等程序中对相关事实证明材料进行审查、认定，排除具有法定特征或情形的证据材料在行政程序中的证明作用的制度。证据排除制度是行政证据制度的重要内容，是基于保障行政相对人权利、规范行政权力行使、维护程序正义等考虑而必须遵守的制度规则。证据必须经过审查、认定才能确定其对相关事实的证明作用，证据审查、认定应当侧重于审查证据的来源、证据的内容和形式、证据取得的方法等，并遵循证据排除规则。

世界各国都确立了证据排除规则，但排除的范围差别很大，英美法系国家排除证据的范围一般较大，大陆法系国家排除证据的范围相对较小。证据排除规则包括非法性排除、资格排除、非原本排除、超期限排除等。非法性排除是指在行政程序中排除来源和形式非法的证据材料，排除其对事实的证明力。资格排除包括排除不具有行政主体资格的主体调查收集的证据、不具有鉴定资格或能力的主体提供的鉴定意见等。非原本排除是指不能提供原件、原物又无其他证据可以印证且有异议的证据的复印件或者复制品，不能作为行政证据。超期限排除是指无正当理由超出法定期限或者行政机关确定期限提供的证据，不应被采纳。我国目前还没有统一的证据规则，有关证据审查认定制度、证据排除规则散落在相关法律法规中。《治安管理处罚法》第 79 条规定："公安机关及其人民警察对治安案件的调查，应当依法进行。严禁刑讯逼供或者采用威胁、引诱、欺骗等非法手段收集证据。以非法手段收集的证据不得作为处罚的根据。"《行政诉讼法》第 43 条规定："以非法手段取得的证据，不得作为认定案件事实的根据。"在实践中，为促进、规范公正执法，除应当排除非法搜查、扣押的证据以及以利诱、欺诈、暴力、胁迫非法手段取得的证据材料外，应当特别强调排除在未经相对人同意或相对人不明知情况下录取的证据材料，比如以偷拍、偷录、窃听等手段获得的证据材料。

证据排除制度的主要功效在于，保证行政行为建立在"事实清楚、证据确凿"的前提下，为行政行为说明理由制度奠定基础，增强行政行为的说服力，减少和消除行政争议，提高行政权威和行政效率。

七、说明理由制度

说明理由制度是行政程序基本制度之一，是指行政主体作出涉及行政相对人权益的行政行为时必须说明事实根据、法律依据以及行政机关裁量的理由等。行政行为说明理由体现了行政行为的审慎性和说理性，防止和避免行政行为的草率、粗糙，反映了行政行为"以事实为根据，以法律为准绳"的基本要求。行政行为说明理由制度是行政程序公开、公正原则的重要体现和保障。行政主体作出行政决定，应当说明理由；行政主体作出对行政相对人权益产生不利影响的行政行为，必须说明理由。

行政机关对相对人采取措施时的说明理由义务，是法治国家行政程序最主要的制度。德国《联邦行政程序法》第 39 条规定："以书面作成或以书面确认的行政处分，应书面说明理由。官署于理由中说明其决定所考虑的事实上或法律上的主要理由。有关属于裁量决定的理由中，还必须说明行使裁量权的着眼点。"我国《行政处罚法》第 31 条规定："行政机关在作出行政处罚决定之前，应当告知当事人作出行政处罚决定的事实、理由及依据，并告知当事人依法享有的权利。"我国《治安管理处罚法》第 78 条规定："公安机关受理报案、控告、举报、投案后，认为属于违反治安管理行为的，应当立即进行调查；认为不属于违反治安管理行为的，应当告知报案人、控告人、举报人、投案人，并说明理由。”

说明理由制度的主要功效在于，将行政行为的效力和行政权威建立在行政相对人接受的基础上，增强行政行为的说理性和说服力，获得行政相对人的信服和信赖，减少和避免行政争议，也便于化解矛盾，全面提高行政效率。

八、案卷排他制度

案卷排他制度是行政程序基本制度之一，是指行政主体根据案卷记载的证据和事实作出行政决定或裁决，案卷之外的证据材料不能作为行政决定或裁决的依据。案卷是行政主体作出行政行为过程中的记录，包括证言的记录、证物、申请书和其他文书等。案卷制度包括现场笔录制度、言辞审理记录制度、案卷排他制度、案卷正副卷制度、案卷存档制度等。案卷排他制度体现了案卷的效力，是案卷制度的核心内容。

不同国家对案卷排他原则的态度不同。美国联邦程序法规定了严格的案卷排他原则，行政决定必须根据听证会的案卷作出，根据案卷之外行政相对人未知的证据材料或者未经听证会论证或质证的事实作出的行政决定无效。德国、瑞士、日本、韩国等国家行政程序法规定听证笔录对行政决定的作出有一定的约束力，作出行政决定应当斟酌听证记录但不是必须以听证记录为根据。比如，日本《行政程序法》第 26 条规定：“行政机关为不利益处分决定时，应充分斟酌笔录内容及报告书中主持人意见。”我国案卷排他制度主要应用于行政听证程序，听证程序要求制作决定的依据只能是听证记录中的事实、证据和有关材料，而不能是未经听证的其他材料。比如，我国《行政许可法》第 48 条第 2 款规定：“行政机关应当根据听证笔录，作出行政许可决定。”

案卷排他制度的主要功效在于：防止行政主观随意性，通过“用事实说话”保证行政决定的说理性和说服力；强化行政程序的严谨性和有效性，促进严格规范执法；通过证据更接近于事实真相，更准确地实现事实与法律的结合，以达到实体正义。

九、行政时效制度

行政时效制度是行政程序基本制度之一，是指对行政行为及其各个环节、步骤等施加期间限制并规定违反期间限制的法律后果的制度。行政期间制度除对作出行政行为或者完成行政步骤的限制性规定外，还包括期间届满之日遇有节假日情形的期间顺延制度以及期限延长制度等。行政时效具有法定性，一般说来，行政程序的时限必须得到严格的遵守，但在例外情况下可以变动，主要是以期限延长为主。比如，我国《行政强制法》第25条第1款规定：“查封、扣押的期限不得超过三十日；情况复杂的，经行政机关负责人批准，可以延长，但是延长期限不得超过三十日。”行政时效制度可以分为针对行政主体的行为时效制度与针对行政相对人的行政时效制度。前者如我国《行政许可法》第42条第1款规定，除当场可以作出行政许可决定的外，行政机关应当自受理行政许可申请之日起20日内作出行政许可决定；后者如我国《行政处罚法》第42条第1款规定，当事人要求听证的，应当在行政机关告知听证权利之日起3日内提出听证申请。另外，随着政府公共服务职能的增强，政府提供公共服务的标准包括大量的具体服务的时效要求。比如，《山东省行政程序规定》第10条规定：“行政机关实施行政行为，应当遵守法定期限或者承诺期限，为公民、法人和其他组织提供高效、优质服务。”

行政主体和行政相对人在法定期限内不作为，法定期满后即产生相应的不利法律后果。行政主体在法定期限内不行使权力，在法定期限外不得再行使，同时产生相应的法律后果；行政相对人在法定期限内不作为即丧失权利或者承担相应法律后果。前者如我国《集会游行示威法》第9条第1款规定：“主管机关接到集会、游行、示威申请书后，应当在申请举行日期的二日前，将许可或者不许可的决定书面通知其负责人。不许可的，应当说明理由。逾期不通知的，视为许可。”后者如我国《行政强制法》第46条规定，行政机关依照该法第45条规定实施加处罚款或者滞纳金超过30日，经催告当事人仍不履行的，具有行政强制执行权的行政机关可以强制执行。

行政时效制度的主要功用在于：促使行政主体及时履行法定职责，提高行政效率；督促行政相对人履行法定义务，维护行政和法律权威；避免“迟来的正义”，保障行政相对人合法权益。

第三节 政府信息公开

政府信息公开是将行政主体掌握的信息公之于众的活动。它是行政公开原则的基本要求，也是行政程序公开制度的重要内容。了解、掌握政府信息是行政相对人参与行政程序，行使程序性权利，维护其合法权益的前提，也是社会公众参与和监督行政、建设透明政府和阳光行政、保障权力在阳光下运行、促进依法行政的基础。

一、政府信息公开的概念

政府信息公开是指行政主体依据法定职权或者应行政相对人的请求，向行政相对人或者社会公众公开展示政府所掌握的信息，并允许查阅、摘抄和复制的活动。政府信息包括行政主体在行使行政职权过程中所制作或获取的笔录、书信、书籍、图片、刻印、照片、微缩影片、录音带、可以机器读出的记录等。

政府信息公开的内容非常广泛，既包括行政法规、规章、规范性文件、行政规划、行政政策、统计信息等抽象性的政府信息，也包括预算报告，决算报告，行政收费的项目、依据、标准，重大建设项目的批准和实施情况，以及行政主体据以作出相应决定的有关材料。所有这些信息，除非法律有特别规定，都属于政府信息公开的范围。除此之外，公民、法人或者其他组织还可以根据自身生产、生活、科研等特殊需要，向行政主体申请获取相关政府信息。

通过立法规范政府信息公开，建立、健全政府信息公开制度是现代民主法治国家的普遍选择。行政程序法治比较发达的美国，早在 20 世纪六七十年代就制定了《情报自由法》《政府阳光法》等，构建了联邦行政程序法的重要组成部分。日本在 1993 年制定《行政程序法》之后，1998 年又制定了《政府信息公开法》。法国、加拿大、澳大利亚、韩国、中国台湾等国家和地区均制定了关于政府信息公开的立法。我国于 2007 年发布了《政府信息公开条例》，与《保守国家秘密法》《档案法》等法律相协调，基本实现了政府信息公开制度体系化。

二、政府信息公开的类型

根据不同的标准可以对政府信息公开进行划分。比如，根据信息领域的不同可以划分为行政立法信息公开、行政执法信息公开、行政司法信息公开等；根据公开对象的不同可以划分为面向行政相对人的信息公开与面向社会公众的信息公开；等等。在此主要介绍根据行政信息公开启动方式的不同，将行政信息公开分为依职权的政府信息公开和应申请的政府信息公开两类。

（一）依职权的政府信息公开

依职权的政府信息公开是指行政主体依据法定职权主动将所掌握的政府信息依法定方式面向社会公开。依职权公开是政府信息公开的基本方式。根据我国《政府信息公开条例》第 9 条的规定，依职权的政府信息公开的范围包括：（1）涉及公民、法人或者其他组织切身利益的；（2）需要社会公众广泛知晓或者参与的；（3）反映本行政机关机构设置、职能、办事程序等情况的；（4）其他依照法律、法规和国家有关规定应当主动公开的。

对于依职权主动公开的政府信息，行政主体应当通过法定方式或其他有效方式予以公开。根据我国《政府信息公开条例》的规定，行政主体依据职权主动公开的政府信息，应当通过政府公报、政府网站、新闻发布会以及报刊、广播、电视等方式予以公开。对国家、社会和公民生活有重大影响的政府信息应当通过法定形式公布。比如，我国《行政法规制定程序条例》第28条、《规章制定程序条例》第31条规定：行政法规需要在国务院公报和全国范围内发行的报纸上刊登；国务院部门制定的行政规章需要在部门公报或者国务院公报和全国范围内发行的有关报纸上刊登。政府信息领域广、内容繁杂、数量巨大，对于多数政府信息，行政主体可以基于行政成本的考虑和便民有效原则的要求确定公开方式。比如，设立公共查阅室、信息公告栏、电子信息屏等公开政府信息。

（二）应申请的政府信息公开

应申请的政府信息公开是指行政主体回应行政相对人的信息公开请求，以申请人要求的形式或其他适当形式面向申请人的信息公开。充分发挥行政信息对于人民群众生产、生活和经济社会活动的服务作用是行政信息公开的重要目的之一，除了依职权公开的政府信息外，行政主体还掌握着大量关涉公民、法人或者其他组织生产、生活、科研等方面的政府信息。对于这些政府信息，公民、法人或者其他组织均可以依法向特定行政主体申请公开。

行政主体回应行政相对人的请求公开相关政府信息，对于公民、法人和其他组织的行为选择和具体权益能够产生重要影响，从某种意义上讲，应申请的政府信息公开具有很强的服务性质，应当强调便民和高效。比如，根据我国《政府信息公开条例》的有关规定，申请政府信息公开原则上应当采取书面形式，但采用书面形式确有困难的，申请人可以口头提出，由受理的行政主体代为填写政府信息公开申请。行政主体回应行政相对人请求公开政府信息，除检索、复制、邮寄等成本费用外，不得收取其他费用。另外，应申请的政府信息公开还必须充分权衡各种利益。比如，应当考虑政府信息公开相关人的权益，对于涉及商业秘密和个人隐私的政府信息，原则上不得公开，但在征得利益相关人同意的情况下可以公开。

三、政府信息公开的原则

（一）公平、公正原则

政府信息公开应当遵循公平、公正原则。公平、公正原则要求行政主体应当平等对待信息公开所涉利益方，平衡各方面的权利要求和具体利益。当政府信息公开请求人为复数时，不得厚此薄彼，以避免信息不对称造成的不公；当请求公开的信息涉及他人利益时，既要考虑行政相对人的政府信息公开请求，又要考虑信息公开相关人的信息权益，不能顾此失彼，损害他人信息权益。行政主体应当对作出公开或者不公开决定的公正性负责，负有对公开或者不公开决定说明理由的义务，并应提供必要的法律救济途径。

（二）及时、准确原则

政府信息公开应当遵循及时、准确的原则。《政府信息公开条例》分别规定了依职权的信息公开和应申请的信息公开所遵循的时效制度，依职权的政府信息公开期限要求一般为20个工作日，应申请的政府信息公开期限要求一般为15个工作日。为确保政府信息的准确性，《政府信息公开条例》第7条规定：“行政机关发布政府信息涉及其他行政机关的，应当与有关行政机关进行沟通、确认，保证行政机关发布的政府信息准确一致。”根据《政府信息公开条例》的规定，行政主体应当及时向国家档案馆、公共图书馆提供主动公开的政府信息。行政机关应当在其职责范围内发布准确的政府信息以澄清社会上的虚假或者不完整信息。这些规定都体现了及时、准确原则的要求。

（三）便民、高效原则

政府信息公开应当遵循便民、高效的原则。便民、高效原则要求行政主体以便利、有效的途径和方式公开政府信息，以方便行政相对人或社会公众获取和利用政府信息。根据我国《政府信息公开条例》的有关规定，对于主动公开的行政信息，行政主体应当通过政府公报、政府网站、新闻发布以及报刊、广播、电视等便于公众知晓的方式公开，并应在国家档案馆、公共图书馆等场所配备相应设施、设备以便公众查询和知悉。对于应申请的政府信息公开，行政相对人书面申请确有困难的可以口头申请；除检索、复制、邮寄等成本费用外，不得收取其他费用；对于信息公开申请人确有经济困难的可以减免相关费用；应当对存在阅读或者视听障碍的申请人提供必要的帮助；等等。这些规定都体现了便民、高效原则的要求。

（四）公开为常态、不公开为例外原则

政府信息公开应当遵循公开为常态、不公开为例外原则。信息公开为常态，就是要求行政主体在不存在危及国家安全、公共安全、经济安全和社会稳定等情况下，应当在法定职权范围内及时、准确地公开有关政府信息，只要不违背保护国家秘密、商业秘密和个人隐私的要求，行政主体就应当回应申请人的请求，及时、准确地公开相关行政信息。信息不公开为例外，就是要求行政主体不得公开涉及国家秘密、商业秘密、个人隐私的政府信息。坚持信息公开为常态、不公开为例外原则，必须正确处理信息公开与保守国家秘密的关系，完善国家保密法律制度和信息发布保密审查机制，坚持依法保密，对经审查确属例外的信息不公开。另外，信息不公开为例外也不是绝对的，对于涉及商业秘密、个人隐私的政府信息，经权利人同意后可予以公开。需要特别指出的是，行政主体认为涉及商业秘密、个人隐私的政府信息，如果不公开可能对公共利益造成重大影响时，可予以公开。当然，行政主体为了公共利益公开涉及商业秘密、个人隐私的政府信息造成损失的，应当给予相应补偿。

四、政府信息公开制度

政府信息公开制度是我国比较成熟的行政程序制度，我国《政府信息公开条例》比较完整地规定了政府信息公开的基本制度，主要包括政府信息重点公开制度、政府信息公开程序制度、政府信息公开年度报告制度、政府信息公开考核评议制度等。

（一）政府信息重点公开制度

政府信息非常广泛，但信息的用途不同，重要程度也不相同。政府信息公开应当以全面公开为基础、重点公开为关键。政府信息公开应当重点推进财政预算、公共资源配置、重大建设项目批准和实施、社会公益事业建设等领域的政府信息公开。我国《政府信息公开条例》第10—12条规定了行政信息重点公开制度。比如，根据《政府信息公开条例》第10条的规定，县级以上各级人民政府及其部门应当依法重点公开下列政府信息：（1）行政法规、规章和规范性文件；（2）国民经济和社会发展规划、专项规划、区域规划及相关政策；（3）国民经济和社会发展统计信息；（4）财政预算、决算报告；（5）行政事业性收费的项目、依据、标准；（6）政府集中采购项目的目录、标准及实施情况；（7）行政许可的事项、依据、条件、数量、程序、期限以及申请行政许可需要提交的全部材料目录及办理情况；（8）重大建设项目的批准和实施情况；（9）扶贫、教育、医疗、社会保障、促进就业等方面的政策、措施及其实施情况；（10）突发公共事件的应急预案、预警信息及应对情况；（11）环境保护、公共卫生、安全生产、食品药品、产品质量的监督检查情况。

（二）政府信息公开程序制度

依职权的政府信息公开与应申请的政府信息公开在程序上有所不同。

1. 依职权的政府信息公开应当遵循的程序如下：（1）审查。审查主要是指保密审查，行政主体应当对拟公开的行政信息进行保密审查，依照国家有关规定需要批准的，还应当经过有权机关审批。（2）公开发布。公开发布是指在保密审查的基础上将符合条件的政府信息公之于众的活动。在公开发布环节，应当符合及时原则和便民原则的要求。（3）期限。期限是指政府信息公开需要遵循的法定时限要求，比如，除法律、法规对政府信息公开的期限另有规定的以外，属于主动公开范围的政府信息，应当自该政府信息形成或者变更之日起20个工作日内予以公开。（4）督查。督查是指对于行政主体的政府信息公开情况进行的监督检查，它是依职权的政府信息公开程序的重要内容。政府信息公开工作主管部门和监察机关负责对行政主体的政府信息公开实施情况进行监督检查。当然，公民、法人或者其他组织认为行政主体不依法履行政府信息公开义务的，可以向有关机关举报，收到举报的机关应当依法调查处理。

2. 应申请的政府信息公开应当遵循的程序如下：（1）申请及其处理。行政相对人提出政府信息公开申请，行政主体应当及时予以处理，根据不同情况分别作出答复。属于公开范围的，应当告知申请人获取该政府信息的方式和途径；属于不予公开范围的，应当告知申请人并说明理由；依法不属于行政主体公开或者该政府信息不存在的，应当告知申请人，对能够确定负有该政府信息公开义务行政主体的，应当告知申请人该行政主体的名称、联系方式；申请内容不明确的，应当告知申请人作出更改、补充。（2）遵守期限规定。对于应申请的信息公开，除当场可以答复的外，行政主体应当自收到申请之日起 15 个工作日内予以答复；如需延长答复期限的，延长答复的期限不得超过 15 个工作日。如果申请公开的政府信息涉及第三方权益的，行政主体征求第三方意见所需时间应当从规定期限内扣除。（3）法律救济。公民、法人或者其他组织认为行政主体在政府信息公开工作中的具体行政行为侵犯其合法权益的，可以向有权机关举报，也可以依法申请行政复议或者提起行政诉讼。

（三）政府信息公开年度报告制度

政府信息公开年报制度是行政信息公开的重要法律制度之一。年度报告制度是有效督促行政主体履行信息公开职责的重要措施。我国《政府信息公开条例》第 31 条规定了政府信息公开年度报告制度，要求各级行政机关应当在每年 3 月 31 日前公布本行政机关的政府信息公开工作年度报告。政府信息公开年度报告应当包括下列内容：（1）行政机关主动公开政府信息的情况；（2）行政机关依申请公开政府信息和不予公开政府信息的情况；（3）政府信息公开的收费及减免情况；（4）因政府信息公开申请行政复议、提起行政诉讼的情况；（5）政府信息公开工作存在的主要问题及改进情况；（6）其他需要报告的事项。

（四）政府信息公开考核评议制度

将政府信息公开工作纳入行政主体绩效考核的体系之中，定期对政府信息公开的成效进行考核、评议，对于促进行政主体依法履责，确保政府信息公开工作的实效具有重要意义。我国《政府信息公开条例》第 29 条规定："各级人民政府应当建立健全政府信息公开工作考核制度、社会评议制度和责任追究制度，定期对政府信息公开工作进行考核、评议。"

思考题：

1. 如何理解行政程序的功能？
2. 如何认识职权分离制度的意义？
3. 如何理解案卷排他制度的意义？
4. 如何理解政府信息"以公开为常态、以不公开为例外"的原则？

第十三章　监督行政

凡有权力必有监督。在世界各国的政治与法律制度中，对行政权力的监督制约是权力监督制约制度的重点所在。全面推进依法治国，深入推进依法行政，必须加强对行政机关及其公务员的全面监督和制约，将行政权力运行纳入法治的轨道。党的十九大报告明确提出：构建党统一指挥、全面覆盖、权威高效的监督体系，把党内监督同国家机关监督、民主监督、司法监督、群众监督、舆论监督贯通起来，增强监督合力。构建科学合理、完整有效的监督行政制度体系，有效实施对行政机关及其公务员职权行为的制约和监督，是深入推进依法行政，加快建设法治政府，保护公民、法人和其他组织合法权益的根本需要。加强对监督行政的原理与制度、体制与机制、方式与方法等理论研究，推进监督行政的规范化、程序化和法治化，是行政法学研究的基础课题。

第一节　监督行政概述

一、监督行政的概念

在政治学上，与监督行政相关的内容是广泛的监督主体对行政机关和公务员的监督。监督的主体包括执政党、民主党派、人民团体及其组成的人民政治协商会议，国家权力机关、行政机关、监察机关、司法机关等国家政权机关，以及公民个人、社会团体、群众自治组织、企事业单位、社会公众等。监督的内容具有广泛性，包括行政行为合法性和合理性、行政管理水平和公共服务质量，以及工作态度和作风等。政治学意义上对行政的监督所形成的监督与被监督关系具有高度的政治性，党的监督、群众监督、人大监督、新闻监督等都体现了监督主体与监督对象之间关系的高度政治性。

在法理学上，与监督行政相关的概念是法律监督。法律监督有广义和狭义之分。广义的法律监督是指一切国家机关、社会组织和公民依法对各种法律活动的合法性所进行的监察和督促。狭义的法律监督专指有关国家机关依照法定职权和法定程序，对立法、执法、司法活动的合法性所进行的监察和督促。① 法律监督所形成的监督与被监督关系不仅仅具有政治性，还具有明显的法律性，这是法律监督与政治学意义上对行政的监督之间的重要差别。法律监督的主体可以是广泛的，

① 参见张文显主编：《法理学》，法律出版社 2007 年版，第 244、245 页。

也可以是限定的，与监督行政的主体相通。法律监督的内容限定在法律活动的合法性上，而监督行政的内容要比法律监督的内容广泛，除行政活动的合法性监督外，还包括合理性监督、经济性监督、纪律性监督等。

在行政法学上，与监督行政相关的概念是行政法制监督。行政法制监督是指国家权力机关、行政机关、司法机关和其他主体依法对行政机关及其公务员、经过法律授权的组织及其工作人员是否依法行政而进行的监督活动。行政法制监督关系是行政法制监督主体在对行政主体、国家公务员和其他行政执法组织、人员进行监督时发生的各种关系。① 行政法制监督关系不仅具有政治性和法律性，更具有行政法律性。监督行政与行政法制监督在监督主体、对象、内容和特征上具有相近性。

监督行政依据不同的标准可作若干分类：以监督对象为标准，可以分为监督行政主体及其活动和监督行政主体工作人员及其活动；以监督内容为标准，可以分为监督行政行为合法性、监督行政行为合理性和监督行政纪律、工作作风与效能等；以监督客体为标准，可分为监督抽象行政行为和监督具体行政行为；以监督方式为标准，可分为权力性监督行政、权利性监督行政和复合性监督行政；以监督主体为标准，可以分为广义的监督行政和狭义的监督行政；等等。从广义上讲，监督行政是指国家机关、政治组织、社会组织、社会公众和公民个人等依法对行政机关及其公务员、法律法规授权组织和行政委托组织及其工作人员是否依法行政进行的监督活动。广义的监督行政类同于政治学意义上的对行政的监督，包括政治监督行政、国家监督行政和社会监督行政。狭义的监督行政是指行政机关实施的监督行政，包括法规规章和规范性文件备案审查、行政执法监督、行政复议等一般监督，以及审计监督等专门监督。只有狭义的监督行政才具有行政法学意义。

二、监督行政的特征

（一）监督行政的多元性

广义监督行政的主体是广泛的，既可以是国家机关，也可以是政治组织、社会组织，还可以是公民个人以及不特定的社会公众，包括权力机关、行政机关、监察机关、司法机关等国家机关，执政党、民主党派和人民政协等政治组织，以及公民、公众和各类社会组织等。狭义监督行政的主体也是多元的，包括行政机关、行政机关所属工作部门、行政审计机关等。

---

① 参见姜明安主编：《行政法与行政诉讼法》（第五版），北京大学出版社、高等教育出版社2011年版，第20—22页。

（二）监督行政的特定性

监督行政的对象是特定的，主要是指担负国家行政职能的组织和人员。监督行政的重点对象是行政机关及其公务员，可以延伸至法律法规授权组织及其工作人员、行政委托组织及其工作人员。监督行政的客体是行政机关、法律法规授权组织和行政委托组织的行政行为，包括行政立法行为、行政执法行为、行政司法行为等。对权力机关、司法机关、群众自治组织以及社会组织的监督等，均不属于监督行政。对行政机关的民事行为的监督也不属于监督行政的范畴。

（三）监督行政的独立性

无论是行政系统外的监督，还是行政系统内的监督，无论是行政机关的一般监督，还是专门监督，都应当依法独立进行。尤其是审计等专门监督，必须保证其独立行使监督权。《审计法》第 5 条规定："审计机关依照法律规定独立行使审计监督权，不受其他行政机关、社会团体和个人的干涉。"

（四）监督行政的规范性

监督行政应当规范化、制度化、程序化。无论是国家机关监督行政，还是执政党、民主党派等政治组织、社会各方面监督行政，都必须依据法律规定的权限、程序等实施对行政机关、公务员等的监督。监督职权、监督权利必须在法治轨道上运行，必须规范化、制度化、程序化。一方面，应当保证法律监督的依法独立行使，行使监督职权不受干预，行使监督权利不受打击报复；另一方面，应当将监督职权、监督权利的行使纳入法治轨道，防止监督职权和监督权利的滥用形成对行政活动的干预和干扰。

（五）监督行政的多样性

监督行政的方式是多样的，不同的监督行政主体实现监督行政的方式不同。比如，权力机关可以通过审议工作报告、检查法律实施情况、询问和质询等方式监督政府工作；检察机关可以通过行政公益诉讼实施对行政执法行为的监督；政府法制工作机构的监督方式包括规范性文件审查、行政执法监督、行政复议案件处理等；公民个人可以通过提出批评和建议、申诉、控告或者检举等多种方式监督行政。

第二节 监督行政的类型

一、政治监督

政治监督行政即政治组织基于民主原理和政治体制实施的监督行政，是政党组织、人民团体、人民政协等政治组织对行政机关及其公务员的行政活动进行的监督。在法理学上，政治组织实施的法律监督一般被划入社会组织监督范畴。政党组织的主体功能具有政治性，与国家政权具有高度密切关系，其执政、参政地位决定了它们实施的监督不同于一般社会组织实施的监督。工会、共青团、妇联等人民团体也不同于一般社会组织，它们在国家政治生活中发挥着不可替代的作用，其中最主要的政治职能是政治参与和政治监督。由各政党、人民团体等组成的人民政协组织是人民民主的重要政治组织，也是各政党、人民团体等政治组织监督行政的主要组织形式，其对行政机关和公务员实施的民主监督属于政治监督范畴。政治监督行政应当特别强调政党监督行政和政协监督行政。

（一）政党监督行政

政党是主要的政治组织，政党监督行政包括执政党的监督行政和民主党派的监督行政。执政党基于政治领导地位、执政地位，民主党派基于政治职能、参政地位，实施对国家政权的监督。中国共产党拥有宪法赋予的领导地位，作为执政党对国家事务实施领导，包括政治领导、组织领导、思想领导，其中对国家政权的政治领导就包含对国家政权的监督。各民主党派履行政治协商、参政议政、民主监督的政治职能。各民主党派对政府工作提出批评意见和建议等民主监督方式属于政治监督的范畴。执政党、民主党派监督行政主要表现为政治监督而非法律监督。实现政治监督与法律监督的协调统一，是监督行政理论和实践的重要命题。

（二）政协监督行政

人民政协是以政党、人民团体等为主体的政治组织，在国家政治生活中具有举足轻重的地位和作用，是各政党、人民团体等履行监督职能的组织形式。《中国人民政治协商会议章程》第2条规定："中国人民政治协商会议全国委员会和地方委员会的主要职能是政治协商、民主监督、参政议政。"根据该章程的规定，中国人民政治协商会议全国委员会和地方委员会密切联系各方面人士，反映他们及其所联系的群众的意见和要求，对国家行政机关及其工作人员的工作提出建议和批评，致力于协助国家行政机关进行机构改革和体制改革，改进行政工作，提高工作效率，克服官僚主义和形式主义，加强政府廉政建设和效能建设。由人民政协推动和实现的监督行政，对深入推进依法行政，加快建设法治政府具有不可替代的作用。

二、社会监督

除政治组织监督外，其他组织或个人对行政的监督可以归于社会监督行政范畴。社会监督行政包括公民监督、公众监督、社会团体监督、群众自治组织监督、企事业单位监督等。公民、社会组织和社会公众等拥有知情权、参与权、表达权、监督权，这是社会主义民主政治的基本条件，是公民、社会组织和社会公众等监督国家公权的基本需要。公民和社会公众的上述权利受到宪法和法律的保护。比如，我国《宪法》第41条规定了公民享有对于任何国家机关和国家工作人员提出批评和建议的权利，享有对于任何国家机关和国家工作人员的违法失职行为提出申诉、控告或者检举的权利。在社会监督行政中，应当特别强调信访监督行政和媒体监督行政。

（一）信访监督行政

信访监督行政是社会监督行政的一种特殊形态。信访是指公民、法人或者其他组织采用书信、电子邮件、传真、电话、走访等形式，向各级人民政府、县级以上人民政府工作部门反映情况，提出建议、意见或者投诉请求，由有关行政机关作出处理。信访具有监督功能，其在监督行政机关及其公务员方面发挥着重要作用。《信访条例》第3条规定："各级人民政府、县级以上人民政府工作部门应当做好信访工作，认真处理来信、接待来访，倾听人民群众的意见、建议和要求，接受人民群众的监督，努力为人民群众服务。"十八届四中全会《决定》要求，"把信访纳入法治化轨道，保障合理合法诉求依照法律规定和程序就能得到合理合法的结果"。加强信访法治建设，既要保障信访权利，又要规范信访活动，防止信访权利滥用。将信访工作纳入法治轨道，是信访监督规范化、制度化、程序化的基本途径。

（二）媒体监督行政

媒体监督行政是社会监督行政的重要形式。媒体监督行政是报刊、广播、电视、网络等新闻媒体采用新闻调查、披露事实、发表批评意见和建议等方式对行政机关及其工作人员进行监督。在西方，媒体被称为"第四种权力"，在监督国家公权力方面具有特别的地位和作用。媒体监督对于曝光和揭露行政机关及其工作人员不作为、滥作为现象，促进行政机关工作人员遵纪守法、廉洁高效等具有重要作用。媒体监督应当保持一定独立性和规范性，既要防止对媒体监督活动的不当干预，又要避免媒体监督权利滥用，保证媒体监督行政的有效性、客观性、公正性。

三、国家机关监督

国家机关监督行政是指国家机关对行政机关及其公务员进行的监察督促活动，包括国家权力机关、行政机关、监察机关、司法机关实施的监督行政。十九大以后，随着国家监察体制的深入推进，各级监察委员会成立，将成为监督行政的重要组成部分。国家权力机关、司法机关监督行政主要是宪法学、诉讼法学研究的内容，行政法学主要研究国家行政机关的监督行政。国家行政机关的监督行政，是指国家行政机关内部基于领导与被领导关系或者专门的监督职能而实施的监督。

在行政法学上，监督行政主要是指行政机关实施的监督行政，包括法规规章和规范性文件备案审查、行政执法监督、行政复议等一般监督，以及审计监督等专门监督。十八届四中全会《决定》指出：完善政府内部层级监督和专门监督，改进上级机关对下级机关的监督，建立常态化监督制度。法规规章和规范性文件备案审查、行政执法监督、行政复议等一般监督是基于行政机关内部层级关系实施的监督，与行政机关的审计等专门监督一起形成了行政机关内部权力监督体系。在国家机关监督行政中，不能忽略权力机关的监督行政、司法机关的监督行政以及监察机关的监督行政。

（一）国家权力机关监督行政

国家权力机关的监督行政，是指国家权力机关及其组成人员对行政机关及其公务员等实施的监督。国家权力机关的监督行政即人大监督行政，包括全国和地方各级人大、县级以上人大常委会、全国和地方各级人大常委会组成人员、各级人大代表等对行政机关及其公务员等依法行政活动进行的监督。国家权力机关拥有立法职能和监督职能，政府由人大产生、对人大负责、受人大监督。根据宪法赋予的监督职能和有关组织法、监督法的规定，各级人大及其常委会对行政立法、执法、司法等活动实施监督。国家权力机关的监督行政主要表现为各级人大常委会的监督行政。根据《各级人民代表大会常务委员会监督法》的规定，各级人民代表大会常务委员会通过下列方式监督行政：听取和审议人民政府的专项工作报告；审查和批准决算，听取和审议国民经济和社会发展计划、预算的执行情况报告，听取和审议审计工作报告；法律法规实施情况的检查；规范性文件的备案审查；询问和质询；特定问题调查；撤职案的审议和决定。

国家权力机关监督行政还包括权力机关组成人员对行政的监督，即各级人大常委会组成人员和人大代表的监督。比如，根据《全国人民代表大会和地方各级人民代表大会代表法》第 3 条规定，人大代表享有下列监督权利：参加审议各项议案、报告和其他议题，发表意见；依法联名提出议案、质询案、罢免案等；提出对各方面工作的建议、批评和意见；等等。各级人大常委会组成人员、人大代表行使监督政府的职权或权利，是人民政府的题中之义，也是民主政治的重要体现和保障。

（二）国家司法机关监督行政

国家司法机关监督行政，是指人民法院、人民检察院行使国家行政审判权、法律监督权，对行政机关及其公务员的行政行为等实施的监督。

人民法院通过依法独立行使行政审判权对行政机关及其行政行为产生制约作用。审判权对行政权的这种制约可以理解为广义上的监督行政，是监督行政的一种特殊形式。我国《行政诉讼法》第 1 条规定：“为保证人民法院公正、及时审理行政案件，解决行政争议，保护公民、法人和其他组织的合法权益，监督行政机关依法行使行政职权，根据宪法，制定本法。”一般认为，这是人民法院监督行政的法律根据。实际上，人民法院对行政的监督主要是通过提出司法建议督促行政机关及时纠正违法行政行为来实现的。

人民检察院通过依法独立行使法律监督权监督行政活动，对行政机关及其行政活动产生制约作用。根据《宪法》和《人民检察院组织法》的规定，人民检察院的职能包括职务犯罪侦查、刑事公诉、法律监督等。一般认为，检察院针对国家行政机关工作人员的职务犯罪侦查和公诉是一种特殊的监督，是一种广义上的监督行政。实际上，作为宪法确立的法律监督机关，人民检察院的法律监督职能非常广泛，但由于长期以来法律监督制度不完善，实践中的检察监督主要限于诉讼监督。2017 年 6 月修正的《行政诉讼法》第 25 条规定：人民检察院在履行职责中发现生态环境和资源保护、食品药品安全、国有财产保护、国有土地使用权出让等领域负有监督管理职责的行政机关违法行使职权或者不作为，致使国家利益或者社会公共利益受到侵害的，应当向行政机关提出检察建议，督促其依法履行职责。行政机关不依法履行职责的，人民检察院依法向人民法院提起诉讼。随着国家法律监督制度的不断完善，人民检察院在监督行政方面将发挥越来越重要的作用。

（三）国家监察机关的监督行政

随着各级监察机关的成立，国家监察机关将成为独立的国家机关，对监督行政发挥重要作用。2018 年 3 月通过的《监察法》规定了监察委员会的主要职责：一是对公职人员开展廉政教育，对其依法履职、秉公用权、廉洁从政从业以及道德操守情况进行监督检查。二是对涉嫌贪污贿赂、滥用职权、玩忽职守、权力寻租、利益输送、徇私舞弊以及浪费国家资财等职务违法和职务犯罪进行调查。三是对违法的公职人员依法作出政务处分决定；对履行职责不力、失职失责的领导人员进行问责；对涉嫌职务犯罪的，将调查结果移送人民检察院依法审查、提起公诉；向监察对象所在单位提出监察建议。

第三节 行政机关的一般监督

一、一般监督行政

一般监督行政是指行政机关基于领导与被领导关系对其所属部门和下级行政机关进行的监督，又称为行政机关内部层级监督行政。根据《宪法》第 89 条、第 108 条、第 110 条第 2 款规定，国务院统一领导各部和各委员会的工作，并且领导不属于各部和各委员会的全国行政工作；国务院统一领导全国地方各级国家行政机关的工作；县级以上的地方各级人民政府领导所属各工作部门和下级人民政府的工作，有权改变或者撤销所属各工作部门和下级人民政府的不适当决定；地方各级人民政府对上一级国家行政机关负责并报告工作。全国地方各级人民政府都是国务院统一领导下的国家行政机关，都服从国务院。一般监督行政所形成的监督与被监督关系，是宪法确立的行政机关之间领导与被领导关系的充分体现。一般监督行政主要包括行政机关对其所属部门的监督、上级行政机关对下级行政机关的监督、行政机关的职能部门对其所属机构的监督以及上级行政机关职能部门对下级行政机关相应职能部门的监督。

（一）一般监督行政的形式

1. 备案和审查。规章和规范性文件备案和审查是一般监督行政的重要形式，有利于改变和撤销不合法或者不适当的规章和规范性文件，维护法制统一和行政秩序。除国务院《规章制定程序条例》《法规规章备案条例》对规章备案审查作出规定外，一些地方政府也通过行政程序立法等对规范性文件备案和审查作出了规定。比如《山东省行政程序规定》第 52 条规定：县级以上人民政府及其办公厅（室）的规范性文件，应当按照规定自统一公布之日起 30 日内向上一级人民政府报送备案。《湖南省行政程序规定》第 53 条规定：公民、法人或者其他组织认为规范性文件违法的，可以向有关人民政府法制部门提出审查申请。接到申请的政府法制部门应当受理，并在收到申请之日起 30 日内作出处理，并将处理结果书面告知申请人。

2. 行政复议。依据《行政复议法》的规定，行政复议机关根据行政相对人的申请对行政行为进行审查，以防止和纠正违法的或者不当的具体行政行为，保护公民、法人和其他组织的合法权益。行政复议具有监督和救济的双重效能，属于行政机关内部一般监督行政的范畴。

3. 行政执法监督。行政机关内部针对行政执法活动开展的监督，主要包括：审查行政执法主体的合法性，监督行政机关依法履行法定职责；审查抽象行政行为的合法性和适当性，监督具体行政行为的合法性和适当性；组织实施行政执法责任制、行政执法评议考核制、行政执法过错责任追究制等行政执法监督制度；等等。

4. 督查、督察。国务院办公厅《关于进一步加强政府督促检查工作的意见》规定，针对法律法规、规范性文件贯彻落实情况以及政府会议决定事项贯彻落实情况的督促检查，是实现有令必行、有禁必止、“法定职责必须为”的重要监督形式，有利于改进工作作风和提高行政工作效率。国务院设立国家土地总督察，授权国家土地总督察对各省、自治区、直辖市以及计划单列市人民政府土地利用和管理情况进行监督检查，落实耕地保护目标责任制，监督国家土地调控政策的实施。国家土地总督察对国务院负责，委托国土资源部组织实施国家土地督察制度，向地方派驻9个国家土地督察局。

（二）一般监督行政的主体

在规范性文件备案审查、行政复议、行政执法监督等一般监督行政中，各级人民政府及其职能部门拥有主体地位和相关权限。作为一般监督主体的各级人民政府，负责监督其所属部门和下级人民政府。政府所属职能部门负责监督其所属机构和下级政府相应职能部门。在行政复议领域，行政复议机关是指拥有行政复议权的各级人民政府及其职能部门。在行政执法监督领域，根据目前有关行政执法监督地方性法规的规定，行政执法监督机关是指拥有行政执法监督权的各级政府及其职能部门。比如，《山东省行政执法监督条例》第4条第1款规定："县级以上人民政府对下级人民政府的行政执法行为实施监督，本级人民政府对其所属部门的行政执法行为实施监督。"《四川省行政执法监督条例》第8条规定："县级以上地方人民政府所属工作部门是本系统的行政执法监督机关，负责本系统的行政执法监督工作。"

（三）一般监督行政的实施机构

一般监督行政的具体工作主要由行政机关设立的政府法制工作机构负责实施。县级以上人民政府及其职能部门设有政府或部门法制工作机构，负责立法或规范性文件制定的起草、备案审查、行政复议应诉和执法监督等工作，其中通过备案审查、行政监督检查、行政复议等方式监督行政是其主要工作。规范性文件备案审查、行政复议、行政执法监督等监督行政的具体工作由政府或部门法制工作机构负责。在行政复议中，行政复议机关负责法制工作的机构具体办理行政复议事项，履行受理行政复议申请、调查取证和查阅文件资料、审查具体行政行为是否合法与适当、拟订行政复议决定、办理行政诉讼应诉事项等职责。比如，《山东省行政执法监督条例》第4条第3款规定："县级以上人民政府负责政府法制工作的部门依照法定职责，负责本级人民政府行政执法监督的具体工作。"交通运输部《邮政行政执法监督办法》第7条规定："国务院邮政管理部门和省、自治区、直辖市邮政管理机构的法制工作机构（以下简称邮政行政执法监督机构）具体负责组织邮政行政执法监督工作，并协助监察部门实施责任追究。"

在一般监督行政中需要特别重视行政执法监督，与规范性文件备案审查、行政复议等一般监督行政的形式不同，行政执法监督具有经常性甚至日常性的特点，监督内容更加广泛，监督方式更加多样。如何推进行政执法监督规范化、制度化、程序化，是一般监督行政法治化的重点所在。

二、行政执法监督

（一）行政执法监督制度

在宪法和法律法规规定的基础上，行政机关内部监督进一步制度化，目前主要表现在地方和部门层面。比如，安徽、山东、四川等地方通过的有关行政执法监督的地方性法规，公安部、交通运输部、国家工商行政管理总局等通过的《公安机关督察条例》《邮政行政执法监督办法》《工商行政管理机关执法监督规定》等部门规章，都各自规定了具体的行政执法监督制度。行政执法监督机关监督行政的主要制度包括：（1）规范性文件备案制度；（2）行政执法裁量基准制度；（3）行政执法主体资格制度；（4）行政执法人员资格制度；（5）行政执法争议协调制度；（6）行政执法案卷评查制度；（7）行政执法责任制度；（8）行政执法评议考核制度；（9）行政执法案件信息公开制度。

各地方和部门制定的行政执法监督制度各有特点。比如，《山东省行政执法监督条例》规定了重大行政执法决定法制审核制度；《安徽省行政执法监督条例》规定了规范性文件异议审查制度；《邮政行政执法监督办法》规定了行政执法工作情况年度报告制度、行政执法案例指导制度、行政执法风纪监督制度等。统一行政执法监督制度，是推进行政执法监督规范化、制度化、程序化的重要内容。

（二）行政执法监督职责

行政执法监督机关监督行政，主要履行下列职责：

1. 制定行政执法监督计划和工作方案，确定监督检查的目的、对象、要求、内容、时间、方法和步骤等。

2. 对国家机关交办或移交的行政执法监督事项，组织专项行政执法监督检查并报告结果。

3. 根据公民、法人或者其他组织的举报和新闻媒体反映的情况，组织专项行政执法监督检查。

4. 组织实施行政执法责任制、行政执法评议考核制、行政执法过错责任追究制等行政执法监督制度。

5. 审查行政执法主体的合法性。

6. 负责行政执法人员资格认证和行政执法证件监督管理。

7. 审查抽象行政行为的合法性和适当性。

8. 监督具体行政行为的合法性和适当性。

9. 纠正违法、不适当的行政行为。

10. 协调处理行政机关之间在行政执法中产生的争议。

11. 组织、指导、参与行政执法监督检查。

（三）行政执法监督职权

行政执法监督机关监督行政，主要行使下列职权：

1. 调查权。主要包括：查阅、复制、调取行政执法案卷和其他有关材料；询问行政执法机关有关人员、行政管理相对人和其他相关人员，并制作询问笔录；

组织实地调查、勘验，或者进行必要的录音、录像、拍照、抽样等；委托符合法定条件的社会组织进行鉴定、评估、检测、勘验；组织召开听证会、专家论证会；行政执法监督事项具有重大社会影响或者涉及公民、法人和其他组织重大利益的，行政执法监督机关应当组织人员进行专门调查；等等。

2. 措施权。行政执法监督机关在实施行政执法监督过程中，发现行政执法机关的行政执法行为违法或者不当等情形较多的，可以采取约请该行政执法机关的相关负责人谈话等措施督促纠正。

3. 处理权。主要包括：在监督检查中发现行政执法行为违法或者不当的，应当发出行政执法监督意见书；逾期未按照行政执法监督意见书自行纠正违法或者不当的行政执法行为的，作出责令限期履行、责令补正或者改正、撤销、确认违法或者无效等处理决定；无正当理由不履行或者拖延履行法定职责的，由行政执法监督机关责令其限期履行；等等。

（四）行政执法监督程序

行政执法监督机关监督行政，主要遵循下列程序：

1. 立案。行政执法行为涉嫌违法、不当或者不作为的，应当自发现、交办或者受理举报之日起 7 日内立案调查。

2. 调查。开展行政执法监督调查活动时，应由 2 名以上行政执法监督人员参加并出示行政执法监督证件开展调查活动。调查处理工作应当在立案之日起 2 个月内完成，情节复杂或者有其他特殊原因的，经行政执法监督机关负责人批准可以适当延长时间，但最长不得超过 3 个月。

3. 告知。作出监督处理决定前，应当告知被监督行政执法主体、行政执法人员作出决定的事实、理由、依据和依法享有的权利，并充分听取被监督主体和人员的陈述和申辩。

4. 决定。作出行政执法监督处理决定，应当制作行政执法监督处理决定书。处理决定书应当载明以下内容：（1）被监督对象的名称；（2）认定的事实和理由；（3）处理的决定和依据；（4）执行处理决定的方式和期限；（5）作出处理决定的机关名称和日期，并加盖印章。

5. 复查。被监督的行政执法机关及其工作人员对行政执法监督处理决定不服的，可以在收到处理决定之日起 30 日内向作出处理决定的行政执法监督机关申请复查。

第四节 行政机关专门监督

随着国家监察制度的改革，原来以隶属于政府的监察机关为依托的行政监察这一专门行政监督方式将退出历史舞台。审计监督是行政机关专门监督的主要方式。

审计监督是指行政机关的审计部门为了维护国家财政经济秩序，提高财政资金使用效益，促进廉政建设，依法对有关行政机关、国家财政金融机构、企事业单位的财政财务收支活动、经济效益和财政法纪的遵守情况进行的监督活动。审计监督的主体是拥有审计权的行政审计部门，审计对象包括行政机关、国家财政金融机构、企事业单位以及有关机关、组织主要负责人等，审计的内容涉及财政财务活动、财政资金使用效益、财政法纪、财政经济责任等。审计监督是行政机关的专门监督之一。

一、审计监督的原则

审计机关监督行政，主要遵循下列原则：

1. 依法审计原则。审计机关依照法律规定的职权和程序，进行审计监督。审计机关依据有关财政收支、财务收支的法律、法规和国家其他有关规定进行审计评价，在法定职权范围内作出审计决定。

2. 审计报告原则。国务院和县级以上地方人民政府应当每年向本级人民代表大会常务委员会提出审计机关对预算执行和其他财政收支的审计工作报告。审计工作报告应当重点报告对预算执行的审计情况。必要时，人民代表大会常务委员会可以对审计工作报告作出决议。国务院和县级以上地方人民政府应当将审计工作报告中指出的问题的纠正情况和处理结果向本级人民代表大会常务委员会报告。

3. 独立审计原则。审计机关依照法律规定独立行使审计监督权，不受其他行政机关、社会团体和个人的干涉。审计人员依法执行职务，受法律保护。任何组织和个人不得拒绝、阻碍审计人员依法执行职务，不得打击报复审计人员。审计机关负责人依照法定程序任免。审计机关负责人没有违法失职或者其他不符合任职条件的情况的，不得随意撤换。

4. 客观审计原则。审计机关和审计人员办理审计事项，应当实事求是，注重证据，保证审计的客观公正。

二、审计机关的职责

审计机关监督行政，主要履行下列职责：

1. 审计监督本级各部门（含直属单位）和下级政府预算的执行情况和决算以及其他财政收支情况。

2. 本级预算执行情况和其他财政收支情况。

3. 政府投资和以政府投资为主的建设项目的预算执行情况和决算。

4. 政府部门管理的和其他单位受政府委托管理的社会保障基金、社会捐赠资金以及其他有关基金、资金的财务收支。

5. 国家行政机关或法律法规授权组织、行政委托组织的主要负责人在任职期间对本地区、本部门或者本单位的财政收支、财务收支以及有关经济活动应负经济责任的履行情况。

另外，对国有金融机构的资产、负债、损益的审计监督，对国家的事业组织和使用财政资金的其他事业组织的财务收支的审计监督，对国有企业的资产、负债、损益的审计监督，对国际组织和外国政府援助、贷款项目的财务收支的审计监督等也与审计监督行政密切相关。

三、审计机关的职权

审计机关监督行政，主要行使下列职权：

1. 调查权，包括检查权、查询权等。审计机关有权就审计事项的有关问题向有关单位和个人进行调查，并取得有关证明材料；有权检查被审计单位的会计凭证、会计账簿、财务会计报告，运用电子计算机管理财政收支、财务收支电子数据的系统，以及其他与财政收支、财务收支有关的资料和资产；经县级以上人民政府审计机关负责人批准，有权查询被审计单位在金融机构的账户；经县级以上人民政府审计机关主要负责人批准，有权查询被审计单位以个人名义在金融机构的存款；等等。

2. 措施权。经县级以上人民政府审计机关负责人批准，审计机关有权封存有关资料和违反国家规定取得的资产。

3. 处理权。认为被审计单位所执行的上级主管部门有关财政收支、财务收支的规定与法律、行政法规相抵触的，审计机关应当建议有关主管部门纠正；可以向政府有关部门通报或者向社会公布审计结果；等等。

四、审计监督程序

审计机关监督行政，主要遵循下列程序：

1. 准备阶段。确定审计工作项目计划，根据计划确定的审计事项组成审计组，并应在实施审计 3 日前，向被审计单位送达审计通知书。审计通知书的内容包括审计的范围、内容、方式及具体要求等。

2. 实施阶段。审计人员通过审查会计凭证、会计账簿、会计报表，查阅与审计事项有关的文件、资料，检查现金、实物、有价证券，向有关单位和个人调查等方式进行审计，并取得证明材料。审计人员向有关单位和个人进行调查时，应当出示审计人员的工作证和审计通知书副本。

3. 处理阶段。对审计事项作出结论，并对违法行为作出处理。审计组实施审计后，向审计机关提出审计报告。审计报告报送审计机关前应当征求被审计单位的意见，被审计单位应自接到审计报告之日起 10 日内提出书面意见。

审计机关按照规定程序对审计组的审计报告进行审议，并对被审计对象对审计组的审计报告提出的意见一并研究后，提出审计机关的审计报告。审计机关对违反国家规定的财政收支、财务收支行为，依法应当给予处理、处罚的，在法定职权范围内作出审计决定或者向有关主管机关提出处理、处罚的意见。审计机关应当将审计机关的审计报告和审计决定送达被审计单位和有关主管机关、单位。审计决定自送达之日起生效。

思考题：

1. 如何理解监督行政的特征？
2. 监督行政的类型有哪些？
3. 如何实现上级行政机关对下级行政机关监督的常态化？
4. 审计机关有哪些监督职责？

第十四章 行政复议

行政复议是基于层级监督的行政救济制度，对防止和纠正违法的或者不当的具体行政行为，保护公民、法人和其他组织的合法权益，保障和监督行政机关依法行使职权具有重要作用。本章以《行政复议法》及其实施条例的规定为主要内容，适当结合行政复议案例，具体包括行政复议概述、行政复议的范围、行政复议的申请和受理以及行政复议的审理和决定四节。

第一节 行政复议概述

一、行政复议的性质与特征

行政复议，是行政复议机关对公民、法人或者其他组织认为侵犯其合法权益的具体行政行为，基于申请而予以受理、审理并作出决定的制度。

（一）行政复议的性质

基于行政主体体系内部的上下级之间领导与被领导的关系，行政复议是公民、法人或其他组织请求上级行政主体对下级行政主体的违法或不当行政行为予以纠正的制度。

行政复议不是一种司法制度，严格说来也不是一种具有准司法性质的仲裁制度。行政复议机关系行政复议被申请人的上级行政主体，而不是与行政复议申请人和被申请人无关的、中立的第三方。复议机关的职权并非司法权，而是行政权。行政复议的程序，并不具有司法程序所具有的充分的控辩交涉性，而实行具有行政活动特点的职权调查和书面审理。行政复议决定原则上不像司法裁判、仲裁裁决那样具有最终性。相反，行政复议决定原则上需要接受司法审查，行政复议机关大多可成为被告。

行政复议是一种层级监督制度。层级监督系基于行政主体体系内部的上下级之间的领导与被领导关系，而由上级行政主体对下级行政机关的监督，而不是对外部社会的监督或规制。层级监督的种类很多，如需报送上级行政主体审批、备案的事前监督；基于控告、投诉的事后监督；对公务员的监督和对行政行为的监督；等等。行政复议是一种对行政行为的事后层级监督，它是上级行政主体基于层级领导权而审理下级行政主体具体行政行为是否违法或不当，并作出决定的监督制度。

行政复议也是一种权利救济制度。它是基于公民、法人或其他组织的权利保护请求而启动的制度，而不是行政主体依职权启动的制度。它是针对已作出的具体行政行为是否存在违法或不当进行审查并作出决定的制度，而不是对未作出的行政行为要求颁发禁令或命令的制度，也不是请求惩戒公务员的制度。行政复议借鉴了司法救济中的期限、控辩和证据等制度，又区别于一般意义上的层级监督制度。

（二）行政复议的特征

第一，行政复议是一种经申请而启动的制度化程序。行政复议机关作出行政复议决定，必须基于公民、法人或者其他组织的申请。相对人之所以提出这种申请，是对具体行政行为不服，认为具体行政行为违法或不当，请求行政复议机关依法审查和纠正。如果没有这种申请，则行政主体不能主动实施行政复议行为。行政主体尽管基于其对所属行政主体的领导和监督权，在发现所属行政主体所作的具体行政行为违法或不当时，可依法主动予以撤销或变更，但这不是行政复议，而只是上级对下级的一种一般性监督。

第二，行政复议是对具体行政行为的一种法律救济制度。行政复议机关系基于相对人的申请，对有争议具体行政行为所进行的审查。经审查，行政复议机关认为该具体行政行为合法的，应作出维持决定；认为该具体行政行为违法的，应作出撤销决定；认为该具体行政行为不当的，应作出变更决定。因此，行政复议的客体是有争议的具体行政行为，行政复议是审查具体行政行为合法性和合理性并给予相应法律补救的一种行政救济制度，为相对人提供了排除行政侵害的可能性和途径。这种受理、审理和决定程序是借鉴司法程序而建立起来的，比一般的具体行政行为程序更为严格。

《行政复议法》和《行政复议法实施条例》① 规定了行政复议的申请、受理、审理和决定程序。行政复议是按上述法定程序进行的活动。有司法判例指出，不是按上述法定程序进行的“复查”、信访和反映情况等不属于行政复议。②

二、行政复议的组织与功能

（一）行政复议的组织

行政复议组织，包括行政复议机关、行政复议机构和行政复议委员会。行政复议机关简称复议机关，是指受理复议申请，依法对具体行政行为进行审理并作出决定的行政主体。行政复议机构和行政复议委员会都是行政复议机关具体办理

---

① 2007 年 5 月 29 日国务院令第 499 号发布。

② 参见《白光华不服天津市劳动教养管理委员会劳动教养决定案》，《最高人民法院公报》2007 年第 3 期；《龙某某等与广东省社会保险基金管理局发放社会养老保险行政纠纷上诉案》，广东省高级人民法院〔2002〕粤高法行终字第 42-4624 号行政判决书。

或审理案件的组织。

1. 行政复议机构，简称复议机构，是指复议机关内设的负责有关复议工作的机构。根据《行政复议法》第3条和《行政复议法实施条例》第3条的规定，复议机关内负责法制工作的机构为复议机构，履行下列职责：受理行政复议申请，依法转送有关行政复议申请；向有关组织和人员调查取证，查阅文件和资料；审查申请行政复议的具体行政行为是否合法与适当，拟订行政复议决定；对行政主体违反法律规定的行为依照规定的权限和程序提出处理建议；督促行政复议申请的受理和行政复议决定的履行；办理法定的行政赔偿等事项；研究行政复议工作中发现的问题，及时向有关机关提出改进建议，重大问题及时向行政复议机关报告；办理因不服行政复议决定提起行政诉讼的应诉事项；办理或者组织办理未经行政复议直接提起行政诉讼的行政应诉事项；办理行政复议、行政应诉案件统计和重大行政复议决定备案事项。

2. 行政复议委员会，简称复议委员会，是负责行政复议案件审理工作的组织。它一般由主任委员、副主任委员和一般委员组成。主任委员原则上由行政主体首长担任，副主任委员由行政主体法制机构负责人担任，一般委员由经遴选的专职行政复议人员和专业人士、专家学者等担任。它下设办公室，一般与行政复议机构合署办公，具体负责受理、审理行政复议案件以及行政复议委员会的其他日常工作。① 但是，并非所有的复议案件都需要行政复议委员会审理。目前，行政复议委员会制度以及案件审理范围，都还在试点和探索中。

（二）行政复议的功能

对行政复议的功能，可以从多个角度去分析和论证。我们认为有必要从维护社会稳定的高度来认识行政复议的功能。

1. 社会稳定表现在法律上就是权利义务关系的稳定。当行政主体的具体行政行为引起纠纷时，就意味着行政主体与行政相对人之间的权利义务关系处于不稳定状态，即权利得不到实现、义务得不到履行，行政目的无法达到。要消除不稳定状态，应当采用民主、法治手段。行政复议就是一种及时解决行政纠纷的民主、法治手段。它要求行政主体证明自己所作具体行政行为的合法性和合理性，对合法具体行政行为予以维持，对违法或不当的具体行政行为予以撤销或变更。因此，行政复议通过解决行政纠纷，及时地稳定权利义务关系，促进了社会稳定。

2. 社会稳定需要以公民、法人或者其他组织的合法权益得到保护为前提和目标。公民、法人或者其他组织只有在其合法权益得到切实保护时，才能安居乐业，

---

① 参见《国务院法制办公室关于在部分省、直辖市开展行政复议委员会试点工作的通知》（国法〔2008〕71号），2008年9月16日。

才能信任政府并与政府合作。只有这样，社会才能稳定。也只有这样稳定的社会，才是充满生机、活力和祥和气氛的正义社会。在公民、法人或者其他组织合法权益得不到有效保护的前提下，就不可能有社会稳定。即使通过某种高压手段实现了稳定的社会秩序，也只能是一种非正义的秩序。行政复议是以保护公民、法人或其他组织的合法权益，纠正违法具体行政行为为宗旨的。《行政复议法》拓展了保护公民、法人或其他组织的实体权利的范围，为公民、法人或其他组织保护自己的合法权益提供了有效的程序保障。行政复议通过对公民合法权益的保护，避免矛盾的发生和激化，将有利于实现我们所期望的社会稳定。

3. 社会稳定需要将矛盾消弭于萌芽状态。在任何国家里，公民、法人或其他组织与行政主体之间的纠纷都不可避免。如果这种纠纷不及时地予以解决，日积月累，将导致矛盾的激化，并造成公众对政府的普遍不满和信任危机，从而发生群体性的社会动乱，不利于社会和经济的持续发展。行政复议是解决行政纠纷的一种经常性法律机制。只要行政纠纷一发生，并经公民申请，就可以通过它来及时解决。尽管每次复议只能解决一个纠纷或个别行政相对人的纠纷，但正是这一次次、一件件纠纷的及时解决，避免了纠纷的积压和激化，或者说正是这种将大的社会矛盾分解为具体的行政纠纷的方法避免了社会的动荡。

三、行政复议的原则

根据《行政复议法》第 4 条的规定，行政复议实行合法、公正、公开、及时和便民的原则。

（一）合法原则

合法原则，要求行政复议机关依法受理复议案件，按照法定职权和程序审理复议案件，作出复议决定的依据应当合法，做到以事实为依据，以法律为准绳。《行政复议法》体现了这一原则，在第 3 条专门规定了复议机关及复议机构的职责，复议范围和复议申请的规定则确定了复议案件的管辖权，第 28 条则专门规定了对作为复议依据的有违法嫌疑的行政规范性文件的处理，等等。

（二）公正原则

公正原则，要求复议机关应当平等地对待申请人和被申请人，要求复议机关不仅仅应审查系争具体行政行为的合法性，而且还应当审查其合理性，公平对待不同的申请人。《行政复议法》体现了公正原则，如确定复议机关的选择机制，被申请人对系争具体行政行为负举证责任，被申请人可以要求停止系争具体行政行为的执行，申请人也可向复议机关要求停止系争具体行政行为的执行，等等。

（三）公开原则

公开原则，要求行政复议活动应当公开。行政复议一般实行书面审理，因而复议公开主要表现为：复议程序对当事人的公开和开放；申请人可以依法查阅被申请人提出的书面答复以及作出具体行政行为的证据和依据；复议决定及其依据的公开。《行政复议法》第 23 条第 2 款规定："申请人、第三人可以查阅被申请人提出的书面答复、作出具体行政行为的证据、依据和其他有关材料，除涉及国家秘密、商业秘密或者个人隐私外，行政复议机关不得拒绝。"有判例认为，行政复议机关没有通知利害关系人作为第三人参加复议违反行政公开原则，公开原则在行政复议中具有可适用效力。①

（四）及时原则

及时原则，要求复议机关应在尽可能短的时间内处理复议申请和审结复议案件。《行政复议法》第 17 条规定，"行政复议机关收到行政复议申请后，应当在五日内进行审查"，并及时告知申请人结果；一般情况下自收到之日起即视为受理。第 23 条规定，复议机构应当自受理之日起 7 日内将申请书副本等发送被申请人，被申请人应当自收到之日起 10 日内提出书面答复等。第 31 条规定，复议机关应当自受理之日起 60 日内作出复议决定。《行政复议法》还规定了违反上述规定的法律责任，2018 年"163 条"的第 56 条第 2 款则规定逾期作出复议决定属于可诉行政行为。

（五）便民原则

便民原则，要求复议机关在行政复议中应努力创造条件，为申请人提供方便，更不能刁难复议申请人。《行政复议法》关于申请人可选择复议机关的规定，就充分考虑到申请的便民原则。第 15 条第 2 款关于申请人可以向行为发生地县级地方人民政府提出复议申请，并由其转送的规定，第 17 条第 1 款关于不属于本机关受理时应当告知申请人有权受理机关的规定，第 29 条第 2 款关于申请人在申请复议时没有提出赔偿请求，复议机关也可依法作出赔偿决定的规定等，都是便民原则的体现。

四、行政复议的参加人

行政复议参加人是指与系争具体行政行为有利害关系而参加行政复议，并依法受复议决定约束的当事人及与当事人复议地位相似的人，包括申请人、被申请人和第三人等。

（一）申请人

申请人是指认为具体行政行为直接侵害其合法权益，以自己的名义向行政复

---

① 参见最高人民法院行政审判庭编：《中国行政审判指导案例》第 1 卷，中国法制出版社 2010 年版，第 99 页。

议机关提出申请，要求对该具体行政行为进行复议并依法受所作复议决定约束的公民、法人或其他组织。

申请人应当是公民、法人或其他组织。其中，股份制企业的股东大会、股东代表大会、董事会认为行政主体作出的具体行政行为侵犯企业合法权益的，可以以企业的名义申请行政复议。合伙企业申请行政复议的，应当以核准登记的企业为申请人，由执行合伙事务的合伙人代表该企业参加行政复议；其他合伙组织申请行政复议的，由合伙人共同申请行政复议。合伙企业或组织以外的不具备法人资格的其他组织申请行政复议的，由该组织的主要负责人代表该组织参加行政复议；没有主要负责人的，由共同推选的其他成员代表该组织参加行政复议。申请人的资格可以依法转移。其中，有权申请行政复议的公民死亡的，其近亲属可以申请行政复议；有权申请行政复议的公民为无民事行为能力人或者限制民事行为能力人的，其法定代理人可以代为申请行政复议；有权申请行政复议的法人或者其他组织终止的，承受其权利的法人或者其他组织可以申请行政复议。

申请人应当是认为具体行政行为直接侵害其合法权益的人。申请人必须是受具体行政行为侵害的人，而不是受其他行为侵害的人。申请人必须是受直接侵害的人，即直接受具体行政行为不利影响的人，既包括具体行政行为所直接指向的相对人，也包括与该具体行政行为有法律上利害关系的人。① 行政复议中“有法律上利害关系”，与行政诉法中的规定相同具有相应的构成要件。② 申请人必须是主观上认为具体行政行为直接侵害其合法权益的人，而其合法权益是否真正被侵害有待审查。如果相对人确实受到侵害而自己未意识到，未提出申请主张，则不会成为申请人。

（二）被申请人

公民、法人或者其他组织不服具体行政行为而申请复议的，作出该具体行政行为的行政主体是被申请人。申请人申请行政复议，应当确定被申请人。其中，行政主体与其他组织以共同名义作出具体行政行为的，行政主体为被申请人。下级行政主体依照法律、法规、规章规定，经上级行政主体批准作出具体行政行为的，批准机关为被申请人。行政主体设立的派出机构、内设机构或者其他组织，未经法律、法规授权，对外以自己名义作出具体行政行为的，该行政主体为被申请人。行政主体委托的组织所作具体行政行为引起的复议案，以委托的行政主体为被申请人。地方政府未经

---

① 参见国家环保局《钱左生和李惠兰等6人的行政复议决定书》（环法〔2007〕18号）；《海南省高级人民法院（2006）琼行终字第020号行政判决书》。

② 参见《黄陆军等人不服金华市工商行政管理局工商登记行政复议案》，《最高人民法院公报》2012年第5期。

有权机关批准设立开发区并自行组建开发区管理委员会及其所属部门的，应视为委托。① 对经批准设立的开发区管理机构及其职能机构的被申请人资格，可参照2018“163条”的第21条执行。作出具体行政行为的行政主体被撤销的，或授权关系消灭的，或法律变化的，则继续行使其职权的行政主体是被申请人。

（三）共同申请人和被申请人

在当事人一方或双方为2人或者2人以上，因同一具体行政行为或者同样具体行政行为发生争议时，行政复议机关将其合并审理的行政复议，是共同行政复议。其中，当事人一方或双方为2人或2人以上，因同一具体行政行为发生争议，行政复议机关必须合并审理的行政复议，称为必要共同行政复议。申请人为2人或者2人以上，因同样的具体行政行为发生争议，行政复议机关可以合并审理的行政复议，称为普通共同行政复议。同一行政复议案件申请人超过5人的，应推选1~5名代表参加行政复议。在共同行政复议中，申请人为2人或者2人以上的，称为共同申请人；被申请人为2人或者2人以上的，称为共同被申请人。

（四）第三人

《行政复议法》第10条第3款规定：“同申请行政复议的具体行政行为有利害关系的其他公民、法人或者其他组织，可以作为第三人参加行政复议。”

行政复议中的第三人，是指同申请复议的具体行政行为有利害关系，经行政复议机关批准参加复议活动的申请人和被申请人以外的公民、法人或其他组织。第三人具有下列特征：（1）第三人是以自己的名义，为了维护自己的合法权益而参加复议活动的除申请人和被申请人以外的公民、法人或者其他组织。行政主体作为机关法人的，可以作为第三人。②（2）第三人同被申请复议的具体行政行为间有法律上的利害关系，即行政复议决定会影响其权益。（3）第三人是在复议活动开始后、终结前，经行政复议机关批准而参加到复议活动中的。

行政复议机关有权裁量确定第三人，但应符合正当程序原则。有判例指出：“行政复议机关拟作出对利害关系人产生不利影响的行政复议决定的，应当按照正当程序原则的要求，采取适当方式通知利害关系人参加行政复议。行政复议机关未通知利害关系人参加行政复议，直接作出对利害关系人不利影响的行政复议决定的，构成违反法定程序，依法应当撤销。”③

在行政复议程序结束前，行政复议机关可以依职权通知利害关系人作为第三人

① 参见《国务院法制办公室对辽宁省人民政府法制办公室〈关于杨云泽等行政复议案件有关问题的请示〉的复函》（国法函〔2004〕351号）。

② 参见国家环保局《钱左生和李惠兰等6人的行政复议决定书》（环法〔2007〕18号）。

③ 最高人民法院行政审判庭编：《中国行政审判指导案例》第1卷，中国法制出版社2010年版，第99页。

参加复议，利害关系人也可以申请作为第三人参加行政复议。经通知，第三人不参加行政复议的，不影响行政复议案件的审理。

第二节　行政复议的范围

一、可申请复议的范围

《行政复议法》第6条规定："有下列情形之一的，公民、法人或者其他组织可以依照本法申请行政复议：（一）对行政机关作出的警告、罚款、没收违法所得、没收非法财物、责令停产停业、暂扣或者吊销许可证、暂扣或者吊销执照、行政拘留等行政处罚决定不服的；（二）对行政机关作出的限制人身自由或者查封、扣押、冻结财产等行政强制措施决定不服的；（三）对行政机关作出的有关许可证、执照、资质证、资格证等证书变更、中止、撤销的决定不服的；（四）对行政机关作出的关于确认土地、矿藏、水流、森林、山岭、草原、荒地、滩涂、海域等自然资源的所有权或者使用权的决定不服的；（五）认为行政机关侵犯合法的经营自主权的；（六）认为行政机关变更或者废止农业承包合同，侵犯其合法权益的；（七）认为行政机关违法集资、征收财物、摊派费用或者违法要求履行其他义务的；（八）认为符合法定条件，申请行政机关颁发许可证、执照、资质证、资格证等证书，或者申请行政机关审批、登记有关事项，行政机关没有依法办理的；（九）申请行政机关履行保护人身权利、财产权利、受教育权利的法定职责，行政机关没有依法履行的；（十）申请行政机关依法发放抚恤金、社会保险金或者最低生活保障费，行政机关没有依法发放的；（十一）认为行政机关的其他具体行政行为侵犯其合法权益的。"

该条在很多项中都采用了列举加概括的规定方式，在文字表述上即为"等"行政处罚决定、"等"行政强制措施决定、"等"证书以及"等"自然资源的所有权和使用权决定。实践中经常因为这"等"字发生争议，即到底是"到此为止"的意思，还是包括没有列举穷尽的同类具体行政行为。尽管"等"在语法上具有上述两方面的意思，但第6条的立法意图是清楚的，就是对没有列举穷尽的同类具体行政行为的概括。

该条第8、9、10项行为，依通说属于行政不作为。行政不作为的构成，应同时具备下列三个条件：第一，相对人已经向行政主体提出过履行职责的请求。但是，这种请求是否需要以特别法规定的请求权为依据，在理论和实践中都有不同认识。[①] 第

---

① 参见［德］格奥格·耶利内克：《主观公法权利体系》，曾韬等译，中国政法大学出版社2012年版，第62—73页；最高人民法院指导案例77号《罗镕荣诉吉安市物价局物价行政处理案》，2016年12月28日发布。

二，被请求行政主体具有所请求事项的法定职责。第三，被请求行政主体在规定期限内没有履行或不作答复。这里的“规定期限”，法律、法规、规章和其他规范性文件有规定的，从其规定；没有规定的，统一按照60日执行。但是，相对人在情况紧急时请求行政主体履行法定职责，行政主体不履行的，应不受前述期限的限制。

《行政复议法》第6条第11项的规定属于兜底条款。如果上述十类具体行政行为侵犯相对人人身权、财产权等合法权益，则应分别按上述各项规定申请复议；除此以外的具体行政行为侵犯相对人人身权、财产权等合法权益的，可按本项规定申请复议。这一项规定的目的，就是把没有列举但侵犯了相对人合法权益的具体行政行为都纳入行政复议中来。在具体认定时，如果特别法有明文规定，可按特别法的规定认定。例如，我国《政府信息公开条例》第33条第2款规定政府信息公开行为属于行政复议的范围。对这一可复议具体行政行为，我们可将其归入第11项。

《行政复议法》第6条关于复议范围的规定与《行政复议条例》（已废止）相比，对相对人的合法权益作了更全面的保护。一方面，可申请复议的具体行政行为范围拓宽了。例如，《行政复议条例》只能就没有依法批准的行政许可行为申请复议，对许可后的中止、变更或撤销等决定，并没有明确地列入可复议范围；对变更或废止农业承包合同的具体行政行为，也没有明确地列入可复议范围；等等。另一方面，对所保护的合法权益的范围也拓宽了。例如，《行政复议条例》对受教育权，对获得社会保障金或最低生活保障费的权利，未作明确列举。《行政复议法》对复议范围的拓展规定，表明我国民主、法治的进步和发展。

二、请求审查行政规范性文件

《行政复议法》第7条第1款规定：“公民、法人或者其他组织认为行政机关的具体行政行为所依据的下列规定不合法，在对具体行政行为申请行政复议时，可以一并向行政复议机关提出对该规定的审查申请：（一）国务院部门的规定；（二）县级以上地方各级人民政府及其工作部门的规定；（三）乡、镇人民政府的规定。”申请人在对具体行政行为提出行政复议申请时尚不知道该具体行政行为所依据的规定的，可以在行政复议机关作出行政复议决定前向行政复议机关提出对该规定的审查申请。《行政复议法》的这一规定，确认了公民、法人或者其他组织对审查行政规范性文件的请求权。① 这是一个很大的进步，曾引起社会的极大反应和

---

① 参见国家环保局《孔祥仁等82人的行政复议决定书》（环法〔2006〕38号）。

欢呼，几年来也确有成功的实践。[①] 但应当明确，这一规定只是要求在行政复议中对作为具体行政行为依据的行政规范性文件应予以审查，而不是将行政规范性文件纳入了行政复议的范围。理由在于：第一，对行政规范性文件的审查申请必须与具体行政行为一并提出，而不能单独提出。如果没有相应的具体行政行为存在，相对人就不能要求对其依据的规范性文件进行审查；即使存在相应的具体行政行为，如果该具体行政行为并不是针对自己作出的，相对人也不能请求审查。第二，在行政复议中，对具体行政行为所适用的依据进行审查，不限于对行政规范性文件的审查，还包括对法律、法规和规章的审查，按新法优于旧法、上位法优于下位法和特别法优于普通法的法律适用规则，以及《立法法》等有关法律规定审查其有效性。但这并不意味着法律、法规和规章也是行政复议的范围。第三，复议机关对一并请求审查的行政规范性文件，以及具体行政行为所适用的其他依据只能进行一定的审查，并在其权限内作出处理；对无权处理的，只能转送有权机关依法予以处理。第四，对属于行政复议范围的系争行为，复议机关必须作出复议决定。但是，根据《行政复议法》，复议机关不需要也不可能对行政规范性文件作出复议决定。鉴于上述原因，《行政复议法》对行政规范性文件使用了申请“审查”的表述，而不是申请“复议”。

三、不能申请复议的范围

《行政复议法》第 8 条规定：“不服行政机关作出的行政处分或者其他人事处理决定的，依照有关法律、行政法规的规定提出申诉。不服行政机关对民事纠纷作出的调解或者其他处理，依法申请仲裁或者向人民法院提起诉讼。”这就是说，人事行政行为、劳动争议仲裁和民事调解或处理不属于行政复议的范围。

（一）人事行政行为

对行政主体有关公务员以及按公务员管理的其他人员的调动、晋升、奖励和惩戒等各类人事行政行为，行政相对人都不能按《行政复议法》申请复议。[②]

根据我国《公务员法》的规定，公务员对处分、辞退或者取消录用、降职、定期考核定为不称职、免职，申请辞职、提前退休未予批准，未按规定确定或者

① 参见国务院法制办《对浙江省人民政府法制办公室〈关于转送审查处理公安部公复字〔2001〕4 号批复的请示〉的复函》（国法函〔2003〕155 号）、《对陕西省人民政府法制办公室〈关于三线建设单位搬迁后处置原址国有划拨土地使用权适用依据的请示〉的复函》（国法秘函〔2003〕116 号）等。

② 参见国务院法制办《对监察部〈关于咨询刘××所提申请是否属于行政复议受理范围问题的函〉的复函》（国法函〔2003〕5 号）。

扣减工资、福利、保险待遇等人事处理不服的，可以自知道该人事处理之日起30日内向原处理机关申请复核；对复核结果不服的，可以自接到复核决定之日起15日内，按照规定向同级公务员主管部门或者作出该人事处理的机关的上一级机关提出申诉；也可以不经复核，自知道该人事处理之日起30日内直接提出申诉。其中，对省级以下机关作出的申诉处理决定不服的，可以向作出处理决定的上一级机关提出再申诉。公务员申诉的受理机关审查认定人事处理有错误的，原处理机关应当及时予以纠正。公务员认为机关及其领导人员侵犯其合法权益的，可以依法向上级机关或者有关的专门机关提出控告。受理控告的机关应当按照规定及时处理。根据《公务员法》的规定，聘任制公务员与所在机关之间因履行聘任合同发生争议的，可以自争议发生之日起60日内向劳动人事争议仲裁委员会申请仲裁。

（二）行政仲裁

行政仲裁包括劳动争议仲裁和人事争议仲裁。根据我国《劳动争议调解仲裁法》第48条[①]、《公务员法》第100条、《劳动人事争议仲裁组织规则》[②] 和《劳动人事争议仲裁办案规则》[③] 的规定，对劳动争议和人事争议仲裁不服的，依法只能以双方当事人为原、被告向法院提起民事诉讼，而不能以仲裁机关为被申请人申请复议。这样设计制度的原因是，即便当事人申请行政复议、提起行政诉讼，最后要解决的还是劳动争议和人事争议本身。通过行政复议和行政诉讼，再解决劳动争议和人事争议，只会增加程序的烦琐程度和解决争议的负担，加大解决争议的成本，既不利于纠纷解决资源的充分利用，也不利于对当事人权利的保护。并且，仲裁决定并非运用行政权所作的行为，而是运用准司法权所作的行为，在程序上也已经司法化，不必再通过行政复议予以监督和救济。

（三）民事调解或处理

行政主体对当事人相互之间的民事纠纷进行调解或处理，没有运用行政权的，不具备具体行政行为的构成要件，并非具体行政行为。所达成的调解协议具有民事合同的法律效力，行政主体的处理意见仅具有行政指导性质，不具有具体行政行为应具有的法律效力，因而民事调解或处理不属于行政复议的范围。当事人一方反悔的，可依法申请仲裁或者向法院提起民事诉讼，按我国《民法总则》等民事法律的规定予以认定。[④] 但是，行政主体在调解或处理中运用了行政权的，如对

① 2007年12月29日国家主席令第80号公布。

② 2010年1月20日人力资源和社会保障部令第5号发布。

③ 2009年1月1日人力资源和社会保障部令第2号发布。

④ 参见《罗边槽村一社不服重庆市人民政府林权争议复议决定行政纠纷上诉案》，《最高人民法院公报》2000年第6期。

民事纠纷一方当事人的行为性质作出认定，对责任进行区分，或者强制双方当事人达成协议等的，则构成具体行政行为，属于行政复议的范围。[①]《行政复议法》关于可申请复议的范围的规定中，没有专门列举行政裁决，而是包含在有关类型的具体行政行为中。

(四) 国务院的具体行政行为

《行政复议法》没有明文规定对国务院的具体行政行为是否可以申请复议。从行政复议的范围来看，似乎国务院的具体行政行为也属于行政复议的范围。其实不然。一方面，在《行政复议法》第四章“行政复议受理”中，并没有规定对国务院具体行政行为不服申请复议的受理机关即复议机关。另一方面，国务院即使受理复议案件，所作决定也被规定为终局决定，甚至不使用“复议”而使用“裁决”一词。由此来看，国务院的具体行政行为目前并不属于行政复议的范围。对此，我们暂不作评论。但从法律体制上来说，如果国务院的具体行政行为确实需要审查的话，恐怕也不是一般的行政纠纷了。

另外，重复处置等其他未构成具体行政行为的争议，也不属于行政复议的受案范围。[②]

第三节 行政复议的申请与受理

一、行政复议的申请

(一) 复议机关的确定

申请人申请行政复议，应依法确定有权受理的复议机关。在《行政复议法》制定以前，复议机关的确定非常复杂，可选择的机关也很多，又由于执法主体的多样性，在确定复议机关时多有错误。《行政复议法》作了统一和简化。但是，由于行政主体和具体行政行为各种各样，行政复议机关也不像法院那样一个行政区只有一个，仍需要对其作相应的确定。根据《行政复议法》的规定，对复议机关在申请复议时应作如下确定：

1. 选定复议机关。在多数情况下，法律允许申请人选定复议机关申请复议。具体规则如下：第一，对县级以上地方各级政府工作部门的具体行政行为不服的，申请人可以选择该部门的本级政府，也可以选择上一级主管部门作为复议机

---

① 参见《上海市第一中级人民法院（2009）沪一中行终字第320号行政判决书》。

② 参见《上海市第二中级人民法院（2006）沪二中行终字第58号行政判决书》；最高人民法院指导案例69号《王明德诉乐山市人力资源和社会保障局工伤认定案》，2016年9月19日发布。

关。对经国务院批准实行省以下垂直领导的部门作出的具体行政行为不服的，除省、自治区、直辖市另有规定外，也按前述规定办理。第二，对国务院部门或者省、自治区、直辖市政府的具体行政行为不服的，既可以选择作出该具体行政行为的行政主体作为复议机关，也可以选择国务院作为裁决机关。其中，对两个以上国务院部门共同作出的具体行政行为不服，选择国务院部门作为行政复议机关的，可以向其中任何一个国务院部门提出行政复议申请，由它们共同作出复议决定。这里的国务院部门，包括国务院部委管理的国家局。① 第三，对派出机构作为授权行政主体的具体行政行为不服的，可以选择向设立该派出机构的部门或者该部门的本级地方政府申请行政复议。第四，对其他授权行政主体的具体行政行为不服的，可以选择向直接管理该组织的地方政府、地方政府工作部门或者国务院部门申请行政复议，但授权行政主体由国务院直接管理的按国务院部门认定。②

2. 法定复议机关。在下列情况下，申请人只能以规定的行政主体为复议机关申请复议，不具有可选择性：对海关、金融、国税、外汇管理等实行垂直领导的行政主体和国家安全机关的具体行政行为不服的，以上一级主管部门作为复议机关申请行政复议；对地方各级政府的具体行政行为不服的，以上一级地方政府作为复议机关申请行政复议；对省、自治区政府依法设立的派出机关所属的县级地方政府的具体行政行为不服的，以该派出机关作为复议机关申请行政复议；③ 对国务院或者省、自治区、直辖市政府有关行政区划的勘定、调整或者征用土地决定不服的，应当向省、自治区、直辖市政府提出行政复议申请；对两个或者两个以上行政主体（国务院部门除外）的共同行政行为不服的，向其共同上一级行政主体申请行政复议。

另外，对被撤销或职权被消灭的行政主体在被撤销或被消灭前所作出的具体行政行为不服的，向继续行使其职权的行政主体的上一级行政主体申请行政复议；该上一级行政主体有两个的，可以由申请人选定。

上述所称“上一级”，是指直接上级而不是所有上级机关中的某一级。这样，

---

① 参见国务院法制办公室对国土资源部《〈关于请明确对部管国家局的行政复议申请受理机关的函〉的复函》（国法函〔2001〕245号）。

② 参见《中国证监会行政复议决定书》（证监复决字〔2007〕12号）；国务院法制办公室对《国务院关税税则委员会〈关于请明确反倾销行政复议中有关问题的函〉的复函》（国法函〔2003〕18号）。

③ 根据国务院法制办公室《对海南省法制办公室〈关于行政复议管辖权限有关问题的请示〉的复函》（国法函〔2002〕246号），对省级人民政府设立的派出机关所属工作部门作出的具体行政行为不服，由当事人选择，可以向该派出机关申请行政复议，也可以向该省级人民政府所属的相应主管部门申请行政复议。

上一级地方政府或者上一级主管部门都只有一个，是确定的。但是，省、自治区政府的派出机关即行政公署，在法律上并不是所辖县、市政府的“上一级”行政主体。为了尊重行政公署事实上的领导权，减轻省、自治区政府复议案件的压力，同时又不突破《行政复议法》的规定，不改变行政诉讼被告和管辖制度的结构，实践中进行了委托行政公署受理的探索。①

（二）复议申请规则

1. 申请期限。在《行政复议法》制定以前，复议的申请期限多由特别法加以规定，因此复议期限各种各样，很不统一，有 3 日、5 日、10 日的，也有 15 日、30 日的，还有 60 日、3 个月的。这既不利于行政主体对申请期限的告知，也不利于相对人了解和掌握申请期限，还不利于复议申请的受理工作。为此，《行政复议法》进行了改革，要求申请期限统一适用《行政复议法》第 9 条第 1 款的规定。该款规定，公民、法人或者其他组织认为具体行政行为侵犯其合法权益的，可以自知道该具体行政行为之日起 60 日内提出行政复议申请。申请期限较长，对申请人是有利的，可以更多地理解具体行政行为的内容和对复议做更多的准备。该条第 1 款还规定：“但是法律规定的申请期限超过六十日的除外。”也就是说，特别法优先于普通法仍然可以适用，但必须以所定期限超过 60 日和由法律规定为限，排除了短于 60 日的规定和法规、规章的规定。

申请期限的计算，依照下列规定办理：当场作出具体行政行为的，自具体行政行为作出之日起计算；载明具体行政行为的法律文书直接送达的，自受送达人签收之日起计算；载明具体行政行为的法律文书邮寄送达的，自受送达人在邮件签收单上签收之日起计算；没有邮件签收单的，自受送达人在送达回执上签名之日起计算；具体行政行为依法通过公告形式告知受送达人的，自公告规定的期限届满之日起计算；相对人事前接受电子网络告知的，自发送到指定邮址之日起计

① 《广西壮族自治区人民政府委托关于各地区行署受理行政复议案件的通知》（1991 年 11 月 20 日广西壮族自治区人民政府桂政发〔1991〕98 号）规定：“根据《行政复议条例》规定，‘对地方各级人民政府的具体行政行为不服申请的复议，由上一级人民政府管辖。’‘对两个或两个以上行政机关以共同的名义作出的具体行政行为不服申请的复议，由它们的共同上一级行政机关管辖’。经研究决定，自治区人民政府委托各地区行署受理下列行政复议申请：一、对本地区所辖县（市）人民政府的具体行政行为不服申请的复议；二、对本地区行署的两个或两个以上工作部门以共同名义作出的具体行政行为不服申请的复议；三、对上一级没有相应主管部门的本行署工作部门的具体行政行为不服申请的复议；四、对本行署工作部门的具体行政行为不服申请的复议，法律、法规规定由人民政府管辖的。行署的复议决定书由专员署名，加盖行署的印章。特此通知。”其中，《行政复议条例》的上述规定为《行政复议法》所采纳。

算;[1] 行政主体作出具体行政行为时未告知公民、法人或者其他组织，事后补充告知的，自该公民、法人或者其他组织收到行政主体补充告知的通知之日起计算；被申请人能够证明公民、法人或者其他组织知道具体行政行为的，自证据材料证明其知道具体行政行为之日起计算。行政主体作出具体行政行为，依法应当向有关公民、法人或者其他组织送达法律文书而未送达的，视为该公民、法人或者其他组织不知道该具体行政行为。另外，因不可抗力或者其他正当理由耽误法定申请期限的,[2] 申请期限自障碍消除之日起继续计算。

2. 申请的提出。申请人申请行政复议，可以书面申请，也可以口头申请。书面申请的，应当在行政复议申请书中载明法定事项。申请人可以采取当面递交、邮寄或者传真等方式提出行政复议申请。有条件的行政复议机关可以接受以电子邮件形式提出的行政复议申请。口头申请的，行政复议机关应当当场记录申请人的基本情况、行政复议请求以及申请行政复议的主要事实、理由和时间，并当场制作行政复议申请笔录交申请人核对或者向申请人宣读，由申请人签字确认。

根据《行政复议法实施条例》第 21 条规定，申请人认为被申请人不履行法定职责的，应提供曾经要求被申请人履行法定职责而被申请人未履行的证明材料；申请行政复议时一并提出行政赔偿请求的，应提供受具体行政行为侵害而造成损害的证明材料；法律、法规规定需要申请人提供证据材料的，应当提供。申请人提出行政复议申请时错列被申请人的，行政复议机关应当告知申请人变更被申请人。

3. 申请的限制。《行政复议法》第 16 条对复议申请提出了两项限制：第一，申请复议并已经被受理的，在法定行政复议期限内不得向法院提起行政诉讼。这是因为，申请行为的效力，表现为对行政复议程序的启动。在这一程序被启动以后、结束以前，行政纠纷一直处于行政程序之中。根据处理行政纠纷的行政穷尽原则，理应不得向法院起诉。只有在一个行政结论即行政复议决定作出后，才能向法院起诉。[3] 第二，向法院起诉并已经被受理的，不得申请行政复议。这是因

---

① 参见《北京希优照明设备有限公司不服上海市商务委员会行政决定案》，《中华人民共和国最高人民法院公报》2011 年第 7 期。

② 参见国务院法制办公室《对湖北省人民政府法制办公室〈关于人民法院裁决应当“复议前置”当事人申请行政复议时已超过期限的复议申请是否受理的请示〉的复函》（国法函〔2003〕253 号）和国务院法制办公室《对甘肃省人民政府法制办公室〈关于中华人民共和国行政复议法第九条有关问题的请示〉的复函》（国法函〔2004〕296 号）；中华人民共和国最高人民法院行政审判庭编：《中国行政审判案例》第 4 卷，中国法制出版社 2012 年版，第 55 页。

③ 参见《最高人民法院（2016）最高法行申 2671 号行政裁定书》。

为，根据司法最终解决的原则，在已经启动最终解决程序的情况下不得再回转程序申请复议。

二、行政复议的受理

（一）受理

行政复议申请符合下列条件的，应当予以受理：有明确的申请人和符合规定的被申请人；申请人与具体行政行为有利害关系；有具体的行政复议请求和理由；在法定申请期限内提出；属于行政复议法规定的行政复议范围；属于收到行政复议申请的行政复议机关的职责范围；其他行政复议机关尚未受理同一行政复议申请，法院尚未受理同一主体就同一事实提起的行政诉讼。行政复议机构收到申请之日起即为受理之日，可以制作受理决定书、通知申请人已予受理。但通知之日与收到之日不一致的，以收到之日为受理之日，不通知的，不影响受理的成立。行政复议申请经补正的，自收到补正申请材料之日起计算。[①] 判例认为，行政复议机关不应受理而错误受理并作出复议决定的，不拘束法院对起诉的认定。[②]

行政复议申请材料不齐全或者表述不清楚的，行政复议机关可以自收到该行政复议申请之日起5日内书面通知申请人补正。补正通知应当载明需要补正的事项和合理的补正期限。无正当理由逾期不补正的，视为申请人放弃行政复议申请。但是，当是否需补正存有争议时，不能视为放弃复议。判例指出："在申请人书面回复认为不需要提供时，即申请人与复议机关对此存有争议的情况下，行政复议机关不能再作视为放弃行政复议申请处理。"[③] 补正申请材料所用时间不计入行政复议审理期限。

申请人就同一事项向两个或者两个以上有权受理的行政主体申请行政复议的，由最先收到行政复议申请的行政主体受理。同时收到行政复议申请的，由收到行政复议申请的行政主体在10日内协商确定；协商不成的，由其共同的上一级行政主体在10日内指定受理机关。协商确定或者指定受理机关所用时间不计入行政复议审理期限。

（二）不予受理

对不符合行政复议受理条件的复议申请，行政复议机关应在5日内作出不予受理的决定，并书面告知申请人。复议机关不予受理的，应当说明理由。上级行政

---

① 参见国务院法制办公室《关于对内蒙古自治区人民政府法制办公室〈关于行政复议期限有关问题的请示〉的复函》（国法函〔2002〕258号）。

② 参见中华人民共和国最高人民法院行政审判庭编：《中国行政审判案例》第2卷，中国法制出版社2011年版，第62页。

③ 中华人民共和国最高人民法院行政审判庭编：《中国行政审判案例》第2卷，中国法制出版社2011年版，第78页。

主体认为行政复议机关不予受理的理由不成立的，可以先行督促其受理；经督促仍不受理的，应当责令其限期受理，必要时也可以由上级行政机关直接受理。判例认为，在复议机关已经受理的情况下，申请人不能仅仅因怀疑行政复议机关的公正性而申请上级行政主体直接受理。① 行政复议机关审查认为行政复议申请确不符合受理条件的，应当告知申请人。经决定不予受理的复议申请，当事人不服的，可依法向法院起诉。但该行政复议属于终局复议的，则不能就原具体行政行为再向法院起诉，只能就不予受理决定向法院起诉。当事人不起诉的，原具体行政行为发生最终的法律效力。

根据《行政复议法》第17条第1款的规定，对符合该法规定，但是不属于本机关受理的行政复议申请，应当告知申请人向有关行政复议机关提出。这实际上也是一种不予受理，但不适用不予受理决定。

（三）转送

对派出机关、派出机构、授权行政主体所作具体行政行为不服的，或者对共同具体行政行为不服的，或者对被撤销行政主体在撤销前所作具体行政行为不服的，可以向具体行政行为发生地县级地方政府申请复议。依法接受上述行政复议申请的县级地方政府，应分别情况予以处理：第一，对派出机关所作具体行政行为的复议申请，应由设立该派出机关的政府受理，进行复议。第二，对派出机构作为授权行政主体所作具体行政行为的复议申请，应由该机构所在的主管部门或主管部门同级政府受理。第三，对其他授权行政主体（由国务院直接管理的除外）所作具体行政行为申请复议的，则应根据直接管理该组织的行政主体来确定受理机关。第四，对县级政府工作部门或授权行政主体所作的共同具体行政行为申请复议的，则应根据两个或两个以上行政主体的共同上一级行政主体的性质作出处理。如果共同上一级行政主体是县级地方政府，则接受申请的县级地方政府应予以受理；如果共同上一级行政主体是某一职能部门，则接受申请的县级地方政府应将复议申请转送该职能部门。第五，对被撤销的行政主体在撤销前所作具体行政行为申请复议的，则应按继续行使其职权的行政主体的性质确定受理。如果继续行使其职权的行政主体是县级地方政府，则接受申请的县级地方政府应予受理；如果继续行使其职权的行政主体是某一职能部门或授权行政主体，则应转送相应的职能部门或授权行政主体。对复议申请需要转送的，应当自接到该行政复议申请之日起7日内转送，并告知申请人。接受转送的行政复议机关应当依法决定受理或不受理。决定受理的，以收到转送之日为受理之日。

（四）关于是否停止执行

根据《行政复议法》第21条的规定，在行政复议期间不停止系争具体行政行

① 参见《北京市第一中级人民法院（2000）一中行初字第147号行政判决书》。

为的执行。它具有三层含义：第一，申请复议前依法已经予以强制执行的，原则上并不因申请、受理复议而停止执行。①第二，申请人即相对人自愿履行有争议具体行政行为所确定的义务，不受限制。第三，除非法律明文规定，在行政复议期间，对尚未强制执行的有争议具体行政行为不得强制执行。

但是，具有下列情形之一的，对正在强制执行的系争具体行政行为可以停止执行：第一，被申请人认为需要停止强制执行的。被申请人认为需要停止强制执行的情形，往往是被申请人已经认识到具体行政行为存在瑕疵，确应补救的情形。被申请人作为该瑕疵具体行政行为的实施者，有权决定停止行政强制执行。第二，行政复议机关认为需要停止强制执行的。复议机关已发现具体行政行为存在瑕疵，一旦执行难以回转的，可以决定停止强制执行。第三，申请人申请停止执行，行政复议机关认为其要求合理，决定停止执行的。第四，法律规定停止强制执行的。例如，我国《治安管理处罚法》第 107 条规定，被裁决拘留的人交纳保证金或提供保证人的，在复议期间，拘留决定可停止执行。

第四节 行政复议的审理与决定

一、行政复议的审理

（一）审理前的准备

行政复议机关应当自行政复议申请受理之日起 7 日内，将行政复议申请书副本或者行政复议申请笔录复印件发送被申请人，并要求被申请人在规定期限内提出答复、提交证据。行政复议机关依法系作出被复议行为行政主体的，则应向被复议行为的原承办部门发送，并要求其答复、提交证据。行政复议机关应确定案件是否需要由行政复议委员会审理。复议人员不得少于 2 人，行政复议委员会审理案件应为单数的多名委员，与本案不能有利害关系。复议机关同时又是被申请人的，原具体行政行为的直接责任人员不得担任本案的复议人员。复议人员如果发现复议申请人或被申请人不符合条件的，应及时予以更换；如果发现必要共同复议申请人和符合第三人条件的相对人或行政主体未参加复议的，则应通知其参加复议。②复议人员还应审查原具体行政行为是否应停止执行，确定审理的方式。行政

① 参见《河南省驻马店市中级人民法院（2012）驻法行终字第 79 号行政判决书》和《上海市第二中级人民法院（2012）沪二中行赔终字第 2 号行政判决书》。

② 参见《张成银诉徐州市人民政府房屋登记行政复议决定案》，《中华人民共和国最高人民法院公报》2005 年第 3 期；中华人民共和国最高人民法院行政审判庭编：《中国行政审判案例》第 4 卷，中国法制出版社 2012 年版，第 131 页。

复议以书面审理为主，但如果申请人提出要求或者复议机构认为有必要的，也可以实行言词审理，举行听证。因此，复议人员应当在审理前听取申请人、被申请人和第三人的意见，确定审理方式。

（二）审查证据和依据

被申请人应当自收到申请书副本或者申请笔录复印件之日起 10 日内，提交载明法定事项的答复书，并提交当初作出具体行政行为的证据、依据和其他有关材料。被申请人逾期不答复的，不影响复议。被申请人所提交的证据，必须是当初作出具体行政行为的证据。在行政复议过程中，被申请人不得自行向申请人和其他有关组织或者个人收集证据。用事后所收集的证据来证明当初的具体行政行为，属违反法定程序。对这样的证据，复议机关不应予以认定。

行政复议人员可向有关组织和人员调查取证，可查阅、复制、调取有关文件和资料，向有关人员进行询问。调查取证时，行政复议人员不得少于 2 人，并应当向当事人或者有关人员出示证件。被调查单位和人员应当配合行政复议人员的工作，不得拒绝或者阻挠。需要现场勘验的，现场勘验所用时间不计入行政复议审理期限。行政复议期间涉及专门事项需要鉴定的，当事人可以自行委托鉴定机构进行鉴定，也可以申请行政复议机关委托鉴定机构进行鉴定。鉴定费用由当事人承担。鉴定所用时间不计入行政复议审理期限。

申请人在申请行政复议时，一并提出对具体行政行为所适用的行政规范性文件的审查申请的，以及行政复议机关审查时认为具体行政行为所适用的法律存在冲突等问题的，行政复议机关如有权处理，则应当在 30 日内依法处理；如无权处理，则应当在 7 日内依法转送有权处理的机关处理。① 其中，对行政规范性文件有权处理的行政主体，应当在 60 日内依法处理。在上述有关处理期间，中止对具体行政行为的审查。

申请人、第三人可以查阅被申请人提出的书面答复、作出具体行政行为的证据、依据和其他有关材料。除涉及国家秘密、商业秘密或者个人隐私外，行政复议机关不得拒绝，并应提供必要条件。申请人、第三人及其代理人对上述证据，没有必要通过申请政府信息公开程序查阅、获取。②

（三）复议申请的撤回

复议申请的撤回，是指申请人向复议机关申请复议后，在复议机关作出复议决定前，经复议机关同意而撤回其复议申请的行为。《行政复议法》第 25 条规定

---

① 参见国务院法制办公室《对浙江省人民政府法制办公室〈关于转送审查处理公安部公复字〔2001〕4 号批复的请示〉的复函》（国法函〔2003〕155 号）。

② 参见《浙江省宁波市北仑区人民法院（2008）甬仑行初字第 22 号行政判决书》和《安徽省合肥市中级人民法院（2008）合行初字第 12 号行政判决书》。

了复议申请的撤回。

1. 撤回复议申请的条件。撤回复议申请应当具备以下三个条件：第一，复议申请人自愿撤回复议申请。这就是说，只有申请人才能撤回自己的复议申请，他人不得撤回申请人的申请。申请人撤回复议申请必须是自愿的，而不能是被胁迫、受欺诈的。第二，在复议决定作出前要求撤回复议申请。在复议决定作出后，就不能撤回复议申请了。第三，须经复议机关同意并记录在案。申请人提出撤回复议申请，并不能自动导致复议申请的撤回，而应经复议机关审查。因此，《行政复议法》第25条规定撤回申请需说明理由。如果撤回复议申请合法，可作出决定，同意撤回，并把有关情况记录在案。规定撤回复议申请应经复议机关同意并记录在案，既是为了保护申请人的合法权益，也是为了保证下级行政主体依法行政。

2. 撤回复议申请的种类。第一，申请人要求撤回复议申请，即复议申请人因认识到具体行政行为正确、合法，所提复议理由不能成立而申请撤回，并经行政复议机关同意和记录在案的。第二，申请人在被申请人改变所作具体行政行为后申请撤回，即被申请人主动自行改变原具体行政行为，满足了申请人的要求，已没有继续复议的必要，因而申请人申请撤回，并经复议机关同意和记录在案的。①

3. 撤回复议申请的后果。第一，程序上的后果。复议机关同意撤回复议申请后，复议程序即告终结，除能够证明撤回系违背其真实意思表示外，申请人不得以同一事实和理由再次申请复议，而只能以新的事实和理由再次申请复议。如果复议并非行政诉讼的法定前置程序，在撤回复议申请后，则可依法提起行政诉讼。如果撤回后被申请人作出新的决定，则可就该新的决定申请复议或提起诉讼。② 第二，实体上的后果。对于依法不能再申请复议、不能向法院起诉的复议案件，复议申请一旦撤回，具体行政行为即发生最终效力。但被申请人承诺重新处理而撤回的，不受此限。

（四）复议中止和终止

1. 复议中止。行政复议期间有下列情形之一，影响行政复议案件审理的，行政复议中止：作为申请人的自然人死亡，其近亲属尚未确定是否参加行政复议的；作为申请人的自然人丧失参加行政复议的能力，尚未确定法定代理人参加行政复议的；作为申请人的法人或者其他组织终止，尚未确定权利义务承受人的；作为申请人的自然人下落不明或者被宣告失踪的；申请人、被申请人因不可抗力，不

① 参见《道真仡佬族苗族自治县人民政府行政复议决定书》（道府行复〔2005〕15号）。

② 参见《道真仡佬族苗族自治县人民政府行政复议决定书》（道府行复〔2006〕3号）。

能参加行政复议的；案件涉及法律适用问题，需要有权机关作出解释或者确认的；案件审理需要以其他案件的审理结果为依据，而其他案件尚未审结的；[1] 具有其他需要中止行政复议的情形的。[2] 行政复议中止的原因消除后，应当及时恢复行政复议案件的审理。行政复议机关中止、恢复行政复议案件的审理，应当告知有关当事人。

2. 复议终止。行政复议期间有下列情形之一的，行政复议终止：申请人要求撤回行政复议申请，行政复议机关准予撤回的；作为申请人的自然人死亡，没有近亲属或者其近亲属放弃行政复议权利的；作为申请人的法人或者其他组织终止，其权利义务的承受人放弃行政复议权利的；申请人与被申请人达成和解协议，经行政复议机关准许的；申请人对行政拘留或者限制人身自由的行政强制措施不服申请行政复议后，因申请人同一违法行为涉嫌犯罪，该行政拘留或者限制人身自由的行政强制措施变更为刑事拘留的。以下情形，在复议中止满60日时仍未确定的，行政复议也予终止：作为申请人的自然人死亡，其近亲属尚未确定是否参加行政复议的；作为申请人的自然人丧失参加行政复议的能力，尚未确定法定代理人参加行政复议的；作为申请人的法人或者其他组织终止，尚未确定权利义务承受人的。

（五）复议和解与调解

1. 复议和解。公民、法人或者其他组织对行政主体行使法律、法规规定的自由裁量权作出的具体行政行为不服申请行政复议，申请人与被申请人在行政复议决定作出前，在双方自愿并且不损害社会公共利益和他人合法权益的情况下，可以和解。达成和解的，应当签订和解协议，并提交行政复议机关。和解协议不违反法律规定的，行政复议机关应当准许。

2. 复议调解。有下列情形之一的，行政复议机关可以按照自愿、合法的原则进行调解：第一，公民、法人或者其他组织对行政主体行使法律、法规规定的自由裁量权作出的具体行政行为不服申请行政复议的；第二，当事人之间的行政赔偿或者行政补偿纠纷。当事人经调解达成协议的，行政复议机关应当制作载明法定事项的行政复议调解书。行政复议调解书经双方当事人签字，即具有法律效力。调解未达成协议或者调解书生效前一方反悔的，行政复议机关应当及时作出行政复议决定。

二、行政复议决定

行政复议决定，是指行政复议机关对案件进行审查后，就被复议行为是否合

---

① 参见国务院法制办公室《关于香港嘉利来公司行政复议案有关问题的复函》（国法协函〔2002〕6号）。

② 参见国务院法制办公室《对国土资源部〈关于请明确行政复议案件审查程序有关问题的函〉的复函》（国法函〔2003〕203号）。

法、适当，是否应按申请人的请求责令被申请人作出某种具体行政行为等问题所作的决定。

（一）复议决定的种类

1. 维持决定。系争具体行政行为认定事实清楚，证据确凿，适用依据正确，程序合法，内容适当的，决定维持。①

2. 履行决定。系争行为为行政不作为，即被申请人不履行法定职责的，应决定其履行。复议机关在责令被申请人履行法定职责时，应依法附以一定期限，即责令被申请人在一定期限内履行职责。但是，并非对所有的不履行、拖延履行法定职责，都应适用履行决定。只有在行政职责仍有必要履行、仍有必要由被申请人亲自履行时，才能适用履行这种救济方式，否则，就不能适用这种决定。例如，被申请人不履行告知的法定职责而相对人已获知的，就没有必要责令被申请人履行告知职责。

3. 撤销和责令重作决定。它需要具备下列情形之一：第一，主要事实不清、证据不足的；第二，适用依据错误的；第三，违反法定程序的；第四，超越或者滥用职权的；第五，具体行政行为明显不当的；第六，被申请人不依法提出书面答复，不提交证据、依据和其他有关材料的。② 但是，只有作为的具体行政行为具有上述违法情形时，才能予以撤销；不作为的具体行政行为就无法撤销，而只能适用其他相应决定予以法律补救。系争具体行政行为的内容全部违法的，或者违法部分影响到该行为全部内容的合法性的，应适用撤销。③ 被撤销的具体行政行为已产生相应法律效果的，应作出相应处理。

系争具体行政行为应予撤销，复议机关认为被申请人仍有必要作出相应具体行政行为的，应同时责令被申请人重新作出具体行政行为；被申请人不得以同一事实和理由作出与被撤销具体行政行为相同或者基本相同的具体行政行为。但是，以违反法定程序为理由撤销系争具体行政行为后责令被申请人重新作出具体行政行为的，不受同一事实和理由等的限制。从实践来看，行政复议机关应当慎重对待责令被申请人重新作出具体行政行为的决定，否则会引发再次复议。④ 行政复议机关基于其对被申请人的领导权，应充分运用变更决定。

---

① 参见《成都市工商行政管理局行政复议决定书》（成工商复字〔2004〕3号）。

② 参见中华人民共和国最高人民法院行政审判庭编：《中国行政审判案例》第4卷，中国法制出版社2012年版，第141页。

③ 参见《道真仡佬族苗族自治县人民政府行政复议决定书》（道府行复〔2006〕2号）；《道真仡佬族苗族自治县人民政府行政复议决定书》（道府行复〔2006〕15号）；《道真仡佬族苗族自治县人民政府行政复议决定书》（道府行复〔2006〕13号）。

④ 参见中华人民共和国最高人民法院行政审判庭编：《中国行政审判指导案例》第1卷，中国法制出版社2010年版，第147页。

4. 变更决定。它需要同时具备下列条件：第一，具体行政行为具有下列情形之一：主要事实不清、证据不足，适用依据错误，违反法定程序，超越或者滥用职权，或具体行政行为明显不当。变更决定通常适用于认定事实清楚、证据确凿、程序合法，但是明显不当或者适用依据错误的情形，或者认定事实不清、证据不足，但是经行政复议机关审理查明事实清楚、证据确凿的情形。第二，必须是作为的具体行政行为，而不能是行政不作为。第三，系争具体行政行为在内容上具有可分性，其中部分内容违法且不影响其他内容或整个内容的合法性。复议机关在变更系争具体行政行为时，既可以变更系争具体行政行为所认定的主要事实和证据，也可以变更系争具体行政行为所适用的对定性产生影响的依据，还可以变更系争具体行政行为的处理结果（权利义务部分）。①

5. 确认和责令重作决定。它需要同时具备下列条件：第一，系争具体行政行为具有下列情形之一：主要事实不清、证据不足，适用依据错误，违反法定程序，超越或者滥用职权，或具体行政行为明显不当。第二，对系争具体行政行为无法适用撤销、变更和履行决定予以补救。对能够适用撤销、变更决定或责令履行法定职责决定的，不需要作出确认系争具体行政行为违法的复议决定。可适用确认决定的情形，往往是被申请人没有依法履行法定职责而已经没有履行必要的，本应撤销、变更而系争具体行政行为已经实施完毕的，以及其他无法撤销、变更的情形。行政复议机关在确认系争具体行政行为违法时，尤其是确认违反法定程序时，如仍有必要由被申请人作出新决定的，可同时责令被申请人重新作出具体行政行为；如无必要，则不必责令被申请人重新作出具体行政行为。

6. 赔偿决定。被申请人作出的具体行政行为违法并侵犯申请人合法权益并造成损害的，复议机关应依法作出赔偿决定。《行政复议法》第 29 条第 1 款规定：“申请人在申请行政复议时可以一并提出行政赔偿请求，行政复议机关对符合国家赔偿法的有关规定应当给予赔偿的，在决定撤销、变更具体行政行为或者确认具体行政行为违法时，应当同时决定被申请人依法给予赔偿。”这就说明，行政复议中的赔偿决定与其他复议决定一样，系基于相对人的申请和请求而作出的。该条第 2 款规定：“申请人在申请行政复议时没有提出行政赔偿请求的，行政复议机关在依法决定撤销或者变更罚款，撤销违法集资、没收财物、征收财物、摊派费用以及对财产的查封、扣押、冻结等具体行政行为时，应当同时责令被申请人返还财产，解除对财产的查封、扣押、冻结措施，或者赔偿相应的价款。”第 2 款的规定也是基于相对人的请求。这是因为，只要申请人对具体行政行为不服提出了复议申请，并在行政复议中没有明确地放弃赔偿，就应当推定复议申请包含了行政

① 参见《黔东南苗族侗族自治州人民政府行政复议决定书》（州府复议字〔2007〕4 号）。

赔偿请求。

7. 驳回决定。申请人认为行政主体不履行法定职责而申请行政复议，行政复议机关受理后发现该行政主体没有相应法定职责或者在受理前已经履行法定职责的，或者受理行政复议申请后，发现该行政复议申请不符合《行政复议法》及其实施条例所规定受理条件的，行政复议机关可作驳回申请人复议申请的决定。① 从判例来看，具有维持决定情形的，也可适用驳回决定。② 上级行政主体认为行政复议机关驳回行政复议申请的理由不成立的，应当责令其恢复审理。

（二）行政复议决定的作出

复议机关作出复议决定，应当制作复议决定书。复议决定书应当载明下列事项：第一，申请人的姓名、性别、年龄、职业、住址（法人或者其他组织的名称、地址、法定代表人的姓名）；第二，被申请人的名称、地址，法定代表人的姓名、职务；第三，申请复议的主要请求和理由；第四，复议机关认定的事实、理由，适用的法律、法规、规章和行政规范性文件；第五，复议结论；第六，不服复议决定向法院起诉的期限，或者终局的复议决定，当事人履行的期限；第七，作出复议决定的年、月、日。复议决定书应加盖复议机关的印章。行政复议决定书作为一种法律文书，应当具备规范的格式，体现严肃、准确的用语风格。

为防止复议机关受理案件后迟迟不作出复议决定，《行政复议法》第 31 条专门规定了作出复议决定的期限。根据该规定，复议机关作出复议决定的期限有以下三种：第一，60 日。一般情况下，行政复议机关应当自受理申请之日起 60 日内作出行政复议决定。第二，少于 60 日。特别法规定复议机关作出行政复议决定的期限少于 60 日的，从其规定。例如，我国《集会游行示威法》③ 第 13 条规定，政府应当自接到申请复议书之日起 3 日内作出决定。作出复议决定的时间较短，不仅无害于申请人，反而有利于申请人，可以使申请人的合法权益及时得到维护。申请人即使不服复议决定，也可以及时向法院起诉。应当注意的是，这里的特别法必须是法律，并不包括法规和规章，更不包括行政规范性文件。同时，特别法规定的期限必须少于 60 日，才能被有效适用。如果特别法规定的期限长于 60 日，则不能被有效适用。第三，长于 60 日。根据《行政复议法》的规定，情况复杂，不能在规定期限内作出行政复议决定的，经行政复议机关的负责人批准，可以适当延长，并告知申请人和被申请人。但是，延长期限最多不得超过 30 日。行政复议被依法中止的，中止期间不计算在上述期间内。复议机关在法定期限由不作出复议决定的，相对人可依法提起行政诉讼。

① 参见《最高人民法院（2016）最高法行申 2671 号行政裁定书》。
② 参见《北京市第一中级人民法院（2000）一中行初字第 190 号行政判决书》。
③ 1989 年 10 月 31 日全国人大常委会通过，2009 年 8 月 27 日全国人大常委会修正。

行政复议实行一级复议制度①，以复议终局为例外。复议决定一经送达即发生法律效力。除终局复议外，申请人不服复议决定的，可以在收到复议决定书之日起 15 日内向法院起诉，或者依法申请国务院裁决。② 对终局复议决定和逾期不起诉的复议决定，申请人应主动履行；申请人不履行的，分别情况处理：第一，维持原具体行政行为的复议决定，由最初作出具体行政行为的行政主体依法强制执行，或者申请法院强制执行；第二，变更原具体行政行为的复议决定，由复议机关依法强制执行，或者申请法院强制执行。

思考题：

1. 哪些争议不能申请行政复议？
2. 如何确定复议机关？
3. 行政复议决定的种类有哪些？

---

① 参见《北京市第一中级人民法院（2000）一中行初字第 147 号行政判决书》。

② 参见《中华人民共和国国务院行政复议裁决书》（国复〔2007〕49 号）。

第十五章 国家赔偿与补偿

第一节 国家赔偿概述

一、国家赔偿与国家赔偿法

（一）国家赔偿

国家赔偿是一种国家责任制度，即国家侵犯公民、法人或其他组织的合法权益，造成损害，依法进行赔偿的制度。首先，国家赔偿与国家补偿不同。国家赔偿是国家机关及其工作人员违法行使职权造成损害承担的赔偿责任，而国家补偿是国家对国家机关及其工作人员的合法行为造成的损失给予的补偿。二者在引发原因、适用范围、标准和方式上均有所不同。其次，国家赔偿与民事赔偿不同。国家赔偿是因国家机关及其工作人员行使职权行为引起的国家责任，而民事赔偿是由发生在平等民事法律主体之间的侵权行为引起的民事责任。二者在责任主体，责任性质，适用的赔偿原则、标准和程序上有所不同。当然，并非国家机关及其工作人员的所有行为引起的赔偿责任均是国家赔偿责任，其以民事主体身份实施的侵权行为仍属于民事侵权。例如，国家机关建房侵占他人用地的行为应属民事侵权行为，国家机关应当承担与其他民事主体相同的民事赔偿责任。

（二）国家赔偿法

国家赔偿法是有关国家承担侵权赔偿责任的法律规范总和。由于国家赔偿制度借鉴了民法、诉讼法等原则而逐步发展起来，因此在许多国家，广义的国家赔偿法是指宪法、民法、行政法、诉讼法或者其他明确规定国家赔偿责任的单行法律规范的总和。狭义的国家赔偿法则指专门规定国家赔偿责任的国家赔偿法、国家责任法、公职责任法等。

二、国家赔偿法的历史发展

国家赔偿法的发展经历了三个主要阶段：第一个阶段是国家无责任阶段。在奴隶社会和封建社会几千年的发展中，社会处于专制统治之下。作为主宰者的国王掌握着国家和社会的一切，对于臣民而言，王权是没有限制的。在这一时期，建立在“绝对主权”观念上的“主权豁免理论”强调国家作为主权者，拥有最高权力，不受法律限制。第二个阶段是国家承担部分责任的阶段。19 世纪末到 20 世纪初，国家赔偿开始在各国逐渐得到承认，主要是由于国家行政任务、行政权力的膨胀，国家侵权行为激增，呼唤制度化的解决途径来补偿国家给公民造成的损害。法国、德国等国家逐步开始承认国家赔偿责任。例如，法国把国家行为区分为统治行为和管理行为。对征兵、课税、立法和司法等统治行为，国家仍然享有豁免权；但对执行公务、管理公共财产等管理行为，国家承担赔偿责任。第三个阶段是第二次世界大战以后，随着人权观念的兴起，国家赔偿广泛地发展起来，许多国家纷纷确立了国家赔偿法律制度。例如，英国于 1948 年颁布《王权诉讼法》，美国于 1946 年颁布《联邦侵权赔偿法》，日本于 1947 年颁布《国家赔偿法》等。

我国国家赔偿制度的雏形始于中华人民共和国成立初期，20 世纪 50 年代就有关于冤狱补偿的行政文件和司法解释。1954 年《宪法》第 97 条规定："中华人民共和国公民对于任何违法失职的国家机关工作人员，有向各级国家机关提出书面控告或口头控告的权利。由于国家机关工作人员侵犯公民权利而受到损失的人，有取得赔偿的权利。"可以说 1954 年《宪法》确立了国家赔偿的基本原则，国家机关和国家工作人员侵犯公民合法权益必须予以赔偿。此外，许多行政法规、规章对这一宪法原则进行了具体解释和说明。例如，国务院在 1956 年 7 月 17 日作过批示："各级人民法院因错判致使当事人遭受重大损失的，根据《宪法》第 97 条规定的精神，需要赔偿损失时，仍应由司法业务费开支。"这些解释和说明在当时对于适用宪法保障无辜受害人权利起到了一定规范作用。"文化大革命"后，国家在拨乱反正、平反冤假错案过程中又陆续出台了一些文件，对划分冤假错案的界限，赔偿、补偿的标准及办法进行了较为详细的规定。

我国 1982 年《宪法》仍然保留了这一原则："由于国家机关和国家工作人员侵犯公民权利而受到损失的人，有依照法律规定取得赔偿的权利。"此后，我国通过《民法通则》《行政诉讼法》《土地管理法》和《治安管理处罚条例》（已废止）等法律、法规从不同角度对国家赔偿制度进行了规定。例如，1986 年通过的《土地管理法》和《邮政法》为解决相应领域的国家赔偿、补偿责任提供了法律依据。但是，随着我国民主法制建设的快速发展，宪法原则规定和《土地管理法》等法律零星规定无法适应现实需求，要使国家赔偿真正成为切实可行的可操作的具体法律制度，必须制定《国家赔偿法》。

正是在这一背景之下，我国《国家赔偿法》于 1994 年 5 月 12 日由全国人大常委会通过，于 1995 年 1 月 1 日起实施。它的出台对于保障公民、法人和其他组织依法取得国家赔偿的权利，促进国家机关及其工作人员依法行使职权具有重要意义。然而，《国家赔偿法》在实施过程中也暴露了一些问题。例如，赔偿程序的规定比较原则，对赔偿机关约束不够，一些行政机关和司法机关对应予赔偿的案件拖延不予赔偿，当事人的合法权益难以得到保障；赔偿费用经费保障不到位，赔偿金支付体制不合理；赔偿标准的规定与社会发展脱节等。鉴于上述问题，社会各界不断提出对《国家赔偿法》进行修改的意见。① 全国人大常委会法制工作委员会于2005年年底开始了《国家赔偿法》的修改研究工作。历时四年，经过四次审议，第十一届全国人大常委会第十四次会议于2010年4月29日审议通过了《关于修改〈国家赔偿法〉的决定》，修改后的《国家赔偿法》于2010年12月1日起施行。2012年12月26日，第十一届全国人大常委会第二十九次会议通过了对《国家赔偿法》的第2次修改，修改后的《国家赔偿法》自2013年1月1日起施行。

三、国家赔偿责任

国家赔偿责任，是国家侵权损害赔偿责任的简称，即国家机关及其工作人员行使职权侵犯公民、法人或者其他组织的合法权益造成损害的，国家应当承担赔偿责任。这是国家赔偿制度的核心内容。

（一）国家赔偿责任的本质

第一，国家赔偿责任是一种公法责任，即行为主体实施的行为违反了公法规定所应当承担的责任。公法可以理解为有关公权力来源和公权力行使的法。公权力包括立法权、行政权、司法权等各项国家权力。公法责任包括行政责任、刑事责任、国家赔偿责任和违宪责任等。尽管有些国家，如英国、美国等，在不区分公私法的一元法律传统之下，将国家赔偿责任视为一种特殊的民事侵权责任，纳入民事诉讼程序，但这种诉讼途径的选择并不能否认国家赔偿在实体上的公法性质。

第二，国家赔偿责任本质上是国家责任，既不是国家机关的责任，也不是国家机关工作人员的责任。认清国家赔偿责任的性质，有助于澄清观念上的混乱。国家是一个抽象的实体，通过政府来实施权力，政府通过雇佣公务员来行使具体的职权，这就形成了国家—政府—公务员三者之间的特殊关系。国家机关及其工作人员实施职务侵权行为，其赔偿责任应当如何分配则成为理论上的一个难题。解决这一问题的理论发展经历了“代位责任说”到“自己责任说”的过程。在国家侵权行为理论中，主张“代位责任说”的学者认为，国家承担的责任并非自己的责任，而是代替公务员承担的责任，公务员就其不法侵权行为承担的赔偿责任应当由公务员自己承担，由于公务员财力不足，为确保受害人能够获得实际赔偿，由国家代替公务员对被害人承担赔偿责任。随着理论与实践的发展，“代位责任说”逐渐为“自己责任说”所代替。20世纪以来，国家在经济与社会生活中所扮演的角色产生重大变化，国家职能扩大，政府的任务与活动日益增加，对经济与

---

① 据统计，全国人大代表共有2 053人次提出了61件修改《国家赔偿法》的议案和14件建议。一些部门和专家学者也从不同角度提出了对《国家赔偿法》的修改意见和建议。

社会生活经常进行主动积极的规整、调解与服务。在日益增多的公务活动中，人民的自由与权利难免会因公务员不法执行职务，或公共设施的设置、管理欠缺而受损，此种损害，无疑是国家从事公益活动的同时所带来的危险。因此，国家必须对自身行为所带来的危险负责，而与公务人员个人是否对该加害行为有无故意或过失以及应否负责无关。“自己责任说”认为，国家的意志是靠国家机关和公务员实施的，其所实施的履行国家职权的行为，可以视为国家行为。“国家授予公务员权限本身，会有两种结果，即合法行使的可能性和因违法行使导致损害的危险性。国家既然将这种含有违法行使的危险性的权限授予公务员，便应当为此承担赔偿责任。”①

实践中，我国司法机关、行政机关普遍将国家赔偿责任与机关责任，甚至与机关工作人员个人的责任混为一谈，这种认识直接影响到国家赔偿责任的承担以及对受害人权益的保护。国家机关在履行职责过程中，对个人、组织造成的损害必须实施救济。但这种损害的造成不一定就是责任问题，过多地追究机关和工作人员责任，只能造成各机关相互推诿，形成一旦赔偿就证明自己有责任的想法，反而导致受害人难以获得赔偿。同时，国家赔偿不能等同于机关赔偿，国家赔偿涉及国家责任，机关只是代表国家承担责任。

（二）国家赔偿责任的特征

第一，国家承担赔偿责任，机关履行赔偿义务。国家赔偿的一个显著特点就是由国家承担法律责任，最终支付赔偿费用。由法律规定的赔偿义务机关履行具体赔偿义务，实施侵权行为的公务人员不直接对受害人承担责任，履行赔偿义务。国家是抽象主体，不可能履行具体的赔偿义务，一般由具体的国家机关承担赔偿义务，因此形成了“国家责任，机关赔偿”的特殊形式。

第二，赔偿范围有限。国家赔偿是对国家机关及其工作人员违法行使职权造成的损害予以赔偿，并非所有由国家机关及其工作人员实施的侵权行为所造成的损害均可获得国家赔偿，通常情况下只有国家机关及其工作人员违法履职的行为所造成的损害，方可依法获得国家赔偿。同时，在赔偿范围上相较民事赔偿有更多的限制，例如我国《国家赔偿法》规定，只有在侵犯人身权的情形之下，才可适用第 35 条精神损害的赔偿规定。

第三，赔偿方式和标准法定化。与民事赔偿有所不同，国家赔偿的方式和标准是法定的。我国《国家赔偿法》第四章规定了具体的赔偿方式和标准。国家赔偿以支付赔偿金为主要方式，以返还财产、恢复原状为辅助方式。根据侵权损害

---

① ［日］南博方：《日本行政法》，杨建顺、周作彩译，中国人民大学出版社 1988 年版，第 102 页。

的对象和程度不同，又有不同的赔偿标准，赔偿数额还有最高限制。对于多数损害，国家并不按受害人的要求和实际损害给予赔偿，而是按照法定的方式和标准，以保障受害人生活和生存的需要为原则，给予适当的赔偿。

第二节 行政赔偿

一、行政赔偿的内涵

(一) 行政赔偿的概念与特征

行政赔偿是指行政机关及其工作人员在行使职权的过程中侵犯公民、法人和其他组织的合法权益并造成损害，法律规定由国家承担赔偿责任的制度。

行政赔偿制度具有以下特征：

第一，行政赔偿的责任主体是国家，这是行政赔偿区别于民事赔偿的主要特点。承担责任的主体是国家，最终由国库支付，而不是具体行使职权的行政机关及其工作人员。这是由行政权力的属性以及国家与行政机关及其工作人员之间的法律关系决定的。行政机关及其工作人员代表国家履行社会管理职能，在管理过程中的履职行为，均以国家公权力为依托，法律后果（包括利益与不利益）归属于国家。

第二，行政赔偿的侵权主体是行政机关及其工作人员，这是行政赔偿区别于司法赔偿的主要特点。行政机关及其工作人员行使职权是引起行政赔偿责任的基础。由于国家与国家行政机关工作人员之间存在职务委托关系，行政机关及其工作人员在行使职权过程中侵犯公民、法人和其他组织合法权益的，或以执行职务名义侵犯公民、法人和其他组织合法权益的，应当视为国家侵权行为。

第三，行政赔偿所针对的是行政机关及其工作人员的违法行为，这是行政赔偿区别于行政补偿的主要特点。国家承担行政赔偿责任的前提是行政行为违法，在行政机关及其工作人员的合法行为对公民、法人和其他组织的合法权益造成损害的情况下，国家不负有行政赔偿责任，仅需承担行政补偿责任。

第四，行政赔偿程序是行政程序与诉讼程序的结合，这是行政赔偿的程序特点。行政赔偿程序包括行政处理程序和行政赔偿诉讼程序两个部分。行政处理程序又分为两种情况：一是赔偿义务机关先行处理程序，即行政赔偿请求人申请行政赔偿时先向有关赔偿义务机关提出赔偿请求，双方就赔偿事项进行自愿协商或由赔偿义务机关决定，从而解决赔偿争议的一种行政程序；二是行政复议机关受理赔偿请求、确认赔偿义务机关和赔偿责任的程序。行政赔偿诉讼程序是人民法院对行政赔偿案件进行审理的程序。

拓展阅读

张斌与陕县公安局行政赔偿案

（二）行政赔偿责任的构成要件

行政赔偿责任的构成要件是指国家承担行政赔偿责任所应当具备的各种条件。构成要件是归责原则的具体化。

1. 主体要件。主体要件是指国家对哪些主体的侵权行为承担行政赔偿责任。根据我国《国家赔偿法》的规定，国家对行政机关及其工作人员所实施的职务侵权行为承担赔偿责任。此处的行政机关和工作人员均应作广义理解，具体包括以下四类：国家行政机关，法律、法规授权组织，行政机关委托的组织及其工作人员。

2. 行为要件。行为要件是指国家需要对侵权主体实施的何种行为承担行政赔偿责任，具体包括两个方面的要求：（1）行为的职务性。构成行政赔偿责任的行为必须是行政机关及其工作人员的职务行为。这种职务行为既包括行政机关为实现管理目的而作出的直接影响公民、法人和其他组织合法权益的行政行为，也包括行政机关在行使职权过程中所作出的与实现管理目的有关的事实行为。同时，对于行政机关不履行法定作为义务的情形，也应当认定其具有职务性。（2）行为的违法性。构成行政赔偿责任的行为必须是违法的职务行为。此处的违法应当从广义上予以理解，不仅指行政机关及其工作人员的职务行为违反法律法规的明文规定，还包括违反规章及其他规范性文件的规定以及违反法律原则、公序良俗和人类的一般理性。

3. 损害结果要件。损害结果要件是指行政行为对公民、法人和其他组织的权益造成客观损害的结果。行政赔偿以公民、法人和其他组织的合法权益受到损害为条件。一方面，行政赔偿的请求人必须是权益受到损害的公民、法人或者其他组织，如果没有损害的发生，则不存在赔偿请求权。同时，这种损害必须是现实的、已确定的损害，不包括未来可能发生的潜在损害。另一方面，受损权益必须是公民、法人或者其他组织的合法权益，赃款、赃物等违法权益不属于行政赔偿的范围。按照我国《国家赔偿法》第 3 条和第 4 条的规定，受到行政赔偿制度保护的合法权益包括公民、法人和其他组织依法享有的人身权和财产权。

4. 因果关系要件。因果关系要件是指损害结果与行政机关及其工作人员的职务行为具有法律上的因果关系。因果关系是连接违法行为与损害后果的纽带，是国家对损害后果承担行政赔偿责任的基础与前提。对于法律上因果关系的理解，目前学界多采用民法学说、存在条件说、重要条件说、相当因果关系说和盖然因果关系说等多种学说。其中，相当因果关系说于行政赔偿领域最具可采性。相当因果关系说认为，某种原因在特定情形下发生某种结果还不足以判定二者有因果关系，只有在一般情况下，依照当时当地的社会观念普遍认为也能够发生这样的结果，方能认定因果关系。由损害看行为，可以确信损害是由行为造成的，那么该行为即为相当原因。如警察殴打人致伤，并囚之于拘留所内，受伤人因不能外出治疗或治疗不得法致死，但警察殴打人的行为与受伤人死亡之间有因果关系。也就是说，行为后加入其他原因，如果其他原因在客观上足以预料结合的可能，则行为对于损害，是相当原因。同样，行为前已有其他原因，如果再加上行为这一原因，在客观上足以引起损害，则行为也属相当原因。但是相当因果关系说并不能适用于行政赔偿领域的所有案件，在实践中仍须立足于案件的特点和类型，从不同角度综合判断和分析因果关系。此外，因果关系的确认直接决定着行政赔偿范围的大小，因此，在认定因果关系存在时，不仅要对引起损害的各种原因进行分析，还应当考虑到社会责任的公平分担。有学者认为，与一般民事侵权行为不同，国家侵权行为具有违法性、滥用或超越职权以及强制性等特点，凡违背对特定人所承担的法律义务即视为侵权行为。因此在行政赔偿中，只要行政机关及其工作人员违背了对权利人所承担的特定义务并因此导致其损害，且权利人无法通过其他途径受偿的，就应当认为存在行政赔偿责任中的因果关系。①

二、行政赔偿的范围

我国《国家赔偿法》第 3—5 条对行政赔偿的范围进行了规定，其中第 3、4 两条分别对侵犯人身权和财产权的赔偿范围予以规定，第 5 条对行政侵权中的免责情形予以规定。

（一）行政机关及其工作人员侵犯人身权的行为

《国家赔偿法》第 3 条采用列举加概括的方式对侵犯人身权应当予以赔偿的情形进行了规定，总结起来可以分为两大类，即侵犯人身自由权和侵犯生命健康权。其中，侵犯人身自由权的行为又可总结为：（1）违法拘留，例如拘留主体违法、程序违法或期限违法等；（2）违法采取限制公民人身自由的行政强制措施，包括强制传唤、隔离治疗、强制戒毒、留置盘查等；（3）非法拘禁或者以其他方法非法剥夺公民人身自由的行为，指行政机关及其工作人员在行使行政职权的过程中，不具有行政拘留或行政强制执行的权限，或者行政机关虽有上述职权但在法律规定的范围以外剥夺或者限制公民人身自由的行为。需要注意的是，“非法”与“违法”概念有所不同，非法是指行政机关在法定的限制人身自由的措施以外，以拘禁或者其他方式限制或剥夺公民的人身自由。

侵犯生命健康权的行为也可细化为以下几种：（1）殴打行为；（2）虐待行为；（3）唆使他人殴打、虐待的行为；（4）放纵他人殴打、虐待的行为；（5）违法使

① 参见姜明安：《行政法与行政诉讼法》，法律出版社 2006 年版，第 558 页。

用武器、警械的行为；（6）造成公民身体伤害或者死亡的其他违法行为。

同时，根据《国家赔偿法》第35条的规定，在出现侵犯人身权的情况下，致人精神损害的，应当在侵权行为影响的范围内，为受害人消除影响，恢复名誉，赔礼道歉；造成严重后果的，应当支付相应的精神损害抚慰金。

（二）行政机关及其工作人员侵犯财产权的行为

《国家赔偿法》第4条采用列举和概括兜底的方式规定了侵犯财产权的行政赔偿范围。财产权包括公共财产权和私有财产权，是指以财产利益为内容、直接体现某种物质利益的权利，包括物权、债权、知识产权等。侵犯财产权的行为主要包括：（1）侵犯财产权的行政处罚行为，包括违法罚款、违法吊销许可证和执照、违法责令停产停业、违法没收财物等；（2）侵犯财产权的行政强制措施，包括违法查封和扣押、违法冻结等措施；（3）违法征收、征用财产的行为；（4）造成财产损害的其他违法行为。

（三）行政侵权中的免责情形

《国家赔偿法》第5条规定了国家不承担赔偿责任的两种具体情形和兜底概括条款。

首先，行政机关工作人员行使与职权无关的个人行为，国家不承担赔偿责任。行政机关工作人员同时具有公务人员和公民双重身份，其行为也相应被分为职务行为和个人行为。个人行为仅代表其个人，而非代表国家，因此国家自然不必承担由其个人行为侵权而产生的赔偿责任。区分个人行为和职务行为应当把握以下几点：（1）职权标准，行政机关根据法律赋予的职责权限实施的行为是履行职务的行为，而超越职权的行为通常被认为是个人行为；（2）时空标准，行政机关在行使职权、履行职责的时间、地域范围内所作出的行为，通常被理解为职务行为；（3）通常情况下，以行政机关工作人员的身份和名义实施的行为，可以被认定为职务行为；（4）目的标准，即行政机关工作人员为了履行法定的职责和义务，维护公共利益而为的行为，通常被认定为职务行为。

其次，因公民、法人和其他组织自己的行为致使损害发生的，国家不承担赔偿责任。谁损害、谁赔偿，是法的一般原则。在公民、法人或其他组织由于自己的行为而遭受损失的情况下，即使行政机关及其工作人员的行为违法，国家也不承担行政赔偿责任。

最后，法律规定的其他情形。这是一个兜底条款，此处的法律应当作狭义理解，即全国人大及其常委会制定的法律，而不包括法规、规章等。除上面提到的两种免责条件外，一般情况下，还包括以下几种情形：（1）不可抗力。不可抗力是指不能预见、不能避免并不能克服的客观情况。（2）紧急避险。紧急避险是指为了使国家、公共利益、本人或他人的人身、财产和其他权利免受正在发生的危险，不得已采取的损害第三人相对较小的合法权益的行为。（3）第三人过错。由于行政机关和受害人以外的第三人的过错所造成的损害，国家也无须承担行政赔偿责任。（4）受害人通过其他途径得到补偿的。国家赔偿的目的在于保护公民、法人和其他组织的合法权益，弥补损害。如果其合法权益得到有效恢复，国家便不需要再承担赔偿责任，在我国，受害人通过其他途径获得赔偿的方式主要有保险和公费医疗两种。

三、行政赔偿的程序

《国家赔偿法》第二章第三节对行政赔偿的程序进行了系统规定。其中，行政赔偿请求人可以通过三大程序申请行政赔偿，包括赔偿义务机关先行处理程序、行政赔偿的复议程序、行政赔偿的行政诉讼程序。当存在行政赔偿的共同赔偿义务机关时，赔偿请求人可以向共同赔偿义务机关中的任何一个机关请求赔偿，该机关应当先予赔偿全部损失。由于修改后的《国家赔偿法》取消了赔偿义务机关“先行垫付”赔偿金的责任，而是直接向财政部门申请，因此，在先行赔付的案例中，共同赔偿义务机关之间的追偿问题便不复存在了，都是财政部门直接支付。同时，赔偿请求人根据受到的不同损害，可以同时提出数项赔偿请求。

赔偿请求人应当递交书面赔偿申请书，申请书中应当列明受害人个人信息、具体的要求、事实根据和理由以及申请时间。书写申请书确有困难的，可以委托他人代书，也可以口头申请，由赔偿义务机关记入笔录。赔偿请求人当面递交申请书的，赔偿义务机关应当当场出具加盖本行政机关专用印章并注明收讫日期的书面凭证。申请材料不齐全的，赔偿义务机关应当当场或者在5日内一次性告知赔偿请求人需要补正的全部内容。

行政赔偿义务机关应当自收到申请之日起2个月内，作出是否赔偿的决定。赔偿义务机关作出赔偿决定，应当充分听取赔偿请求人的意见，并可以与赔偿请求人就赔偿方式、赔偿项目和赔偿数额进行协商。赔偿义务机关决定不予赔偿的，应当自作出决定之日起10日内书面通知赔偿请求人，并说明不予赔偿的理由。赔偿义务机关在规定期限内未作出是否赔偿的决定，赔偿请求人可以自期限届满之日起3个月内，向人民法院提起诉讼。赔偿请求人对赔偿决定有异议，或者赔偿义务机关作出不予赔偿决定的，赔偿请求人可以自赔偿义务机关作出决定之日起3个月内，向人民法院提起诉讼。

人民法院审理行政赔偿案件，赔偿请求人和赔偿义务机关对自己提出的主张，应当提供证据。需要注意的是，赔偿义务机关采取行政拘留或者限制人身自由的强制措施期间，被限制人身自由的人死亡或者丧失行为能力的，赔偿义务机关的行为与被限制人身自由的人的死亡或丧失行为能力是否存在因果关系，赔偿义务机关应当提供证据。

赔偿义务机关赔偿损失后，应当责令有故意或者重大过失的工作人员或者受委托的组织或者个人承担部分或全部赔偿费用。对有故意或者重大过失的责任人员，有关机关应当依法给予处分；构成犯罪的，应当依法追究刑事责任。

第三节 司法赔偿

一、司法赔偿的内涵

司法赔偿是指在民事、行政和刑事诉讼过程中，行使国家侦查、检察、审判职权的机关、看守所、监狱管理机关及其工作人员行使职权，造成公民、法人和其他组织的人身权或财产权损害而产生的国家赔偿责任。由于司法赔偿案件中，刑事赔偿案件最为常见，也最为复杂，我国《国家赔偿法》第三章专章对刑事赔偿进行了规定，对除此之外的民事诉讼和行政诉讼的赔偿问题，适用第三章有关刑事赔偿程序的规定。因此，本节的重点也将放在刑事赔偿上，民事诉讼和行政诉讼的赔偿均可参照刑事司法赔偿相关理论解决。

司法赔偿责任的构成要件与行政赔偿的构成要件基本相同，同样要求具备主体要件、行为要件、造成损害结果要件及因果关系要件。其中司法赔偿责任所要求的主体要件和行为要件与行政赔偿责任构成要件略有不同。

就主体要件而言，刑事赔偿侵权的主体是行使侦查、检察和审判职权的机关以及看守所、监狱管理机关及其工作人员。根据我国《刑事诉讼法》有关规定，在刑事诉讼中，行使侦查权的机关有公安机关、国家安全机关、军队保卫部门、检察机关和监狱，行使检察权的是人民检察院，行使审判权的是人民法院，看守所是羁押依法被逮捕、刑事拘留的犯罪嫌疑人、被告人的场所，监狱管理机关包括各级监狱行政管理机构及其下辖监狱。民事诉讼和行政诉讼的侵权主体仅为人民法院。需要注意的是，在上述机关工作的人员，只有行使相关职权的工作人员才构成司法赔偿侵权的主体，如果是从事人事、后勤、研究的人员以及勤杂人员等，不属于司法工作人员。此外，司法工作人员还包括受司法机关指派、聘请或委托协助执行公务的人员以及未受司法机关指派或委托，但事实上以协助公务为目的参与到司法机关活动中的其他人员。①

在行为要件方面，与行政赔偿责任中的行为要件相似，司法赔偿的行为要件同样包括两个方面，即职务性和违法性。但是行为违法性的要求并非适用于所有

---

① 参见马怀德：《完善国家赔偿立法基本问题研究》，北京大学出版社 2008 年版，第 195 页。

的刑事赔偿领域，在一些情况下，刑事赔偿仅以损害结果即可认定赔偿责任，即结果归责原则，不要求行为具有违法性。例如，依照审判监督程序再审改判无罪，原判刑罚已经执行的情况，对公民采取逮捕措施后，决定撤销案件、不起诉或者判决宣告无罪终止追究刑事责任的情况，等等；只要发生了“错判、错捕”的结果，便符合刑事赔偿的赔偿范围，不再要求行为的违法性。

二、司法赔偿的范围

（一）侵犯人身权的赔偿范围

拓展阅读

朱红蔚申请无罪逮捕赔偿案

根据《国家赔偿法》的规定，以下五种情况中，行使侦查、检察、审判职权的机关以及看守所、监狱管理机关及其工作人员在行使职权时侵犯人身权的，受害人有取得赔偿的权利：（1）违反《刑事诉讼法》的规定对公民采取拘留措施的，或者依照《刑事诉讼法》规定的条件和程序对公民采取拘留措施，但是拘留时间超过《刑事诉讼法》规定的时限，其后决定撤销案件、不起诉或者判决宣告无罪终止追究刑事责任的；（2）对公民采取逮捕措施后，决定撤销案件、不起诉或者判决宣告无罪终止追究刑事责任的，即通常所说的“错捕”；（3）依照审判监督程序再审改判无罪，原判刑罚已经执行的，即通常所说的“错判”；（4）刑讯逼供或者以殴打、虐待等行为或者唆使、放纵他人以殴打、虐待等行为造成公民身体伤害或者死亡的；（5）违法使用武器、器械造成公民身体损害或者死亡的。需要注意的是，在规定司法赔偿范围时，《国家赔偿法》没有使用兜底的概括条款，单纯的列举将赔偿情况限制在这五种情况之中。同时，根据《国家赔偿法》第35条的规定，在出现侵犯人身权的情况下致人精神损害的，应当在侵权行为影响的范围内，为受害人消除影响，恢复名誉，赔礼道歉；造成严重后果的，应当支付相应的精神损害抚慰金。

（二）侵犯财产权的赔偿范围

与侵犯人身权赔偿范围的规定类似，《国家赔偿法》在规定侵犯财产权的刑事赔偿范围时，同样采用了列举方法，而没有概括的兜底条款。具体而言，在以下两种情况下，行使侦查、检察、审判职权的机关以及看守所、监狱管理机关及其工作人员行使职权损害他人财产权时，受害人有权取得赔偿：（1）违法对财产采取查封、扣押、冻结、追缴等措施的；（2）依照审判监督程序再审改判无罪，原判罚金、没收财产已经执行的。

（三）刑事赔偿免责的情形

《国家赔偿法》第19条规定，以下六种情况国家免予赔偿责任：（1）因公民自己故意作虚伪供述，或者伪造其他有罪证据被羁押或者被判处刑罚的；（2）依照《刑法》第 17 条、第 18 条规定不负刑事责任的人被羁押的，即该被羁押人仅因其不具有刑事责任能力而不负刑事责任的情况；（3）依照《刑事诉讼法》第 15 条、第 173 条第 2 款、第 273 条第 2 款、第 279 条规定不追究刑事责任的人被羁押的；（4）行使侦查、检察、审判职权的机关以及看守所、监狱管理机关的工作人员与行使职权无关的个人行为；（5）因公民自伤、自残等故意行为致使损害发生的；（6）法律规定的其他情形。这一款为兜底条款，此处的“法律”应当作狭义理解，即仅指全国人大及其常委会制定的法律。

三、司法赔偿的程序

（一）赔偿义务机关先行处理程序

赔偿请求人要求赔偿的，应当先向赔偿义务机关提出，由赔偿义务机关先予处理，赔偿请求人不服赔偿义务机关的裁决或赔偿义务机关逾期不作出处理的，才能申请复议。刑事赔偿中的先行处理程序与行政赔偿的先行处理程序要求相似，赔偿请求人可以根据受到的不同损害，提出数项赔偿要求。赔偿请求人应当递交赔偿申请书，载明个人信息、具体要求、事实根据和理由等事项，书写申请书确有困难的，可以委托他人代书，亦可以口头申请，由赔偿义务机关记入笔录。

赔偿义务机关应当自收到申请之日起 2 个月内，作出是否赔偿的决定。赔偿义务机关作出赔偿决定，应当充分听取赔偿请求人的意见，并可以与赔偿请求人就赔偿方式、赔偿项目和赔偿数额进行协商。赔偿义务机关决定赔偿的，应当制作赔偿决定书，并自作出决定之日起 10 日内送达赔偿请求人。赔偿义务机关决定不予赔偿的，应当自作出决定之日起 10 日内，书面通知赔偿请求人，并说明不予赔偿的理由。

（二）刑事赔偿复议程序

赔偿义务机关在规定期限内未作出是否赔偿的决定，赔偿请求人可以自期限届满之日起 30 日内向赔偿义务机关的上一级机关申请复议。赔偿请求人对赔偿的方式、项目、数额有异议的，或者赔偿义务机关作出不予赔偿决定的，赔偿请求人可以自赔偿义务机关作出赔偿或者不予赔偿决定之日起 30 日内，向赔偿义务机关的上一级机关申请复议。赔偿义务机关是人民法院的，赔偿请求人可以向其上一级人民法院赔偿委员会申请作出赔偿决定。

复议机关应当自收到申请之日起 2 个月内作出决定。赔偿请求人不服复议决定的，可以在收到复议决定之日起 30 日内向复议机关所在地的同级人民法院赔偿委员会申请作出赔偿决定；复议机关逾期不作决定的，赔偿请求人可以自期限届满之日起 30 日内向复议机关所在地的同级人民法院赔偿委员会申请作出赔偿决定。

（三）赔偿委员会作出赔偿决定的程序

中级以上人民法院设立赔偿委员会，由人民法院3名以上审判员组成，组成人员人数应当为单数。赔偿委员会作赔偿决定，实行少数服从多数的原则。

人民法院赔偿委员会处理赔偿请求，赔偿请求人和赔偿义务机关对自己提出的主张，应当提供证据。被羁押人在羁押期间死亡或者丧失劳动能力的，赔偿义务机关的行为与被羁押人的死亡或者丧失行为能力是否存在因果关系，赔偿义务机关应当提供证据。

人民法院赔偿委员会处理赔偿请求，采取书面审查的办法。必要时，可以向有关单位和人员调查情况、收集证据。赔偿请求人与赔偿义务机关对损害事实及因果关系有争议的，赔偿委员会可以听取赔偿请求人和赔偿义务机关的陈述和申辩，并可以进行质证。人民法院赔偿委员会应当自收到赔偿申请之日起3个月内作出决定；属于疑难、复杂、重大案件的，经本院院长批准，可以延长3个月。

（四）对赔偿委员会的监督程序

赔偿请求人或者赔偿义务机关对赔偿委员会作出的决定，认为确有错误的，可以向上一级人民法院赔偿委员会提出申诉。赔偿委员会作出的赔偿决定生效后，如发现赔偿决定违反《国家赔偿法》的规定，经本院院长决定或者上级人民法院指令，赔偿委员会应当在2个月内重新审查并依法作出决定，上一级人民法院赔偿委员会也可以直接审查并作出决定。最高人民检察院对各级人民法院赔偿委员会作出的决定，上级人民检察院对下级人民法院赔偿委员会作出的决定，发现违反《国家赔偿法》规定的，应当向同级人民法院赔偿委员会提出意见，同级人民法院赔偿委员会应当在2个月内重新审查并依法作出决定。

（五）刑事赔偿追责程序

赔偿义务机关赔偿后，应当在下列情况之下，对其工作人员追偿部分或者全部赔偿费用：（1）有《国家赔偿法》第17条第4、5项规定情况的，即刑讯逼供或者以殴打、虐待等行为或者唆使、放纵他人以殴打、虐待等行为造成公民身体伤害或者死亡的，以及违法使用武器、警械造成公民身体伤害或者死亡的；（2）在处理案件中有贪污受贿、徇私舞弊、枉法裁判行为的。对有上述情节的责任人员，有关机关应当依法给予处分；构成犯罪的，应当依法追究刑事责任。

第四节　国家赔偿的方式、标准与费用

一、国家赔偿的方式

国家赔偿的方式即国家对侵权行为承担赔偿责任的各种方法或形式的总称。

在法律上，赔偿是对侵权行为造成损害的一种补救手段。然而，损害在性质、程度、情节上不可能完全一致，彼此差异难以避免，赔偿方式的多元化也就成为制度设计的必然结果。国家赔偿采用何种方式，既要考虑到对受害人权益进行救济的及时性，也要对国家机关正常履行职责予以适当的关注。

从国外国家赔偿的立法实践来看，赔偿方式多为金钱赔偿和恢复原状两种，但是二者的适用情况有所不同。有的国家和地区采用金钱赔偿为主、恢复原状为辅的方式，如法国的国家赔偿制度。有的国家则可以采用选择的方式，如德国《国家赔偿法》规定公权力主体对受害人因侵权行为而造成的损害，应以金钱赔偿，造成不利状态的，应恢复原状。还有的国家规定，国家赔偿只能以金钱赔偿的方式进行，如奥地利的《国家赔偿法》。但总体来说，外国的国家赔偿立法普遍以金钱赔偿为原则，以恢复原状等其他形式为补充。①

我国《国家赔偿法》第32条规定："国家赔偿以支付赔偿金为主要方式。能够返还财产或者恢复原状的，予以返还财产或者恢复原状。"第35条规定："有本法第三条或者第十七条规定情形之一，致人精神损害的，应当在侵权行为影响的范围内，为受害人消除影响，恢复名誉，赔礼道歉；造成严重后果的，应当支付相应的精神损害抚慰金。"可见，国家赔偿的方式也包括消除影响、恢复名誉、赔礼道歉等形式。

二、国家赔偿的标准

国家赔偿标准即用以确定国家向受害人支付赔偿金数额所适用的标准，是关系到受害人权益能否得到保护的重要问题。从国外国家赔偿制度来看，通常有三种赔偿标准：一是惩罚性标准，即除国家向受害方支付弥补损失的费用外，还应支付额外的费用，这种额外的赔偿金超出了受害方的实际损失，带有惩罚的性质；二是补偿性标准，即国家向受害方给付的赔偿金以填补受害方的实际损失为限；三是抚慰性标准，即国家赔偿以抚慰为目的，对受害人的实际损失不进行充分填补，只是在尽可能的范围内赔偿。我国的《国家赔偿法》采取的是补偿性标准和抚慰性标准相结合的方式。

根据《国家赔偿法》规定，侵犯公民人身自由的，每日赔偿金按照国家上年度职工日平均工资计算。侵犯公民生命健康权的，赔偿金按照下列规定计算：（1）造成身体伤害的，应当支付医疗费、护理费，以及赔偿因误工减少的收入。减少的收入每日的赔偿金按照国家上年度职工日平均工资计算，最高额为国家上年度职工年平均工资的5倍。（2）造成部分或者全部丧失劳动能力的，应当支付医疗费、护理费、残疾生活辅助具费、康复费等因残疾而增加的必要支出和继续

---

① 参见皮纯协、何寿生：《比较国家赔偿法》，中国法制出版社1998年版，第130、131页。

治疗所必需的费用，以及残疾赔偿金。残疾赔偿金根据丧失劳动能力的程度，按照国家规定的伤残等级确定，最高不超过国家上年度职工年平均工资的20倍。造成全部丧失劳动能力的，对其扶养的无劳动能力的人，还应当支付生活费。（3）造成死亡的，应当支付死亡赔偿金、丧葬费，总额为国家上年度职工年平均工资的20倍。对死者生前扶养的无劳动能力的人，还应当支付生活费。上述（2）、（3）规定的生活费的发放标准，参照当地最低生活保障标准执行。被扶养的人是未成年人的，生活费给付至18周岁止；其他无劳动能力的人，生活费给付至死亡时止。

侵犯公民、法人和其他组织的财产权造成损害的，按照下列规定处理：（1）处罚款、罚金、追缴、没收财产或者违法征收、征用财产的，返还财产；（2）查封、扣押、冻结财产的，解除对财产的查封、扣押、冻结；（3）应当返还的财产损坏的，能够恢复原状的恢复原状，不能恢复原状的，按照损害程度给付相应的赔偿金；（4）应当返还的财产灭失的，给付相应的赔偿金；（5）财产已经拍卖或者变卖的，给付拍卖或者变卖所得的价款，变卖的价款明显低于财产价值的，应当支付相应的赔偿金；（6）吊销许可证和执照、责令停产停业的，赔偿停产停业期间必要的经常性费用开支；（7）返还执行的罚款或者罚金、追缴或者没收的金钱，解除冻结的存款或者汇款的，应当支付银行同期存款利息；（8）对财产权造成其他损害的，按照直接损失给予赔偿。

三、国家赔偿的费用

国家赔偿的费用是指赔偿义务机关为履行赔偿责任而支付的费用，是实现国家赔偿的基本保障，是国家赔偿支付能力的体现。根据我国《国家赔偿法》的规定，赔偿费用列入各级财政预算。赔偿请求人凭生效的判决书、复议决定书、赔偿决定书或者调解书，向赔偿义务机关申请支付赔偿金。赔偿义务机关应当自收到支付赔偿金申请之日起7日内，依照预算管理权限向有关的财政部门提出支付申请。财政部门应当自收到支付申请之日起15日内支付赔偿金。这一规定改变了之前由《国家赔偿费用管理办法》确立的赔偿义务机关先行“垫付”、再向财政部门申请核拨的程序，而是直接由财政部门支付赔偿金。这一改变从很大程度上避免了机关之间相互推诿，国家赔偿决定执行难的窘状。

第五节　国家补偿

一、国家补偿的内涵

（一）国家补偿的概念

国家补偿是国家机关因合法行为给公民、法人或其他组织权益造成的损害所给予的补偿。国家补偿除行政补偿外，还包括立法补偿、司法补偿等。最初的国家补偿一般指行政补偿，随着社会的发展，逐渐将立法行为（有的国家还包括司法行为）也纳入了国家补偿体系。从我国目前国家补偿的理论研究和实践来看，国家补偿概念在我国仍然以行政补偿为主，鲜有涉及对立法行为或司法行为致损进行补偿的理论研究或实践探索。

（二）国家补偿的理论基础

传统的损害赔偿责任基于不法或过失而引起，然而现代国家为何要承担合法行为之损害的损失弥补责任呢？这便关乎国家补偿的理论基础，在理论上存在诸多观点。

“既得利益说”认为，国家之所以对合法行政行为造成的损害进行补偿，因为宪法和法律保护既得权利，只要行政行为侵犯了公民的合法权利，就应当予以补偿。

“结果责任说”认为，无论致害行为合法或违法以及行为人有无故意或过失，只要行政活动导致的损害非以一般社会公众为共同对象，国家就必须承担补偿责任，这是基于结果责任的国家补偿，也称为“国家的无过失责任”。①

“特别牺牲说”认为，任何财产权的行使都要受到一定内在的社会限制，只有当对财产的征用或限制超出了这些内在限制时，才产生补偿问题。也就是说，对行使所有权的内在限制是所有公民都平等地承受的一定负担，不需要赔偿，但是当这种负担落到某个公民的头上时，它就变成了一种特殊的牺牲，须进行补偿。同理，从生命、健康、自由权等公民固有权利的保障来看，为了公共利益所采取的行为很可能牺牲个人的权益，但因国家行为对个人造成的损害具有公益性，不应由个人负担，而应由社会公众负担。因此，为了国家和公共利益而牺牲个人利益是必要的，但公众受益的国家行为造成的损害应当由公众负担，对个人予以补偿。

与“特别牺牲说”相类似的，还有“公共负担说”。正因为个别人为社会利益作出了特别牺牲，所以受益公众应当公平负担这种损害，通过国库形式支付给特别受害人以补偿，这样才能恢复社会公众负担平等的状态。我们认为，“公共负担说”和“特别牺牲说”比较圆满地解决了国家补偿责任的本质属性，不仅解释合法行为的补偿，也适用于解释其他危险行为及特别损害行为的补偿。例如，修建并使用军用机场是为国家利益的行为，如果军用飞机起降产生的噪声对机场附近的养鸡场产生了影响，受害人可以根据公共负担平等原则

① 参见［日］南博方：《日本行政法》，杨建顺、周作彩译，中国人民大学出版社 1988 年版，第 107—109 页。

请求国家予以补偿。

二、国家补偿的分类与标准

（一）国家补偿的分类

根据不同标准可以对国家补偿进行不同分类。总体上可以将国家补偿分为合法侵害行为补偿和公法上无因管理补偿。根据补偿发生的原因不同，合法侵害补偿又可以分为公权力致害行为补偿和公权力附随效果补偿。而公法上无因管理补偿又可以分为行政协助补偿和见义勇为补偿。

1. 合法侵害行为补偿。合法侵害行为补偿是指国家对行政主体的合法行为造成的特别损害给予的补偿，分为公权力致害补偿和公权力附随效果补偿。其中公权力致害补偿分为剥夺财产权补偿（公用征收补偿）、对权利的限制补偿和行政合同变更、解除的补偿。公用征收补偿包括动产和不动产，主要指农村土地征收补偿、城市房屋征收补偿；对权利的限制补偿也属于国家补偿的范围，比如划定自然保护区或者野生动物保护区而禁止采伐树木和捕杀动物的，基于公益需要而强制限制利用或者使用公民土地等财产的，国家应予补偿。公权力行为附随效果的补偿指公权力行为本身是合法行为，但是由于个别具体情况造成了特别损害，因而有补偿必要，在德国称之为“具有征收效果之侵害”①，包括危险行为的补偿，公共工程、设施、交通造成的特别损害补偿，公共政策、措施造成的特别损害补偿等，如特殊体质的人因为接种传染病疫苗而遭受特别损害，国家应予补偿。

2. 公法上无因管理补偿。公法上无因管理是指公民没有法定和约定的义务，在紧急情况下，协助国家机关履行公务或者主动代替国家机关执行公务，以维护公共利益的行为。由于实施公法上无因管理行为遭受特别损害的，国家应当予以补偿。这类补偿又分为行政协助补偿和见义勇为补偿。《人民警察法》第 34 条规定，公民因协助人民警察执行职务，造成人身伤亡或者财产损失的，应当按照国家有关规定给予抚恤或者补偿。《消防法》第 50 条规定，对于因参加扑救火灾或者应急救援受伤、致残或者死亡的人员，按照国家有关规定给予医疗、抚恤。

（二）国家补偿的方式和标准

我国关于国家补偿方式和标准的规定，散见于单行的法律、法规甚至政策性文件之中，除了通用的金钱补偿与实物补偿外，我国还有一种具有中国特色的补偿方式，即政策性补偿。

第一，金钱补偿是我国最常采用的补偿方式，无论是土地征用、房屋拆迁，还是无因管理的补偿，都涉及金钱补偿方式的运用。

---

① 参见翁岳生：《行政法》，中国法制出版社 2009 年版，第 1731 页。

第二，实物补偿。实物补偿主要在两个领域运用：一是水库移民，二是房屋拆迁。实物补偿的形式主要有：产权调换、开发荒地滩涂、调剂土地、外迁等。

第三，政策性补偿。政策性补偿也称间接补偿，主要表现形式为提供政策性优惠，往往侧重于中、长期效果，如果能妥善运用政策性补偿，有时能起到单纯经济性补偿所不能起到的作用。政策性补偿主要包括两种：一是在人、财、物的调配上给予优惠，二是减免税费。

我国国家补偿的具体标准在征收类补偿和非征收类补偿上有所不同。

征收类补偿主要包括土地征收和房屋拆迁。土地征收的补偿标准根据是2004年修订的《土地管理法》。例如，《土地管理法》第47条规定：征收耕地的补偿费用包括土地补偿费、安置补助费以及地上附着物和青苗的补偿费。征收耕地的土地补偿费，为该耕地被征收前三年平均年产值的6~10倍。征收耕地的安置补助费，按照需要安置的农业人口数计算。需要安置的农业人口数，按照被征收的耕地数量除以征地前被征收单位平均每人占有耕地的数量计算。每一个需要安置的农业人口的安置补助费标准，为该耕地被征收前三年平均年产值的4~6倍。但是，每公顷被征收耕地的安置补助费，最高不得超过被征收前三年平均年产值的15倍。有关房屋拆迁的补偿标准可参见2011年出台的《国有土地上房屋征收与补偿条例》。

非征收类的补偿主要规定在单行的法律文件之中，如一些地方制定的野生动物造成人身财产损害的补偿办法①，以及见义勇为补偿办法等。其基本特点是人身损害可向国家请求补偿医疗费，如果造成伤残，可以获得一定数额的伤残救济金。就现行标准来看，未能达到完全补偿的水平，仍然停留在抚慰性标准阶段。

思考题：

1. 国家赔偿责任的特征是什么？
2. 行政赔偿责任的构成要件有哪些？
3. 司法赔偿程序有何特点？
4. 国家赔偿的标准是什么？
5. 国家补偿的种类有哪些？

① 例如《陕西省重点保护陆生野生动物造成人身财产损害补偿办法》（2004年11月4日发布）对野生动物所致损害的行政补偿标准作了具体规定。

第十六章　行政诉讼

行政诉讼是国家审判机关通过司法程序解决行政争议的一系列活动的总称。在我国，行政诉讼与民事诉讼、刑事诉讼并称为三大诉讼，是国家诉讼制度的基本内容之一，是司法制度的一部分。

第一节　行政诉讼的基本问题

一、行政诉讼的概念与特征

行政诉讼在不同国家的不同法律制度下，内涵各不相同，所包含的实际内容也不完全一致。根据我国行政诉讼法的规定，行政诉讼是指公民、法人或者其他组织认为行政行为侵犯其合法权益，依法向人民法院提起诉讼，由人民法院主持审理行政争议并作出裁判的诉讼制度。

我国行政诉讼具有以下特征：

第一，行政诉讼以行政争议的存在为前提。行政诉讼的起因是公民、法人或者其他组织认为行政行为侵犯其合法权益，从而引起公民、法人或者其他组织向人民法院提起诉讼请求、寻求司法保护。值得注意的是，公民、法人或者其他组织认为行政行为侵犯了自己的合法权益即可提起行政诉讼。这里的“认为”只是行政相对人的主观判断，不一定是行政行为实际侵犯了其合法权益。是否真正侵犯了行政相对人的合法权益，需要由国家审判机关审查和判断，行政相对人不能单方面否定行政行为的效力。但是，行政相对人只要怀疑行政行为的合法性，认为行政行为侵犯其合法权益，就有权向人民法院提起行政诉讼。

第二，行政诉讼是在人民法院主持下审查行政行为合法性。人民法院在整个诉讼活动中居于核心和主导的地位，它通过行使国家的审判权来处理和解决行政主体和行政相对人之间的行政争议，为行政相对人的合法权益提供法律保障。行政诉讼有别于行政复议，主要表现在：一是监督的性质不同。行政复议属于行政监督，行政诉讼属于司法监督。二是权利救济的属性不同。行政复议是行政救济，而行政诉讼则属于司法救济。三是审查的内容不同。在行政复议中，复议机关既审查行政行为的合法性，又审查其适当性；行政诉讼中，法院一般只审查行政主体行政行为的合法性。

第三，行政诉讼解决的是特定范围内的行政争议。根据我国行政诉讼法的规定，行政相对人只能对一定范围内的行政行为提起诉讼。对行政行为提起诉讼，还必须属于人民法院的受案范围，必须符合行政诉讼法有关受案范围的规定。对于被排斥在人民法院受案范围外的事项，行政相对人不能提起诉讼。

第四，行政诉讼的当事人具有恒定性。根据行政诉讼法的规定，除人民检察院在特定情形下有权提起行政公益诉讼外，行政诉讼的原告一般是行政行为的相对人以及其他与行政行为有利害关系的公民、法人或者其他组织，亦即行政诉讼的发动者和启动者是行政相对人，而行政诉讼的被告只能是行政主体。这是由于在国家行政管理过程中，行政机关居于主导的地位，拥有行政管理职权，并可采取强制措施，而行政相对人则必须服从。为使行政相对人的合法权益免受不法侵害，行政诉讼法规定，如果行政相对人认为行政机关的行政行为侵犯其合法权益，就有权请求法院审查行政行为的合法性。如属违法行政行为，法院应依法予以撤销。行政管理的性质和特点决定了在行政诉讼中，行政诉讼的当事人具有恒定性，原告和被告的位置是固定的，不能相互交换和倒置。也就是说行政诉讼是“民告官”的诉讼，只能“民告官”，而不能“官告民”。

第五，行政诉讼的目的是通过解决行政争议，对违法行政行为所造成的消极后果进行补救，以保护行政相对人的合法权益不受侵害。在行政管理中，行政主体作出的违法行政行为所造成的消极后果是双重的：一方面，侵害了行政相对人的合法权益；另一方面，又损害了行政机关的行政权威，影响了行政效率。行政诉讼的目的和实质就在于通过矫正违法或不当的行政行为，对行政相对人受损害的合法权益进行补救，为行政相对人的合法权益提供法律保护。因此，行政诉讼的结果表现为补救行政相对人，与此同时，也维护了行政权威，提高了行政效率，恢复了正常的行政管理秩序。

行政诉讼和行政诉讼法是两个既互相联系又互相区别的概念，行政诉讼受行政诉讼法的调整，行政诉讼法以行政诉讼活动为调整对象。行政诉讼法是人民法院在其他诉讼参加人的参加下，审理行政案件活动所依据的法律规范的总称。行政诉讼法是程序法，是我国社会主义法律体系中的一个独立的法律部门，与民事诉讼法、刑事诉讼法共同构成我国的诉讼法体系。

二、行政诉讼与其他诉讼的关系

行政诉讼与民事诉讼、刑事诉讼并称为“三大诉讼”。行政诉讼是解决行政机关与行政相对人之间发生行政争议的诉讼制度，在诉讼主体、举证责任、法院审查的内容等诸多方面，都与民事诉讼和刑事诉讼有着显著的不同。

（一）行政诉讼与民事诉讼

行政诉讼与民事诉讼的关系十分密切。我国的行政诉讼脱胎于民事诉讼，是从民事诉讼发展而来的诉讼形式，在我国《行政诉讼法》正式生效实施之前，人民法院审理行政案件适用民事诉讼程序。1982年颁布的《中华人民共和国民事诉讼法（试行）》（以下简称《民事诉讼法（试行）》）第3条第2款规定："法律规定由人民法院审理的行政案件，适用本法规定。"根据这一规定，我国人民法院审理行政案件完全适用《民事诉讼法（试行）》的规定，并且长达8年之久。在《行政诉讼法》正式生效实施之后，人民法院在审理行政案件时仍不能完全排除《民事诉讼法（试行）》以及后来颁布实施的《民事诉讼法》的适用。《行政诉讼法》是我国第一部行政诉讼法典，在立法上还有许多不够完备之处。因此，在实践中，行政诉讼法有明确规定的，适用其规定；行政诉讼法没有明确规定的，适用民事诉讼法的有关规定，以此弥补行政诉讼法立法的不足，保证行政诉讼活动的顺利进行。《行政诉讼法》第101条规定："人民法院审理行政案件，关于期间、送达、财产保全、开庭审理、调解、中止诉讼、终结诉讼、简易程序、执行等，以及人民检察院对行政案件受理、审理、裁判、执行的监督，本法没有规定的，适用《中华人民共和国民事诉讼法》的相关规定。"

行政诉讼与民事诉讼在诉讼实践中的联系十分紧密，许多行政争议与民事争议交织在一起，在行政诉讼中与之相关的民事争议一并解决，受害人或侵权人对行政行为不服提起行政诉讼的，也可以附带提起民事诉讼。当事人因行政违法侵权行为提起的行政赔偿诉讼也兼具民事诉讼的特点。

行政诉讼虽然脱胎于民事诉讼，但是，它能够发展成为一个独立的诉讼制度，表明了行政诉讼具有不同于民事诉讼的个性。行政诉讼和民事诉讼的区别主要表现在以下几个方面：

1. 诉讼的目的和任务不同。民事诉讼的处理对象是民事争议。民事诉讼的目的和任务是通过审理民事案件，解决民事争议，确认民事权利义务关系，制裁民事违法行为，保护以财产关系为核心的民事权利，维护民事主体的合法权益，维护国家正常的民事法律秩序。而行政诉讼的处理对象为行政争议。行政争议产生于国家行政管理的过程之中，行政诉讼的目的和任务是通过司法机关对行政主体行政行为的合法性进行审查，从而一方面保护公民、法人或者其他组织等行政相对人的合法权益；另一方面，监督行政机关依法行政，保证国家的行政权合法运行，维护国家正常的行政法律秩序。

2. 诉讼当事人不同。在民事诉讼中，原、被告的资格是不固定的，这是由于在民事法律关系中主体双方的法律地位是平等的。行政诉讼中原、被告资格则是固定的，这是由在行政实体法律关系中当事人双方不平等法律地位所决定的。行政诉讼的原告恒定为行政相对人，而被告恒定为行政主体，是"民告官"的诉讼。

3. 诉讼权利不同。第一，起诉权、反诉权和撤诉权。在民事诉讼中，由于原、被告的资格是不固定的，因此，在民事诉讼中双方当事人都享有起诉权、反诉权和撤诉权。而在行政诉讼中，由于原、被告的资格是固定的，原、被告的地位不能发生变位，因此，起诉权和撤诉权只归属于行政相对人，即认为行政机关的行政行为侵犯其合法权益的公民、法人或其他组织。作为被告的行政机关不享有起诉权、反诉权和撤诉权。第二，处分权。在民事诉讼中，民事诉讼的双方当事人对自己的民事权利享有处分权。这是由于民事案件争执的内容是民事权利，是民事主体自己享有的权利，当事人完全可以依法进行处分。而在行政诉讼中，作为被告的行政机关不享有处分权，包括对合法行政职权和诉讼权利的处分权。作为被告的行政机关只是国家行政权力的行使者，不享有对行政权的支配权，并且行政行为一经作出便有确定力，非经法定程序，行政机关不得变更。

4. 举证责任不同。诉讼当事人双方都负有举证责任，这是行政诉讼和民事诉讼的共同之处，但在举证责任的分配上二者存在着差异。在民事诉讼中，实行“谁主张，谁举证”，即当事人双方谁提出诉讼上的主张，谁就承担提出证据的责任。可以说，举证责任对于原、被告双方都是对等和平均的。而在行政诉讼中，作为被告的行政机关负举证责任。《行政诉讼法》第 34 条第 1 款规定：“被告对作出的行政行为负有举证责任，应当提供作出该行政行为的证据和所依据的规范性文件。”行政诉讼法作出这一规定是由于行政机关在国家行政管理中占有特殊地位，行政机关的举证能力比作为原告的行政相对人更为优越。

5. 二者所适用的原则不同。行政诉讼遵循以下特殊原则：（1）行政诉讼与行政复议相衔接，司法最终裁决的原则；（2）行政诉讼一般不适用调解的原则；（3）行政诉讼实行有限变更原则；（4）人民法院实行特定管辖的原则；（5）人民法院对行政行为实行合法性审查的原则。

6. 诉讼范围不同。民事诉讼的范围广泛而又复杂，除了适用普通程序和简易程序的各种权益争议案件外，还有适用特别程序的非权益争议的案件。而我国目前行政诉讼的范围相对来说较为狭小，《行政诉讼法》第 12 条对人民法院的受案范围作了列举式的规定。

7. 结案方式不同。在民事诉讼中，人民法院审理和解决民事案件的结案方式通常有三种：调解结案、判决结案和裁定结案。而在行政诉讼中，人民法院审理行政案件，一般不用调解的方式结案，主要用裁定或判决的方式结案。

（二）行政诉讼与刑事诉讼

行政诉讼与刑事诉讼之间的差异比较明显，主要体现在以下几个方面：

第一，提起诉讼的主体不同。提起行政诉讼的主体是公民、法人或其他组织；提起刑事诉讼的主体主要是具有刑事追诉职能的检察机关。

第二，诉讼目的不同。提起行政诉讼的直接目的是请求法院解决行政争议；提起刑事诉讼的直接目的是请求法院依法追究被告的刑事责任。

第三，举证责任不同。行政诉讼中，由被告就其行政行为的合法性承担举证责任；刑事诉讼中的举证责任由指控被告有罪的检察机关即公诉方承担。

第四，法院审查的内容不同。在行政诉讼中，法院审查的内容是行政行为的合法性问题；刑事诉讼中法院审查的内容是被告的行为是否构成犯罪以及是否应当承担刑事责任的问题。

第五，判决内容不同。在行政诉讼中，法院作出的是对合法的行政行为予以维持和对不合法的行政行为予以撤销的判决；在刑事诉讼中，法院作出的是认定被告有罪、无罪、应否承担刑事责任及承担何种刑事责任的判决。

三、行政诉讼的历史发展

中华人民共和国成立以来，行政诉讼的历史发展主要分为以下几个阶段。

（一）第一阶段：我国行政诉讼制度的创建时期（1949—1989 年）

1949 年《中国人民政治协商会议共同纲领》第 19 条第 2 款规定："人民和人民团体有权向人民监察机关或人民司法机关控告任何国家机关和任何公务人员的违法失职行为。"同年 12 月，中央人民政府委员会批准的《最高人民法院试行组织条例》规定，最高人民法院设立民事、刑事和行政三个审判庭。但此后行政审判庭的设立一拖再拖，未能变成现实。1954 年《宪法》第 97 条规定："中华人民共和国公民对于任何违法失职的国家机关工作人员，有向各级国家机关提出书面控告或者口头控告的权利。"在经历了反右派斗争扩大化、"文化大革命"等一系列政治运动后，1979 年的《人民法院组织法》删除了设立行政审判庭的规定。在中华人民共和国成立以后的 30 多年里，我国一直没有建立起行政诉讼制度。

1982 年《宪法》第 41 条再次重申和肯定了 1954 年《宪法》中有关公民对于任何国家机关和国家工作人员有提出批评和建议的权利，对于任何国家机关和国家机关工作人员的违法失职行为，有向有关国家机关提出申诉、控告和检举的权利。这些规定为我国行政诉讼制度的建立提供了宪法依据和政治条件。

从 20 世纪 80 年代初期开始，为适应改革开放的需要，我国陆续出台了一系列的法律，如《中外合资经营企业所得税法》（1980）、《外国企业所得税法》（1981）、《经济合同法》（1981）、《国家建设征用土地条例》（1982）、《海洋环境保护法》（1982）、《海上交通安全法》（1983）、《土地管理法》（1986）、《治安管理处罚条例》（1986）等。这些法律中有明确规定，与行政机关发生行政争议可以向法院提起诉讼。到 1989 年《行政诉讼法》颁布时，已有 130 多部法律和行政法规规定了可以向法院提起行政诉讼。

1982 年《民事诉讼法（试行）》第 3 条第 2 款规定："法院规定由人民法院审理的行政案件，适用本法规定。"该条款第一次从立法上明确了人民法院审理行政案件所适用的法律程序。此后，法院受理了一大批行政诉讼案件，范围涉及商标、税务、森林、食品卫生、药品管理、土地征收等领域。

行政案件的大量出现，促使各地人民法院设立行政审判庭。1986 年 10 月，湖北省武汉市中级人民法院和湖南省汨罗县人民法院成立了我国最早的行政审判庭。1988 年最高人民法院设立了行政审判庭，各地法院也陆续设立了行政审判庭。到 1990 年年底，即行政诉讼法实施之初，行政审判庭已普遍设立。① 在此期间，最高人民法院发布了多个有关行政诉讼的司法解释指导行政审判实践，这些司法解释及司法实践中的做法，为行政诉讼法的制定积累了经验，为我国行政诉讼制度的建立创造了条件。

1987 年中国共产党第十三次代表大会报告提出："要制定行政诉讼法，加强对行政工作和行政人员的监察，追究一切行政人员的失职、渎职和其他违法违纪行为。"

1988 年 11 月，第七届全国人大常委会第四次会议决定公布了"行政诉讼法（草案）"，向全国广泛征求意见。全国人大法工委收到中央和地方国家机关的意见 130 份，公民直接寄送到法工委的意见 300 份。② 全国法工委在多次召开座谈会并广泛征求意见的基础上，对草案进行修改。经第七届人大常委会第六次会议审议，决定提交全国人大审议。1989 年 4 月 4 日，第七届全国人民代表大会第二次会议正式通过了《行政诉讼法》，并于 1990 年 10 月 1 日正式生效实施，这标志着我国行政诉讼制度的正式建立。

（二）第二阶段：我国行政诉讼制度的发展和完善时期（1990—2018 年）

1989 年通过的《行政诉讼法》生效实施后在长达 25 年的时间里，我国行政诉讼的法律文本一直没有发生变动，但我国的行政诉讼制度却一直在不断地发展和完善。经过各方的共同努力，2014 年 11 月 1 日，第十二届全国人大常委会第十一次会议表决通过了《关于修改〈中华人民共和国行政诉讼法〉的决定》，对 1989 年《行政诉讼法》的诸多内容进行了修改。2017 年 6 月 27 日，第十二届全国人大常委会第二十八次会议表决通过了《关于修改〈中华人民共和国民事诉讼法〉和〈中华人民共和国行政诉讼法〉的决定》，检察机关提起公益诉讼被写入这两部法律，《行政诉讼法》第 25 条增加 1 款作为第 4 款，并于 2017 年 7 月 1 日起施行。总结来看，这一阶段我国行政诉讼制度的发展和完善主要通过以下途径来实现：

1. 司法解释和司法政策文件。为了保证行政诉讼法的顺利实施，我国颁布了一系列的司法解释，这些司法解释极大地丰富和发展了我国的行政诉讼制度（见

---

① 参见江必新、梁凤云：《行政诉讼法理论与实务》，北京大学出版社 2009 年版，第 108 页。
② 参见何海波：《行政诉讼法》，法律出版社 2011 年版，第 16 页。

表 16-1）。

表 16-1 行政诉讼司法解释

序号	通过日期	通过会议	名称	实施日期
1	1990/10/29	最高人民检察院第 55 次检察委员会会议	《最高人民检察院关于执行行政诉讼法第六十四条的暂行规定》	1990/11/1
2	1991/5/29	最高人民法院审判委员会第 499 次会议	《最高人民法院关于贯彻执行〈中华人民共和国行政诉讼法〉若干问题的意见（试行）》	1991/7/11
3	1999/11/24	最高人民法院审判委员会第 1088 次会议	《最高人民法院关于执行〈中华人民共和国行政诉讼法〉若干问题的解释》（以下简称“2000 年最高院执行行政诉讼法的解释”）	2000/3/10
4	2002/6/4	最高人民法院审判委员会第 1224 次会议	《最高人民法院关于行政诉讼证据若干问题的规定》	2002/10/1
5	2002/8/27	最高人民法院审判委员会第 1239 次会议	《最高人民法院关于审理国际贸易行政案件若干问题的规定》	2002/10/1
6	2002/9/11	最高人民法院审判委员会第 1242 次会议	《最高人民法院关于审理反补贴行政案件应用法律若干问题的规定》	2003/1/1
7	2002/9/11	最高人民法院审判委员会第 1242 次会议	《最高人民法院关于审理反倾销行政案件应用法律若干问题的规定》	2003/1/1
8	2007/12/17	最高人民法院审判委员会第 1441 次会议	《最高人民法院关于行政案件管辖若干问题的规定》	2008/2/1
9	2007/12/17	最高人民法院审判委员会第 1441 次会议	《最高人民法院关于行政诉讼撤诉若干问题的规定》	2008/2/1
10	2009/11/9	最高人民法院审判委员会第 1476 次会议	《最高人民法院关于审理行政许可案件若干问题的规定》	2010/1/4
11	2010/12/13	最高人民法院审判委员会第 1505 次会议	《最高人民法院关于审理政府信息公开行政案件若干问题的规定》	2011/8/13
12	2011/3/10	最高人民法院、最高人民检察院制定并向各省、自治区、直辖市高级人民法院、人民检察院印发	《关于对民事审判活动与行政诉讼实行法律监督的若干意见（试行）》	2011/3/10
13	2011/5/9	最高人民法院审判委员会第 1522 次会议	《最高人民法院关于审理涉及农村集体土地行政案件若干问题的规定》	2011/9/5

续表

序号	通过日期	通过会议	名称	实施日期
14	2015/4/20	最高人民法院审判委员会第1648次会议	《最高人民法院关于适用〈中华人民共和国行政诉讼法〉若干问题的解释》（以下简称“2015年最高院适用行政诉讼法的解释”）	2015/5/1
15	2017/11/13	最高人民法院审判委员会第1726次会议	《最高人民法院关于适用〈中华人民共和国行政诉讼法〉的解释》（以下简称2018年《行诉法解释》）	2018/2/8
16	2018/2/23 2018/2/11	最高人民法院审判委员会第1734次会议、最高人民检察院第12届检察委员会第73次会议	《最高人民法院、最高人民检察院关于检察公益诉讼案件适用法律若干问题的解释》	2018/3/2

上述司法解释来自行政审判实践，对于澄清法条疑义、弥补立法漏洞具有重要的作用。在司法解释之外，最高法院行政庭和地方高级法院还制定了大量的司法政策文件，对行政审判的相关问题进行规定，对个案问题进行回应。上述司法解释和司法政策文件在法律适用上丰富了行政诉讼的内容，推动了行政诉讼制度向前发展。

2. 司法裁判。尽管我国不是判例法国家，司法裁判对以后的案件不具有当然的约束力，但是，我国行政诉讼实践中出现的大量司法裁判，对于拓展立法条文的内容、确立新的规则，具有重要的意义。如在田永诉北京科技大学案、刘燕文诉北京大学案等一系列学生告学校的案件中，法院通过大量的个案逐步突破了行政诉讼受案范围的立法规定，并且在司法裁判中体现了正当程序的原则。又如在哈尔滨汇丰实业有限公司诉哈尔滨规划局案件中，法院运用了比例原则，认为处罚程度应以影响景观的程度为限。在某些行政管理领域中，也是通过个案促进了相关制度的改进，如乙肝歧视案判决后，促使我国《传染病防治法》和公务员录用体检标准相关条款作出修改。[1] 20多年的行政诉讼实践为我国行政诉讼制度的发展提供了丰富的资源，司法裁判是推动我国行政诉讼制度发展的重要动力和源泉。

拓展阅读

田永诉北京科技大学案

3. 行政诉讼制度的建立也极大地推动了我国法治化的进程。具体来说：一是逐步形成了以行政诉讼法为核心的行政法律体系。行政诉讼法实施后，为了配合

① 参见何海波：《行政诉讼法》，法律出版社2011年版，第50—51页。

行政诉讼法的顺利实施，我国出台了一系列的行政法律（表 16-2）：

表 16-2　行政诉讼相关法律

序号	通过日期	通过会议	名称	实施日期
1	1990/11/9	国务院第 71 次常务会议	《行政复议条例》	1991/1/1
2	1994/5/12	第八届全国人大第七次会议	《国家赔偿法》	1995/1/1
3	1996/3/17	第八届全国人大第四次会议	《行政处罚法》	1996/10/1
4	1999/4/29	第九届全国人大常委会第九次会议	《行政复议法》	1999/10/1
5	2000/3/15	第九届全国人大第三次会议	《立法法》	2000/7/1
6	2003/8/27	第十届全国人大常委会第四次会议	《行政许可法》	2004/7/1
7	2007/1/17	国务院第 165 次常务会议	《政府信息公开条例》	2008/5/ 1
8	2007/5/23	国务院第 177 次常务会议	《行政复议法实施条例》	2007/8/1
9	2012/10/26	第十一届全国人大常委会第二十九次会议	关于修改《国家赔偿法》的决定	2013/1/1
10	2011/6/30	第十一届全国人大常委会第二十一次会议	《行政强制法》	2012/1/1

这些法律的出台，为我国行政诉讼制度的完善提供了有利的条件。我国行政法律体系的建构路径沿着先程序立法、后实体立法，由程序推动实体的立法轨迹。2011 年我国宣布社会主义法律体系已经建成。行政诉讼法制度的建立和发展对我国社会主义法律体系的创建具有十分重要的作用和贡献。

二是行政诉讼法的生效实施极大地推动了我国依法行政的历史进程。我国依法行政可划分为以下几个主要发展阶段：（1）依法行政的起步阶段（1979—1989 年）；（2）重点规范政府行为阶段（1989—1999 年）；（3）全面推进依法行政阶段（1999—2004 年）；（4）建设法治政府阶段（2004—2012 年）；（5）建设法治中国阶段（2013 年至今）。如今，我国已明确提出，建设法治中国必须坚持法治国家、法治政府和法治社会三位一体，依法治国、依法执政和依法行政必须共同推进，并且明确了治理方式和路径是运用法治思维和方法。十八届四中全会明确提出全面推进依法治国的总目标是建设中国特色社会主义法治体系和建设社会主义法治国家。我国法治发展的历史清楚表明，建立和完善行政诉讼制度、发展行政审判是我国推进依法治国，建设法治中国的重要力量。全面推进依法治国的战略又为我国行政

> **拓展阅读**
>
> 中共中央关于全面推进依法治国若干重大问题的决定

诉讼制度的发展和完善创造了有利的政治环境和条件。

四、行政诉讼的目的与功能

行政诉讼的目的是指行政诉讼作为一项法律制度所要实现和达到的目标和效果。我国《行政诉讼法》第 1 条规定行政诉讼法的立法目的是“保证人民法院公正、及时审理行政案件，解决行政争议，保护公民、法人和其他组织的合法权益，监督行政机关依法行使职权”。行政诉讼的目的与功能主要有三项：一是解决争议，二是权利救济，三是监督行政。

（一）解决争议的功能

行政诉讼起源于行政争议，行政诉讼的基本功能就是解决行政争议。行政争议的存在是启动行政诉讼程序的动因，解决争议是人民法院的根本任务，正确及时审理案件最终要落实到解决行政争议。

行政争议是指在国家行政管理过程中，行政主体因行使行政职权而与行政相对人之间发生的有关行政权力和义务的争执。具体表现为行政相对人对行政机关依据行政职权作出的行政行为不服或持有异议，在行政机关和行政相对人之间呈现的一种对抗状态。

在现代行政管理过程中，行政争议的产生是不可避免的。一是由于行政机关在行使行政职权的过程中实际作出了违法或不当的行政行为。尽管依法行政已成为现代行政管理的一项基本原则，行政法律规范为行政机关行使行政权力设定了具体的标准，但在行政管理的实践中，难以保证行政机关作出的行政行为完全符合法定的标准。二是由于行政相对人不可能完全服从行政机关作出的行政行为。即使行政机关作出的行政行为是合法和适当的，但是由于行政机关和行政相对人对行政行为的合法性和适当性的认识不同，因而也必然会产生行政争议。

我国当前正处于社会的转型期，社会矛盾频现，行政纠纷大量存在，而到法院通过司法途径解决的行政案件却微乎其微。中国拥有 13 亿人口，但每年的行政案件只有 10 万~12 万件；与此相比，德国 8 000 万人口，每年却有 30 万件行政案件。2013 年，我国各级法院共审结行政诉讼案件 12. 1 万件，不到法院审结案件总量的 1%，而在 10 万件案件中只有 27. 21%得到实体裁判，在得到实体裁判的案件中仅有不到 10%的胜诉率。① 而我国目前的行政信访案件数量居高不下，信访的现状已经危及法治权威和法治理念。目前信访的主要困境是公民信访不信法，公民选择通过申诉、信访的方式解决问题，而不愿意通过行政诉讼的法律途径进行救

---

① 数据来源于全国人大常委会委员、全国人大财经委员会副主任委员、民建中央副主席辜胜阻 2014 年 12 月 6 日在复旦大学首届中国大学智库论坛开幕式上所作的主旨报告。

济，这表明当前公民对我国行政诉讼制度的不信任，折射出我国行政审判权威的滑落。

为了解决这一问题，2014 年修改后的《行政诉讼法》增加规定了解决行政争议作为行政诉讼的目的和功能，这是直面我国行政诉讼实践问题而进行的立法设计，正是为了防止程序空转而导致司法权威受损。树立行政审判的权威性，解决行政争议，有利于引导民众理性表达诉求，有利于依法保护公民的合法权益，维护社会秩序稳定，促进行政诉讼制度目的和功能的实现。

我国 1989 年的行政诉讼制度设计在某些方面并不利于行政争议的解决，如第 50 条关于不得调解的规定。立法规定行政诉讼不得调解的初衷和本意是防止行政机关借调解之名滥用公权力，损害公共利益。但在实践中，行政诉讼不得调解的规定，使得本来能够通过调解解决的行政纠纷难以解决，致使许多法院的行政诉讼判决难以执行，败诉的行政相对人依然不服判。2014 年修改后的《行政诉讼法》明确了解决行政争议的行政诉讼目的，因此在行政诉讼实践中，要正确理解适用调解，既要防止过度协调，也要坚守法律底线。

（二）权利救济的功能

行政诉讼最重要和最根本的任务就是保护行政相对人的合法权益。行政诉讼归根到底是一种权利救济手段，当行政相对人的合法权益遭到行政机关违法行为的侵犯时，行政相对人可以通过各种途径寻求救济，获得保护。

我国现行《宪法》第 41 条规定公民对于任何国家机关和国家工作人员的违法失职行为，有向有关国家机关提出申诉、控告或者检举的权利。在所有的国家机关和国家工作人员中，机构最大，人数最多，管理范围最广，与公民的关系最密切、最直接的，是国家行政机关和国家行政工作人员。由于行政机关行使着最复杂、最广泛的行政职权，行政管理失误、不当或违法行为引起的行政机关、行政工作人员与公民之间的纠纷最为普遍，行政相对人的合法权益受到损害的情况难以避免。如果普遍存在的行政纠纷得不到解决，行政侵权行为得不到有效纠正，那么，宪法规定的我国公民的基本权利就无法得到切实的保障。另外，值得疑问的是，《宪法》第 41 条规定的“有关国家机关”是指什么机关，是行政机关还是司法机关，并未明确。对于公民提出申诉、控告、检举以及请求赔偿的具体程序和途径，也并未指明。所有这些都表明，只有建立和健全行政诉讼制度，才能保证宪法的具体贯彻实施，才能切实有效地保障行政相对人的合法权益。

（三）监督行政的功能

依法行政是国家行政管理制度化、法律化的体现，是政治民主化的体现，是现代国家的基本要求。通过行政诉讼，有利于加强行政法律监督，防止行政专横，可以促进行政管理的法治化。

十八届四中全会首次以“依法治国”为主题，研究部署全面推进依法治国这一基本治国方略，为我国未来的“依法治国”之路构建了一幅蓝图，具有十分重大的历史意义。建设法治国家、法治政府，核心是对行政权力的规制，即把“行政权力关进笼子里”“有权不可任性”。行政诉讼的实践表明，推进法治政府、监督行政职权最核心、最直接的方法是健全和完善行政诉讼制度。

人民法院通过审理各种行政案件，一方面纠正了行政机关的违法行为，有效地保护了行政相对人的合法利益；另一方面，也有力地支持了行政机关的合法行为，保证了行政机关职权的行使，使正确的行政决定得到及时执行，维护了行政法律秩序，从而提高了行政效率。也就是说，行政诉讼制度为公民在遭受违法行政行为侵犯的情况下提供有效的法律救济途径的同时，也是对行政主体、行政权力的一种监督和制约。多年的法治建设经验表明，对政府权力最佳的监督途径是行政诉讼制度。行政诉讼制度为公民在遭受违法行政行为侵犯的情况下提供了有效的法律救济途径，实质上也是对行政主体、行政权力的一种监督和制约。推进法治政府，需要进一步发挥行政诉讼的监督与制约的功能。此外，权力腐败滋生的源头往往在于权力的不受监督、不受控制，而要抑制腐败滋生，需要从其产生的源头加强监督与制约权力。行政诉讼作为一种重要的权力监督机制，也是制度化反腐的一个重要组成部分。通过“民告官”的活动，进一步促进国家行政机关从一般行政人员到各级行政首长树立“法律责任”的观念，谨言慎行，时刻以宪法和法律约束自己，加强廉政建设。行政诉讼制度的完善，将会促进行政机关在改革中依法行使职权，保证进一步深化改革和扩大开放的健康发展。

总之，行政诉讼制度的建立和完善，对于解决行政争议，保护公民、法人或其他组织的合法权益，监督行政机关依法行使职权，促进行政管理的法治化，具有重要的意义和作用。

第二节 行政诉讼的原则

我国行政诉讼的原则是宪法和法律规定的，反映行政诉讼的基本特点，对行政诉讼具有普遍指导意义，是行政争议的处理和解决必须遵循的基本准则。在分析我国行政诉讼的原则时，既要看到行政诉讼和其他诉讼的共性，又要看到行政诉讼的个性。我国行政诉讼的原则是分层次的。我国行政诉讼活动既要遵循我国行政诉讼和其他诉讼，特别是与民事诉讼共同遵循的原则，即共有原则，又要遵循行政诉讼法特有的原则。

我国《行政诉讼法》第3—11条对行政诉讼的原则作了详尽的规定。首先，我国行政诉讼与其他诉讼的共有原则在行政诉讼法中有明确的规定，这些原则大都是和民事诉讼活动所共有的，反映了两种诉讼活动的共性。主要有：（1）人民法院依法独立行使审判权的原则；（2）以事实为根据、以法律为准绳的原则；（3）人民法院审理行政案件，依法实行合议、回避、公开审判和两审终审的原则；（4）当事人在行政诉讼中法律地位平等的原则；（5）使用本民族语言、文字进行诉讼的原则；（6）辩论原则；（7）检察院实行法律监督原则。其次，行政诉讼作为一种独立的诉讼活动，和民事诉讼相比，有自己独特的个性。行政诉讼法所规定的行政诉讼的特有原则反映了行政诉讼自身的特点，主要有三项原则。

一、人民法院对行政行为实行合法性审查的原则

《行政诉讼法》第6条规定：人民法院审理行政案件，对行政行为是否合法进行审查。这一原则反映了行政诉讼和其他诉讼活动的差别，集中体现了行政诉讼的特点和立法目的。与刑事诉讼和民事诉讼相比，行政行为合法性审查原则是行政诉讼法独具特色的基本原则。

根据我国《行政诉讼法》的有关规定，人民法院对行政行为实行合法性审查的原则主要体现在以下几方面：

第一，人民法院审理行政案件，审查的对象和范围是行政行为，即：（1）人民法院的司法审查权仅限于行政行为。（2）人民法院审查的行政行为仅限于人民法院的受案范围。换句话说，行政机关内部的奖惩和任免等行为被排斥在人民法院受案范围之外，不属于人民法院司法审查的范围。可见，人民法院行使司法审查权必须在法律规定的限度内，不得超越法定的职权范围。

第二，人民法院审理行政案件，审查的内容是行政行为的合法性。行政行为的合法性，一般从三方面加以判断：（1）行政行为是否超出了法定的权限；（2）是否符合法律、法规的规定；（3）是否符合法定的程序。人民法院在审理行政案件时，认定为违法的行政行为主要有以下六种：主要证据不足，适用法律、法规错误，违反法定程序，超越职权，滥用职权，不履行法定职责。

第三，人民法院审理行政案件，审查行政行为合法性的依据是法律、行政法规和地方性法规。《行政诉讼法》第63条规定：地方性法规适用于本行政区域内发生的行政案件。人民法院审理民族自治地方的行政案件，并以该民族自治地方的自治条例和单行条例为依据。人民法院审理行政案件，参照行政规章。

第四，人民法院审理行政案件，只对行政行为的合法性进行审查，对行政行为的适当性、合理性原则上不予审查。《行政诉讼法》第77条第1款规定：行政处罚明显不当，或者其他行政行为涉及对款额的确定、认定确有错误的，人民法院可以判决变更。这表明只有在行政处罚明显不当或者其他行政行为涉及对款额

的确定、认定确有错误的情况下，人民法院才有权依法予以变更。这是由我国的政治体制和行政诉讼法的立法目的决定的。

我国行政诉讼法确立的这一原则，赋予人民法院通过司法途径来监督审查行政行为合法性的重要权力，人民法院有权通过行使行政案件的审判权来监督国家行政机关的行政管理活动，这是我国人民法院的一项新的法定职权，也是国家审判权在内容上的新发展。人民法院审理行政案件的过程，就是人民法院审查行政机关行政行为合法性的过程，也就是人民法院监督行政主体依法行政的过程。在实践中，贯彻这一原则时，要正确处理好行政权与审判权的相互关系，在保护行政相对人合法权益的同时，维护和监督行政机关依法行使行政职权。

二、司法有限变更的原则

司法有限变更原则，是指人民法院在审理行政案件的过程中，对行政机关的行政决定应予尊重，原则上不予改变，只有在一定条件下，才享有部分或全部改变行政机关的行政决定的权力。

根据我国《行政诉讼法》的规定，人民法院在审理行政案件中享有有限的司法变更权力。“有限”的范围是指《行政诉讼法》第 77 条第 1 款所规定的“行政处罚明显不当，或者其他行政行为涉及对款额的确定、认定确有错误的，人民法院可以判决变更”。根据我国宪法确立的国家机关分工合作的原则，行政权和司法审判权分别属于行政机关和人民法院，行政机关和人民法院各自拥有自己的职责范围。如果人民法院享有广泛的司法变更权，那么，随着行政诉讼范围的逐步扩大，越来越多的行政决定，最终不是由行政机关作出，而是由人民法院作出。最终的决定权属于人民法院，将可能冲击行政和司法职能合理分工的宪法原则。

在行政诉讼中，赋予人民法院以有限的司法变更权，具有重要的意义。首先，这一原则能够有效地、全面地保护行政相对人的诉讼权利。提起行政诉讼的基本条件是行政相对人认为行政机关的行政行为侵犯其合法权益，违法的和不当的行政行为都有可能对行政相对人的合法权益造成侵害，人民法院只有享有对违法的行政行为的撤销权和对不当的行政行为的变更权，才能有效地保护行政相对人的合法权益。其次，能够避免造成恶性“循环诉讼”。如果人民法院不享有有限的司法变更权，对行政机关不适当的行政行为只能予以撤销，然后再由行政机关自己重新作出，人民法院无法阻止行政机关拒绝作出或重新作出另一个不适当的行政行为。这样，行政纠纷没有彻底得到解决，行政相对人只能再次起诉，造成循环诉讼，行政相对人的合法权益并不能得到有效的保护。因此，在行政诉讼中，人民法院享有有限的司法变更权，是彻底解决行政纠纷，保护行政相对人合法权益的重要保障，是我国行政诉讼法给予行政相对人以特殊保护的一项重要措施。

三、司法最终裁决的原则

行政诉讼中的司法最终裁决的原则是指对同一行政争议案件的行政机关的行政裁决必须服从人民法院的裁判，司法裁决具有最终的效力。

解决行政争议的方式有两种：行政复议和行政诉讼。《行政诉讼法》第 44 条规定：对属于人民法院受案范围的行政案件，公民、法人或者其他组织可以先向行政机关申请复议，对复议决定不服的，再向人民法院提起诉讼；也可以直接向人民法院提起诉讼。法律、法规规定应当先向行政机关申请复议，对复议决定不服再向人民法院提起诉讼的，依照法律、法规的规定。可见，我国行政诉讼法对是否需要经过行政复议采取了选择型的立法方式。

司法最终裁决的原则具体表现在：第一，依照法律、法规的规定，必须先经过行政复议阶段，对复议裁决不服，再向人民法院起诉的行政案件，人民法院有权管辖并依法作出裁判。第二，法律、法规规定当事人可以选择行政复议和行政诉讼的，当事人在向行政机关申请复议的同时，又向人民法院起诉的行政案件，由先立案的机关管辖。但申请复议后又经复议机关同意撤回申请的，在法定期限内应由人民法院管辖并由人民法院作出最终裁判。第三，对于经过行政机关复议并作出裁决的案件，当事人不服该裁决，在法定期限内向有管辖权的人民法院起诉的，人民法院依法作出的裁判为最终裁判，行政裁决必须服从司法裁判。

司法最终裁决之所以成为我国行政诉讼的一项特有原则，是由行政诉讼的特点和宪法对审判权的规定决定的。人民法院通过行政诉讼的形式解决行政争议，较行政机关通过行政复议的形式解决行政争议更为优越，它可以避免和消除人们的顾虑。人民法院以独立的中间人身份，通过严格的诉讼程序来审理和解决行政案件，是最为合理、最为有效的方式。同时，把行政诉讼作为解决行政争议的最终手段与最高形式，也是我国宪法赋予人民法院集中统一地行使审判权的重要形式。在解决行政争议的一切方式中，司法裁判是最终的、最高的裁判，是人民法院独立行使审判权的重要体现。

思考题：

1. 什么是行政诉讼？它有哪些基本特征？
2. 如何理解行政诉讼的功能与作用？
3. 我国行政诉讼法的基本原则是什么？

第十七章　行政诉讼受案范围与管辖

行政诉讼受案范围与管辖是人民法院与其他国家机关、人民法院与人民法院之间处理行政争议的分工。它直接决定着人民法院对行政行为审查的广度和深度，决定着法院司法审查的独立性和抗干扰能力，因此它是行政诉讼法的核心。《行政诉讼法》第12—24条共13个条文对我国行政诉讼的受案范围和管辖作了明确规定。相对而言，修订之后的《行政诉讼法》拓宽了行政诉讼的受案范围，调整了行政诉讼的级别管辖，并确立了跨区域管辖机制，这对于破解行政诉讼实践中的受案难、审理难等问题将产生积极意义。

第一节　行政诉讼受案范围

一、行政诉讼受案范围的概念

行政诉讼受案范围，从人民法院的角度来说即主管范围，是指人民法院对哪些行政行为拥有司法审查的权限；从行政相对人的角度来说即诉权范围，是指受到行政权侵犯的公民、法人或其他组织权益受司法保护的范围。按照应然的逻辑和法治原则的要求，当行政相对人的合法权益受到行政行为的侵犯时，都应当得到司法救济，受到司法保护，因此行政诉讼的受案范围应当是非常宽泛的，而不应有某些限制。但是，在行政法治实践中，行政诉讼受案范围涉及司法权和行政权的关系，再加上行政活动的复杂性、行政法治进程等多种因素的影响，并不是所有的由行政行为引发的争议都适宜或者能够通过司法途径来解决。这就产生了人民法院与其他国家机关之间在处理行政争议问题上的权限分工。

二、确定行政诉讼受案范围的依据与标准

从各国行政诉讼实践情况来看，由于法律体系、法律传统等方面的差异，确立受案范围的依据和标准并不相同。在某些国家如法国，行政法院对行政行为审查的范围非常广泛，除了法律规定的特殊情形之外，几乎所有的行政争议均可提起行政诉讼。从我国的具体国情出发，我们认为在确立行政诉讼受案范围时，应当考虑以下因素：

1. 我国政治制度的特点。我国的政治制度不同于西方的三权鼎立制，实行的是人民代表大会制度，行政机关由权力机关产生，受权力机关监督，对权力机关负责，是权力机关的执行机关。与这种政治制度相适应，《宪法》《人民法院组织

法》和《立法法》等规定了监督行政行为的某些权力归权力机关行使，而不是由人民法院行使。例如，《宪法》第 67 条第 7 项规定，全国人民代表大会常务委员会有权“撤销国务院制定的同宪法、法律相抵触的行政法规、决定和命令”。

2. 我国行政诉讼的目的。任何法律总是承载着立法者的特定目的，各种具体制度安排都是立法者为了实现特定目的而作的技术努力，受案范围制度亦是如此。2014 年修订前的《行政诉讼法》第 1 条规定：“为保证人民法院正确、及时审理行政案件，保护公民、法人和其他组织的合法权益，维护和监督行政机关依法行使行政职权，根据宪法，制定本法。”据此，保护权益、维护和监督行政是当时的立法目标。修订后的《行政诉讼法》第 1 条则修改为：“为保证人民法院公正、及时审理行政案件，解决行政争议，保护公民、法人和其他组织的合法权益，监督行政机关依法行使职权，根据宪法，制定本法。”很显然，立法目的发生了变化——肯定了行政诉讼的纠纷解决功能，取消了行政诉讼维护行政机关依法行使职权的功能。行政诉讼立法目的的变化，意味着行政诉讼在受案范围上较以前有了一个较大的扩展。

3. 我国行政法治实践的发展。受案范围的划定，既需要考虑普遍性、应然性层面的问题，也应当考虑行政法治发展的实际情况。自 1989 年确立行政诉讼制度以来，经过近 30 年的司法实践，人民法院审理行政案件的内部条件和外部条件发生了很大变化：一是人民法院自身能力的提升。无论是司法人员的培养还是司法能力建设，均取得了长足进步，完全能够胜任更多更复杂的审判任务。二是国家政治经济社会的不断发展，提高了社会民众的法律意识和维权能力，特别是随着《中共中央关于全面推进依法治国若干重大问题的决定》的通过，法治将成为基本的思维方式和行为方式，客观上要求人民法院在保护公民合法权益、监督行政机关依法行政中发挥更重要的作用。这样就有必要取消以前在规定上或事实上存在的对受案范围过多的限制。

三、行政诉讼受案范围的设定方式

从世界各国的情况来看，行政诉讼受案范围的确立方式主要有两种：一是判例法式，即某一争议是否属于行政诉讼的受案范围依判例来确定，如法国；二是制定法式，即通过制定法明文规定的形式来确定受案范围，如德国、日本等。其中以制定法规定受案范围的方式有三种具体情形：（1）概括式。概括式是由统一的行政诉讼法典对行政诉讼受案范围作出原则性、概括性规定，一般表述为行政相对人认为行政机关的行政行为侵犯其合法权益的，可以依法提起诉讼。概括式规定的优点是简单、全面、灵活性强，缺点是过于宽泛、可操作性相对较弱。（2）列举式。列举式一般有肯定列举和否定列举两种方法。肯定列举是由行政诉讼法和其他单行法律规范对属于行政诉讼受案范围的行政案件逐条加以列举，但凡列举了的就属于行政诉讼的受案范围，没有列举的则不属于受案范围。否定列举是对不属于行政诉讼受案范围的事项进行列举，但凡被列举了的，就不属于受案范围，没有被列举的则属于受案范围。列举式的优点在于具体细致、可操作性强；缺点在于不可能穷尽所有情形，难免产生遗漏和不周全。（3）混合式。采用概括式和列举式相结合的方式规定行政诉讼的受案范围。这种方式结合了概括式和列举式的优点，是世界上大多数制定法国家采用的方式。

我国行政诉讼受案范围的确定方式是混合式的。首先，以概括的方式确立了人民法院可以受理的行政案件的基本范围，即《行政诉讼法》第 2 条规定：“公民、法人或者其他组织认为行政机关和行政机关工作人员的行政行为侵犯其合法权益，有权依照本法向人民法院提起诉讼。”其次，以肯定列举的方式列出了属于受案范围的情形，表现为《行政诉讼法》第 12 条规定的 12 种情形。再次，以否定列举的方式列出了不属于受案范围的情形，表现为《行政诉讼法》第 13 条规定的 4 种情形。最后，《行政诉讼法》第 12 条第 2 款以概括的方式作了兜底规定，即“人民法院受理法律、法规规定可以提起诉讼的其他行政案件”。

对于上述四个条款之间的逻辑关系应当正确理解。如果错误地理解了混合模式，将会误读我国《行政诉讼法》所确立的受案范围制度，从而人为地缩小行政诉讼的受案范围。对于混合模式，可以有两种解读，即列举主导下的混合和概括主导下的混合。如果按照列举主导下的混合来理解我国行政诉讼受案范围模式的话，就意味着“概括式规定只有立法的原则而且仅仅是立法原则的作用，它的具体内容要依赖于后面逐项列举来填补。在司法意义上，概括式规定是‘务虚’性质的。只是在立法原则上，对将来补充与扩大列举范围有‘预留口子’的作用”①。这种理解的司法意义在于，当某一行政纠纷起诉到人民法院之后，是否受理，应当按照对号入座的思路来进行判断——如果所起诉的行政行为属于肯定列举的范畴，即可受理，否则将不予受理。而如果按照概括主导来理解，则意味着“确定范围的标准和反面排除不受理的案件起着决定作用；单行法律、法规规定可以受理的案件起着补充作用，至于正面列举受理的案件，则仅起参考作用”②。这种理解的司法意义在于，当某一行政纠纷起诉到人民法院之后，是否受理取决于是否属于《行政诉讼法》第 2 条规定的范围和第 13 条规定的排除的范围，如果可以断定不属于排除范围而又属于第 2 条规定的情形，法院应当予以受理，至于是否属于肯定列举的范围，则在所不问。很显然，这两种理解所形成的行政诉讼的实

① 杨小君：《正确认识我国行政诉讼受案范围的基本模式》，《中国法学》1999 年第 6 期。

② 张树义：《行政法与行政诉讼法学》，高等教育出版社 2007 年版，第 206 页。

际受案范围大不一样，哪种理解更为合理，只有在特定的历史背景和社会环境中才能作出判断。

在行政诉讼制度确立之初，按照列举的思路理解受案范围是一种谨慎、稳妥的方式，① 是值得肯定的。但是，行政诉讼发展到今天，如果仍恪守列举式的思路，未免过于保守，也与社会对行政诉讼制度的需求不相适应。因此，我们主张，应当采取一种更为开放的态度来对待行政诉讼的受案范围，即但凡《行政诉讼法》没有明确排除且又属于该法第 2 条规定情形的，人民法院均可以受理。

四、行政诉讼受案范围的内容

（一）概括的范围

《行政诉讼法》第 2 条规定："公民、法人或者其他组织认为行政机关和行政机关工作人员的行政行为侵犯其合法权益，有权依照本法向人民法院提起诉讼。"这是《行政诉讼法》肯定概括的规定。行政诉讼受案范围是 2014 年修订的重点，其中肯定概括内容的修改主要是行为标准的变化，即将"具体行政行为"修改为"行政行为"。具体行政行为是与抽象行政行为相对应的学理概念，但 1989 年《行政诉讼法》将其作为受案范围的标准之后，具体行政行为与抽象行政行为的认定及其区分就转化为法律问题了。在这样的法律背景下，如何清晰地厘定具体行政行为的内涵与外延是人民法院必须要解决的。为此，最高人民法院曾在 1991 年发布的《最高人民法院关于贯彻执行〈中华人民共和国行政诉讼法〉若干问题的意见（试行）》（以下简称"1991 年最高院执行行政诉讼法若干问题的意见"）的第 1 条，对具体行政行为作了界定："'具体行政行为'是指国家行政机关和行政机关工作人员、法律法规授权的组织、行政机关委托的组织或者个人在行政管理活动中行使行政职权，针对特定的公民、法人或者其他组织，就特定的具体事项，作出的有关该公民、法人或者其他组织权利义务的单方行为。"这个概念表明，只有体现为"作为"的"单方行为"才能构成具体行政行为，才有提起行政诉讼的可能，而行政主体的"不作为""双方行为"则不在受案范围之内。很显然，最高人民法院的解释在事实上把可以纳入行政诉讼受案范围的某些行为切割掉了。造成这个现象的原因不在于最高人民法院努力程度的欠缺，而在于具体和抽象之间本来就不存在泾渭分明的界限。作为一对学理概念，具体行政行为和抽象行政行为是为我们从不同角度认识行政行为的理论工具，但由于行政管理实践的复杂性和多样性，不可能对行政行为何为具体、何为抽象作简单分割，二者之间总是存在模糊地带，而当用界定概念的方法来确定受案范围时，就一定会为人为地缩小

---

① 参见袁杰主编：《中华人民共和国行政诉讼法解读》，中国法制出版社 2014 年版，第 37 页。

行政诉讼的受案范围留出空间。2014 年修订《行政诉讼法》时充分吸收了行政审判实践的经验和理论研究成果，采取了广义的行政行为概念，以避免受案过程中具体和抽象之间的争议和分歧。

行政行为属于行政诉讼的受案范围。这里的行政行为既包括单方行为，又包括双方行为；既包括授益行为，又包括负担行为；既包括刚性行为，又包括柔性行为；既包括作为行为，又包括不作为行为，范围非常广泛。但针对我国部分学者提出的行政行为包括事实行为的主张，我们持保留态度。因为该主张是以行政赔偿诉讼为依据的，① 即人民法院能够按照行政赔偿程序来审查事实行为。但问题在于行政赔偿诉讼程序不是行政诉讼程序，仅以事实行为可以适用于赔偿诉讼程序，而认为可将其归于行政行为，尚缺乏相应的理论支持。而且从学理上说，法律行为本来就是相对于事实行为而言的，具有法律意义、产生法律效果是行政行为的当然内涵。

2018 年《行诉法解释》第 1 条规定："公民、法人或者其他组织对行政机关及其工作人员的行政行为不服，依法提起诉讼的，属于人民法院行政诉讼的受案范围"。《行政诉讼法》第 2 条明确规定了公民提起行政诉讼的权利范围，2018 年《行诉法解释》的该条规定则是明确了法院的受案范围：一是公民、法人或其他组织；二是对行政行为不服；三是依法提起诉讼。

（二）肯定列举的范围

根据《行政诉讼法》第 12 条第 1 款的规定，属于行政诉讼受案范围的行政行为有 12 项：

1. 对行政处罚不服的。行政处罚是行政主体依照法定的职权和程序，对违反行政管理秩序但尚不构成犯罪的行政相对人所给予的一种法律制裁。《行政诉讼法》第 12 条第 1 款第 1 项规定，"对行政拘留、暂扣或者吊销许可证和执照、责令停产停业、没收违法所得、没收非法财物、罚款、警告等行政处罚不服的"，可以提起行政诉讼。本项列举的仅是《行政处罚法》规定的六种处罚形式，但实际上相关法律、法规和规章亦有行政处罚的实体性和程序性规定，如果行政主体违反的是其他法律、法规或规章中的行政处罚规定，同样可以提起行政诉讼。还有一种情形需要注意，根据《行政处罚法》第 23 条的规定，行政主体在作出行政处罚时，还可以责令行政相对人改正或限期改正违法行为，而责令改正又不是明确的处罚形式，是否可诉，行政处罚法没有明确规定。对此，我国实务界指出，"行政机关违法要求相对人责令改正，可能侵犯行政相对人的合法权益，应当可以提

① 参见胡建淼主编：《行政诉讼法学》，高等教育出版社 2003 年版，第 27 页。

起行政诉讼”①。在实际运用中，责令改正往往是与行政处罚相伴随的，因为在很多情况下，单纯通过处罚并不能恢复已经被破坏了的社会秩序，基于处罚与教育相结合的原则，行政主体往往要求违法行为人改正违法行为。但如果发生违法要求行政相对人责令改正或限期改正的情形，亦会影响相对人的合法权益，将其纳入受案范围当属合理。

2. 对行政强制措施和行政强制执行不服的。行政强制措施是指行政主体为了制止违法行为、防止证据损毁、避免危害发生、控制危险扩大等情形，依法对公民的人身或财物进行暂时性限制的行为。行政强制执行是指行政主体依职权或申请人民法院，对不履行行政决定的行政相对人依法强制其履行义务或达到与履行义务相同状态的行为。《行政诉讼法》第12条第1款第2项规定，“对限制人身自由或者对财产的查封、扣押、冻结等行政强制措施和行政强制执行不服的”，可以提起行政诉讼。《行政强制法》第9条对行政强制措施种类作了规定，包括限制公民人身自由，查封场所、设施或者财物，扣押财物，冻结存款、汇款和其他行政强制措施，而本项并没有作完整的列举，对于没有明确列举的行政强制措施，将其纳入受案范围应作当然解释。《行政强制法》第12条规定了行政强制执行的方式，但本项未作列举，在实践中自应将《行政诉讼法》第12条有关行政强制执行的外延及于《行政强制法》第12条。当然，在我国理论界，也有不同声音，认为行政强制执行是以具体行政处理决定为前提的，行政强制执行只不过是行政处理决定的程序延伸，不对行政相对人的权利义务造成新的影响，因此，行政强制执行以不可诉为宜。但是，结合《行政强制法》的规定，行政强制执行是一个独立的行政行为，具有独立的实体和程序要求，且在执行中能独立影响行政相对人的财产权益。基于此，《行政强制法》第8条明确肯定了其可诉性。因此，对于本项规定不应再有争议。

3. 对行政许可不服的。行政许可是指行政主体根据行政相对人的申请，按照法定程序，赋予符合法定条件的行政相对人从事特定活动资格的行政行为。许可即禁止的解除，如果行政主体对符合条件的行政相对人拒绝颁发相应的许可证照，那么就限制或剥夺了行政相对人从事相应行为的资格，而这些资格直接与行政相对人的人身、财产权益相关，所以，行政机关不予许可的行为在事实上侵害了行政相对人的人身权、财产权。《行政诉讼法》第12条第1款第3项规定，“申请行政许可，行政机关拒绝或者在法定期限内不予答复，或者对行政机关作出的有关行政许可的其他决定不服的”，可以提起行政诉讼。本项规定包含了三方面内容：一是行政主体拒绝行政相对人的许可申请；二是行政主体对许可申请不予答复；

① 袁杰主编：《中华人民共和国行政诉讼法解读》，中国法制出版社2014年版，第38页。

三是行政主体对行政许可作了其他决定。拒绝许可申请是作为行为，既可能是合法的，也可能是违法的；而不予答复则是消极的不作为，是应作为而不为的违法行为。但无论是拒绝许可申请还是不予答复，都影响了行政相对人的权益，可以提起行政诉讼。这两方面内容，均涉及期限问题，本规定所称的期限是指《行政许可法》第四章第三节规定的期限。行政主体对行政许可作了其他决定是指行政主体对行政许可作了准予、变更、撤销、延续、注销等行为，而这些行为影响了相关利害关系人的利益，以此为理由提起行政诉讼，也属于受案范围。

4. 对行政机关确认自然资源所有权和使用权的决定不服的。行政确认是行政主体依法确认、甄别一定法律事实的行政行为。根据《土地管理法》第 11 条、《森林法》第 3 条、《草原法》第 11 条的规定，县级以上人民政府对土地、森林、草原等自然资源的所有权和使用权予以确认、核发相关证书。《行政诉讼法》第 12 条第 1 款第 4 项规定："对行政机关作出的关于确认土地、矿藏、水流、森林、山岭、草原、荒地、滩涂、海域等自然资源的所有权或者使用权的决定不服的"，可以提起行政诉讼。本项内容在 1989 年《行政诉讼法》中没有规定，是《行政诉讼法》修改新增加的内容。理解本项规定，需要注意与《行政复议法》的衔接，即复议前置和复议终局。《行政复议法》第 30 条规定，公民、法人或者其他组织认为行政机关的具体行政行为侵犯其已经依法取得的土地、矿藏、水流、森林、山岭、草原、荒地、滩涂、海域等自然资源的所有权或者使用权的，应当先申请行政复议；对行政复议决定不服的，可以依法向人民法院提起行政诉讼。根据国务院或者省、自治区、直辖市人民政府对行政区划的勘定、调整或者征用土地的决定，省、自治区、直辖市人民政府确认土地、矿藏、水流、森林、山岭、草原、荒地、滩涂、海域等自然资源的所有权或者使用权的行政复议决定为最终裁决。

5. 对征收、征用以及补偿决定不服的。征收即征为国家或公共所有，不含有返还的可能；征用则征为国家或公共所用，包含有返还的意义。在行政法学理论中，征收总是与行政相对人的缴纳义务联系在一起的，因此，征收往往是强制的、无偿的，而征用是有偿的。2004 年《宪法》修正后，首次将补偿作为行政征收的一个条件，规定："国家为了公共利益的需要，可以依照法律规定对土地实行征收或者征用并给予补偿"；"国家为了公共利益的需要，可以依照法律规定对公民的私有财产实行征收或者征用并给予补偿"。《国有土地上房屋征收与补偿条例》则对房屋的征收及补偿作了细致规定。因此，依据我国法律法规的规定，无论是征收还是征用，都应当给予相关权利人相应补偿。本项规定正是以上述规定为基础对行政相对人诉权的认可。在此，需要注意的是本项中征收的范围。一般意义上的征收，还应当包括征税和收费，但征税和收费均是无偿的，与补偿没有关联，因此，不包括在本项的范围内。如果行政相对方认为行政主体的征税和收费行为侵犯了自己的合法权益，则可依照《税法》或《行政诉讼法》第 12 条第 1 款第 9 项的规定向人民法院提起行政诉讼。

6. 对不履行法定职责不服的。人身权和财产权是宪法赋予行政相对人的基本权利，保护行政相对人的人身权和财产权是相关行政主体的法定职责，行政主体没有依法履行保护义务是违法失职行为，必须承担相应的法律责任。《行政诉讼法》第 12 条第 1 款第 6 项规定，“申请行政机关履行保护人身权、财产权等合法权益的法定职责，行政机关拒绝履行或者不予答复的”，可以提起行政诉讼。这类案件的形成条件主要有：第一，行政相对人在人身权、财产权受到侵害时，有向有权机关请求保护的意思表示；第二，行政主体对行政相对人的申请拒绝或不予理睬；第三，这种案件中的被告应当是具有法定职权的行政主体。如果行政相对人申请的组织没有相应职权，该组织的拒绝便是合法的。在实践中，还存在这样一种情况，第一受理机关不是具有直接处置权的机关，但负有转交或转办义务，如果其没有及时转交、转办，亦构成不依法履行法定职责。例如，《社会救助暂行办法》（2014 年第 649 号国务院令）第 60 条规定：“社会救助经办机构或者县级人民政府民政部门接到求助后，应当及时办理或者转交其他社会救助管理部门办理。”

7. 认为侵犯经营自主权或者农村土地承包经营权、农村土地经营权的。经营自主权是企业、个体经营者等依法享有的创办经济实业，调配人力、物力和财力，自行组织生产经营的权利。经营自主权是市场主体开展经营活动的基础，除了法律法规明确规定的领域外，行政主体不得干预市场主体的经营活动。中共十八大以来，我国行政管理体制改革的诸多方面都是围绕扩大市场主体的经营自主权为内容。例如，2014 年国家发改委在“发改投资〔2014〕2999 号”文件中要求，“对于属于企业经营自主权的事项，一律不再作为企业投资项目核准前置条件，并要求 2014 年底前公布取消”。经营自主权的内容非常广泛，包括：人事权，即使用、聘任、辞退和奖惩内部员工的权利；财产权，即占有、使用、收益和处分财产的权利；组织生产权，即对人力、物力和财力资源进行自主调配和组织使用的权利；等等。法律规定属于企业、个体经营者的经营自主权，如受到行政主体的侵害，即可通过诉讼的方式得到救济。

依照《农村土地承包法》的规定，农村土地承包经营权是指农村土地承包人对其依法承包的土地享有占有、使用、收益和一定处分的权利。一般说来，农村土地承包发生在作为农村集体经营组织的发包方和作为承包方的农户之间，双方之间是一种民事上的权利义务关系，因此产生的纠纷按照仲裁或民事诉讼的途径来解决。但是，有可能发生基层人民政府及其公务人员利用职权干涉农村土地承包，变更、解除承包合同，干涉承包方依法享有的生产经营自主权，或者强迫、阻碍承包方进行土地承包经营权流转等侵害土地承包经营权的行为，这类行为是相关行政主体行使行政权的体现，可以提起行政诉讼。

农村土地经营权是以土地流转为基础，从土地承包经营权中分离出来的一种独立的权能，其含义是土地承包经营权人将其承包的土地流转出去，由其他组织或个人经营。为了引导农村土地经营权流转、发展农业适度规模经营，中共中央办公厅、国务院办公厅于2014年11月发布了《关于引导农村土地经营权有序流转发展农业适度规模经营的意见》。随着农村土地经营权流转的加速，行政主体侵犯农村土地经营权的可能性也将会增大，将其纳入受案范围十分必要。

8. 认为侵犯公平竞争权的。公平竞争权是市场主体的一项基本民事权利，它是指经营者在市场竞争过程中依据竞争法律规范所享有的、要求其他经营者及相关主体进行公平竞争，以保障和实现经营者合法竞争利益的权利。公平竞争权既来源于国家的有形之手，又根植于市场的无形之手，竞争要求有公平的环境，自由竞争的维持又需要有国家的适度干预。然而，公平竞争权的实现不仅有来自市场主体的阻碍，也有来自政府的破坏，而政府对公平竞争权的破坏主要体现为滥用行政权力排除或者限制竞争。因此，无论《反不正当竞争法》还是《反垄断法》，均有对滥用行政权力排除或者限制不公平竞争的规定。在行政诉讼中，首次肯定公平竞争权的是“2000年最高院执行行政诉讼法的解释”第13条，2014年纳入《行政诉讼法》第12条第1款的第8项，即只要相关行政主体实施了侵犯公平竞争权的行为，经营者便可以向人民法院提起诉讼。

9. 认为违法要求履行义务的。乱集资、乱摊派、乱收费是行政管理中广被诟病的“三乱现象”，中央为此出台了若干治理举措。例如，中共中央印发的《建立健全惩治和预防腐败体系2013—2017年工作规划》中明确提出，要“治理乱收费、乱罚款、乱摊派和吃拿卡要等问题”。尽管“三乱”问题在当下已经得到了有效控制，但仍然存在，因此需要为受到侵害的行政相对人提供诉讼途径。

10. 认为行政机关没有依法支付抚恤金、最低生活保障待遇或社会保险待遇的。抚恤金是指由国家民政部门或其他有关组织发给因公伤残的军人、国家机关工作人员、参战民兵、民工以及因公牺牲或病故家属的费用。抚恤金分为由政府发放的抚恤金和由企业等其他组织发放的抚恤金，只有前者才可提起行政诉讼，后者则只能通过劳动仲裁或者其他途径解决。针对行政机关没有依法支付抚恤金提起行政诉讼必须具备以下条件：一是抚恤金必须是法律法规规定应当予以发放的；二是没有发放抚恤金的主体是国家行政机关，主要是民政机关；三是必须没有依法发放，包括没有发放、无故不按时发放和不按标准发放。

获得最低生活保障和社会救助是我国公民的一项基本权利。我国《宪法》第45条规定：“中华人民共和国公民在年老、疾病或者丧失劳动能力的情况下，有从国家和社会获得物质帮助的权利。”社会保险是国家通过立法强制建立的社会保险基金，是对参加劳动关系的劳动者在年老、疾病、工伤、失业、生育等情况下，由国家和社会给予必要物质帮助的制度。由于最低社会保障、社会保险的福利性和强制性，各国往往将之视为政府责任，并由立法予以确认。如果政府不履行职责，则利害关系人可以向法院起诉。2014 年修订后的《行政诉讼法》比原规定仅限于“行政机关没有依法发给抚恤金的”一种情形有所扩大，适用范围、涉及的主体也更多，具有重大意义。

11. 认为行政机关不依法履行、未按照约定履行或者违法履行变更、解除政府特许经营协议、土地房屋征收补偿协议等协议的。政府特许经营协议是相对于商业特许经营而言的，主要存在于城市供水、供电、供热、垃圾处理等公用事业领域，其前提是对于这一类经营协议，政府必须根据法律、法规的规定，以招标等公开竞争的方式选择经营者，授权特定经营者经营某项公共产品或提供某种公共服务的协议。土地征收补偿协议是指政府因依法征收农村集体所有土地而与集体经济组织达成的补偿协议；房屋征收补偿协议是政府因依法征收国有或集体土地上房屋而与房屋所有者达成的补偿协议。上述三类协议，尽管具有合同的属性，但其在功能上却是政府实现公共管理或提供公共服务的一种手段，具有明显的“行政性”，特别是在协议的履行过程中，作为协议一方的行政主体享有行政优益权，包括对合同履行的监督权、指挥权、单方变更权和解除权。而且随着政府职能的转变，这种带有协商性质的柔性管理手段会运用得越来越普遍。因此，将上述协议纳入行政诉讼受案范围，便于人民法院监督行政权，也有利于对合同当事人权益的保护。本项采用的是“等协议”的立法表达，这意味着立法者采取了一种开放的态度，如果当事人认为上述三种类型协议以外的其他行政协议侵害了其合法权益，也可以提起行政诉讼。对此，最高人民法院司法解释作了进一步规定。“2015 年最高院适用行政诉讼法的解释”第 11 条规定：“行政机关为实现公共利益或者行政管理目标，在法定职责范围内，与公民、法人或者其他组织协商订立的具有行政法上权利义务内容的协议，属于行政诉讼法第十二条第一款第十一项规定的行政协议。”

12. 认为行政机关侵犯人身权和财产权等其他合法权益的。本项为肯定列举中的兜底规定。修订前的《行政诉讼法》规定“认为行政机关侵犯其他人身权、财产权的”，2014 年修订时增加了“等合法权益”。对于本项规定，我们认为应作如下理解：第一，行政诉讼法以保护人身权和财产权为主要内容，但是肯定列举未能穷尽人身权和财产权的所有形态，如人身自由权、生命健康权、名誉权、荣誉权、肖像权、婚姻自由权、专利权、商标权等，所有这些，本条没有一一列举，所以需要作概括性的兜底规定。第二，本项规定表明，行政相对人一方不限于只有人身权和财产权受到侵害时才可起诉。如果行政相对人一方受到侵害的是受教育权、劳动权等其他合法权益，亦同样可以纳入行政诉讼的受案范围，人民法院应当受理。因此，事实上，本项规定为实践中逐渐扩展行政诉讼的受案范围提供了法律依据。

（三）否定列举的范围

根据《行政诉讼法》第 13 条以及 2018 年《行诉法解释》的规定，下列行为不属于人民法院的受案范围：

1. 国防、外交等国家行为。《行政诉讼法》第 13 条第 1 项规定，国防、外交等国家行为不属于行政诉讼的受案范围。2018 年《行诉法解释》第 2 条对国家行为作了进一步的说明，即国务院、中央军事委员会、国防部和外交部等根据宪法和法律的授权，以国家名义实施的有关国家和外交事务的行为，以及经宪法和法律授权的国家机关宣布紧急状态等行为。根据这一解释，国防、外交等国家行为具有下列特征：（1）主体的特定性，即仅限于国务院、中央军事委员会、国防部、外交部以及经宪法和法律授权的国家机关。（2）国家行为的政治性。国家行为不是一般意义上的行政行为，它的作出是以政治利益的需求为出发点的。（3）国家行为不受一般法律规则的制约。国家行为有两种表现形式，即国家与国家之间的行为和国家内部实施的重大行为。当国家行为表现为国与国之间的行为时，行为主体遵循的是国际条约和国际惯例；当国家行为表现为国家内部的重大行为时，往往受紧急状态等特殊法律的调整。

国家行为不纳入行政诉讼的受案范围，出于以下理由：（1）国防、外交等国家行为的作出依据的是国家的内政外交政策，而不是具体的法律规定，而且它会随着国内外政治经济形势的变化而变化，所以法院很难对其合法性作出判断。（2）国家行为关系到国家和民族的整体利益，即使它影响了公民、法人或者其他组织的个别利益，一般都以个体利益服从于整体利益为由，牺牲个体利益而维护整体利益。当然，受到损害的个体，国家应当采取相应补偿措施。（3）国家行为的监督主体，在我国是全国人民代表大会和全国人民代表大会常务委员会，而不是法院。对于国家行为的失误所产生的后果，通常是以有关领导人承担政治责任的方式来解决，不由法院解决。

2. 具有普遍约束力的决定、命令。学理上称之为抽象行政行为。2018 年《行诉法解释》第 2 条明确："行政诉讼法第十三条第二项规定的'具有普遍约束力的决定、命令'，是指行政机关针对不特定对象发布的能反复适用的规范性文件。"按照我国目前的体制，无论是体现为"法"形式的行政法规和行政规章，还是其他的行政规范性文件，均有与之相对应的监督机制。依据《宪法》《地方各级人民代表大会和地方各级人民政府组织法》和《立法法》的规定，行政法规和规章由全国人大及其常委会和地方同级人大及其常委会或者国务院负责监督，行政规范性文件由上级人民政府或同级人大及其常委会监督。这说明，对违法抽象行政行为予以改变或撤销的权力，不在人民法院，因而不能对其提起行政诉讼。但是，由于行政规范性文件制定主体的多层级性、程序的非严格性，违法情形难免存在，而且其侵犯行政相对人权益的后果往往比具体行政行为更为严重。如何既解决其违法性问题，又不与我国当前的体制相冲突，2014 年《行政诉讼法》修改采取了“一并请求附带审查”的模式，第 53 条规定，公民、法人或者其他组织认为行政行为所依据的国务院部门和地方人民政府及其部门制定的规范性文件不合法，在对行政行为提起诉讼时，可以一并请求对该规范性文件进行审查。不仅如此，《行政诉讼法》还规定了人民法院在行政诉讼法律适用中，对违法行政规范性文件拒绝适用权。第 64 条规定，人民法院在审理行政案件中，经审查认为第 53 条规定的规范性文件不合法的，不作为认定行政行为合法的依据，并向制定机关提出处理建议。至此，尽管抽象行政行为不能直接纳入行政诉讼受案范围，但事实上也形成了一套监督和矫正机制。

3. 奖惩、任免等内部行政行为。《行政诉讼法》第 13 条第 3 项规定，行政机关对其工作人员的奖惩、任免等决定不属于人民法院的受案范围。2018 年《行诉法解释》第 2 条对上述行为作了进一步说明：对行政机关工作人员的奖惩、任免等决定，是指行政机关作出的涉及行政机关公务员权利义务的决定。从理论上说，有权利即有救济，公务员受到内部行政决定的侵害也应该有权获得司法救济，而且这种做法在西方某些国家已被采用，如法国关于公务员的越权之诉和损害赔偿之诉。但在我国，公务员不仅限于行政机关工作人员，如果仅将行政机关的开除、辞退等纳入受案范围，在制度上有不公平之嫌。而且，事实上我国公务员的流动性并不强，因开除、辞退等产生的纠纷不普遍，现行制度有能力解决。①

4. 行政最终裁决行为。行政最终裁决行为是指行政机关依照法律规定作出的行政决定，具有终极效力，当事人不服不能再提起诉讼。从根本上说，由行政机关对自己作出的行政事项作最后裁决，是与司法最终裁决原则的法治要求相背离的，所以应当严格限制，即只有全国人大及其常委会制定的法律才可以规定行政最终裁决的事项。2018 年《行诉法解释》第 2 条明确规定：“行政诉讼法第十三条第四项规定的‘法律规定由行政机关最终裁决的行政行为’中的‘法律’，是指全国人民代表大会及其常务委员会制定、通过的规范性文件。”随着行政法治实践的推进，我国规定行政最终裁决事项的法律越来越少，现在只有《行政复议法》还有所保留。

---

① 参见袁杰主编：《中华人民共和国行政诉讼法解读》，中国法制出版社 2014 年版，第 49 页。

5. 刑事司法行为。刑事司法行为是公安机关、国家安全机关等依照刑事诉讼法的授权而实施的行为。刑事司法行为不属于行政诉讼受案范围的理由在于它本身不是行政行为，而是司法行为。

6. 行政调解和行政仲裁行为。行政调解行为是行政机关居间对双方当事人之间的民事争议，在尊重当事人各方意愿的基础上所作的调停处理行为。调解行为的效力取决于当事人各方的意愿而不是行政机关的意志。行政仲裁行为是行政主体以第三人的身份对平等主体间的民事纠纷进行裁断的行为。在我国，主要是指劳动争议仲裁。行政仲裁行为与行政调解行为不同，仲裁对裁决双方均具有约束力。但二者均不属于行政诉讼受案范围，是因为当事人可以通过民事诉讼方式来解决彼此之间的争议。既然规定了司法救济渠道，就没必要再纳入受案范围了。

7. 行政指导行为。行政指导是行政机关在行政管理活动中，以倡议、示范、建议、咨询等方式，引导行政相对人自愿作出或不作出某种行为，以实现行政管理目标的非强制性行为。对于行政指导而言，其效力的发生与否取决于行政相对人的自由选择，既可以遵从，也可以不遵从，如果不遵从也不会产生不利法律后果。正因为行政指导不具有强制性和拘束力，2018 年《行诉法解释》第 1 条第 2 款第 3 项明确将其排除在受案范围之外。值得注意的是，行政机关如果以指导为名而作出具有强制力的行为，行政相对人不服的，人民法院应当受理。

8. 驳回当事人对行政行为提起申诉的重复处理行为。重复处理行为，又称第二次行政行为，是指行政机关依据行政相对人的申请，以原有行政行为为基础，作出的没有改变原行政行为及其所确认的权利义务关系的行为。行政机关驳回提起申诉的重复处理行为，实质上是行政机关对原已生效的行政行为的再次肯定，没有形成新的权利义务。在我国台湾地区，对重复处理也是不能提起行政诉讼的。“基本上，倘官署对其后申请并未作成新的实质决定，也就是未重新作实质审查，而只是重申过去作成处分，亦即第一次处分的内容，因其本身不发生任何法律效果，故不能认为系行政处分，学说上称之为重复处置。重复处置非属行政处分，故不能对其提起行政救济。”① 所以，2018 年《行诉法解释》第 1 条第 2 款第 4 项将其作为否定列举的情形。

9. 行政机关作出的不产生外部法律效力的行为。本项是 2018 年《行诉法解释》第 1 条第 2 款第 5 项新增加的内容。按照一般的理解，行政机关作出的不产生外部法律效力的行为之所以不属于行政诉讼的受案范围，是因为其不对相对人的权利义务直接作出处分，即未对行政相对人的权利义务造成直接影响。但也有例外情形，那就是如果内部行为被外化以后，人民法院仍可受理。对于内部行为外

---

① 翁岳生：《行政法》，翰芦图书出版有限公司 2000 年版，第 553 页。

化后可诉性的肯认，显现于《延安宏盛建筑工程有限责任公司陕西省延安市安全生产监督管理局生产责任事故批复案》。在该案的裁判要旨中，法院指出："按照《行政诉讼法》的规定，作为内部行政行为的批复不可诉，但内部行政行为通过行政机关的职权行为外化后，则可以纳入行政诉讼的受案范围。"①

10. 行政机关为作出行政行为而实施的准备、论证、研究、层报、咨询等过程性行为。本项是 2018 年《行诉法解释》第 1 条第 2 款第 6 项新增加的内容。本条的理据在于：对于处在过程之中的行为，属于尚未成熟的行为；尚未成熟的行为意味着其具体权利义务也处于不确定状态，如果允许行政相对人对处于过程之中的行为提出争议的话，法院是无法提供救济的。进一步而言，若允许法院介入尚处于过程之中的行为，也必将出现司法权代替行政权的效果。这将侵害行政诉讼中司法与行政的界限关系。

11. 行政机关根据人民法院的生效裁判、协助执行通知书作出的执行行为，但行政机关扩大执行范围或者采取违法方式实施的除外。本项是 2018 年《行诉法解释》第 1 条第 2 款第 7 项新增加的内容。《最高人民法院关于行政机关根据法院的协助执行通知书实施的行政行为是否属于人民法院行政诉讼受案范围的批复》（法释〔2004〕6 号）中指出：行政机关根据人民法院的协助执行通知书实施的行为，是行政机关必须履行的法定协助义务，不属于人民法院执行诉讼受案范围。但如果当事人认为行政机关在协助执行时扩大了范围或违法采取措施造成其损害，提起行政诉讼的，人民法院应当受理。

12. 上级行政机关基于内部层级监督关系对下级行政机关作出的听取报告、执法检查、督促履责等行为。本项是 2018 年《行诉法解释》第 1 条第 2 款第 8 项新增加的内容。《崔永超与山东省济南市人民政府不履行法定职责申诉行政裁定书案》[（2016）最高法行申 1394 号判决] 指出：上级人民政府对下级人民政府的监督行为系基于其内部管理职权，对其下属的国家机关及其公务员或国家机关任命的其他人员的违纪违法行为进行调查，责令其改正，对其作出行政处分或其他处理决定的活动，属于行政机关内部的层级管理和监督行为。至于是否进行监督、如何监督、监督是否适当，均属于行政机关的内部管理行为，不属于司法权对行政权监督审查的范围。

13. 行政机关针对信访事项作出的登记、受理、交办、转送、复查、复核意见等行为。本项是 2018 年《行诉法解释》第 1 条第 2 款第 9 项新增加的内容。《最高人民法院关于不服信访工作机构依据〈信访条例〉处理信访事项的行为提起行

① 中华人民共和国最高人民法院行政审判庭编：《中国行政审判指导案例》第 1 卷，中国法制出版社 2010 年版，第 1 页。

政诉讼人民法院是否受理的复函》中作了两点批复：(1) 信访工作机构是各级人民政府或政府工作部门授权负责信访工作的专门机构，其依据《信访条例》作出的登记、受理、交办、转送、承办、协调处理、督促检查、指导信访事项等行为，对信访人不具有强制力，对信访人的实体权利义务不产生实质影响。信访人对信访工作机构依据《信访条例》处理信访事项的行为或者不履行《信访条例》规定的职责不服提起行政诉讼的，人民法院不予受理。(2) 对信访事项有权处理的行政机关依据《信访条例》作出的处理意见、复查意见、复核意见和不再受理决定，信访人不服提起行政诉讼的，人民法院不予受理。

14. 对行政相对人权利义务不产生实际影响的行为。不产生实际影响的行为主要是指还没成立的行政行为以及还在行政机关内部运作的行为。因为这类行为没有对行政相对人的权利义务产生实际影响，也就不存在要求起诉救济的内容。例如，工商行政机关接到群众举报，某超市销售了假冒商品，于是派工作人员到该超市去询问，询问行为属于准备性行为，对超市的权利义务不产生实际影响，所以不可诉。

（四）兜底肯定的范围

《行政诉讼法》第 12 条第 1 款对属于人民法院受案范围的各种情形作了明确列举，但并不等于我国行政诉讼受案范围只限于《行政诉讼法》自身所设定的范围，因此《行政诉讼法》第 12 条第 2 款进一步规定，“除前款规定外，人民法院受理法律、法规规定可以提起诉讼的其他行政案件”。这个肯定性的兜底条款表明，对于超出《行政诉讼法》规定的行政案件，只要其他法律、法规规定可以起诉的，也属于人民法院受案范围。关于这一规定，需要从下列方面进行理解：(1) 这里的法律、法规是指除《行政诉讼法》以外的其他法律、行政法规、地方性法规、自治条例、单行条例，既包括《行政诉讼法》生效前颁布的法律法规，也包括《行政诉讼法》生效后颁布的法律法规。(2) 这些法律、法规规定可以提起诉讼的行政案件，在《行政诉讼法》列举的范围之外，所涉及的不限于行政相对人的人身权和财产权，还可以是人身权、财产权以外的其他合法权益。

拓展阅读

行政诉讼受案范围：一页司法权的实践史（1990—2000）

第二节 行政诉讼管辖

行政诉讼管辖与行政诉讼受案范围密切相关，受案范围解决人民法院与其他国家机关之间处理行政案件的权限划分问题，管辖则解决人民法院之间处理第一审行政案件的权限划分问题。

一、行政诉讼管辖概述

（一）行政诉讼管辖的概念

行政诉讼管辖是人民法院之间受理第一审行政案件的职权划分，具体明确了各级人民法院以及不同地域、不同专业属性的人民法院受理第一审行政案件的分工和权限。对于行政相对人而言，意味着当其认为行政主体的行政行为侵害其合法权益时，能够向哪个人民法院起诉；对于被告而言，则意味着被诉行政行为应当接受哪一个人民法院的审查。

行政诉讼管辖包含如下内容：（1）行政诉讼管辖解决的是人民法院内部行使行政审判权的分工问题，不涉及人民法院与其他国家机关之间处理行政争议的分工和权限问题。（2）行政诉讼管辖涉及纵向与横向两个方面的内容，即级别管辖和地域管辖。（3）行政诉讼管辖确定的是人民法院对第一审行政案件的分工，第二审行政案件的管辖依第一审管辖结果确定。

（二）行政诉讼管辖与相关概念的区分

1. 管辖与主管。行政诉讼的主管即行政诉讼受案范围，它所明确的是哪些行政争议由人民法院处理，哪些行政争议由其他国家机关处理。而管辖解决的是在人民法院主管前提下，法院系统彼此间审理行政案件的分工权限。二者之间的关系在于只有确定了某一行政争议属于人民法院主管范围之后，才能确定该行政争议应由哪一级别的哪个人民法院管辖。

2. 管辖与主审。主审是指在人民法院内部应由哪一个审判机构具体负责行政案件审理。所以，从二者的关系上看，管辖是主审的前提，主审是管辖的具体实现形式。我国人民法院内部设有民事审判庭、刑事审判庭、行政审判庭、审判监督庭等，但并不是所有的审判庭都能审理行政案件。《行政诉讼法》第 4 条第 2 款和 2018 年《行诉法解释》第 3 条分别规定："人民法院设行政审判庭，审理行政案件"；"各级人民法院行政审判庭审理行政案件和审查行政机关申请执行其行政行为的案件"。

（三）确定行政诉讼管辖的基本原则

《行政诉讼法》关于确定行政诉讼管辖的规定，体现了如下原则：

1. 便于当事人诉讼原则。便于当事人诉讼原则，是指行政诉讼管辖的确定要方便原告起诉、被告应诉，方便当事人参加诉讼活动，这包括空间因素、时间因素、经济因素、法律因素等。行政诉讼作为权利救济制度应以保护当事人的合法权益为出发点和归宿。在行政法律关系中，具有国家行政职权的机关、组织及其工作人员始终处于管理者的有利地位，行政相对人则处于被管理和服从的地位。

为了保障行政相对人的合法权益在受到行政主体侵犯时能够及时获得司法保护与救济，确定行政诉讼管辖权时，应优先考虑便于行政相对人参加诉讼，同时兼顾便于被诉行政主体应诉。

2. 便于人民法院独立、公正行使审判权原则。行政诉讼不同于民事诉讼，其被告是拥有国家权力的行政机关，而且在以往的管理体制中，行政机关在很大程度上控制着人民法院的人、财、物，因此，强调人民法院独立、公正行使审判权在行政诉讼中更具有重要意义，而管辖便是其中重要内容。为此，最高人民法院也作了制度上的努力。2007 年最高人民法院通过了《关于行政案件管辖若干问题的规定》，此规定在《行政诉讼法》的基础上以规范和提高行政案件管辖审级的方式，来保障人民法院独立、公正行使审判权。十八届四中全会报告也将“完善行政诉讼体制机制，合理调整行政诉讼案件管辖制度，切实解决行政诉讼立案难、审理难、执行难等突出问题”作为一项重要内容来对待。

3. 原则性与灵活性相结合原则。社会的复杂与多变使得法律不可避免地具有滞后性和不周全性，这就要求对管辖问题应保留一定的灵活性和伸缩性，以适应实际情况的客观需要。因此，行政诉讼法在规定严格法定管辖的同时，还规定机动灵活的裁定管辖，赋予人民法院一定的司法自由裁量权。

二、级别管辖

级别管辖是上下级人民法院之间受理第一审行政案件的分工和权限。根据《宪法》和《人民法院组织法》的规定，我国人民法院的设置分为四级，即基层人民法院、中级人民法院、高级人民法院和最高人民法院，这四级法院都有权管辖一定范围内的第一审行政案件，级别管辖所要解决的问题就是具体规定哪一级人民法院应当管辖哪一些第一审行政案件。

（一）基层人民法院的管辖

《行政诉讼法》第 14 条规定：“基层人民法院管辖第一审行政案件。”这一概括性规定表明：除了有法律特别规定外，一般的行政案件均由基层人民法院管辖。基层人民法院是我国人民法院组织体系中最庞大的一级法院，其设置与我国的县、市级行政区划相一致，其所在地往往是行政案件当事人所在地或行政争议发生地。由基层人民法院管辖第一审行政案件，既便于当事人起诉和参与诉讼，又便于人民法院调查取证，有效处理行政争议。

（二）中级人民法院的管辖

《行政诉讼法》第 15 条对中级人民法院管辖的第一审行政案件作了明确规定。在原《行政诉讼法》基础上，2014 年作了重大修正，修改之后中级人民法院的管辖范围包括：

1. 对国务院部门或者县级以上地方人民政府所作的行政行为提起诉讼的案件。本项是以被告为标准来确定管辖法院的。以国务院部委为被告的行政案件，被告级别高，且往往政策性较强，审理结果对社会有较大影响，不适宜由基层人民法院管辖。在这里，国务院部委要作广义理解，即除了国务院组成部门外，还包括国务院直属机构、直属事业单位和部委下的国家局。将县级以上人民政府为被告的案件由中级人民法院管辖是本次修订的内容。修订前的《行政诉讼法》，只将省级人民政府为被告的案件由中级人民法院管辖，县级以上、省级以下人民政府为被告的案件，则由基层人民法院管辖。

2. 海关处理的案件。本项是以案件发生的领域来确定管辖法院的，即发生在海关行政管理领域，由海关作出的行政行为由中级人民法院管辖。虽然我国设有海事法院，但海事法院不管辖行政案件。《最高人民法院关于海关行政处罚案件诉讼管辖问题的解释》明确规定："相对人不服海关作出的行政处罚决定提起诉讼的案件，由有管辖权的地方人民法院依照《中华人民共和国行政诉讼法》的有关规定审理。相对人向海事法院提起诉讼的，海事法院不予受理。"海关处理的案件之所以由中级人民法院管辖，主要原因有：一是海关处理案件具有较强的专业性、技术性及政策性，基层人民法院一般不具备掌握相关专业技术的专家；二是海关行政机关并不是普遍设置的，其设立大都与中级人民法院的管辖相吻合，由中级人民法院管辖符合便于当事人诉讼原则。

3. 本辖区内重大、复杂案件。本项是以案件的重大、复杂程度来确定管辖法院的。这一项内容具有一定的灵活性，从立法技术的角度考虑，是对前两种情况的补充。所谓重大、复杂的案件是相对而言的，它包括案情的疑难和复杂程度、社会影响范围的大小、涉及政策性和专业性的深度和广度等因素。2018 年《行诉法解释》第 5 条对此予以了具体化，将社会影响重大的共同诉讼案件，涉外或者涉及香港特别行政区、澳门特别行政区、台湾地区的案件，以及其他重大复杂案件，纳入《行政诉讼法》第 15 条第 3 项规定的"本辖区重大、复杂的案件"的情形。当然这一标准具有一定的弹性，需要人民法院在具体审判实践中具体把握。

4. 其他法律规定由中级人民法院管辖的案件。本项属于衔接性、兜底性规定。《全国人民代表大会常务委员会关于在北京、上海、广州设立知识产权法院的决定》对三个知识产权法院受理知识产权民事、行政案件的范围作了规定，最高人民法院依据此决定发布了《最高人民法院关于北京、上海、广州知识产权法院案件管辖的规定》，其中明确指出"广东省其他中级人民法院在广州知识产权法院成立前已经受理但尚未审结的本规定第一条第（一）项和第（三）项规定的案件，由该中级人民法院继续审理"。本项规定还为其他法律扩大中级人民法院的管辖范围预留了空间。

（三）高级人民法院的管辖

《行政诉讼法》第 16 条规定，高级人民法院管辖本辖区内重大、复杂的第一审行政案件。这是由高级人民法院的地位和工作职能决定的。由于高级人民法院的主要任务是对不服本辖区内中级人民法院裁判的上诉案件进行审理和对辖区内基层人民法院、中级人民法院的审判工作进行监督和指导，因此，它应当以发生在本辖区内重大、复杂案件为管辖范围，不宜过宽。

（四）最高人民法院的管辖

《行政诉讼法》第 17 条规定，最高人民法院管辖全国范围内重大、复杂的第一审行政案件。最高人民法院是我国最高审判机关，主要是监督和指导全国地方各级人民法院和专门人民法院的审判工作，并运用司法权对审判工作中所涉及的法律具体应用问题进行司法解释，以及审理不服高级人民法院作出的一审裁判而提起的上诉案件。因此，最高人民法院管辖的第一审行政案件，只限于全国范围内重大、复杂的行政案件。迄今为止，还没有一例由最高人民法院管辖的第一审行政案件。

三、地域管辖

地域管辖是同级人民法院之间受理第一审行政案件的分工和权限。我国《行政诉讼法》主要以人民法院辖区的大小、被诉行政行为涉及的对象或当事人与人民法院辖区的关系，来确定行政诉讼的地域管辖。

（一）一般地域管辖

一般地域管辖是指按照最初作出行政行为的行政主体所在地来确定管辖法院的制度。一般地域管辖是“原告就被告”原则在行政诉讼管辖制度中的体现，是行政诉讼管辖制度中最基本、最常用的一种管辖方式。《行政诉讼法》第 18 条规定：“行政案件由最初作出行政行为的行政机关所在地人民法院管辖。”在本规定中，特别需要注意的是“最初”的限定。在实践中，有不少被起诉到人民法院的行政行为是经过复议机关复议的，这时在客观上存在两个行政行为，因此需要予以明确。行政诉讼地域管辖之所以不是由原告所在地或违法行为发生地等因素来确定，是因为作为被告的行政主体一般是以地域为基础确定其管辖职权的，被告所在地往往是违法行为发生地以及原告所在地。

（二）特殊地域管辖

1. 经复议案件的管辖。《行政诉讼法》第 18 条规定：“经复议的案件，也可以由复议机关所在地人民法院管辖。”这一规定是在 1989 年《行政诉讼法》第 17 条的基础上修改而成的，修改的内容是删除了“复议机关改变原具体行政行为的”，即是说，在修订前的《行政诉讼法》中，只有复议机关改变行政行为的，复议机关所在地人民法院才有管辖权。但修改之后，无论复议机关是改变还是维持原行政行为，复议机关所在地人民法院均有管辖权。这是因为，经过修改之后，复议机关是维持还是改变原行政行为，都要作被告；既然都要作被告，就没有必要再因复议决定方式的不同而影响管辖法院。另外，需要注意的是，经过复议的行政案件，至少有两个以上管辖法院：既可以由最初作出行政行为的行政机关所在地人民法院管辖，也可以由复议机关所在地人民法院管辖。至于到底由哪个法院管辖，取决于当事人的选择。根据《行政诉讼法》第 21 条的规定，两个以上人民法院都有管辖权的，原告可以选择其中一个法院提起诉讼；如果原告同时向两个以上法院提起了诉讼，由最先立案的法院管辖。

2. 跨区域管辖案件。《行政诉讼法》第 18 条第 2 款规定："经最高人民法院批准，高级人民法院可以根据审判工作的实际情况，确定若干人民法院跨行政区域管辖行政案件。"这是一个新的规定。在该规定之前，为了克服地方保护和行政干预，促进人民法院公正、高效处理行政案件，我国各地各级法院做过诸如异地交叉管辖、相对集中管辖、提高审级等多方面探讨，在党的十八届三中全会《决定》和十八届四中全会《决定》中，也都对此作了顶层设计。为了落实十八届三中全会决定中提出的"探索建立与行政区划适当分离的司法管辖制度"和十八届四中全会《决定》提出的"探索设立跨行政区划的人民法院和人民检察院"的要求，行政诉讼法对此作了肯定。跨区域管辖案件，可以有效解决行政诉讼中的不当干预和行政案件立案推诿、过度协调、久拖不决等问题，有利于更好地保护行政相对人的合法权益，监督行政机关依法行使职权。

3. 限制人身自由强制措施案件的管辖。《行政诉讼法》第 19 条规定："对限制人身自由的行政强制措施不服提起的诉讼，由被告所在地或者原告所在地人民法院管辖。"这类案件的特殊性在于公民因人身自由受到限制导致行使诉权极为不便；而且在原告所在地与被告所在地不一致的情况下，如果仍按照"原告就被告"原则来确定管辖法院，则不利于行政相对人权益的保护，有违行政诉讼的宗旨。根据 2018 年《行诉法解释》第 8 条的规定，原告所在地包括原告户籍地、经常居住地和被限制人身自由地。

4. 涉及不动产案件的管辖。《行政诉讼法》第 20 条规定："因不动产提起的行政诉讼，由不动产所在地人民法院管辖。"这是行政案件专属管辖的法律依据。所谓因不动产提起的行政诉讼是指行政相对人因不动产的所有权、使用权或与不动产有关的其他权益，与行政主体之间发生行政争议而向人民法院提起的诉讼。这类案件由不动产所在地人民法院管辖，既有利于对案件的调查取证，又有利于判决的执行，因而为各国法律采用。

四、移送管辖

移送管辖是指人民法院已经受理了行政案件，发现所受理的案件不属于自己管辖而将案件移送给有管辖权的人民法院审理的制度。它是人民法院受理了不属于其管辖权范围案件的情况下所采取的一种补救措施。在实质上，移送管辖不是管辖权的移送，而只是案件的移送。《行政诉讼法》第 22 条对移送管辖作了规定："人民法院发现受理的案件不属于本院管辖的，应当移送有管辖权的人民法院，受移送的人民法院应当受理。受移送的人民法院认为受移送的案件按照规定不属于本院管辖的，应当报请上级人民法院指定管辖，不得再自行移送。"根据该条规定，移送管辖必须具备以下三个条件：（1）移送的人民法院对移送的案件没有管辖权，这是移送的前提。（2）移送的人民法院已经受理了行政案件，但案件尚处在第一审程序之中。（3）受移送的人民法院对移送的案件有管辖权。移送是一种程序上的法律行为，产生程序上的法律效力，即接受移送的人民法院不得拒绝、退回或自行移送。如果确定有误，也应当说明理由，报请上级人民法院指定管辖。这种程序效力能有效防止人民法院之间在管辖问题上的推诿，保障当事人诉权的行使。

五、指定管辖

指定管辖是指基于某些特殊原因，有管辖权的人民法院不能行使管辖权，或者人民法院之间因管辖权发生争议，而由上级人民法院以指定的方式将案件交由某一人民法院管辖的制度。指定管辖的实质是《行政诉讼法》赋予上级人民法院在特定情况下，对行政案件的管辖法院予以变更或确认的权力。通过这种指定，或使原本没有管辖权的法院因指定而获得管辖权，或使有争议的管辖权得以清晰。

《行政诉讼法》第 23 条规定："有管辖权的人民法院由于特殊原因不能行使管辖权的，由上级人民法院指定管辖。人民法院对管辖权发生争议，由争议双方协商解决。协商不成的，报它们的共同上级人民法院指定管辖。"这一规定表明，指定管辖适用于以下两种情形：（1）有管辖权的人民法院基于特殊原因不能行使管辖权。这里的特殊原因包括事实上的原因和法律原因，前者如自然灾害，后者如回避人员过多无法组成合议庭。（2）人民法院对管辖权有争议，协商不成。管辖权发生争议主要是指管辖区域不明、多种地域管辖并存等情形，导致两个以上人民法院都有管辖权，或者都可以不管辖。管辖权发生争议后，应报请共同的上级人民法院来指定，上报应当逐级进行。

六、管辖转移

管辖转移是指经上级人民法院决定或者同意，把下级人民法院有管辖权的案件交由上级人民法院管辖的制度。《行政诉讼法》第 24 条规定："上级人民法院有权审理下级人民法院管辖的第一审行政案件。下级人民法院对其管辖的第一审行政案件，认为需要由上级人民法院审理或者指定管辖的，可以报请上级人民法院决定。”管辖权转移在理论上有两种情况：（1）管辖权上移，即上级人民法院将原本属于下级人民法院管辖的案件提上来自己审理；（2）管辖权的下放，即上级人民法院将原本属于自己管辖的案件放下去交给下级人民法院审理。修改前的《行政诉讼法》规定，这两种情况都是可以的，但2014年修改之后，取消了管辖权的下放。

七、管辖异议

管辖异议是指行政诉讼当事人对已经受理案件的人民法院提出管辖异议的行为。根据2018年《行诉法解释》第10条的规定，管辖异议的提出应符合以下要件：（1）管辖异议的主体必须是行政诉讼的当事人，包括原告、被告和第三人。（2）管辖异议必须符合法定形式，即必须是书面形式，而不能以口头形式提出。（3）管辖异议必须在法定期限内提出，其中被告提出管辖权异议的，应当在收到起诉状副本之日起15日内提出。对管辖权提出异议是当事人的一项诉讼权利，人民法院应当在接到异议申请后作出相应处理。人民法院经审查认为异议成立的，应当将案件移送给有管辖权的法院；异议不成立的，裁定驳回。当事人对裁定不服的，可以在10日内向上级人民法院上诉，上诉法院应当在法定期限内作出最终裁定。

思考题：

1. 怎样理解行政诉讼受案范围制度的意义？
2. 2014年修订后的《行政诉讼法》对于化解行政诉讼立案难有何帮助？
3. 怎样评价行政诉讼受案范围中的否定列举情形？
4. 中级人民法院管辖的行政案件有哪些？试对修订前后的《行政诉讼法》规定作比较分析。
5. 跨区域管辖行政案件制度的内容及其意义是什么？

第十八章　行政诉讼参加人

本章介绍了行政诉讼参加人的种类，包括原告、公益诉讼起诉人、被告、第三人、共同诉讼人和诉讼代理人。重点分析了行政诉讼原告的概念、范围和认定标准，即原告是认为行政行为侵犯其合法权益，并承担行政行为法律后果或受其实际影响的公民、法人或者其他组织。同时，着重介绍了行政诉讼被告的概念、特征和确认情形，如经过行政复议的诉讼案件谁为被告，经上级机关批准而作出行政行为的诉讼案件谁为被告等问题。

第一节　行政诉讼参加人概述

一、行政诉讼参加人的概念

行政诉讼参加人是指在整个或部分诉讼过程中参加行政诉讼，对行政诉讼程序能够产生重大影响的人。在一般行政诉讼中，诉讼参加人的基本特征是与案件的审理结果具有利害关系，通过诉讼活动，保护自己或被代理人的合法权益。在行政公益诉讼中，公益诉讼起诉人本身与案件审理结果不具有利害关系，而是通过诉讼活动，保护国家利益或公共利益。诉讼参加人是诉讼权利义务的主要承担者，是进行诉讼活动的基本主体。诉讼参加人的活动，对诉讼的发生、发展、终结有着较大的影响，准确把握行政诉讼参加人制度是处理行政诉讼案件的基本前提。诉讼参加人包括原告、被告、第三人、共同诉讼人和诉讼代理人。

诉讼参与人的范围较诉讼参加人更为宽泛，除了诉讼参加人之外，还包括证人、鉴定人、勘验人、翻译人员等。后者在法律上与案件没有利害关系，但是，他们在诉讼中依法享有特殊的诉讼地位，参与特定诉讼活动。由于《行政诉讼法》中没有对如证人、鉴定人、翻译人员等诉讼参与人进行特别规定，因此在实践中适用《民事诉讼法》的相关规定。

二、行政诉讼当事人

诉讼当事人是诉讼参加人的一个子概念，与诉讼代理人共同构成诉讼参加人的概念。诉讼当事人是指因发生行政争议，以自己名义进行诉讼，并受人民法院裁判拘束的主体。诉讼当事人包括原告、公益诉讼起诉人、被告、第三人、共同诉讼人。由于行政诉讼实行二审终审制，因而诉讼当事人在不同的诉讼阶段中的称谓也有所不同。在一审中，诉讼当事人各方被称为原告、公益诉讼起诉人、被告和第三人。在上诉审中，上诉一方被称为“上诉人”，被上诉的一方被称为“被上诉人”，其他未提出上诉也未被他人上诉的人，依原审地位列明身份，如原审原告、原审被告等。行政诉讼当事人是行政诉讼参加人制度中的核心主体，也是支撑整个行政诉讼活动正常开展的核心主体。

行政诉讼当事人具有以下基本特征：

第一，在一般行政诉讼中，行政诉讼的当事人是从行政程序的当事人演变而来的，行政诉讼当事人之间往往存在行政法律关系。在行政纠纷中，纠纷当事人因某种行政法律关系而产生争议，在进入诉讼程序时，纠纷当事人便转化为诉讼当事人。在行政公益诉讼中，检察机关与行政机关因法律监督关系而产生争议。在进入诉讼程序时，法律监督关系当事人转化为诉讼当事人。

第二，当事人以自己的名义进行诉讼。在一般行政诉讼中，当事人参加诉讼是为了维护自己的利益，为此，在诉讼中均以自己的名义进行诉讼。在行政公益诉讼中，法律授权公益诉讼起诉人代表国家利益或者公共利益进行诉讼，因此同样以自己的名义进行诉讼。这也是将诉讼当事人与诉讼代理人区分开来的重要特点。诉讼代理人参加到诉讼中是为了维护被代理人的利益，而且以被代理人的名义进行诉讼。因此，凡是不以自己名义参加行政诉讼的，均不是当事人。

第三，当事人受人民法院裁判拘束。在一般行政诉讼中，当事人为了维护自身利益而进行诉讼，与案件存在利害关系。正是基于这种利害关系，法院对案件的裁判直接影响当事人的利益，同时对当事人产生拘束力。在行政公益诉讼中，公益诉讼起诉人代表国家利益或者社会公共利益进行诉讼，同样受人民法院裁判拘束。而其他诉讼参与人，由于与案件本身不具有利害关系，因此他们的利益也不受本案法院的裁判。

第四，行政诉讼当事人具有一定的稳定性。行政诉讼的原告是公民、法人或其他组织，公益诉讼起诉人是检察机关，而被告是行政机关或者法律、法规、规章授权的组织。这是由行政诉讼的特征所决定的，两者不可颠倒。

三、行政诉讼代表人

《行政诉讼法》第 28 条明确规定了诉讼代表人制度：“当事人一方人数众多的共同诉讼，可以由当事人推选代表人进行诉讼。”根据 2018 年《行诉法解释》第 29 条的规定，“人数众多”，一般指 10 人以上。当事人一方人数众多的，由当事人推选代表人。当事人推选不出的，可以由人民法院在起诉的当事人中指定代表人。代表人为 2~5 人。

同时，虽然实践中被告一方人数众多的情况并不多见，但是该条文在文意上并没有排除当被告一方人数众多时推选诉讼代表人的可能。

诉讼代表人与诉讼代理人不同。诉讼代理人本身与案件没有利害关系，他们是为了被代理人的利益而参与诉讼的，诉讼代理人自身也不得再委托代理人。诉讼代表人则不同，他们是行政诉讼案件的当事人，仅因受众多当事人之托，代表其他当事人参与诉讼。诉讼代表人在诉讼过程中，可以代表被代表的当事人为一般的诉讼行为，其诉讼行为的效力也及于其所代表的当事人。但是如果进行实体处分，如放弃、变更诉讼请求或者承认对方当事人的诉讼请求，则应当征得被代表当事人的同意，否则该处分行为只能及于代表人自身，而不能对被代表人生效。

四、共同诉讼人

共同诉讼是指当事人一方或双方为 2 人以上的诉讼。其中，原告为 2 人以上的，称共同原告；被告为 2 人以上的，称共同被告。共同原告和共同被告，总称为共同诉讼人。通常在两类行政案件中形成共同诉讼：一是因同一行政行为发生的行政案件；二是因同类行政行为发生的行政案件，人民法院认为可以合并审理并且经当事人同意的。前者称为必要共同诉讼，后者称为普通共同诉讼。同时，构成共同诉讼还应当符合案件属于同一人民法院管辖这一条件，如果案件由不同法院审理，不会存在共同诉讼的问题。

在行政诉讼中设置共同诉讼，其目的在于简化诉讼程序，节约诉讼费用和时间，并有利于保护案件当事人的诉讼权利。同时，也可避免人民法院对同一案件或同一类案件作出相反的判决。

（一）必要共同诉讼

必要共同诉讼是指当事人一方或双方为 2 人以上、诉讼标的为同一行政行为的诉讼。必要共同诉讼要求诉讼标的的同一性，被诉行政行为或是由 2 个以上行政机关共同作出，或是一个行政行为处理 2 个以上公民、法人或其他组织的权利与义务。

必要共同诉讼中，因当事人对于引起诉讼的同一行政行为有着共同的利害关系，任何一人的诉讼行为都会影响其他人的权益，所以任何一人都不能代替整体，不能分案审理，实质是一个案件，只不过当事人为多人。因此在必要共同诉讼中，所有当事人都必须参加诉讼。如果有遗漏，人民法院应当通知其参加诉讼。

因此，2018 年《行诉法解释》第 27 条第 1 款和第 2 款规定：“必须共同进行诉讼的当事人没有参加诉讼的，人民法院应当依法通知其参加；当事人也可以向人民法院申请参加。人民法院应当对当事人提出的申请进行审查，申请理由不成立的，裁定驳回；申请理由成立的，书面通知其参加诉讼。”

必要的共同诉讼人都是独立的法律主体，有独立的诉讼法律地位，一个人的行为对其他共同诉讼人没有法律上的拘束力。他们各自以自己的名义参加诉讼，对自己的行为负责，提出自己的诉讼请求。

必要共同诉讼人主要有以下情形：（1）2个以上当事人，因共同违法被一个行政机关在一个行政处罚决定书中予以处罚；（2）法人或者组织因违法被处罚，该法人或组织的负责人或直接行为人同时被同一个处罚决定处罚；（3）行政机关的同一行政行为实际影响的2个以上当事人同时不服向法院提起诉讼；（4）2个以上行政机关以一个共同行政行为，处理或处罚一个或若干个当事人。

（二）普通共同诉讼

普通共同诉讼是指当事人一方或双方为2人以上、诉讼标的是同类的行政行为，且在经过当事人同意后，法院认为可以合并审理的诉讼。所谓同类行政行为，是指2个以上的处理同类事实、适用相同法律的行政行为。

同类行政行为引起的是几个相互独立的案件，而非一个案件，共同诉讼人之间在事实上或法律上并没有不可分割的联系。仅因为诉讼标的属于同一种类，即被诉行政行为有相同的性质，为了简化行政诉讼程序、节约审判资源、提高审判效率，在程序上被合并在一起。因此，普通的共同诉讼并不是必须要合并，关键在于能否达到并案审理简化诉讼的目的。

普通共同诉讼，可以由共同诉讼的当事人向法院提出申请，要求并案审理，然后由法院审查，认为可以合并的才能实行合并；也可以由法院主动审查，认为可以合并审理的，经过当事人同意，方能合并审理。

第二节　行政诉讼原告

一、行政诉讼原告概述

（一）行政诉讼原告的概念

行政诉讼的原告是指认为自己的合法权益受到行政主体的行政行为侵犯或者实质影响而向人民法院提起诉讼的人，包括公民、法人或者其他组织。根据这一概念，我们可以总结出以下几个特点：第一，原告应当以自己的名义向人民法院提起行政诉讼，否则就不能成为行政诉讼的当事人，更不能是原告；第二，诉讼标的与行政机关行使职权有关，即被诉行为应当是行政行为；第三，原告范围包括公民、法人和其他组织。同时，在对行政诉讼原告资格予以认定时，《行政诉讼法》设定了主观标准（即公民、法人或者其他组织认为自己的合法权益受到侵犯）以及客观标准（即公民、法人或其他组织必须与行政行为具有利害关系）。

（二）行政诉讼原告的范围

原告是公民、法人或者其他组织。公民、法人和其他组织依法享有诉讼权利，有资格作为行政诉讼的原告，而行政机关以行政主体身份成为管理一方时，不享有原告资格。

1. 公民。公民是指具有一国国籍并享有该国法律所规定的权利、履行该国法律所规定的义务的自然人。此处的公民应作广义理解，包括我国公民、外国公民、无国籍人和国籍不明的人。

2. 法人。根据《民法总则》第 57—60 条的规定，法人是具有民事权利能力和民事行为能力，依法独立享有民事权利和承担民事义务的组织。法人的民事权利能力和民事行为能力，从法人成立时产生，到法人终止时消灭。法人以其全部财产独立承担民事责任。同时，法人必须具备的条件是：应当依法成立，应当有自己的名称、组织机构、住所、财产或者经费。设立法人，法律、行政法规规定须经有关机关批准的，依照其规定。法人一般分为三类：营利法人、非营利法人、特别法人。

3. 其他组织。《民诉法解释》第 52 条规定，其他组织是指依法成立、有一定的组织机构和财产，但又不具备法人资格的组织。包括：（1）依法登记领取营业执照的个人独资企业；（2）依法登记领取营业执照的合伙企业；（3）依法登记领取我国营业执照的中外合作经营企业、外资企业；（4）依法成立的社会团体的分支机构、代表机构；（5）依法设立并领取营业执照的法人的分支机构；（6）依法设立并领取营业执照的商业银行、政策性银行和非银行金融机构的分支机构；（7）经依法登记领取营业执照的乡镇企业、街道企业；（8）其他符合该条规定条件的组织。

（三）原告资格认定的客观标准：原告是承担行政行为法律后果或受其实际影响的公民、法人或者其他组织

《行政诉讼法》第 25 条规定："行政行为的相对人以及其他与行政行为有利害关系的公民、法人或者其他组织，有权提起诉讼。"根据这一规定，只要公民、法人或者其他组织与行政行为有利害关系，均可起诉。我们可以将"利害关系"的含义大致理解为"对公民、法人或者其他组织的权利义务产生实际影响"。因此，原告必须与被诉行政行为之间有利害关系，即承担该行政行为的法律后果或者合法权益受到实际影响。行政诉讼原告并不限于行政行为直接针对的公民、法人或其他组织，只要其权益受到行政行为的实际影响的公民、法人或者其他组织都可以成为原告。相反，如果仅仅是对某行政行为心怀不满，而没有产生任何实质影响，则无法获得原告资格。

> 拓展阅读
>
> 周克存与南宁市青秀区人民政府强制拆迁及行政赔偿纠纷上诉案

"利害关系"标准属于不确定法律概念。2018 年《行诉法解释》第 12 条采用

"列举+兜底"形式对"利害关系"作出解释，规定下列情形属于"与行政行为有利害关系"：（1）被诉的行政行为涉及其相邻权或者公平竞争权的；（2）在行政复议等行政程序中被追加为第三人的；（3）要求行政机关依法追究加害人法律责任的；（4）撤销或者变更行政行为涉及其合法权益的；（5）为维护自身合法权益向行政机关投诉，具有处理投诉职责的行政机关作出或者未作出处理的；（6）其他与行政行为有利害关系的情形。在司法实践中，除了一些典型的具有"利害关系"的案件类型外，还存在大量具有"利害关系"从而应赋予原告资格的案件。因此2018年《行诉法解释》规定了"其他与行政行为有利害关系的情形"这一兜底条款。理解兜底条款中的"利害关系"标准，应当把握以下两点：（1）由于行政作为或者不作为，而使得公民、法人或者其他组织的权利或利益受到了不利影响或承担了非法定的义务。这种实际影响并不一定是现实的。只要当事人能证明行政行为必然导致不利，即使损害没有实际发生，也应当赋予其原告资格。（2）对利害关系标准认定的关键在于起诉请求中值得法律保护的利益，而不在于是对利益的直接损害或是间接损害。直接与间接的区分本来就模棱两可，如果坚持直接损害的标准，则不利于保护当事人的合法权益，因此只要当事人所受到的侵害与行政行为之间存在因果关系，即只要没有该行政行为的存在，就必然不会有该损害结果的发生，当事人就应当被认为与行政行为具有利害关系。

（四）原告资格认定的主观标准：原告是认为行政行为侵犯其合法权益的公民、法人或其他组织

作为与行政行为发生利害关系的公民、法人或者其他组织，仅仅是获得原告资格的必要条件。结合《行政诉讼法》第2条第1款的规定，若成为原告，首先要求其认为行政行为侵害了自己的合法权益。"合法权益"是指法定的权利和利益，其核心是法定权利。享有和行使法定权利，才有可能获得法定的利益。根据《行政诉讼法》第12条有关受案范围的相关规定，合法权益主要是指人身权和财产权。在人身权和财产权之外的权利如果受到侵害，只有在法律、法规另行规定的情况下，才能起诉。而修改后的《行政诉讼法》在第12条第1款第12项中明确"认为行政机关侵犯其他人身权、财产权等合法权益的"亦属于受案范围，其中新添加的"等合法权益"暗示了修改后的《行政诉讼法》已经突破了既有"合法权益"只限于人身权和财产权的框架，包含了其他权利。需要特别注意的是，"合法权益"是否确实受到了侵害并非起诉的前提，而是诉讼开始以后决定原告是否胜诉的因素。合法权益受到侵害仅仅是原告主观的判断，只要公民、法人或者其他组织认为其合法权益受到行政行为的侵犯，就可以依据《行政诉讼法》提起诉讼。

二、行政诉讼原告的确认

为了更好地明确原告资格，完善《行政诉讼法》的原告资格制度，2018年

《行诉法解释》对几种特殊的行政诉讼原告类型作了具体规定：

（一）债权人的原告资格

根据2018年《行诉法解释》第13条的规定，债权人原则上没有行政诉讼原告主体资格，即“债权人以行政机关对债务人所作的行政行为损害债权实现为由提起行政诉讼的，人民法院应当告知其就民事争议提起民事诉讼，但行政机关作出行政行为时依法应予保护或者应予考虑的除外”。

（二）非营利法人的原告资格

非营利法人在司法实践中能否作为行政诉讼的原告一直未予明确。2018年《行诉法解释》第17条规定：“事业单位、社会团体、基金会、社会服务机构等非营利法人的出资人、设立人认为行政行为损害法人合法权益的，可以自己的名义提起诉讼。”

（三）涉及业主共有利益的原告资格

业主认为其共有利益受到行政行为侵害的，根据2018年《行诉法解释》第18条的规定，业主委员会对于行政机关作出的涉及业主共有利益的行政行为，可以自己的名义提起诉讼。业主委员会不起诉的，专有部分占建筑物总面积过半数或者占总户数过半数的业主可以提起诉讼。

（四）合伙企业和个体工商户的原告资格

合伙企业由于其本身不具备法人资格，不具备独立承担义务的能力，而且在实践中合伙企业的形式多样，情况各异，作为原告提起诉讼时往往需要特别注意。2018年《行诉法解释》第15条第1款规定：“合伙企业向人民法院提起诉讼的，应当以核准登记的字号为原告。未依法登记领取营业执照的个人合伙的全体合伙人为共同原告；全体合伙人可以推选代表人，被推选的代表人，应当由全体合伙人出具推选书。”此外，2018年《行诉法解释》第15条第2款规定：“个体工商户向人民法院提起诉讼的，以营业执照上登记的经营者为原告。有字号的，以营业执照上登记的字号为原告，并应当注明该字号经营者的基本信息。”

（五）投资人的原告资格

投资人作为公司实际利益享有人，虽然在法律上与其所投资的公司法人相对独立，但事实上被投资人的权益与投资人的利益息息相关。因此，当被投资人的权益受到行政行为侵害时，投资人也可作为利害关系人提起诉讼，以维护自身利益。2018年《行诉法解释》第16条第2款规定：“联营企业、中外合资或者合作企业的联营、合资、合作各方，认为联营、合资、合作企业权益或者自己一方合法权益受行政行为侵害的，可以自己的名义提起诉讼。”

（六）非国有企业被行政机关分立、终止、兼并、改变隶属关系时的原告确认

当非国有企业被注销、合并、分立等足以消灭其主体资格后，因不再具有主

体资格，原则上是不能够作为原告起诉的，但是这明显不利于对其合法权益的保护。2018 年《行诉法解释》第 16 条第 3 款对此作了明确规定，赋予在法律上已经灭失的非国有企业以原告资格：非国有企业被行政机关注销、撤销、合并、强令兼并、出售、分立或者改变企业隶属关系的，该企业或者其法定代表人可以提起诉讼。

（七）股份制企业内部机构的原告资格

股份制企业的股东大会、股东会、董事会等认为行政机关作出的行政行为侵犯企业经营自主权的，可以企业名义提起诉讼。这一点较为特殊，股份制企业内部机构本身没有独立地位，是不可以作为原告提起诉讼的。然而一旦发生行政争议，即使作为公司利益代表人的法定代表人不行使诉讼权利，股东大会、董事会等内设机构依然可以企业的名义提起诉讼。

三、行政诉讼原告资格的转移

我国《行政诉讼法》仅对两种发生资格转移的情形予以规定：一是有权提起诉讼的公民死亡，其近亲属可以提起诉讼；二是有权提起诉讼的法人或者其他组织终止，承受其权利的法人或者其他组织可以提起诉讼。

（一）原告资格转移的条件

原告资格转移的条件包括：（1）有原告资格的主体在法律上不复存在，即公民死亡以及法人或者其他组织的终止。（2）有原告资格的人死亡或终止时，仍然处在法定诉讼期限之内。（3）原告资格转移发生于与原告有特定关系的主体之间，例如对公民来说，这种关系存在于近亲属之间。一旦发生原告资格的转移，由于原告自身已经不再具有权利能力，因此由原告资格转移而获得原告资格的人并非作为代理人提起诉讼，而是以本人的名义提起诉讼。

承受原告资格的公民、法人或者其他组织应当向人民法院提供其属于法定近亲属范围的证明或者作为被终止组织的权利承受者的证明文件。

（二）公民原告资格的转移

《行政诉讼法》第 25 条第 2 款规定，公民死亡的，其近亲属可以提起诉讼。根据 2018 年《行诉法解释》第 14 条第 1 款规定，近亲属包括配偶、父母、子女、兄弟姐妹、祖父母、外祖父母、孙子女、外孙子女和其他具有扶养、赡养关系的亲属。

然而，我国《行政诉讼法》对公民失踪和失去行为能力时的原告资格可否转移问题持否定态度，未作进一步规定。2018 年《行诉法解释》第 14 条第 2 款仅规定：公民因被限制人身自由而不能提起诉讼的，其近亲属可以依其口头或者书面委托以该公民的名义提起诉讼。近亲属起诉时无法与被限制人身自由的公民取得联系，近亲属可以先行起诉，并在诉讼中补充提交委托证明。需要注意的是，这里并没有发生原告资格转移，而是由近亲属接受委托代为提起诉讼。

（三）法人或者其他组织原告资格的转移

《行政诉讼法》第25条第3款规定："有权提起诉讼的法人或者其他组织终止，承受其权利的法人或者其他组织可以提起诉讼。"法人或者其他组织的终止有两种情况：一是灭失，即法人或者其他组织的资格在法律上最终归于消灭和结束，如撤销、破产，其权利由法律规定的组织承受，如清算组。二是变更，即原法人或者其他组织以新的法人或者其他组织形式出现，并且与原法人或者其他组织之间在法律上仍然享有继承关系，这种变更主要有分立和合并两种形式。

第三节 行政公益诉讼起诉人

一、行政公益诉讼制度的建立背景

1989年《行政诉讼法》构建了以维护公民、法人或者其他组织合法权益为主要目的的主观诉讼制度体系，因此，我国的行政诉讼也被称为"民告官"的诉讼。长期以来，行政诉讼在保护公民、法人或者其他组织合法权益方面发挥了积极作用，但在公共利益受到损害的情况下，由于不能满足主观诉讼基本要件，公民、法人或者其他组织就无法通过行政诉讼制度监督行政机关依法履行职责。因此，无法为了维护国家和社会公共利益而提起行政诉讼，是我国《行政诉讼法》长期存在的制度缺陷。

1989年《行政诉讼法》颁布后，学界就已经意识到《行政诉讼法》无法保护国家和社会公共利益的缺陷，并对行政公益诉讼展开理论研究。直到2014年10月，党的十八届四中全会通过的《关于全面推进依法治国若干重大问题的决定》明确提出，"检察机关在履行职责中发现行政机关违法行使职权或者不行使职权的行为，应该督促其纠正。探索建立检察机关提起公益诉讼制度"。这是我国第一次将"公益诉讼"作为一项制度探索问题正式提出来。行政公益诉讼在我国制度层面初现雏形。

2015年7月1日，全国人大常委会通过《关于授权最高人民检察院在部分地区开展公益诉讼试点工作的决定》，授权最高人民检察院在北京、内蒙古、吉林等13个省区市在生态环境和资源保护、国有资产保护、国有土地使用权出让、食品药品安全等领域，开展为期两年的公益诉讼试点工作。由此，我国行政公益诉讼制度正式付诸实践。为期两年的行政公益诉讼试点工作取得了诸多成效，为维护国家和社会公共利益，推动法治政府建设，发挥了重要作用。2017年6月27日，全国人大常委会在试点工作结束前夕对《行政诉讼法》作出修改，在第四章诉讼参加人部分的第25条增加一款，作为第4款，规定："人民检察院在履行职责中发现生态环境和资源保护、食品药品安全、国有财产保护、国有土地使用权出让等领域负有监督管理职责的行政机关违法行使职权或者不作为，致使国家利益或者社会公共利益受到侵害的，应当向行政机关提出检察建议，督促其依法履行职责。行政机关不依法履行职责的，人民检察院依法向人民法院提起诉讼"。将行政公益诉讼制度写入《行政诉讼法》，标志着我国行政公益诉讼制度由一项在部分地区进行的试点工作，成为一项在全国范围内正式实施的法律制度。

二、行政公益诉讼起诉人的概念与特征

行政公益诉讼试点以来，检察机关提起行政公益诉讼的诉讼地位始终未能明确，在理论上和实践中均存在较大争议。虽然2017年6月公益诉讼试点结束前夕，行政公益诉讼制度被正式写入《行政诉讼法》，但《行政诉讼法》未明确规定检察机关在行政公益诉讼中享有何种诉讼权利，履行何种诉讼义务。2018年3月1日，最高人民法院、最高人民检察院发布《关于检察公益诉讼案件适用法律若干问题的解释》（以下简称《公益诉讼解释》），才对检察机关在行政公益诉讼中的诉讼地位予以明确。《公益诉讼解释》第4条规定："人民检察院以公益诉讼起诉人身份提起公益诉讼，依照民事诉讼法、行政诉讼法享有相应的诉讼权利，履行相应的诉讼义务，但法律、司法解释另有规定的除外。"该条款明确检察机关是以公益诉讼起诉人的身份提起行政公益诉讼的，具有区别于一般行政诉讼原告的特殊性。因此，可以认为，行政公益诉讼中的公益诉讼起诉人，是指行政机关违法行使职权或者不作为，致使国家利益或者社会公共利益受到侵害，由法律授权代表国家利益或者社会公共利益提起行政公益诉讼的主体。

行政公益诉讼中的公益诉讼起诉人具有以下特征：

1. 行政公益诉讼中的公益诉讼起诉人是检察机关。长期以来，学界都在讨论公民、法人和其他组织能否成为行政公益诉讼中的起诉主体。从现阶段情况来看，检察机关作为法律监督机关，具有监督行政机关依法履职的职责，拥有法定的调查取证权力和专业的法律监督队伍，较之公民、法人和其他组织更适合作为行政公益诉讼的起诉人。因此，《行政诉讼法》第25条第4款明确检察机关为行政公益诉讼起诉人。当然，在条件成熟时，可以有序将公民、法人或者其他组织纳入公益诉讼起诉人范畴，充分发挥社会主体维护国家利益和社会公共利益的作用。

2. 行政公益诉讼起诉人提起行政公益诉讼以履行诉前程序为前提。根据《行政诉讼法》第25条第4款的规定，检察机关发现行政机关违法行使职权或者不作

为，致使国家利益或者社会公共利益受到侵害的，应当先向行政机关提出检察建议，督促其依法履行职责。只有行政机关不依法履行职责的，检察机关才能依法向人民法院提起诉讼。《公益诉讼解释》第 21 条则明确了行政机关在收到检察建议后依法履职的期限：检察机关提出检察建议后，行政机关应当在 2 个月内依法履行职责并向检察机关进行书面回复；出现规定的紧急情形的，行政机关应当在 15 日内书面回复。行政机关不依法履行职责的，检察机关依法向人民法院提起诉讼。因此，检察机关向行政机关提出检察建议是提起行政公益诉讼前的法定程序。这一诉前程序也是行政公益诉讼区别于一般行政诉讼的特有程序。诉前程序能够使多数行政机关违法行使职权或者不作为问题在检察机关提起行政公益诉讼前得以解决，从而降低行政公益诉讼成本，节约司法资源，及时、有效地维护国家利益和社会公共利益。

3. 行政公益诉讼起诉人提起行政公益诉讼应当提供初步的证明材料。根据《公益诉讼解释》第 22 条的规定，检察机关向法院提起行政公益诉讼，需要提交两项初步证明材料：

第一，被告违法行使职权或者不作为，致使国家利益或者社会公共利益受到侵害的证明材料。公益诉讼，是不具有直接利害关系的主体，针对侵害国家利益或社会公共利益的行为，提起的非自利性诉讼。因此，无论提起行政公益诉讼或民事公益诉讼，都应以国家利益或社会公共利益受到侵害为前提。但行政公益诉讼与民事公益诉讼的一个重要区别在于：在行政公益诉讼中，国家利益或社会公共利益受到侵害，是负有监督管理职责的行政机关违法行使职权或者不作为导致的；在民事公益诉讼中，国家利益或社会公共利益受到侵害，是公民、法人或其他组织等民事主体的不法行为导致的。因此，检察机关作为行政公益诉讼起诉人提起行政公益诉讼，应当向人民法院提交被告行政机关违法行使职权或者不作为，致使国家利益或者社会公共利益受到侵害的证明材料。

第二，检察机关已经履行诉前程序，行政机关仍不依法履行职责或者纠正违法行为的证明材料。如上所述，行政公益诉讼起诉人提起行政公益诉讼，应当以履行诉前程序为前提。因此，检察机关作为行政公益诉讼起诉人提起行政公益诉讼，还应向人民法院提交已经履行诉前程序、行政机关仍不依法履行职责或者纠正违法行为的证明材料。

三、行政公益诉讼起诉人与一般行政诉讼原告的区别

行政公益诉讼是行政公益诉讼起诉人为维护国家利益或社会公共利益，提起的非自利性诉讼，在性质上属于客观诉讼。而一般的行政诉讼是由行政行为的相对人以及其他与行政行为有利害关系的公民、法人或者其他组织，为维护自身权

益提起的自利性诉讼，在性质上属于主观诉讼。诉讼性质的差异使得行政公益诉讼起诉人与一般行政诉讼原告存在一定区别：

第一，诉讼资格不同。一般行政诉讼中，原告是行政行为的相对人以及其他与行政行为有利害关系的公民、法人或者其他组织。只有公民、法人或者其他组织认为行政机关和行政机关工作人员的行政行为侵犯其自身合法权益，才有权提起诉讼。在行政公益诉讼中，公益诉讼起诉人并非行政行为的相对人，与行政行为也无利害关系，而是依据法律授权提起诉讼。

第二，诉讼目的不同。一般行政诉讼中，原告起诉是为了维护自身合法权益。而在行政公益诉讼中，行政公益诉讼起诉人起诉是为了维护国家利益或社会公共利益。

第三，起诉条件不同。一般行政诉讼中，根据《行政诉讼法》第 49 条的规定，原告提起行政诉讼应当符合以下条件："（一）原告是符合本法第二十五条规定的公民、法人或者其他组织；（二）有明确的被告；（三）有具体的诉讼请求和事实根据；（四）属于人民法院受案范围和受诉人民法院管辖。"而在行政公益诉讼中，根据《公益诉讼解释》第 22 条的规定，行政公益诉讼起诉人起诉应当提供被告违法行使职权或者不作为，致使国家利益或者社会公共利益受到侵害的证明材料，以及检察机关已经履行诉前程序，行政机关仍不依法履行职责或者纠正违法行为的证明材料。

由于一般行政诉讼与行政公益诉讼都在《行政诉讼法》的框架下进行，遵循《行政诉讼法》的相关规定。因此，在法律没有特殊规定的情况下，行政公益诉讼起诉人与一般行政诉讼原告都享有相同的诉讼权利，履行相同的诉讼义务。例如，无论是行政公益诉讼起诉人，还是一般行政诉讼原告，在诉讼过程中均可以撤回起诉、变更诉讼请求；不服人民法院第一审判决、裁定的，均可以向上一级人民法院提起上诉。

第四节　行政诉讼被告

一、行政诉讼被告概述

（一）行政诉讼被告的概念

行政诉讼被告是指原告指控其行政行为违法，侵犯原告合法权益，并经人民法院通知应诉的具有国家行政职权的机关和组织。我国行政诉讼实行"机关被告"模式，由实施行政行为的行政机关和法律、法规、规章授权的组织在行政诉讼中担当被告。我国行政诉讼被告范围是有一个发展过程的。2014 年修订前的《行政诉讼法》第25条第4款明确指出，由法律、法规授权的组织所作的具体行政行为，该组织是被告。这表明在《行政诉讼法》颁布之初，是没有将规章授权的组织纳入被告范围的。然而，这一规定完全无法满足实践中的需求，事实上行使行政职能的内设机构或其他组织，是由规章予以授权，而非法律或行政法规。因此，修订后的《行政诉讼法》第2条第2款规定："前款所称行政行为，包括法律、法规、规章授权的组织作出的行政行为。"这样，以立法的形式正式承认了规章授权组织的被告资格。

拓展阅读

土地承包经营权证起纠纷案

（二）行政诉讼被告的特征

1. 行政诉讼的被告是具有国家行政职权的机关或者组织。行政机关是指依法独立享有行政职权的国家机关。行政机关能够以自己的名义独立行使行政职权，有独立的机构、经费。法律、法规、规章授权的组织虽然不是行政机关，但因依法取得了行政职权，而具备行政诉讼被告的资格。

2. 行政诉讼被告应当是作出被诉行政行为，对被诉行政行为承担法律责任的组织。实施行政行为的组织，是指能够独立承担行政行为的法律责任的组织，即享有行政主体资格。此处所提到的"作出被诉行政行为"，不仅包括作为，也包括应当作为而没有作为的行政不作为。

3. 被告由人民法院通知应诉。被原告指控且被法院通知应诉，是被告的程序特点。原告的指控与法院通知应诉这两个方面缺一不可。根据2018年《行诉法解释》第26条第1款，原告所起诉的被告不适格，人民法院应当告知原告变更被告；原告不同意变更的，裁定驳回起诉。同时，根据2018年《行诉法解释》第26条第2款的规定，应当追加被告而原告不同意追加的，人民法院应当通知其以第三人的身份参加诉讼，但行政复议机关作共同被告的除外。由此可见，没有原告的指控，法院不能确定被告，没有法院的立案审查，也不能认定被告。

二、行政诉讼被告的确认

（一）委托行政的被告确认

《行政诉讼法》第26条第5款规定："行政机关委托的组织所作的行政行为，委托的行政机关是被告。"2018年《行诉法解释》第20条第3款规定："没有法律、法规或者规章规定，行政机关授权其内设机构、派出机构或者其他组织行使行政职权的，属于行政诉讼法第二十六条规定的委托。当事人不服提起诉讼的，应当以该行政机关为被告。"《行政诉讼法》第2条，将行政机关的概念扩大到包括法律、法规、规章授权作出行政行为的组织。结合以上条文来看，法律、法规、规章授权的组织以自己的名义作出行政行为的，行政诉讼的被告是该组织；非经法律、法规、规章直接授权行使行政职权的其他组织，包括内部机构、派出机构、临时机构、事业单位和其他组织等，而是由行政机关以规范性文件的方式予以“授权”的，均不属于行政诉讼法意义上的“授权”，只能属于委托，这些组织行使相应职权而产生行政争议的，行政诉讼的被告就是作出委托的行政机关。

（二）经过行政复议案件的被告确认

根据《行政诉讼法》第26条的规定，经过行政复议而起诉的案件，被告的确认分为以下三种情况：

1. 复议机关维持原行政行为的，由复议机关和作出原行政行为的行政机关作为共同被告。维持原行政行为，表面上看仍然是原行政行为对相对人生效，但是事实上复议机关也作出了与原行政行为一样的决定。为了防止行政复议机关怠于履行纠正违法行政行为，有效解决行政争议的职责，便于行政机关开展对原行政行为合法性举证等各项诉讼工作，将两者共同列为被告。行政复议机关不会再因为不愿意当被告，而在行政复议中作出维持决定。

2. 复议机关改变了原行政行为，复议机关是被告。改变原行政行为的法律意义是行政复议机关撤销了原行政行为，又作出了新的行政行为。若行政相对人对新行政行为不服，则应当以复议机关作为被告。这里所讲的“改变”，根据2018年《行诉法解释》第22条的规定，是指复议机关改变原行政行为的处理结果。复议机关改变原行政行为所认定的主要事实和证据、改变原行政行为所适用的规范依据，但未改变原行政行为处理结果的，视为复议机关维持原行政行为。复议机关确认原行政行为无效，属于改变原行政行为。复议机关确认原行政行为违法，属于改变原行政行为，但复议机关以违反法定程序为由确认原行政行为违法的除外。

3. 复议机关在法定期间内不作复议决定，相对人对原行政行为不服提起诉讼的，应当以作出原行政行为的行政机关为被告；相对人对复议机关的复议不作为不服提起诉讼，则应当以行政复议机关为被告。根据《行政复议法》第31条的规定，行政复议机关应当自受理申请之日起60日内作出行政复议决定，但是法律规定的行政复议期限少于60日的除外。情况复杂，不能在规定期限内作出行政复议决定的，经行政复议机关的负责人批准，可以适当延长，并告知申请人和被申请人，但是延长期限最多不超过30日。在法定期限内行政复议机关无正当理由拒绝作出复议决定的，即属于这种情况。此时，行政复议不作为和原行政行为属于两种相互独立的行为，相对人可对任一行为起诉。

（三）经上级机关批准而作出行政行为的被告确认

根据2018年《行诉法解释》第19条的规定，当事人不服经上级行政机关批准的行政行为，向人民法院提起诉讼的，以在对外发生法律效力的文书上署名的机关为被告。这一标准采用的是“形式主义”的做法，即无论批准机关和被批准机关在行政行为作出过程中所起的作用和关系如何，均以在生效法律文书上署名的机关为被告。这种被告确定方式比较明确、便于操作。然而，需要注意的是，这一规定与《行政复议法实施条例》的规定略有区别。《行政复议法实施条例》第13条规定："下级行政机关依照法律、法规、规章规定，经上级行政机关批准作出具体行政行为的，批准机关为被申请人。"在实践中应当注意这一区别。

（四）内部机构或派出机构的被告确认

2018年《行诉法解释》第20条第1、2款规定：行政机关组建并赋予行政管理职能但不具有独立承担法律责任能力的机构，以自己的名义作出行政行为，当事人不服提起诉讼的，应当以组建该机构的行政机关为被告。法律、法规或规章授权行使行政职能的行政机关内设机构、派出机构或者其他组织，超出法定授权范围实施行政行为，当事人不服提起诉讼的，应当以实施该行为的机构或者组织为被告。因此，在确定被告之时，关键在于该组织的职责履行行为是否有法律、法规或规章的授权，若有，则可为被告。

（五）开发区管理机构及其职能部门的被告确认

2018年《行诉法解释》第21条规定："当事人对由国务院、省级人民政府批准设立的开发区管理机构作出的行政行为不服提起诉讼的，以该开发区管理机构为被告；对由国务院、省级人民政府批准设立的开发区管理机构所属职能部门作出的行政行为不服提起诉讼的，以其职能部门为被告；对其他开发区管理机构所属职能部门作出的行政行为不服提起诉讼的，以开发区管理机构为被告；开发区管理机构没有行政主体资格的，以设立该机构的地方人民政府为被告。"

（六）村委会和居委会的被告确认

村委会和居委会能否成为行政诉讼中的被告，主要取决于行政行为是否具有法律、法规、规章的授权。2018年《行诉法解释》第24条第1款和第2款规定："当事人对村民委员会或者居民委员会依据法律、法规、规章的授权履行行政管理职责的行为不服提起诉讼的，以村民委员会或者居民委员会为被告。当事人对村民委员会、居民委员会受行政机关委托作出的行为不服提起诉讼的，以委托的行政机关为被告。"

（七）事业单位和行业协会的被告确认

事业单位和行业协会能否成为行政诉讼中的被告，同样取决于行政行为是否具有法律、法规、规章的授权。2018年《行诉法解释》第24条第3款和第4款规定："当事人对高等学校等事业单位以及律师协会、注册会计师协会等行业协会依据法律、法规、规章的授权实施的行政行为不服提起诉讼的，以该事业单位、行业协会为被告。当事人对高等学校等事业单位以及律师协会、注册会计师协会等行业协会受行政机关委托作出的行为不服提起诉讼的，以委托的行政机关为被告。"

（八）房屋征收与补偿工作中的被告确认

2018 年《行诉法解释》第 25 条规定："市、县级人民政府确定的房屋征收部门组织实施房屋征收与补偿工作过程中作出行政行为，被征收人不服提起诉讼的，以房屋征收部门为被告。征收实施单位受房屋征收部门委托，在委托范围内从事的行为，被征收人不服提起诉讼的，应当以房屋征收部门为被告。"

三、行政诉讼被告资格的转移

行政机关被撤销或者职能变更属于行政机关的内部组织变化，不能因此影响当事人的权利救济。在行政机关被撤销或职能变更后，会发生被告资格的承继或转移。《行政诉讼法》在 2014 年修改以前，规定仅在行政机关被撤销时发生被告资格转移，而修改后增加了职权变更的情形。在行政机关被撤销或者职权变更时，根据《行政诉讼法》第 26 条第 6 款的规定，由继续行使其职权的行政机关担任被告。若没有继续行使其职权的行政机关，根据 2018 年《行诉法解释》第 23 条的规定，以其所属的人民政府为被告；实行垂直领导的，以垂直领导的上一级行政机关为被告。

第五节　行政诉讼第三人

一、行政诉讼第三人的概念

根据《行政诉讼法》第 29 条规定，诉讼第三人应当符合以下条件：第一，应当与被诉行政行为有利害关系，或者与案件处理结果存在利害关系；第二，没有作为原告起诉或被告应诉；第三，拥有独立的诉讼地位。第三人参加诉讼是为了保护自己的利益。第三人独立于原告、被告，为了维护自己的合法权益，既不依附原告也不依附被告，可以提出自己的请求，对第一审判决不服有权提起上诉。

行政诉讼第三人有两种情况。2018 年《行诉法解释》第 26 条第 2 款规定："应当追加被告而原告不同意追加的，人民法院应当通知其以第三人的身份参加诉讼，但行政复议机关作共同被告的除外。"第 30 条规定："行政机关的同一行政行为涉及两个以上利害关系人，其中一部分利害关系人对行政行为不服提起诉讼，人民法院应当通知没有起诉的其他利害关系人作为第三人参加诉讼。与行政案件处理结果有利害关系的第三人，可以申请参加诉讼，或者由人民法院通知其参加诉讼。人民法院判决其承担义务或者减损其权益的第三人，有权提出上诉或者申请再审。"这里规定的第三人仅是必要共同诉讼中的当事人以第三人身份参加诉讼的情形。

二、行政诉讼第三人的确认

（一）行政诉讼第三人的类型

根据《行政诉讼法》第 29 条的规定，行政诉讼第三人可以分为两类，一类是与被诉行政行为有利害关系但没有提起诉讼的第三人，另一类是与案件处理结果有利害关系的第三人。2014 年修订前的《行政诉讼法》并没有对第二类有所规定，仅泛泛地将第三人表述为“同提起诉讼的具体行政行为有利害关系的”。修订后的《行政诉讼法》在法律文本上的添加，从文意上对行政诉讼第三人的范围予以扩充。虽然学者通过对原条文中的“利害关系”进行扩大解释，认为“利害关系”的范围包括了直接和间接利害关系两种，以此使第三人制度的覆盖范围尽可能地增大，① 然而，在实践中，如此高度概括的规定在纷繁复杂的行政诉讼案件中，经常导致第三人身份确认之争。法律明确规定第三人概念，有助于在实践中切实扩大第三人范围，保护行政诉讼利害关系人的合法权益。

1. 与被诉行政行为有利害关系但没有提起诉讼的第三人。这一类第三人在行政诉讼案件中比较常见，属于适格的原告或适格的被告，只是因为其自身没有起诉或没有被诉才作为第三人参与行政诉讼。2018 年《行诉法解释》第 26、30 条中提到的两种情况均属此类。根据行政诉讼基本理论，这类第三人还可以与被诉行政行为的利害关系的内容为标准，进一步细分为权利关系第三人和义务关系第三人。

（1）权利关系第三人。权利关系第三人是指由于其权利受到了被诉行政行为不利益处分的消极影响，参加到行政诉讼中来，提出自己独立诉讼主张的公民、法人或者其他组织。当被诉行政行为被确认违法或依法撤销时，该第三人可能会因此而获得、恢复或增加某种实体性权利。

（2）义务关系第三人。义务关系第三人是指由于其权利受到被诉行政行为授益处分的积极影响，或者参与了不利益行政行为，而未被列为被告或不具备被告资格，参加到行政诉讼中，提出自己独立主张的诉讼参加人。当行政主体所作行政行为被判决确认违法或依法撤销时，该第三人可能会因此而被判承担某种实体性义务，或被剥夺、丧失、减少某种实体权利。义务关系第三人包括两类：第一类是由于受到了授益处分的积极影响，而参加到诉讼中来的；第二类是由于参与了对原告的不利行政行为，而未被列为被告或不具备被告资格，而参加到诉讼中来的。

2. 与案件处理结果有利害关系的第三人。与案件处理结果有利害关系的第三

---

① 参见马怀德：《行政诉讼原理》，法律出版社 2009 年版，第 232、233 页。

人是指虽然该第三人与被诉行政行为不具备直接的利害关系，但是案件处理结果会间接影响到该第三人的合法权益。这种情况在实践中虽不常见，但确实存在，我们又称之为事实关系第三人。

事实关系第三人与被诉行政行为有某种事实上的牵连，其参加诉讼便于查清事实，经过该第三人申请或由人民法院通知参加到行政诉讼中来，并提出自己独立的诉讼主张。这种第三人参与到行政诉讼中，不仅因为其与案件事实有某种联系，便于在审理过程中查清事实、分清责任，同时也因为案件的判决结果会间接地影响到该第三人。事实关系第三人主要包括以下三种情形：

（1）在两个有牵连关系的处罚案件中，同一处罚主体实施了两个处罚行为，且案件事实有牵连，其中一案的被处罚人向法院起诉。此时未起诉的一方相对人便可成为事实关系第三人参与到诉讼之中，因为案件的判决结果可能会对该第三人的行政处罚产生影响。

（2）两个行政主体对同一行政相对人分别作出了相互矛盾的两个行政决定，如其中一个机关批准某行为，而另一个机关却处罚这一行为。如果就处罚机关向法院起诉，则另一批准机关属于事实关系第三人。因为该案件的裁判结果对该第三人的行政行为有预决性的意义。如果处罚行为合法，则有可能预示该批准行为是违法的；反之亦然，如果处罚行为被判决违法，可能预示着该批准行为是合法的。

（3）一个行政主体越权行使其他行政主体的职权，原告起诉的，被越权的行政主体属于事实关系第三人。案件的判决结果对该第三人同样具有预决性意义。如果被诉行政行为被判决为越权，则可能需要该第三人对原告作出新的行政行为；如果没有判决被诉行政行为越权，该第三人的职权界定可能会受到一定影响。

（二）行政诉讼第三人的具体类别

司法实践和学理研究中比较常见的行政诉讼第三人有以下几种：

1. 行政处罚案件中的受害人或加害人。在行政处罚案件中，加害人不服处罚作为原告起诉，未起诉的受害人则可以作为第三人参加诉讼。如果受害人对处罚不服而起诉，未起诉的加害人可以作为第三人参加诉讼。

2. 行政处罚案件中的共同被处罚人。在一个行政处罚案件中，行政机关处罚了两个以上的违法行为人，其中一部分被处罚人向人民法院起诉，而另一部分被处罚人没有起诉的，可以作为第三人参加诉讼。

3. 行政裁决、行政确权案件的相对人。公民、法人或者其他组织之间发生民事权益纠纷，由行政机关确权、裁决的，一部分当事人不服向人民法院起诉，而另一部分则可以第三人的名义参加诉讼。

4. 两个以上行政机关作出相互矛盾的行政行为，非被告的行政机关可为第三人。

5. 与行政机关共同署名作出处理决定的不具备被告资格的个人或组织。这种个人或组织因不具备行政诉讼被告资格，因此无法以被告的身份参加诉讼。但是一旦该行为被判决违法，其责任不能被免除，因此可以第三人的身份参加诉讼，以维护自身权益，承担相应法律责任。

6. 在行政许可案件中，与行政许可有利害关系但没有提起诉讼的其他公民、法人或其他组织可以作为第三人参加诉讼。

7. 应当追加为被告而原告不同意追加的，法院应当通知其作为第三人参加诉讼。如果只有一个适格被告而原告指控又不正确的，法院应要求原告将指控对象变更为适格的被告。原告不同意变更的，则驳回起诉。但是，如果应当有两个或两个以上的适格被告，而原告只起诉了其中部分被告，不同意追加其他具有被告资格的行政机关的，这些行政机关应当作为第三人参加诉讼。

三、第三人参加诉讼的程序

第三人参加诉讼的方式有两种，分别是申请参加诉讼和由法院通知参加诉讼。当与被诉行政行为或案件结果有利害关系的第三人知悉诉讼正在进行时，第三人可以申请的形式要求参加本案诉讼。对于当事人的申请，法院应当进行审查，确认其与本案有利害关系并符合其他参诉条件的，应当准许其参加本案诉讼。根据2018年《行诉法解释》第26条第2款的规定，应当追加为被告而原告不同意追加的，人民法院应当通知其以第三人的身份参加诉讼，但行政复议机关作共同被告的除外。根据2018年《行诉法解释》第30条的规定，行政机关的同一行政行为涉及两个以上利害关系人，其中一部分利害关系人对行政行为不服提起诉讼，人民法院应当通知没有起诉的其他利害关系人作为第三人参加诉讼。与行政案件处理结果有利害关系的第三人，可以申请参加诉讼，或者由人民法院通知其参加诉讼。

思考题：

1. 行政诉讼原告资格认定的客观标准是什么？
2. 行政公益诉讼起诉人与一般行政诉讼原告主要存在哪些区别？
3. 经过行政复议的诉讼案件如何确定被告？
4. 如何理解行政诉讼第三人的概念？

第十九章　行政诉讼证据

证据制度是诉讼程序的核心，它不仅是人民法院正确审理行政案件的基础，也是诉讼结构均衡的调整器。离开了科学的证据制度，任何精巧的诉讼程序设计都会变得毫无意义。行政诉讼性质的特殊性，决定了行政诉讼证据的特点。《行政诉讼法》对行政诉讼证据的种类、被告的举证责任、原告的证明责任、补充证据以及人民法院调取证据的权力和限制等作了明确规定，基本构建起符合我国行政审判要求的证据规则体系。

第一节　行政诉讼证据概述

一、行政诉讼证据的概念与特征

《行政诉讼法》和《最高人民法院关于行政诉讼证据若干问题的规定》（以下简称《证据规定》），都没有对什么是行政诉讼证据作出明确规定。按照学界一般的理解，行政诉讼证据是行政诉讼中用来证明待证案件事实是否客观存在的一切事实。① 在行政审判实践中，当事人举出的或者人民法院调查收集到的证据，并不一定都是真实可靠的，有的可能是非法获得的，有的可能是伪造的，有的可能是相互矛盾的，并不都能用来作为定案证据。所以，行政诉讼证据是经合法收集的，在行政诉讼中经人民法院审查认可的，用以证明案件事实并表现为一定证据形式的事实材料。

根据 2018 年《行诉法解释》第 42 条规定："能够反映案件真实情况、与待证事实相关联、来源和形式符合法律规定的证据，应当作为认定案件事实的根据。"据此，可作为定案的证据必须符合以下条件：（1）证据的合法性。即从证据的收集手段、收集主体、收集时间、收集对象和收集程序等方面符合法律规定的要求。一如有学者指出的那样："所谓证据的合法性，指诉讼双方提交法庭的证据必须在证据的主体、形式以及收集提取证据的程序和手段等方面都符合法律的有关规定，才能采纳为诉讼中的证据。"② 《证据规定》亦沿用了上述思路，要求法庭从证据是否符合法定形式，证据的取得是否符合法律、法规、司法解释和规章的要求和是否有影响证据效力的其他违法情形三个方面审查其合法性。（2）证据的客观真

---

① 参见王雅琴：《行政诉讼法十二讲》，中国法制出版社 2010 年版，第 156 页。

② 何家弘、姚永吉：《两大法系证据制度比较论》，《比较法研究》2003 年第 4 期。

实性。行政案件是在特定时空条件下产生的客观事实，必然会留下某些客观的痕迹或产生某些影响。例如，行政处罚必然要有处罚决定书、要有违法事实；行政强制一定会有强制的对象及其产生的某些变化。行政诉讼证据的客观真实性既表现在内容上，又表现在形式上。内容上的客观真实性是指证据必须以客观事物为基础，纯粹主观臆断或者毫无根据的猜测不能作为证据采信。证据形式的客观性是指证据必须以人们可以感知的某种方式来表现。无论是物证、书证、视听资料、证人证言还是鉴定意见、勘验笔录等，都必须有其客观的外在表现形式。在行政审判实践中，法庭应当从证据形成的原因、发现证据的环境、证据的来源、证人或证据提供者与当事人之间的利害关系等方面对证据的客观真实性进行审查。①

（3）证据的关联性。证据的关联性在证据规则中具有重要地位，但在我国诉讼法及其相应的证据规则中并无关联性的明确表述。按照美国《联邦证据规则》对“相关证据”的定义，它是指“证据具有某种倾向性，使决定某项在诉讼中待确认的争议事实的存在比没有该项证据时更有可能或者更无可能”②。从这个概念来看，证据的关联性包括待证事实和证据能够证明待证事实两个方面。由于行政诉讼是审查行政行为的合法性，而不是审查诉讼双方所争议的事实，因此行政诉讼案件的待证事实与民事诉讼案件的待证事实不同，它是指与行政行为合法性相关的事实，与行政行为合法性无关的不属于相关证据。③ 以此而论，人民法院在审查行政诉讼证据的关联性时，如果证据与被诉的行政行为的合法性存在某种联系，即表明该证据具有关联性，否则即视为没有关联性。

相对于其他诉讼证据而言，行政诉讼证据具有如下特征：

第一，证明对象的特殊性。行政诉讼中，人民法院主要审查行政主体行政行为的合法性。这个合法性包含两重范畴，即行政主体作出行政行为时的事实根据和法律依据。换言之，行政诉讼证据证明的对象问题既包括行政行为事实层面的问题，又包括行政行为法律层面的问题。

第二，行政诉讼证据来源的特殊性。尽管行政诉讼程序不同于行政程序，但行政诉讼的证据主要来源于行政程序却是确定无疑的。在行政程序中，行政主体作出行政行为时要遵循“先取证后裁决”的程序规则，这意味着行政诉讼过程中用来证明行政行为合法性的证据，必须是在行政程序中已经被使用过的证据。行政主体在行政诉讼中提出证据，无非是把其在行政程序中已经使用过的证据提交到人民法院，由人民法院来判断这个证据是不是足以支撑行政行为的合法性。

---

① 参见《最高人民法院关于行政诉讼证据若干问题的规定》第56条。

② 白绿铉、卞建林译：《美国联邦民事诉讼规则·证据规则》，中国法制出版社2000年版，第215页。

③ 蔡小雪：《行政诉讼证据关联性规则的理论及适用》，《人民司法》2003年第5期。

第三，范围的广泛性和表现形式的多样性。在范围上，行政诉讼证据证明对象的特殊性决定了行政诉讼证据既包括行政主体作为行政行为的事实根据，还包括行政主体作出行政行为的法律、法规、规章、规范性文件等法律依据。在表现形式上，根据《行政诉讼法》第 33 条规定，行政诉讼证据形式包括书证、物证、视听资料、证人证言、当事人陈述、电子数据、鉴定意见、勘验笔录和现场笔录。其中，现场笔录是行政诉讼特有的证据形式。

二、行政诉讼证据形式的分类及其特征

通常学者们把行政诉讼证据分为七类或八类，[①] 我国行政诉讼法也沿用了这种提法。但准确地讲，这几种分类并不是对行政诉讼证据的分类，在行政诉讼中每一个定案证据只是通过这几类中的某一种具体形式表现出来而已。因此，通常被称为行政诉讼证据的几种分类，只是行政诉讼证据的表现形式或者载体的分类。行政诉讼证据的形式或者载体大致可以分为八类。

（一）书证

书证是记载或表达人们思想或行为，以其内容或含义证明案件事实的文字、符号、图画等材料。我国行政诉讼中的书证主要有行政处罚裁定书、处理决定书、罚款单据、罚没单据、通知书、账本、报表等。在诉讼过程中，一般应当提交书证原件，提供原件确有困难的，可以提交复制件、照片副本、节录本等。《证据规定》第 10 条规定，书证提交必须遵循以下规则：（1）提供书证的原件，原本、正本和副本均属于书证的原件。提供原件确有困难的，可以提供与原件核对无误的复印件、照片、节录本。（2）提供由有关部门保管的书证原件的复制件、影印件或者抄录件的，应当注明出处，经该部门核对无异后加盖其印章。（3）提供报表、图纸、会计账册、专业技术资料、科技文献等书证的，应当附有说明材料。（4）被告提供的被诉具体行政行为所依据的询问、陈述、谈话类笔录，应当有行政执法人员、被询问人、陈述人、谈话人签名或者盖章。

（二）物证

物证是指以物品的外形、质量、特征来证明案件事实的物品和痕迹，如走私物品、查禁物品等。物证本身不具有任何思想内容，不受人的主观因素的影响，不仅可以用来判断案件发生时的实际情况，还可以用来鉴别其他证据的真伪。物证在诉讼过程中具有不可替代的作用。物证和书证的区别在于，前者以其物质属性和外观特征来证明案件事实，后者以其内容来证明案件事实，因此有时候同一

---

① 参见姜明安主编：《行政法与行政诉讼法》（第五版），北京大学出版社、高等教育出版社 2011 年版，第 461 页。

个物体既是物证又是书证。需要注意的是，有的物证可能容易发生毁损、灭失，因而导致提供原物已不可能。在此情况下，《证据规定》第 11 条规定，“提供原物确有困难的，可以提供与原物核对无误的复制件或者证明该物证的照片、录像等其他证据”。

（三）视听资料

视听资料是指运用录音、录像等科学技术手段记录下来的与案件相关的事实和材料。作为一种新型证据，视听资料与书证有相似的地方，如以其思想或内容来证明案件情况；又具有物证的某些特征，如反映了一定的图形、外在特征等，但是，它在反映内容上是以音调、形象为形式，在反映形态、形状上以动态为特征。因此，它有物证和书证都不具有的特征，是一种独立的证据。视听资料的形成及其显示需要借助科学仪器，容易被伪造，因而在提供该类证据时必须遵守以下规则：（1）提供有关资料的原始载体。提供原始载体确有困难的，可以提供复制件。（2）注明制作方法、制作时间、制作人和证明对象等。（3）声音资料应当附有该声音内容的文字记录。

（四）电子数据

电子数据是指基于计算机应用、通信和现代管理技术等电子化技术手段形成的包括文字、图形符号、数字、字母等的客观资料。作为一种法定的证据种类，我国新修订的《民事诉讼法》和《刑事诉讼法》均作了明确规定，《行政诉讼法》在修改时吸收了我国立法上的这一成果。电子数据产生于电子技术、表现为电子信息，它具有如下特点：（1）高科技性。电子数据是计算机和互联网技术发展的产物，通常是以磁盘、光盘、ROM 等磁性材料、光学材料、半导体材料为载体。（2）脆弱性。所有的电子数据，包括声音、图像、符号等，都是以一系列二进制代码形式储存在各种介质上的，一个简短的指令就可在极短的时间内对电子数据进行修改、删除、转移，从而导致电子数据的改变，而且这种改变不易留下痕迹，不易被发现，即使鉴定也比较困难。（3）开放性。开放性是电子数据尤其是网络中电子数据的重要特征，这是其他证据所不具有的。电子数据的开放性表现在访问主体、访问空间等多个方面。也正是因为电子数据的特点，需要有不同于以往的证据规则与运用方法，但在我国现有的法律体系中，尚有待进一步完善。

（五）证人证言

证人证言是指了解案件有关情况的非本案诉讼当事人对待证案件事实的陈述。由于我国法律规范并没有排除传闻证据，所以证人包括直接或间接了解案件情况的人，证人既可以陈述目睹的事实，也可转述耳闻的事实。尽管作证是每个公民的义务，但是不能辨认自己行为的精神病人不能作证，未成年人、间歇性精神病人是否能够作证，应根据案件的复杂程度以及未成年人的身体、智力发育程度和精神病人的身体、精神状态来确定。根据《证据规定》第13条的规定，当事人向人民法院提供的证人证言应符合下列条件：（1）写明证人的姓名、年龄、性别、职业、住址等基本情况；（2）有证人的签名，不能签名的，应当以盖章等方式证明；（3）注明出具日期；（4）附有居民身份证复印件等证明证人身份的文件。

（六）当事人陈述

当事人陈述是指当事人在诉讼中向人民法院所作的案件待证事实的陈述。应该看到的是，当事人陈述具有双重性：他们是行政争议的法律关系主体，对争议的内容及有关事实有真实的了解；同时，当事人与案件的结果有直接的利害关系，其陈述往往会有意无意地过滤掉某些信息，因此其陈述带有主观性、片面性。

（七）鉴定意见

鉴定意见是指人民法院指定具有专门知识的人员运用专业技术对案件事实中需要解决的专门性问题进行鉴定后所作出的结论。凡是需要专门知识才能解决的技术性问题，都可以进行鉴定。行政诉讼中的鉴定意见有司法精神鉴定、法医鉴定、文书鉴定等多种形式。鉴定人也是诉讼参与人，享有诉讼权利、承担诉讼义务，因此鉴定人应当实事求是地进行鉴定，不得弄虚作假，而且还应当接受审判员、当事人及其诉讼代理人的询问。《证据规定》还专门对被告提交的鉴定结论作了规范："被告向人民法院提供的在行政程序中采用的鉴定结论，应当载明委托人和委托鉴定的事项、向鉴定部门提交的相关材料、鉴定的依据和使用的科学技术手段、鉴定部门和鉴定人鉴定资格的说明，并应有鉴定人的签名和鉴定部门的盖章。通过分析获得的鉴定结论，应当说明分析过程。"

（八）勘验笔录

勘验笔录是指人民法院将双方争议的现场或物品进行勘查检验、测量、绘图、拍照，并将情况和结果如实记录下来而制作的笔录。勘验笔录的特点在于它是对一些证据和情况的综合反映和再现。根据《证据规定》的要求，勘验人员在进行勘验时，必须出示证件，邀请当地基层组织或有关单位派员参加；当事人应当到场，并应在笔录上签名，拒不到场的，不影响勘验的进行，但应当在笔录上说明情况。

现场笔录是指行政机关对违反行政管理法律规范行为当场处罚或者其他情况当场处理而制作的文字记载材料。现场笔录是《行政诉讼法》规定的为行政诉讼所特有的证据类型。在行政执法过程中，难免出现证据难以保全或者事后难以取得的情况，如果不制作现场笔录，也不可能通过其他证据证明行政行为的事实根据。在此情形下，制作现场笔录对行政主体意义重大。为了规范勘验笔录这种证据类型，《证据规定》第15条规定："被告向人民法院提供的现场笔录，应当载明时间、地点和事件等内容，并由执法人员和当事人签名。当事人拒绝签名或者不能签名的，应当注明原因。有其他人在现场的，可由其他人签名。法律、法规和规章对现场笔录的制作形式另有规定的，从其规定。”

三、行政诉讼证明标准与非法证据排除

（一）行政诉讼证明标准

证明标准又称证明度，即当事人就其主张证明到何种程度才能使法院确信案件事实真实存在。证明标准对于承担举证责任的一方当事人来说意义重大，因为证明标准的高低决定着承担举证责任一方胜诉可能性的大小。因此，证明标准是证据制度中十分重要的一项内容。从我国三大诉讼法的规定来看，证明标准是相同的，即承担举证责任的一方需要将案件事实证明到“事实清楚，证据确实、充分”的程度。但是，三大诉讼审理对象是不同的，实行同样的证明标准是否科学，有待商榷。从国外的通常情况来看，普遍区分民事诉讼、行政诉讼和刑事诉讼，其中刑事诉讼的证明标准要高于民事诉讼和行政诉讼，而行政诉讼的证明标准又要高于民事诉讼。① 在我国《行政诉讼法》和《证据规定》中，并没有证明标准的明确规定，这使得行政诉讼证明标准问题仍处于理论探讨与争鸣的状态。

在美国行政法中，行政诉讼证明标准是以事实问题和法律问题二分为基础的。其中事实问题的重要证明标准是实质性证据标准。“实质性”一词并没有固定含义，而是随着使用情况的不同而不同。例如，《联邦行政程序法》规定：“除非考虑了全部案卷或其中为当事人所引证的部分，并且符合和得到可靠的、有证明力的和实质性证据的支持，否则不得科处制裁，或作出裁定。”在此，一般认为，实质性证据标准即为民事诉讼中的优势证据标准。同时，《联邦行政程序法》又规定：本法第556节和第557节规定的案件，法律规定的其他依行政机关的听证记录而审查的案件，没有实质性证据的，将被法院认为违法并撤销。这里的实质性证据意指合理而言，即只要行政机关的证明合理，便有了实质性证据的支持。这一点，法院在一个判决中是这样说的：“实质性的证据不是一现即逝的闪光，它是关于这样的证据，即一个合理的人可能接受作为结论的正当的支持。”② 实际上，《联邦行政程序法》关于实质性标准归纳起来，可以概括为证据具有优势或者证据合理。

德国行政法采用的则是高度盖然性标准，即证明标准要达到排除合理怀疑的程度。德国行政法中的这个标准也是来自德国《民事诉讼法》的规定，即“法院斟酌全部辩论意旨及调查证据之结果，依其自由之确信，判断事实之主张是否可

---

① 参见马怀德：《行政诉讼原理》，法律出版社2009年版，第281页。

② 王名扬：《美国行政法》（下卷），中国法制出版社1995年版，第683页。

认为真实”。但是，无论是理论界还是实务界，高度盖然性应达到什么程度，仍有较大分歧。

在我国，尽管尚未确立行政诉讼的证明标准，但从目前的研究来看，仍有如下共识：(1) 诉讼中的真实是一种相对真实，法律上的真实，而非客观真实，[①] 即法官认为的真实。(2) 主张针对影响原告权益大小程度的不同来设置不同的证明标准。例如，有论者指出：一般行政诉讼中，实行优势证据标准；行政行为严重影响相对人人身权、财产权的，适用合理排除标准。[②] 也有论者认为：不利处分的证明标准是排除合理怀疑；授益行政行为的证明标准是实质性证据标准。[③]

（二）非法证据排除

《证据规定》第 68 条规定：“以侵害他人合法权益或者违反法律禁止性规定的方法取得的证据，不能作为认定案件事实的依据。”这以司法解释的方式明确规定了行政诉讼非法证据排除规则。按照上述规定，即便是证据真实，如果是非法方式或途径获得的，也应当被排除。非法证据排除的代价是某些案件事实可能会因证据被排除而得不到人民法院的认定，从而牺牲了部分客观真实。因此，非法证据排除必须进一步明确以下问题：

1. 非法证据的判断标准。从《证据规定》第 58 条的规定来看，行政诉讼非法证据的判断标准有两个：一是违反法律禁止性规定；二是采用侵犯他人合法权益的方法取得证据。这两个标准在逻辑关系上属于选择关系，而非并列关系。也就是说，只要具备其中一项就构成违法证据，应被排除。在这里，法律禁止性规定，既包括实体法，又包括程序法。侵犯他人合法权益的方法，是指获取证据的方法、手段侵犯了他人依法应受保护的法定权利或利益，如人身权、财产权等。

2. 非法证据不能作为行政诉讼中认定案件事实根据的理由。之所以要规定非法证据不能作为认定案件事实的证据，有两方面考虑：一是行政程序合法性原则的要求。在行政法律关系中，行政机关掌握着行政程序的进程，对于行政决定的作出，行政机关必须依法或依职权调取证据、查明真相。如果行政机关未按照法定的程序履行职责，行使职权，其行为当然就是违法的。二是证据合法性的要求。对于这个问题，本章已在前面作过说明。

3. 应认定为非法证据的情形。根据《证据规定》第 57、58 条以及 2018 年《行诉法解释》第 43 条的规定，非法证据主要包括以下三种情形：(1) 严重违反法定程序收集的证据材料。在这里需要注意，只有“严重”违反法定程序的情形才属

---

① 参见高家伟：《行政诉讼证据的理论与实践》，工商出版社 1998 年版，第 206 页。

② 参见吕立秋：《行政诉讼举证责任》，中国政法大学出版社 2001 年版，第 132—134 页。

③ 参见马怀德、刘东亮：《行政诉讼证据问题研究》，转引自刘善春等主编：《诉讼证据规则研究》，中国法制出版社 2001 年版，第 221 页。

于非法证据应予排除的范围。之所以将“严重”或“一般”违反法定程序收集的证据作为证据可否采信的一个标准，一方面是因为行政主体是公共利益的代表，行政行为具有公益性，如果把所有违反法定程序收集的证据都排除在可采性证据的范围之外，势必会对公众利益产生影响。另一方面是因为排除轻微违法收集的证据成本和代价太高。但是，“严重违反法定程序”的内涵和外延是什么，由于我国的《行政程序法》尚未出台，缺乏统一规定，只能在具体个案中结合相关法律法规的规定来判断。一般认为，严重违反法定程序是指违反了行政程序中的基本的正当程序规则或者采用了法律规范和司法解释禁止采用的方法收集证据材料。（2）以偷拍、偷录、窃听等手段获取且侵害他人合法权益的证据材料。对于本项内容的理解，关键点在于所获取的证据材料是侵害他人合法权益的证据材料。如果采用了偷拍、偷录、窃听等手段获取，但并未给他人合法权益造成侵害，其所获得的证据依然可以作为行政诉讼证据来使用。（3）以利诱、欺诈、胁迫、暴力等不正当手段获取的证据材料。无论是利诱、欺诈、胁迫还是暴力，都具有一个重要特征，即受利诱、欺诈、胁迫或者暴力威胁的当事人处于意思表示不真实的状态，在此情况下形成的证据理应为非法证据，应当予以排除。

拓展阅读

行政诉讼证据关联性规则的理论及适用

第二节　行政诉讼举证责任

一、行政诉讼举证责任的概念与分类

（一）行政诉讼举证责任的概念

在我国行政法学理论中，人们对行政诉讼举证责任的认识并不一致，大体而言，有如下几种理解①：（1）举证责任是一种义务。这种认识从维护诉讼功能的角度出发，认为举证责任具有强制性，不履行这种强制性义务将会遭受不利的法律后果。（2）举证责任是一种制度。这种认识认为，既不能把举证责任单纯看成是一种权利，也不能把举证责单纯看成是一种义务，而是把它看成是一种把提供证据同审判机关对案件的裁判联系起来的制度。（3）举证责任是风险责任。设置举证责任的主要目的在于当案件事实处于真伪不明时，审判机关应如何作出裁判——谁承担举证责任谁将承担败诉后果，这种主张获得了多数学者的赞成。

因此，举证责任在本质上是一种后果责任。在英美法系，举证责任的关键就

① 参见刘巍：《行政诉讼举证责任转移的学理分析》，《政治与法律》2008年第5期。

是说服责任，是指当事人负有说服法官或事实裁定者使其相信某种事实存在的责任。在大陆法系，客观举证责任是举证责任中的主导概念。所谓客观举证责任，是指诉讼进行到终结，而争议中的事实仍处于真伪不明状态，主张该事实的一方则要承担后果。客观举证责任的目的在于供法官解决事实真伪不明的疑难案件，即在诉讼程序结束时，如果案件事实处于真伪不明的状态，法官不得拒绝裁判，而必须根据已有事实，按照举证责任的分担确定诉讼结果。行政诉讼举证责任也是着眼于诉讼后果，当行政诉讼完结而行政行为的事实根据和法律依据缺乏或不足以支持行政行为的主张时，被告行政主体就必须负败诉责任。这抓住了行政诉讼举证责任的关键。对此有学者作了进一步阐释：就行政行为合法性举证责任而言，行政诉讼中提供证据的责任以承担后果责任为前提，只有承担后果责任，才承担提供证据的责任，不承担后果责任，也就不承担提供证据的责任。这个论断的一个法律根据是《行政诉讼法》第 34 条关于被告负举证责任的规定，另一法律根据是《证据规定》第 6 条。按照上述逻辑，原告对行政行为违法性的主张，可以提供证据，也可以不提供，即原告享有提供证据的权利，而不是有责任或义务提供。原告提供的证据不成立的，并不减免被告所负的举证责任。①

（二）行政诉讼举证责任的分类

“被告对作出的行政行为承担举证责任”不等同于“被告在行政诉讼中负有举证责任”。被告在行政诉讼中负举证责任是指在行政诉讼中，无论与行政行为合法性有关无关的一切证据，都应由被告举证，否则被告就要承担败诉责任。如果属于表述错误，则可能使人产生误解，引起不良后果；如果属于理解错误，在实践中则是非常有害的，可能导致某些当事人随意主张权力，而影响另一方的权利，并给诉讼的顺利进行带来不便。② 因此，有必要探讨和了解行政诉讼举证责任的分类问题。

关于行政诉讼举证责任的分类，我们可以从不同角度来看：从主体角度来看，可以分为被告的举证责任、原告的举证责任和第三人的举证责任。从诉讼性质来看，可以分为一般行政诉讼的举证责任和行政赔偿诉讼的举证责任。从行为领域来看，可以分为行政作为的举证责任和行政不作为的举证责任，授益行政的举证责任和损益行政的举证责任。

二、举证与证明责任

（一）被告的举证责任

1. 被告承担举证责任的理由。如果我们把行政诉讼程序与行政程序结合起来

---

① 参见刘善春：《行政诉讼举证责任分配规则论纲》，《中国法学》2003 年第3 期。

② 参见董皞：《行政诉讼证据问题新探》，《法学研究》1993 年第 1 期。

考察，行政诉讼中被告承担举证责任只不过是“谁主张、谁举证”一般原理的特殊体现。从形式上看，原告似乎处在主张者的位置，他主张的是某一特定行政行为的违法性；但实质上违法性不过是对合法性的否定，而主张行政行为合法的正是作出行政行为的行政主体。也正是举证责任的倒置机制，确保了行政诉讼整体结构的稳定和均衡。这是对由被告承担举证责任正当性的一般概括，具体而言被告承担举证责任的理由如下：①

（1）行政诉讼性质要求行政主体承担举证责任。行政诉讼以解决行政争议为目的，而行政争议由行政主体的行政行为引起，之所以会引起争议，是因为原告对行政主体行为的合法性产生了质疑。行政行为是行政主体作出的行为，是不是合法不可能由原告来证明，而只能由行政主体来证明，如果行政主体证明不了，则承担败诉的法律后果自属应当。

（2）依法行政原则要求行政主体承担举证责任。按照依法行政原则，行政行为的合法性应当满足事实清楚、证据确凿、适用法律法规正确、符合法定程序等合法性要件。这些要件表明，一个行政行为在形成之时，如果它是合法有效的，就应当是能够满足上述条件的。换言之，如果行政行为在形成之时未能满足事实根据和法律依据的要求，就违背了依法行政原则的要求，因而就应被人民法院判定为违法。

（3）举证能力的优势要求行政主体承担举证责任。从举证能力角度考察举证责任的分配，是公平原则在诉讼中的体现，也是保证诉讼结构大致均衡的必要条件。在行政程序中，行政主体可以依职权收集证据，必要时可以通过强制检查等手段，获得支撑行政行为的证据，而行政相对人则处于被管理的弱势一方，取证手段有限。如果《行政诉讼法》将举证责任举证强加给原告，则有强人所难、显失公平的嫌疑。但是，2018 年《行诉法解释》第 45 条明确规定了另外一种情况：“被告有证据证明其在行政程序中依照法定程序要求原告或者第三人提供证据，原告或者第三人依法应当提供而没有提供，在诉讼程序中提供的证据，人民法院一般不予采纳。”这一点值得注意。

2. 被告承担举证责任的范围。被告承担举证责任的范围规定在《行政诉讼法》第 34 条中，该条第 1 款规定：“被告对作出的行政行为负有举证责任，应当提供作出该行政行为的证据和所依据的规范性文件。”

（1）被告对行政行为承担举证责任。毋庸置疑，行政诉讼是以行政行为的合法性为核心的，但诉讼过程中还涉及与行政行为相关的其他问题，如被侵害的程度、实际的损失等，并不完全属于被告的举证责任范围。行政行为有多种存在形

---

① 参见张树义：《行政法与行政诉讼法学》，高等教育出版社 2007 年版，第 253 页。

态，有论者指出，对于行政机关的不作为不能适用被告负举证责任的规则。其理由是："如果在某个案件中，被告确实什么都没有做，要求被告承担举证责任，不符合谁主张、谁举证的一般证据规则。"① 也有论者认为：行政不作为是行政行为的一种，它仅仅与其他行政行为在表现形式上有所不同，因此，法院审理诉行政行为不作为案件的对象只能是行政不作为的合法性，而不能是原告申请行为是否合法的问题。② 对此，我们认为应当区分看待：若争议的是不作为的存在与否，则应当由原告举证；如果争议的是行政不作为的合法与否，则应当由被告举证，即被告应当证明其不作为是合法的。

（2）被告对行政行为的合法性承担举证责任。被告对行政行为的合法性承担举证责任，是建立在我国行政诉讼以合法性审查为限度的基础上的。合法性审查主要是审查行政行为是否违法，而对行政机关在自由裁量权范围和幅度内作出的行政行为是否适当，一般不予审查，但行政处罚明显不当的除外。很显然，我国对行政行为的审查强度更多采取的是一种形式主义法治的立场。尽管2014年《行政诉讼法》的修改在有意无意地引入实质主义法治的某些内容，但仍没有从形式主义法治的框架中脱离出来，如该法第6条再一次重申："人民法院审理行政案件，对行政行为是否合法进行审查。"因此，除了有法律的特别规定外，无论是原、被告还是人民法院，其诉讼行为都是围绕行政行为的合法性来展开的。当然，已有学者对形式合法性的局限提出了批判，认为它掩盖了价值的竞争以及引发的艰难的价值抉择和权衡，因而应当采取开放性的形式法治理论路径。③ 也许，这是我们可以尝试的一种思路。

（3）被告需对行政行为合法性的证据和依据承担举证责任。行政机关作出行政决定应当以事实为证据，以法律规范为准绳，这决定了行政行为合法性的证据既包括事实层面的，又包括规范层面的。在此，规范性依据文件要作广义理解，即包括作出行政行为时的法律、法规、规章和其他规范性文件。尽管规范性文件不能作为行政行为的依据，但可以作为支持行政行为的证据，如果一个行政行为有规范性依据，至少可以说明行政行为在作出时并不是主观任意的，而且规章以下的规范性文件一般难以查询，将其提交给人民法院便于法院审查确定行政行为依据的内容，判断下位规范性文件规定的内容与上位规范性文件规定的内容是否存在抵触。

在举证责任范围上，还有一个问题需要澄清，即被告提供的是全部证据还是

---

① 胡建淼主编：《行政诉讼法学》，高等教育出版社2003年版，第149页。

② 参见蔡小雪：《关于行政诉讼被告举证责任范围问题的研究》，《法律适用》2006年第8期。

③ 这种对合法性的界定已经超越合法律性而进入了可接受性层面。参见沈岿：《公法变迁与合法性》，法律出版社2009年版。

主要证据。关于举证范围，行政诉讼法及其司法解释前后总共有五个法律文件作了规定。一是，修订前的《行政诉讼法》第32条规定，被告应当“提供作出该具体行政行为的证据和所依据的规范性文件”，证据和规范性文件的范围未作具体阐明。二是，“1991年最高院执行行政诉讼法若干问题的意见”规定：被告不提供或者不能提供作出具体行政行为的主要证据和所依据的规范性文件的，人民法院可以依据《行政诉讼法》第32条和第54条第2项的规定，判决撤销被诉具体行政行为。很明显，这里采用的是“主要证据”的说法。三是，“2000年最高院执行行政诉讼法的解释”将其表述为“作出具体行政行为时的证据、依据”。四是，2002年《证据规定》第1条规定，被告应当“提供据以作出被诉具体行政行为的全部证据和所依据的规范性文件”。这里的表述是“全部证据”。五是，《行政诉讼法》第34条规定，被告应当“提供作出该行政行为的证据和所依据的规范性文件”，但没有明示是主要证据还是全部证据。对此，我国已有学者进行了全面的理论梳理，指出：其一，行政诉讼是人民法院对行政行为是否合法的审查。因此，行政行为的事实不仅限于被诉行政行为认定的事实，还包括与被诉行政行为合法性有关的事实。只有被告提供全部证据，人民法院才能对被诉行政行为的合法性作出全面评判。其二，从理论上讲，行政主体在作出行政行为时，就已经收集到足以证明案件事实的所有证据；既然行政主体已经收集到这些证据，就应当全部提供给人民法院，由人民法院对其行为的合法性进行审查。其三，也是最为关键的一点，被诉行政行为是否构成主要证据不足，审查的主体是人民法院，而不是行政机关。如果规定行政主体可以提供主要证据材料，则意味着允许被告在提交答辩状时，对其作出的行政行为所依据的证据进行筛选，将何为主要证据、何为次要证据的判断权交由行政机关行使。假若行政机关经过筛选向人民法院提供了主要证据，而人民法院却认为其提供的证据不是主要证据，要求其补充证据，这就会导致诉讼程序和举证责任负担上的混乱。① 从立法实践来看，在《行政诉讼法》修改时，虽然没有明确被告举证的具体范围，但也没有否定《证据规定》关于举证范围的规定。完全可以认为，立法者对最高人民法院关于举证范围的规定持认可态度。

（二）原告的证明责任

1. 起诉人的初步证明责任。起诉人的初步证明责任体现在行政诉讼法及其司法解释关于起诉条件的规定之中。《行政诉讼法》第49条第3项规定，起诉人提起诉讼应当有“具体的诉讼请求和事实根据”；《证据规定》第4条规定：“公民、

---

① 参见甘文：《行政诉讼证据制度改革的设想》，《行政执法与行政审判》（第10集），法律出版社2004年版，第23—25页。

法人或者其他组织向人民法院起诉时，应当提供其符合起诉条件的相应的证据材料。”这一规定表明，在提起诉讼时起诉是否具有事实根据，应当由起诉人证明。2018 年《行诉法解释》第 54 条规定：“依照行政诉讼法第四十九条的规定，公民、法人或者其他组织提起诉讼时应当提交以下起诉材料：（一）原告的身份证明材料以及有效联系方式；（二）被诉行政行为或者不作为存在的材料；（三）原告与被诉行政行为具有利害关系的材料；（四）人民法院认为需要提交的其他材料。”由此，如果起诉人起诉的“事实根据”不足，将会导致人民法院对原告诉讼请求的驳回。所以如何正确理解起诉人在起诉时的这种证明责任意义重大。在实务界，有倾向认为，即起诉人在起诉的时候，就应当证明被告的行政行为是违法的，且起诉人的合法权益受到了被诉的行政行为的侵害。如果起诉人提交的证据材料达不到这个证明程度，人民法院将不予立案。对于这种倾向，理论界予以批评，认为上述做法混淆了初步证明责任和举证责任，进而指出：“如果要求起诉人承担举证责任，即在起诉的时候，起诉人要提供证据证明起诉符合起诉条件，也就意味着，在诉讼过程中，即使被告提出反驳证据，也不能改变起诉人已经完成的举证所证明的事实。这与行政诉讼实践是不相符的。”① 据此，我们倾向于起诉人承担的是一种初步证明责任，即只要达到初步证明的要求，人民法院就应当予以立案。事实根据是指足以证明符合起诉条件或前提的事实，包括起诉人向行政主体提出申请报告的事实以及起诉人与行政主体行政活动存在关联的事实根据。

2. 原告对特定事项的举证责任。在《行政诉讼法》中，没有关于原告举证责任的规定；2018 年《行诉法解释》也未规定原告的举证责任，但根据《行政诉讼法》第 49 条第 3 项、《证据规定》第 4 条和 2018 年《行诉法解释》第 54 条规定，原告起诉时应当提交的“材料”即为证据或具有证据属性。“2000 年最高院执行行政诉讼法的解释”第 27 条规定：“原告对下列事项承担举证责任：（一）证明起诉符合法定条件，但被告认为原告起诉超过起诉期限的除外；（二）在起诉被告不作为的案件中，证明其提出申请的事实；（三）在一并提起的行政赔偿诉讼中，证明因受被诉行为侵害而造成损失的事实；（四）其他应当由原告承担举证责任的事项。”②《证据规定》第 4 条也作出了与此大致相同的规定。这一规定包含如下内容：

（1）证明起诉符合法定条件。对于这一点，需要与起诉人的初步证明责任结合起来理解。行政相对人在提起诉讼时，其地位是起诉人，只有经人民法院审查符合法定起诉条件之后才能成为原告，所以起诉人与原告是行政相对人在行政诉讼不同阶段的法律身份。尽管行政诉讼法及其司法解释均设定了字面内容相同的

① 胡建淼主编：《行政诉讼法学》，高等教育出版社 2003 年版，第 162 页。

② 该解释虽被 2018 年《行诉法解释》废止，但本条规定的精神依在。

证明责任，但实际上证明责任的内涵是不同的。当行政相对人是起诉人时，证明的主要目的是人民法院能够受理其所提出争议的行政案件；当人民法院已经受理争议案件以后，如果被告再对原告的起诉条件提出质疑，原告再次证明自己的起诉符合法定条件的目的在于反驳被告的主张。如果人民法院在受理之后，被告认为原告的起诉超过起诉期限的，那么就发生了举证责任的转移——由被告承担举证责任。

（2）在起诉被告不作为的案件中，行政相对人提供证据证明其在行政程序中曾经提出过申请的事实。《证据规定》第 4 条第 2 款规定："在起诉被告不作为的案件中，原告应当提供其在行政程序中曾经提出申请的证据材料。但有下列情形的除外：（一）被告应当依职权主动履行法定职责的；（二）原告因被告受理申请的登记制度不完备等正当事由不能提供相关证据材料并能够作出合理说明的。"这个规定为行政不作为案件分配举证责任提供了依据，即原告仅就其在行政程序中提出过申请的事实提供证明。客观而言，在行政过程中，行政相对人是不是提出过申请，在大多数情况下，由原告来证明比由被告来证明更具有合理性。以行政许可为例，只要有行政相对人的申请行为，无论其是否符合许可条件都会产生行政主体相应的行为表示——或者同意授予许可证照，或者拒绝。在这两种情况下，行政主体不作出意思表示均构成违法。反之，如果没有行政相对人的申请行为，自然也就没有行政主体基于此的意思表示，不作为就不存在任何问题，即没有申请就没有许可。在此情形下，如果由被告承担举证责任就意味着，被告要找到证据来证明原告没有申请这一事实，这显然是很荒谬的。

当然，行政主体的行政不作为并不都是发生在须经行政相对人申请的领域，某些行为应当是行政主体依职权作出的，如果行政主体应当依职权作为而又不作为时，构成违法。换言之，对于此类行为，行政相对人是无法在行政程序中提供申请的证明材料的。例如，某公民在受到不法侵害的时候，某警察视而不见，不依职权主动保护该公民的合法权益。在该公民诉该警察所在公安机关的行政案件中，该公民无须对曾经申请公安机关保护其人身权的事实承担举证责任。据此，《证据规定》作了明确列举排除，即在上述情况下仍由被告承担举证责任。

除此以外，《证据规定》还将"原告因被告受理申请的登记制度不完备等正当事由不能提供相关证据材料并能够作出合理说明的"作了列举，由被告承担举证责任。在实践中，的确可能出现原告确向被告提出过申请，但又无法提供直接证据的情形。如果原告能够提供其他情况证明，足以使人相信他可能提出过申请，而按照正常的行政程序要求，作为被告的行政主体应当是有登记存留的，在此情形下，最高人民法院认为，举证责任将发生转移。尽管这一条款的规定也存在着某些商榷空间，但其对行政主体的程序制度建设具有重要意义。"即如果行政机关不建立一种完备的受理申请的登记制度，将在诉讼中承担不利后果。”① 当然，这种举证责任的转移也不是无条件的，即原告能对其作出申请的事实提供合理说明，如果原告的说明不合理，如被告能够证明当天集体学习等，即便是被告的登记制度不完备，也不会发生举证责任的转移。

（3）在一并提起行政赔偿诉讼中，证明因受被诉行为侵害而造成损失及损失数额大小的事实。《证据规定》第5条规定：“在行政赔偿诉讼中，原告应当对被诉具体行政行为造成损害的事实提供证据。”最高人民法院《关于审理行政赔偿案件若干问题的规定》第32条规定：“原告在行政赔偿诉讼中对自己的主张承担举证责任。被告有权提供不予赔偿或者减少赔偿数额方面的证据。”这两个规定说明，在行政赔偿诉讼中，举证责任是按照民事诉讼证据规则来安排的。实际上，原告无论是一并提起行政赔偿诉讼，还是单独提起行政赔偿诉讼，都应当对行政行为造成损害的事实及请求赔偿数额损失的事实承担举证责任。但因被告的原因导致原告无法举证的，根据《行政诉讼法》第38条的规定，由被告承担举证责任。2018年《行诉法解释》第47条明确：“根据行政诉讼法第三十八条第二款的规定，在行政赔偿、补偿案件中，因被告的原因导致原告无法就损害情况举证的，应当由被告就该损害情况承担举证责任。对于各方主张损失的价值无法认定的，应当由负有举证责任的一方当事人申请鉴定，但法律、法规、规章规定行政机关在作出行政行为时依法应当评估或者鉴定的除外；负有举证责任的当事人拒绝申请鉴定的，由其承担不利的法律后果。”

三、举证时限

（一）被告举证期限的一般规定与补充规定

1. 一般规定。修订前的《行政诉讼法》第32条仅规定了被告的举证责任，但没有规定举证期限，关于举证期限的规定是从第43条推断出来的。第43条规定，“被告应当在收到起诉状副本之日起十日内向人民法院提交作出具体行政行为的有关材料，并提出答辩状”。但该法并没有明示规定，被告提供有关材料的期限即是举证期限，只规定了被告应当“提交作出具体行政行为的有关材料”，“有关材料”是不是证据以及范围有多大并不明确。在这个逻辑下，如果将被告不按期限提供有关材料的行为等同于没有举证，自然就有限制被告诉讼权利的嫌疑。② 这种意见也可以从“1991年最高院执行行政诉讼法若干问题的意见”中得到佐证。该意见第30条明确规定，被告在第一审庭审结束前，不提供或者不能提供作出具体行政

① 胡建淼主编：《行政诉讼法学》，高等教育出版社2003年版，第166页。

② 参见应松年主编：《行政诉讼法学》，中国政法大学出版社2001年版，第128页。

行为的主要证据和所依据的规范性文件的，人民法院可以依据行政诉讼法第 32 条和第 54 条第 2 项的规定，判决撤销被诉具体行政行为。该意见将被告的举证期限设定在第一审庭审结束前，即凡在一审庭审结束前提供的证据均在举证的期限范围内。这意味着最高人民法院并没有将被告向人民法院提交作出行政行为有关材料的期限作为举证期限。

最高人民法院将被告的举证期限等同于被告向人民法院提交作出行政行为有关材料的期限始于“2000 年最高院执行行政诉讼法的解释”。该解释第 26 条第 2 款规定，“被告应当在收到起诉状副本之日起 10 日内提交答辩状，并提供作出具体行政行为时的证据、依据；被告不提供或者无正当理由逾期提供的，应当认定该具体行政行为没有证据、依据”。《证据规定》第 1 条规定：“根据行政诉讼法第三十二条和第四十三条的规定，被告对作出的具体行政行为负有举证责任，应当在收到起诉状副本之日起十日内，提供据以作出被诉具体行政行为的全部证据和所依据的规范性文件。被告不提供或者无正当理由逾期提供证据的，视为被诉具体行政行为没有相应的证据。”至此，确定了被告举证的期限，即“收到起诉状副本之日起十日内”。

从理论上说，最高人民法院从“2000 年最高院执行行政诉讼法的解释”开始，对举证期限问题的规定开始朝着正确的方向发展，因为司法解释充分保证了行政程序中先举证、后裁决规则在诉讼中的价值，有利于人民法院对行政行为的合法性及时作出判断。《行政诉讼法》吸收了司法解释中的合理内容，将其确定为“被告应当在收到起诉状副本之日起十五日内向人民法院提交作出行政行为的证据和所依据的规范性文件”，从而为行政程序规则要求转变为司法审查手段提供了法律依据。

2. 补充规定。从理论上说，被告延期提供证据或补充证据是与被告举证责任期限制度相互矛盾的，但行政审判实践又是非常复杂的，为了周全考虑就必然允许在某些特定情形下的变通。

（1）被告在作出行政行为时已经收集了证据，但因不可抗力等正当理由不能提供的。这最先由“2000 年最高院执行行政诉讼法的解释”规定，《行政诉讼法》对此予以了承认。《行政诉讼法》第 36 条第 1 款规定：“被告在作出行政行为时已经收集了证据，但因不可抗力等正当事由不能提供的，经人民法院准许，可以延期提供。”这一规定包含三层意思：一是延期提供的证据是被告在作出行政行为时已经收集了的。这是对证据的实质性要求，即便是延期提供，也要满足“先取证、后裁决”的行政法治要求。如果证据是在行政行为作出之后收集的，则不能按照本条规定来处理。二是证据不能按时提供是由于被告意志以外的其他原因造成的，即发生了不可抗力致使被告不能在法定期限内提供证据。三是经人民法院准许。

即使具备了上述两个条件，被告延期举证是否可以，决定权最终还是在人民法院。

（2）被告补充证据。这也是最先由“2000 年最高院执行行政诉讼法的解释”第 28 条第 2 项规定的，《行政诉讼法》对此予以肯定。《行政诉讼法》第 36 条第 2 款规定：“原告或者第三人提出了其在行政处理程序中没有提出的理由或者证据的，经人民法院准许，被告可以补充证据。”这一规定有三层意思：一是被告补充证据仅限于原告或者第三人提出了其在行政处理程序中没有提出的理由或证据的情形。尽管行政程序证据与行政诉讼证据功能、性质不同，但二者之间无疑具有延续性，即行政诉讼证据大多来源于行政程序。在行政程序中，行政主体在作出行政行为时，应当有充足的证据，但是基于各种原因，作为原告的行政相对人可能会故意隐瞒证据、不提供证据或者提供的证据与事实不符，而当到了诉讼阶段以后，原告或者第三人再将相关证据提供出来，使得建立在原来证据基础上的行政行为的合法性受到质疑。因此，如果不允许被告补充证据，显然是不公平的。因此，可以说在此情形下，允许被告补充证据，只不过在于实现行政程序与行政诉讼程序的平衡。二是被告补充证据的范围，只能在原告或第三人提出的其在被告实施行政行为中没有提出反驳理由或者证据的范围内。换句话说，被告补充的证据与原告、第三人在诉讼中突袭的证据之间要保持大致的对应，否则将会造成新的不均衡。三是经人民法院许可，未经法院许可补充的证据不予采信。不仅如此，2018 年《行诉法解释》第 34 条还专门对补充证据的期限及其法律效果作了规定：“根据行政诉讼法第三十六条第一款的规定，被告申请延期提供证据的，应当在收到起诉状副本之日起十五日内以书面形式向人民法院提出。人民法院准许延期提供的，被告应当在正当事由消除后十五日内提供证据。逾期提供的视为被诉行政行为没有相应的证据。”

（二）原告和第三人的举证期限

行政诉讼的性质和目的决定了在诉讼程序中，原告享有比被告多得多的诉讼权利，但不能由此断定，对原告的举证不能有任何限制。根据我国学者的研究，对原告和第三人的举证期限进行一定的限制是必要的，理由如下①：（1）起诉期限的规定事实上限制了原告和第三人收集证据的期限。（2）原告提起诉讼时，有初步证明责任，要求原告在诉讼开始前也有相应的收集证据的义务。（3）对原告、第三人的举证期限不加限制，将导致诉讼资源的浪费和诉讼程序的不公平。（4）对原告、第三人的举证期限不加限制，无法制约原告滥用诉讼权利。尽管有必要限制原告的举证期限，但《行政诉讼法》并没有直接规定，最高人民法院在《证据规定》第 7 条规定：“原告或者第三人应当在开庭审理前或者人民法院指定

---

① 参见胡建淼主编：《行政诉讼法学》，高等教育出版社 2003 年版，第 153 页。

的交换证据之日提供证据。因正当事由申请延期提供证据的，经人民法院准许，可以在法庭调查中提供。逾期提供证据的，视为放弃举证权利。”

《证据规定》的这一规定为 2018 年《行诉法解释》所承继。对此，我们作如下解读：

1. 举证的期限。原告和第三人一般应在开庭审理前举证。

2. 延期提供证据规则。原告和第三人延期提供证据需要正当理由，如受到不可抗力的影响、被告的阻扰等，可以申请延期提供证据。经人民法院准许，即是说决定权在人民法院，如果未经准许则不可延期提供。

3. 逾期举证的法律后果。逾期提供证据的法律后果是放弃举证权利。举证责任是一种风险义务，指向特定的法律后果。不在法定的期限内举证，则自然有不利后果：对于被告而言是败诉，对于原告而言是举证权利的丧失。当然，原告或第三人放弃举证权利，并不能导致被告行政行为合法的结果，被告行政行为是否合法仍需依其提供的证据和依据来判断。

四、法院收集证据的权力与义务

（一）人民法院依职权主动调取证据的权力与义务

在诉讼中，人民法院是居中裁判机关，其职能是依据原、被告提供的事实和证据，对案件作出裁断。不仅要考虑原、被告双方的主张和利益，还要考虑行政诉讼的效率以及行政诉讼对国家和社会公共利益的影响。允许人民法院在一定范围内依职权调查取证，不仅有利于克服当事人提供证据的不足，而且有利于人民法院准确、迅速地认定已有证据的合法性、关联性和客观性，从而更加快捷审结行政案件。《行政诉讼法》第 40 条规定，“人民法院有权向有关行政机关以及其他组织、公民调取证据”。《证据规定》第 22 条规定，涉及国家利益、公共利益或者他人合法权益的事实认定或者人民法院依职权追加当事人、中止诉讼、终结诉讼、回避等程序性事项时，人民法院可依职权向有关行政机关以及其他组织、公民调取证据。这是我国现行法律、司法解释对人民法院依职权调取证据的规定。

人民法院在依职权调查取证后，所获得证据可能出现客观上有利于被告的结果，就会产生人民法院和被告联合起来“审”原告的现象。我们认为，如果客观上被告的行政行为需要人民法院依职权调取的证据来支持的话，那么人民法院基本可以断定，被告行政行为的合法性支持是不够的。在《行政诉讼法》的修改中，也体现了立法者的上述担忧，所以专门作了但书规定，即人民法院有权向有关行政机关以及其他组织、公民调取证据，但不得为证明行政行为的合法性而调取被告作出行政行为时未收集的证据。这样，使得人民法院依职权调取证据的行为规则更加完整。如果人民法院依职权收集的证据是对被告不利的，证明的是行政行为的违法性，那么从行政诉讼法的立法意图来看，是允许的，允许依职权调取证据，便于人民法院直接作出判断。

（二）人民法院依申请调取证据的权力和义务

在正常情况下，原告或者第三人为了自己的诉讼目的，均应当自行收集证据。但在某些情况下，原告或第三人收集证据非常困难或者不可能，这时候就产生了申请人民法院收集证据的问题。《行政诉讼法》第41条规定："与本案有关的下列证据，原告或者第三人不能自行收集的，可以申请人民法院调取：（一）由国家机关保存而须由人民法院调取的证据；（二）涉及国家秘密、商业秘密和个人隐私的证据；（三）确因客观原因不能自行收集的其他证据。"2018年《行诉法解释》第46条具体明确："原告或者第三人确有证据证明被告持有的证据对原告或者第三人有利的，可以在开庭审理前书面申请人民法院责令行政机关提交。申请理由成立的，人民法院应当责令行政机关提交，因提交证据所产生的费用，由申请人预付。行政机关无正当理由拒不提交的，人民法院可以推定原告或者第三人基于该证据主张的事实成立。持有证据的当事人以妨碍对方当事人使用为目的，毁灭有关证据或者实施其他致使证据不能使用行为的，人民法院可以推定对方当事人基于该证据主张的事实成立，并可依照行政诉讼法第五十九条规定处理。"

上述规定包括以下内容：

1. 申请的主体。申请的主体只能是原告或第三人。行政主体不能申请人民法院调取证据。因为在行政程序中，行政主体与行政相对人之间客观上处于非均势地位，行政主体利用自身的资源条件，享有获得证据的种种便利，而且行政程序中的诸多证据和依据，直接掌握在行政主体手中，没有行政主体的配合行政相对人根本无法获得，因此，允许行政相对人借助人民法院的力量调取证据是合适的。

2. 申请的条件。只有原告或第三人不能自行收集的证据，才可以申请人民法院收集；即便满足了该条规定的其他条件，但如果原告或者第三人可以自行收集得到的，也应由自己收集。

3. 证据与案件的相关性。原告或第三人申请人民法院调取的证据，必须是与双方当事人争议的案件直接相关的。具体而言，原告和第三人可以向人民法院调取的证据包括两个方面：一是证明争议的行政行为违法性的证据；二是在行政不作为案件、行政赔偿和补偿案件中，原告负有举证责任而应当提供的证据。在这里还有一个问题需要注意，由于行政诉讼中第三人身份的多样性，有的与被告地位更为接近、有的利益诉求与被告主张相一致，这时候，其请求人民法院调取的证据可能会支持行政行为的合法性。对此，应当遵守《行政诉讼法》第40条的规定。

4. 证据的具体范围。可以申请人民法院调取的证据范围具体包括：（1）由国家机关保存而须由人民法院调取的证据。这类证据主要是指档案材料。在国家的档案材料中，有的不对外公开，即使凭借身份证、介绍信等相关证件，也不能查阅和获取，在这种情况下可申请人民法院调取。（2）涉及国家秘密、商业秘密和个人隐私的证据。（3）确因客观原因不能自行收集的其他证据。这是一个兜底性规定，可由具体文件规定或由人民法院裁量。

5. 妨碍证据调取的后果。如果人民法院责令行政机关提交证据，行政机关无正当理由拒不提交的，人民法院可以推定申请人基于该证据主张的事实成立，行政机关则可能会因拒不提交证据视为举证不能或缺乏作出行政行为的依据而承担败诉责任。持有证据的当事人存在《行政诉讼法》第59条的情形，人民法院除可以依照该条规定处理外，还可以视该当事人举证不能或对方当事人已有效举证，推定对方当事人基于该证据主张的事实成立。

思考题：

1. 试述被告承担举证责任的法理。
2. 试述被告的举证范围与期限。
3. 原告承担证明责任的情形有哪些？
4. 如何理解人民法院依职权调取证据？

第二十章　行政诉讼程序

行政诉讼程序指的是公民、法人或者其他组织认为行政主体的行政行为侵犯其合法权益，请求国家司法机关予以救济的一系列法律程序。行政诉讼程序主要包括起诉与受理程序、一审程序、二审程序、审判监督程序等。

第一节　起诉与受理

一、起诉

行政诉讼中的起诉是指行政行为的相对人以及其他与行政行为有利害关系的公民、法人或者其他组织，认为行政主体的行政行为侵犯其合法权益，依法向人民法院提出诉讼请求，要求人民法院对行政主体的行政行为进行合法性审查的法律行为。起诉是启动和引发行政诉讼程序的前提和基础。关于起诉的立法规定都是围绕起诉条件来展开的。

（一）起诉的程序条件

起诉首先涉及与行政复议的关系问题。行政复议与行政诉讼是当今世界解决行政争议的两大途径和方式。起诉与行政复议的关系如何，不仅直接影响到人民法院的受案范围，而且也直接影响到行政相对人诉权的行使。当今世界各国关于行政案件起诉条件的立法方式一般分为两种：当事人自由选择和行政复议前置。我国《行政诉讼法》第 44 条第 1 款对此作了概括性规定："对属于人民法院受案范围的行政案件，公民、法人或者其他组织可以先向行政机关申请复议，对复议决定不服的，再向人民法院提起诉讼；也可以直接向人民法院提起诉讼。"根据这一规定，凡属于人民法院受案范围的，公民、法人或者其他组织都可以提起诉讼。至于是直接提起行政诉讼，还是先经过行政复议，对复议不服的再提起行政诉讼，行政当事人可以自由选择。行政诉讼法在确定行政当事人可以自由选择这一原则性规定的同时，还作出了例外规定，即《行政诉讼法》第 44 条第 2 款规定："法律、法规规定应当先向行政机关申请复议，对复议决定不服再向人民法院提起诉讼的，依照法律、法规的规定。"根据这一规定，行政复议是必经程序的，行政相对人无选择的自由，不经行政复议的，就不得向人民法院起诉。

拓展阅读

行政诉讼复议前置情形列举

由此可见，我国在这个问题上采用的是当事人选择和复议前置相结合的立法方式，当事人自行选择是原则，复议前置是例外。

在行政诉讼实践中，应当正确处理申请复议权与起诉权之间的相互关系：①

第一，法律规定当事人对行政行为不服时，既可以向人民法院起诉，也可以申请复议并由复议机关作终局裁决的，当事人如果选择了申请复议，则不能再向人民法院提起行政诉讼。当事人既提起诉讼又申请复议的，以先收到有关材料的机关为当事人所选择的机关。同时收到的，由当事人选择。当事人对行政机关的行政行为不服，依照法律、法规应当先申请复议的，当事人若未申请复议就直接向人民法院起诉的，人民法院不予受理，但复议机关拒绝复议或超过法定期间不作出复议决定或不予答复的除外。

第二，当事人向复议机关申请复议后，又经复议机关同意撤回复议申请，如果复议不是必经程序，当事人在法定期限内对原行政行为提起行政诉讼，人民法院应予受理。在复议不是必经程序的情况下，若当事人申请复议时已超过法定申请复议期限，但未超过法定起诉期限并符合其他起诉条件，人民法院应予受理。

第三，当事人已向法定复议机关申请复议，在法定期间，又向人民法院提起行政诉讼的，人民法院不予受理。

（二）起诉的时间条件

根据《行政诉讼法》的规定，行政相对人提起诉讼的期限可以分为以下两种：

第一，不服行政复议提起诉讼的期限。《行政诉讼法》第 45 条规定："公民、法人或者其他组织不服复议决定的，可以在收到复议决定书之日起十五日内向人民法院提起诉讼。复议机关逾期不作决定的，申请人可以在复议期满之日起十五日内向人民法院提起诉讼。法律另有规定的除外。"依据此规定，经行政复议后向人民法院提起诉讼的期限为 15 日。但法律另有规定的，依据单行法律的规定。例如，我国《专利法》规定，经复议（专利复审）后的起诉期限为 3 个月。

第二，直接向人民法院提起诉讼的期限。《行政诉讼法》第 46 条第 1 款规定："公民、法人或者其他组织直接向人民法院提起诉讼的，应当自知道或者应当知道作出行政行为之日起六个月内提出。法律另有规定的除外。"依据此规定，直接向人民法院提起诉讼的期限为 6 个月。但是，法律另有规定的，依据单行法律的规定。例如，《土地管理法》第 16 条规定，土地所有权和使用权争议，当事人对有关人民政府的处理决定不服的，起诉期限为 30 日。又如，《森林法》中规定的起诉期限是 1 个月。

为了充分保护行政相对人的诉权，我国《行政诉讼法》明确规定：

（1）因不动产提起诉讼的案件，自行政行为作出之日起超过 20 年，其他案件

① 参见 2018 年《行诉法解释》第 56—59 条。

自行政行为作出之日起超过 5 年提起诉讼的，人民法院不予受理。

（2）公民、法人或者其他组织申请行政机关履行保护其人身权、财产权等合法权益的法定职责，行政机关在接到申请之日起 2 个月内不履行的，公民、法人或者其他组织可以向人民法院提起诉讼，并应当在行政机关履行法定职责期限届满之日起 6 个月内提出。法律、法规对行政机关履行职责的期限另有规定的，从其规定。

（3）公民、法人或者其他组织在紧急情况下请求行政机关履行保护其人身权、财产权等合法权益的法定职责，行政机关不履行的，提起诉讼不受前款规定期限的限制。

对于行政诉讼期限的延长，《行政诉讼法》第 48 条作了规定：公民、法人或者其他组织因不可抗力或者其他不属于其自身的原因耽误起诉期限的，被耽误的时间不计算在起诉期限内。公民、法人或者其他组织因前款规定以外的其他特殊情况耽误起诉期限的，在障碍消除后 10 日内，可以申请延长期限，是否准许由人民法院决定。这里的“不可抗力”，是指当事人无法预见或者无力克服和避免的事件，如发生战争或自然灾害等。这里的“其他特殊情况”是指除不可抗力外，发生的不能归责于当事人的情况，如当事人身患重病、一时又无法找到诉讼代理人的情况。《行政诉讼法》第 48 条对诉讼期限延长的规定，不仅适用于起诉期限，也适用于行政诉讼法规定的其他诉讼期限，如上诉期限等。

（三）起诉的一般条件

起诉的一般条件是指公民、法人或者其他组织向人民法院提起行政诉讼时必须具备的法律规定的要件。根据《行政诉讼法》第 49 条的规定，公民、法人或者其他组织提起行政诉讼，必须符合下列条件：

第一，原告是符合《行政诉讼法》第 25 条规定的公民、法人或者其他组织。在行政诉讼中，原告起诉必须是认为自己的合法权益受到行政主体的行政行为侵犯或者是不服行政主体的行政处理决定，才会出现行政争议，也就是说，必须是与本案有利害关系的行政相对人，才可以行使起诉权，向人民法院提起诉讼。

第二，有明确的被告。[①] 原告在向人民法院提起诉讼时，必须明确指出被告是谁，是谁侵犯了他的合法权益，或者是与谁发生了行政争议。在行政诉讼中，只有原被告双方都十分明确具体，才能形成行政诉讼中的一对矛盾。否则，人民法院将无法开展行政审判活动。

---

① 2018 年《行诉法解释》第 67 条对“有明确的被告”作了具体界定，只要原告提供被告的名称等信息足以使被告与其他行政机关相区别的，就可以认定为“有明确的被告”。

第三，有具体的诉讼请求①和事实根据。诉讼请求是指原告请求人民法院通过司法程序保护自己合法权益的具体内容。在不同类型的行政案件中，诉讼请求的内容各不相同，但诉讼请求必须明确具体。事实根据是指原告向法院起诉提出诉讼请求所依据的事实和理由，包括争议事实发生的全部经过，以及能够证明案情事实存在的必要证据。

第四，属于人民法院的受案范围和受诉人民法院的管辖。属于人民法院的受案范围，是指原告起诉的案件，必须符合行政诉讼法关于受案范围的规定，属于法院的主管范围，是人民法院行使行政审判权的对象，否则，就不能起诉。属于受诉人民法院的管辖，是指原告起诉的案件，不仅要符合行政诉讼法关于受案范围的规定，还必须符合行政诉讼法关于管辖的规定，否则，就不符合行政诉讼的起诉条件。

（四）起诉的形式条件

我国《行政诉讼法》明确规定，起诉应当向人民法院递交起诉状，并按照被告人数提出副本。书写起诉状确有困难的，可以口头起诉，由人民法院记入笔录，出具注明日期的书面凭证，并告知对方当事人。

由于起诉是一项重要的法律行为，应以书面起诉方式为原则。但为了充分保护行政相对人的诉权，法律允许对书写起诉状确有困难的原告以口头方式起诉。可见，在起诉方式上，应当采用书面方式和口头方式相结合，以书面方式为原则，以口头方式为例外。

在行政诉讼中，原告以书面方式提起诉讼的，应书写起诉状，起诉状应当记明以下事项：（1）原告的基本情况，包括原告的姓名、性别、年龄、民族、籍贯、职业、工作单位和住址；（2）诉讼请求和所依据的事实和理由；（3）证据情况，包括证据来源、证人的姓名和住址；（4）其他的基本情况，如在起诉状中应写明受诉人民法院的名称、起诉的时间，并由起诉人签名或盖章。以上内容如有欠缺的，人民法院应通知原告在限期内补正。②

二、受理

行政诉讼中的受理是指公民、法人或者其他组织向人民法院起诉，经受诉人民法院审查后，人民法院认为符合法律规定的起诉条件并决定接受其诉讼请求的法律行为。在行政诉讼中，原告的起诉行为并不必然导致法院受理的法律后果。人民法院对于不符合法定起诉条件的，可以拒绝受理。因此，原告的起诉行为和

---

① 2018年《行诉法解释》第68条对“有具体的诉讼请求”作了进一步解释，列举了9种具体类型。

② 2018年《行诉法解释》第54、55条对此作了具体规定。

人民法院的受理行为相结合，才标志着行政诉讼程序的开始。

为了解决行政诉讼告状难的问题，我国《行政诉讼法》第51、52条专门规定了立案登记制。人民法院在接到起诉状时对符合该法规定的起诉条件的，应当登记立案。对当场不能判定是否符合该法规定的起诉条件的，应当接收起诉状，出具注明收到日期的书面凭证，并在7日内决定是否立案。不符合起诉条件的，作出不予立案的裁定。裁定书应当载明不予立案的理由。原告对裁定不服的，可以提起上诉。起诉状内容欠缺或者有其他错误的，应当给予指导和释明，并一次性告知当事人需要补正的内容。不得未经指导和释明即以起诉不符合条件为由不接收起诉状。对于不接收起诉状、接收起诉状后不出具书面凭证，以及不一次性告知当事人需要补正的起诉状内容的，当事人可以向上级人民法院投诉，上级人民法院应当责令改正，并对直接负责的主管人员和其他直接责任人员依法给予处分。人民法院既不立案，又不作出不予立案裁定的，当事人可以向上一级人民法院起诉。上一级人民法院认为符合起诉条件的，应当立案、审理，也可以指定其他下级人民法院立案、审理。①

实行登记立案制应当注意以下三点：一是登记立案必须依法进行，登记立案的前提是必须符合行政诉讼法的起诉条件，登记立案并不是不作任何审查。二是登记立案在立案环节的审查只是形式或程序上的审查，不是实体性的审查，只要符合起诉的基本条件，法院就应当依法立案。三是对于立案中的不规范行为，要依法追究责任并进行处理。

审查起诉是指人民法院对当事人的起诉状进行审查，以决定是否受理的活动。审查起诉是受理案件的重要环节，人民法院接到原告的起诉状后，应当进行审查。

在审查起诉的过程中，人民法院应当注意审查以下几项内容：

第一，审查起诉是否符合行政诉讼法规定的条件。这项审查工作应根据《行政诉讼法》第44—52条规定的起诉条件，审查是否符合法定的提起诉讼的程序，提起诉讼的期限是否超过法定期限，等等。

第二，审查是否重复起诉。对于人民法院已经处理过的行政案件或者正在进行审理的行政案件，当事人不能就同一诉讼标的，以同一理由再向人民法院另行起诉，即人民法院“一事不再理”。

第三，审查起诉状的内容是否明确、具体，起诉手续是否完备，是否符合法律的规定。如起诉状上原告的

拓展阅读

杨一民诉成都市政府其他行政纠纷案

① 2018年《行诉法解释》第53条对登记立案制度作了进一步的规定：“……能够判断符合起诉条件的，应当当场登记立案；当场不能判断是否符合起诉条件的，应当在接收起诉状后七日内决定是否立案；七日内仍不能作出判断的，应当先予立案。”

基本情况、证据等情况是否清楚；若是委托代理的案件，有关法律文书是否填写、代理权限是否明确；等等。

经过审查之后，人民法院应当分别作出以下处理：

1. 人民法院经过审查，认为当事人的起诉符合法定的受理条件的，应当在7日内立案，并及时通知原告。

2. 人民法院经过审查，认为当事人的起诉不符合法定的受理条件的，应于法定期限内通知起诉人不予受理，并说明理由。当事人对裁定不服的可以提起上诉。

3. 人民法院在7日内审查不清的，应当先予受理。经继续审查确实不符合起诉条件的，裁定驳回起诉。2018年《行诉法解释》第69条对此的规定为："有下列情形之一，已经立案的，应当裁定驳回起诉：（一）不符合行政诉讼法第四十九条规定的；（二）超过法定起诉期限且无行政诉讼法第四十八条规定情形的；（三）错列被告且拒绝变更的；（四）未按照法律规定由法定代理人、指定代理人、代表人为诉讼行为的；（五）未按照法律、法规规定先向行政机关申请复议的；（六）重复起诉的；（七）撤回起诉后无正当理由再行起诉的；（八）行政行为对其合法权益明显不产生实际影响的；（九）诉讼标的已为生效裁判或者调解书所羁束的；（十）其他不符合法定起诉条件的情形。……人民法院经过阅卷、调查或者询问当事人，认为不需要开庭审理的，可以迳行裁定驳回起诉。"

审查起诉的期限，从受诉人民法院收到起诉状的次日起算。因起诉状内容欠缺令原告补正的，从补正后交人民法院的次日起算。

三、撤诉

（一）撤诉的概念和种类

撤诉是指人民法院受理行政案件以后，在宣告判决或者裁定之前，原告主动要求撤回或者取消诉讼请求，放弃或处分诉讼权利的行为。

原告撤诉会对行政诉讼程序产生巨大的影响，撤诉如果成立，将会产生终结诉讼程序等一系列的法律后果。由于原告撤诉是原告放弃和处分诉讼权利的一种形式，并且原告放弃和处分的是一种具有"公共性质"的权利，因此，对原告的撤诉行为必须加以法律规范。

《行政诉讼法》规定，人民法院对行政案件宣告判决或者裁定前，原告申请撤诉的，或者被告改变其所作的行政行为，原告同意并申请撤诉的，是否准许，由人民法院裁定。依据这一规定，原告撤诉有以下两种：

第一，原告自动撤诉。在原告起诉后，人民法院对行政案件宣告判决或者裁定前，原告逐步认识到被诉行政行为的正确与合法，从而主动向人民法院提出撤诉申请。在这种情况下，被诉的行政行为没有发生任何变化。

第二，因被告改变被诉的行政行为而撤诉。在原告起诉后，人民法院对行政案件宣告判决或者裁定前，由于被告改变撤销了已作出的行政行为，原告对这种改变不持异议，从而导致行政争议的解决。在这种情况下，原告同意被告改变被诉的行政行为，而向人民法院申请撤诉。

（二）撤诉的条件

根据《行政诉讼法》的规定，原告撤诉必须具备以下三个条件：

第一，原告申请撤诉必须自愿。原告撤诉必须是原告出自内心的真实意思表示。原告是否撤诉，完全取决于其自身的意愿，任何强迫原告撤诉或者附条件的撤诉，都是违反法律规定的。原告因受威胁、贿赂等违法原因而申请撤诉的都不能成立。

第二，原告申请撤诉必须是在人民法院作出裁判前提出。这是原告撤诉在时间上的限制条件。原告申请撤诉的时间必须是在人民法院受理之后，作出裁判之前，即必须是在诉讼期间。因为只有在诉讼期间才谈得上撤诉。如果裁判已经作出，对当事人发生法律效力，当事人必须无条件地履行，因而就不存在撤诉的问题。

第三，原告撤诉必须经过人民法院裁定准许。无论是原告主动申请的撤诉还是由于被告改变自己的行政行为，原告同意而申请撤诉的，是否准许其撤诉，都要经人民法院审查，并由人民法院作出裁定。尽管撤诉是原告放弃和处分自己诉讼权利的行为，但是，在进入行政诉讼程序之后，当事人对诉讼权利的处分必须置于人民法院的控制之下，以保证行政诉讼法立法目的的实现。人民法院在审查撤诉时，主要是审查原告申请撤诉是否符合法律规定，撤诉的原因是否合法。对于合法的撤诉申请，人民法院应裁定准许；对于不合法的撤诉申请，人民法院应裁定不准许。

（三）在实践中应当如何处理撤诉问题

在行政审判实践中撤诉的问题较为复杂，行政诉讼法规定了在行政审判实践中人民法院可以对原告采取按撤诉处理的情况。《行政诉讼法》第58条规定：经人民法院传票传唤，原告无正当理由拒不到庭，或者未经法庭许可中途退庭的，可以按照撤诉处理。在这种情况下，虽然原告没有明确地提出撤诉申请，但法院合法传唤原告而原告无正当理由拒不到庭的事实，足以表明其放弃了诉讼请求，这是对自己诉权的一种处分行为，因而可以推定为原告申请撤诉，人民法院就可以按撤诉处理。这表明《行政诉讼法》第58条的规定与第62条的规定不够协调。根据第62条的规定，原告申请撤诉，是否准许，必须由人民法院裁定；而根据第58条的规定，原告不需要提出撤诉申请，只要不出庭就可以达到其撤诉的目的。

目前各地人民法院审理行政案件以撤诉的方式结案的比例较高。因此，在行政审判实践中，如何处理撤诉、协调好这两个法条之间的矛盾是人民法院面临的一个重要问题。我们认为，在行政诉讼中，人民法院应当慎重地处理撤诉，对于原告经传票传唤拒不到庭的不能一概视为申请撤诉、按撤诉处理，而应当根据原告拒不到庭的不同情况，认真审查申请撤诉的原因，区别对待。

在行政诉讼中，原告拒不到庭或申请撤诉的原因十分复杂，基本上可以划分为正当或不正当两大类。其中正当的撤诉原因主要有：（1）原告在诉讼过程中，认识到行政行为合法适当而撤诉。（2）在诉讼过程中，作为被告的行政机关发现已作出的行政行为确有错误，依法予以撤销或变更，原告同意并向人民法院申请撤诉。不正当的撤诉原因主要有：（1）作为被告的行政机关直接实施了种种恶劣的手段致使原告撤诉，原告申请撤诉的原因是受到被告的威胁、胁迫等违法行为的影响，而不是合法的和自愿的。在这种情况下，原告的诉权没有得到应有的保护。（2）原、被告双方恶意串通，故意规避法律，以牺牲国家利益、公共利益或第三人的利益为代价，通过降格执法来满足原告的要求以换取原告撤诉。（3）在行政诉讼中，被告不依法履行诉讼义务或滥用诉讼权利，以不作为的方式造成行政审判困难，通过打“持久战”迫使原告不得不申请撤诉。（4）行政机关对违法相对人的某些违法事实没有查清，遗漏处罚或没有依法从重处罚，原告担心人民法院查清事实后，责令行政机关重新处理，原告为逃避法律制裁而向人民法院申请撤诉。

因此，在行政审判实践中，人民法院应当对原告申请撤诉的原因进行全面的审查，并且要重点审查以下四个方面：一是原告撤诉的真实动机；二是原、被告双方有无逃避法律的意图；三是行政行为的合法性；四是是否损害国家利益、社会公共利益或其他人的合法利益。我们认为，在对撤诉进行全面审查以后，应当根据不同情况进行处理：对于基于正当原因提出的撤诉申请，应当根据《行政诉讼法》第62条的规定，准许其撤诉；未申请撤诉但拒不到庭的，应当按照第58条的规定，视为申请撤诉，按撤诉处理。对基于不正当原因提出的撤诉申请，人民法院应当严格审查其撤诉原因，只要发现有不符合法定条件的，一律不准许撤诉或按撤诉处理，而必须由人民法院根据具体情况进行裁定，并且，在人民法院裁定不准许原告撤诉之后，如果原告仍拒不到庭，可以缺席判决。我们认为，只有这样，才能够切实保障原告的诉权，才符合行政诉讼的立法目的，从而保证行政诉讼法的顺利实施。

第二节 行政诉讼一审程序

一、普通程序

（一）一审前准备

审理前的准备是人民法院审理行政案件的一个重要阶段。通过这一阶段，人民法院能掌握案件的基本情况，弄清双方当事人争执的焦点，通知诉讼参加人参加诉讼，为开庭审理做好准备工作。审理前的准备工作主要包括：

第一，交换诉状。交换诉状是一项法定的诉讼程序，是案件审理顺利进行的必要条件。《行政诉讼法》第 67 条第 1 款规定："人民法院应当在立案之日起五日内，将起诉状副本发送被告。被告应当在收到起诉状副本之日起十五日内向人民法院提交作出行政行为的证据和所依据的规范性文件，并提出答辩状。人民法院应当在收到答辩状之日起五日内，将答辩状副本发送原告。"

第二，依法组成合议庭，认真查阅案卷。人民法院审理行政案件，由审判员组成合议庭，或者由审判员、陪审员组成合议庭。合议庭的成员，应当是 3 人以上的单数。合议庭组成后，其成员应认真阅卷，为开庭审理做好充分的准备。

第三，人民法院在查阅案卷材料的基础上认为必要的，可以要求当事人提供或者补充证据，或者自行依职权调查取证。

第四，更换或追加当事人。人民法院在开庭审理行政案件之前，如果发现诉讼参加人不符合条件的，应责令其退出诉讼，更换符合条件的当事人参加诉讼；或者是必须共同进行诉讼的当事人没有参加诉讼的，人民法院应通知其参加诉讼，追加为当事人。人民法院在第一审程序中，征得原告同意后，可以依职权追加或者变更被告。应当变更被告，原告不同意变更的，裁定驳回起诉。

第五，先行给付。人民法院在审理请求给付的行政案件时，在作出判决之前，因作为原告的公民经济十分困难，无法维持正常的生活，裁定被诉的行政主体先行给付一定款项或财物，并立即交付执行。例如人民法院审理发给抚恤金的行政案件。

第六，决定有关事项，为开庭审理做好准备。比如决定是否需要回避，解决案件是合并审理还是分开审理，决定诉讼期间某项行政行为是否需要停止执行，等等。

（二）开庭审理

开庭审理是指人民法院在当事人和其他诉讼参与人的参加下，在法庭上依照法律规定的顺序对行政案件进行审理的全部诉讼活动，又称为"法庭审理"。

1. 开庭审理的程序。开庭审理的程序，在我国行政诉讼法中没有作出明确的规定，根据行政诉讼法的立法精神，在行政审判实践中，参照适用我国民事诉讼法的开庭审理程序。行政案件的开庭审理的程序，按其先后顺序主要包括开庭前的准备、宣布开庭、法庭调查、法庭辩论、合议庭评议和宣判六项。具体分述如下：

第一，开庭前的准备。人民法院应当在开庭前 3 天将开庭的时间、地点通知给当事人和其他诉讼参加人。

第二，宣布开庭。开庭审理前，由书记员查明当事人或其他诉讼参与人是否到庭，并宣布法庭纪律。开庭审理时由审判长宣布开庭，其具体内容包括：

（1）询问当事人和当事人陈述；（2）询问证人或宣读未到庭的证人证言；（3）询问鉴定人，宣读鉴定意见；（4）向当事人出示书证、物证、视听资料和宣读勘验笔录、现场笔录。以上过程完毕，由审判长询问当事人及其诉讼代理人在事实方面有无补充。

第三，法庭辩论。法庭辩论的顺序是：（1）原告及其诉讼代理人发言。（2）被告及其诉讼代理人发言。值得注意的是，《行政诉讼法》第3条明确规定，被诉行政机关负责人应当出庭应诉。不能出庭的，应当委托行政机关相应的工作人员出庭。① （3）双方互相辩论。法庭辩论终结，由审判长按原告、被告的先后顺序征询双方的最后意见。

第四，合议庭评议。在法庭辩论结束后，合议庭全体成员退庭进行评议。评议时，就事实认定和法律适用两方面进行，评议由审判长主持，实行少数服从多数的原则。评议情况应当制作笔录，由合议庭成员签名。

第五，宣判。人民法院对公开审理和不公开审理的案件，一律公开宣告判决。人民法院公开裁判文书，有助于排除各方干扰。宣判的方式有两种：一是当庭宣判。当庭宣判的，应当在10日内发送判决书。二是定期宣判。定期宣判的，宣判后立即发给判决书。宣告判决时，必须告知当事人上诉权利、上诉期限和上诉的人民法院。

书记员应将庭审的全部活动如实记入笔录，由审判人员和书记员签名。法庭笔录可以由书记员当庭宣读，也可以告知当事人或其他诉讼参加人当庭或5日内阅读。阅读时如发现笔录确有遗漏或差错的，当事人或其他诉讼参加人有权申请补正。当事人或其他诉讼参加人应当在法庭笔录上签名或者盖章，拒绝签名盖章的，应记明情况，附卷备查。

2. 第一审行政案件的审限。第一审行政案件的审限，即人民法院对行政案件的审理期限，它是指人民法院自受理后到作出判决的法定期限。规定审限的目的是保证人民法院对行政案件及时进行审理，保证行政诉讼活动的顺利进行。为此，我国《行政诉讼法》第81条规定："人民法院应当在立案之日起六个月内作出第一审判决。有特殊情况需要延长的，由高级人民法院批准，高级人民法院审理第一审案件需要延长的，由最高人民法院批准。"该审限是指从立案的次日起至裁判宣告之日止的期间，但送达、公告、鉴定、处理管辖争议以及送请有关部门解释或确认法律规范的时间不计算在审理期间内。

---

① 2018年《行诉法解释》第128条进一步明确："行政诉讼法第三条第三款规定的行政机关负责人，包括行政机关的正职、副职负责人以及其他参与分管的负责人。行政机关负责人出庭应诉的，可以另行委托一至二名诉讼代理人。行政机关负责人不能出庭的，应当委托行政机关相应的工作人员出庭，不得仅委托律师出庭。"

3. 人民法院在审理行政案件的过程中，发现违反政纪和犯罪案件的移送问题。我国《行政诉讼法》第 66 条规定：人民法院在审理行政案件中，认为行政机关的主管人员、直接责任人员违法违纪的，应当将有关材料移送监察机关、该行政机关或者其上一级行政机关；认为有犯罪行为的，应当将有关材料移送公安、检察机关。人民法院对被告经传票传唤无正当理由拒不到庭，或者未经法庭许可中途退庭的，可以将被告拒不到庭或者中途退庭的情况予以公告，并可以向监察机关或者被告的上一级行政机关提出依法给予其主要负责人或者直接责任人员处分的司法建议。《行政诉讼法》作出的这一规定，对于追究和处罚与行政案件有关的行政机关工作人员的违反政纪行为和犯罪行为、维护社会主义法治的统一和尊严，具有重要的作用和意义。

二、简易程序

行政诉讼简易程序是指第一审人民法院审理行政案件所适用的，比普通程序相对简单的审判程序。它是对普通程序的简化，基层人民法院和中级人民法院都可以适用。设置简易程序符合当今世界各国诉讼立法的趋势，对于及时审理案件，提高办案效率，具有重要意义。

简易程序的特点主要体现在以下方面：（1）适用简易程序的案件，由审判员一人独任审判。（2）适用简易程序的案件应当在立案之日起 45 日内审结。（3）简易程序的庭审阶段简化，庭审可以省略普通程序审理的某些诉讼环节，以迅速、准确审结案件。（4）简易程序可以变更为普通程序。人民法院在审理过程中，发现案件不宜适用简易程序的，可以裁定转为普通程序。

对简易程序的适用条件，《行政诉讼法》第 82 条规定，人民法院审理下列第一审行政案件，认为事实清楚、权利义务关系明确、争议不大的，可以适用简易程序：（1）被诉行政行为是依法当场作出的；（2）案件涉及款额 2 000 元以下的；（3）属于政府信息公开案件的；（4）除前款规定以外的当事人各方同意适用简易程序的第一审行政案件。另外，发回重审、按照审判监督程序再审的案件不适用简易程序。

第三节　行政诉讼二审程序

一、行政诉讼二审程序概述

行政诉讼的第二审程序，又称上诉审程序或终审程序，是指上级人民法院对下级人民法院所作的第一审案件的裁判，在其发生法律效力之前，基于当事人的上诉，依据事实和法律，对案件进行审理和裁判的活动。

第二审程序在整个行政诉讼程序中占有重要的地位，具有重要的意义。通过二审程序，不仅可以纠正第一审裁判中的错误，维护诉讼当事人的合法权益，还可以维持第一审法院的正确判决和裁定，维护法制的尊严，同时还有利于监督和检查下级人民法院的行政审判工作。

第二审程序与第一审程序的联系十分密切。具体表现在：其一，第二审程序和第一审程序是对同一个行政案件的审理，而不是审理另一个新的案件。其二，第一审程序是第二审程序的前提，第二审程序是第一审程序的继续和发展，这两个审判程序是同一行政案件的审判进程中的两个阶段，是不能截然分开的统一体。虽然第二审程序不是第一个行政案件的必经程序，但是，如果第一审判决后，当事人不服，在法定的期限内提起上诉请求，在这种情况下，如果没有第二审程序就意味着某些行政案件没有审理终结。其三，两个程序的任务相同，都是为了解决行政争议，实现行政诉讼法的立法目的。

第二审程序是第一审程序后的一个相对独立的审判程序，具有不同于第一审程序的特点，具体表现在：

第一，两审程序发生的基础不同。第一审程序发生的基础是行政相对人依法行使行政诉讼的起诉权以及人民法院对行政案件的管辖权。第二审程序发生的基础是诉讼当事人依法行使上诉权以及上一级人民法院对下一级人民法院的审判监督权。

第二，行使权利的主体范围不同。在一审中，起诉权只能由行政管理相对人行使。在二审中，上诉权的主体是诉讼当事人双方，既可以是行政管理的相对人，也可以是作为被告的行政主体。

第三，两审程序的审理对象不同。在行政诉讼中，第一审程序的审理对象是被诉行政机关所作的行政行为的合法性，第二审程序的审理对象是第一审人民法院的未发生法律效力的判决或裁定。二审审判权不同于一审审判权的主要区别就在于二审法院可以审查一审裁判的合法性，并通过这种审判监督权来保护诉讼当事人的合法权益，解决行政争议。

第二审程序发生的原因有两个：一是当事人依法行使上诉权；二是上级人民法院通过审判监督程序，发回第二审人民法院重审和二审人民法院提审。

二、上诉的提起与受理

上诉的提起和法院的受理两者有机结合，标志着第二审程序的正式开始。

（一）上诉的提起

上诉，是指行政诉讼的当事人不服第一审法院的判决或裁定，要求二审人民法院对下一级人民法院裁判的事项重新进行审理，二审人民法院行使行政审判监督权的诉讼行为。

根据《行政诉讼法》的规定，在行政诉讼中，上诉必须具备以下条件：

第一，具有法定的上诉人和被上诉人。根据《行政诉讼法》的规定，上诉人是不服人民法院第一审判决的当事人，因此，上诉人包括一审程序中原、被告双方当事人的任何一方，也就是说，一审程序中的原告和被告都可以成为上诉人。另外，一审程序中的共同诉讼人、法定代理人、第三人也享有上诉权。

第二，针对法律允许提起上诉的对象。这实际上是指法律对被允许上诉的裁判种类的限制。根据行政诉讼法的规定，除最高人民法院的判决和裁定不能上诉之外，一审当事人对一审法院作出的各种判决都有权提起上诉；对于裁定，《行政诉讼法》第51条明确规定，对驳回起诉的裁定，诉讼当事人可以提起上诉。

第三，在法定的期限内提起上诉。上诉权只能在特定的期间内行使，这是二审制度的一个显著特点，如果超越了法定期限不提起上诉，一审裁判就发生法律效力，上诉权就不复存在了。由于判决和裁定二者的特点不同，《行政诉讼法》第85条规定了上诉期限：对判决的上诉期限为15日，对裁定的上诉期限为10日。

（二）上诉的受理

上诉的受理，是指二审法院对于符合法定上诉条件的上诉予以接受的诉讼行为。我国行政诉讼法没有明确规定上诉受理的程序，在行政审判实践中，可以参照民事诉讼法中有关起诉和受理的规定。

第一，通过原审法院提出上诉的，由原审法院行使上诉的审查权，原审法院认为不符合上诉的法定条件的，可以直接裁定驳回；对于符合上诉条件的，一审法院应当在5日内将上诉状副本送达对方当事人。对方当事人收到上诉状副本，应当在15日内提出答辩状。原审人民法院收到答辩状并向对方送达后5日内，应当连同一审的全部案卷和证据，报送二审法院。

第二，直接向二审法院提出上诉的，由二审法院行使上诉的审查权，二审法院认为不符合上诉条件的，应当裁定驳回。对于符合上诉条件的，二审法院应予以接受。二审法院在接受上诉后，应参照《行政诉讼法》第67条的规定进行。按法定的期限和程序交换诉状，提出答辩状。二审法院在收到一审法院的诉讼卷宗和被上诉人的答辩状后，即开始二审程序的审理。

第三，人民法院一并审理相关民事争议，当事人仅对行政裁判或者民事裁判提出上诉的，未上诉的裁判在上诉期满后即发生法律效力。第一审人民法院应当将全部案卷一并移送第二审人民法院，由行政审判庭审理。第二审人民法院发现未上诉的生效裁判确有错误的，应当按照审判监督程序再审。

三、上诉案件的审理和裁判

（一）上诉案件的审理

上诉案件的审理，是指二审人民法院依法对一审法院作出的裁判进行全面的审查，行使行政审判监督权，并形成二审裁判的各种活动的总称。

二审人民法院审理上诉案件，依据第二审程序进行，如果第二审程序中没有规定的，可以适用《行政诉讼法》中关于第一审程序的有关规定。

1. 审理前的准备工作：（1）依法组成合议庭；（2）作好阅卷、询问当事人和调查取证工作；（3）决定审理的方式，采取书面审理还是开庭审理。

2. 开庭审理。二审法院对于上诉的行政案件，除案件事实清楚，可以进行书面审理的之外，都应当开庭进行审理。开庭审理的程序应参照一审程序进行，主要包括：开庭前的准备、宣布开庭、法庭调查、法庭辩论、合议庭评议和宣判。二审法院在对上诉案件的审理过程中，必须进行全面的审查。审查的内容包括事实的认定、法律的适用以及诉讼程序的合法性三个方面，不受当事人上诉范围的限制。《行政诉讼法》规定，人民法院对上诉案件，应当组成合议庭，开庭审理。经过阅卷、调查和询问当事人，对没有提出新的事实、证据或者理由，合议庭认为不需要开庭审理的，也可以不开庭审理。人民法院审理上诉案件，应当对原审人民法院的判决、裁定和被诉行政行为进行全面审查。

3. 撤回上诉。《行政诉讼法》对二审程序中撤回上诉没有作明确规定。在实践中，处理撤回上诉时，应参照适用《行政诉讼法》第 62 条的规定。撤回上诉的基本要求是：（1）提出撤回上诉的主体仅限于法定上诉人的范围；（2）提出撤回上诉的时间应当是二审程序开始之后、二审裁判作出之前；（3）提出撤回上诉的请求之后，能否成立，由人民法院审查后予以裁定。

撤回上诉的请求，一经人民法院裁定准许，就产生以下法律后果：（1）对上诉人来说，就丧失了对本案的上诉权，撤回上诉后不得再行上诉；（2）撤回上诉之后，一审法院的判决或裁定即发生法律效力，当事人必须执行；（3）撤回上诉之后，由上诉人负担上诉的全部诉讼费用。

二审程序的撤回上诉与一审程序中的撤诉存在着一个重大的差别，具体表现为撤诉主体的范围不同。在一审程序中，享有撤诉权的主体范围与享有起诉权的主体范围是吻合的，仅限于行政诉讼中的原告一方当事人享有，作为被告的行政主体不享有。在二审程序中，享有撤回上诉权的主体范围与享有上诉权的主体范围是吻合的，包括一审程序中诉讼当事人双方，既包括行政管理相对人，又包括被诉的行政主体以及法定代理人等。

4. 上诉审的审理期限。《行政诉讼法》规定，人民法院审理上诉案件，应当在收到上诉状之日起 3 个月内作出终审判决。有特殊情况需要延长的，由高级人民法院批准，高级人民法院审理上诉案件需要延长的，由最高人民法院批准。法律明确规定上诉案件的审结期限，目的是促使人民法院及时审理行政案件，保证行政管理效率的提高。

（二）二审裁判

二审裁判，是指二审人民法院在审理上诉案件的过程中，依据事实和法律，对上诉案件作出具有强制性的终局性的判定。二审裁判是终审裁判，一经作出即发生法律效力。

根据《行政诉讼法》第 89 条的规定，人民法院审理上诉案件，按照下列情形，分别处理：（1）原判决、裁定认定事实清楚，适用法律、法规正确的，判决或者裁定驳回上诉，维持原判决、裁定；（2）原判决、裁定认定事实错误或者适用法律、法规错误的，依法改判、撤销或者变更；（3）原判决认定基本事实不清、证据不足的，发回原审人民法院重审，或者查清事实后改判；（4）原判决遗漏当事人或者违法缺席判决等严重违反法定程序的，裁定撤销原判决，发回原审人民法院重审。原审人民法院对发回重审的案件作出判决后，当事人提起上诉的，第二审人民法院不得再次发回重审。

第四节 行政诉讼审判监督程序

一、审判监督程序的提起

（一）审判监督程序概述

审判监督程序，又称为再审程序，是指人民法院或人民检察院对已经发生法律效力的判决、裁定，发现确有错误，或者违反法律、法规规定的，依法进行再次审理的程序。

审判监督程序属于再审性质的程序，是对人民法院行使行政审判权的一项补救制度。因此，它不属于一个固定的审级，也不是每一个行政案件的必经程序，而是一个修正程序，对已经发生法律效力并且确有错误的判决和裁定采用的一种特殊的审判程序。

拓展阅读

甘露不服暨南大学开除学籍决定案

设立审判监督程序具有以下两方面的意义：（1）通过审判监督程序，对行政案件提起再审，使确有错误的已经发生法律效力的判决或裁定得到纠正，有利于提高办案质量。（2）通过审判监督程序，对行政案件提起再审，对确有错误的判决或裁定实事求是地予以纠正，能确保人民法院审理行政案件的正确性和合法性，从而保护行政相对人的合法权益，保障国家行政机关依法行使行政职权，维护正常的行政法律秩序。

审判监督程序和第二审程序，都是为了审查矫正行政诉讼判决或裁定的错误，有效地行使行政审判监督权，以保证行政审判活动的正确与合法。但是，它们是两种性质不同的诉讼程序，其主要区别表现在：

第一，提起的主体不同。有权提起二审程序的主体是一审程序中的诉讼当事人，包括一审程序中的原告和被告，以及法定代理人等。有权提起审判监督程序的主体是上级人民法院、人民检察院以及本院院长向本院审判委员会提出，由审判委员会作出决定。

第二，提起的原因不同。提起二审程序的原因主要是当事人主观上认为一审裁判对自己不利，因当事人的上诉而提起二审程序。而提起审判监督程序的原因，则必须是原判决、裁定客观上确有错误，或违反法律、法规的规定。

第三，提起的期限不同。相比提起审判监督程序，提起二审程序有更为严格的时间限制，根据《行政诉讼法》的规定，当事人提起上诉的期限为收到一审判决后的 15 日内，收到一审裁定的 10 日内。而对于提起审判监督程序的期限限制，2018 年《行诉法解释》第 110 条的规定是："当事人向上一级人民法院申请再审，应当在判决、裁定或者调解书发生法律效力后六个月内提出。有下列情形之一的，自知道或者应当知道之日起六个月内提出：（一）有新的证据，足以推翻原判决、裁定的；（二）原判决、裁定认定事实的主要证据是伪造的；（三）据以作出原判决、裁定的法律文书被撤销或者变更的；（四）审判人员审理该案件时有贪污受贿、徇私舞弊、枉法裁判行为的。"

第四，审理的对象不同。二审程序审理的对象，只能是地方各级人民法院尚未发生法律效力的第一审判决和裁定。而审判监督程序审理的对象，则是已经发生法律效力的判决和裁定。

第五，审理的法院不同。二审法院必须是第一审法院的上一级人民法院。而再审法院既可以是原审法院，也可以是原审法院的上级法院。

（二）启动审判监督程序的条件

根据我国《行政诉讼法》的规定，提起再审必须具备以下形式要件和实质要件：

1. 形式要件。提起再审的权利主体必须是依法享有审判监督权和法律监督权的国家机关及其工作人员。根据行政诉讼法的规定，提起再审的权利主体的范围包括本级人民法院院长和审判委员会、上级人民法院以及上级人民检察院。再审的对象必须是已经发生法律效力的判决和裁定。

2. 实质要件。根据《行政诉讼法》的规定，提起再审的实质要件是已经发生法律效力的判决或裁定违反法律、法规的规定。所谓违反法律、法规的规定，是指违反同裁判有关的一切法律、法规，既包括实体性法律、法规，也包括程序性法律、法规。

（三）提起审判监督程序的主体

1. 审判委员会讨论决定再审。《行政诉讼法》第 92 条第 1 款规定："各级人民法院院长对本院已经发生法律效力的判决、裁定，发现有本法第九十一条规定情形之一，或者发现调解违反自愿原则或者调解书内容违法，认为需要再审的，应当提交审判委员会讨论决定。”根据这一规定，人民法院的院长和审判委员会依法享有审判监督权，有权对本院的行政审判活动进行监督。因此，人民法院院长如果发现本院已经发生法律效力的判决、裁定违反法律、法规规定，应当提交到审判委员会集体讨论决定是否再审，而不能由院长个人决定。

2. 上级人民法院提审或指令再审。《行政诉讼法》第 92 条第 2 款规定：“最高人民法院对地方各级人民法院已经发生法律效力的判决、裁定，上级人民法院对下级人民法院已经发生法律效力的判决、裁定，发现有本法第九十一条规定情形之一，或者发现调解违反自愿原则或者调解书内容违法的，有权提审或者指令下级人民法院再审。”依据这一规定，上级人民法院对于下级人民法院发生法律效力的裁判发现违反法律、法规规定的，依法享有审判监督权，有权提审或指令下级人民法院再审：（1）提审，是指最高人民法院发现地方各级人民法院已经发生法律效力的裁判违反法律、法规，上级人民法院发现下级人民法院已经发生法律效力的裁判违反法律、法规，向原审法院调取全部案卷材料，自行重新进行审理并作出裁判的行为。提审不受法定管辖原则的限制，是对违法的生效裁判进行有效补充救济的重要措施。（2）指令下级法院再审，是指上级人民法院发现下级人民法院的生效裁判违反法律、法规的规定要求原审下级人民法院再行审理的行为。下级人民法院接到上级人民法院的再审指令以后，应当尽快再审，并将再审结果上报给上级人民法院。

3. 人民检察院提出抗诉。《行政诉讼法》第 93 条规定：“最高人民检察院对各级人民法院已经发生法律效力的判决、裁定，上级人民检察院对下级人民法院已经发生法律效力的判决、裁定，发现有本法第九十一条规定情形之一，或者发现调解书损害国家利益、社会公共利益的，应当提出抗诉。地方各级人民检察院对同级人民法院已经发生法律效力的判决、裁定，发现有本法第九十一条规定情形之一，或者发现调解书损害国家利益、社会公共利益的，可以向同级人民法院提出检察建议，并报上级人民检察院备案；也可以提请上级人民检察院向同级人民法院提出抗诉。各级人民检察院对审判监督程序以外的其他审判程序中审判人员的违法行为，有权向同级人民法院提出检察建议。”另外，《行政诉讼法》第 11 条规定，人民检察院有权对行政诉讼实行法律监督。根据 2018 年《行诉法解释》第 117 条，当出现人民法院驳回再审申请，人民法院逾期未对再审申请作出裁定，或者再审判决、裁定有明显错误这三种情形之一时，当事人可以向人民检察院申请抗诉或

> 拓展阅读
>
> 刘自荣诉米泉市劳动人事社会保障局工伤认定案

者检察建议；人民法院基于抗诉或者检察建议作出再审判决、裁定后，当事人申请再审的，人民法院不予立案。

4. 当事人申请再审。当事人申请再审，是指当事人对人民法院已经发生法律效力的判决、裁定不服，认为确有错误，提请人民法院再行审理，以变更原判决、裁定的行为。申请再审是我国的一项重要的法律制度，是宪法赋予公民的政治权利在行政诉讼中的体现。我国《行政诉讼法》第 90 条规定："当事人对已经发生法律效力的判决、裁定，认为确有错误的，可以向上一级人民法院申请再审，但判决、裁定不停止执行。"

申请再审不同于上诉。具体说来，主要有以下几点区别：

第一，二者性质不同。上诉权是一种诉讼权利，当事人只要依法提起上诉，就能够引起上诉程序的开始。当事人申请再审，只是要求原审法院或上一级法院对已生效的判决、裁定进行复查，为人民法院审查该判决、裁定是否违法提供线索，只是引发再审程序的一个重要途径，但并不必然引起再审程序的发生。

第二，二者对象不同。上诉的对象是第一审人民法院尚未发生法律效力的判决或裁定。而申请再审的对象则是已经发生法律效力的判决或裁定。

第三，二者诉讼后果不同。《行政诉讼法》规定，在上诉期间，第一审法院的原判决裁定停止执行；申请再审期间，则不停止原判决、裁定的执行，只是在决定再审后，可以由再审法院根据实际需要，裁定中止原判决、裁定的执行。

当事人申请再审一般应当以书面形式提出，并附具有关事实证据或材料。人民法院应当认真核对再审申请书提出的事实和理由，复查原判决、裁定在认定事实、适用法律以及法律程序方面有无错误。复查的结果如果是存在违法的情况，且理由充分的，依法决定提起再审；如果审查的结果不存在违法的情况，理由不充分的，应驳回再审申请。

为了解决我国行政诉讼再审率高、再审难的问题，我国行政诉讼法将再审事由法定化，只要当事人的申请符合法定事由的，人民法院应当再审。《行政诉讼法》第 91 条专门规定了下列申请再审的法定事由：（1）不予立案或者驳回起诉确有错误的；（2）有新的证据，足以推翻原判决、裁定的；（3）原判决、裁定认定事实的主要证据不足、未经质证或者系伪造的；（4）原判决、裁定适用法律、法规确有错误的；（5）违反法律规定的诉讼程序，可能影响公正审判的；（6）原判决、裁定遗漏诉讼请求的；（7）据以作出原判决、裁定的法律文书被撤销或者变更的；（8）审判人员在审理该案件时有贪污受贿、徇私舞弊、枉法裁判行为的。

二、审判监督案件的审理程序

（一）审理程序的种类

根据审判监督的不同种类，审判监督案件的审理有以下两种审理程序：

1. 原审法院的再审程序。我国行政诉讼法对原审法院的再审程序没有作出明确规定。根据再审的性质和特点，由原审法院进行再审程序，应当根据案件原审审级的不同，分别按照第一审程序或第二审程序进行。原来是第一审的，按照第一审程序进行再审，认定原裁判违法的，应作出新的裁定或判决。经过再审作出的裁判，仍是一审裁判，当事人不服的，可以提起上诉。原来是第二审的，按照第二审程序进行再审，认定原裁判违法的，应重新作出裁判，并且，其裁判为终审裁判，当事人不得提起上诉。

人民法院通过再审，发现原一审或二审生效裁判有以下情形的，应裁定发回作出生效裁判的原审人民法院重审：（1）审理本案的审判人员、书记员应当回避而未回避的；（2）依法应当开庭审理而未经开庭即作出判决的；（3）当事人未经合法传唤而缺席判决的；（4）遗漏了应当参加诉讼的当事人或者诉讼请求的；（5）原判决、裁定认定事实不清，证据不足的；（6）其他严重违反法定程序的。

2. 上级法院提审的审判程序。上级法院通过提审进行再审的，应当按照第二审程序进行审理，如果认定原裁判违法的，应重新作出裁判，该裁判是终审的裁判，当事人不得提起上诉。

（二）裁判

人民法院依照审判监督程序的案件，应当分别依照《行政诉讼法》第 69 条、第 70 条、第 72 条、第 79 条或第 89 条作出裁判。原审判决确有错误和被诉行政行为违法的，应一并撤销或者撤销后判令被告重新作出行政行为。二审维持一审不予受理裁定错误的，再审法院应当撤销一、二审裁定，指令第一审人民法院立案受理。

（三）审限

再审案件按照第一审程序或者第二审程序审理的，分别适用《行政诉讼法》第 81 条、第 88 条规定的审限，审限自作出再审裁定之日起算。

思考题：

1. 什么是起诉？起诉必须具备哪些条件？
2. 提起上诉必须具备哪些条件？
3. 二审裁判的效力表现在哪些方面？
4. 如何启动审判监督程序？
5. 试比较第一审程序、第二审程序和审判监督程序的异同。

第二十一章　行政诉讼法律适用

行政诉讼法律适用是指人民法院按照法定程序将法律规范运用于行政案件从而对行政行为的合法性进行审查的专门活动。由于法律规范体系的多重性与复杂性，规范之间的冲突难免，因此正确运用法律适用规则对行政审判实践非常重要。《行政诉讼法》第 63 条、第 64 条对行政诉讼法律适用作了原则性规定，但法律适用中冲突的解决还必须依据《立法法》等相关法律的规定。

第一节　行政诉讼法律适用概述

一、行政诉讼法律适用的概念与特征

行政诉讼法律适用，是指人民法院按照法定程序，将法律、法规（或参照规章的规定）具体运用于各种行政案件，从而对被诉行政行为的合法性进行审查的专门活动。

行政诉讼法律适用具有以下特征：

1. 司法性适用。行政诉讼是人民法院对行政行为进行审查，即人民法院应公民、法人或者其他组织的请求，通过审查行政行为的合法性的方式，解决特定范围内行政争议的活动。在行政诉讼中，只有人民法院才有权适用法律，行政机关作为诉讼当事人不是行政诉讼法律适用的主体，而是人民法院的监督对象。

2. 审查性适用。这是由行政诉讼不同于民事诉讼和刑事诉讼的特点决定的。行政诉讼以行政行为为审查对象，行政行为是行政主体在行政管理过程中，将法律、法规等应用于具体事务的活动，因此，行政行为是行政主体针对行政相对人所进行的第一次法律适用。行政诉讼是对行政主体所实施的第一次法律适用的审查，也就是对行政主体在行政程序中作出行政行为时已经作过的法律适用的再适用。两次法律适用在针对对象和法律效果上均不同。在针对对象上，第一次适用是对行政相对人的行为进行调整，第二次法律适用则是对行政程序中行政行为合法与否的审查。在法律效果上，第一次适用处理的行政相对人的权利义务，表现为权利义务的增加、减少；第二次适用处理的是行政行为，表现为行政行为的无效、撤销、变更等。

3. 裁决性适用。对行政程序中行政主体的法律适用，行政相对人不服的可以申请行政复议，也可以提起行政诉讼。也就是说，行政主体的法律适用原则上不具有最终的法律效力。而在行政诉讼中，人民法院适用法律的效力要高于行政主

体适用法律的效力，这种适用具有最终裁决性，一旦依法作出裁判，行政争议的双方当事人就必须遵守，而且行政主体也不得就同一事实和理由作出与人民法院的判决不同的行政行为，否则就是违法，须承担相应的法律责任。

4. 标准性适用。合法性审查是行政诉讼的特有原则。人民法院只解决行政行为的合法性问题，其对行政行为审查的标准就是行政行为是否合法，除针对行政处罚和要求行政赔偿、补偿等之外，人民法院在行政诉讼中不解决行政行为合理性问题。行政合理性属于行政主体自我保留的范畴，由行政机关在行政程序中解决。

5. 依据性适用。人民法院裁判的权威性之一在于其依据的权威性，其审理案件的依据就是法律、法规。按照目前我国行政诉讼法的规定，人民法院审理行政案件，依照法律、法规，参照规章。但是，不能因此而断定行政诉讼法律适合用的依据范围就限于法律、法规以及规章。

二、行政诉讼法律适用的依据

行政诉讼法律适用的依据，是行政诉讼中人民法院据以衡量行政行为是否合法，并据以作出裁判的规则范围。由于行政诉讼以行政行为的合法性为审查对象，因此，行政诉讼法律依据的范围除了诉讼程序法律规范以外，还包括与行政权紧密相关的法律规范。这些法律规范可以这样划分：人民法院审理行政案件的受案范围、管辖、证据规则以及审理程序规则，依据的是专门的诉讼法律，即《行政诉讼法》；而对行政行为合法性的判断，依据的是行政法律，包括实体性法律规范和程序性法律规范。相比较而言，专门的诉讼法律比较单一，一般都是以法典的形式存在，比较容易把握；但行政法律却非常复杂，内容繁多、容易变动，形式多样、没有统一法典，而且其效力等级和对行政诉讼的约束力也不一致，把握起来比较困难。根据我国行政诉讼法的规定，行政诉讼中人民法院审理行政案件的依据包括：法律、行政法规、地方性法规、民族自治条例和单行条例等。

（一）法律

这里的法律是指由全国人大及其常委会根据宪法，依照法定程序制定的、在全国范围内具有普遍约束力的规范性文件。在我国法律规范体系中，法律占有非常重要的地位，它仅次于宪法，规定国家政治、经济、文化、社会生活的重要问题，对国家行政机关和司法机关均具有很强的约束力，当法律对人民法院审理的行政案件有规定时，人民法院不得拒绝适用。不仅如此，我国人民法院不享有对法律是否违反宪法的审查权，因此，当人民法院对法律的适用没有选择权，即便是法律之间发生了冲突，人民法院也没有直接裁决权。

（二）行政法规

行政法规是国务院依法定权限和程序制定的，在全国范围内具有普遍约束力的，有关行政管理事务的各类规范性文件的总称。根据《行政法规制定程序条例》，行政法规具体表现为条例、规定和办法。行政法规在全国范围内具有普遍约束力，但其在立法权限上则要低于法律。《立法法》第 8 条和第 9 条分别规定了法律的相对保留和绝对保留事项，对这些事项，只能由全国人大及其常委会以法律的形式予以规定。行政法规作为人民法院的审判依据，是指人民法院应当依照行政法规的规定进行裁判，既无权拒绝也无权选择。

（三）地方性法规

地方性法规是指由省、自治区、直辖市人民代表大会及其常委会，省会市人民代表大会及其常务委员会，较大市人民代表大会及其常务委员会和经济特区市人民代表大会及其常务委员会，根据本地实际需要，在不同宪法、法律、行政法规和上级地方性法规相抵触的情况下，依照法定程序制定的，在本行政区域内有效的规范性文件。《立法法》第 73 条规定，地方性法规可以就下列事项作出规定：（1）为执行法律、行政法规的规定，需要根据本行政区域的实际情况作具体规定的事项；（2）属于地方性事务需要制定地方性法规的事项；（3）除本法第八条规定的事项外，其他事项国家尚未制定法律或者行政法规的，省、自治区、直辖市和设区的市、自治州根据本地方的具体情况和实际需要，可以先制定地方性法规。对于地方性法规，本地人民法院既不能拒绝适用，也不能选择适用。

（四）自治条例和单行条例

自治条例是民族自治地方的人民代表大会根据宪法、民族区域自治法和其他法律、法规的规定，结合当地民族的政治、经济、文化特点而制定的，在本民族区域内实施的综合性条例。单行条例是民族自治地方的人民代表大会为解决本区域内的某一方面的问题而制定的条例。自治条例和单行条例在我国宪法、民族区域自治法和其他很多法律中都有规定，它是民族区域自治制度的内容和自治权的重要体现。民族区域自治地方的人民法院在审理本地行政案件时，应当以其为依据。

第二节 行政诉讼中的规范适用、规范审查与规范冲突

一、规范适用

行政诉讼法律适用是指人民法院在审理行政案件时运用行政法律规范审理具体行政案件的活动形态。在内容上包括运用程序法和实体法解决具体案件，在形式上包括依照法律法规、参照规章、解释法律、参照指导性案件以及法律规范的引用。

（一）规范适用的基本含义

根据《行政诉讼法》的规定，行政诉讼中的规范适用有两种基本形态，即“依据适用”和“参照适用”。

1. “依据适用”的基本含义。“依据适用”的基本含义是：合法性判别，合法必适用。《行政诉讼法》第63条规定：“人民法院审理行政案件，以法律和行政法规、地方性法规为依据。地方性法规适用于本行政区域内发生的行政案件。人民法院审理民族自治地方的行政案件，并以该民族自治地方的自治条例和单行条例为依据。”这表明作为依据的法律、行政法规、地方性法规以及自治条例和单行条例，对于人民法院审理行政案件具有强制约束力，即所谓“合法必适用。”有学者认为，对于“依据”，人民法院既不能对其进行合法性审查，又不能拒绝适用，只能选择适用。这也是当前部分学者对“依据”的理解。本书认为，这种理解具有片面性和孤立性，对于法律规范效力的理解应当置于整个法规范体系之中才会有相对科学的结论，而对法规范体系及其效力位阶作了明确规定的是《立法法》。《立法法》在第五章“适用与备案审查”中确定：法律的效力高于行政法规、地方性法规、规章。行政法规的效力高于地方性法规、规章。这一规定无论是对立法行为，还是对司法行为无疑都是适用的。这意味着当不同位阶的法律规范之间产生冲突时，如果仍要求人民法院接受效力位阶较低的法律规范的强制性约束，就必定会破坏法秩序的统一性。故人民法院对“依据”也要进行“合法性判别”，在此种情况下，对于违法上位法的行政法规、地方性法规，人民法院可以不予适用。

2. “参照适用”的基本含义。“参照适用”的基本含义是：合法性审查，合法可适用。《行政诉讼法》第63条第3款规定：“人民法院审理行政案件，参照规章。”这一规定表明，在我国行政诉讼法律适用中，规章与法律、法规的地位不同，它不是人民法院审理行政案件的直接依据，而是“参照”对象，因此，正确理解“参照”对于理解规章在行政诉讼法律适用中的地位至关重要。按照立法者的解释，“参照”是指“对符合法律、行政法规规定的规章，法院要参照审理，对不符合或不完全符合法律、行政法规原则精神的规章，法院可以有灵活处理的余地”①。这个解释说明“参照”是有条件地适用，即允许人民法院对其进行审查、斟酌、鉴定之后，对符合法律、法规规定的规章予以适用。

之所以要参照规章，是由于行政规章在我国行政管理中有非常重要的地位和作用。行政管理事项的多样性、动态性，决定了法律、法规对行政事项调整的局限性，除了设定诸如法律保留、法律优先等原则来控制行政规章调整的范围以外，大量的行政管理事项的立法权不得不交由行政机关以规章的形式予以规定，这也

---

① 于安：《我国行政诉讼制度现代化的转型问题》，《行政法学研究》2014年第2期。

在事实上形成了行政机关依法行政在很大程度上就是依规章行政的格局。有的论者认为，我国规章存在制定主体多、制定程序简单、欠缺必要的规范性等问题，因此不宜将其视为行政审判的依据。① 但我们看来，这种理由不成立，特别是《立法法》的实施及《行政规章制定程序条例》的颁布，行政规章无论是在实体上的控制还是在程序上的规范都被大大强化，其合法性基础得到了基本保证。而且这些年，我国行政立法中衍生出了起草回避、事后评估等制度，在克服行政立法的部门化、地方化方面起到了积极作用，在行政诉讼法律适用中放宽对行政规章司法警惕的基本条件已经具备。

之所以要审查规章，是由于行政规章无论在内容上还是在形式上还存在着某些问题，如果完全作为行政诉讼法律适用的依据也并不合适。因此，一方面人民法院可以适用合法有效的行政规章，另一方面又赋予人民法院对行政规章的审查权。有人认为，行政规章不属于行政诉讼的受案范围，因而人民法院对行政规章没有审查权。这种认识实际上是将可审查与可起诉作了简单等同。审查所表征的是有关主体可以在对该行为进行审核、分析之后作出是否正确、妥当的判断之意，而并非以特定主体的起诉为基础。根据《行政诉讼法》的规定，无论是证据审查阶段还是法律适用阶段，人民法院都在事实上行使着对行政规章的审查权。这就是规定“参照”的意义。

关于“参照”的含义是《行政诉讼法》出台以来法律适用上争议较大的一个问题，尽管如此，大部分学者认为，“参照”本身含有参酌之后决定取舍的权力，即人民法院对于合法有效的规章必须适用，对不合法的规章有权拒绝适用。② 这种看法得到了最高人民法院的认可，“2000 年最高院执行行政诉讼法的解释”第 62 条第 2 款规定：“人民法院审理行政案件，可以在裁判文书中引用合法有效的规章及其他规范性文件。”该解释虽被 2018 年《行诉法解释》宣布废止，但该条规定的精神依在。从这个条款来看，“合法性”成了法院引用规章和其他规范性文件的前提，即只有在法院确定了规章及其他规范性文件的合法性之后，才有选择适用的可能。在我国，亦有学者认为，对于合法的规章及其他规范性文件，法院必须适用。③ 但这种理解值得商榷。因为上述条款中规定的是“可以”而非“应当”或“必须”，语言表述上的差异表明最高人民法院根据行政实践给予法院裁量权，即使是合法有效的规章，法院也未必一定要予以适用。

---

① 参见胡建淼主编：《行政诉讼法学》，高等教育出版社 2003 年版，第 184 页。

② 参见罗豪才：《中国司法审查制度》，北京大学出版社 1993 年版，第 462、463 页。

③ 参见张树义：《寻求行政诉讼制度发展的良性循环》，中国政法大学出版社 2000 年版，第 278 页。

（二）规范适用的解释

规范的解释，因解释主体不同可以分为立法解释、司法解释和行政解释。1981年6月10日全国人大常委会颁布的《关于加强法律解释工作的决议》明确规定："一、凡关于法律、法令条文本身需要进一步明确界限或作补充规定的，由全国人民代表大会常务委员会进行解释或用法令加以规定。二、凡属于法院审判工作中具体应用法律、法令的问题，由最高人民法院进行解释。凡属于检察院检察工作中具体应用法律、法令的问题，由最高人民检察院进行解释。最高人民法院和最高人民检察院的解释如果有原则性的分歧，报请全国人民代表大会常务委员会解释或决定。三、不属于审判和检察工作中的其他法律、法令如何具体应用的问题，由国务院及主管部门进行解释。四、凡属于地方性法规条文本身需要进一步明确界限或作补充规定的，由制定法规的省、自治区、直辖市人民代表大会常务委员会进行解释或作出规定。凡属于地方性法规如何具体应用的问题，由省、自治区、直辖市人民政府主管部门进行解释。"从效力上来说，规范的解释与规范本身具有同等的法律效力。在行政审判中，理论界和实务界最有争议是司法机关对规范的解释。尽管社会主义法律体系已经基本形成，但我国仍存在着立法不足、立法滞后、立法缺失以及立法模糊的情形，司法解释是实现法律统一适用的有效途径。但是，司法解释以抽象解释形式来突破"具体应用法律、法令"这一授权范围的情形并不鲜见。基于此，2015年修订后的《立法法》对此作出了明确限定，其第104条规定："最高人民法院、最高人民检察院作出的属于审判、检察工作中具体应用法律的解释，应当主要针对具体的法律条文，并符合立法的目的、原则和原意。遇有本法第四十五条第二款规定情况的，应当向全国人民代表大会常务委员会提出法律解释的要求或者提出制定、修改有关法律的议案。"

（三）法律和规范的引用

裁判文书中被引用的法律、行政法规、地方性法规和规章就是人民法院适用的广义上的法律，被引用的其他规范也是行政诉讼判决的重要依据。因此，法律和规范的引用也是一个非常严肃的问题。它是规范行政裁判文书，树立司法权威，实现司法公正的重要基础。根据最高人民法院《关于裁判文书引用法律、法规等规范性法律文件的规定》，行政审判中规范引用要遵循以下规则：第一，引用的完整性，即"引用时应当准确完整写明规范性法律文件的名称、条款序号，需要引用具体条文的，应当整条引用"。第二，引用的顺序性。"并列引用多个规范性法律文件的，引用顺序如下：法律及法律解释、行政法规、地方性法规、自治条例或者单行条例、司法解释。同时引用两部以上法律的，应当先引用基本法律，后引用其他法律。引用包括实体法和程序的，先引用实体法，后引用程序法。"第三，引用的强制性。"行政裁判文书应当引用法律、法律解释、行政法规或者司法解释。对于应当适用的地方性法规、自治条例和单行条例、国务院或者国务院授权的部门公布的行政法规解释或者行政规章，可以直接引用。”第四，对其他规范性文件的引用。因行政审判具体案件的需要，可以将其他合法有效的规范作为裁判说理的重要事实依据。需要注意的是，引用的合法有效的规范性文件不能作为裁判的法律依据。

（四）参照指导性案例

我国关于能否建立或引入判例制度的争论持续多年，但在有拘束力的判例会对中国的司法审判发挥积极作用这一点上并无分歧。分歧点在于：中国这样的成文法国家，在理论上或实践上能否允许有拘束力的判例形式的法律渊源存在，中国的判例能否取得拘束力。实际上，中华人民共和国成立以来，案例指导制度在我国司法实务界一直在适用。1962 年 12 月，最高人民法院颁发的《关于人民法院工作若干问题的规定》，初次使用了案例指导的术语；2010 年 11 月 26 日颁布的《最高人民法院关于案例指导工作的规定》，完成了案例指导制度的基本框架设计。根据该规定，所谓指导性案例，是指裁判已经发生法律效力，认定事实清楚，适用法律正确，裁判论理充分，法律效果和社会效果良好，对审理类似案件具有普遍指导意义的案例。确定具有指导意义的案例一般应考虑如下因素：一是案例受关注的程度，即指导性案例必须是受到社会广泛关注的案例。二是案例法律适用的复杂性，即对此类案件的裁判和处理，法律规定比较原则，没有与之相对应的具体规则，判决结果体现了法官自由裁量权运用的逻辑与方法。三是案例具有典型性，即案例具有代表性，能够反映同类案件处理的共性问题。四是案例所涉事实非常复杂或者是随着社会发展新出现的，对于人民法院来说处理起来比较棘手或者缺乏相应的经验。指导性案例由最高人民法院案例指导工作办公室负责遴选、审查和报审；如果最高人民法院业务审判单位认为本院或者下级人民法院已经生效的裁判符合指导性案例入选条件的，可以向案例指导工作办公室推荐。经由最高人民法院审判委员会讨论决定的指导性案例，统一在《最高人民法院公报》、最高人民法院网站、《人民法院报》上以公告的形式发布。对于最高人民法院发布的指导性案例，各级人民法院在审判类似案件时应当参照。

在具体适用判例时应着重注意以下问题：其一，适用判例解释的前提和基础是成文法规定过于原则或存在漏洞或缺陷。成文法仍然是我国的主要法律，判例作为一种具体的解释方法，它只能起补充作用。因此法官要对案件进行识别和判断，法律法规有明确规定的不能适用判例解释，适用判例解释不能与法律法规的原则相抵触。其二，判例解释适用的基本原则为“同案要同判”。判例制度是依据审判实践中累积的判例而形成的法律原则、规则和规范，以实际经验和个案事实为基础，具有针对性和技术性的特点。判例制度的运行机制要求待决案件与判例在案情相似时应当同样处理。因此，判例制度具有实现法律的统一适用的功能。其三，我国判例解释适用的主要法律思维方式为类推推理，即运用类推推理判断待决案件与判例之间是否“同案”。适用判例的过程就是一个类推推理的过程，将待处理案件的法律点与判例中说理部分的法律点进行对比，找出其中具有本质联系的法律点（法律规则），一个待处理案件可能需要法官集合若干判例中的法律点才能作出裁判。

二、规范审查

规范审查又称附带性审查，主要是指原告在提起行政诉讼时一并请求对规范性文件进行的合法性审查。《行政诉讼法》第 53 条规定：“公民、法人或者其他组织认为行政行为所依据的国务院部门和地方人民政府及其部门制定的规范性文件不合法，在对行政行为提起诉讼时，可以一并请求对该规范性文件进行审查。前款规定的规范性文件不含规章。”这一规定是法律对人民法院对规范性文件进行司法审查的明确授权，也是人民法院附带审查规范性文件的法律依据。

（一）附带性审查的对象和范围

依照《行政诉讼法》的规定，附带性审查的对象就是国务院部门和地方人民政府及其部门制定的规范性文件，其范围不包括行政法法规和规章。规范性文件是指行政机关为实施法律、法规，执行国家政策，在法定权限内制定的除行政法规或规章以外的决定、命令等具有普遍性行为规则的总称。对于行政机关制定规范性文件的权力，《宪法》和《组织法》都分别作出了规定。其中《宪法》第 107 条规定：“县级以上地方各级人民政府依照法律规定的权限，管理本行政区域内的经济、教育、科学、文化、卫生、体育事业、城乡建设事业和财政、民政、公安、民族事务、司法行政、计划生育等行政工作，发布决定和命令，任免、培训、考核和奖惩行政工作人员。”《组织法》第 59 条第 1 项规定，县级以上的地方各级人民政府有权执行本级人民代表大会及其常务委员会的决议，以及上级国家行政机关的决定和命令，规定行政措施，发布决定和命令；第 61 条第 1 项规定，乡、民族乡、镇的人民政府有权执行本级人民代表大会的决议和上级国家行政机关的决定和命令，发布决定和命令。可见，为了执行法律、法规和上级国家机关的决策、命令，制定和发布规范性文件是各级人民政府的法定职权，而且这些规范性文件往往成了行政执法机关最直接的执法依据。但《行政诉讼法》对各级各类不同的其他规范性文件在行政诉讼法律适用中的地位并没有作出规定。

按照以往学界的认识，《行政诉讼法》没有规定规范性文件在行政诉讼法律适用中的地位的原因是规范性文件不属于法的范畴，对人民法院没有约束力。2017

年《行政诉讼法》则直接将规范性文件纳入人民法院可以审查的范围，其第53条规定："公民、法人或者其他组织认为行政行为所依据的国务院部门和地方人民政府及其部门制定的规范性文件不合法，在对行政行为提起诉讼时，可以一并请求对该规范性文件进行审查。"一并审查是针对单独审查而言的，是指对规范性文件的审查只能附带进行，而不能像对其他行政行为那样可以单独提起诉讼。这一规定从表面来看是进一步强化了人们以往的认识，即规范性文件是作为审查对象的，而不是作为适用依据的。

特别值得注意的一点是，如果我们仅以《行政诉讼法》没有规定其他规范性文件在行政诉讼法律适用中的地位，就断定人民法院在行政审判中可完全不考虑行政规范性文件，那就是误解了《行政诉讼法》的立法精神。行政管理实践中，其他规范性文件发挥了很大的作用，甚至在一定程度上弥补了法律规范的缺位，它基本消除了行政执法机关在执法中"无法无据"的法律盲点。这一点，立法者不会不考虑到。也正基于此，《行政诉讼法》第64条规定："人民法院在审理行政案件中，经审查认为本法第五十三条规定的规范性文件不合法的，不作为认定行政行为合法的依据，并向制定机关提出处理建议"。为了进一步明晰规范性文件的法律适用，"2015年最高院适用行政诉讼法的解释"第21条规定，"规范性文件不合法的，人民法院不作为认定行政行为合法的依据，并在裁判理由中予以阐明。作出生效裁判的人民法院应当向规范性文件的制定机关提出处理建议，并可以抄送制定机关的同级人民政府或者上一级行政机关"。从上述规定来看，它似乎是针对《行政诉讼法》第53条的具体处理，即如果人民法院经审查认为其他规范性文件不合法，就不能作为认定行政行为合法的依据。但如果我们从反面来理解，即如果经人民法院审查认为其他规范性文件合法，是不是又可以作为认定行政行为合法的依据呢？立法者没有明示，但也没有否定。实际上，在"2000年最高院执行行政诉讼法的解释"中，最高人民法院也曾表达过类似的意思。"2000年最高院执行行政诉讼法的解释"第62条规定，人民法院审理行政案件，可以在裁判文书中引用合法有效的规章及其他规范性文件。这就意味着经人民法院审查确认合法有效的其他规范性文件可以作为人民法院审理行政案件判决的重要依据加以引用。

（二）附带审查的法院和提起

根据《行政诉讼法》第53条、2018年《行诉法解释》第145条的规定，公民、法人或者其他组织在对行政行为提起诉讼时一并请求对所依据的规范性文件审查的，由行政行为案件管辖法院一并审查。该规定明确由行政行为案件管辖法院一并审查，这意味着附带审查的法院可以是任何一级有行政案件管辖权的法院，既可以是基层法院、中级法院，也可以是高级法院和最高法院。

一般说来，公民、法人和其他组织请求审查规范性文件合法性问题的，应当在提起行政诉讼的同时一并提出，至少也应当在第一审开庭审理前提出。但如果有正当理由不能一并提起的，也可以在法庭调查中提出，法庭调查结束后提出的，不予受理。2018 年《行诉法解释》第 146 条规定：“公民、法人或者其他组织请求人民法院一并审查行政诉讼法第五十三条规定的规范性文件，应当在第一审开庭审理前提出；有正当理由的，也可以在法庭调查中提出。”

（三）附带性审查的程序和内容

人民法院对于规范性文件的附带性审查除了《行政诉讼法》第 53 条的规定之外别无其他专门的法律规定，所以附带性审查的程序及内容等目前并无直接法律依据，2018 年《行诉法解释》第 147 条、第 148 条第一次对附带性审查的程序和内容作出了明确规定。

2018 年《行诉法解释》第 147 条规定：“人民法院在对规范性文件审查过程中，发现规范性文件可能不合法的，应当听取规范性文件制定机关的意见。制定机关申请出庭陈述意见的，人民法院应当准许。行政机关未陈述意见或者未提供相关证明材料的，不能阻止人民法院对规范性文件进行审查。”该规定对附带性审查程序提出了四个步骤：第一，审查过程中经过初步判断，发现规范性文件不合法的可能性；第二，告知规范性文件制定机关对被请求审查的规范性文件初步审查的意见；第三，被请求审查的规范性文件的制定机关可以向人民法院申请出庭陈述意见；第四，人民法院准许制定机关申请出庭陈述意见和接受其提供相关证明材料，并开庭听取制定机关陈述意见。

关于附带性审查的内容，2018 年《行诉法解释》第 148 条明确规定：“人民法院对规范性文件进行一并审查时，可以从规范性文件制定机关是否超越权限或者违反法定程序、作出行政行为所依据的条款以及相关条款等方面进行。有下列情形之一的，属于行政诉讼法第六十四条规定的‘规范性文件不合法’：（一）超越制定机关的法定职权或者超越法律、法规、规章的授权范围的；（二）与法律、法规、规章等上位法的规定相抵触的；（三）没有法律、法规、规章依据，违法增加公民、法人和其他组织义务或者减损公民、法人和其他组织合法权益的；（四）未履行法定批准程序、公开发布程序，严重违反制定程序的；（五）其他违反法律、法规以及规章规定的情形。”

（四）附带性审查的司法后果

依据我国《宪法》《立法法》《行政诉讼法》等规定及其精神，2018 年《行诉法解释》第 149 条、第 150 条对附带性审查的司法后果作了规定。第 149 条规定：“人民法院经审查认为行政行为所依据的规范性文件合法的，应当作为认定行政行为合法的依据；经审查认为规范性文件不合法的，不作为人民法院认定行政行为合法的依据，并在裁判理由中予以阐明。作出生效裁判的人民法院应当向规范性文件的制定机关提出处理建议，并可以抄送制定机关的同级人民政府、上一级行政机关、监察机关以及规范性文件的备案机关。规范性文件不合法的，人民法院可以在裁判生效之日起三个月内，向规范性文件制定机关提出修改或者废止该规范性文件的司法建议。规范性文件由多个部门联合制定的，人民法院可以向该规范性文件的主办机关或者共同上一级行政机关发送司法建议。接收司法建议的行政机关应当在收到司法建议之日起六十日内予以书面答复。情况紧急的，人民法院可以建议制定机关或者其上一级行政机关立即停止执行该规范性文件。”第150条规定：“人民法院认为规范性文件不合法的，应当在裁判生效后报送上一级人民法院进行备案。涉及国务院部门、省级行政机关制定的规范性文件，司法建议还应当分别层报最高人民法院、高级人民法院备案。”

由上述规定可以将附带性审查的司法后果概括为：

一是规范性文件能否作为行政行为依据的后果。人民法院经审查认为行政行为所依据的规范性文件合法的，应当作为认定行政行为合法的依据；经审查认为规范性文件不合法的，不作为人民法院认定行政行为合法的依据。

二是阐明司法理由的后果。不作为人民法院认定行政行为合法的依据的，进行附带性审查的人民法院应当在裁判理由中予以阐明规范性文件不合法的依据和原因。以此防范司法的专横，确保法制的统一。

三是抄送和备案后果。作出生效裁判的人民法院应当将对制定机关不合法规范性文件提出的处理建议抄送制定机关的同级人民政府、上一级行政机关、监察机关以及规范性文件的备案机关，并报送上一级人民法院进行备案。涉及国务院部门、省级行政机关制定的规范性文件，司法建议还应当分别层报最高人民法院、高级人民法院备案。不报送、不及时报送或报送后有关人员、机关怠于履行相应职责造成一定后果的，有可能会承担相应行政责任。

四是建议修改或废止规范性文件的后果。规范性文件不合法的，人民法院可以向规范性文件制定机关，或该规范性文件的主办机关或者共同上一级行政机关提出修改或者废止该规范性文件的司法建议。人民法院对规范性文件提出的处理建议有可能产生修改或废止该规范性文件的后果。

五是行政机关答复义务和拒不答复的司法后果。接收司法建议的行政机关应当在收到司法建议之日起60日内予以书面答复。拒不答复的有可能导致该机关或相关人员承担相应的行政或司法责任的后果。

六是立即停止执行该规范性文件的后果。按照2018年《行诉法解释》第149条规定，情况紧急的，人民法院可以建议制定机关或者其上一级行政机关立即停止执行该规范性文件。这是一项特别规定，建议立即停止执行是有必要条件的，即情况紧急。情况紧急又称为紧急情况，在不同的法律场合含义不同。紧急叫停规范性文件的执行一般是指继续执行该规范性文件很有可能会产生或导致病害、危险品迅速扩散、公共场所不安全因素明显、社会不安定因素突发等公共秩序、公共安全迫近、直接、显著后果的情形。

三、规范冲突与处理

（一）规范冲突

行政诉讼法律适用规范冲突，是指人民法院在审理行政案件过程中发现对同一法律事实或关系，存在两个或两个以上的互不相同的法律规范，适用不同的法律规范将导致不同裁判结果，形成法律规范适用上的矛盾状态。按理说，一个国家的法律体系是一个部门齐全、结构严谨、内部协调的有机整体，不应当产生所谓的规范冲突，但实际情况是冲突随处可见。冲突的原因包括非规范立法授权导致立法权主体扩张、事权不清导致立法权限不清、利益冲突导致地方保护和部门垄断、立法粗疏导致规范内容不协调等多个方面。①可以说，冲突是法律适用中不可避免的现象。既然冲突是一种必然存在的现象，我们研究目的在于确定一定的规则和标准，以便人民法院在行政诉讼过程中遇到法律冲突时，能够选择合适的规范对行政案件作出裁判。

由于行政法律规范的复杂性和广泛性，行政诉讼法律适用的规范冲突也有多种表现形式，包括：

1. 不同位阶规范之间的冲突。不同位阶规范之间的冲突，又称层级冲突或纵向冲突，是指上下级法律规范对同一问题的规定不一致。例如，法律与行政法规之间的冲突、行政法规与地方性法规之间的冲突。

2. 同一位阶规范之间的冲突。同一位阶规范之间的冲突，又称同级冲突或横向冲突，是指同一位阶的法律规范对同一问题的规定不一致。例如，地方政府规章与部门规章之间的冲突，地方性法规与部门规章之间的冲突。

3. 新旧规范之间的冲突。新旧规范之间的冲突是指不同时期发布的规范对同一问题的规定不一致。

4. 特别规范与普通规范之间的冲突。

5. 人际冲突。即由于民族、种族等身份的不同，不同法律规范予以不同规定产生的法律适用冲突。

6. 区际冲突。区际冲突产生于不同行政区域之间，包括：我国大陆不同行政区域的法律适用冲突，如不同省、自治区、直辖市行政法律规范之间的冲突，较

---

① 参见董皞：《我国行政法律规范冲突缘起探究》，《中国法学》2013 年第 2 期。

大市之间的行政法律规范之间的冲突；我国大陆与港澳地区行政法律规范之间的冲突。

（二）冲突处理

1. 选择适用规则。选择适用规则是指人民法院为解决法律适用冲突所采取的方法和遵循的准则，以此来选择适用相应的行政法律规范对行政行为的合法性作出裁判。因此，选择适用规则是解决行政诉讼法律适用冲突必须遵循的规则，它不能直接确定特定行政法律关系的内容，而是通过运用选择适用规则将作为选择适用主体的人民法院引向某个法律规范，然后人民法院根据所引向的法律规范对案件作出最终的处理。

2. 选择适用规则的具体规则。选择适用规则依冲突形式来确定，具体有：

（1）层级冲突适用规则。不同法律位阶规范之间的冲突一般奉行上位法优于下位法的规则来处理。《立法法》明确规定：宪法具有最高的法律效力，一切法律、行政法规、地方性法规、自治条例和单行条例、规章都不得同宪法相抵触；法律的效力高于行政法规、地方性法规、规章；行政法规的效力高于地方性法规、规章；地方性法规的效力高于本级和下级地方政府规章；省、自治区的人民政府制定的规章的效力高于本行政区域内的较大的市的人民政府制定的规章。

（2）同级冲突适用规则。这是解决制定机关不同但效力等级相同的法律规范冲突的规则。在实践中，容易引起冲突的主要是部门规章之间、部门规章与地方政府规章之间以及部门规章与地方性法规之间。人民法院对此类冲突无法作出裁断，只能由有权机关裁决。《立法法》规定，部门规章之间、部门规章与地方人民政府规章之间冲突的，由最高人民法院送请国务院裁决。如果地方性法规与部门规章之间对同一事项的规定不一致，不能确定如何适用的，由国务院提出意见，国务院认为应当适用地方性法规的，应当决定在该地方适用地方性法规的规定；认为应当适用部门规章的，应当提请全国人民代表大会常务委员会裁决。

（3）特别规范与普通规范冲突的适用规则。《立法法》第 92 条规定：“同一机关制定的法律、行政法规、地方性法规、自治条例和单行条例、规章，特别规定与一般规定不一致的，适用特别规定。”这是我们所说的解决特别规范与普通规范冲突的适用规则。在两种情况下，按照特别规范优于普通规范的原则处理：同一立法机关既制定了普通规范，又制定了特别规范时，按特别规范优于普通规范的原则适用；同一立法机关在同一个法律规范中既有一般条款又有特别条款时，也按特别规范优于普通规范的原则来适用。需要注意，《立法法》的这个关于特别规范与普通规范关系的规定有一个关键前提，即同一立法机关制定的同位法律规范。① 如果是不同的立法机关制定的同位阶规范发生冲突，也不能按特别规范优于普通规范的原则处理。举例来说，国务院部门规章之间显然具有同位性，但由于规章不是出自同一部门，而部门之间本来就存在职权分工，即便是在内容上存在着特别与普通的关系，但在效力上也不具有特别与普通的可比性，因而也不能按照特别与一般的关系进行适用，而只能按照同级冲突规则来处理。

（4）新的规范与旧的规范冲突的适用规则。新的规范与旧的规范对同一行政事项及其处理不一致的，一般按照新的规范优于旧的规范来处理。《立法法》第92条规定，同一机关制定的法律、行政法规、地方性法规、自治条例和单行条例、规章，新的规定与旧的规定不一致的，适用新的规定。对这一规则的理解需要把握几点：一是这一处理规则的适用只限于同一位阶同一立法机关所制定的法律规范；二是这一规则不能用来解决特别与普通的关系，即同一立法机关制定的新的一般规则与旧的特殊规则不能按照简单的新的法律规范优于旧的法律规范来处理。具体来说，法律之间对同一事项的新的一般规定与旧的特别规定不一致，不能确定如何适用时，由全国人民代表大会常务委员会裁决；行政法规之间对同一事项的新的一般规定与旧的特别规定不一致，不能确定如何适用时，由国务院裁决；规章之间同一事项的新的一般规定与旧的特别规定不一致，不能确定如何适用时，由制定机关裁决。

（5）人际冲突适用规则。人际冲突适用规则不像其他冲突那么复杂，对于不同民族、不同种族或者有特殊身份的人，一般都有明确的特别规定。

（6）区际冲突适用规则。区际冲突适用规则是解决我国不同行政区域行政法律规范发生适用冲突时适用哪一行政区域行政法律规范的规则。区际法律适用冲突很复杂，既有各省市相互间的冲突，又有各省市与港澳行政区之间的冲突，目前我国还没有建立明确的解决区际冲突的具体办法。一般来说，内地与港澳之间的区际冲突，应当按照“属地管辖”原则来确定，即发生于港澳地区的行政案件适用港澳地区的法律规范，发生于内地的行政案件则适用内地法律规范。内地没有隶属关系的行政区域之间的冲突依下列规则解决：直接涉及本地区社会、经济秩序、城市建设、市容市貌以及环境卫生管理等的，实行地域管辖规则，排除其他行政区域行政法律规范对本行政区的效力；对行政相对人能力、身份、资格、权利义务确认等事项，实行行为人户籍所在地规则；不动产行政案件适用不动产所在

拓展阅读

我国行政诉讼制度现代化的转型问题

① 参见汪全胜：《“特别法”与“一般法”之关系及适用问题探讨》，《法律科学》2006年第6期。

地行政法律规范；执法程序方面的冲突适用执法机关所在地程序法律规范。

思考题：

1. 怎样理解行政诉讼法律适用？
2. 怎样理解《行政诉讼法》中的参照规章条款？
3. 如何看待其他行政规范性文件在行政诉讼法律适用中的地位？
4. 试述行政法律规范冲突的原因与解决机制。
5. 试述选择适用规则的具体规则。

第二十二章　行政诉讼裁判与执行

行政诉讼裁判，是指人民法院在审理行政案件的过程中，为了有效地行使审判权，根据已经查明的事实和有关的法律规定，对行政案件的实体性问题和程序性问题，作出的具有强制性的结论性判定。人民法院的裁判分为判决、裁定和决定三种形式。裁判是国家意志的体现，裁判一旦生效即具有确定力、拘束力和执行力，非经法定的程序，任何组织和个人都不得改变。行政诉讼中的执行，是指人民法院和其他的国家机关及其工作人员依照法定的程序，运用法定的强制手段，迫使行政诉讼当事人履行人民法院生效裁判的活动。主要包括行政诉讼的执行和非诉行政执行两种。

第一节　行政诉讼的判决、裁定与决定

一、行政诉讼判决

（一）一审判决

判决是指人民法院根据已经查明的案件事实和法律、法规的有关规定，对行政案件的实体性问题作出的结论性判定。① 行政案件的判决可以分为以下几种类型：

拓展阅读

梦达驰汽车系统有限公司诉苏州工业园区环境保护局环保行政处罚案

1. 驳回诉讼请求判决。驳回诉讼请求判决是法院对原告的诉讼请求直接予以否定的判决。对原告诉讼请求的否定，也就是对被诉行政行为的肯定。驳回诉讼请求不同于驳回起诉，其主要差异有二：一是否定的权利属性不同。驳回起诉是对当事人程序请求权的否定，而驳回诉讼请求则是对当事人实体请求权的否定。二是结案的方式不同。驳回起诉由于还没有进入实体上的审理，只能用裁定的方式结案；而驳回诉讼请求已经进入实体审理，因此必须用判决方式结案。

驳回诉讼请求判决的适用条件。行政诉讼法规定，具有以下情形之一的，人民法院判决驳回原告的诉讼请求：（1）被诉行政行为合法，即被诉行政行为证据确凿，适用法律、法规正确，符合法定程序的。（2）原告的诉讼请求不能成立，

① 《行政诉讼法》第79条规定：复议机关与作出原行政行为的行政机关为共同被告的案件，人民法院应当对复议决定和原行政行为一并作出裁判。

主要有两种情形：一是原告申请被告履行法定职责不成立。二是原告申请被告给付义务的理由不成立。

拓展阅读

鲁潍（福建）盐业进口有限公司苏州分公司诉江苏省苏州市盐务管理局盐业行政处罚案

2. 撤销判决。撤销判决是法院部分或全部撤销被诉行政行为，对被诉行政行为进行否定性评价的判决。撤销判决是法院纠正违法行政行为，监督行政职权的有效途径。撤销判决可以分为三种：全部撤销，部分撤销，判决撤销同时判决重新作出行政行为。

适用撤销判决的基本条件：一是被诉行政行为具有违法性，这是适用撤销判决的前提条件。二是被诉行政行为属于作为行政行为，撤销判决不适用不作为行政行为。三是被诉行政行为已经成立并在判决时仍然存在，否则就没有撤销的必要。四是具有可撤销的内容，如果不具有可撤销的内容，可选择适用确认判决。五是撤销不会损害国家利益或社会公共利益。

《行政诉讼法》规定，行政行为有下列情形之一的，人民法院判决撤销或者部分撤销，并可以判决被告重新作出行政行为：（1）主要证据不足的；（2）适用法律、法规错误的；（3）违反法定程序的；（4）超越职权的；（5）滥用职权的；（6）明显不当的。如果被诉行政行为明显不当，人民法院判决撤销或者部分撤销，并可以判决被告重新作出行政行为。这一规定加大了法院对行政行为合理性、正当性的审查力度，行政机关在今后的行政活动中，在严格依法行政的同时，还应当注重行政行为的正当性和合理性。在审判实践中，滥用职权和明显不当都是监督行政裁量权的，要注意区分二者，明确其认定标准。一般来讲，滥用职权是从主观上来讲的，属于主观标准，如目的不当、考虑不周等。明显不当则主要是从客观上和结果上来讲的，属于客观标准，如比例分寸没把握好、没有遵循先例、同事不同罚等。

为了保护行政相对人的合法权益，防止被诉行政主体逃避司法审查，行政诉讼法规定，人民法院判决被告重新作出行政行为的，被告不得以同一的事实和理由作出与原行政行为基本相同的行政行为。人民法院判决被告重新作出行政行为，不指定重作期间，因情况特殊有必要指定重作期间的除外。如果被告重新作出的行政行为与原行政行为的结果相同，但主要事实或主要理由有改变，不属于《行政诉讼法》第 71 条规定的情形。人民法院以违反法定程序为由，判决撤销行政机关行政行为的，行政机关重新作出行政行为，不受第 71 条规定的限制。

对于被诉行政行为违法，仅仅判决撤销将会给国家利益、公共利益或他人利益造成重大损失的，人民法院应当根据被诉行政行为违法的性质，在判决撤销该行政行为的同时，分别采取以下处理办法：（1）判决被告重新作出行政行为；（2）判决被告采取一定的补救措施；（3）向被告及有关机关发出司法建议。

拓展阅读

陈爱华诉南京市江宁区住房和城乡建设局不履行房屋登记法定职责案

3. 履行判决。履行判决是法院针对被诉行政行为应当作出而没有作出相应行为的判决。法院作出履行判决的前提是被诉行政机关不仅具有履行能力而且具有履行的必要。履行判决须包括以下两个内容：一是履行期限，二是履行内容。

（1）履行期限。《行政诉讼法》规定，人民法院经过审理，查明被告不履行法定职责的，判决被告在一定期限内履行。如果行政主体不履行或拖延履行法定职责，用不作为的方式来侵犯公民、法人或其他组织的合法权益的，人民法院在审理行政案件时，只要查证属实，就应该判决行政主体在一定期限内强制履行其法定职责。人民法院判决被告履行法定职责，应当指定履行期限，因情况特殊难于确定期限的除外。在行政审判实践中，法院应当如何确定履行期限呢？根据《行政诉讼法》第 47 条规定，公民、法人或者其他组织申请行政机关履行保护其人身权、财产权等合法权益的法定职责，行政机关在接到申请之日起两个月内不履行的，公民、法人或者其他组织可以向人民法院提起诉讼。由此可见，除法律、法规对行政机关履行职责的期限另有规定的外，行政机关履行法定职责的期限为两个月。

（2）履行内容。《行政诉讼法》规定，人民法院经过审理，查明被告依法负有给付义务的，判决被告履行给付义务。在行政审判实践中，履行判决的内容一般可以根据不同的情形，分别采取以下三种履行内容：一是判决明确规定履行内容，主要适用于被诉行政机关行使法定职权的条件及后果具体明确，并且原告的申请符合作出履行判决的条件。二是判决明确履行的指导性意见，主要是因为案件的处理方式取决于实际案情及行政自由裁量权的运用。三是判决只是要求履行，因案情复杂难以明确履行的具体内容。

拓展阅读

郑小芬等与沁阳市公安局等处罚上诉案

4. 变更判决。变更判决是法院对被诉行政行为直接予以改变的判决。

《行政诉讼法》规定，行政处罚明显不当，或者其他行政行为涉及对款额的确定、认定确有错误的，人民法院可以判决变更。人民法院作出变更判决必须具备两个条件：第一，判决变更的范围仅限于行政处罚或者其他行政行为涉及对款额的确定、认定的。第二，只有在行政处罚明显不当或其他行政行为涉及对款额的确认、认定有错误的情况下才能判决变更。只有在以上两个条件同时具备的情况下人民法院才能判决变更，否则，不能作出变更判决。第三，人民法院判决变更，不得加重原告的义务或者减损原告的权益。但利害关系人同为原告，且诉讼请求相反的除外。另外，行政诉讼法规定行政处罚明显不当的可以判决变更，并不意味着在行政审判实践中一定采用变更判决的方式来结案，也可以采用撤销判决的方式来处理，采用何种方式，由人民法院根据案件的具体情况来决定。《行政诉讼法》第 78 条规定：“被告不依法履行、未按照约定履行或者违法变更、解除本法第十二条第一款第十一项规定的协议的，人民法院判决被告承担继续履行、采取补救措施或者赔偿损失等责任。被告变更、解除本法第十二条第一款第十一项规定的协议合法，但未依法给予补偿的，人民法院判决给予补偿。”

拓展阅读

益民公司诉河南省周口市政府等行政行为违法案

5. 确认判决。确认判决是法院对被诉行政行为的合法性及效力作出确认的判决。确认判决可以分为三种：一是确认合法的判决，二是确认违法的判决，三是确认无效的判决。

确认合法判决的适用条件：一是经法院审查被诉行政行为合法有效；二是对被诉行政行为不适宜采用驳回诉讼请求的判决。

《行政诉讼法》规定，行政行为有下列情形之一的，人民法院判决确认违法，但不撤销行政行为：（1）行政行为依法应当撤销，但撤销会给国家利益、社会公共利益造成重大损害的；（2）行政行为程序轻微违法，但对原告权利不产生实际影响的。行政行为有下列情形之一，不需要撤销或者判决履行的，人民法院判决确认违法：（1）行政行为违法，但不具有可撤销内容的；（2）被告改变原违法行政行为，原告仍要求确认原行政行为违法的；（3）被告不履行或者拖延履行法定职责，判决履行没有意义的。

《行政诉讼法》规定，行政行为有实施主体不具有行政主体资格或者没有依据等重大且明显违法情形，原告申请确认行政行为无效的，人民法院判决确认无效。

需要明确的是，人民法院在作出判决确认违法或者无效判决时，可以同时判决责令被告采取补救措施；给原告造成损失的，应依法判决被告承担赔偿责任。

（二）二审判决

二审判决，是指二审人民法院在审理上诉案件的过程中，依据事实和法律，对上诉案件所作出的具有强制性的终局性的判定。二审判决是终审裁判，一经作出即发生法律效力。

《行政诉讼法》规定，人民法院审理上诉案件，按下列情形，分别处理：（1）原判决、裁定认定事实清楚，适用法律、法规正确的，判决或者裁定驳回上诉，维持原判决、裁定；（2）原判决、裁定认定事实错误或者适用法律、法规错误的，依法改判、撤销或者变更；（3）原判决认定基本事实不清、证据不足的，发回原审人民法院重审，或者查清事实后改判；（4）原判决遗漏当事人或者违法缺席判决等严重违反法定程序的，裁定撤销原判决，发回原审人民法院重审。

原审人民法院对发回重审的案件作出判决后，当事人提起上诉的，第二审人民法院不得再次发回重审。人民法院审理上诉案件，需要改变原审判决的，应当同时对被诉行政行为作出判决。

（三）再审判决

人民法院依照审判监督程序审理的案件，应当分别依照《行政诉讼法》第 69 条、第 70 条、第 72 条、第 77 条以及第 89 条作出判决。原审判决确有错误和被诉行政行为违法的，应一并撤销或撤销后判令被告重新作出行政行为。二审维持一审不予受理裁定错误的，再审法院应当撤销一、二审裁定，指令第一审人民法院立案受理。

二、行政诉讼裁定

行政诉讼中的裁定是指人民法院在审理行政案件的过程中，为了有效地行使国家的审判权，解决行政审判过程中的程序性问题所作出的带有强制性的判定。行政诉讼法规定，除涉及国家秘密、商业秘密和个人隐私的内容外，人民法院应当公开发生法律效力的判决书、裁定书，供公众查阅。

判决和裁定都是人民法院在审理行政案件的过程中作出的具有法律约束力的判定。二者主要区别是：第一，二者适用的对象不同。判决适用的对象是行政诉讼中的实体性问题，裁定适用的对象是行政诉讼中的程序性问题。第二，二者的依据不同。判决依据的是实体法，裁定依据的是程序法。第三，二者作出的时间和数量不同。判决只能在行政案件审结时作出，并且一个行政案件只能有一个判决。裁定可以在行政诉讼过程中的任何时间作出，因此，一个行政案件可以有多个裁定。第四，二者的上诉期限不同。不服判决的上诉期限为 15 日，不服裁定的上诉期限为 10 日。第五，二者的表现形式不同。判决只能是以书面的形式作出，而裁定既可以以书面的形式作出，也可以以口头的形式作出。

在行政诉讼中，裁定主要适用于下列范围：（1）起诉不予受理；（2）驳回起诉；（3）驳回管辖异议或移送、指定管辖；（4）诉讼期间停止行政行为的执行或者驳回停止执行的申请；（5）财产保全和先予执行；（6）准许或不准许撤诉；（7）中止或终结诉讼；（8）补正判决书中的笔误；（9）驳回执行申请；（10）中止或者终结执行；（11）其他需要裁定的事项。对于上述前 3 项裁定不服的，当事人可以上诉。

三、行政诉讼决定

行政诉讼中的决定，是指人民法院在审理行政案件的过程中，为了保证行政诉讼活动的顺利进行，就行政诉讼中发生的某些特定事项所作的判定。

决定和判决、裁定不同，主要区别有：第一，适用的对象不同。决定适用的对象是行政诉讼中的某些特定事项，而判决和裁定则分别适用于行政诉讼中的实体性问题和程序性问题。第二，当事人不服的后果不同。当事人对决定不服，不能提出上诉，有的只能申请人民法院复议一次，并且复议期间不停止决定的执行。当事人对判决和裁定不服则可以提出上诉。

在行政诉讼中，人民法院主要就以下特定事项作出决定：第一，有关回避问题的决定。第二，有关妨害行政诉讼的强制措施的决定。第三，有关诉讼期限问题的决定。第四，有关人民法院审判组织内部工作的决定。

第二节 行政诉讼的执行

一、行政诉讼中的执行

（一）行政诉讼中的执行的概念与特点

行政诉讼中的执行，是指人民法院和其他国家机关及其工作人员依照法定的程序，运用法定的强制手段，迫使行政诉讼当事人履行人民法院已经发生法律效力的裁判的活动。执行程序是指人民法院和其他的执行主体在行使行政诉讼执行权时必须遵守的一系列原则和制度的总和。

我国《行政诉讼法》第八章专章规定了执行，这表明执行在行政诉讼中具有十分重要的地位和作用，是行政诉讼法不可缺少的组成部分。在行政诉讼中，行政审判程序和行政诉讼执行程序是人民法院运用司法途径解决行政争议的两个基本的环节。行政审判程序的任务是确定当事人之间的权利义务关系，保证人民法院公正、及时地解决行政争议。而行政诉讼执行程序的任务则是保证人民法院等法定的执行主体依法行使国家的司法执行权，使依法确定的当事人之间的权利义务关系在社会生活中得以实现。由此可见，行政审判程序是行政诉讼执行程序的必要前提，行政诉讼的执行程序是行政审判程序的继续和完成。二者在确认和实现当事人合法权益方面的一致性，决定了二者在保护行政管理相对人的合法权益不受行政主体非法侵犯的司法程序中是不可分割的两个阶段，也决定了执行程序在行政诉讼活动中的重要地位和作用。

由于强制执行法的产生和发展都是以保护私权为目的的，因此，诉讼法中的执行一般是指民事强制执行。而现代意义上的强制执行并不仅仅限于民事强制执行，还包括行政的以及其他方面的强制执行。行政诉讼中的执行与民事强制执行相比，具有以下几个特点：

第一，执行依据上的特点。在行政诉讼中，执行依据的范围受到了一定的限制。根据行政诉讼法的规定，执行依据仅限于人民法院对行政案件作出的判决和裁定，以及申请法院强制执行的行政行为。

第二，执行措施上的特点。行政诉讼中的执行，对被申请人所采取的执行措施不同。对于行政相对人，一般的执行措施都可以适用，而对于行政机关，则主要适用划拨和罚款。

第三，执行主体上的特点。行政诉讼中的执行不排除行政机关的行政强制执行。行政机关依法享有一定的强制执行权，既有利于维护行政秩序，保障行政权力的正常运行，又有利于减轻人民法院的负担。

（二）执行程序

根据我国行政诉讼法的规定，执行程序依申请开始或依职权移交开始。

1. 申请条件。申请执行的条件有：（1）当事人拒绝履行生效裁判。《行政诉讼法》第94、95条规定，当事人必须履行人民法院发生法律效力的判决、裁定、调解书。公民、法人或者其他组织拒绝履行判决、裁定、调解书的，行政机关或者第三人可以向第一审人民法院申请强制执行，或者由行政机关依法强制执行。无论法律、法规是否赋予了行政机关的强制执行权，行政机关申请人民法院强制执行的，人民法院都应当予以受理。（2）申请人除了公民、法人或者其他组织和行政机关外，还有可能包括行政诉讼的其他当事人。（3）应当在法定的申请期限内提出。根据2018年《行诉法解释》第153条的规定，申请执行的期限为2年。申请执行的期限从法律文书规定的履行期间最后一日起计算；法律文书规定分期履行的，从规定的每次履行期间的最后一日起计算；法律文书中没有规定履行期限的，从该法律文书送达当事人之日起计算。逾期申请的，除有正当理由外，人民法院不予受理。（4）法院对生效裁判的执行具有管辖权。

2. 执行依据。执行依据，又称为执行根据，是指国家强制义务人履行义务的法律文书，是强制执行的凭证。

2018年《行诉法解释》第152条规定，对发生法律效力的行政判决书、行政裁定书、行政赔偿判决书和行政赔偿调解书，负有义务的一方当事人拒绝履行的，对方当事人可以依法申请人民法院强制执行。依据《行政诉讼法》第95条和上述司法解释的规定，行政诉讼的执行依据主要包括以下四类法律文书：第一类是行政判决书，第二类是行政裁定书，第三类是行政赔偿判决书，第四类是行政赔偿调解书。在行政诉讼中，发生法律效力的可作为执行依据的法律文书具体来说主要是指：（1）已过上诉期没有提起上诉的一审判决和裁定。（2）终审的判决和裁定。包括：最高人民法院的一审判决书和裁定，第二审法院的终审判决和裁定。（3）人民法院主持下形成的行政赔偿调解书。

行政诉讼执行依据应当具备的条件：其一，作为执行依据的法律文书已经生效。执行必须以法律文书的生效为前提，没有发生法律效力的判决、裁定，不能作为执行的依据。其二，作为执行依据的法律文书，必须具有执行的内容。一般来讲，具有给付义务或实施一定行为的义务（包括作为和不作为）才具有可执行的内容，并且这种可执行的内容在实践中具有执行的可能性。

3. 执行管辖。执行管辖，即执行案件的管辖，是指人民法院办理强制执行案件的权限和分工。执行管辖与诉讼管辖有密切的关系，行政诉讼管辖是执行管辖的基础，诉讼管辖的原则对执行管辖有重要的影响。根据执行依据的不同，可以将执行管辖分为法院判决、裁定的执行管辖和行政决定的执行管辖。根据我国行政诉讼法的规定，不履行法院判决、裁定的执行案件，无论其是否经过二审程序，一般都由基层人民法院管辖。关于行政决定的执行案件的管辖问题，行政诉讼法未作具体规定。根据 2018 年《行诉法解释》第 154 条的规定，发生法律效力的行政判决书、行政裁定书、行政赔偿判决书和行政赔偿调解书，由第一审人民法院执行。第一审人民法院认为情况特殊需要由第二审人民法院执行的，可以报请第二审人民法院执行；第二审人民法院可以决定由其执行，也可以决定由第一审人民法院执行。

4. 执行措施。执行措施，是指人民法院对被执行人采取的强制其履行义务的具体方法和手段。行政诉讼法规定，当事人必须履行人民法院发生法律效力的判决、裁定、调解书。这是行政诉讼当事人的法定义务。执行措施因被执行人的不同则有所区别：

（1）对行政相对人的执行措施。行政诉讼法规定，公民、法人或者其他组织拒绝履行判决、裁定、调解书的，行政机关或者第三人可以向第一审人民法院申请强制执行，或者由行政机关依法强制执行。由此可见，我国行政诉讼法对行政相对人拒不履行判决、裁定等法定义务所采取的执行措施未作具体规定。在行政诉讼实践中，可参照适用《行政强制法》和《民事诉讼法》的有关规定，还可以根据执行依据的具体内容采取不同的措施。

（2）对行政机关的强制措施。《行政诉讼法》规定，行政机关拒绝履行判决、裁定、调解书的，第一审人民法院可以采取下列措施：① 对应当归还的罚款或者应当给付的款额，通知银行从该行政机关的账户内划拨；② 在规定期限内不履行的，从期满之日起，对该行政机关负责人按日处 50 元至 100 元的罚款；[①] ③ 将行政机关拒绝履行的情况予以公告；④ 向监察机关或者该行政机关的上一级行政机关提出司法建议，接受司法建议的机关，根据有关规定进行处理，并将处理情况

---

① 《行政诉讼法》及现行有效的司法解释对罚款累计的最高限额未作限制性的规定。

告知人民法院；⑤ 拒不履行判决、裁定、调解书，社会影响恶劣的，可以对该行政机关直接负责的主管人员和其他直接责任人员予以拘留，情节严重，构成犯罪的，依法追究刑事责任。

行政机关拒绝履行判决、裁定、调解书的，《行政诉讼法》增加了三项规定：一是对行政机关负责人按日罚款；二是将拒绝履行的情况予以公告；三是社会影响恶劣的，可以对该行政机关直接负责的主管人员和其他直接责任人员予以拘留。这表明，法院可以采取社会舆论监督、对负责人和直接责任人限制人身自由等方式，督促行政机关执行生效行政裁判。

《行政诉讼法》对行政机关的执行措施规定了五种情形。其中，第三种形式和第四形式分别是情况公告和司法建议。由于情况公告和司法建议本身没有强制性，只具有一定的督促作用，因此，难以成为强制执行措施。第五种形式是刑事责任，它本质上并不属于行政执行手段，超出了执行程序的范围。第五种形式规定的，“拒不履行判决、裁定、调解书，社会影响恶劣的”行为，只是引起刑事诉讼的事实根据。该行为是否应当追究刑事责任，不是由行政诉讼而是通过刑事诉讼程序来解决的，因此，它不属于执行措施。因此，在实践中，对行政机关采取的执行措施只有前两种形式，即划拨和罚款。后三种则属于其他的救济措施。

5. 执行步骤。执行实施阶段有以下步骤：(1) 提出执行的申请。(2) 对申请执行的行政行为进行合法性审查。申请人申请人民法院强制执行，应当提交申请执行书、据以执行的法律文书和其他必须提交的材料，由行政审判庭进行审查。不符合申请执行条件的，人民法院应当裁定不予受理。(3) 向被执行人发出执行通知书。(4) 必要时可采取查封、扣押、冻结、划拨等财产保全措施。(5) 对于公告期届满，被执行人仍然拒绝履行的，人民法院应依法采取强制执行措施。如果申请执行的行政行为合法，除有中止或终结执行的情形外，应当在 3 个月内执行完毕。

6. 申请执行的行政行为具有下列情形的，应当裁定不予执行：(1) 超越、滥用职权或者显失公正的。(2) 主要证据不足或适用法律错误或违反法定程序侵犯被申请执行人实体权益的。(3) 具有其他违法情形的。

《行政诉讼法》对执行的规定较为简略，对执行异议、执行完毕、执行回转等都没有规定。在行政诉讼的实践中，《行政诉讼法》有明确规定的，依照《行政诉讼法》的有关规定执行；《行政诉讼法》中没有规定的，适用《民事诉讼法》的有关规定。

二、非诉行政案件的执行

（一）非诉行政案件执行的类型

非诉行政案件的执行是指行政相对人对于行政机关已经生效的行政行为，既不履行又不向法院提起行政诉讼，行政机关等依法向法院提出执行申请，由法院采取强制措施促使行政行为实施的活动。

非诉行政案件的执行根据执行的依据不同，可以区分为两大类型。第一类是对行政处理决定的执行，其执行申请人是作出该行政处理决定的行政机关。第二类是对行政裁决的执行，根据2018年《行诉法解释》第158条的有关规定，当行政机关根据法律的授权对平等主体之间的民事争议作出裁决后，当事人在法定期限内不起诉又不履行，作出裁决的行政机关在申请执行的期限内未申请人民法院强制执行的，已经生效的行政裁决确定的权利人或者继承人、权利承受人可以申请人民法院强制执行。

对行政处理决定的执行，根据我国《行政诉讼法》第97条及其相关司法解释的规定，非诉行政案件执行的适用范围：一是法律没有赋予行政机关强制执行权，行政机关申请人民法院强制执行的，人民法院应当依法受理。二是法律规定既可以由行政机关依法强制执行，也可以申请人民法院强制执行，行政机关申请人民法院强制执行的，人民法院可以依法受理。而根据我国行政强制法的有关规定，行政机关申请人民法院强制执行的只限于法律没有赋予行政机关强制执行权的案件。

具体来讲，行政机关根据《行政诉讼法》的有关规定申请法院执行其行政行为，应当具备以下条件：

1. 行政行为依法可以由人民法院执行。《行政诉讼法》第97条规定，公民、法人或者其他组织对行政行为在法定期间不提起诉讼又不履行的，行政机关可以申请人民法院强制执行，或者依法强制执行。① 这表明对行政行为的强制执行的主体包括人民法院和行政机关，由于行政机关对行政行为的执行属于行政强制执行不属于行政诉讼的执行，因此，这里所说的执行主体仅限于人民法院。

2. 行政行为已经生效并具有可执行内容。《行政诉讼法》规定，行政行为已经生效是指公民、法人或者组织在法定起诉期限内既不起诉，也不履行。②

3. 申请人是作出该行政行为的行政机关或者法律、法规、规章授权的组织。根据2018年《行诉法解释》第155条的规定，行政机关申请人民法院执行，应当提交《行政强制法》第55条规定的相关材料。根据《行政强制法》第55条的规定，行政机关向人民法院申请强制执行，应当提供下列材料：（1）强制执行申请书；（2）行政决定书及作出决定的事实、理由和依据；（3）相对人的意见及行政机

---

① 从严格意义上来讲，《行政诉讼法》第97条的规定中还应当包括不申请复议的情形。

② 关于行政行为生效的认定标准存在争议。有学者认为，行政行为的生效取决于行政机关已“依法作出”行政行为，而不是《行政诉讼法》第97条的规定。参见甘雯：《行政诉讼法司法解释之评论（理由观点与问题）》，中国法制出版社2000年版，第213页。

关催告情况；（4）申请强制执行标的情况；（5）法律、行政法规规定的其他材料。强制执行申请书应当由行政机关负责人签名，加盖行政机关的印章，并注明日期。

4. 被申请人是该行政行为所确定的义务人。

5. 被申请人在行政行为确定的期限内或者行政机关另行指定的期限内未履行义务。

6. 申请人在法定期限内提出申请。根据2018年《行诉法解释》第153条的规定，申请人民法院强制执行的期限为2年。

7. 被申请执行的行政案件属于受理申请执行的人民法院管辖。

（二）非诉行政案件的执行程序

行政处理决定的执行程序如下：

1. 申请和受理。行政机关向法院依法提出执行申请，非诉行政案件的执行才得以启动，法院不能自行启动该执行程序，这是非诉行政案件的执行有别于行政诉讼执行的差异所在。

行政机关提出非诉行政案件的执行申请后，法院应当对执行申请进行审查。人民法院对符合条件的申请，应当立案受理，并通知申请人；对不符合条件的申请，应当裁定不予受理。

行政机关申请人民法院强制执行其行政行为，由申请人所在地的基层人民法院受理；执行对象为不动产的，由不动产所在地的基层人民法院受理。基层人民法院认为执行确有困难的，可以报请上级人民法院执行；上级人民法院可以决定由其执行，也可以决定由下级人民法院执行。

行政机关或者行政行为确定的权利人申请人民法院强制执行前，有充分理由认为被执行人可能逃避执行的，可以申请人民法院采取财产保全措施。后者申请强制执行的，应当提供相应的财产担保。

2. 审查。《行政强制法》第56条规定，人民法院接到行政机关强制执行的申请，应当在5日内受理。行政机关对人民法院不予受理的裁定有异议的，可以在15日内向上一级人民法院申请复议，上一级人民法院应当自收到复议申请之日起15日内作出是否受理的裁定。

人民法院对行政机关强制执行的申请进行书面审查，对符合规定的，且行政决定具备法定执行效力的，人民法院应当自受理之日起7日内作出执行裁定。

根据2018年《行诉法解释》第160条的规定，人民法院受理行政机关申请执行其行政行为的案件后，应当在7日内由行政审判庭组成合议庭对行政行为的合法性进行审查，并就是否准予强制执行作出裁定。需要采取强制执行措施的，由法院负责强制执行非诉行政行为的机构执行。不论审查结果如何，法院都应当以裁定的形式作出，并且该裁定一旦作出，当事人不能就该裁定提起上诉。

根据2018年《行诉法解释》第161条的规定，被申请执行的行政行为有下列情形之一的，人民法院应当裁定不准予执行：（1）实施主体不具有行政主体资格的；（2）明显缺乏事实根据的。（3）明显缺乏法律、法规依据的。（4）其他明显违法并损害被执行人合法权益的。这一规定与《行政强制法》第58条的规定基本一致，只增加了实施主体不具有行政主体资格的情形。

3. 履行告知。在强制执行之前，应当再次书面通知被执行人，告诫被执行人履行义务，并附履行期限，以促使当事人自觉履行义务。如果被执行人逾期仍不履行义务，则由有关执行机构强制执行。《行政强制法》第54条规定，行政机关申请人民法院强制执行前，应当催告当事人履行义务。催告书送达10日后当事人仍未履行义务的，行政机关可以向所在地有管辖权的人民法院申请强制执行；执行对象是不动产的，向不动产所在地有管辖权的人民法院申请强制执行。

4. 实施强制措施。我国行政诉讼法及司法解释中对行政相对人拒不履行判决、裁定等法定义务所采取的执行措施未作具体规定。在行政诉讼实践中，可适用《民事诉讼法》关于诉讼执行中的执行程序与执行措施等有关规定，还可以根据执行依据的具体内容采取不同的措施。

5. 执行完成。执行完成，法院应当结清有关执行的各种手续和费用，将案件材料整理归档，并书面通知申请执行的行政机关，宣告执行程序完结。

对行政裁决的执行程序，2018年《行诉法解释》第158条第2款规定："享有权利的公民、法人或者其他组织申请人民法院强制执行生效行政裁决，参照行政机关申请人民法院强制执行行政行为的规定。"这表明，除执行申请人不同之外，行政裁决执行的申请条件、执行程序等与行政处理决定的执行基本相同。

思考题：

1. 行政诉讼一审判决的类型有哪些？分别有哪些特点？
2. 试比较行政诉讼判决、裁定和决定的异同。
3. 什么是行政诉讼中的执行？它必须具备哪些条件？
4. 行政机关申请法院执行其行政行为，应当具备哪些条件？

第二十三章　涉外行政诉讼

涉外行政诉讼是我国行政诉讼的组成部分。《行政诉讼法》以专章规定了涉外行政诉讼适用对象、权利义务和基本原则，《最高人民法院关于审理国际贸易行政案件若干问题的规定》《最高人民法院关于审理反倾销行政案件应用法律若干问题的规定》和《最高人民法院关于审理反补贴行政案件应用法律若干问题的规定》三个司法解释对三类涉外行政案件的特别诉讼程序作了规定。

第一节　涉外行政诉讼概述

一、涉外行政诉讼的概念

涉外行政诉讼是指外国人、无国籍人、外国组织不服我国行政主体作出的行政行为，按照我国行政诉讼法的规定向人民法院提起行政诉讼，或者因与我国行政主体作出的行政行为有法律上的利害关系，依法参加行政诉讼，由我国人民法院依照行政诉讼法审理案件的活动。我国《行政诉讼法》虽然以专章形式对涉外行政诉讼作了规定，但对涉外行政诉讼程序却没有专门的规定，因此，人民法院对涉外行政诉讼案件的审理，仍然主要按照《行政诉讼法》的一般规定以及某些国际条约的规定。

二、涉外行政诉讼的特征

1. 涉外行政诉讼的原告必须外国人、无国籍人和外国组织。这是涉外行政诉讼的前提。外国人是指居住在一国境内而不具有该国国籍的人，如居住在中国的美国人、法国人。外国人应当受所在地国家法律的管辖，无论其居住时间的长短。例如，《外国人入境出境管理法》规定："外国人入境出境、外国人在中国境内停留居留的管理，以及交通运输工具出境入境的边防检查，适用本法。"对于违反这一法律的外国人，我国公安机关可以给予警告、罚款、没收违法所得、拘留、限期出境、驱逐出境等处罚，对处罚行为不服的可以申请行政复议或提起行政诉讼。

2. 争议的行政案件必须发生在我国境内。外国人、无国籍人、外国组织不服我国行政主体作出的行政行为，该行政行为是在我国境内由我国行政机关或组织实施的。外国人、无国籍人、外国组织在我国境内活动，与我国相关行政主体发生联系，并因此产生争议，解决争议的方式除了行政复议以外，就是提起行政诉讼，由我国人民法院作出裁判解决争议。

3. 涉外行政诉讼必须依照我国法律规定进行。首先，外国人、无国籍人、外国组织提起或参加涉外行政诉讼必须依照我国行政诉讼法的有关规定；其次，我国人民法院在审理涉外行政诉讼案件时，除了按照行政诉讼法规定的程序外，还要适用与行政争议有关的我国其他法律法规；最后，涉外行政诉讼在遵守我国行政诉讼法规定的同时，还应当遵守我国承认的有关国际条约。

第二节 涉外行政诉讼的原则

涉外行政诉讼作为行政诉讼的一部分，理应遵守行政诉讼的一般原则，如对行政行为的合法性审查原则、辩论原则、公开审判原则等，同时，还遵守涉外行政诉讼特别规定的原则，特别原则主要包括平等原则和对等原则。

一、平等原则

《行政诉讼法》第 99 条第 1 款规定，外国人、无国籍人、外国组织在中华人民共和国进行行政诉讼，同中华人民共和国公民、组织有同等的诉讼权利和义务。涉外诉讼权利平等原则是《行政诉讼法》落实《宪法》规定的必然要求。我国《宪法》第 32 条规定，“中华人民共和国保护在中国境内的外国人的合法权利和利益”，其中合法权利和利益包括外国人、无国籍人和外国组织在诉讼活动中的合法权利和利益，而平等对待自属当然。我国公民在法律上享有什么样的实体权利是根据相关实体法的规定来确定的。同样，外国人、无国籍人和外国组织享有哪些实体权利，也应当由相关实体法规定。但是，某些实体权利比如选举权、被选举权、受教育权、劳动权、社会保障权等权利享有是以国籍为条件的，这些实体性权利只能由我国公民享有，外国人不能享有。当实体性权利受到行政主体行政行为的侵害时，就必须赋予其相应的诉讼权利来救济受到侵害的实体权利，对于中国公民如此，对外国人、无国籍人和外国组织也一样。享有诉讼权利的同时也要履行诉讼义务，才能保障诉讼程序的正常进行。所以，《行政诉讼法》应当规定外国人、无国籍人和外国组织平等的诉讼权利和义务。

同时，诉讼权利平等原则是国际上的“国民待遇原则”在诉讼中的反映，它要求本国公民享有的权利，也应同等地赋予本国境内的外国人，体现了国家之间的平等、友好关系，是国际交往中的一项重要规则。

诉讼地位平等原则包括两重含义：一是外国人、无国籍人和外国组织与中国公民享有同等的诉讼权利能力和诉讼行为能力；二是外国人、无国籍人和外国组织，享有与中国公民同等的诉讼权利，承担同样的诉讼义务，不能因外国人而有所照顾或歧视。

二、对等原则

涉外行政诉讼对等原则是指，如果外国法院对我国公民和组织的行政诉讼权利加以限制，我国便采取相对应的限制措施，以使我国公民和组织在外国享有的行政诉讼权利与外国公民和组织在我国享有的诉讼权利对等。我国《行政诉讼法》第 99 条第 2 款规定："外国法院对中华人民共和国公民、组织的行政诉讼权利加以限制的，人民法院对该国公民、组织的行政诉讼权利，实行对等原则。"对等原则包括两重含义：一是该原则是对诉讼权利限制的对等，因此它适用于外国对我国公民和组织的行政诉讼权利加以限制的方面，而不是赋予权利的方面。即便外国法律对我国公民和组织的诉讼权利小于我国法律对外国人、无国籍人和外国组织的诉讼权利，但只要该国没有人为地对我国公民和组织的诉讼权利予以限制，那么，我国也不能对该国的公民和组织予以特别限制。二是我国公民和组织在外国进行行政诉讼，其诉讼权利与所在国公民、组织相同。

一国公民、组织在外国进行行政诉讼，其诉讼权利应与所在国公民、组织相同，但由于世界各国的制度、对外开放程度不同，国与国之间行政诉讼法律制度也不尽相同，有可能出现一个国家对另一个国家的公民和组织在诉讼上的权利进行限制甚至剥夺的情形。在这种情况下，国家之间采取以限制抵制限制的方式来维护主权国家的尊严，保护本国公民和组织的权利。

第三节　涉外行政诉讼的类型

一、国际贸易行政案件

2002 年，最高人民法院通过了《最高人民法院关于审理国际贸易行政案件若干问题的规定》（以下简称《国际贸易行政案件若干问题规定》），专门对人民法院如何审理国际贸易行政案件作了全面规定。这个规定是我国加入世界贸易组织（WTO）后出台的第一部有关人民法院审理与世界贸易组织相关的国际贸易行政案件的重要司法解释。根据我国加入世界贸易组织法律文件的承诺，应当为受到与世界贸易组织规则有关的货物贸易、服务贸易和知识产权的行政行为影响的个人或企业提供司法审查的机会。为了人民法院正确行使行政审判权，确保世界贸易组织规则在各成员方有效实施，制定了该规定。

拓展阅读

最高人民法院关于审理国际贸易行政案件若干问题的规定

（一）适用范围

国际贸易行政案件是一个涵盖性很强的概念，到底哪些属于该规定的适用范围，需要最高人民法院予以明确。根据《国际贸易行政案件若干问题规定》第 1 条的规定，下列四种案件属于该司法解释所适用的国际贸易行政案件：有关国际货物贸易的行政案件；有关国际服务贸易的行政案件；与国际贸易有关的知识产权行政案件；其他国际贸易行政案件。

（二）原告资格

《国际贸易行政案件若干问题规定》第 3 条规定："自然人、法人或者其他组织认为中华人民共和国具有国家行政职权的机关和组织及其工作人员（以下统称行政机关）有关国际贸易的行政行为侵犯其合法权益的，可以依照行政诉讼法以及其他有关法律、法规的规定，向人民法院提起行政诉讼。"从这个规定来看，原告必须具备以下条件：（1）必须是自己合法权益受到侵害的自然人、法人或其他组织。即原告首先是主张的权利、利益的享有主体，受到侵害的是其合法权益。（2）起诉人与行政行为有法律上的利害关系，通常表现为损害的发生与行政主体的行政行为直接相关。

（三）管辖

《国际贸易行政案件若干问题规定》第 5 条规定："第一审国际贸易行政案件由具有管辖权的中级以上人民法院管辖。"这一规定表明，国际贸易行政案件由中级以上人民法院管辖。因为这类案件具有涉外因素，且涉及的事项比较复杂、影响较大。

（四）审查标准

《国际贸易行政案件若干问题规定》第 6 条规定，国际贸易行政案件的审查标准仍以合法性审查为原则，以合理性审查为例外。具体为：（1）主要证据是否确实、充分；（2）适用法律、法规是否正确；（3）是否违反法定程序；（4）是否超越职权；（5）是否滥用职权；（6）行政处罚是否显失公正；（7）是否不履行或者拖延履行法定职责。

（五）法律适用

《国际贸易行政案件若干问题规定》第 7 条对人民法院审理国际贸易行政案件的依据作了明确规定，法律依据包括法律、行政法规以及地方立法机关在法定立法权限范围内制定的有关或者影响国际贸易的地方性法规。地方性法规适用于本行政区域内发生的国际贸易行政案件。同时，参照国务院部门根据法律和国务院的行政法规、决定、命令，在本部门权限范围内制定的有关或者影响国际贸易的部门规章，以及省、自治区、直辖市和省、自治区的人民政府所在地的市、经济特区所在地的市、国务院批准的较大的市的人民政府根据法律、行政法规和地方性法规制定的有关或者影响国际贸易的地方政府规章。还特别规定，如果人民法院审理国际贸易行政案件所适用的法律、行政法规的具体条文存在两种以上的合理解释，其中有一种解释与中华人民共和国缔结或者参加的国际条约的有关规定相一致的，应当选择与国际条约的有关规定相一致的解释，但中华人民共和国声明保留的条款除外。

二、反倾销、反补贴行政案件

倾销是指在正常贸易过程中，进口产品以低于其正常价格的出口价格进入我国市场。补贴是指出口国家或地区政府或者其公共机构提供的并为接受者带来利益的财政资助或其他形式的价格支持。在世界贸易组织的框架内，反倾销、反补贴是世界贸易组织规则允许成员方采取的保护本国产业的基本手段之一。但是，为了防止各成员政府滥用反倾销、反补贴措施，规范各成员政府的反倾销、反补贴行为，世界贸易组织有关法律文件确立了反倾销、反补贴规则，对反倾销、反补贴的司法审查就是其中一项重要内容。

在我国，反倾销、反补贴立法起步相对较晚。1997 年颁布的《反倾销和反补贴条例》是在《对外贸易法》基础上对反倾销、反补贴的一次全面细化，但是没有规定反倾销、反补贴的司法审查制度。我国加入世界贸易组织以后，根据世界贸易组织规则对反倾销、反补贴行为进行司法审查的要求，以及我国加入时对世界贸易组织法律文件的承诺，国务院于 2001 年制定了《反倾销条例》和《反补贴条例》，分别对反倾销、反补贴的司法审查问题作了明确规定。至此，反倾销、反补贴的司法审查纳入了我国行政诉讼受案范围。但是，《反倾销条例》《反补贴条例》对人民法院如何进行司法审查未作规定。为了依法公正审理反倾销、反补贴行政案件，更好地维护对外贸易秩序和公平竞争，保障与反倾销、反补贴行政行为有关的相对人的合法权益，最高人民法院针对审理反倾销、反补贴行政案件的特点，于 2002 年分别制定了《最高人民法院关于审理反倾销行政案件应用法律若干问题的规定》（以下简称《反倾销规定》）和《最高人民法院关于审理反补贴行政案件应用法律若干问题的规定》（以下简称《反补贴规定》），从适用范围、当事人诉权、管辖、审查标准和法律适用等方面，确定了反倾销、反补贴行政案件的审理规则。

（一）适用范围

根据《反倾销规定》《反补贴规定》的规定，人民法院主要受理以下反倾销、反补贴行政案件：

1. 对国务院主管部门作出的反倾销、反补贴有关终裁决定不服的行政案件。《反倾销条例》第 25 条规定：初裁决定确定倾销、损害以及二者之间的因果关系成立的，商务部应当对倾销及倾销幅度、损害及损害程度继续进行调查，并根据调查结果分别作出终裁决定，予以公告。在作出终裁决定前，应当由商务部将终裁决定所依据的基本事实通知所有已知的利害关系方。无论商务部对倾销及倾销幅度、补贴及补贴金额作出的终裁决定，还是对损害及损害程度的终裁决定，其性质均属于行政最终决定。根据世界贸易组织规则，行政最终决定只意味着行政程序的终结，不排除司法审查，人民法院应当受理。

2. 对国务院主管部门作出的是否征收反倾销税的决定以及追溯征收、退税、对新出口经营者征税的决定不服的行政案件；对国务院主管部门作出的是否征收反补贴税以及追溯征收的决定不服的行政案件。以《反倾销条例》为例，这些反倾销决定主要有：是否征收反倾销税的决定、是否追溯征收的决定、是否退税的决定、对新出口经营者征税的决定。

3. 对国务院主管部门对继续征收反倾销税或者履行价格承诺的必要性作出的复审决定不服的行政案件；对国务院主管部门有关保留、修改、取消反补贴税或者承诺的复审决定不服的行政案件。

（二）诉讼参加人

《WTO 反倾销协定》第 6 条第 11 款规定："就本协定而言，'利害关系方'应当包括：（1）被调查产品的出口商、外国生产者或者进口商，或者其主要成员为此种产品的生产者、出口商或者进口商的贸易或者商业协会；（2）出口成员的政府；（3）进口成员中同类产品的生产者，或者在进口成员的领域内生产同类产品的主要成员的贸易或者商业协会。上列规定并不排除成员允许国内或者国外的其他当事方作为利害关系方。"为此，《反倾销规定》第 2 条、《反补贴规定》第 2 条规定，与反倾销、反补贴行政行为具有法律上利害关系的个人或者组织，可以依照行政诉讼法及其他有关法律、行政法规的规定，向人民法院提起行政诉讼。这些利害关系人，是指向国务院主管部门提出反倾销、反补贴调查书面申请的申请人，有关出口经营者和进口经营者及其他具有法律上利害关系的自然人、法人或者其他组织。

根据我国《行政诉讼法》的规定，行政诉讼的被告为作出被诉行政行为的行政机关或者法律、法规授权的组织。由于反倾销、反补贴行政行为是由国务院有关主管部门作出的，反倾销、反补贴行政案件的被告为作出相应的反倾销、反补贴行政行为的国务院主管部门。为此，《反倾销规定》第 3 条、《反补贴规定》第 3 条规定，反倾销、反补贴行政案件的被告，应当是作出相应反倾销、反补贴行政行为的国务院主管部门。此外，为便于人民法院公正、公平审理反倾销、反补贴行政案件，《反倾销规定》第 4 条、《反补贴规定》第 4 条规定，与被诉反倾销、反补贴行政行为有法律上利害关系的其他国务院主管部门，可以作为第三人参加诉讼。

（三）管辖

根据《行政诉讼法》第 15 条规定，对国务院各部门提起诉讼的第一审行政案件，由中级人民法院管辖，但比较重大、复杂的第一审行政案件也可以由高级人民法院管辖。反倾销、反补贴行政行为由国务院主管部门作出，这类案件由中级人民法院管辖。但是考虑到反倾销、反补贴行政案件专业性较强，为便于集中管辖和确保审判质量，《反倾销规定》第 5 条、《反补贴规定》第 5 条对管辖问题作了灵活规定，即第一审反倾销、反补贴行政案件由被告所在地高级人民法院指定的中级人民法院，或者被告所在地高级人民法院管辖。

（四）审查标准

反倾销、反补贴行政案件的技术性和专业性较强，且直接与国家的外贸政策相关，对反倾销、反补贴行政行为的司法审查是仅仅采取法律审，还是既采取事实审又采取法律审，各国有不同做法。根据我国行政诉讼法的规定，人民法院对行政行为合法性既审查其事实问题，又审查其法律问题，即不仅要求人民法院审查行政行为适用法律法规是否正确、是否符合法定程序，还要求审查行政行为认定的事实是否清楚、证据是否确凿。这种规定同样适用于反倾销、反补贴行政案件的审理。据此，《反倾销规定》第 6 条、《反补贴规定》第 6 条规定，人民法院依照行政诉讼法及其他有关反倾销、反补贴的法律、行政法规，参照国务院部门规章，对被诉反倾销、反补贴行政行为的事实问题和法律问题，进行合法性审查。需要特别指出的是，这里的法律依据是指法律和行政法规，这里参照的规章也仅指部委规章，而不包括地方政府规章。这是因为国家外贸政策的制定权在中央而不在地方。

（五）证据规则

我国《行政诉讼法》确立了被告对行政行为的合法性负举证责任的规则。为此，《反倾销规定》第 7 条、《反补贴规定》第 7 条规定，被告对其作出的被诉反倾销、反补贴行政行为负举证责任，应当提供作出反倾销、反补贴行政行为的证据和所依据的规范性文件。在证据规定上，《反倾销规定》《反补贴规定》均确立了“行政案卷排除规则”。“行政案卷排除规则”的基本要求是：行政程序中的行政案卷是诉讼程序中证据的唯一来源，对被告而言，只能提供其在行政程序中收集到的证据和相应的规范性文件，非在行政程序中收集到的证据和适用的法律依据，法庭将不作为认定行政行为合法的依据；对原告而言，凡在行政程序中没有提出的证据、理由，原告在诉讼中不得提出。《反倾销规定》第 7 条、《反补贴规定》第 7 条明确规定，人民法院依据被告的案卷记录审查被诉反倾销、反补贴行政行为的合法性。被告在作出被诉反倾销、反补贴行政行为时没有记入案卷的事实材料，不能作为认定该行为合法的根据。《反倾销规定》第 8 条、《反补贴规定》第 8 条规定，原告对其主张的事实有责任提供证据。经人民法院依照法定程序审查，原告提供的证据具有关联性、合法性和真实性的，可以作为定案的根据。被告在反倾销、反补贴行政调查程序中依照法定程序要求原告提供证据，原告无正当理由拒不提供、不如实提供或者以其他方式严重妨碍调查而在诉讼程序中提供的证据，人民法院不予采纳。

思考题：

1. 涉外行政诉讼的特征是什么？
2. 怎样理解涉外行政诉讼的平等原则和对等原则。
3. 试述“行政案卷排除规则”在涉外行政诉讼中的运用及其对完善我国证据制度的意义。

阅读文献

■ 马克思：《评一个普鲁士人的〈普鲁士国王和社会改革〉一文》，《马克思恩格斯全集》第 3 卷，人民出版社 2002 年版。

■ 马克思：《法兰西内战》，《马克思恩格斯文集》第 3 卷，人民出版社 2009 年版。

■ 马克思：《哥达纲领批判》，《马克思恩格斯文集》第 3 卷，人民出版社 2009 年版。

■ 恩格斯：《反杜林论》，《马克思恩格斯文集》第 9 卷，人民出版社 2009 年版。

■ 邓小平：《解放思想，实事求是，团结一致向前看》，《邓小平文选》第 2 卷，人民出版社 1994 年版。

■ 邓小平：《党和国家领导制度的改革》，《邓小平文选》第 2 卷，人民出版社 1994 年版。

■ 习近平：《习近平谈治国理政》，外文出版社 2014 年版。

■《中共中央关于全面推进依法治国若干重大问题的决定》。

■ 董皞：《论法律冲突》，商务印书馆 2013 年版。

■ 董皞等：《判例解释之变迁与重构——中国判例解释发展与构建之路》，中国政法大学出版社 2015 年版。

■ 胡建淼：《行政强制法论：基于〈中华人民共和国行政强制法〉》，法律出版社 2014 年版。

■ 胡建淼：《行政法学》，法律出版社 2015 年版。

■ 姜明安主编：《行政执法研究》，北京大学出版社 2004 年版。

■ 姜明安主编：《行政程序研究》，北京大学出版社 2006 年版。

■ 姜明安主编：《行政法与行政诉讼法》（第六版），北京大学出版社、高等教育出版社 2015 年版。

■ 刘恒等：《政府信息公开制度》，中国社会科学出版社 2004 年版。

■ 马怀德：《国家赔偿法的理论与实务》，中国法制出版社 1994 年版。

■ 马怀德主编：《行政诉讼原理》，法律出版社 2009 年版。

■ 马怀德主编：《行政法与行政诉讼法》，中国法制出版社 2015 年版。

■ 莫于川：《行政指导与建设服务型政府——中国的行政指导理论发展与实践探索》，中国人民大学出版社 2015 年版。

■ 王名扬：《英国行政法　比较行政法》，《王名扬全集》第 1 册，北京大学出版社 2016 年版。

■ 王名扬：《法国行政法》，《王名扬全集》第 2 册，北京大学出版社 2016 年版。

■ 王名扬：《美国行政法》，《王名扬全集》第 3 册，北京大学出版社 2016 年版。

■ 肖金明：《行政处罚制度研究》，山东大学出版社 2004 年版。

■ 杨解君：《中国大陆行政法的革命》，台湾元照出版公司 2009 年版。

■ 杨平、芮守胜编著：《行政法论》，甘肃教育出版社 2005 年版。

■ 叶必丰：《行政行为原理》，商务印书馆 2014 年版。

■ 应松年主编：《当代中国行政法》（上下卷），中国方正出版社 2005 年版。

■ 应松年主编：《行政诉讼法学》，中国政法大学出版社 2015 年版。

■ 应松年、薛刚凌：《行政组织法研究》，法律出版社 2002 年版。

■ 袁杰主编：《中华人民共和国行政诉讼法解读》，中国法制出版社 2014 年版。

■ [日] 盐野宏：《行政法》，杨建顺译，法律出版社 1999 年版。

■ [德] 哈特穆特・毛雷尔：《行政法学总论》，高家伟译，法律出版社 2000 年版。

人名译名对照表

[美]	昂格尔	Roberto M. Unger
[英]	富尔顿	Fulton
[美]	盖尔霍恩	Gellhorn
[美]	利文	Ronald M. Levin
[德]	毛雷尔，哈特穆特	Hartmut Maurer
[英]	诺斯科特	Northcote
[美]	彭德尔顿	Pendleton
[英]	屈威廉	Trevelyan
[英]	撒切尔	Margaret Hilda Thatcher
[英]	韦德	W. Wade

后 记

《行政法与行政诉讼法学》是马克思主义理论研究和建设工程重点教材，是在教育部实施马克思主义理论研究和建设工程领导小组领导下组织编写的。在编写过程中，得到了教育部马克思主义理论研究和建设工程重点教材审议委员会的指导，得到了中宣部、中央党校、中央编译局、求是杂志社、中国社会科学院等有关部门和有关专家学者的支持。同时，广泛听取了高校教师和学生的意见建议。

本教材由首席专家应松年主持编写，姜明安、马怀德任副主编。应松年、王敬波撰写绪论，应松年撰写第一章，杨解君撰写第二章，薛刚凌撰写第三章，杨平撰写第四章、第十三章，姜明安撰写第五章、第六章、第十章，胡建淼撰写第七章、第八章，莫于川撰写第九章第一节、第二节、第三节和第十一章，肖金明撰写第九章第四节、第五节、第六节和第十二章，叶必丰撰写第十四章，马怀德撰写第十五章、第十八章，刘恒撰写第十六章、第二十章、第二十二章，董皞撰写第十七章、第十九章、第二十一章、第二十三章。黄进、李龙、徐显明、朱维究、胡锦光、王万华等参加了学科专家审议并提出了修改意见。张文显参加了教育部马克思主义理论研究和建设工程重点教材审议委员会审议并提出了修改意见。顾海良、黄进、李龙作了出版前的审读。

2016 年 8 月 23 日

第二版后记

定期修订马克思主义理论研究和建设工程重点教材是保证其编写质量的重要途径。党的十九大胜利召开后，为推动习近平新时代中国特色社会主义思想进教材、进课堂、进头脑，深入贯彻落实党的十九大和十九届二中、三中全会精神，教育部统一组织对已出版教材进行了全面修订。本书经国家教材委员会高校哲学社会科学（马工程）专家委员会审查通过。

应松年主持了本次教材修订工作，姜明安、马怀德、杨解君、薛刚凌、杨平、胡建淼、莫于川、肖金明、叶必丰、刘恒、董皞参加了具体的修订工作。

2018年6月